오늘날 마르크스주의의 의미

미국 사회주의자가 들려주는
공산당 선언부터 기후 위기까지

오늘날 마르크스주의의 의미

미국 사회주의자가 들려주는 공산당 선언부터 기후 위기까지

지은이 | 폴 더마토
옮긴이 | 이원웅

펴낸이 | 김태훈
편집 | 이진화
본문 디자인 | 고은이
펴낸곳 | 도서출판 책갈피
등록 | 1992년 2월 14일(제2014-000019호)
주소 | 서울 성동구 무학봉15길 12 2층
전화 02) 2265-6354 | 팩스 02) 2265-6395
이메일 | bookmarx@naver.com
홈페이지 | chaekgalpi.com
페이스북 | facebook.com/chaekgalpi
인스타그램 | instagram.com/chaekgalpi_books

첫 번째 찍은 날 2021년 12월 27일
두 번째 찍은 날 2022년 6월 20일

값 24,000원
ISBN 978-89-7966-220-7

잘못된 책은 바꿔 드립니다.

오늘날 마르크스주의의 의미

미국 사회주의자가 들려주는
공산당 선언부터 기후 위기까지

책갈피

차례

일러두기

1. 인명과 지명 등의 외래어는 최대한 외래어 표기법에 맞춰 표기했다.

2.《 》부호는 책과 잡지를 나타내고, 〈 〉부호는 신문, 주간지, 노래, 영화, 텔레비전 프로그램을 나타낸다. 논문은 " "로 나타냈다.

3. 본문에서 [ ]는 옮긴이나 편집자가 독자의 이해를 돕거나 문맥을 매끄럽게 하려고 덧붙인 것이다. 인용문에서 지은이가 덧붙인 것은 [— 지은이]로 표기했다.

4. 본문의 각주는 옮긴이나 편집자가 넣은 것이다.

5. 원문에서 이탤릭체로 강조한 부분은 고딕체로 나타냈다.

옮긴이 머리말

이 책의 원제는 "The Meaning of Marxism(마르크스주의의 의미)"이다. "Meaning"은 말에 담긴 뜻을 뜻하기도 하지만 중요성과 가치를 뜻하기도 한다. 우리말의 "의미"와도 비슷한 뜻이다.

제목에 걸맞게 저자는 마르크스와 엥겔스가 어떤 맥락과 논쟁 속에서 자신의 이론을 발전시켜 왔는지를 친절하게 설명할 뿐 아니라 오늘날의 사례들을 통해 그 핵심이 여전히 유효하고 중요함을 보여 준다. 그리고 그들의 사상을 계승한 혁명가들이 제국주의, 기후 위기, 차별 등 마르크스와 엥겔스가 미처 충분히 다루지 못했거나 다룰 수 없었던 문제들에 대처하기 위해 마르크스주의를 어떻게 적용하고 발전시켰는지를 보여 준다.

이 책의 원서 개정판이 출간된 시점은 2014년이다. 당시 세계경제는 2008~2009년 세계 금융 위기의 여파에서 여전히 헤어 나오지 못하고 있었다. 각국 지배자들은 위기의 대가를 평범한 사람들에게 떠넘기려 했고, 이에 맞선 저항이 곳곳에서 일어났다. 유럽에서는 스페인의 포데모스와 그리스의 시리자 같은 급진 좌파 정당들이, 미국에서는 버니 샌더스가 부상했다. 동시에, 긴축정책이 자아낸 절망을 토양 삼아 곳곳에서 극우·파시스트 조직들이 성장하기도 했다.

그 후로 지금까지 7년에 이르는 시간 동안 세계는 더 격렬하게 요동쳤다. 미국에서는 오바마가 대중의 변화 염원을 배신하고 부자들을 대변해 자아낸 환멸 속에서 트럼프가 부상했다. 트럼프는 2017년 집권해 미국 정치의 판도를 바꿨고 동아시아를 비롯한 세계 곳곳의 불안정을 심화시켰다. 지금은 오바마 정부의 부통령이었던 바이든이 정권을 되찾았다. 그러나 그의 행보를 보자면, 착취와 차별이 없고 지속 가능한 사회를 바라는 사람들은 그에게 기대할 것이 없는 듯하다. 이미 바이든은 급속히 인기를 잃고 있다. 이 책에 실린 오바마 정부에 대한 날카로운 분석과 풍부한 폭로는 바이든의 한계를 미국 민주당의 역사와 본질적 성격 속에서 이해하는 데 도움을 준다.

한편, 세계경제는 2008~2009년 위기 이전 수준을 회복하지 못한 채로 2020년에 코로나19 팬데믹의 타격을 입어 다시 위기에 빠졌다. 이 위기를 수습하려고 선진국 정부들은 2008~2009년 위기 때를 훨씬 능가하는 규모로 경제에 개입해야 했다.

팬데믹은 끝날 기미가 보이지 않는다. 각국 지배자들이 사람들의 안전보다는 이윤을 염려해 서둘러 노동자들을 일터로 돌려보내고, 백신 특허 때문에 세계 곳곳에 백신이 보급되지 못해 감염이 확산되고 새로운 변이가 출현하고 있기 때문이다.

기후 위기도 더 심각해졌다. 이상기후와 산불, 가뭄 같은 재난이 더 커지고 빈번해졌다. 과학자들은 이것이 시작에 불과하다고 경고하고 있지만, 각국 지도자들이 온실가스 문제를 해결하려고 만든 협의체인 '유엔 기후변화 협약 당사국 총회COP'는 2021년 11월에 열린 26차 회의에서도 실질적 대책을 내놓지 못했다.

요컨대 자본주의는 스스로 해결할 수 없는 모순으로 점철된 심각한 위기에 빠져 있다. 마르크스주의는 이런 모순과 위기가 어떻게 서로 연결돼 있는지 합리적으로 설명할 수 있는 이론이다. 사실, 이 방면에서 마르크스주의가 보이는 탁월함은 자본주의 옹호자들도 종종 인정하는 바다.

그러나 마르크스의 분석과 설명은 자본주의를 극복하기 위한 실천을 위한 것이었다. 엥겔스가 마르크스의 장례식에서 연설했듯이 "마르크스는 무엇보다도 혁명가"였다.

마르크스주의의 정수는 노동계급이 스스로의 투쟁으로 자본주의를 무너뜨리고 사회의 모든 측면을 스스로 민주적으로 운영하는 새로운 사회를 건설할 수 있다는 것이다(이런 정수에 비춰 보면 사회주의를 자처하거나 했던 북한이나 중국, 옛 소련 등도 마르크스주의와 아무 상관 없는 체제다).

마르크스에게 사회주의란 누군가가 노동계급을 대신해 선사해 주는 것이 아니었다. 자본주의를 점진적으로 뜯어고치는 방식으로 성취되는 것도 아니었다.

그러나 마르크스의 이런 혁명적 정치를 받아들이는 사람은 그리 많지 않다. 오늘날 지배적 사회주의 조류는 이런 정수를 받아들이지 않는 개혁주의에 해당한다. 위에서 언급한 포데모스와 시리자도 비록 좌파적 버전이지만 개혁주의에 속한다.

그러나 개혁주의자들은 가장 좌파적인 경우라 할지라도 언제나 한계에 부딪혔다. 자본주의의 논리를 조금이라도 침해하면 지배자들이 변화를 완강하게 거부했기 때문이다. 또, 노동계급 투쟁을 발전시키는 것보다 기존 의회 체제 내에서 입지를 다지는 것을 우선하면서 지배자들에 맞설 힘을 이끌어 내지 못했기 때문이다. 포데모스가 연립정부 파트너로 정부에 들어가고 시리자가 집권을 했지만 이내 대중의 변화 염원을 배신하고 위기에 빠진 것은 바로 이런 약점 때문이다.

자본주의가 심각한 위기에 빠진 지금, 마르크스의 혁명적 정치가 여전히 유효할 뿐 아니라 절실하게 필요하다.

물론, 많은 사람들은 노동계급의 자력 해방이라는 마르크스주의의 정수에 이런저런 의문을 품을 것이다. 4차 산업혁명이 거론되는 지금도 여전히 노동계급에게 사회를 바꿀 힘이 있을까? 민주주의가 발전한 상황에서는 선거를 이용해 사회를 근본적으로 바꿀 수도 있고 그것이 더 민주적인 것 아닐까? 노동계급이 혁명에 성공한다 해도 여성, 성소수자, 유색인종 등 차별받는 사람들의 문제는 여전히 남아 있는 것 아닐까? 등.

이 책은 혁명적 마르크스주의의 관점에서 이런 물음들에 답하는 책이기도 하다.

세계를 근본적으로 변화시키길 바라는 사람들에게 이 책은 훌륭한 마르크스주의 안내서가 될 것이다.

번역을 다듬고 책으로 잘 만들어 준 책갈피 출판사 분들께 감사드린다. 그리고 번역 초기에 여러 유익한 조언을 해 준 고故 이승민 동지에게도 감사드린다.

이원웅

2014년판 머리말: 마르크스의 귀환

현대 부르주아 사회(와 그것의 생산·교환·소유 관계)는 마치 마법을 부린 것처럼 거대한 생산·교환 수단을 불러냈다. 그렇지만 그 모습은 마치 지옥의 기운을 소환해 놓고선 그것을 제어하지 못해 어쩔 줄 몰라 하는 마법사 같다. 지난 수십 년간 산업·상업의 역사는 부르주아지의 존재와 지배를 가능케 한 현대의 생산 조건과 소유관계에 대항해 현대의 생산력이 일으킨 반란의 역사였을 뿐이다. 부르주아 사회 전체의 존폐를 갈수록 더 혹독한 시험대에 올리는 주기적 상업 위기만 봐도 그렇다. 이런 위기가 닥치면, 언제나 눈앞의 생산물은 물론이고 그때까지 이룩한 생산력이 대거 파괴된다. 이런 위기가 닥치면, 구시대에는 황당하게 보였을 역병, 즉 과잉생산이라는 역병이 창궐한다. 사회가 갑자기 일시적 야만 상태에 빠진다. 기근이나 무지막지한 세계 전란이라도 벌어진 듯이 생존 수단의 공급이 뚝 끊긴다. 산업과 상업이 와해된 것처럼 보인다. 어째서 이런 일이 벌어지는가? 문명의 과잉, 생존 수단의 과잉, 산업의 과잉, 상업의 과잉 때문이다. … 부르주아적 사회관계는 스스로 만든 부를 감당할 그릇이 못 된다. 그렇다면 부르주아지가 위기를 극복하는 방법은 무엇인가? 한편으로는 생산력을 강제로 대거 파괴한다. 다른 한편으로는 새로운 시장을 정복하거나 기존 시장을 더 철저히 쥐어짠다. 다시 말해, 더 광범하고 파괴적인 위기를 향한 길을 닦고 위기 예방책을 약화시킴으로써 위기를 극복한다.

— 카를 마르크스, 프리드리히 엥겔스, 《공산당 선언》

2006년에 이 책의 초판을 출간하고 1년 남짓 후에 1930년대 이래 최악의 경제 위기가 세계를 강타했다. 그 충격에 아직도 많은 사람들이 휘청거리고 있다. 위 인용문은 카를 마르크스와 프리드리히 엥겔스가 1848년에 발표한 소책자 《공산당 선언》의 일부인데, 오늘날 읽어도 그 생생함에 감탄하지 않을 수 없다. 이번 위기로 마르크스주의는 세계를 이해하는 방법이자, 변화가 절박해지는 가운데 세계를 바꾸는 방법으로서 한층 더 빛을 발하고 있다.

경제가 위기에 빠지자, 시장이 만병통치약이라는 둥, 경제 위기는 피할 수 있다는 둥, 정부는 시장에서 손을 떼라는 둥 떠들던 '신자유주의' 이데올로기도 위기에 처했다. 자본가와 그 대변자인 주류 언론은 느닷없이 정부 개입을 미덕으로 극찬했다. 자본주의를 구하려고 말이다. 그러나 은행들이 구제받고 나자, 그런 얘기는 쏙 들어갔다. 금융 범죄자들이 정부가 퍼 주는 혈세를 게걸스럽게 먹어 치우고 나자, 다시 '정상 영업'이 시작됐다. 구속된 은행가는 없었다. 위기 재발을 막기 위해 신설되는 경제 규제는 거의 없었다. 반면 규제 완화, 무분별한 환경 파괴, 오만 가지 민영화, 임금·연금·공공서비스 대폭 삭감, 복지 수급 '자격'(우리는 더는 해당될 수 없을 '자격') 도입 등은 하나같이 일사천리로 처리됐다. 정부는 혈세를 금융 시스템을 구제하는 데 써 버리고선 이따위 '처방'을 받아들이라고 한다.

그러나 지금은 신자유주의의 힘이 예전만 못하다. 기업이 잘되면 모두가 잘된다는 말을 이제 아무도 믿지 않는다. 압도 다수의 노동과 건강을 희생시킨 대가로 사회 최고위층이 부를 누린다고 통감하는 사람이 점점 늘고 있다. 수십 년 동안 미디어 논객과 정치인이 가난, 저임금, 계층 이동 정체는 개인의 무능 탓이라고 떠들어 댔지만, 자본주의가 극소수에게만 득이 되도록 짜인 판임을 깨달은 사람들이 점점 늘고 있다.

사람들이 불만을 느낀다는 사실은 점점 더 많이 감지된다. 2011년에 미국을 휩쓴 월스트리트 점거 운동은 "1퍼센트 대 99퍼센트"라는 구도를 내세웠는데, 이제는 이 구도가 아주 보편적으로 받아들여진다는 점만 봐도 잘 알 수 있다. 위기는 의문·환멸·저항을 일으켰다. 정책대화구상IPD의 연구 결과를 보면, 전 세계는 2006년부터 크게 늘어난 시위에 몸살을 앓았다.[1] 여론조사 기관 퓨리서치센터의 설문에선 18~29세 응답자 중 절반가량이 사회주의에 호의적이라고 답했고, 47퍼센트는 자본주의를 부정적으로 본다고 답했다.[2] 미국인 대다수는 사회주의가 무엇인지 명료하게 생각하지 못할 테지만, 사회주의라는 말이 공포와 증오의 대상이 된 역사가 있는 미국에서 이렇게 많은 젊은이들이 부가 상층으로 분배되는 현실에 불만을 느낀다는 사실은 큰 의미가 있다. 저술가 나오미 클라인이 지적했듯이, "기업들의 일상적 이윤 추구와 성장이 지구의 생명을 위협한다는 사실"은 일부 기후학자들을 반자본주의적 결론으로 이끌고 국제적으로 성장하는 환경 운동에 동력을 제공하고 있다.[3]

주류 언론조차 이런 변화를 무시하지 못한다. 2013년 3월 〈타임〉

에 실린 "마르크스의 복수: 계급투쟁이 어떻게 세계를 바꾸고 있는가"라는 제목의 기사는 "세계경제가 장기적 위기에 빠지고 전 세계 노동자가 실업, 부채, 소득 정체에 시달리는 오늘날, 자본주의는 본질적으로 불공평하고 자기 파괴적인 체제라는 마르크스의 통렬한 비판은 결코 가벼이 여길 만한 것이 아니"라고 평했다.[4] 그 기사는 다음과 같이 이어진다.

> 마르크스는 자본주의가 탐욕스런 소수에게 부를 몰아주기 때문에 필연적으로 대중을 가난하게 만들고, 경제 위기를 낳고, 부자와 노동계급 간의 갈등을 고조시킨다는 이론을 제시했다. 마르크스는 "한쪽 끝에서 부가 쌓인다는 것은 반대쪽 끝에서 불행, 고통스러운 노동, 노예 상태, 무지, 야만, 정신적 퇴행이 쌓인다는 뜻"이라고 썼다.
>
> 마르크스가 옳았을지도 모른다는 것을 시사하는 증거가 쌓이고 있다. 부유층은 더 부유해지지만 중산층과 빈곤층은 그러지 못한다는 것을 보여 주는 통계는 애석하게도 너무나 찾기 쉽다. 워싱턴 소재 경제정책연구소EPI가 9월에 발표한 연구 결과를 보면, 2011년 미국의 남성 전일제 노동자의 중위 연봉은 4만 8202달러로 1973년보다도 낮다. 경제정책연구소는 1983~2010년 미국에서 생겨난 부의 74퍼센트가 상위 5퍼센트에게 돌아간 반면 하위 60퍼센트는 재산이 줄었다고 추산했다. 상황이 이러니 이 19세기 독일 철학자가 재조명되는 것이 조금치도 이상하지 않다.

이 책이 마르크스를 재조명하거나 처음 접하는 이들에게 도움이 되길 바란다. 개정판에서 모든 것을 고치진 않았다. 어떤 내용은 초판에 실린 그대로 뒀다. 그러나 책 전체에서, 마르크스와 엥겔스를 비롯한 마르크스주의자들의 사상이 여전히 유효함을 부각하려고 제시한 현대의 사례들을 초판 출간 이후 몇 년 동안의 변화를 반영해 갱신하려 애썼다. 마르크스주의 경제학이나 차별을 다룬 장처럼 대폭 수정한 장도 있고 몇 마디만 덧붙인 장도 있다. 조직에 대한 마르크스주의적 관점을 다룬 장과 자본주의와 환경을 다룬 장은 거의 다시 쓰다시피 했다. 그래서 분량이 다소 늘어나긴 했지만 그만큼 더 좋은 책이 됐기를 바란다.

초판을 쓸 때는 책을 처음 써 보는지라 미처 감사 인사를 남기지 못했다. 그래서 여기에 남기려 한다. 초판을 쓸 때 유익한 조언과 논평을 해 준 앤서니 아노브, 개정판 일부를 쓰는 데 도움을 준 티티 바타차리아와 크리스 윌리엄스, 초판과 개정판 모두에 도움을 준 필 개스퍼에게 감사 인사를 올린다. 헤이마켓 출판사의 좋은 분들, 줄리 페인과 앤서니 아노브, 특히 개정판을 마무리 짓도록 채찍질을 해 준 아메드 쇼키에게도 감사하다(사고를 발전시키려 했는지 아니면 그냥 시간을 끌려고 했는지 몰라도 나는 자꾸 책을 한 권이라도 더 읽으려 했다). 통찰과 우정과 사랑과 격려를 베풀어 준 아내 브리짓 브로더릭에게도 감사하다. 끝으로 내 귀여운 고양이, 리언, 루페, 필릭스에게도 어느 때보다 고맙다고 '야옹'하고 인사를 하고 싶다. 이 책에 담긴 핵심 사상을 나 혼자서 생각해 내지 않았다는 점은 굳이 언급하지 않아도 될 것이다. 그것은 바로 마르크스와 여러 위대한 마르크스주의자들이 한 일이다.

머리말

이따금씩, 보통은 경제 불안정과 위기가 끝나고 안정화와 성장이 찾아올 때면 식견 좀 있다는 사람들이 텔레비전에 출연해 마르크스주의에 사망 선고를 내리고 자본주의가 인류 발전의 최종 형태라고 선언한다. 사회주의자이자 저술가인 고 대니얼 싱어가 잘 꼬집었듯이, "우리 사회의 전문가들과 설교자들의 임무는 현 사회의 급진적·근본적 변혁이 불가능하다고 저주하는 것이다."[1]

가장 흔한 레퍼토리는 사회의 최하층도 번영과 계층 이동을 이룰 수 있기 때문에 사회주의가 (특히 미국에서) 사람들의 마음을 얻지 못했다는 것이다. 독일의 저술가 베르너 좀바르트는 1906년에 출간한《미국에는 왜 사회주의가 없는가?》라는 유명한 책에서 다음과 같이 썼다. "사회주의적 이상향은 모두 쇠고기 구이와 애플파이로 된 암초에 걸려 침몰했다."[2] 1930년대 대불황 때 이런 자본주의 옹호론은 인기를 잃었지만, 제2차세계대전 종전 이후에 찾아온 호황기에 부활해서 새 단장을 했다. 대니얼 벨은《이데올로기의 종언》에서 전후 서방의 호황과 스탈린주의의 부상이 "19세기 이데올로기, 특히 마르크스주의가 진실한 세계관을 자처하는 지적 체계로서 효력을

다했음"을 상징했다고 썼다.[3]

좌파 저술가들도 생각을 바꿨다. 예컨대 독일의 급진적 철학자인 헤르베르트 마르쿠제는 다음과 같이 썼다. "나름의 조직 방식으로 점차 개인들의 필요를 더 잘 충족시키게 되고 있는 듯한 이 사회에서 사고의 독립성, 자발성, 정치적 반대의 권리는 기본적인 비판 기능을 상실하고 있다. … 삶의 질이 개선되는 와중에 체제에 순응하지 않는 것은 사회적으로 쓸데없는 짓으로 여겨지며, 그런 짓이 실질적으로 정치적·경제적 불이익을 가져오거나 사회의 매끄러운 운영을 위협할 때는 더더욱 쓸모없다고 여겨진다."[4] 전후 세대 사상가의 전형이라 할 수 있는 마르쿠제가 보기에 노동계급 투쟁은 더는 현존 사회에서 미래의 사회주의 사회로 건너가는 다리가 아니다. 노동자들은 자본주의에 매수되거나 자본주의와 너무 깊이 얽혀 있어서 자본주의를 넘어설 상상을 하지 못하고, 그래서 해결책이라기보다는 오히려 해결돼야 할 문젯거리였다.[5]

1968년 5월에 프랑스 노동자 1000만 명이 벌인 대중적 총파업과 1960년대 말부터 1970년대 초까지 전 세계로 번진 노동계급과 학생들의 반란은 이를 반박하는 강력한 증거였다(1980년 폴란드의 연대노조 운동과,* 남아프리카공화국의 아파르트헤이트[인종 분리 정책]를 무너뜨리는 데 일익을 맡은 흑인 노동계급도 마찬가지다). 그러나 이 운동들은 결국 사그라들었고, 자본주의는 제자리를 찾았으며 경제

---

* **연대노조 운동** 노동자들이 점거한 조선소와 공장에서 선출된 대의원으로 구성된 연대노조는 16개월 동안이나 폴란드 국가와 거의 맞먹는 대안 권력으로 기능했지만 1981년 말 군사 쿠데타로 분쇄됐다.

위기를 이용해 노동계급의 삶을 공격했다. 이 공격은 지금까지도 쉴 새 없이 이어진다. 자본주의 옹호론들이 다시 앞으로 튀어나와 가장 적나라하고 잔인한, "자유 시장" 자본주의를 정당화했다.

그러다 1989~1993년 소련과 동유럽의 관료적 정권들이 붕괴했다. 그때부터 "자유 시장"과 자유민주주의가 파시즘이나 공산주의 같은 "전체주의" 체제에 대항해 승리했다고들 했다. 역사가 프랜시스 후쿠야마가 앞장서서 그렇게 주장했다. 마르크스의 말처럼 인류의 사회조직이 낮은 형태에서 높은 형태로 진화한 것은 사실이지만, 그 과정이 사회주의로 귀결된 것은 아니었다고 말이다. 오히려 자유주의적인 자유 시장 자본주의가 "인류의 이데올로기적 진화의 종착역"이자 "인류의 최종적 통치 형태"로 등극했고, 이로써 "역사의 종말"을 이뤘다는 것이다.[6]

환희에 찬 서방 논객들은 영원한 평화와 번영의 시대가 왔다고 침을 튀기며 떠들었다. 그러나 그것이 정말로 역사의 종말이라면 그렇게 좋은 결말은 아니었다. 오히려 끊임없는 전쟁의 세계가 열렸고, 세계 유일의 초강대국이 된 미국은 거리낌 없이 여기저기서 군사력을 휘둘렀다. 빈부 격차가 갈수록 커졌다(심지어 1990년대에 경제가 성장하는 와중에도 그랬다). 21세기로 접어들면서 세계는 점점 경제적·사회적으로 불안정해졌다. 만인에게 이로울 것이라던 자유무역과 '세계화'는 극소수의 배만 불렸고, 나머지 압도 다수의 처지는 계속 나빠졌다. 한마디로 기업주의 날강도 짓과 초착취 노동이 판치던 19세기로 되돌아간 듯했다. 훨씬 지독해지고 전 지구적 규모라는 점만 달랐다.

현대 자본주의의 추악함은 몇 가지 간단한 사실만으로도 드러난다.

- 2010년에 전 세계 갑부 1210명(그중 410명은 미국에 있다)이 보유한 부는 순자산이 1만 달러 이하인 31억 명이 보유한 부의 절반을 능가했다.[7] 〈포브스〉가 꼽은 세계 400대 부자의 부를 다 합친 액수는 2011년에 1982년의 15배나 됐다.[8]
- 세계 인구의 3분의 1 이상, 즉 26억 명이 하루에 2달러 미만으로 살고 14억 4000만 명이 하루에 1달러 미만으로 산다.[9]

미국은 확실히 부유한 사회이지만, 통계를 보면 소수만이 그 부를 누린다.

- 2011년 S&P 500* 기업의 최고 경영인들이 받은 평균 보수는 1294만 달러였다. 그해에 최고 경영인들은 생산직 노동자들의 380배를 벌었다. 이 비율은 1982년 42배, 1990년 107배를 훨씬 능가한다.[10] 월마트의 최고 경영인 리 스콧이 2007년에 받은 보수는 총 2970만 달러였다. 이는 월마트의 전일제 직원이 받는 급여의 1314배였다.[11] 미국 기업의 3분의 2는 1998~2005년에 소득세를 한 푼도 내지 않았다.[12]
- 1984~2004년에 최고 경영인들의 보수는 300퍼센트 증가했지만 노동자의 임금은 겨우 5퍼센트 증가했다(심지어 최저임금을 받는 노동자들은 급여가 6퍼센트 하락했다). 노동자 임금 인상률이 최고 경영인의 보수 인상률과 같았다면, 2004년에 생산직 노동자들의 평균임금은 2만 7460달러가 아니라 11만 136달러였을 것이다.[13]

---

* S&P 500 국제 신용 평가 기관인 스탠더드앤드푸어스(S&P)가 선정한 500대 기업의 주식을 기준으로 작성한 주가 지수, 또는 선정된 500개 기업을 말한다.

- 미국의 보유 자산 상위 1퍼센트 가구는 나라 전체 부의 34.5퍼센트를, 상위 10퍼센트는 3분의 2를 차지한다. 반면, 하위 90퍼센트 가구가 26.9퍼센트를 차지한다. 소득 상위 0.1퍼센트 가구의 [연간] 평균 소득은 2380만 달러, 하위 90퍼센트는 2만 9800달러였다.[14]
- 인구의 15퍼센트, 즉 4620만 명이 절대 빈곤층이다. 2000년에 이 수치는 11.3퍼센트였다.[15] 흑인의 26퍼센트, 싱글맘 가구의 40.9퍼센트가 절대 빈곤층에 속한다.[16] 4인 가족의 절대 빈곤선은 터무니없게도 2만 1000달러밖에 안 된다. 사실 미국의 공식 집계보다 훨씬 많은 사람들이 가난하게 산다.

가난은 언제나 끔찍하다. 가난을 없앨 물질적 수단이 있는데도 가난을 없애지 않는다면 죄악이다. 그러나 세계 자본주의의 우선순위 탓에, 상상을 초월하는 부와 끔찍한 가난이 공존하며 전자는 후자가 유지되는 것에 의존한다. 사하라사막 이남 아프리카의 1인당 소득이 490달러인데 유럽의 소 한 마리가 받는 보조금이 913달러라는 사실을 보면, 자본주의의 우선순위가 어떤 것인지를 극명하게 알 수 있다.[17] 게다가 이렇게 극심한 빈부 격차는 국적·인종·성에 따른 온갖 차별로 뒷받침된다. 이런 차별들은 불평등을 강화하고 다수에 대한 소수의 지배를 유지하기 위해 고안됐다.

이런 병폐들 때문에, 마르크스나 마르크스주의 아니면 적어도 세계를 바꿀 계획이 필요하다는 생각이 공감을 얻는다. 그래서 온갖 논객들이 마르크스를 파묻으려고 아무리 애를 써도 자꾸만 마르크스가 수면으로 떠오르는 것이다. 마르크스의 사상은 여전히 살아 있다. 마르크스가 1840년대부터 쓴 자본주의에 대한 고발장의 내용이 타당하다는 사실이 오늘날에도 날마다 입증되고 있기 때문이다. 고통이 깊어질수록 계급 분단이 더욱 선명해지고, 이는 마르크스가 역사의 원동력이라고 말한 계급투쟁으로 이어진다. 사회의 풍요를 생산하면서도 쥐꼬리만 한 임금을 받는 노동계급(마르크스가 활동하던 시대에는 "프롤레타리아"라고 불렸다)은 세계 도처에서 조직하고, 시위하고, 파업하는 등 갖가지 방식으로 저항을 지속한다.

마르크스는 사회의 병폐를 폭로하는 데 그치지 않았다. 그 전에도 그런 사람은 많았다. 마르크스는 자본주의가 어떻게 발전하고, 위기에 빠지고, 종말을 맞이하게 될지도 밝혀냈다. 마르크스의 친구이자 평생 동지인 프리드리히 엥겔스가 1883년에 마르크스의 장례식에서 연설했듯이, 마르크스는 "오늘날 자본주의 생산양식을 지배하는 특별한 운동 법칙을 발견"했다. 마르크스를 비판하는 사람들조차도 때때로 마르크스가 자본주의의 본질을 훌륭하게 통찰했다고 인정한다. 그러나 엥겔스는 이어서 다음과 같이 말했다. "그러나 마르크스는 무엇보다도 혁명가였습니다. 마르크스가 평생 추구한 진정한 목표는 자본주의 사회와 그 사회가 낳은 국가기구를 타도하는 일에 어떤 식으로든 이바지하는 것, 현대 프롤레타리아의 해방에 이바지하는 것이었습니다. 그리고 마르크스는 프롤레타리아의 고유한 처지와 필요, 프롤레타리아 해방의 조건을 처음으로 인식한 사람이었습니다."[18]

물론 마르크스가 활동하던 시대 이후 많은 것이 바뀌었다. 그러나 소수의 이윤을 위해 다수를 착취한다는 자본주의의 본질은 그대로며 자본주의의 폐해는 한없이 심각해지고 있다. 모두를 먹여 살릴 만큼 식량을 생산할 수 있으면서도 매년 600만 명의 아이들을 영양실조로 죽게 만드는 세계시장의 얼빠진 무질서도 여전히 우리 곁에 있다.[19] 자본주의는 무계획적으로 생산하고 쉴 새 없이 이윤을 추구하면서, 승객을 위험에 빠뜨리는 폭주 기관차처럼 환경 위기를 부르고 지구에 서식하는 모든 생명을 위협하고 있다. 마르크스와 엥겔스가 묘사한 자본주의의 여러 경향, 즉 세계시장의 상호 의존성 증대, 주기적인 경제 위기의 발생, 생산성·부의 증대와 빈곤의 공존, 자본의 집적과 집중, 독점의 성장 등을 보고 있으면, 그들의 저작이 마치 예언서 같다.

마르크스와 엥겔스가 오래전에 시작한 과업 또한 여전히 유효하다. 경쟁을 협력으로 대체하고, 생산자들이 공동으로 부를 생산하고 소유하며, 이윤이 아니라 인류의 필요를 위해 부를 분배하는 사회를 건설하는 과업 말이다. "우리는 계급과 계급 적대가 존재하는 낡은 부르주아 사회를, 개인이 자유롭게 발전하는 가운데 모두가 자유롭게 발전하는 연합으로 대체할 것이다" 하고 마르크스와 엥겔스는 《공산당 선언》에 썼다.[20] 이런 사회가 도래할 때에만 인류는 창조력을 온전히 꽃피우고, 과학적 지식을 이용해 삶을 파괴하는 것이 아니라 향상할 수 있다.

게다가 스탈린 체제의 몰락에 환호한 사람들이 간과한 사실이 하나 있다. 공산주의로 여겨졌지만 실제로는 관료적 국가자본주의였던 동구권 국가들의 정권이 몰락함으로써, 냉전 동안 동방에서든 서방에서든 왜곡돼 오랜 세월 묻혀 있던 마르크스주의의 진정한 전통, 즉 노동계급의 자력 해방이라는 전통을 재발견할 기회가 열렸다는 것이다. 이런 점에서 마르크스주의는 사망하긴커녕 부활하고 있다.

이 책의 출발은 신문 〈소셜리스트 워커〉(사회주의 노동자)에 격주로 연재한 "마르크스주의의 의미"라는 글이었다. 글의 목적은 마르크스주의 사상의 기초를 소개하며 왜 그 사상이 오늘날에도 세상을 이해하고 바꾸는 데 사활적으로 중요한지를 보여 주는 것이었다.

물론 마르크스와 엥겔스, 그 뒤를 이은 로자 룩셈부르크, 블라디미르 레닌, 레온 트로츠키 같은 위대한 혁명적 사회주의자들의 저서를 직접 읽는 것만큼 좋은 것은 없다. 나는 특히 마르크스의 《프랑스 내전》, 엥겔스의 《사회주의: 공상에서 과학으로》, 룩셈부르크의 《개혁이냐 혁명이냐》, 트로츠키의 《10월의 교훈》, 레닌의 《국가와 혁명》을 읽고 또 읽었다. 다시 읽을 때마다 새 경험에 비춰 새 교훈을 얻었다.[21] 그러나 레닌이 《국가와 혁명》 후기에서 썼듯이 "'혁명을 직접 경험하는 것'이 혁명에 대해 글을 쓰는 것보다 즐겁고 유익한 일이다."[22] 레닌과 마찬가지로 마르크스와 엥겔스도 결코 공론가가 아니었다. 무엇보다 그들은 차별과 착취 없는 세계를 이루기 위해 싸운 혁명가였다. 그들은 세계를 바꾸려면 세계가 어떻게 돌아가는지 이해해야 하며, 과거의 투쟁에서 배워서 변혁을 일으킬 효과적인 지렛대를 찾아내야 한다고 생각했다.

1장

천년왕국설에서 마르크스주의로

※ 천년왕국설 그리스도가 재림해 1000년 동안 세상을 이상적으로 다스린다는 설.

새로운 사회를 꿈꾸다

사회주의 사상은 계급사회만큼이나 오래됐다. 고위 성직자, 왕, 영주, 귀족, 황제, 법관, 장군이 있는 곳에는 언제나, 다수를 희생해 배를 채우는 소수를 몰락시키고 온 세상의 부를 모두가 나눠 갖는 새 세상을 꿈꾸고 때로는 쟁취하려 한 사람들이 있었다.

흔히 급진적 사상은 종교의 언어로 표현됐지만, 거기에 담긴 내용은 매우 분명했다. 4세기 말 콘스탄티노플의 대주교였던 크리소스토무스는 사도행전 강론에서 다음과 같이 썼다. "사도들은 은총을 입었다. 아무도 부족함에 허덕이지 않았기 때문이다. … 자신이 가진 전부를 베풀고 조금도 챙기려 들지 않았다. … 불평등을 없애고 풍요롭게 살았다."[1]

14세기 잉글랜드의 급진적 신부이자 1381년의 위대한 농민 반란을 이끈 존 볼은 다음과 같이 설교했다.

> 사람이 모두 한 부모, 즉 아담과 이브의 후손이라면 어째서 영주들은 자기들이 우리보다 더 고귀하다고 주장하는가? 어째서 영주들은 우리가 땅을 일구고 농사지어 거둔 것을 털어먹는가?

> 그자들은 보드랍고 윤이 나는 비단을 몸에 두르고 외출할 때는 다람쥐 모피를 걸치지만 우리는 누더기를 입는다. … 그자들은 아름다운 저택에 살지만 우리는 비가 오나 눈이 오나 들판에서 뼈 빠지게 일하고 고생한다. 그러나 바로 우리와 우리의 노동에서 모든 것이 생겨난다. 그자들은 그것을 가져다가 호사를 누린다.

존 볼은 다음과 같이 설교를 마친다. "모든 것을 만인이 나눠 갖고 농노 귀족 할 것 없이 모두 평등해지기 전까지, 잉글랜드의 상황은 나아질 수 없고 나아지지도 않을 것이다."[2]

1789년 프랑스 혁명으로 봉건제의 압제가 무너졌지만 부자와 빈자의 경제적 불평등이 여전하고 가진 자의 지배가 계속되는 것을 목도한 그라쿠스 바뵈프는 "평등파의 음모"라고 불린 운동을 조직했다. 그리고 모든 재화를 공동 창고에 보관하고 필요에 따라 분배하는 사회를 건설할 혁명을 새로 일으키자고 호소했다. "완벽한 평등을 기반으로 모든 것이 조화롭게 섞일 것이다" 하고 바뵈프는 썼다.[3]

미국에도 오래된 급진적 운동과 사상가, 공상적 사회주의자, 사회주의자가 있었다. 미국 혁명으로 급진 민주주의적이고 노동 친화적이며 노예제에 반대하는 전통이 태어났다. 예컨대 1820년대에 토머스 스키드모어는 《인간의 재산권!》이라는 책에서 다음과 같이 썼다. "거대한 부가 한결같이 타인의 소유물을 갈취하는 수단으로 쓰인다면, 강도에게서 칼과 총을 압수하는 것과 마찬가지로, 그 부를 소유자에게서 빼앗아야 한다." 그리고 스키드모어는 증기기관 같은 신기술은 "가난한 사람들을 곤궁으로 몰아넣거나 파멸시킬 공산이 크"지만, 가난한 사람들이 그것을 "장악하고 점유"한다면 그들에게 이

로울 수도 있다고 여겼다.[4]

마르크스 이전에도 초기 산업자본주의 시대의 통찰력 있는 비판가들이 있었다. 스위스의 경제학자 장 샤를 레오나르 시몽드 드 시스몽디는 1830년대에 다음과 같이 썼다. "오늘날에는 노력과 보상이 동떨어져 있다. 일하는 사람 따로, 놀고먹는 사람 따로인데, 전자가 일하는 덕분에 후자가 쉴 수 있다."[5] 여기서 시스몽디는 모든 계급사회의 본질을 포착했다. 그 본질은 그저 누구는 부유하고 누구는 가난하다는 것이 아니다. 다수가 노동하는 덕분에 소수가 부를 누린다는 것이다.

프랑스 혁명 이후에는 훗날 공상적 사회주의자로 알려진 사회주의자들이 등장했다. 이들은 합리적으로 조직되는 사회를 구상하고 설계했다. 공상적 사회주의자들은 산업자본주의의 불의를 탁월하게 비판했다. 그들은 산업자본주의가 인간 본성을 대부분 거스른다고 주장했다. 한 예로 프랑스의 공상적 사회주의자 샤를 푸리에는 다음과 같이 썼다. "사회 진보와 중대한 역사적 변화는 여성해방이 진전된 덕분에 나타나고, 사회질서의 타락은 여성해방이 후퇴한 결과로 벌어진다."[6]

공상적 사회주의자들은 이상적으로 운영되는 고립된 사회나 생활공동체를 만들어서 바깥세상이 따라야 할 본보기를 제시하려 했다. 공상적 사회주의자들의 목표는 부자를 비롯한 모든 사람에게 자신들이 설계한 체제의 우월성을 납득시키는 것이었다. 인간의 이성에 호소한다면, 즉 철두철미한 논리를 동원한다면, 지체 높은 사람들이 대안 세계의 구상을 채택하도록 설득할 수 있다고 봤다. 실제로 푸리에는 아래로부터의 혁명적 변화에 반대했다. 공상적 사회주의자들이 보기에 노동계급은 그저 "불쌍한 계급"일 뿐 스스로 세계를 바꿀 능력이 있는 계급은 아니었다. 엥겔스는 다음과 같이 설명한다.

> 사회문제의 해결책이 미발전한 경제 조건 속에 묻혀 있었기에 공상적 사회주의자들은 그 해결책을 머릿속에서 만들어 내려 했다. 사회가 보여 주는 것은 오로지 병폐뿐이었고 이를 없애는 과업은 이성의 몫이었다. 그래서 더 완벽하고 새로운 사회질서를 고안해 그것을 선전함으로써, 가능하다면 본보기를 실험해 보임으로써 외부로부터 부과해야 했다. 이 새로운 사회체제는 애초부터 공상적일 수밖에 없었는데, 그 구상이 정교하면 할수록 순전한 몽상의 영역으로 미끄러질 수밖에 없었기 때문이다.[7]

1800년대에 미국에서도 여러 차례 시도된 이상향 건설 실험은 사실상 전부 실패했다. 실험적 공동체가 바깥 세계를 바꾼 것이 아니라, 오히려 자본주의 세계의 사회적·경제적 우선순위가 그 공동체를 변질시켰다. 이런 실험은 간혹 대안적 사회조직의 모습을 힐끗 보여 줬지만 결국 자본주의라는 적대적 환경에 짓눌렸다. 한편 노동자들이 소유한 협동조합도 유토피아 공동체와 똑같은 이유로 똑같은 문제에 부딪혔다. 시장 자본주의의 바다 한복판에 조그마한 사회주의 섬을 건설할 수는 없었던 것이다.

공상적 사회주의의 다양한 조류는 오늘날에도 여전히 영향력이 있으며 이런 실험이 더 좋은 세상을 "미리 보여 준다"는 이유로 자주 옹호된다. 독립적인 해방의 섬을 만든다는 구상은 두 가지 이유에서 실패하기 마련이다. 첫째, "현실" 세계의 영향력은 그런 공동체가 정립하려는 사회관계에 스며들기 마련이고 결국 그것을 망쳐 버린다. 둘째, 그런 공동체의 존재는 자본주의 체제에 전혀 위협이 되지 않는다.

청년헤겔주의자 마르크스

마르크스와 엥겔스는 처음부터 사회주의자로서 정치 활동에 입문하지는 않았다. 청년 시절 유복한 독일 대학생이었던 마르크스와 엥겔스는 1830년대 말에 청년헤겔학파라는 철학적인 청년운동에 매력을 느꼈다. 당시 굉장한 존경을 받은 독일 철학자 헤겔은 인류의 역사가 "변증법적으로" 진보했다고, 다시 말해 양립 불가능한 사상들이 충돌하며 일으키는 끊임없는 변화를 통해 "절대정신"으로 다가갔다고 주장했다. 우파 헤겔주의자들은 지극히 억압적이고 관료적인 프로이센 국가가 그 "절대정신"을 구현하고 있다고 여겼다.

마르크스와 엥겔스가 끌린 좌파 헤겔주의는 사상의 충돌이 인류의 해방으로 이어진다는 뜻으로 헤겔의 변증법을 해석했다. 청년헤겔학파 일부는 시시콜콜한 형이상학적 차이를 두고 논쟁하는 데 시간을 쏟았지만, 헌법 개혁이나 민주주의적인 개혁으로 눈을 돌린 쪽도 있었다. 마르크스는 강단에 서길 갈망했지만 새로 즉위한 프로이센 왕은 청년헤겔주의자들이 대학에서 직책을 맡는 것을 법으로 금지했다. 그래서 마르크스는 1841년에* 쾰른의 영향력 있는 자유주의 언론 〈라이니셰 차이퉁〉(라인 신문)의 편집장이 됐다. 그러면서

---

* 1842년의 오기인 듯하다.

마르크스는 추상적 철학의 영역을 벗어나 목재 절도죄, 자유무역, 농민의 처지 등을 다루는 (마르크스 자신의 표현을 빌리면) "물질적 이해관계"와 "경제 문제"의 영역으로 첫발을 디뎠다.[8]

이 시기의 마르크스는 극단적 민주주의자라고 할 수 있다. 예를 들어 마르크스는 "모든 자유는 다른 자유의 전제 조건"이어서 단 하나의 자유가 박탈되더라도 자유가 총체적으로 "생명의 기미를 잃는다"고 썼다.[9] 〈라이니셰 차이퉁〉 편집장을 지내면서 마르크스는 목재 절도 금지법 같은 법률들이 부유한 삼림 소유주에게는 유리하게, 가난한 사람에게는 불리하게 이용되는 것을 봤고, 국가가 계급적 이해관계에서 중립적이지 않다는 것도 배웠다. 자유주의자들이 가장 먼저 투쟁을 포기하고 기존 체제와 타협하려 하는 것도 목격했다. 1843년에 국가가 〈라이니셰 차이퉁〉을 폐간했을 때 자유주의적 후원자들은 언론의 자유를 방어하지 못했다. 마르크스는 이 일을 하찮은 자기 이익이 조금이라도 위태로워질까 봐 전전긍긍하는 "불철저한 자유주의의 타고난 무능함"을 잘 보여 주는 사례로 봤다.[10] 동시에 마르크스는 자신도 비판하며 앞으로는 편집장 같은 자리를 맡아 "굽실거리고, 돌려 말하고, 할 말과 못할 말을 가리며" 제 발로 타락의 길을 걷지 않겠노라고 맹세했다.[11]

마르크스는 가장 완전한 민주주의를 옹호했고, 민주주의를 누리기엔 너무 "미숙"하다며 대중을 갓난아이 취급하는 자들을 비난했다. 마르크스는 다음과 같이 물었다. "우리가 모두 요람 속에 있다면 요람을 흔드는 사람은 그중 누구인가? 우리가 모두 감옥에 갇혀 있다면 간수는 그중 누구인가?"[12]

그러나 한동안 마르크스는 노동자와 농민을 스스로 운명을 개척

할 사람들로 보기보다는 그저 고통받는 존재로 봤다. 여전히 "정신", 즉 철학을 변화의 원동력으로 봤기 때문이다. 마르크스는 부르주아지의 협소한 이익만 대변하는 국가를 사회 전체를 대표하는 국가로 "완성"할 수 있으며, "덜 정제된" 물질적 투쟁보다는 이론의 충돌이 더 중요하다는 헤겔주의적 사상을 한동안 고수했다.

독일 자유주의자들의 비겁함을 경험한 마르크스는 1789년 프랑스 혁명 때는 (자신이 보기에) 프랑스 부르주아지가 사회적·정치적 변혁을 지도했지만, 독일 부르주아지는 그렇게 하지 못할 것이라고 확신했다. 그래서 1843년에 편집장 자리에서 물러난 뒤 파리로 간 마르크스는 두 가지 관심사에 몰두했다. 하나는 상아탑에 틀어박힌 논쟁이 아닌 현실의 투쟁을 사회 변화의 핵심 수단으로 주목하는 것이었고, 다른 하나는 사회변혁에서 핵심 구실을 할 새로운 계급이나 사회 세력을 찾는 것이었다.

프랑스에서 발전하고 있던 사회주의·공산주의 사상을 처음 접했을 때 마르크스는 그 사상을 수용하지 않았다. 마르크스는 자기 관점을 정립하기에 앞서 철저히 조사하고 연구하고 싶어 했다. 마르크스가 보기에 그 사상은 현재 조건이나 가능성과 아무런 관련이 없는 관념적 구성체에 불과했다. 마르크스는 세계에 대한 이론적 이해와 투쟁에 대한 실천적 참여 사이를 연결할 방도를 알고 싶었다.

> 우리는 얼마든지 정치 비판과 정치 참여를, 그러니까 현실의 투쟁을 출발점으로 삼아 비판을 정립할 수 있고, 우리의 비판을 실질적 투쟁으로 여길 수 있습니다. 그럴 때 우리는 새로운 원칙을 들이밀며 '이것이 진리이니, 그 앞에 무릎 꿇으라!' 하는 식으로 세계를 교조적으로 대하

지 않습니다. 우리는 세계가 돌아가는 원리에 기초하면서도 새로운 원리를 개발해서 세계에 제시합니다. 세계를 향해 '그대들은 어리석은 투쟁을 멈추라! 우리가 진정한 투쟁의 구호를 주겠노라' 하고 말하지 않습니다. 그저 그 투쟁이 진정으로 바라는 것은 무엇인지, 그리고 의식이라는 것은 그 투쟁이 원치 않더라도 획득될 수밖에 없는 것임을 세상에 보여 줍니다.[13]

마르크스는 파리에 머물면서 노동자 운동을 처음 접했고 프랑스 노동자들의 고결한 정신과 투쟁을 위한 헌신에 감동했다. 1844년 루트비히 포이어바흐에게 보낸 편지에서 마르크스는 다음과 같이 썼다. "고생에 찌든 노동자들이 내뿜는 순수한 활기와 고결함을 제대로 이해하려면 프랑스 노동자들의 집회에 꼭 가보셔야 합니다. … 역사는 문명사회의 이 '야만인'들 틈바구니에서 인류 해방의 실천적 요소를 마련하고 있습니다."[14] 마르크스는 새로 사귄 친구 엥겔스에게도 영향을 받았다. 영국에서 성장하고 있던 산업 노동계급의 투쟁을 본 엥겔스는 노동계급이 스스로 투쟁해서 사회주의를 성취할 수 있다는 결론에 마르크스보다 먼저 도달해 있었다.

[1843년] 12월 말에 마르크스는 새로 정립한 관점을 표명했다. 독일에서 새 사회를 건설하려면 혁명적 투쟁이 필요한데 이를 수행할 능력은 새로 형성되고 있는 노동계급에게 있다는 것이었다. 노동계급은 "철저한 속박"을 당하고 있으며 "사회의 다른 모든 영역에서 자신을 해방하지 않으면, 그래서 사회의 모든 영역을 해방하지 않으면" 자기 해방을 달성할 수 없는 계급이다.[15]

그리고 1844년에 마르크스는 독일에서 최초로 분출한 대규모 노동자 투쟁을 봤다. 슐레지엔 방직공들이 반란을 일으키고 이틀간 군대와 전투를 벌인 것이다. 이 사건으로 마르크스는 자신의 생각을 굳혔다. 방직공 반란을 방관자 관점에서 비판한 헤겔주의자 아르놀트 루게와 논쟁을 벌이며 마르크스는 "선생 노릇"이나 하기보다는 투쟁을 연구하면서도 흠뻑 공감하는 사람이 돼야 한다고 똑똑히 말했다.

새로운 사회주의

마르크스와 엥겔스는 사회주의를 받아들이기로 했지만, 그들의 사회주의는 공상적 사회주의와 달랐다. 관념 속이 아니라 현실에 존재하는 조건에 뿌리를 뒀다는 점에서 그랬다(사실 마르크스와 엥겔스는 스스로 공산주의자라고 칭했는데, 이것은 공산주의가 노동자 운동과 밀접한 연관이 있던 반면 사회주의는 노동자 투쟁을 멀리한 공상적 사회주의자들과 주로 결부됐기 때문이다). 마르크스와 엥겔스는 다른 세계를 갈망하고 상상하는 것만으로는 사회주의에 이를 수 없음을 보여 줬다. 공상적 사회주의는 현존 사회관계를 비판하고 더 나은 사회가 어때야 하는지 상세한 계획을 제시하면서 '현실은 이렇다'와 '미래는 이래야 한다'를 대비시키기만 했다. 그러나 현재와 미래 사이를 연결할 고리가 필요했다. 미래 사회의 씨앗이 현존 사회라는 토양에 있어야만 미래 사회가 싹을 틔울 수 있다. 사회가 진보하려면, 그런 변화에 가능성과 필연성을 부여할 물질적 조건과 사회적 행위 주체가 존재해야 한다.

마르크스와 엥겔스는 다음과 같이 썼다. "우리가 보기에 공산주의는 … 현실을 이상에 꿰맞추는 것이 아니다. 현 상태를 철폐하는 현실의 운동이다."[16] 그래서 마르크스와 엥겔스는 "인간의 말, 상상, 생각"에서 출발해 "살아 숨 쉬는 인간에 도달"하려 하지 않았다. 그 대신에 "살아 움직이는 현실의 인간과 인간의 실제 생활 과정에서 출발해서, 인간 생활의 이데올로기적 반영과 반향이 어떻게 전개되는지 보여" 주려 했다."[17]

그 요지는 해방을 실현할 조건이 갖춰지기 전에는 해방을 바라는 사상이 생겨날 수 없다거나 사람의 사고와 물질적 생활 조건이 기계적으로 일대일 대응한다는 것이 아니었다. 그러나 마르크스와 엥겔스는 "충분한 양과 질의 의식주를 확보하지 못하면 … 해방은 불가능"하며, "해방은 정신 작용이 아니라 역사적 행위"라고 주장했다.[18]

한마디로 사회주의는 좋은 구상에 그쳐서는 안 된다. 사회주의를 실현할 가능성이 있는 물질적 힘과 사회 세력이 자본주의의 틀 안에 생성돼 있어야 한다. 투박하게 말해, 먹고살기도 힘든 상황에서 평등이란 모두 평등하게 고통받으며 천천히 죽자는 것일 뿐이다. 먹고살 수 있어야 나눔도 지속할 수 있다. 더 나아가 혁명적 변화는 소수 사회공학자의 사회개조 작업이 아니라 대중의 행동에서 생겨나는 것이다.

마르크스와 엥겔스가 공상적 사회주의를 뛰어넘을 수 있었던 데는 서로 연관된 여러 이유가 있었다. 마르크스와 엥겔스는 산업자본주의의 성장으로 부가 급증한 덕분에 빈곤 없는 세계가 가능해졌다고 봤다(저절로 실현되지는 않을 테지만 말이다). 이 점에서는 다른 사회주의자들도 같은 의견이었다. 그러나 마르크스와 엥겔스는 현실의 또 다른 면을 봤다. 바로 독일·영국·프랑스 노동자들이 벌인 파업과 시위였다. 마르크스와 엥겔스는 노동계급이 그저 "불쌍한 계급"이기를 거부하며 스스로를 해방하고 그럼으로써 인류 해방의 근간을 마련할 수 있는 능동적 행위 주체로서의 계급이 된 것을 목격했다.

이 점은 마르크스주의의 핵심 요소이므로 뒤에서 더 자세히 다루겠다. 여기서는 두 가지 점을 강조해야겠다. 노동계급의 '발견'은 중요한 돌파구였다. 스스로 행동해 사회를 변혁할 능력이 있는 사회세력을 식별했기 때문이다. 그 전까지 급진적 사회변혁 사상에는 크게 두 조류가 있었는데, 두 조류 모두 착취받는 대중을 기껏해야 계몽된 소수의 사회변혁을 보조하는 수동적 존재로 봤다.[19] 마르크스와 엥겔스도 원래는 그렇게 여겼지만 계급투쟁을 관찰하고 몸소 겪으면서 생각을 바꿨다.

18세기 프랑스의 급진적 유물론자들도 공상적 사회주의자와 마찬가지로 대중은 사회적·물질적 환경의 산물이기 때문에 주어진 환경을 뛰어넘지 못한다고 주장했다. 환경에 지배당하는 사람이 어떻게 환경을 빠져나와 사회를 바꿀 수 있겠는가? 따라서 사회변혁을 위해서는 사회를 초월한 비범한 인물이나 계몽된 남성들의 집단이 있어야 하며(역설적이게도 계몽된 남성들이 세상을 바꾼다는 생각은 이 철학자들 자신도 지배적 환경의 산물이었다는 것을 입증한다), 아니면 위로부터 변화를 추진할 계몽전제군주라도 있어야 한다. 프랑스의 혁명가 오귀스트 블랑키 같은 급진주의자들도 노동자를 의식 없는 대중으로 봤는데, 이들은 노동자들이 혁명의 손발이 될 순 있어도 지도자가 될 순 없다고 봤고 혁명이란 각성한 책략가 집단이 일으키는 것이라고 여겼다.

위대한 사상이 물질세계에 결정적 영향력을 끼친다고 여기는 관념론자들도 대중은 역사적 변화에서 아무 구실도 못하거나 수동적 구실만 할 뿐이라는 엘리트주의적 이론을 고수했다. 예를 들어 1840년대 초에 마르크스와 엥겔스도 가담했던 독일의 좌파 헤겔주의는 사회 변화에서 정신(또는 사상·철학)은 능동적 요소이고 물질, 즉 '대중'은 수동적 요소이거나 아무 구실도 못 한다고 봤다. 요컨대 급진주의자들은 대부분 '영웅 사관', 즉 역사에서 중요한 사건은 모두 위대한 인물의 위대한 사상과 행동에서 비롯한다는 관점을 고집했다. 19세기 프랑스의 급진적인 역사가 오귀스탱 티에리는 영웅 사관을 다음과 같이 조롱했다.

> 역사가들은 이상할 정도로 고집스럽게 대중의 자발성과 창의성을 외면한다. 백성들이 한꺼번에 고향을 떠나 새로운 터전을 마련하면 역사가와 시인은 어떤 영웅이 자기 이름을 빛낼 새로운 제국을 건설하겠노라고 마음먹었다고 단언한다. 도시가 세워지면 군주가 그 도시에 생명을 불어넣었다고 한다. 대중, 시민은 늘 어떤 개인을 떠올리기 위한 소재일 뿐이다. 누가 제도를 수립하고 사회사업을 구상했는지 정말 알고 싶은가? 그것이 절실했던 사람들을 찾아라. 그들이야말로 그것을 구상하고, 실행하려 하고, 실제로 실행의 상당 부분을 맡은 사람이다.[20]

역사를 기록하는 것은 역사가와 시인일지 모르지만 역사를 만드는 것은 행동하는 인간 집단, 특히 사회계급이다. 마르크스는 "포이어바흐에 관한 테제"라고도 불리는, 1845년에 남긴 일련의 메모에서 이런 결론에 도달했다. 우선 마르크스는 다음과 같이 주장했다. 대중은 환경의 산물이며 대중을 바꾸려면 환경을 바꾸기만 하면 된다고 주장하는 기계적(또는 일면적) 유물론자들은 사회를 둘로 나눌 수밖에 없다. 한쪽은 수동적 다수(환경의 희생자로 환경에 갇혀 있다)이고 다른 한쪽은 생각하는 엘리트로서 어떤 이유에서인지 사회를 초월해서 사회를 바꿀 능력이 있다. 저명한 행동주의 심리학자 B F 스키너가 여러 가지 실험을 설계하고 실험 대상에게서 예측한 반응을 이끌어 내듯이, 이 소수 엘리트 집단은 환경을 바꿔서 수동적 다수를 바꿀 수 있다는 것이다.

이런 관점의 문제점은, 환경을 바꿀 특별한 소수 역시 물질적 환경의 산물일 텐데 다른 모든 사람의 행동을 제약하는 그 환경에서 유독 그 소수만 자유롭다고 할 만한 합당한 근거가 없다는 데 있다. 이 허점을 인정한다면 변화는 불가능해진다. 마르크스가 설명했듯이 "환경 변화와 훈육에 대한 유물론자들의 교리는 인간이 환경을 바꾼다는 점과 교육자 자신도 교육받아야 한다는 점을 간과한다. 그래서 그 교리는 사회를 우월한 쪽과 열등한 쪽으로 나눌 수밖에 없다."[21]

이처럼 마르크스는 헤겔의 관념론을 비판하면서도 역사가 인간의 배후에서 저절로 "벌어지는" 것처럼 묘사한 기계적이고 일면적인 기존의 유물론으로 빠지지 않았다. 나중에 더 자세히 다루겠지만 마르크스는 인간이 스스로 역사를 만들기도 하지만 동시에 물질적 조건이 역사에서 가능한 일들을 제약하기 때문에 인간의 의지와 역사적 결과물이 언제나 일치하지는 않는다고 했다.

마르크스는 다음과 같이 주장한다. "지금까지 유물론의 주된 문제점은 사물, 현실, 감각적 활동을 오로지 객체나 관조라는 형식으로만 파악했을 뿐 감각하는 인간의 활동, 즉 실천으로는 파악하지 않았다는 것이다."[22]

현실의 조건은 중요치 않고 사상만이 중요하다고 하는 관념론자들에게 마르크스는 실제 세계와 아무 연관이 없는 사상은 물질적이지 않기 때문에 사회 조건을 바꿀 수 없다고 비판했다. 사회사상의 타당성은 오로지 실천으로만, 사회를 바꾸려 하는 대중의 실천으로만 검증할 수 있다. 마르크스가 이 딜레마를 해결한 방법은 역사적 변화가 대중의 자의식적 활동으로만 가능하다고 본 것이었다. 다시 말해 마르크스는 차별받는 집단이 세계를 변혁하기 위해 행동하면서 자신의 의식과 조건을 바꿀 때 역사적 변화가 일어난다고 봤다. "환경의 변화와 인간 활동의 변화(자기 변화)가 일치하는 것은 오로지 혁명적 실천뿐이라고 봐야 하고 그래야만 합리적으로 이해할 수 있다."[23]

2장

마르크스의 유물론적 방법

왜 이론이 중요한가

마르크스가 1845년에 쓴 《포이어바흐에 관한 테제》의 마지막 구절은 다음과 같다. "지금까지 철학자들은 세상을 이러저러하게 해석하기만 했다. 그러나 중요한 것은 세상을 바꾸는 것이다."[1] 이 말은 이론을 거부하려는 뜻으로 읽을 수도 있다. 이론 따위는 없어도 된다, 이론은 끝없이 논쟁이나 하는 교수와 지식인에게나 어울린다, 그저 옳다고 믿는 것을 위해 싸우면 된다는 식으로 말이다. 1960년대에 밥 딜런이 노래했듯이 "예보관이 없어도 바람 부는 방향쯤은" 알 수 있다.[2]

그런데 사회사상은 시간 낭비라고 잘라 말하는 사람은 있을지 몰라도 자연과학까지 쓸모없다고 할 사람은 없을 듯하다. 어느 누구도 "물리학이 무슨 소용이람?" 하고 말하진 않을 것이다(지루한 과학 수업을 듣고 있는 고등학생이라면 몰라도 말이다). 전기, 비행기 엔진, 컴퓨터 등 현대 기술은 모두 과학을 토대로 개발됐다.

과학 이론은 사물의 겉모습을 넘어서서 사물의 운동을 지배하는 숨은 법칙을 이해하게 돕는다. "사물의 외양과 본질이 그대로 일치한다면 과학은 불필요할 것이다" 하고 마르크스는 썼다.[3] 과학 이론은 그냥 관찰만 해서는 뚜렷하게 알기 어려운, 현상의 원인과 과정을 설명한다. 이를테면 어떤 과정이 작용해서 물이 끓는지는 끓는 물을 그냥 지켜본다고 해서 알 수 없다.

과학 저술가인 칼 세이건은 다음과 같이 썼다. "인간이 아무것도 변하지 않는 행성에 살았다면 할 일이 거의 없었을 것이다. 알아낼 것이 없고 과학적 탐구의 원동력이 없었을 것이다. 반대로 인간이 만물이 제멋대로 복잡하게 변하는 예측 불허의 세상에 살았다면 도저히 세상을 이해할 수 없었을 것이다. 이 경우에도 과학은 없었을 것이다. 그러나 이 우주는 양극단 사이에 있다. 사물은 변하지만 거기에는 패턴과 규칙, 즉 자연의 법칙이라는 것이 있다."[4]

이론의 옳고 그름은 어떻게 가릴까? 이론은 실천으로 검증돼야 한다. 설명하지 못하는 사례나 결과가 발견되면 과학 이론을 틀린 것으로 판명할 수 있다. 잘못된 이론은 쓸모없을 뿐 아니라 나쁜 실천적 결과를 도출한다. 혹은 마땅히 설명해야 할 문제들을 전부 설명하지는 못한다. 실제로 많은 경우 과학 이론의 타당성은 얼마나 현상을 잘 예측하는지, 예측을 실험으로 재현할 수 있는지, 그 이론의 응용이 실제로 효험을 보이는지에 달려 있다.

그렇다고 해서 과학의 응용이 철저하게 중립적이라는 말은 아니다. 정부와 기업이 불치병 치료보다는 핵무기나 [이윤이 보장되는] 모방 의약품 개발에 더 많은 시간과 돈을 투자한다는 사실은 분명 오늘날 자본주의가 과학 연구를 어떻게 좌지우지하는지에 관해 시사하는 바가 있다. 과학 연구는 사회 바깥에서 중립적으로 수행되는 활동이 아니다. 과학 연구는 이윤을 추구하는 기업들의 이해관계와 국가 간 군사 경쟁에 단단히 매여 있다. 미국인 생명윤리학자 데이비드 B 레스닉은 "현대 과학은 큰 돈벌이 사업이고, 다른 돈벌이 사업과 마찬가지로 경제적 요인과 금전적 이해관계에 영향을 받는다" 하고 썼다.[5] 그럼에도 과학의 최종 목표는 좋은 쪽으로든 나쁜 쪽으로든 현실을 바꾸는 데 이바지하는 것이다. 다시 말해 "과학자들은 세상을 바꾸기" 위해 "세상을 해석"할 수 있어야 한다. 여기서 "바꾸기 위해"라는 표현을 "파괴하기 위해"로 비틀면 이 말은 핵폭탄에 대해서도 옳다.

그러나 사회를 이해하고 바꾸는 것에 관한 '과학'을 논할 수 있을까? 중요한 것은 세상을 "바꾸는 것"인데 철학자들은 "세상을 해석"하려고만 한다는 마르크스의 재치 있는 지적은 말로만 떠들고 행동하지 않는 공론가들을 겨냥한 것이다. 마르크스가 정말로 세상을 이해하는 것이 무의미하다고 여긴 것은 아니다. 그렇다기보다는 세상을 바꿀 요량이 아니라면 세상을 이해하는 것이 무슨 의미가 있겠냐는 말이다. 실천과 동떨어져 있는 사상은 얼마든지 현실과 무관한 별세상에 빠질 수 있다. 학계의 문화와 관행에 몸담아 본 사람이라면 알 테지만 그런 별세상에서는 두루뭉술하게 이것도 좋은 이론이고 저것도 좋은 이론이라고 하는데 그렇게 되면 결국 모두 쓸모없는 이론이 된다.

과학은 생산기술을 향상시켜 경쟁사보다 더 많이 판매하고자 하는 기업의 목적을 달성하는 데 활용될 수 있다. 그런데 우리가 사는 사회는 굉장히 부유한 소수 착취자와 굶지 않으려면 일해야 하는 다수로 나뉘어 있다. 그리고 소수의 착취자와 다수의 피착취자로 나뉜 사회가 제대로 굴러가려면 계급 지배를 뒷받침할 사상이 반드시 있어야 한다. 1845년에 마르크스와 엥겔스는 다음과 같이 썼다. "어느 시대나 지배계급의 사상이 지배적인 사상이다. 사회의 물질적 힘을 지배하는 계급은 그 사회의 지적인 힘도 지배한다. 물질적 생산수단을 거머쥔 계급은 동시에 정신적 생산수단도 장악한다. 따라서 정신적 생산수단이 없는 사람들의 사상은 일반적으로 지배적인 사상에 종속된다. 지배적인 사상은 그 사회의 주된 물질적 관계가 관념으로 표현된 것에 불과하다."[6]

그래서 다루는 문제가 인간 사회와 밀접한 분야일수록 그 사상은 과학에서 멀어지고 체제를 옹호하는 변명에 가까워진다. 지배계급인 자본가계급(마르크스와 엥겔스는 "부르주아지"라고 일컬었다)은 명백히 자신들의 목적을 위해 사회사상을 활용한다. 그리고 그 목적은 자신들의 지배를 정당화하는 것, 즉 빈자와 부자의 불평등한 사회관계를 변화시키지 않고 고스란히 유지하는 것이다. 미국이 인디언 학살, 멕시코 정복, 아프리카인의 노예화를 바탕으로 건국됐다는 사실이나, 사법제도가 빈자보다 부자에게, 흑인보다 백인에게 유리하다는 사실이나, 노동자들이 하루 8시간 노동제를 위해 파업을 해야 했다는 사실 등은 대부분의 중·고등학교 교과서에서 중요하게 다뤄지지 않을 것이다. 역사도 "지배적인 이데올로기"를 반영하기 때문이다.

"지배적인 사상"은 현 체제를 지탱하기 위한 것이지 그것을 이해하고 그것에 문제를 제기하기 위한 것이 아니다. 이런 사상의 한 예로 미국 노동운동사 내내 고용주와 그 하수인 노릇을 하는 정치인들이 되풀이해 온 주장이 있다. 바로 "외부 세력의 선동" 때문에 파업이나 사회운동이 벌어진다는 것이다. 민중은 제 분수를 모르고 복에 겨워서 차별에 맞서 싸우려 하는데, 멍청하고 속기 쉬워서 "마키아벨리적"인* 좌파에게 쉽게 부화뇌동한다는 관점을 유포하는 주장이다. 영국의 급진적 작가 마이크 마커시가 썼듯이 이런 주장에는 "불의의 피해자들은 윗사람에게 대들 재주도 배짱도 없어서 고통에 스스로 대처하지 못하고 자기 편도 이성적으로 분간하지 못한다"는 전제가 깔려 있기도 하다.[7]

역사가나 사회학자는 보통 이보다 더 세련되게 주장하지만 세련되다고 해서 곧 뛰어난 통찰인 것은 아니다. 사실 조야한 주장보다는 겉보기에 그럴싸한 주장이 현상 유지에 더 도움이 될 것이다. 마르크스는 동시대 부르주아 경제학자들이 "어떤 명제의 옳고 그름보다는 자본에게 이로운지 해로운지, 편리한지 불편한지, 정치적으로 위험한지 아닌지"를 중시한다고 비판했다.[8] 더 나아가 사회과학 전문가와 이론가라는 사람들은 계급과 계급투쟁이 역사의 중심이라고 주장하는 사람들을 거의 본능적으로 헐뜯는다. 이런 현실을 두고 레닌은 다음과 같이 말했다.

> 문명 세계 도처에서 마르크스의 가르침은 모든 부르주아지 학계에서(공인된 학계든 자유주의자들의 학계든) 극도의 적개심과 혐오감을 자아내며, 마르크스주의는 '해로운 종파'의 일종으로 치부된다. 그렇지 않은 태도는 기대하기 어려운데, 계급투쟁을 기반으로 한 사회에서 '공평무사'한 사회과학이란 있을 수 없기 때문이다. 공식 학문과 자유주의

---

* 마키아벨리즘 이탈리아 정치사상가 니콜로 마키아벨리(1469~1527)의 이름을 딴 것으로, 마키아벨리의 정치사상처럼 목적(특히 권력)을 위해서 비도덕적인 권모술수도 사용할 수 있다는 생각을 말한다.

자들의 학문은 모두 어떤 식으로든 임금 노예제를 옹호하지만 마르크스주의는 임금 노예제에 맞선 가차 없는 전쟁을 선포했다. 임금 노예제 사회에서 학문이 공평무사하기를 바라는 것은 이윤을 깎아서라도 임금을 올려야 하지 않느냐는 물음에 기업주가 공평무사하게 답하길 바라는 것만큼이나 어리석고 순진하다.[9]

자본주의를 근본부터 바꾸는 과업에 가장 헌신하는 사람들이야말로 자본주의를 이해하기 가장 좋은 처지에 있다. 그러므로 역사와 사회를 이해하는 데 가장 유용한 통찰과 폭로가 담긴 글을 쓴 학자와 연구자가 적어도 인생에서 한 번쯤은 사회를 바꾸는 급진적·혁명적 실천에 가담하거나 그런 실천과 밀접한 관계를 맺은 적 있다는 사실은 결코 우연이 아니다.

사회를 진정으로 비판적으로 이해하는 일이 한 계급을 대변한다면 그것은 "자본주의 생산양식을 전복하고 마침내 모든 계급을 철폐할 역사적 소명을 띤 계급, 즉 프롤레타리아를 대변할 수밖에 없다" 하고 마르크스는 주장했다.[10] 이 주장의 요지는 길 가다 마주친 UPS 택배 노동자에게서 온갖 사회문제에 대한 명확한 해법을 들으면 된다는 것이 아니다. 세상에 대적할 방법을 모색하며 투쟁하는 노동자들의 운동만이 투쟁에서 승리하기 위해 사회 동역학의 참모습을 반드시 파악해야 하는 처지에 있다는 것이다. 다시 말해 "경력, 이윤, 윗사람의 자비로운 후원에 개의치 않는" 노동계급, 차별받는 사람들, 투쟁에서 그들의 편에 서는 사람들만이 자본주의가 굴러가는 실제 모습을 이해할 잠재력이 있다.[11]

상식을 따르면 진리는 중용, 즉 서로 다른 견해들 사이의 황금비를 찾아내는 것이다. 그러나 아이러니하게도, 세상을 바꾸는 투쟁에 가담해서 차별받고 착취받는 쪽을 편들어야만 세상이 돌아가는 원리를 이해할 필요성과 능력이 생긴다. 가령 어떤 노동자가 사용자들은 웬만하면 임금을 두둑이 주려고 애쓰는 합리적인 사람들이라고 여긴다고 하자. 그 노동자는 그 믿음에 따라 행동할 것이다. 사장실 문을 두드리고 정중하게 임금 인상을 부탁할 것이다. 그러나 그는 자신의 '이론'이 별로 도움이 안 된다는 것을 금세 알아차릴 것이다. 사용자들은 인력이 부족하거나 노동자가 투쟁할 때만 임금을 올린다. 다른 조건이 모두 같다면, 굳이 이윤을 깎아서 임금을 올리려 하지 않는다.

안타깝게도, 사회를 바라볼 때 이 이론도 옳고 저 이론도 옳다는 태도가 흔하다. 물리학이나 천문학에서 그런 태도를 보인다고 해 보자. 누구는 지구가 태양 주위를 돈다고 하고 누구는 태양이 지구 주위를 돈다고 하는데, '누가 옳은지 알 게 뭐람?' 하고 말할 수 있을까? 사회문제에 실천적으로 참여해서 사회를 정말로 바꾸려 할 때 사회학판 '평면지구설'은 쓸모가 없을 것이다. "자원이 희소해서 가난이 생긴다", "이주 노동자가 우리 일자리를 훔쳐 간다", "게으르니까 가난하다", "우리 정부가 외국을 침공하는 것은 그 나라 사람들을 해방하기 위해서다" 같은 말처럼 현상 유지를 뒷받침하는 '상식'을 넘어서야 한다.

그러면 사회를 바라볼 때 어떤 관점이 더 나은지는 어떻게 알 수 있을까? 마르크스와 엥겔스는 세계관의 옳고 그름을 경험으로 검증해야 한다고 봤다. 마르크스는 다음과 같이 썼다. "인간의 사고로 객관적 진리에 도달할 수 있느냐는 문제는 이론이 아니라 실천으로 답을 구해야 한다 … 인간은 자기 생각이 진리라는 것을, 다시 말해 현실성과 힘, 곧 현실 세계와의 관련성이 있다는 것을 실천으로 입증해야 한다." 현실과 동떨어진 채 어떤 사상의 옳고 그름을 따지는 것은 "순전히 사변적이고 현학적인 태도다."[12] 그리고 사회는 변인을 제어해 이론을 검증하는 시험관이나 실험실 같은 곳이 아니다. 삶 자체가 실험이다.

노동계급의 머릿속은 백지상태가 아니라 각양각색의, 많은 경우 양립 불가능한 사상들로 들어차 있으며 그중에는 지배적인 사상을 반영하는 사상도 있고 그와 충돌하는 사상도 있다. 예를 들어 노동조건 개선을 바라며 노동조합을 지지하지만 인종차별 사상을 수용하는 사람이 있을 수 있다. 그런가 하면 인종차별은 반대하면서 성차별은 용인하는 사람도 있을 수 있다. 사람들은 자신이 연대와 해방을 북돋는 사상과 분열과 억압을 부추기는 사상, 즉 서로 모순되는 사상을 동시에 받아들인다는 사실을 의식하지 못할 수도 있다. 명료한 사상의 중요성은 대중행동이 전개될 때 한층 더 뚜렷해진다. 운동의 향방을 두고 온갖 논쟁이 벌어지기 때문이다. 러시아 마르크스주의의 선구자인 게오르기 플레하노프는 다음과 같이 썼다. "혁명적 이론 없이 혁명적 운동 없다."[13]

사상을 모두 가다듬고 난 뒤에야 더 나은 세상을 위해 투쟁할 수 있다는 뜻이 아니다. 투쟁에 뛰어들지 않으면 세상에 대한 사상도 가다듬을 수 없다. 플레하노프의 요지는 짓밟히고 천대받고 착취당하는 우리 편이 끝내 승리해 새로운 사회를 건설하려면 우리도 지배계급의 세계관에 맞서서 일관된 사상과 세계관을 갖춰야 한다는 것이다. 일관된 세계관은 자본주의에 맞서 싸우는 과정에서 생겨나기도 하지만, 지난 투쟁의 역사적 경험을 이해하려 하거나 사회의 작동 방식을 과학적으로 연구하는 과정에서 형성되기도 한다. 러시아 혁명가 레온 트로츠키는 다음과 같이 말했다.

> 속물들의 눈에는 혁명가의 관점이 사실상 과학적 객관성을 저버린 것으로 보인다. 그러나 우리의 견해는 정반대다. 오로지 혁명가(당연히 과학적 방법으로 무장해 있어야 한다)만이 혁명의 실제 동역학을 파헤칠 수 있다. 뭔가를 이해하려는 사고는 일반적으로 관조적인 활동이 아니라 능동적인 활동이다. 자연과 사회의 비밀을 꿰뚫어 보는 데서 의지는 불가결한 요소다. 자신의 메스에 환자의 생사가 달려 있는 외과의가 극도로 세심하게 가지각색의 생체 조직을 구분해 내듯이, 자신의 과업에 진실되게 임하는 혁명가는 사회의 구조와 기능, 작동 방식을 투철한 사명감을 갖고 분석해야 한다.[14]

유물론과 관념론

철학사에서 관념론과 유물론이란 말은 일상적 용법과 매우 다른 뜻으로 쓰인다. 일상에서 관념론과 같은 말인 이상주의는 비현실적인 생각이나 실현 불가능한 목표라는 뜻으로 쓰이고, 유물론과 같은 말인 물질주의는 재산과 부를 소유하려는 욕망이라는 뜻으로 쓰인다. 이렇게 말한다면 마르크스는 관념론자고 빌 게이츠는 유물론자라고도 할 수 있겠다. 그러나 철학 문헌에서 전통적으로 관념론과 유물론은 우리가 사는 세계를 바라보는 두 가지 상이한 방법을 뜻하는 말로 쓰인다. 관념론은 정신이나 영혼, 때로는 신을 모든 물질적인 것의 기원으로 본다. 예를 들어 고대 그리스의 관념론자 플라톤은 온 세상의 삼라만상이 보편적이고 관념적인 범주에 의해 정해져 있다고 주장했다. 현실에 존재하는 모든 나무는 '나무'라는 보편적 관념의 모사라는 것이다. 플라톤이 보기에 '실재'하는 것은 보편적 이상이고, 물질로 된 형체는 그저 보편적 이상의 그림자거나 불완전한 복사본에 불과하다. 플라톤은 물질과 정신을 분리한 뒤 정신이 물질을 다스린다고 주장했다.

관념론은 뭇사람의 사고방식에 깊이 스며들어 있다. 예컨대 역사적 변화는 위대한 사상을 품은 위대한 남성(여성은 보통 인정받지 못한다)이 등장할 때 벌어진다는 관점이 매우 흔하다. 그러나 이런 관점으로는 사람들이 왜 애써 그 지도자를 따르려 하는지, '위대한 남성'의 위대한 사상은 어디에서 오는지를 이해할 수 없다.

유물론은 현실의 모든 것이 물질에 기반하며 정신 활동도 물질이 특정한 방식으로 구성된 결과라고 본다. 관념론은 정신이 자연의 바깥에 있으며 자연보다 우월하다고 여기지만, 유물론은 정신도 자연의 산물이라고 주장한다. 정신은 물질세계와 떨어져서 존재할 수 없으며 물질세계는 인간이 그 세계에 대해 사고하기 훨씬 전부터 이미 존재했다. 이렇게 보면 '나무'라는 추상적 관념은 현실에 존재하는 나무에 대한 우리의 경험에서 나온 것이다. 보편적 범주는 인간이 현실에서 경험한 것을 일반화한 것일 뿐이다. 마르크스도 이런 생각을 다음과 같이 표현했다. "의식이 삶을 규정하는 것이 아니라 삶이 의식을 규정한다."[15]

관념론의 가장 흔한 형태는 인간에게 무한한 "자유의지"가 있다는 관점이다. 개인은 경제적·사회적·문화적 난관이 있더라도 마음만 먹으면 무엇이든 해낼 수 있다는 것이다. "정말로 열심히 노력하면 가난도 이겨 낸다" 같은 주장도 인간의 무한한 자유의지를 전제한다. 이렇게 보면 가난은 예컨대 공장 폐업이나 (어떤 기업이 뿜어낸 오염 물질 때문에 발생했을지도 모를) 가족력이 있는 만성질환 때문에 생긴 사회적 현상이 아니라 개인의 잘못이 된다.

그 악명 높은 사례로 전직 미국 대통령 로널드 레이건이 한 말이 있다. 그는 "지하철 환풍구 위에서 자는 … 노숙자들 … 은 자기가 원해서 그렇게 산다고 할 수 있다" 하고 망언을 내뱉은 적이 있다. 1980년대에 노숙이 급증한 것은 자신이 공공주택 예산을 반 토막 내고 지방정부에 지급하는 연방 정부의 보조금을 깎은 것과 무관하다는 것이다.[16] 그리고 뒤집어 말하면 기업가와 부유한 전문직은 '금수저를 물고' 태어나서가 아니라 개인의 능력이 뛰어나서 그런 지위에 올랐다는 것이다.

아무도 기업이 망하고 싶어서 망한다고 하지는 않는다. 그러나 개별 기업가의 의도와는 무관하게 매년 수많은 기업이 파산한다. 실업도 마찬가지다. 실업률은 주기적으로 오르락내리락한다. 실업률은 2007~2008년 금융 위기 이후 매섭게 치솟은 뒤 몇 년 동안 비슷한 수준을 유지했다. 지금의 대량 실업이 게으름이 급작스레 팽배해진 결과라는 것은 순 억지다. 나중에 살펴보겠지만 사실 실업에는 개별 노동자나 개별 자본가가 마음대로 할 수 없는 경제적 요인이 있다.

마르크스와 엥겔스는 사상이 현실을 결정한다는 관점을 다음과 같이 비꼬았다. "옛날 옛적에 사람이 익사하는 이유는 중력이라는 관념에 사로잡혀 있기 때문이라고 생각한 어떤 용감한 녀석이 있었다. 머릿속에서 중력이라는 관념을 몰아내기만 하면" 인간은 익사하지 않을 것이라고 하더라.[17] 이 우스갯소리에 녹아 있는 중요한 교훈은 현실과 아무 연관성이 없는 사상은 무기력하다는 것이다. 행동하려는 의지는 중요하지만 그 의지가 물질 세상의 가능성과 만나지 않으면 아무 소용이 없다. 이 교훈을 매우 분명한 사례에 적용할 수 있다. 예컨대 풀 한 포기 안 나는 무인도에선 아무리 의지를 발휘해도 식량 부족을 극복할 수 없다. 그러나 더 정교한 응용도 가능하다. 예컨대 의지만으로는 작업장에 있는 모든 동료를 설득해 파업에 나서게 할 수 없다. 그러려면 다른 조건들이 더 필요하다.

사람들이 스스로와 세상에 대해 뭐라고 말하고 생각하는지는 곧이곧대로 평가하면 안 되고 그들 행위의 밑바탕이 되는 사회적·경제적 관계에 비춰서 평가해야 한다. 예컨대 흔히 종교 분쟁으로 보이는 현상도 그 이면을 파고들어서 그것이 더 근본적인 계급 갈등의 표현이라는 점을 볼 수 있어야 한다. 마르크스는 다음과 같이 썼다. "경제적 생산 조건의 … 물질적 변화를 법률적·정치적·종교적·심미적·철학적 형태, 짧게 말해 이데올로기적 형태와 구분해야 하며, 인간은 이 이데올로기적 형태로 그 갈등을 인식하고 싸워서 결판낸다."[18]

또 다른 흔한 관념론적 상식은 보편적 도덕이 인간의 행위를 결정한다는 것이다. 즉 시공을 초월한 선악 관념이 인간의 행위를 다스린다는 것이다. 이런 관점은 사회마다 도덕규범이 매우 달랐다는 사실을 설명하지 못한다. 최근에는 국제 관계가 군사적·경제적 경쟁이 아니라 무역 규범, 전쟁 규범 같은 인간의 보편적 행위규범을 따른다는 새로운 유형의 관념론적 사상이 등장했다. 이런 설명에 따르면 보편적 규범과 현실 사이의 명백한 괴리는 실제 세계가, 그 기원인 관념 세계의 불완전한 복제품이라는 점을 보여 줄 뿐이다.

추상적으로 선악을 가르는 도덕은 서로 적대하는 계급들이나 전쟁 중인 나라들이 자기 행동은 정당화하고 상대방을 비난하는 데 이용된다. 엥겔스가 지적했듯이, 사실 사람들은 "의식적으로든 무의식적으로든 결국 자신의 계급적 처지에 기초한 현실적 관계, 즉 그들이 생산과 교환을 수행하는 경제적 관계에서 윤리관을 도출한다." 또, 결국 도덕은 지배계급의 지배를 정당화하거나, 피지배계급[이 강력해지면 그들]의 "그 지배를 향한 분노와 미래 이익"을 대변한다.[19]

종종 피지배계급의 분노는 세계의 온갖 지도자들이 말로만 떠드는 추상적 도덕을 실제로 지켜야 한다는 신념으로 표현된다. 또 개개인이 특정한 도덕률을 지키며 살아야 한다는 사상으로 표현되기도 한다. 자본주의의 불평등에 경악하는 많은 청년들은 사람들이 도덕관과 품행을 올바로 하면 세계를 바로잡을 수 있다는 신념에서 실천의 원동력을 얻는다. 탐욕과 이기심을 버리고 특정 제품을 사 먹거나 구입하지 않으면서 타인에게 이런 신념을 전파하기만 하면 된다고 여긴다. 그러나 이런 생각은 자기만족에 도움이 될진 몰라도 아무것도 바꾸지 못한다. 탐욕과 이기심은 개인의 잘못된 선택이 아니라 경쟁과 이윤으로 추동되는 자본주의의 체제의 본성에서 비롯한다. 자본주의에서 탐욕스럽게 이윤을 추구하지 않는 자본가는 탐욕스러운 경쟁자에게 밀려날 것이다.

사람들의 생각만 고치면 사회가 바뀐다는 신념은 사회구조를 고스란히 내버려 둔다는 문제가 있다. 마르크스는 동시대의 독일 관념론자들을 다음과 같이 비판했다. "의식을 바꾸라는 촉구는 기존 세상을 다른 방식으로 이해하라는 촉구이며, 이것은 결국 다른 해석

방식으로 기존 세상을 인식하라는 것이다." 그렇게 해서 "그들은 현존하는 세계와 결코 싸우지 않으며 기존 세계의 글귀하고만 싸운다."[20] 유물론의 관점은 정반대다. 도덕은 인간 사회가 조직되는 특정한 방식에서 나온다. 자본주의가 탐욕을 기르지 그 반대가 아니다. 원시사회에서는 한곳에 정착하지 않고 돌아다니며 모은 식량을 공동으로 나눴다. 이런 사회에서 탐욕은 공동체의 운영을 방해했기 때문에 용납될 수 없었다.

마르크스와 엥겔스는 관념론 자체도 유물론적으로 분석해서, 관념론이 역사적으로는 사회 전반이 계급으로 분화해 정신노동과 육체노동이 분리되면서 등장했다는 것을 보여 줬다. 사회가 계급으로 나뉘자 어떤 사람들은 뼈 빠지게 일하는 반면 어떤 사람들은 정신적 탐구를 할 여유를 누리게 된 것이다(예를 들어 초기 계급사회에서 사제가 그랬다). 플라톤이, 육체노동을 경시한 노예제사회에서 관념론을 개발한 것은 결코 우연이 아니다. 마르크스와 엥겔스는 다음과 같이 썼다. "그 순간부터 줄곧 의식은 현존하는 실천의 의식이 아닌 다른 무엇을 자처하며, 실제로 존재하는 것을 표상하지 않고도 실제로 뭔가를 떠올릴 수 있다고 착각할 수 있었다. 그리고 현실의 굴레를 벗어던지고 '순수' 이론, '순수' 신학, '순수' 철학, '순수' 윤리 등을 형성하는 데로 나아갈 수 있었다."[21]

그러나 사상은 공중누각이 아니며 현실에 물질적 뿌리가 있다. 왜 사람들이 이러저러하게 생각하고 행동하는지 이해하려면 그들이 생존 수단을 확보하기 위해 협업하는 방식을 이해해야 한다. 이런 토대 위에서 사람들이 세상을 이해하고 바꾸기 위해 날마다 소통하면서 형성한 사상과 개념이 상부구조를 이룬다.

“인간 본성이 바뀌겠어?”

마르크스주의가 완강하게 거부하는 종류의 유물론도 있다. 유전자가 인간의 행동을 결정하는 유일하거나 주된 요인이라고 주장하는 생물학적 결정론 또는 유전자 결정론이다. 19세기 말의 프랜시스 골턴 경이나 허버트 스펜서 같은 사회진화론자들로부터 이어져 내려오는 이 관점은 인간 본성을 생물학적 형질에서 비롯하는 고정불변한 것으로 본다. 인간은 왜 이러저러하게 행동할까? [이런 관점에 따르면] 그것이 유전자에 각인돼 있기 때문으로, 탐욕, 이기심, 외국인 혐오, 인종차별, 남성 우월주의, 폭력, 전쟁은 모두 타고난 인간 본성에 기인한다. 두말할 나위 없이 이런 주장은 현상 유지를 바라는 자들에게 매우 편리한 논리다. 아무도 바꿀 도리가 없는 인간 본성을 온갖 고약한 행동의 원인이라고 지목하기 때문이다.

‘백인·부자 [적자]생존론’으로 요약할 수 있는 사회진화론의 초기 옹호자들은 빈자에 대한 경멸과 인종차별적 관점을 스스럼없이 드러냈다. 스펜서는 백인인 앵글로색슨족이 유색인보다 더 우월하다고 주장했을 뿐 아니라, 보통교육, 빈민 무상 급식, 임금과 노동조건을 규제하는 일체의 법률에 반대했다.[22] 19세기 말 영미 역사가들 사이에서는 영미의 소위 우월한 정부 형태가 그들의 조상인 앵글로색슨족과 튜턴인의 생물학적 특징에서 유래했다고 보는 사상이 유행했다. 이 ‘튜턴’ 학파를 신봉한 에드워드 A 프리먼 옥스퍼드대학 교수는 1881년 미국 순회강연에서 다음과 같이 말했다. “미국의 모든 병폐를 해결할 가장 좋은 방안은 모든 아일랜드인들이 흑인을 살해하고 그 죄로 교수형을 받는 것이 아닐까 싶습니다.”[23] 종교계 지도자,

정치인, 언론인, 학자도 미국 제국을 해외로 확대할 천부적 권리, 심지어 책무를 주장하면서 앵글로색슨족의 우월성을 핵심 근거의 하나로 내세웠다. 미국 대통령 시어도어 루스벨트는 다음과 같이 선언했다. "힘과 양식과 도덕성이라는 밑천을 풍부하게 갖춘 인종만이 [자치에 — 지은이] 적합하다."[24]

인종차별 이론은 나치즘의 발흥과 홀로코스트를 거치며 평판이 나빠졌지만 1960년대부터 다양한 변종이 부활하기 시작하더니 1994년 《벨 커브》의 출판으로 다시 전성기를 누렸다. 《벨 커브》의 저자들은 지능이 높은 사람만 높은 사회적 지위를 얻을 수 있는데, 지능은 주로 유전적 요인으로 결정된다면서 흑인은 선천적으로 백인보다 지능이 떨어진다고 뻔뻔하게 주장했다.[25]

고故 스티븐 제이 굴드가 옳게 지적했듯이 과학이라고 알려진 이런 이론은 과학이 아니라 이데올로기이고, 가난하고 차별받는 사람들을 공격하는 다양한 우파적 정책의 입안을 정당화한다. 굴드는 다음과 같이 비꼬았다. "경제적 사다리의 최하층에 있는 인종과 사회 계급의 지능은 구제불능인데 뭐하러 애를 쓰고 돈을 낭비하는가? 그냥 자연이 내린 불운을 받아들이고 막대한 연방 정부 재정을 아끼는 편이 훨씬 나을 텐데 말이다.(그러면 부자를 위한 세금 감면도 더 쉽게 지속할 수 있다!) 불우한 집단이 불충분하게 대표되는 것은 사회적 편견의 유산이나 현주소를 보여 주는 것이 아니다. 배척받는 집단의 구성원이 대부분 생물학적으로 어쩔 수 없이 뒤떨어진 능력과 일반적 부도덕성을 타고났음을 보여 주는 증거일 뿐이다. 남들이 우러러보는 부촌에 사는 우리가 굳이 이런 문제에 신경을 써야 할까?"[26]

1970년대에 사회생물학자 E O 윌슨은 인간 행동이 진화에서 비롯한 유전적 형질에 기초한다는 주장을 가장 체계적으로 제시했다. 그 후 그의 주장은 지금까지도 널리 수용되고 있다. 윌슨은 다음과 같이 주장했다. "인간의 가장 독특한 특징들은 사회가 종족 간 전쟁이나 종족 학살을 통해 진화하던 국면에서 생겨났다. 남성이 여성을 지배하는 폭력적 지배 체제도 인류에게 공통된 사회적 형질 중 하나다."[27] 하버드대학의 또 다른 유전학자인 리처드 르원틴은 사회생물학을 두고 "현재 인류가 정상 궤도를 걷고 있다고 믿게 하려는 가장 그럴싸한 최신의 시도"라고 비판했다.[28] 사회생물학의 방법은 세계, 더 정확히는 우리가 사는 자본주의 세계를 지금 있는 그대로 보고 거기에서 인간의 핵심적 특징들을 추려 내 그것이 인류 역사 전체에 적용된다고 주장하는 것이다. 이런 소위 보편적 특징들, 예를 들어 남성의 지배, 낯선 이를 향한 증오, 지배 체제, 자원을 둘러싼 경쟁, 심지어 종교적 갈망 등이 모두 유전자에 기원한다고 사회생물학은 주장한다.

사회생물학의 최근판인 진화심리학은 인간이 긴 구석기 시대를 거치며 유전적으로 설정된 행동 양식을 따른다고 주장한다. 심리학자 코델리아 파인은 이런 이데올로기를 비판하며 진화심리학자들이 "불행히도 우리가 물려받은 신경 회로는 수렵·채집 생활자 조상들이 살던 환경에 어울리게 자연선택된 낡아 빠진 것"이라는 착각을 부추긴다고 지적했다.[29] 또, 생물학자 스티븐 로즈는 다음과 같이 비판한다(윌슨에게도 해당하는 비판이다). "진화심리학이 수렵·채집 사회를 묘사하는 방식은 아무 근거 없는 추측이나 다름없다. 사냥꾼인 아버지가 고기를 들쳐 메고 집에 가면 채집자인 어머니가 모닥 불과 아이들을 살핀다는 식의, 박물관이나 만화에 흔히 나오는 이미지의 짜깁기 같다. … 현재의 모습을 과거에 투영해 놓고서 이 상상 속 과거가 현재를 설명한다고 주장하는 순환논법이다."[30]

요즘 유행하는 이런 사상들은 끊이지 않고 사실인 것처럼 제시되지만 과학적 근거가 없다. 생물학자들은 전쟁을 일으키는 유전자를 찾으려야 찾을 수 없을 것이다. 인간은 비폭력성을 타고나지도 않지만 전쟁 성향을 타고나지도 않기 때문이다. 인간 행동에 생물학적 근거가 전혀 없다는 말이 아니다. 그러나 폭력성의 사례만큼이나 평화로운 협동과 공유의 사례도 많다. 게다가 폭력과 협동의 정의 자체가 역사적·문화적 맥락에 따라 다르다. 폭력과 협동 둘 다 유전자에 설정돼 있는 것이 아니라 사회적으로 형성되고 규정된다. 진화생물학자 테오도시우스 도브잔스키가 말했듯이 "인간이 하나 이상의 언어를 쓰고 배울 수 있다는 사실은 유전자로 결정되지만 어떤 언어를 배우고 무엇을 말하느냐는 그렇지 않다."[31]

인간에게 고정된 본성이 있다면 인류 사회의 모습이 어떻게 장소와 시대에 따라 그토록 다양할 수 있겠는가? 어떤 사회는 평등과 공유를 지향한 반면 어떤 사회는 경쟁을 지향하고 계급으로 나뉜 것은 또 어떻게 설명할 수 있겠는가? 어떤 사회는 호전적이고 폭력적인데 어떤 사회는 비교적 평화로웠던 것, 여성의 지위가 어떤 사회에서는 높았는데 어떤 사회에서는 낮은 것, 동성애가 어떤 사회에서는 금지됐는데 어떤 사회에서는 인정된 것 등은 어떤가?

1630년대 초 캐나다 래브라도 해안에서 몽타네-나스카피 인디언과 함께 생활한 프랑스 예수회 선교사 르죈은 다음과 같이 탄식했다. "아! 누군가 이 야만족의 방랑을 멈추고 그중 한 명에게 나머지를 다스릴 권능을 부여한다면 이들은 금세 개종하고 개화할 텐데!"

르죈은 인디언들을 관찰해 다음과 같이 기록했다. "야만인들은 오로지 선의로 추장을 따르기에, 정치 기관도 관직도 고위 인사도 통치기관도 없으며 그래서 한자리 차지하려고 서로 죽이는 일도 결코 없다. 또 그저 살아가는 것에 만족하기에, 부를 얻으려고 자신을 악마에게 팔아넘기는 이가 없다."[32]

이 인디언들을 개종시키러 온 예수회 신부들은 자녀가 말을 안 들으면 마땅히 체벌로 다스려야 한다고 여겼지만 인디언들은 그런 풍속이 야만적이라고 여겼다. 엘리너 버크 리콕의 저서 《남성 지배 신화》에 인용된 르죈의 일화를 보자. 프랑스인 소년이 인디언 소년을 때려서 다치게 한 일이 있었다. 놀란 인디언들은 선물을 요구했다. 그러나 프랑스 선교사들은 인디언이 보는 앞에서, 죄를 지은 소년에게 채찍질할 채비를 했다. 한 신부는 뒷일을 다음과 같이 전했다. "야만인 한 명이 걸치고 있던 거적때기를 홀딱 벗어 아이를 감싸더니 채찍꾼에게 소리쳤어요. '치려거든 나를 치시오. 아이는 치지 마시오.' 그렇게 꼬맹이는 채찍질을 모면했죠."[33] 또 다른 일화도 있다. 르죈이 한 남자 인디언에게 여자는 모름지기 남자가 자기 자식을 분간할 수 있도록 남편만 사랑해야 한다고 가르치려 들자, 그 인디언이 다음과 같이 대꾸했다. "말도 안 되는 소리. 당신네 프랑스인은 제 자식만 사랑하나 봅니다. 우리는 부족 아이들 모두를 사랑합니다."[34]

'인간 본성'론은 인간에게도 동물처럼 신체적 특징에 따라 유전적으로 형성된 본성이 있어서 그것이 인간의 행동을 결정한다고 상정한다. 늑대는 날고기를 뜯는 날카로운 이빨이 있고 곰은 체온을 유지하는 털가죽이 있으며 물고기는 수중 호흡이 가능한 아가미와 헤엄에 특화된 근육이 있다. 그러나 우리 인간에겐 이런 특별한 적응 기관이 없다. 인간은 사실 어떤 행동을 하거나 하지 않도록 타고나지 않는다. 오히려 우리에겐 뛰어난 '신경 가소성'[두뇌가 스스로를 재설계하고 환경에 적응하는 능력]이 있다. 인간은 스스로 환경을 바꾸고 환경은 우리의 두뇌를 바꾼다. 이것이 인간의 무한한 적응력을 설명한다. 코델리아 파인은 다음과 같이 말했다.

> 우리의 두뇌는 … 행동, 사고, 사회 세계에 의해 변한다. 두뇌 발달을 다루는 새로운 관점인 신경 구성주의는 유전자와 두뇌와 환경이 아주 활발하게 뒤얽히며 끊임없이 상호작용한다는 것에 주목한다. 물론 유전자가 발현해 신경의 구조가 생기며 유전물질은 외부의 영향을 받지 않는다. 그래서 유전자에 한해서는 콩 심은 데 콩 난다고 할 수 있다. 그러나 유전자 활동은 전혀 다른 문제다. 유전자는 다른 요인들이 어떠한지에 따라 켜지거나 꺼진다. 환경, 행동, 심지어 사고에 따라서 어떤 유전자가 발현되느냐는 완전히 달라질 수 있다. 사고, 학습, 감각 모두 신경 구조를 직접 바꿀 수 있다.[35]

인간을 인간이게 하는 특별한 유전적 형질, 특히 직립보행, 상대적으로 큰 두뇌, 다른 손가락과 마주 댈 수 있는 엄지손가락, 언어 능력 등의 형질 덕분에 우리는 협업해서 도구를 만들어 환경을 바꾸고 그런 능력을 후손에게 물려줄 수 있다. 인간은 털옷을 짤 수도 있고 집을 지을 수도 있으며 먹을 것을 잡거나 기르거나 요리할 수 있다. 즉 우리는 자연이 신체에 선사하지 않은 것을 창조할 수 있고 그것으로 지구의 거의 모든 환경을 활용할 수 있다.

인간에게도 본성은 있다. 인간은 본디 협업하는 존재이고 사회적인 동물이다. 그러나 인간을 인간이게 하는 언어, 협업, 도구 제작 능력 등 덕분에 인간의 사회관계는 매우 유연하고, 따라서 인간의 행동 양식도 마찬가지다. 요컨대 인간은 동물이지만 인공적으로 생존 수단을 재생산하는 능력이 있는 사회적 존재이며, 따라서 행동 양식이 가변적이라는 면에서 다른 동물과 구분된다. 한마디로 인간은 문화적으로 적응한다.

인류는 유전적으로나 생물학적인 면에서 지난 4만 년 동안 별로 바뀐 것이 없다. 그러나 인류의 사회조직 형태, 다시 말해 의식주를 비롯한 생존 수단을 확보하기 위해 인류가 스스로를 조직하는 방식은 어마어마하게 변해 왔고 최근 몇 세기 동안은 그 변화 속도가 더 빨라졌다. 사회마다 인간 '본성', 즉 도덕률, 세계관, 인간관이 다른 이유를 설명해 주는 것은 바로 이런 변화다.

러시아의 마르크스주의자인 게오르기 플레하노프는 다음과 같이 말했다. "이제는 인간 본성을 역사 발전의 궁극적이고 가장 보편적인 요인으로 볼 수 없다. 인간 본성이 고정된 것이라면 그것으로는 극도로 변화무쌍한 역사의 진로를 설명할 수 없다. 인간 본성이 가변적인 것이라면 그 변화 자체도 역사 발전에 의해 좌우될 것이 명백하다."[36]

인간사 내내 인간의 행동은 크게 변화했는데, 그것을 유전적으로 정해진 인간 본성이라는 비교적 고정된 상수로 설명하려 하는 생물학적 결정론자들은 보편적 이상과 규범이 사회를 다스린다고 여기는 관념론자들과 똑같은 함정에 빠진다. 둘 다 역사의 변화와 발전을 설명하지 못한다.

마르크스와 엥겔스는 관념론을 거부했지만 정태적이며 결정론적인 낡은 유물론도 거부했다. 앞서 말했듯이 마르크스는 인간이 환경의 산물이라고 주장한 프랑스 유물론자들을 비판했다. 그들의 관점은 일면적이었고 인간이 스스로 역사를 만들어 나간다는 생각을 전혀 하지 않았기 때문이다. 그런 유물론자들은 열이면 열 '모종의 이유로 사회를 초월한 해방자'를 도입하며 관념론에 뒷문을 열어 줬다. 그러나 마르크스와 엥겔스의 유물론은 역사적이었고, 따라서 변증법적이었다.

변증법: 마르크스주의의 방법

변증법, 이 아리송한 단어를 둘러싸고 혼란된 관점을 보이는 수많은 글이 쏟아져 나왔다. 많은 사람들은 변증법에 관해 아예 들어 본 적도 없거나 모호하게만 안다(기껏해야 헤겔이라는 옛날 독일 철학자나 모순과 연관이 있다는 것 정도를 떠올릴 뿐이다). 그러나 변증법이 무엇이냐는 대단히 중요한 문제다. 왜냐하면 변증법은 방법, 즉 세상을 바라보는 출발점이며, 세상이 어떻게 돌아가고 변화하며 궁극적으로는 세상을 어떻게 의식적으로 변혁할 것이냐를 다루는 문제이기 때문이다. 엥겔스가 썼듯이 가장 간단히 말해 변증법이란 "자연, 인간 사회, 사상의 움직임과 발전을 지배하는 일반 법칙을 다루는 과학일 뿐이다."[37] 다시 말해 변증법은 자연과 사회가 진화하는 방식에 가장 잘 어울리는 사고방식이다.

고대 그리스 철학자 헤라클레이토스는 변증법적 세계관을 중시한 것으로 기록된 최초의 사상가다. 헤라클레이토스는 세상에 고정불변한 것은 없다고 주장했다. 헤라클레이토스는 다음과 같이 썼다. "만물은 흐른다. 투쟁이 만물의 어버이다. … 가장 온전한 조화는 상이한 것 사이에서 생겨나며 불화가 만물을 낳는다."[38] 이것은 변증법의 핵심 개념이다. 끝없는 변화와 운동은 자연의 순리이며 변화는 모순된 힘이 충돌("투쟁")할 때 나타난다. 모든 것은 탄생하고 있거나 죽어 가고 있다.

마르크스주의적 변증법이 탄생할 길을 닦은 사람은 1800년대 초에 가장 위대한 저작들을 남긴 독일 철학자 게오르크 프리드리히 헤겔이다. 헤겔 철학은 굉장히 난해해서 젊은 시절의 마르크스는 1837년에 아버지에게 보낸 편지에서 그 철학을 "기괴하고 울퉁불퉁한 곡조"로 묘사했다.[39] 그럼에도 마르크스(와 엥겔스)는 헤겔의 철학에 매료됐고 몇 년 동안 그것을 신봉했다.

헤겔은 철학 사상사에서 중요한 돌파구를 열었다. 헤겔은 프랑스 혁명의 영향력을 받으며 자신의 철학을 개발했는데, 그의 철학은 여러 면에서 당시 시대정신의 관념적 표현이었다. 당시는 바로 부단한 충돌과 변화의 시대, 즉 낡은 봉건적 관계가 최후를 맞이하고 새로운 관계가 탄생하는 시대였다. 헤겔 변증법의 핵심 아이디어는 역사를 '절대정신'의 전개 과정으로 보는 것이다. 사상과 관념은 멈춰 있는 것이 아니며, 끊임없는 발전 과정 속에서 모순을 거치며 움직인다고 헤겔은 주장했다. 헤겔은 자신의 변증법적 사고방식을 '형이상학적' 사고방식과 대립시켰다. '형이상학적' 사고방식은 사물이 낱낱으로 쪼개져 있고 멈춰 있으며 아무런 모순이 없다고 파악한다. 늘 A는 A고 B는 B이며 A는 결코 B가 될 수 없다는 것이다. 이 방법은 제한된 범위에서는 나름의 가치가 있지만 운동하고 변화하는 사물을 분석하기 시작하면 더는 통하지 않는다. 엥겔스는 두 사고방식의 차이를 다음과 같이 요약했다.

> 형이상학자들에게 사물과 그것의 정신적 반영인 관념은 고립돼 있고, 하나하나 따로 고찰해야 하는 것이고, 멈춰 있고 경직된, 영원히 주어진 그대로 남아 있는 탐구 대상이다. …
> 형이상학적 사고방식은 여러 영역에서 그 자체로 타당하고 필수적이며 그 범위는 탐구 대상의 성격에 따라 다르다. 그러나 그 사고방식은 언젠가는 한계에 부딪히기 마련이고 그런 뒤에는 일면적이고 협소하고 추상적이 되며 해소 불가능한 모순에 빠지게 된다. 형이상학적 사고방식을 따르면 낱낱의 사물에 몰두하느라 사물 사이의 연관성을 망각하고, 사물의 현재 상태에 몰두하느라 그 시작과 끝을 망각하며, 사물의 휴면에 몰두하느라 그것의 운동을 망각한다.[40]

엥겔스는 헤겔의 철학 체계가 "자연·역사·지성 세계 전체를 과정으로, 즉 부단한 운동·변화·변형·발전으로 파악하며 그 운동과 발전들의 내적 연관을 규명하려 애쓴" 위대한 공로를 세웠다고 평가했다.[41] 다음 인용문은 헤겔의 방법을 이해하는 실마리가 될 것이다. 여기서 헤겔은 철학 사상의 전개를 다루지만 이해를 돕기 위해 철학 사상을 자연에 비유한다.

> 싹은 꽃이 만개하면 사라지며 이를 두고 꽃이 싹을 부정했다고 할 수 있다. 마찬가지로, 열매가 맺히면 이번엔 꽃이 나무의 그릇된 현존으로

보이게 되며 열매가 진리로 등극한다. 이 형태들은 단지 서로 구별될 뿐만 아니라 양립 불가능한 것으로 서로를 대체한다. 그러나 동시에 각 형태는 그 유동성으로 말미암아 유기적 통일체를 이루는 계기를 제공하는데, 이 유기적 통일체 안에서 각 형태는 서로 모순되지 않을 뿐만 아니라 서로가 서로의 필수요건이 된다. 그리고 이 상호 필요성만이 삶의 전체 과정을 이룬다.[42]

헤겔의 용어를 쓰면, 각 형태는 "부정"되면서 질적으로 다른 뭔가를 낳는다. 헤겔의 비유는 유사성이 전혀 없어 보이는 씨앗과 나무로까지 밀어붙일 수도 있다. 씨앗은 낡은 형태가 파괴되고 새로운 형태가 그 자리를 차지하는 여러 단계를 차례로 밟으며 나무로 성장하지만, 이런 상이한 형태들에도 불구하고 그 식물은 여전히 같은 식물이다. 사물들이 낱낱으로 존재하며 멈춰 있다고 볼 게 아니라, 하나의 통일체나 전체 속에서 탄생, 삶, 쇠락, 죽음의 과정을 거치는 서로 충돌하고 모순을 일으키는 요소들로 봐야 그 사물들을 온전히 이해할 수 있다. 모순된 요소들은 겉보기에는 멈춰 있고 안정된 모습으로 공존한다. 그러나 바로 그 충돌하는 요소들이 운동과 발전을 낳는다. 그리고 그런 발전 과정에서 새로운 형태가 싹을 틔우며 기존 형태를 부정하고 몰아내는데, 이것은 명백히 기존 형태의 발전이 있었기 때문에 가능하다. 이것이 마르크스가 헤겔에게서 배운 변증법의 핵심이다.

《논리학》에서 헤겔은 다음과 같이 쓴다. "옛말에 '자연은 도약하지 않는다'고 했다. 존재하기 시작하고 있는 것과 사라져 가는 것을 이해해야 할 때 보통의 사고방식은 무언가가 점진적으로 생겨나거나 사라지는 것을 떠올리고는 그것을 다 이해했다고 여긴다. 그러나 우리는 존재의 변화가 일반적으로 양만 변하는 것이 아니라 질이 양으로, 양이 질로 변하는 것임을, 즉 점진성이 단절되고 앞선 실재와 질적으로 다른 무언가가 탄생하는 '다른 것으로의 변화'임을 봤다."[43]

헤겔은 양적 변화가 어느 순간 질적 도약을 낳는다는 자신의 관점이 혁명기였던 당대의 영향을 받은 것임을 인정했다. 1807년에 헤겔은 《정신현상학》에서 다음과 같이 쓴다.

> 지금 새 시대가 탄생해 그 시대로 이행하고 있다는 것은 알기 어렵지 않다. … 태아가 길고 잠잠한 발육기를 지나 첫 숨을 들이쉬자마자 그저 양적으로만 성장하는 점진성은 끊긴다. 질적 도약이 일어나 아이가 태어난다. 마찬가지로 정신도 형성기에는 느리고 고요하게 새로운 형태로 성장해 나가면서 기존 세계의 구조를 조금씩 허문다. 기존 세계의 위태위태한 처지는 따로따로 나타나는 징후들로 미루어 짐작할 수 있을 뿐이다. … 이렇게 전체의 외양을 고스란히 남긴 채 붕괴가 진행되다가 불현듯 해돋이가 시작되며 비친 한순간의 서광으로 새 세계의 모습이 밝혀진다.[44]

변증법에서 변화란 사물을 고스란히 남겨 두는 일련의 양적 변화만을 뜻하지 않는다. 헤겔이 묘사했듯이 변증법은 양적 변화가 질적 도약으로 이어질 수 있다고 주장한다. 도토리는 스스로 떡갈나무로 변신한다. 개의 수정란은 성견으로 성장하는데 이것은 개의 축소판이 점점 커져서 커다란 개가 되는 과정이 결코 아니다. 물질은, 예컨대 물은 특정 온도에서 고체에서 액체로, 액체에서 기체로 변한다.

이런 변화는 점진적으로 나타나지 않고 특정 온도에 도달하면 순식간에 벌어진다. 그러나 모든 상태변화에도 불구하고 그 물질은 여전히 수소 원자 두 개와 산소 원자 하나로 된 분자로 이뤄져 있다.

변증법은 서로 대립하면서 불안정한 통일을 이루고 있는 모순된 힘들에서 근본적인 운동과 변화가 발생한다고 본다. 그래서 변증법은 일시적인 안정과 평형, 평형을 깨뜨리고 새로운 것을 낳는 질적 도약 둘 다를 고려한다.

변증법은 형이상학을 비판한다. 그렇다고 해서 만물은 유동적이고, 그래서 명확하게 정의할 수 있는 것은 없으니 그 '무엇'도 존재하지 않는다고 주장하지는 않는다. 예를 들어 변증법적으로 탁월한 다윈의 진화론은 동물 분류 체계를 폐기하지 않았다. 다만 진화론은 각 범주에 속한 종種들이 언제나 고정불변하고 별개인 것이 아니라, 사라지거나 변화하고 전혀 다른 종이 되기도 한다는 점을 보여줄 뿐이다. 진화는 역사를 통해 끊임없이 종이 형성되고 변화하는 과정이다. 물론 종은 생물학적 형질이 비슷하고 같은 구성원끼리만 교접이 가능한 개체군이라는 뜻으로, 실제 현상에 부합하는 범주다. 그러나 동시에 종은 고정불변이 아니며, 무작위한 변이의 자연선택 과정을 거쳐 새 형태가 옛 형태를 부정하는 식으로 진화한다는 것 또한 참이다.

이와 같은 헤겔의 사상은 당연히 마르크스에게 영향을 줬다. 그러나 마르크스는 헤겔의 변증법적 방법을 일관되게 유물론적으로 바꿔서 인간 역사에 적용했다. 마르크스에게 변증법은 절대정신을 향해 전개되는 사상의 역사를 정확히 기술하는 체계가 아니라 물질세계의 작동에 가장 잘 어울리는 사고 방법이었다. 인간의 역사는 정적이라기보다는 유동적이고, 인간 사회조직의 한 형태가 다른 형태를 갈아 치우는 식으로 변하고, 이런 변화는 각 발전 단계에 작용하는 모순된 힘들의 영향을 받아 생긴다고, 그래서 인간의 역사는 변증법적이라고 마르크스는 주장했다. 마르크스는 가장 유명한 저작 《자본론》의 한 서문에서 헤겔에게 진 빚을 다음과 같이 분명하게 서술한다.

> 헤겔이 변증법을 신비화했다고 해서 그가 변증법이 작동하는 형태 일반을 종합적이고 의식적으로 제시한 선구자라는 사실이 퇴색되는 것은 결코 아니다. 다만 헤겔의 변증법은 물구나무 선 변증법이다. 신비의 껍데기 안에서 합리적 알맹이를 발견하려면 그것을 똑바로 뒤집어 놔야 한다.
>
> [변증법의 — 지은이] 합리적 형태는 부르주아지와 자본주의 교리의 신봉자들이 보기에는 패륜이고 징그러운 것이다. 왜냐하면 합리적인 변증법은 현존하는 것에 대한 긍정적 이해 안에 그것의 부정과 불가피한 파멸에 대한 인식을 포함하고 있기 때문이고, 역사 속에서 발전한 모든 형태가 유동적인 상태로 운동하고 있고 따라서 영원하지 않다는 것을 알게 해 주기 때문이며, 뼛속 깊이 비판적이고 혁명적이기에 어느 것에도 현혹되지 않게 해 주기 때문이다.[45]

헤겔 자신은 결국 보수적인 프로이센 국가의 옹호자로 전락했지만 헤겔 철학의 핵심에 급진적인 사상, 엥겔스의 말처럼 "존재하는 모든 것은 사라져야 마땅하다"는 사상이 있었다는 사실은 달라지지 않는다.[46]

이렇듯 변증법은 변화나 운동을 다룬다. 그러나 변화란 강기슭이 수백만 년 동안 침식되는 것처럼 서서히 일어나는 것만을 뜻하지 않는다. 때로는 거대한 홍수가 밀려와서 억겁의 세월 동안 침식돼야 나타날 일들이 한순간에 벌어질 수도 있다. 변증법이 제시하는 모델에선 사물들이 잠시 평형상태에 이를 순 있어도 결코 정지하거나 변화를 멈추지 않는다. 사실은 평형상태조차도 충돌하고 모순되는 요소들의 상호작용으로 나타나는 것이며, 충돌과 모순이 어느 정도를 넘어서면 그 요소들은 갈라선다.

마르크스주의는 변증법을 적용해 역사 변화를 이해한다. 그래서 그것이 단지 점진적 과정이기만 한 것은 아니라는 점을 파악한다. 교과서는 사회 변화가 언제나 점진적이고 평화로워야 한다고 가르친다. 갑작스럽고 급격한 변화는 '정상' 작동하던 사회가 무너진 것으로 묘사된다. '훌륭한' 사회는 대중 항쟁, 시민 불복종, 파업, 혼란, 혁명을 끔찍하다고 여긴다. 그러나 근본적 사회 변화는 점진적이었던 적이 거의 없다. 미국의 노조는 해마다 하나둘씩 생겨난 것이 결코 아니다. 대중적 노동조합운동은 1934~1938년, 즉 겨우 5년 남짓한 기간에 폭발적인 조직화와 대중 파업 속에서 등장했다. 공민권운동의 성과는 체계적 인종차별 폭력에 맞선 위대한 시민 불복종과 대중 항쟁으로 성취됐다.

정부는 피지배자들에게 평화를 유지하고 과격한 행동을 자제하라고 다그치지만 정작 자신들은 압도적인 강제력을 행사할 권한을 내려놓지 않는다. 미국의 이라크 침공이나 미국 정부의 '점거하라' 운동에 대한 체계적 탄압에도 점진적인 구석이 전혀 없었다. 게다가 현대 자본가계급은 여러 나라에서 혁명적 폭력을 써서 권력을 잡았다. 1776년 미국 혁명의 계승자들도 결코 예외가 아니다. 역사에서 점진적 변화와 커다란 도약은 서로 모순적이면서도 보완적이고 하나는 다른 하나가 생겨날 조건을 마련한다. 트로츠키가 썼듯이 "삶의 다양한 영역에서 점진성이 파국·단절·도약·추락 등과 손을 맞잡고 있다는 것만 알아 두자. 두 국가의 오랜 경쟁은 서서히 전쟁을 예비하며, 착취당하는 노동자들의 불만은 서서히 파업을 예비하고, 은행의 잘못된 자금 관리는 서서히 파산을 예비한다."[47] 오늘날에는 지구 표면 온도의 양적 상승이 서서히 생태적 재앙으로의 도약을 예비한다는 말을 덧붙일 수 있겠다. 한마디로 변증법을 이해하지 않고선 자연현상은 물론 역사도 이해할 수 없다. 트로츠키는 다음과 같이 변증법을 요약한다.

> 헤겔의 논리는 진화의 논리다. 그러나 대학 교수들과 자유주의 문필가들이 '진화'라는 개념을 평화로운 '진보'라는 개념으로 완전히 오염시키고 거세했다는 것을 잊지 말아야 한다. 진화가 적대적인 힘들의 투쟁으로 진행된다는 것을 이해하고, 켜켜이 쌓이는 변화가 어느 순간 낡은 껍데기를 산산이 부수고 파국과 혁명을 몰고 온다는 것을 이해하고, 마침내 진화의 일반 법칙을 사고에 적용하는 법을 터득한 사람은 통속적 진화론자와 구분되는 변증론자다. 피아니스트가 손가락을 훈련해야 하듯이 혁명적 투사는 변증법으로 정신을 훈련해야 하며 이 훈련은 모든 문제를 고정된 범주가 아니라 과정으로 사고하라고 요구한다. 그와 달리 한정된 분야에서만 진화를 이해하는 데 그치는 통속적 진화론자들은 다른 모든 물음에 대해선 진부한 '상식'으로 답하는 데 만족한다.[48]

3장

마르크스주의 역사관

유물론적 역사 인식

앞에서 살펴봤듯이 마르크스주의는 시대를 초월한 사상이나 생물학적으로 규정된 인간 본성이 역사를 좌우한다는 관점을 거부한다. 진화란 시간에 따른 변화일 따름이며 그래서 인간의 역사도 생명체처럼 진화했다고 할 수 있다. 그런데 그 변화를 결정하는 것은 무엇일까?

마르크스는 "지금까지 역사가들은 물질적 생산의 발전에 관심이 거의 없었지만 물질적 생산의 발전이야말로 모든 사회생활의, 그러므로 실제 역사의 바탕이다" 하고 썼다.[1] "경제 시대를 구분 짓는" 데서 마르크스가 중요하게 봤던 것은 "무엇을 만드느냐가 아니라 어떤 방법과 어떤 노동 수단으로 만드느냐"였다.[2] 《자본론》에서 마르크스는 인간이 필요와 욕구를 충족하기 위해 자연의 산물을 획득하고 변형하는 수단은 바로 노동이라고 썼다. "인간은 외부의 자연에 영향을 미치고 자연을 바꿈으로써 동시에 자신의 본성도 바꾼다."[3]

마르크스는 이런 역사관을 "유물론적 역사 인식"이라고 했다. 유물론적 역사 인식의 출발점은 인간이 생존 수단을 생산하기 위해 결집하는 방식이 사회 변화와 진보를 결정하는 가장 우선적이고 중요한 요인이라는 것이다. 마르크스와 엥겔스는 다음과 같이 썼다. "의식이나 종교, 그 밖에 온갖 자의적 기준으로 인간과 동물을 구분 지을 수 있다. 그러나 인간은 자신의 생활 수단을 생산하면서부터 스스로를 동물과 구분 짓기 시작한다."[4]

엥겔스는 그의 가장 중요한 저작 중 하나인《사회주의: 공상에서 과학으로》의 영어판 서문에서 자신과 마르크스가 말한 "역사유물론"의 뜻을 짧고 명료하게 요약했다. "'역사유물론'이란 … 모든 역사적 사건의 궁극적 원인과 거대한 동인을 사회의 경제 발전, 생산·교환 양식의 변화, 그에 따른 계급의 분단과 상호 투쟁에서 찾는 역사관이다."[5]

마르크스의 출발점은 생필품의 생산을 위해 협업을 조직하는 방식, 그에 사용하는 기술, 그에 상응하는 노동 형태가 사회조직의 유형을 결정한다는 것이다. 마르크스는 다음과 같이 썼다. "인간은 생존 수단을 사회적으로 생산하면서 자기 의지와 상관없이 일정한 관계를, 즉 물질적 생산력의 발전 단계에 상응하는 생산관계를 맺어야 한다. 이런 생산관계들의 총체는 사회의 진정한 토대인 경제구조를 이루며 이 토대를 바탕으로 법률적·정치적 상부구조가 생겨나고 사회의식의 일정한 형태도 이 토대에 상응한다."[6]

인류 역사의 각 발전 단계에는 거기에 상응하는 "생산양식", 즉 경제가 돌아가는 독특한 법칙이 있었으며 이 법칙은 그 시대를 사는 인간들의 의지와 무관했다. 노예제, 공납제, 봉건제, 자본주의 같은 생산양식에는 저마다 독특한 사회관계가 있었다. 다시 말해 생존 수단을 생산·재생산하기 위해 사람들이 상호작용하는 방식이 사회적으로 정해져 있었다. 각 생산양식마다 지배하고 착취하는 계급과 억압받고 착취받는 계급이 있었다(다만 뒤에서 자세히 다루겠지만 자연에서 식량을 채집하고 사냥한 수렵·채집 사회는 계급으로 나뉘지 않았다). 각 생산양식은 노동하는 계급이 지배계급을 위한 잉여를 생산하는 구체적 형태에 따라 구분된다. 여기서 잉여란 노동하는 계급이 자신의 생존에 필요한 것 이상으로 생산하는 추가적 부를 말한다. 그리고 각 계급 관계의 체계로부터 그에 상응하는 전반적 사회구조와 정치 구조가 생겨났다. 마르크스는 이를 다음과 같이 표현했다.

> 직접 생산자에게서 무상으로 잉여노동을 뜯어내는 일정한 경제형태는 지배와 종속의 관계를 규정하며, 이 지배와 종속의 관계는 생산에서 직접 자라나 거꾸로 생산을 규정하는 요인으로 반작용한다. 그리고 이런 기초 위에서 실제 생산관계에서 생겨난 경제적 공동체의 전체 구조가 형성되고, 따라서 그와 함께 그 공동체의 특정한 정치형태가 출현한다. 생산 조건을 소유한 자와 직접 생산자가 맺는 직접적 관계는 언제나 노동 방식의 발전 수준에, 따라서 사회적 생산력에 자연스럽게 상응하며, 어느 사회에서든 전체 사회구조의 가장 내밀한 기반은 이 관계에 숨어 있다.[7]

한 생산양식이 다른 생산양식으로 변모하는 과정은 매끄럽지도 자동적이지도 않았다. 주되게는 상이한 생산양식들이 서로 칼같이 분리돼 있기보다는 서로 뒤섞여서 각각의 요소가 다양한 형태로 공존하곤 했기 때문이다. 게다가 기술 변화가 저절로 생산관계의 변화를 낳은 것도 아니었다. 생산양식은 저마다 처음에는 사회의 생산력 발전을 북돋았다. 그러나 사회의 생산력이 점점 발전하면서 기존 사회관계와 충돌하게 됐다. 각 발전 단계에 확립된 사회관계는 새로운 관계의 발전을 가로막았고 사회의 진일보를 제약했다. 각 발전 단계의 지배계급은 처음에는 사회 발전을 이끌었지만 지배력이 공고해진 후에는 자신에게 득이 되는 체제를 고스란히 유지하려 했다. 이들은 역사적 진보 계급에서 역사적 퇴행 계급으로 바뀌었다(여기서 마르크스가 말한 "진보"와 "퇴행"이란 특정한 생산양식이 사회의 생산력 발전을, 곧 인류가 자기 운명을 결정하는 능력을 더 진전시켰는지 후퇴시켰는지를 뜻할 뿐이다).

인류 역사의 단계마다 이런 모순, 즉 마르크스가 말한 "생산력"(노동 자체를 포함한, 사회의 생산능력)과 "생산관계"(생산이 이뤄지는 사회조직의 형태)의 모순이 점점 깊어져서 사회적 긴장이 감당하기 어려울 만큼 팽팽해지면, 이 모순이 폭발해서 적대하는 계급들 간의 다툼으로 표현되는 시기가 시작되곤 했다. 그러면 사상·조직·계급의 충돌이 사회가 전진할지 후퇴할지를 결정했다.

마르크스는 다음과 같이 썼다. "사회의 물질적 생산력은 특정 발전 단계에 이르면 여태껏 그것이 작동하던 틀이었던 기존 생산관계, 또는 생산관계를 법률 용어로 표현한 것에 불과한 소유관계와 충돌을 빚는다. 생산력을 발전시키는 형태였던 생산관계는 이제 생산력에 채워진 족쇄가 된다. 그러면 사회혁명의 시대가 시작된다. 경제적 토대의 변화는 이내 거대한 상부구조 전체의 변화로 이어진다."[8] 간단히 말해 낱낱의 작은 경제 변화는 경제적 모순을 낳았고 이 경제적 모순은 사회 갈등과 정치 갈등, 즉 계급투쟁을 낳았으며 이런 투쟁이 벌어지면서 낡은 관계가 전복되고 새로운 관계로 대체됐다. 이 과정을 가장 문학적이고 간명하게 서술한 대목이 《공산당 선언》의 첫 장에 나온다. "지금까지 존재한 모든 사회의 역사는 계급투쟁의 역사다. 자유민과 노예, 귀족과 평민, 영주와 농노, 길드 장인과 직인, 한마디로 억압자와 피억압자는 끊임없이 서로 대립했으며 때로는 은밀하게, 때로는 공공연하게 계속해서 투쟁했고, 각각의 투쟁은 사회 전체의 혁명적 재편으로 끝나거나 서로 다투는 계급들의 공멸로 끝났다."[9]

그러나 마르크스가 인간이 '의지만 있으면' 뭐든지 할 수 있다는 관념론적 사고를 거부했다고 해서 '경제결정론'을 받아들인 것은 아니다. 경제결정론은 인간이 역사의 맹목적 꼭두각시일 뿐이라거나 혁명적 사회변혁이 매일 해가 뜨는 것처럼 예정된 일이라고 본다. 마르크스가 지적했듯이 "법률적·정치적 상부구조 … [그리고 토대에] 상응하는 사회의식의 일정한 형태"의 기원과 기반은 사회의 기본적 경제구조이며 이 경제구조의 핵심에는 지배계급과 피지배계급의 착취 관계가 있다. 그런데 사람들이 "이 갈등을 인식하고 싸워서 결판내는" 곳은 상부구조라는 층위다.[10] 그래서 한 생산양식이 다음 생산양식으로 이행하는 데서 서로 적대하는 계급들의 투쟁이 중요하다고 마르크스는 강조했다.

따라서 마르크스가 보기에 역사는 인간이 생존을 위해 생산하는 과정에서 성취한 변화들로 이뤄져 있다. 마르크스는 이런 역사관을 인간이 "스스로 역사를 만든다"는 유명한 말로 요약했다. 여기에 마르크스는 다음과 같이 덧붙인다. "그러나 인간은 원하는 대로 역사를 만드는 것도 스스로 선택한 조건에서 역사를 만드는 것도 아니다. 인간은 과거로부터 물려받고 뜻하지 않게 맞닥뜨린 상황 속에서 역사를 만든다."[11] 이것이 바로 마르크스주의적 유물론의 핵심이다.

인간은 주어진 생산 수준에서 삶을 부지해야 하는 물질적 제약에 매여 있으며 인간 활동의 한계도 언제나 바로 여기서 그어진다. 그리고 이 한계가 사회적 분업의 특정한 형태, 사람들이 서로 관계 맺는 방식을 규정한다. 기성 사회에 대항하는 이들도 기성 사회의 생산력 발전 수준에 상응하는 기성 관습과 사상의 압력에서 자유로울 수 없다. 인류 전체가 깨어나 생산을 완전히 다스리게 되지 못하는 한 온전한 자유는 불가능하다.

인간은 목적과 의지를 갖고 행동하지만 각자의 의도가 일으키는 상호작용은 아무도 의도치 않은 결과를 낳는다. 자본주의 사회에서는 이런 모순이 가장 극명하게 나타나는데, 개인의 의지가 맹목적 시장 원리 앞에 무력해 보이기 때문이다. 그러나 인류가 모두의 필요를 충족할 생산수단을 창조한 순간 사회를 계급으로 나눌 이유는 사라졌고, 생산과 분배를 의식적으로 운영하는 사회의 기초를 놓는 일이 처음으로 가능해졌다. 협동하는 생산자들이 정교한 과학 지식을 토대로 민주적이고 의식적으로 계획을 세우는 사회는 이미 오래전부터 실현 가능했다.

마르크스와 엥겔스를 따른 [일부] 사회주의자들은 마르크스와 엥겔스의 역사유물론이 모든 사회가 경제 발전 수준에 따라 밟아야 할 단계를 도식적으로 나열한 것이라고 오해하곤 했다. 스탈린주의는 이런 어리석음의 절정이었고 마르크스주의를 정반대로 비틀어 놨다. 스탈린은 노동자 해방의 길잡이인 마르크스주의를 노동계급에 대한 자신의 독재를 정당화하는 이데올로기적 방패막이로 변질시켰다. 마르크스는 자신의 견해를 우스꽝스럽게 뒤트는 자들을 꾸짖었다. "서구 유럽 자본주의의 근원에 대한 역사적 스케치를, 역사적 상황과 상관없이 모든 인류가 숙명적으로 거쳐야 할 일반적 발전 과정을 다루는 역사철학 이론으로 변질"시키려 한다고 말이다.[12]

엥겔스는 비판자와 지지자 모두에게 자신과 마르크스의 유물론이 기계적이거나 일면적이지 않다는 점을 분명히 밝혀야 할 필요성을 여러 차례 절감했다.

> 유물론적 역사 인식에서 역사의 궁극적 결정 요인은 실제 생활의 생산과 재생산입니다. 그 외에는 마르크스도 저도 주장한 바 없습니다. 따라서 이 말을 경제적 요인이 유일한 결정 요인이라는 말로 비트는 사람이 있다면 그는 우리의 주장을 무의미하고, 추상적이고, 허무맹랑한 공문구로 왜곡하는 것입니다. 경제 상황이 가장 기본이긴 하지만 상부구조의 다양한 요소 — 계급투쟁과 그 결과의 정치적 형태(예컨대 싸움에서 이긴 계급이 투쟁 후에 수립한 헌법 등), 사법 체계, 심지어 실제 투쟁에 참여한 사람들의 뇌리에서 일어나는 모든 반사작용, 즉 정치·법학·철학 이론, 종교적 신념과 그것을 체계화한 교리 등 — 가 역사적 투쟁의 진로에 영향을 주며, 많은 경우 투쟁 형태를 결정하는 데서는 더 중요한 요소가 됩니다. 이 모든 요소가 상호작용하며 끝없는 우연(즉, 내적 상호 연관성이 너무 희박하거나 증명이 불가능한 나머지 존재하지 않는다고 여기거나 무시해도 되는 사물과 사건)이 이어지는 가운데 경제적 운동은 필수 요인으로서 최종적으로 그 영향력을 행사합니다.[13]

과거로부터 물려받은 물질적 조건이 앞으로 역사에서 무슨 일이 벌어질지를 미리 정하는 것은 아니다. 단지 당시에 무엇이 가능한지를 한정할 뿐이다. 특정한 사회적 편제는 그것에 상응하는 특정한 사상을 낳는다. 그러나 사상이 물질적 관계를 그저 반영하기만 하지는 않는다. 사상은 도로 물질적 관계에 반작용해 물질적 관계를 바꿀 수도 있다. 다만 그 사상이 당시의 물질적 가능성에 부합하며, 실제로 사회를 바꿀 만큼 많은 사람에게 받아들여질 때에만 그럴 수 있다. 마르크스와 엥겔스가 지적했듯이 "사상은 결코 낡은 세계질서를 극복할 수 없으며 낡은 세계질서의 사상만을 극복할 수 있을 뿐이다. 사상은 아무것도 실행에 옮길 수 없다. 사상을 실행에 옮기려면 실제로 힘을 행사하는 인간이 있어야 한다."[14]

마르크스주의가 기계적 유물론과 대척점에 있음은 혁명이 역사 발전의 산파라는 인식에서 분명하게 드러난다. 혁명이야말로 정치권력을 장악해 사회관계를 혁신하려 하는 상당히 의식적인 정치 운동 아니겠는가. 러시아의 마르크스주의자 게오르기 플레하노프는 마르크스주의가 인간이라는 행위 주체가 끼어들 틈이 없는 기계적 교리라는 비판에 다음과 같이 응수했다.

> 마르크스와 엥겔스가 정치 활동에 입문하면서부터 정치적·'지적' 요소를 중시하지 않고 그 요소가 사회의 경제적 발전에 미치는 영향을 가벼이 여겼다면 그들의 실천 강령은 사뭇 달랐을 것이다. 예컨대 노동계급은 정치권력을 장악하지 않으면 부르주아지가 씌운 경제적 굴레를 벗어날 수 없다는 말을 하지 않았을 것이다. 노동자의 계급의식을 높여야 한다고도 주장하지 않았을 것이다. 계급의식이 사회운동에서 아무 구실도 못하고, 역사적 사건이 의식과는 무관하게 오로지 경제적 필연

성에 의해서만 나타난다면 뭐하러 애써 계급의식을 높여야 하겠는가? 그리고 마르크스와 엥겔스가 사회운동을 시작할 때부터 노동자 계급 의식의 고양을 당면한 실천 과제로 여겼다는 것은 누구나 다 아는 사실 아닌가.[15]

자본주의의 발전 덕분에 민주적 계획과 협동으로 운영되는 사회의 건설은 가능한 일이 됐다. 그러나 그렇다고 그런 사회의 도래가 예정된 것은 아니다. 기존 사회형태가 새로운 형태로 바뀌는 일은 뱀이 낡은 허물을 벗듯이 일어나는 일이 아니다. 계급투쟁과 정치투쟁, 즉 사회 세력들의 충돌이 사회가 바뀔지 말지, 바뀐다면 얼마나 바뀔지를 판가름한다. 사회관계의 변혁을 성취하려면 이를 수행할 사회집단이 상당한 목적의식과 능동성을 갖고 활동해 낡은 사회의 껍데기를 깨부숴야 한다. 그러나 아무리 많은 사람이 바랄지라도 그 소망을 이룰 물질적 조건이 마련되지 않으면 그 소망은 실현될 수 없다. "낡은 사회의 틀 안에서 조건이 무르익기 전까지는 새롭고 우월한 생산관계가 낡은 생산관계를 결코 대체하지 못했다"고 마르크스는 썼다.[16] 그러나 조건이 무르익어도 새로운 사회가 탄생한다는 보장은 없다. 새로운 사회가 탄생하려면 트로츠키의 말처럼 사회 변혁을 수행할 "깨어 있고 조직돼 있으며 강력한" 사회 세력이 존재해야 한다.

트로츠키는 1921년 공산주의인터내셔널(코민테른) 대회에서 연설하며 이런 관점을 다음과 같이 요약했다.

'낡은 사회질서에서 생산력이 더는 발전할 여지가 없을 때만 경제체제를 갈아 치울 사회혁명의 조건이 마련된다.' 이 명제는 낡은 사회질서가 경제적 의미에서 반동적으로 되자마자, 즉 인간의 기술력 발전을 저해하기 시작하자마자 영락없이 무너진다는 뜻이 아닙니다. 전혀 그렇지 않습니다. 한동안은 생산력이 역사 발전의 기본 동력이지만 역사는 인간 없이 발전하지 않으며 오히려 인간에 의해서 발전합니다. 물론 생산력(사회적 인간이 자연을 지배하는 수단)의 발전은 어느 개인의 의지에도 구애되지 않으며 현재 살아 있는 인류 전체의 공통된 의지에만 조금 구애될 뿐입니다. 왜냐하면 오늘날 기술은 축적된 자본을 뜻하는데 우리가 과거로부터 물려받은 이 축적된 자본은 우리를 앞으로 나아가도록 밀기도 하고 어떤 조건에서는 억제하기도 하기 때문입니다. 그러나 노예제, 봉건제, 자본주의 같은 낡은 사회의 틀이 생산력과 기술의 발전을 크게 제약하거나 사회형태를 바꿔야만 인류의 능력을 증진할 수 있는 시점이 온다고 해서, 마치 해가 뜨고 지듯이 저절로 사회형태가 바뀌는 것은 아닙니다. 그런 변화는 계급으로 뭉친 인간들이 투쟁으로 쟁취하는 것입니다. 반동으로 전락한 낡은 사회의 지배계급을 몰아내려면, 생산력 발전에 부응하는 새로운 사회질서의 강령을 갖추고 그것을 실현할 태세가 된 새로운 계급이 있어야 합니다. 그러나 어떤 사회체제가 제명을 다하고 반동적으로 전락한다고 해서, 기존 지배자를 타도하고 새로운 사회관계를 세워 나갈 만큼 깨어 있고 조직돼 있으며 강력한 새로운 계급이 언제나 나타나는 것은 아닙니다. …
하나의 사회, 민족, 신민, 부족, 아니면 역사적으로 처지가 비슷한 여러 부족이나 민족이 기존의(노예제나 봉건제 같은) 경제적 기반으로는 더는 발전이 불가능한 상황에 부딪힌 적이 역사에서 여러 차례 있었지만, 그들을 탄탄대로로 이끌 새로운 계급이 그 속에서 나타나지 않으면 그들은 그냥 몰락해 버렸습니다. 그런 문명과 국가와 사회는 해체됐습니다. 그래서 인류는 꾸준히 상승 곡선을 따라간 것이 아니었습니다. 아니었고 말고요. 기나긴 정체의 시기도 있었고 야만으로 후퇴한 시기도 있었습니다.[17]

유물론적 역사 인식은 중력의 법칙 같은 것이 아니다. 우리는 마찰과 공기저항이 없는 진공에서 모든 물체가 같은 속도로 떨어진다는 사실을 안다. 그러나 인간 역사의 무수히 많은 변수는 마찰이나 공기저항처럼 분리해서 관찰할 수 있는 것이 아니며 서로 마구 뒤엉킨 총체로서만 관찰할 수 있다. 자연현상은 맹목적이다. 자연현상에 주관과 의지가 끼어들 자리는 없다. 반면 인간의 역사에는 상당히 의식적으로 뚜렷한 목적을 추구하며 협력하고 반목하는 인간과 집단이 참여한다.[18] 그리고 서로 대결하는 각자의 의지에도 불구하고(어쩌면 그런 대결 때문에) 역사는 참여자 그 누구도 의도하거나 예측하지 못한 결과를 낳는다. 다시 말해, 겉으로 드러난 역사의 이면에는 역사를 만드는 사람들의 의식을, 그들 행동의 범위와 성격을 규정하고 제약하는 물질적 추동력이 있다. 그러나 자본주의는 인간의 활동을 의식적으로 계획하고 이끄는 사회의 가능성을 열기도 했다. 가장 현대화한 인간 사회에서조차 의도한 목표와 실제 결과는 여전히 큰 격차를 보인다. 엥겔스는 다음과 같이 썼다.

인간의 가장 본질적인 역사적 활동이자 인간을 야만에서 끌어내 인간답게 하고, 다른 모든 활동의 물질적 기반을 닦는 활동은 바로 생존에 필요한 것을 생산하는 활동, 즉 사회적 생산이다. 그런데 오늘날 사회적 생산이 통제 불가능한 요인에서 비롯한 뜻밖의 결과에 쉽게 위태로워지고, 어쩌다 한 번 목적을 달성하며 대체로 목적과는 딴판인 결과를 내는 한, 이런 격차는 계속될 수밖에 없다. 가장 앞서 나간 산업국가에서 인류는 자연의 힘을 정복해 인류의 이익에 이바지하게 했다. 그래서 생산은 무한정 늘어났고 이제는 어린애 한 명이 과거에 어른 백 명이 달려들었을 때보다 더 많은 것을 생산한다. 그러나 그 결과는 어떠한가? 과로와 대중의 궁핍이 심해졌고 경제 불황이 십 년마다 찾아온다. … 계획을 세워 생산하고 분배하도록 사회적 생산을 의식적으로 조직해야만 인류 사회는 동물 세계보다 나은 것이 될 수 있다. 마치 생산 일반이 인간과 짐승을 다른 종으로 구분해 줬듯이 말이다. 역사가 진화함에 따라 이런 조직의 필요성은 물론 실현 가능성도 날마다 커졌다. 이 가능성을 실현하는 날은 새로운 역사적 시대를 연 날로 기록될 것이며 인류는 모든 분야에서의 활동, 특히 자연과학을 이용해 그 전에 이룩한 모든 것을 보잘것없어 보이게 할 엄청난 발전을 경험할 것이다.[19]

계급 불평등과 국가의 등장

마르크스와 엥겔스가 역사 변화를 유물론적으로 설명하면서 핵심으로 삼은 것은 계급 분단과 계급투쟁이었다. 그러나 "지금까지 존재한 모든 사회의 역사는 계급투쟁의 역사다"[20] 하는 《공산당 선언》의 유명한 문구에 엥겔스는 중요한 단서를 붙였다. 엥겔스는 이 말이 선사시대 이후를 말할 때만 옳다고 지적했다. 인류는 지구 상에 출현한 이래 대부분의 시기를 몽타네-나스카피족처럼 계급 분단, 군대, 사법 기구, 관료 없이 살았다. 수만 년 동안 인류는 "군대, 헌병,

경찰도 없고 귀족과 왕, 주지사, 장관, 판사도 없으며 감옥도 없고 법정도 없는" 사회에 살았다.[21] '원시 공산주의'라고도 하는 이런 사회에서는 개인 소지품 외 모든 것을 공동체가 소유하고 나눠 가졌다. 이 평등한 사회에서 사람들은 작은 무리를 이뤄 식량을 채집했고 식량이 풍족한 곳을 찾아 떠돌아 다녔다. 이런 사회는 호혜와 공유를 중시할 수밖에 없었고 공식적이고 영구적인 위계질서도 없었다.

1700년대 초에 프랑스령 캐나다 원주민과 살았던 예수회 신부이자 역사가 피에르 샤를부아는 《신프랑스의 역사》에서 다음과 같이 썼다. "토인들이 이토록 우애로운 것은 분명 요하네스 크리소스토무스께서 매정하다고 말씀하신 '내 것'과 '네 것'이란 말을 아직 이해하지 못한 까닭도 있을 것이다. 고아·과부·병자가 받는 보살핌, 방문자가 받는 놀라운 환대는 만물이 만인에게 공유돼야 한다는 사고방식에서 나왔다고밖에 할 수 없다."[22]

단순한 농업과 수렵에 종사했던 이로쿼이족 사회도 현대 사회보다 훨씬 평등했다. 엥겔스는 이로쿼이족에 대해 다음과 같이 썼다. "언쟁과 분란이 생기면 언제나 관련자가 모두 함께 합의를 봤다. 가난하거나 구걸하는 자는 생길 수가 없었는데 공산주의적 가구와 씨족[부족 내지 여러 가족이 모인 공동체 — 지은이]이 노인과 병자, 전쟁에서 다친 이를 돌볼 의무에 익숙했기 때문이다. 구성원은 모두 자유롭고 평등했으며 여성도 예외가 아니었다. 노예제가 도입되거나 다른 부족을 예속시킬 여지는 별로 없었다."[23]

공동체 사회에서 여성의 지위는 나중에 출현한 계급사회에서보다 훨씬 높았다. 이로쿼이족 여성은 이혼을 원할 때 남편의 물건을 집 바깥에 꺼내 두기만 해도 됐는데, 이런 관행은 계급과 국가가 등장하기 이전 사회에서 흔했다. 1870년대에 이로쿼이족을 연구한 인류학자 루이스 헨리 모건은 다음과 같이 썼다. "자녀가 몇 명이든, [남편이 — 지은이] 집에 어떤 소유물을 두고 있든 남편에게 언제든지 짐을 싸 들고 나가라고 명령할 수 있었다. 떨어진 명령을 거역했다가는 몸이 성할 수 없었다." 여성은 마음에 들지 않는 족장을 물러나게 할 권한도 있었다.[24] 이처럼 여성의 지위가 높았던 데는 이로쿼이족 사회에서 여성이 거의 모든 들일을 담당했고(과거에 채집꾼이었던 여성은 식용식물에 가장 해박했다) 여성의 생산물이 공동체의 식량 생산에서 차지하는 비중이 사냥보다 컸다는 점 등이 작용했다.

후대 인류학자들이 수행한 연구 결과도, 식량을 찾아 유랑한 사회에서는 (그리고 때로 '원시 농업'이라고 불린 단순 농업에 종사한 사회에서도) 대부분 계급 분단과 여성 차별이 없었다는 엥겔스와 모건의 견해를 뒷받침한다. 이런 사회에서는 사회의 상층부에 군림해 통치하는 집단이 필요하지 않았다. 농경시대 이전의 인간이 언제나 결핍과 굶주림에 시달리며 처절하게 식량을 찾아다니는, 요즘 말로 하면 하루 벌어 하루 먹는 벼랑 끝 삶을 살았다는 식의 묘사는 지금도 흔하다. 그러나 수렵·채집 사회에서는 생존을 위해 야만적인 사투를 끝없이 벌이기는커녕 고작 하루 평균 2~4시간을 일하고도 충분한 생존 수단을 확보할 수 있었다.[25] 1960년대의 어떤 연구에서 계산한 결과를 보면, 현존하는 몇 안 되는 채집 사회 중 하나인 도베 지역의 쿵족은 "환경이 척박한데도 불구하고 식량 확보에 주당 12~19시간을 썼다."[26] 심지어 당시의 쿵족은 조상이 번영을 누렸던 풍족한 지역 바깥으로 밀려났는데도 말이다.[27] 게다가 여러 고고학 연구 결과를 보면, 한적한 환경과 저탄수화물의 풍부하고 다양한 식단 덕분에 농경 사회 이전 사람들이 훨씬 더 건강하고 키도 컸으며 오래 살았다.[28] 재러드 다이아몬드는 "수렵·채집꾼의 생활양식은 인류 역사에서 가장 성공적이고 오래 지속됐다"고 썼다.[29] 이처럼 인류가 그토록 오랫동안 사장이나 경찰 없이도 협동과 공유에 기초한 사회에서 비교적 속 편하고 건강하게 살았다면 계급 분단과 국가가 등장한 이유는 무엇일까?

약 1만 년 전부터, 식량의 원천이 고갈된 탓에 동식물을 찾아 돌아다니는 대신 농작물을 재배하고 가축을 기르기 시작한 사회가 생겼다. 이것은 흔히 신석기 혁명으로 알려져 있다. 이미 사람들은 채집하던 식물이나, 지역에 따라서는 사냥하던 특정 동물에 대한 방대한 지식을 축적했다. 수렵·채집 사회에서는 소규모 공동체에 당장 필요한 만큼밖에 생산할 수 없었고 매일 필요한 것 이상으로 잉여를 생산하려 하지도 않았다. 식량이 바닥나면 짐을 싸서 그냥 다른 지역으로 이사를 가면 그만이었다.

일부 사회에서 식량이 재배되기 시작했는데, 아마도 인구가 증가하면서 지나친 수확이나 사냥으로 식용식물과 사냥감이 고갈되거나 세월이 지나면서 기후가 변했기 때문이었을 것이다. 식량을 찾아 유랑하는 대신 직접 식량을 생산하자 한곳에서 먹여 살릴 수 있는 인구가 늘어났다. 그리고 이렇게 등장해서 인구가 많아지는 정주 집단은 재난을 대비해 여분의 식량을 저장해야 했다(생선 등의 식량이 굉장히 풍부하게 공급돼 농업을 도입하지 않고도 정주자가 늘어난 사례도 있다).

그래서 초기 농업 사회는 식량 생산을 늘리기 위해 가장 열심히 일한 사람을 포상하는 경향이 있었다. '분배자' 추장(어떤 문화권에서는 '빅 맨'이라고도 한다)은 생산을 잘하는 능력, 부족민들이 앞다퉈 더 많이 생산하고 서로 양보하도록 설득하는 능력을 토대로 존경을 받았다. 그들은 여전히 분배자로서 사회의 잉여를 관리하는 지위에 있었다. 잉여생산물이 늘어나면서 추장은 잉여의 일부를 취해 장인, 사제, 공직자, 전사 등 공적인 일을 맡길 전문가에게 보수를 줄 수도 있었다.[30]

인류학자 마빈 해리스는 다음과 같이 쓴다. "어떤 경우에는 분배자와 그 측근, 평범한 식량 생산자 사이의 권력 불균형이 너무 심해져서 분배자 추장들이 사실상 사회생활에서 가장 중요한 강제력을 행사하는 집단이 됐다. 그러면 중앙 창고를 채우는 기여는 더는 자발적이지 않게 됐다. 그것은 세금이 됐다. 농지와 천연자원을 이용하는 것은 더는 정당한 권리가 아니라 시혜가 됐다. 분배자들은 더는 추장이 아니었다. 그들은 왕이 됐다."[31] 한마디로 애초에 베푸는 일을 하던 사람이 도리어 거둬 가는 사람, 즉 착취자로 변모했다.

이것은 계급이 출현하는 다양한 경로 중 하나일 뿐이다. 계급이 출현하는 방식은 다양했지만 근본적 이유는 한결같았다. 예를 들어 고대 인도에서는 "계곡 전체의 관개시설을 집단적으로 관리하는 일을 맡은"[32] 개인들에게서 최초의 국가가 생겨났다. 다른 곳에서는 주인과 노예의 관계에서 계급이 출현했는데, 잉여를 생산할 전쟁 포로를 편입시켜 옛 가족 구조를 확장하는 식이었다. 어떤 경우든 계급 출현의 근저에는 "생산력 발전 덕분에 한 사람의 노동능력이 그 능력을 간신히 유지하는 데 필요한 것보다 더 많이 생산할 수 있었다"는[33] 사실이 있었다.

일단 농업이 자리를 잡자, 당장의 생존에 필요한 것 이상의 부가 사회에서 생산됐고 잉여를 저장·관리하는 기술적 수단이 개발되기 시작했다. 사실 사회가 한곳에 정착하면서 흉작의 위험에 대비해야 했기에 잉여가 꼭 필요해지기도 했다. 그러나 이때의 잉여는 다수가 고되게 노동해야만 생산할 수 있었고 노동이 면제된 극소수만을 먹여 살릴 수 있었다. 재러드 다이아몬드가 지적했듯이 "농업이 사냥보다 더 많은 인구를 먹여 살렸을지 몰라도" 이에 따라 "삶의 질은 떨어졌다."

> 영양실조, 기아, 전염병 말고도 농업이 인류에게 내린 저주가 하나 더 있다. 바로 심각한 계급 분단이다. 수렵·채집꾼들은 식량을 거의 저장하지 않았으며 과수원이나 소 떼처럼 집중된 식량 생산 수단도 없었다. 그들은 그날그날 얻은 야생 동식물을 먹고 살았다. 따라서 남에게서 갈취한 식량으로 살을 찌우는 왕이나 사회적 기생계급이 생겨날 수 없었다. 사람들이 농사를 짓게 되자 비로소 건강하고 아무것도 생산하지 않는 특권층이 병자로 득시글한 군중 위에 군림할 수 있었다.[34]

사회가 채집에서 원시 농업을 거쳐 정착 농업으로 나아가자 사회의 낮은 생산성은 필연적으로 계급 분단을 낳았다. 엥겔스가 말했듯이 "사회 전체의 노동으로 구성원 전체가 연명하기 위해 필요한 수준을 약간 웃돌 만큼만 생산할 수 있고 따라서 구성원 압도 다수가 끊임없이 노동에 매달려야 한다면, 사회가 필연적으로 계급으로 나뉜다. 노동하는 압도 다수와 공존하지만 … 생산적 노동을 몸소 하지 않아도 되는 계급이 등장하고 이들이 사회 전반의 운영을 맡는다."[35]

따라서 계급은 사회의 부, 특히 잉여생산물의 생산·지배와 맺는 관계에 따라 규정된다. 각각의 지배계급은 잉여생산물을 지배하는 지위를 이용해 재산을 늘리고 피착취자에 대한 권력을 강화하려 했다. 한마디로 되도록 많은 잉여생산물을 차지하려 했다. 어느 사회에서든 생산된 잉여를 차지하고 지배하는 사람들을 찾아보라. 그들이 바로 사회를 지배하는 계급이다. 잉여를 생산하고 지배계급에게 빼앗기는 계급을 찾아보라. 그들이 바로 피착취 계급이다.

계급 격차와 함께 성별 불평등도 생겨났다. 수렵·채집 사회에서 식량 채집자라는 중요한 구실을 맡은 덕분에 여성이 누렸던 비교적 높은 지위는 사라졌고 남성이 농업과 축산에서 핵심적인 일을 맡는 성별 분업이 나타났다. 공유재산이 사유재산으로 바뀌면서 남성은 재산 소유자가 됐고 여성은 가정의 종속적 일부가 됐다. 엥겔스는 "역사상 최초로 계급 대립이 나타난 시기는 일부일처제에서 남녀 간 적대가 발전한 시기와 일치하고, 최초의 계급 차별이 나타난 시기는 남성에 의한 여성 차별이 나타난 시기와 일치한다"고 썼다.[36]

계급사회가 출현하지 않았다면 인류의 진보, 즉 간신히 생존하는 것 이상으로 잉여를 생산하는 능력을 발전시키는 것은 불가능했을 것이다. 그러나 계급사회의 등장으로 인류는 생산력이 진일보할 때마다 인구의 다수를 제물로 바쳐야 했다. 엥겔스는 계급 출현 이전 사회에 대해 다음과 같이 썼다.

> 이 자연 발생적인 공동체의 세력은 분쇄돼야 했고 실제로 분쇄됐다. 그러나 이것을 분쇄한 힘은 시작부터 타락으로, 다시 말해 옛 [계급 발생 이전 — 지은이] 사회의 소박한 도덕적 위엄을 무너뜨린 원죄로 그 모습

을 드러냈다. 천박한 욕심, 잔혹한 욕망, 부도덕한 탐욕, 이기적인 공공재 강탈 같은 가장 저열한 관심사가 새롭고 문명화한 사회, 즉 계급사회의 막을 올렸다. 계급사회는 강탈·강간·사기·배신 같은 가장 악랄한 수단으로 계급 없는 씨족사회를 망가뜨리고 거꾸러뜨렸다. 그리고 새로운 사회는 그것이 존재한 2500년 내내 압도 다수를 천대하고 착취한 대가로 소수가 번영했음을 의미했을 뿐이다.[37]

계급사회가 등장하면서 오늘날 모든 인간 사회에 '자연스럽고' 영원불변하다고 묘사되는 기관, 즉 엥겔스가 "대중과 구분되는 공권력"이라고[38] 말한 국가가 성장했다. 계급 없는 사회에서는 특수한 강제력이 필요하지 않았는데 모든 구성원이 이해관계가 같았기 때문이다. 계급이 없는 채집 사회에서는 식량을 공유했기 때문에, 강제력까지 동원해서 소수의 부를 수호하는 사회 운영 원리를 수호할 별도의 집단이 나타나 사회를 감독할 이유가 없었다. 고대 그리스에서는 비교적 평등하고 민주적인 친족 기반 사회에서 가구별 재산 차이가 나타나기 시작했고, 이 격차는 노예제와 약탈로 더 벌어졌다고 엥겔스는 썼다. 그리고 군장君長을 선출하던 제도가 세습제로 대체됐을 때,

딱 한 가지 모자라는 것이 있었다. 공산주의적인 씨족 질서의 전통에 맞서 개인이 새롭게 취득한 부를 보호할 기관, 원래는 경시되던 사유재산을 신성화할 뿐만 아니라 이 신성화가 모든 인간 사회의 가장 위대한 목표라고 선포할 기관, 재산을 취득하는 새로운 방법 하나하나를, 그래서 점점 빠르게 부를 축적하는 것을 사회적으로 인정한다고 최종

승인할 기관, 깊어 가는 계급 간의 골뿐 아니라 무산계급을 착취하고 지배할 유산계급의 권리를 영속화할 기관이 필요했다.

그래서 그런 기관이 생겼다. 국가가 발명된 것이다.[39]

사회가 계급으로 나뉘자 계급 간 충돌을 단속해서 지배계급의 경제적 이득을 위협하지 못하게 하는 조직이 필요해졌다. 엥겔스는 "사회에서 생겨나지만 사회 위에 군림하고 점점 더 사회와 거리를 두는 권력이 바로 국가다" 하고 썼다.[40] 다시 말해 국가는 본질적으로 그 수중에 사회의 강제력을 집중시키고 다수 피착취 계급에게서 최대한 많은 강제 수단을 박탈하는 정치적 기관이다.

'공권력'의 존재를 정당화하는 가장 흔한 논리는 공권력이 없으면 시도 때도 없이 다투는 것이 인간의 본성이라는 것이다. 열렬한 절대군주제 지지자인 17세기 철학자 토머스 홉스는 다음과 같이 썼다. "만인을 두려움에 떨게 할 보편적 권력이 없었던 시기에 인류는 전쟁 상태, 즉 만인에 대한 만인의 투쟁이라는 상태에 있었다."[41] 국가는 사회라는 전쟁터의 심판관이라는 것이다. 그러나 강제력을 지닌 국가기구가 인류 역사에서 아주 최근에야 등장했다는 사실을 안다면 이런 관점이 실제로는 국가권력의 존재를 제대로 설명한다기보다는 정당화한다는 것을 꿰뚫어볼 수 있다.

홉스는 국가가 갈등을 단속한다는 현상만 피상적으로 관찰했을 뿐이다. 그러나 국가는 역사적 산물인 갈등, 즉 계급 갈등을 단속하기 위해 등장했다. 물론 국가는 공정한 심판관이 아니다. 국가는 언제나 부유한 계급 편에 서서 그들이 언제나 이기게끔 판을 짠다. 엥겔스는 다음과 같이 말했다.

> 국가는 계급 적대가 격화하는 것을 방지할 필요에서 생겨났기 때문에, 그러나 동시에 계급 충돌의 한복판에서 생겨났기 때문에 기본적으로 경제를 지배하는 가장 강력한 계급을 위한 국가다. 그리고 그 계급은 국가를 매개로 정치적 지배계급이 되고, 피억압 계급을 억누르고 착취하는 수단을 새로 획득한다. 그래서 고대의 국가는 무엇보다도 노예를 억누르기 위한 노예 소유주의 국가였고, 중세의 국가는 농노를 억누르기 위한 귀족들의 기관이었으며, 현대의 대의제 국가는 자본이 임금노동을 착취하는 수단이다.[42]

국가 권력의 본질은 강제력이다. 그러나 노골적인 강제로만 유지할 수 있는 계급 체제는 없다. 계급사회는 본질상 소수가 다수를 착취하는 사회다. 그런데 다수가 자신이 생산한 부를 되찾아 오지 못하는 이유는 무엇일까? 계급 지배를 하면서 끝없는 충돌을 피하려면 피착취자들에게 어느 정도 동의를 얻어야 한다. 그래서 역사적으로 국가기구는(그리고 비국가기구와 '지식인'도) 피착취자 집단의 동의를 이끌어 내기 위해 정교한 이데올로기를 퍼뜨려서 지금 사는 세계가 이런저런 이유로 필연적이고 불가피하다고 설파해 왔다. 뒤에서 자세히 다루듯이, 이로 인해 어떻게 혁명적 변화가 가능한가 하는 문제가 더 복잡해지지만, 대중 반란과 사회혁명이 벌어진 20세기 역사가 보여 주듯 혁명적 변화가 아예 불가능해지는 것은 아니다.

자본주의의 탄생: 고삐 풀린 탐욕

"옛날 옛적에 세상에는 두 종류의 인간이 있었다. 하나는 성실하고 똑똑하며 특히 근검절약하는 선택된 자들이었고, 다른 하나는 방종하게 살며 자신이 가진 모든 것과 가지지 않은 것까지 탕진하는 넝마 같은 자들이었다." 자본주의가 왜 굉장히 부유한 집단과 그렇지 않은 나머지로 나뉘어 있는지에 대한 설명은 보통 이렇게 역사에 대한 "케케묵고 유치한" 동화식 묘사를 근본으로 한다고 마르크스는 썼다. 진실된 설명은 소위 선택된 자들의 심기를 불편하게 한다. "잘 알려져 있다시피 정복·예속·강탈·살인, 한마디로 폭력이" 자본주의 탄생에서 "가장 중요한 구실을 했다."[43]

모든 계급사회의 핵심적 특징은 소수의 무위도식을 위해 다수가 노동한다는 것이다. 다시 말해 다수는 고단하게 일하지만 소수는 다수가 간신히 생존하는 데 필요한 것 이상의 부를 싹 걷어 간다. 마르크스가 썼듯이 "일부 사회집단이 생산수단을 독점한 곳에서는 자유롭든 그렇지 않든 노동하는 자들이 언제나 생존에 필요한 것 이상으로 더 노동해 생산수단의 소유자들을 먹여 살려야 했다. 생산수단의 소유자가 … 에트루리아 신정국가神政國家의 수장이든, 로마의 시민이든, 노르만 공작이든, 미국의 노예 소유주든, 왈라키아 공국의 귀족이든, 현대의 지주나 자본가든 이런 사실은 변함없었다."[44] 각 계급사회의 독특한 성격은 착취의 형태, 즉 "노동하는 사람, 다시 말해 직접 생산자에게서 잉여노동을 갈취하는 형태"로 규정된다.[45]

노예제사회와 봉건사회에서는 잉여를 뽑아내는 과정이 눈앞에 고스란히 드러났다. 노예를 사들이고 먹여 살리는 데 든 비용(이것은 주인이 죽도록 일을 시키느냐 좀 더 오랫동안 부려 먹느냐에 따라 달라졌다) 이상으로 생산된 모든 잉여생산물은 노예주의 손으로 들어갔다. 봉건제하에서 농민과 농노는 영주에게, 때로는 국가에 수확한 곡물의 일부를 지대·십일조·세금으로 뜯기거나 영주에게 무보수 노동을 해 줘야 했다. 인구의 압도 다수는 생활에 필요한 것을 다른 사람에게서 구매하기보다는 직접 생산했다.

농노나 노예의 노동이 정도는 다를지라도 결국 강제와 예속에 의한 것인 반면 현대 자본주의는 '자유로운 노동'에 의존한다. 사실 말이 좋아 '자유로운 노동'이지 그 이면의 진실은 혹독하다. 임금노동자가 '자유롭다'는 것은 노예와 달리 정신과 육체를 남이 소유하지 않고 농노와 달리 토지에 매여 있지 않다는 뜻이다. 그러나 이게 다가 아니다. 마르크스는 '자유'라는 말이 토지나 도구 등 생계 수단도 전혀 없다는 뜻이기도 하다고 지적했다. 그래서 노동자는 마르크스가 비아냥거렸듯이 "번거롭게 생산수단을 소유하지 않"기 때문에 가난의 고통에서 벗어나려면 수시로 밥벌이를 찾아야만 한다.[46]

이전 사회에서는 교역이 부차적이고 미미했지만 자본주의 생산체제에서는 처음으로 모든 경제적 거래가 상품의 구매와 판매로 이뤄지고 그 외의 경제활동은 부차적인 것이 됐다. 그런데 여기에는 더 중요한 함의가 있다. 자본주의는 인간의 일하는 능력, 즉 노동력까지 상품으로 시장에서 사고파는 체제라는 점이다. 봉건제에서 사람들은 토지에 매여 있거나 도구와 작업장을 소유했다. 그래서 자본주의가 제대로 발전하려면 폭력, 속임수, 법적 제재를 동원해 직접 생산자를 토지나 도구에서 떼어 내야 했고, 그러면서 모든 토지와 생산도구를 소수의 부유한 자본가에게 몰아 줘야 했다. 거대한 세계시장을 만들어 내는 것과 노동하는 계급을 강탈하는 것, 이 두 과정 모두 현대 자본주의의 탄생에서 필수 요소였다.[47]

자본가계급은 여러 사회집단 속에서 등장했다. 향신료·직물·노예

등의 상품을 무역해서 막대한 부를 긁어모은 상인들이 그런 예다. 곡물을 생산하고 시장에 판매해서 토지를 구매하고 농업 자본가가 된 영주나 부농도 있었다. 도시에는 "소자본가로 변신해 임금노동 착취를 점점 확대하고 그렇게 얻은 부를 축적함으로써 '자본가'로 거듭난"[48] 상인들이 있었다. 그러나 부르주아지(즉, 자본가계급)의 발전에서 훨씬 더 중요한 구실을 한 것은 상인이었다. 이들은 그저 구매와 판매에 그치지 않고 상품 매매자이자 노동 착취자인 진정한 자본가가 됐다. 처음에 상인들은 가정이나 여기저기 흩어진 소규모 작업장에서 일하는 장인과 인부에게 작업에 쓸 재료를 '선대'하고[즉, 먼저 꿔 주고] 완성품이 나오면 그것을 팔아서 이윤을 챙겼다. 나중에 상인들은 인부들을 한 작업장에 모아서 일을 시켰는데 이것이 현대 공장의 시초였다.

이런 변화를 위해서는 두 가지 변화가 필요했다. 상인과 투자자가 부를 쌓을 능력이 있어서 더 큰 자본주의 기업을 세울 수 있어야 했고, 그렇게 해서 새로 생긴 기업에서 쓸 노동력을 더 쉽게 확보할 수 있어야 했다. 가장 중요하게 여겨지는 변화는 토지를 경작하는 농민과 온갖 물건을 만드는 장인, 즉 일하는 사람들에게서 토지와 생산수단을 빼앗는 것이었다. "농업 생산자, 즉 농민의 토지를 박탈"하는 (그리고, 도시·농촌·농장의 오래된 숙련 수공업을 파괴하는) "시초 축적"(마르크스는 "시초 박탈"이라고도 했다)의 시기가 필요했다.[49] 또한 상인들은 국가의 상당한 지원을 받으며 정복이나 식민지에서의 강제 노동으로 엄청난 부를 쌓아 올렸다.

임금노동자라는 새로운 계급은 농민이 생계 수단인 공유지를 강탈당하면서 생겨났다. 예를 들어 영국에서 대토지를 소유한 젠트리와 부농은 가격이 높은 양모로 이윤을 내기 위해 공유지를 말 그대로 "봉쇄"하고[인클로저] 소유권을 주장하며 공유지를 목장으로 만들어 버렸다. 군대를 투입해 수백 년 동안 공유지를 일궈 온 소작인·소농을 강제로 쫓아냈다. 그 후 15~16세기에는 무허가 구걸과 방랑을 채찍질과 징역으로 다스리고, 세 번째로 적발될 시 사형에 처하는 법률이 시행됐다.[50] "그렇게 농민들은 강제로 토지를 빼앗기고 고향에서 쫓겨나 방랑자 신세가 됐다가 고약한 법에 의해 채찍질을 당하고 낙인찍히고 고문을 당함으로써 임금노동 체계에 필요한 규율을 받아들이게 됐다"고 마르크스는 썼다.[51]

자본주의 역사에서 이런 과정이 똑같은 양상으로 반복된 것은 결코 아니다. 예를 들어 영국의 식민지였던 미국에서는 농노를 노동자로 "해방"하는 것에 관심이 없었다. 애초에 "해방"할 농노가 존재하지 않았기 때문이다. 게다가 미국으로 이주한 자유민은 보통 도시에서 일자리를 찾기보다는 토지를 원했다. 노동시장이 협소한 탓에 임금이 높았던 상황에서 고용주는 두 가지 술수를 썼는데 두 가지 모두 강제 노동을 수반했다. 처음에 고용주들은 유럽에서 계약 노동자를 수입했다. 계약 노동자는 미국으로 건너오게 해 주는 대가로 주인에게 몇 년 동안 일을 해 준다는 계약을 맺었다. 때로는 미국 원주민을 노예로 삼아 강제 노동에 동원하기도 했지만 원주민은 도망치기 일쑤였고 유럽에서 건너온 질병으로 인구가 희박해졌기 때문에 믿을 만한 노동력 공급원으로 삼기 어려웠다.

미국 남부(와 카리브해 지역)에서는 아프리카에서 들여온 노예에 기반한 플랜테이션 착취 체제가 값싸고 풍부한 노동력 공급원을 확보하는 방법으로 선호됐다. 유럽에서 '자유' 노동자계급이 새로 형성되는 동안 신세계에서는 부자유 노동이 발전했다. "유럽의 은밀한 임금 노예제는 사실 신세계의 적나라한 노예제라는 발판을 필요로 했다"고 마르크스는 지적했다.[52]

마르크스와 엥겔스는 《공산당 선언》에서 부르주아지와 세계시장의 발흥을 압축적으로 나무는 부분에서 신세계의 발견과 탐험, 식민지 확산, 그리고 그것이 [유럽의] 상업과 공업의 발전을 상당히 부양한 과정을 설명하며 자본주의의 역동성을 강조한다.[53] 그러나 마르크스가 《자본론》에서 썼듯이 이 과정은 사실 "인류의 연대기에 피로 얼룩지고 불에 그을린 문자로 기록돼 있다."[54] 마르크스는 다음과 같이 썼다. "아메리카에 매장된 금과 은의 발견, 아메리카 원주민 학살과 노예화, 원주민 광부들의 매몰, 첫발을 뗀 동인도 정복과 약탈, 인신매매할 흑인을 포획하는 사냥터가 된 아프리카, 이런 광경들이 자본주의적 생산의 여명기를 특징짓는다. 이런 일들이 바로 시초축적의 절경을 이룬다."[55]

시초 축적에 동원된 이런 방법들은 노예제가 폐지된 이후에도 사라지지 않고 19세기 말 현대 제국주의가 등장하면서 계속 이어졌다. 19세기 말에 아프리카를 난도질해 나눠 가진 유럽 열강은 원자재 수탈뿐 아니라 저렴하고 풍부한 노동력 공급원을 만들어 내는 것에도 관심이 있었다. 예컨대 네덜란드와 영국의 침략자들은 아프리카 남부의 여러 왕국과 인민을 군사력으로 굴복시킨 다음 토지의 87퍼센트를 빼앗고 사람들을 척박한 '보호 구역'에 몰아넣었다. 그리고 흑인의 통행증 소지를 의무화해 거주·이전 자유를 제한하고, 움막세나 인두세를 매기고, 여러 강제적 수단을 동원해 흑인에게 살던 곳을 떠나 백인 소유의 금광, 다이아몬드 광산, 농장 등의 사업체에 값싼 노동력을 제공할 것을 강요했다.[56] 이 흑인 노동자들은 노예가 아니지만 '자유로운' 임금노동자도 아니었다.

자본주의의 발전으로 거대한 산업과 통합된 세계시장이 성장했다. 자본주의는 육중한 경제력과 노골적인 폭력을 동원해 세계의 다른 부분도 자본주의의 길을 따르도록 강제했다. "한마디로 자본주의는 종교와 정치적 환상에 가려진 착취를 적나라하고 뻔뻔하며 직접적이고 잔혹한 착취로 대체했다"고 마르크스와 엥겔스는 《공산당 선언》에서 썼다.[57] 어떤 대가도 무릅쓰는 이윤 추구는 모든 경제활동을 빨아들이고 추동하는 원동력이 됐다. 마르크스는 이런 냉혹한 현실에 관해 1860년대 한 노동조합 활동가의 통찰을 《자본론》에서 인용한다. "충분한 이윤이 보장되면 자본은 과감해진다. 10퍼센트의 이윤이 보장되면 어디에든 투자하고, 20퍼센트의 이윤이 보장되면 혈안이 되고 50퍼센트면 낯짝이 두꺼워진다. 100퍼센트면 인류의 어떤 법이라도 짓밟을 태세가 되고, 300퍼센트면 어떤 범죄에도 마음이 불편해지지 않으며 교수형도 두려워하지 않을 만큼 모든 위험을 기꺼이 무릅쓴다. 혼란과 갈등이 이윤을 내면 자본은 기꺼이 혼란과 갈등을 부추긴다. 밀수와 노예무역만 봐도 충분히 알 수 있다."[58]

풍요와 불평등의 종식

계급사회의 "부도덕한 탐욕"과 "이기적인 강탈"에도 불구하고 인류의 생산력은 진보했다. 마르크스와 엥겔스가 《공산당 선언》에서 훌륭하게 요약했듯이 자본주의의 등장은 전 세계가 서로 의존하는 세계시장을 만들어 냈다. 자본주의는 대도시로 인구를 집중했고 농촌을 도시에 종속시켰다. 또, 집중적이고 거대한 기계식 대량생산을 개발해 이전의 모든 사회를 능가하는 생산력을 이룩했다. 부르주아지는 "생산도구를, 따라서 생산관계를, 따라서 모든 사회관계를 끊임없이 혁신해야만 존속할 수 있다."[59]

사회주의가 한갓 유토피아적 몽상에 그치지 않고 진짜로 실현될 수 있는 물질적 조건 중 첫째는 풍족함이다. 엥겔스는 다음과 같이 설명했다.

> 무엇보다도 산업혁명 덕분에 인간 노동의 생산력이 이토록 매우 높은 수준에 이르렀다. 그래서 모든 사람이 합리적으로 분업한다면, 모든 사회 구성원이 넉넉하게 소비하고 비축까지 할 만큼 생산할 뿐 아니라 모든 사람이 충분한 여가를 누릴 수 있게 돼서, 진정으로 보존 가치가 있는 역사적 유산(과학, 예술, 인간관계 등)을 보존하고 나아가 지배계급이 독차지한 유산을 사회 전체의 공동 소유로 만들어 더 훌륭하게 가꾸는 일이 인류 역사 최초로 가능해졌다.[60]

엥겔스가 주목했던 것은 바로 자본주의 사회의 풍요 덕분에 몇 안 되는 착취자의 존재와 온갖 결핍을 용인할 이유가 싹 없어졌다는 것이다. 실제로 이미 오래전부터 지배계급의 존재는 인류의 발전에 명백한 걸림돌이 됐다.

현대의 기술을 합리적으로 조직한다면 "모든 개인이 사회 운영 전반에 이론적·실천적으로 참여할 충분한 여유를 확보하도록 노동시간을 제한"해서[61] 고된 노동을 줄이고 다수가 사회의 운영에 흠뻑 참여하게 할 수 있을 것이다.

4장

마르크스주의 경제학 1:
자본주의는 어떻게 작동하는가

이 책의 초판이 출간된 지 얼마 후에, 몇십 년 사이 가장 심각한 경제 위기가 미국과 전 세계를 강타했다. 캐나다의 마르크스주의자 데이비드 맥낼리는 다음과 같이 쓴다.

> 모든 주요 지표로 볼 때 이번 대침체는 1929~1933년의 재앙적인 경제 폭락 이래 세계 자본주의 역사에서 가장 길고 심각한 경기하강이었다. 경제협력개발기구OECD에 속한 30대 경제 대국에서 국내총생산GDP이 6퍼센트 수축했고 실업률이 평균 60퍼센트 이상 증가했다. 세계 산업 생산량은 13퍼센트 감소했고 국제무역은 20퍼센트 감소했으며 국제 주식시장은 50퍼센트 주저앉았다. 미국과 유럽에서 은행이 줄줄이 무너지면서 1930년대 이래 전대미문의 금융공황이 빚어졌고, 자유 시장이 만병통치약이라는 믿음이 흔들리면서 지배계급 집단들 사이에서 심각한 지적 위기감이 조성됐다. 2008~2009년의 수축은 1930년대 이래 가장 심각했을 뿐만 아니라 지난 80년 사이에 나타난 여느 경기후퇴보다 두 배나 더 오래갔다.[1]

따라서 위기의 원인을 밝혀내는 것은 사활적으로 중요하다. 그러나 뭇사람들에게 경제학은 건드리고 싶지 않은 수수께끼다. 경제학자는 범접할 수 없는 천재나 돌팔이 약장수 취급을 받는다. 어느 쪽이든 경제학은 우울하고 지루하고 난해하며 궁극적으로는 시간 낭비인 학문으로 여겨진다.

이런 회의감에 아주 근거가 없는 것은 아니다. 대체로 보아 주류 경제학자의 다수는 경제 동향을 설명하거나 미래를 점치지 못한다. 그 이유는 간단하다. 무엇보다도 부르주아 경제학자는 자본주의의 숨은 원리를 공명정대하게 파헤치지 못하는데 이는 "모든 정치경제학적 논의가 사유재산을 당연시하기" 때문이다. 다시 말해 부르주아 경제학자들은 자본주의를 인류가 출현했을 때부터 그 근본 원리가 존재해 온 최선의 유일한 사회형태라고 가정한다.[2]

자본주의가 봉건제와 충돌하며 태어나던 발전의 초기 국면에는 정치경제학이 자본주의의 작동 원리에 관한 몇 가지 중요하고 과학적인 통찰을 내놨다. 그러나 노동자와 자본가의 계급투쟁이 더 위협적이고 체계적인 모습을 띠게 되자, 마르크스의 말마따나 "과학적 부르주아 경제학의 죽음을 고하는 조종이 울렸다." 그때부터 경제학은 마르크스가 말한 "속류 경제학"으로, 즉 기존 체제를 정당화하기만 하는 천박한 학문으로 전락했다. "사심 없는 연구자의 자리를 판돈이 걸린 싸움꾼이 차지했고, 진정한 과학적 연구의 자리를 체제 옹호자들의 양심 없는 악의가 차지했다."[3]

예컨대 지난 30년 동안 경제학에서 득세한 이론은 경제 위기 가능성을 부인하고 "무제한적인 자기 이익 추구가 최적의 자원 배분으로 이어진다"고 설파했다.[4] 널리 인정되는 '효율적 시장 가설'에 의하면, 시장 동향 정보를 잘 갖춘 "이윤 극대화 추구자"들의 경쟁은 "주식의 실제 가격이 주식의 내재 가치를 중심으로 오르내리게" 한다.[5]

이 가정대로라면 시장은 "자가 교정"하는 성질이 있고 균형에 이르는 경향이 있다. 이 모델은 자산 가격이 장기간 부풀려지는 "거품"이 생기거나 자산 가치가 폭락할 가능성을 제대로 설명하기는커녕 아예 그런 가능성을 단호히 배격한다.

1998년에 롱텀캐피털매니지먼트(당시 세계 최대의 헤지 펀드였고, 효율적 시장 가설을 토대로 경제모델을 고안한 공로로 노벨 경제학상을 탄 두 남성이 운영했다)가 파산했을 때조차 경제학자들은 기본 입장을 굽히지 않았다. 맥낼리는 다음과 같이 썼다. "2007년 여름에 그런 모델들은 주택 가격이 하락할 가능성은 물론이고 꾸준한 상승이 멈출 가능성조차 완전히 과소평가했다."[6] 결국 주택 가격은 하락했고 심지어 전 세계적 경제 위기를 촉발했다. 이것은 마치 자동차를 일주일간 시험 운전만 해 보고 문제가 없었으니 앞으로도 절대 고장 나지 않을 것이라고 예측하는 꼴이다. 얼마 동안은 그런 예측이 맞을지도 모른다. 한동안은, 어쩌면 몇 년이 흘러도 차는 잘 굴러갈 것이다. 그러나 그런 예측은 결국 자동차가 고장 나기 전까지만 맞는 것으로 판명된다.

대다수 경제학자는 으레 경제가 좋은 시기에는 위기란 없다고 단언하다가, 경제 위기가 오면, 가만히 내버려 뒀으면 균형 상태에 있었을 체제를 교란하는 바람에 위기가 왔다고 둘러대고 넘어간다. 호황기에 부르주아 경제학자들은 끝없는 풍요가 예상된다는 들뜬 전망을 내놓는다. 1929년 월스트리트의 주식 대폭락이 코앞에 있던 시점에 어떤 경제학자는 다음과 같이 썼다. "미국의 경제계는 호황이 불황으로 휙 바뀌어 경제계가 고통을 겪을까 봐 더는 전전긍긍하지 않아도 되는 행복한 상황에 이르렀다."[7] 1990년대 클린턴 정부하의 호황기에도 비슷하게 흥분에 찬 주장이 있었다. 1996년에 〈월스트리트 저널〉은 "경기순환이라는 난적을 길들였다"고 선언했다.[8] 그러나 몇 년 만에 아시아에서 위기가 터졌고 그 때문에 전 세계에서 파산 물결이 일렁였다.

자본주의가 거듭 위기에 빠진다는 명명백백한 사실을 도저히 무시할 수 없게 된 주류 경제학자들은 위기가 자본주의의 타고난 특징이 아니라 "표준을 벗어난 예외적 일탈"이며 시장에 내재하지 않은 외부 요인 때문에 생긴다고 설명한다.[9] 한 가지 사례로 올리비에 코이비언과 유리 고로드니첸코는 2010년 1월에 공개한 온라인 논평에서 2007년 금융 위기를 "온화한 시대에 찾아온 거센 폭풍"이라고 칭했다.[10]

2008년 대침체가 발생한 이후 미국 연방준비제도이사회 의장 벤 버냉키는 어느 연설에서 "경제학자들이 거의 하나같이 위기의 성격·시점·심각성을 예측하는 데 실패했음"을 인정하면서도, 시장이 효율적이고 "자기 조절적"이라는 가설에 기반한 표준 경제모델을 포기해서는 안 된다고 힘줘 말했다. 버냉키는 다음과 같이 설명한다. "경제모델은 그것이 고안된 맥락에서만 유용합니다. 일시적 경기후퇴기도 포함해 대부분의 시기에 심각한 금융 불안정은 문젯거리가 아닙니다. 표준 모델은 위기가 아닌 시기에 맞게 고안된 것이고 그런 맥락에서는 상당히 유용하다는 것이 입증됐습니다."[11] 버냉키는 마치 두 가지 경제가 철저히 별개로 있는 것처럼 말한다. 하나는 잘 돌아가는 경제고 이것을 위한 모델은 있지만, 다른 하나는 잘 안 돌아가는 경제고 이를 위한 모델은 없다는 것이다! 그렇다면 경제학자는 기상학자와 비슷한 처지임이 틀림없다. 하루, 잘하면 이틀 동안의 경기 동향은 어렴풋이 예측할 수 있어도 그 이후에 대해서는 신뢰성이 떨어지는 예측을 내놓을 수밖에 없을 것이다. 위기를 예측하지 못하는 데다가 그 이론적 모델이 위기의 가능성을 부인하거나 경제 위기라는 엄연한 현실을 다루지 않겠다고 우기는 경제 '과학'은 분명 과학이라 할 수 없다.

위기는 없다고 되뇌거나 위기를 외부 요인 탓으로 돌리는 관점은 장 바티스트 세와 제임스 밀 같은 18~19세기 초 경제학자들로 거슬러 올라간다. 이들은 공급이 수요를 창출한다고 말했다. 밀은 생산된 모든 것은 구매자와 만날 것이기 때문에 "상품의 과잉"은 일어날 수 없다고 주장했다.[12] 마르크스는 이런 사상을 경멸했다. 마르크스는《자본론》에서 다음과 같이 썼다. "모든 판매가 구매이고 모든 구매가 판매이기 때문에 상품의 순환은 필연적으로 판매와 구매의 균형을 뜻한다는 교리만큼 유치한 것이 없다."[13] 그런 사상은 안도감을 줄지는 몰라도 현실에는 전혀 들어맞지 않는데, 경제 위기의 주된 요소가 바로 구매와 판매의 불균형이기 때문이다.

마르크스는 이런 경제학자들에게서 경제학을 구출해서, 불평등, 착취, 경제 위기를 설명하고 그 모든 것을 끝장낼 방법을 제시하기 위한 도구로 탈바꿈시켰다. 마르크스가 그럴 수 있었던 이유는 자본주의를 역사적 관점으로 봤기 때문이다. 즉, 자본주의도 이전 생산양식들과 마찬가지로 시작과 끝이 있을 것이라고 본 것이다. 마르크스가 자본주의 경제를 이해하는 데서 핵심으로 삼은 것은 '노동가치론'이다. 노동가치론은 자본주의에 관한 마르크스의 이론 체계 전체를 떠받치는 주춧돌이다.

노동가치론

마르크스의 가장 중요한 저작인 《자본론》은 자본주의 사회의 부를 "어마어마한 상품 더미"로 묘사하는 것으로 시작한다.[14] 마르크스는 자본주의의 작동 원리를 제대로 파악하기 위해 자본주의라는 유기체를 구성하는 기본 단위인 상품을 출발점으로 삼고 거기에 각 요소를 하나씩 덧붙여 가면서 체계적인 전체 그림을 제시한다. 이것은 과학자의 방법과 비슷하다. 과학자도 어떤 문제를 규명할 때 조사하고자 하는 현상을 분리해 내기 위해 다른 변수를 최대한 제거하는 실험을 설계한다. 마르크스도 이런 방법으로 체제의 핵심 요인들을 분리해 낸 다음 이 요인들이 한데 모여 어떻게 상호작용하며 운동하는지 보여 주려 했다. 그뿐 아니라 마르크스는 시장에서 상품이 '등가교환'되는 듯한 겉모습이 어떻게 불평등과 착취의 존재를 숨기는지 보여 주려 했다. 가장 피상적인 수준에서 보자면 자본주의는 시장을 위한 상품생산이 지배적인 체제다. 대다수 경제 분석의 문제점은 이 수준을 넘어서지 않는다는 것이다.

마르크스는 상품이 "사용가치"와 "교환가치"를 동시에 지니는 이중의 성질이 있다고 주장했다. 인간이 노동으로 생산한 모든 것이 그렇듯이 상품에는 사용가치, 즉 구매자 개인에게나 그가 속한 사회에 유용한 성질이 있다. 상품은 음식처럼 구매자가 직접 소모할 수도 있다. 톱이나 망치나 기계처럼 다른 유용한 물건을 만드는 도구일 수도 있다. 나무나 실처럼 다른 상품을 만드는 원료일 수도 있다. 상품이 꼭 물질일 필요도 없다. 의료·청소·연주·미용처럼 시장에서 판매되는 서비스일 수도 있다. 그런데 상품은 반드시 잠재적 구매자에게 유용해야 한다. 즉, 사용가치가 있어야 한다. 그렇지 않으면 팔리지 않을 것이기 때문이다. 그러나 동시에 상품은 교환가치도 있어서, 다른 상품과 일정한 비율로 교환될 수 있다. 그렇지만 상품이 유용성의 정도에 따라 교환되지 않는다는 것은 분명하다. 생존에 필요하기로는 음식이 자동차보다 더 중하지만 둘의 상대적 가격은 그렇게 매겨지지 않는다. 상품은 무게에 따라 교환되지도 않는다. 밀 1킬로그램은 은 1킬로그램과 교환될 수 없다. 그러나 모든 상품 사이에는 어떤 양적 관계가 분명 존재한다. "겉모습은 각양각색이어도" 모든 상품에는 "공통분모가 있다"고 마르크스는 지적했다.[15]

그 공통분모는 바로 인간의 노동이다. 여기서 노동은 특정한 유형의 노동을 콕 집어서 말하는 것이 아니라 추상적으로 노동 일반을 뜻한다. 모든 상품은 노동으로 생산된다. 상품이 일정한 비율로 교환되는 것은 상품이 유형별로 성질이 다르기 때문이 아니라 모든 상품에 공통점이 있기 때문이며, 그 공통점은 바로 모든 상품이 노동의 산물이라는 것이다. 시장에서 상품을 대량으로 사고파는 행위 때문에, 상품은 생산자도 의식하지 못하는 가운데 추상적 노동시간의 양으로 환원된다고 마르크스는 주장했다. 어떤 상품의 가치는, 다시 말해 어떤 상품이 다른 상품으로 교환되는 데 필요한 양은 그것을 생산하는 데 필요한 노동시간의 양으로 결정된다. "필요노동시간"은 당시의 일반적 생산기술로 무언가를 만들 때 걸리는 대략의 시간을 뜻한다. 가령 공장에서는 부엌용 찬장이 한 시간 만에 생산되는데 내가 하루 종일 걸려 같은 품질의 찬장을 만든다고 해서 그것을 공장에서 만든 것보다 24배 비싸게 팔 수는 없다는 것이다. 그래서 내가 찬장을 만드는 데 쓴 시간은 대부분 "사회적 필요" 노동이 아니며 적어도 시장에서는 낭비된 노동이다.

노동가치론은 예컨대 자동차의 가치가 왜 라디오보다 큰지, 컴퓨터가 왜 연필보다 비싼지를 설명해 준다. 생산과정에 투입된 모든 요소들을 만드는 데 들어간 노동시간과 그것을 최종생산물로 조립하는 데 걸린 노동시간을 다 합하면, 현재의 일반적 생산 조건하에서는 라디오나 연필보다 자동차나 컴퓨터를 만드는 데 더 많은 노동시간이 들고, 따라서 상품에 들어간 노동시간에 따라 상품의 교환가치가 결정된다는 것이 분명해진다.

마르크스는 애덤 스미스와 데이비드 리카도 등의 정치경제학자들이 제시한 새로운 경제 분석에 영향을 받았다. 부르주아지가 아직 정치적 승리를 거두지 못한 시기에 저술 활동을 한 이들은 후대 경제학자들과는 달리 과학적으로 엄밀하고 솔직하게 글을 썼다. 리카도는 "상품의 가치가 상품을 생산하는 데 필요한 노동의 상대적 양에 달려 있다"고 썼다.[16]

후대 경제학자들은 '노동가치론'을 버리고, 가치란 곧 가격이며 가격은 상품의 상대적 희소성으로 결정된다는 이론으로 갈아탔다. 노동을 가치의 척도로 삼는 사상은 자본가가 얻는 이윤의 원천이 노동임을 인정하는 것이기에 너무 위험했다. 그러나 마르크스가 지적했듯이 공급과 수요는 "시장가격의 일시적 동요만을 일으킬 뿐이다. 공급과 수요는 왜 상품의 시장가격이 상품의 가치보다 높아지거나 낮아지는지는 설명해 주지만 가치 자체는 결코 설명하지 못한다."[17] 예를 들어 신발과 그 재료인 밑창의 가격은 오르내릴 수 있지만 언제나 신발이 밑창보다 비싸다. 신발은 밑창보다 더 많은 노동시간이 들어가기 때문이다.

마르크스가 활동하던 시절의 경제학자들은 가격과 가치가 일치하지 않는다며 마르크스를 깎아내리려 했다. 그러나 생산이 계획되지 않기 때문에 가격과 가치는 일치할 수 없다. 중요한 것은 자본주의에서 상품의 생산과 교환을 지배하는 배후의 법칙을 찾아내는 것이다. 마르크스는 다음과 같이 쓴다.

속류 경제학자들은 실제 일상의 교환 비율은 가치의 크기와 딱 맞아떨어질 수 없다는 사실을 털끝만치도 이해하지 못합니다. 부르주아 사회의 중요한 특징은 근본적으로 생산을 의식적으로나 사회적으로 규율하지 않는다는 것입니다. 합리적이고 본래 필연적인 것은 맹목적으로 작동하는 평균으로서만 관철됩니다. 대단한 발견을 했다고 여기는 속류 경제학자는 내적 상호 연관이 드러나자 겉모습은 이와 다르다고 우깁니다. 겉모습에만 매달리고 겉모습을 전부로 여긴다며 우쭐대는 꼴입니다. 그럴 거라면 뭐하러 과학을 합니까?[18]

당연히 아무리 눈을 크게 뜨고 자동차, 책, 신발 같은 상품을 들여다봐도 교환가치는 보이지 않을 것이다. 눈에는 인간의 힘으로 빚어낸 유용한 물건만이 보일 것이다. 왜냐하면 가치는 색깔, 모양, 맛 같은 물건 자체의 성질이 아니기 때문이다. 가치는 독자적 사물이 아니라, 역사를 거치며 "사물 대 사물의 관계라는 허구적 형태"로 발전한 인간 대 인간의 관계다.[19] 자본주의 사회가 어떤 사물에 물질적으로는 존재하지 않는 성질을 부여하는 현상을 마르크스는 "상품 물신성"이라고 일컬었다.[20] 가치는 독립적·개별적 상품 생산자들이 시장에서 경합하는 사회, 즉 시장 관계를 벗어나면 무의미한 개념이다. 역사에 존재한 모든 인간 사회는 유용한 것을 생산했지만, 모든 인간 사회가 교환을 위해, 즉 사고팔기 위해 생산했던 것은 아니다. 마르크스가 썼듯이 "유용한 물건이 상품이 되는 것은 오로지 그 물건이 각자 독립적으로 작업하는 개인이나 집단의 생산물이기 때문이다."[21]

한 가지 짚고 넘어가야 할 점은 마르크스가 노동만이 사용가치, 즉 물질적 부의 유일한 원천이라고 보지 않았다는 것이다. 마르크스는 다음과 같이 썼다. "노동과 꼭 마찬가지로 자연도 노동처럼 사용가치의 원천이며(그리고 사용가치는 명백히 물질적 부의 일부다!), 노동도 사실은 인간의 노동력이라는 자연력의 표현에 불과하다."[22] 이 점은 자본주의가 환경에 미치는 영향을 다룬 12장에서 더 중요하게 다룰 것이다.

돈만큼 멋진 건 없어

셰익스피어의 《아테네의 타이먼》에서 타이먼은 "노랗고 반짝이는 귀중한 금"이 "검은 것을 희게, 추한 것을 아름답게, 그른 것을 옳게, 저열한 것을 고귀하게, 늙은이를 젊게 하고" 심지어 "겁쟁이도 용감해지게" 하는 힘이 있다고 말한다.[23]

돈은 마치 신통력이 있는 듯하다. 돈은 종이나 금속 쪼가리에 지나지 않지만 돈을 가지면 긴하거나 탐나는 것으로 바꿀 힘이 생긴다. 오늘날 돈은 모두가 머리를 조아리는 우상이 됐다. 사람들은 돈의 사회적 구실에 너무나 익숙해진 나머지 인간 사회가 원래부터 그랬다고 생각한다. 그러나 돈은 결코 마법 같은 것이 아니다. 스페인 정복자들이 금을 차지하려고 잉카인을 학살한 것은 금이 알짜 화폐여서였지만, 잉카 사회에서는 거래에 화폐를 쓰지 않았기 때문에 금은 귀하게 여겨지긴 했어도 화폐가 아니었다.

"화폐제도에 대한 모든 착각은, 화폐가 특별한 성질을 지닌 물체이긴 하지만 결국 사회적 생산관계의 표현물이라는 사실을 깨닫지 못하는 데서 비롯한다"고 마르크스는 썼다.[24] 이게 무슨 말일까? 돈은 처음에 독립적 생산자들이 서로 상품을 교환하는 수단으로 등장한다. 모든 재화를 공동으로 생산하고 소유하는 공동체에서는 모든 구성원이 능력만큼 [생산에] 기여하고 필요한 만큼 [생산물을] 공동 창고에서 꺼내 간다. 이런 사회에서는 상품의 교환이 존재하지 않기 때문에 돈이 필요 없다.

가장 오래된 형태의 교환은 물물교환이다. 여러 공동체들이 이따금 모여서 필요 없거나 간직하고 싶지 않은 잉여생산물을, 필요하거나 갖고 싶지만 스스로 만들지는 못하는 다른 공동체의 생산물과 맞바꿨다. 예를 들어 한 공동체가 남는 소금을 들고 와서 소금이 필요한 다른 공동체에게 주고 그 대가로 남는 흑요석이나 가죽띠를 받는 것이다. 물물교환은 각 공동체가 특정 생산물을 생산하는 데 든 대략적 노동량을 기초로 이뤄졌을 것이다. 이런 식의 물물교환은 최초의 수렵·채집 사회에서부터 있었을 것이다. 그러나 이때 교환은 부수적 요소였고 공동체의 생존에 필수가 아니었다. 다시 말해 사회에서 생산된 사용가치는 대부분 상품이 되지 않았으며, 교환되지 않은 채 직접 소비됐다. 마르크스가 《자본론》에서 썼듯이 "상호 독립적인 관계", 즉 독립적 생산자들의 사회는 "자연 발생적 원시 공동체 내부에는 존재하지 않았다. 공동체의 형태가 가부장적 가족이든, 고

대 인디언 공동체든, 잉카 국가든 말이다. 상품 교환은 공동체의 경계에서, 즉 다른 공동체와 접촉하는 곳에서 시작됐다."[25]

처음에 교환은 부수적이었고 체계적이지 않았지만 점차 일상적이고 정기적으로 이뤄졌으며, 이에 따라 공동체들은 어떤 물건이 얼마나 있어야 다른 물건으로 교환할 수 있는지를 대충 계산할 수 있었다. 농업 잉여가 쌓여서 경제가 발전하자 분업이 심화해 농사일, 무기 제작, 도구 제작, 사치품 제작 등의 일이 분화했다. 그 결과 공동체 간의 상품 교환뿐만 아니라 공동체 내의 상품 교환도 증가했다. 즉, 다양한 상품을 사고파는 시장이 등장했다. 교환이 빈번해지자 편리한 교환을 위한 매개물, 즉 어떤 상품으로든 교환할 수 있다고 모두가 인정하는 상품을 정해야 했다. 처음에는 운반할 수 있고 귀하게 여겨지면서 양이 풍족한 상품이면 무엇이든 매개물로 사용됐다. 소, 말, 조개 껍데기가 그런 예였고 나중에 금속가공법이 발전하자 금과 은 같은 귀금속이 매개물로 사용됐다. 물론 시장에 팔기 위한 생산, 즉 상품생산은 자본주의가 탄생한 뒤에야 가장 유력한 생산 형태가 됐음을 잊어선 안 된다. 예컨대 고대 로마제국에서 광대한 토지를 소유하고 대규모 노예 집단에 농사일을 맡긴 지주계급에게 무역 수입은 전체 수입의 극히 일부에 지나지 않았다.

무른 성질을 띤 금과 그보다 조금 덜 무른 은은 가장 탁월한 화폐 상품이었다. 국가는 통치자의 얼굴을 새긴 다양한 무게의 금화나 은화를 주조했다. 금에 무슨 마법스런 힘이 있는 것이 아니다. 금도 다른 상품과 마찬가지로 상품이고 금의 가치는 금의 생산에 필요한 노동시간으로 측정될 뿐이다. 관습에 의해 금은 마르크스가 말한 "보편적 등가물", 즉 다른 모든 상품의 가치를 표현하는 상품이 됐다.[26] 다시 말해 금은 그저 교환의 매개물이기만 한 것이 아니라 가치의 척도이기도 하다. 우리는 신발 끈을 보편적 등가물로 삼고 모든 가격을 신발 끈으로 나타내자고 정할 수도 있다. 그러나 값비싼 것을 사려면 엄청나게 많은 신발 끈이 필요하다는 문제가 있기 때문에 신발 끈은 화폐로 쓰기엔 실질적으로 어려운 상품이다. 비슷한 이유로 납덩이도 결코 화폐로 쓸 수 없다. [무거운 납덩이를 화폐로 쓴다면] 지갑 대신 수레를 차고 다녀야 할 것이기 때문이다.

자본주의가 발전하면서 유통과 교환의 수단인 화폐가 화폐를 상징하는 종이로 대체되고 동전이 더 값싼 재료로 주조돼 가치가 떨어지자 화폐의 신비로움은 더 짙어졌다. 그러나 동전과 지폐의 이름은 원래 그것이 상징하는 금이나 은의 양에서 따온 것이다(예를 들어 파운드는 원래 법으로 정해진 순도[92.5퍼센트]의 은 1파운드[약 0.45 킬로그램]를 나타냈다). 1970년대 초까지 1달러 지폐의 가치는 금에 고정돼 있었는데 그 비율은 달러당 35분의 1온스[약 0.8그램]였다. 그 후에는 지폐를 법으로 정한 비율로 금이나 은과 교환하는 것이 불가능해졌고 그 덕에 화폐는 자신의 기원인 상품 세계에서 더 멀어져 더욱더 신비로워졌다. 그러나 지폐는 결국 실제 가치를 상징한다. 정부가 마음대로 돈을 더 찍어 내서 더 많은 돈이 유통되고 돈의 공급이 재화와 서비스의 공급보다 빨리 증가하면, 돈의 가치가 떨어지고 가격이 올라간다는 사실에서 이 점을 분명히 확인할 수 있다.

모든 것을 사고파는 현대 자본주의 사회에서 화폐의 역사적 기원은 전혀 드러나지 않으며 화폐는 마치 인간의 의지를 벗어난 힘이 있는 듯 보인다. 마르크스는 다음과 같이 썼다. "그때부터 인간은 사회적 생산과정에서 순전히 원자화된 방식으로 서로 관계를 맺는다.

그래서 그들의 생산관계는 인간의 통제나 개인의 의식적 행동으로부터 독립된 물질적 형태를 취한다. 이런 상황은 먼저 노동의 산물이 일반적으로 상품이라는 형태를 취하는 것으로 표현된다. 따라서 화폐 물신성의 수수께끼는 상품 물신성의 수수께끼가 눈앞에 나타나 사람들을 현혹시키는 것에 불과하다."[27]

자본주의의 추동력

오늘날에는 산업자본주의가 등장한 지 겨우 이삼백 년이 지났지만 시장이 일상적 경제생활을 워낙 철저하게 지배하고 있어서 다른 방식의 경제생활을 상상하기가 쉽지 않다. 그러나 전체 인류 역사에 비춰 보면 시장의 지배는 매우 최근의 현상이다. 그럼에도 경제학자들은 자꾸만 자본주의적 생산관계가 아득한 옛날부터 있었던 것처럼 묘사한다. 가장 잘 알려진 사례로 18세기의 저명한 경제학자 애덤 스미스는 인간의 "타고난 교환 성향"을 논했다.[28] 한 경제학자가 "자본의 기원"은 "원시인이 야생동물을 사냥하려고 힘껏 내던진 최초의 돌멩이"라고 하자 마르크스는 배꼽을 잡고 웃었다.[29]

마르크스는 무인도에 갇혀 "사냥하고 물고기를 잡는 고립된 개인"에게서 현대 경제의 법칙을 찾아내려 한 부르주아 경제학자들이 "빈곤한 상상력"으로 "로빈슨 표류기"를 꾸며 내고 있다고 비판했다.[30] 예를 들어 19세기 프랑스의 경제학자 클로드프레데리크 바스티아는 "외로운 개인들의 총체"와 고립된 한 개인에게 똑같은 경제법칙이 동등하게 적용된다고 주장했다.[31] 그러나 인간은 홀로 은둔하는 존재가 아니라 사회적 존재다. "사회에서 떨어져 나와 외톨이로 사는 개인이 생산한다는 것은 극히 드문 경우로, 이미 사회의 영향력이 내면에 생생하게 남아 있는 문명화된 인간이 불의의 사고로 야생에 내던져졌을 때나 가능한 일이며, 개인들이 함께 생활하며 대화하지 않더라도 언어가 발전한다는 것만큼이나 어리석은 발상이다."[32]

역설적이게도 "이런 고립된 개인이라는 관점을 낳은 [자본주의 — 지은이] 시대는 여태껏 가장 발전한 사회 … 관계의 시대"이기도 하다고 마르크스는 지적했다. 인간을 사회집단의 일부가 아니라 개인으로 보는 사고는 "자유경쟁 사회"에서 비롯한다. "개인이 자연의 속박에 매인 과거의 역사적 시기에 개인은 규모가 한정된 인간 군집의 부속물에 지나지 않았지만 자유경쟁 사회에서는 개인이 그런 속박을 벗어난 듯" 보인다.[33]

이런 세계관은 자본주의와 시장이 인간 사회의 고정불변한 특징이거나 인간 본성에 내재돼 있는 것처럼 보이게 하는 구실을 한다.

부르주아 경제학자들은 시장이 영속적이라고 볼 뿐만 아니라 자본주의적 시장의 목적이 그저 생산물을 필요한 곳으로 잘 배분하는 것이라고 주장한다. 미국의 유명한 경제학자 폴 새뮤얼슨은 경제학을 "인간과 사회가 … 희소한 자원을 취해서 … 다양한 상품을 생산하고, 소비를 위해 분배하는 과정을 연구하는 학문"으로 묘사한다.[34]

여기서 주목할 것은 두 가지다. 첫째는 새뮤얼슨이 경제를 상품 생산과 동일시한다는 것이고, 둘째는 그가 자본주의적 시장을 그저 분배의 수단으로, 즉 재화를 소비자에게 전달하는 수단으로 본다는 것이다. 애덤 스미스나 데이비드 리카도 같은 옛 경제학자들도 당시에 성장하던 자본주의를 찬양했지만 새뮤얼슨 같은 체제 옹호자보다는 훨씬 솔직했다. 애덤 스미스는 한 강의에서 분명하게 말했다.

"온 세상의 옷을 만드는 사람들은 정작 누더기를 걸치고 있다는 지적은 매우 타당하다."[35] 18세기만큼이나 오늘날에도 잘 들어맞는 지적이다. 새뮤얼슨은 자본주의와 이전 생산 형태의 핵심 차이를 분간하지 못한다. 자본주의의 가장 중요한 목적은 이윤 추구라는 것을 말이다. "사용가치", 즉 유용한 것의 생산과 분배를 "자본주의의 당면 목표로 봐선 안 된다"고 마르크스는 썼다.[36]

모든 사회는 생존에 필요한 것을 생산하고 분배해야 한다. 문제는 그것이 어떤 형태로 수행되고 그 형태가 어떻게 변하느냐다. 마르크스는 친구 루트비히 쿠겔만에게 보내는 편지에서 다음과 같이 재치 있게 썼다.

> 어떤 나라든 노동이 멈추면 일 년은커녕 몇 주면 망한다는 것은 어린아이도 다 아는 사실입니다. 여러 가지 필요에 알맞은 양을 생산하려면 사회 전체의 노동을 정량화해 각각에 맞게 배분해야 한다는 것도 누구나 다 아는 사실입니다. 사회의 노동을 특정한 비율로 배분해야 할 필요성은 사회적 생산이 특정한 형태를 취한다고 해서 사라지지 않습니다. 다만 그 필요성이 표현되는 형태가 달라질 뿐입니다. 자연법칙은 결코 폐기할 수 없습니다. 변하는 것은 다양한 역사적 조건에서 자연법칙이 드러나는 형태뿐입니다. 그리고 사회적 노동의 상호 연관성이 개별 노동 생산물의 사적 교환으로 표현되는 사회 상태에서는 알맞은 비율의 노동 배분 형태가 바로 생산물의 교환가치로 나타납니다.[37]

새뮤얼슨이 옳다면 자본주의에서 독립적 생산자들이 생산물을 시장에 내놓는 유일한 이유는 자신이 생산하지 않지만 필요한 등가의 물건을 얻는 것일 테다. 신발 한 켤레를 만들고 팔아서 돈을 받고 그 돈으로 남이 텃밭에서 기른 당근을 사는 식으로 말이다. 마르크스는 이런 경제 순환을 C-M-C(상품-화폐-상품, 즉 상품이 화폐로 전환되고 화폐가 다른 상품으로 전환된다)라는 도식으로, 또는 구매를 위한 판매라는 말로 요약했다. 실제로 이런 묘사는 대다수 사람들의 경제생활에 잘 들어맞는다. 자본가가 아닌 우리는 (생존 수단을) 구매하기 위해 (노동력을) 판매한다.

그러나 자본가에게 판매의 목적은 같은 가치의 다른 물건을 얻는 것이 아니다. 자본가에게 이것은 시간 낭비일 것이다. 자본가가 어떤 물건 x개를 팔아 망치 y개를 사는 목적이 무엇일까? 자본가는 자기가 소비하려고 물건을 생산하지도 않거니와 그렇게나 많은 망치를 개인적으로 소비하는 것은 불가능하다. 자본가의 목적은 처음보다 더 많은 돈을 버는 것이다. 상품을 구매하고 판매하는 과정은 이 목적을 이룰 수단일 뿐이다. 자본은 결국 마르크스의 경구처럼 "스스로 증식하는 가치"다.[38] 자본가는 누군가에게 유용한 것을 생산해야만 그것을 시장에서 판매할 수 있지만 자본가가 판매하는 이유는 상품의 가치, 즉 그것으로부터 나오는 이윤을 얻기 위해서다. 자본가는 판매를 위해 구매한다. 마르크스는 자본의 이러한 기본적 순환을 M-C-M′(화폐-상품-화폐, 즉 화폐를 투자해서 상품을 생산하고 판매해 원래 투자한 것보다 더 많은 화폐를 거둔다)으로 도식화했는데 여기서 M′은 애초에 투자한 돈에 상품을 판매하면서 실현된 추가 가치, 즉 "잉여가치"를 더한 양을 뜻한다.

마르크스는 오늘날의 새뮤얼슨 같은 주장을 펼치던 당시 경제학자들을 다음과 같이 신랄하게 비판했다. "자본주의적 생산에서 직접적으로 중요한 것은 사용가치가 아니라 교환가치이고, 특히 잉여가치의 증대임을 결코 잊지 말아야 한다. 이것이야말로 자본주의적 생산을 추동하는 동력인데, 자본주의적 생산의 모순을 얼버무리려고 자본주의적 생산을 그 기반에서 떼어 낸 채 마치 생산자의 직접 소비를 위한 생산인 것처럼 묘사하다니 퍽이나 훌륭한 발상이다."[39]

"아무것도 없는 데에선 아무것도 나오지 않는 법"[40]

앞에서 살펴봤듯이 시장경제에서는 상품이 등가물과, 다시 말해 투입된 노동시간이 같은 상품과 교환된다. 그런데 시장에서 교환되는 가치가 서로 같다면, 즉 그것이 나타내는 노동시간의 양이 서로 같다면 이윤은 대체 어디서 생기는 것일까? 뭔가를 살 때보다 비싸게 파는 것이 어떻게 가능할까?

어쩌면 쓴 비용보다 가격을 높게 매기는 것이 곧 이윤일지도 모른다. 그러나 모든 판매자가 생산 비용보다 높게 생산물의 가격을 매긴다면 모두가 서로에게 부풀려진 가격을 지불해야 할 것이다. 가격표에 적힌 숫자는 커지겠지만 가치의 상대적 비율은 그대로일 것이고 특별히 득을 보는 이는 없을 것이다. 다시 말해 가격 높이기는 서로를 상쇄할 뿐 새로운 가치를 만들어 내지 않는다. 마르크스의 용어를 쓰면 유통 과정에서는 상품에 "잉여가치"가 전혀 더해지지 않는다. 잉여가치는 다른 곳에서 생겨나는 것이 틀림없다. 바로 생산과정에서 말이다.

앞에서 살펴봤듯이 자본주의가 발전하면서, 개별 생산자가 시장에서 판매하기 위해 각자 알아서 생산하는 식의 분업이 생겼을 뿐 아니라 노동자 대중이 도구, 설비, 원자재, 공장 건물 등 필수적 생산수단과 분리됐다. 생산수단과 분리된 다수, 즉 노동계급은 생산수단과 토지를 모두 틀어쥔 소수 자본가계급에게 어쩔 수 없이 노동력을 팔아야 한다. 그래서 생산수단 소유자는 노동 생산물은 물론 그것을 팔아서 남긴 수익까지 소유할 수 있다.

마르크스가 비꼬았듯이 시장에서는 각자가 "등가물을 서로 교환"하기 때문에 시장은 "자유, 평등, 재산이 유일한 규칙"인 "천부적 인권의 낙원 그 자체"로 여겨진다.[41] 노동자는 생존 자체를 위해 어쩔 수 없이 일자리를 찾아야 하지만 자본과 노동 사이의 교환은 지위가 동등한 양측의 공정한 거래처럼 그려진다.

그런데 상품의 가치가 상품에 들어간 사회적 필요노동의 양으로 결정된다면 노동의 가치는 무엇일까? 여기서 우리는 생산에 쓰인 노동의 가치(즉 어떤 생산물이나 작업에 들어간 노동의 양)와 노동할 수 있는 능력의 가치를 구분해야 한다. 마르크스가 주장하길 노동력이라는 이 특별한 상품의 가치는 노동자가 생산한 것의 가치와 같지 않고, 노동자와 그 가족이 생존하고 제구실을 하는 데 드는 비용, 즉 노동력을 생산하고 재생산하는 비용에 해당하는 필요노동시간과 같다. 마르크스는 다음과 같이 설명했다.

> 노동력의 가치는 다른 모든 상품과 마찬가지로 이 특별한 품목을 생산하고 또한 재생산하는 데 필요한 노동시간으로 결정된다. 노동력에 가치가 있다는 것은 노동력도 그 안에 구체화된 사회적 평균 노동의 일정량으로 표현될 뿐이라는 뜻이다. 노동력은 살아 있는 개인의 능력으로만 존재한다. 따라서 노동력이 생산되려면 먼저 개인이 존재해야 한

다. 개인의 존재가 주어진다면 노동력의 생산이란 본질적으로 그 개인 자신의 재생산 내지 존속이다. 개인이 삶을 유지하려면 생존 수단이 어느 정도 필요하다. 따라서 노동력 생산에 필요한 노동시간은 생존 수단을 생산하는 데 필요한 노동시간이 된다. 다시 말해 노동력의 가치는 노동력 소유자의 생활에 필요한 생존 수단의 가치다.[42]

마르크스가 여기에 덧붙이길, 노동력의 가치는 노동자의 훈련과 생존에 드는 비용 외에도 훗날 그 노동자를 대신할 자녀의 훈련과 생존을 위한 비용도 포함한다. 그래야 "이 특이한 상품을 소유한 종족이 시장에서 영구히 존속"할 수 있기 때문이다.[43]

생산을 하려면 자본가는 설비와 원자재 등 생산수단과 노동력을 시장에서 구매해 한데 모아야 한다. 그러면 노동자는 설비를 이용해 원자재를 시장 판매용 완제품으로 가공한다. 생산과정에 쓰인 원자재의 가치와 설비에서 마모된 분량의 가치는 완제품 가치의 일부를 이룰 뿐이다. 원자재와 설비는 과거 노동의 산물이며 완제품 생산에 사용되면서 자신의 가치를 고스란히 완제품으로 옮긴다.

완제품을 완성하려면 당시에 살아 있는 노동자의 노동시간이 있어야 하며 이 노동시간도 완제품의 최종 가치에 포함된다. 다시 말해 상품의 가치는 두 부분으로 구성된다. 하나는 완제품으로 고스란히 또는 조금씩 옮겨진 죽은(즉 축적된) 노동이고, 다른 하나는 살아 있는 노동으로서 노동자가 설비와 원자재에 들어간 "죽은" 노동을 이용할 때 추가하는 노동시간이다. 마르크스는 설비와 원자재를 "불변자본"이라고 했다. 생산과정에서 설비와 원자재는 이미 존재하는 가치를 최종생산물에 고스란히 옮길 뿐이지 새로운 가치를 추가하지는 않기 때문이다. 한편 마르크스는 노동력의 가치, 즉 임금은 "가변자본"이라고 했다. 왜 가변적인가? 왜냐하면 생산과정에서 노동력은 새로운 가치를 최종생산물에 추가하기 때문인데, 그 추가된 가치는 노동력을 생산하는 비용보다 훨씬 크다. 자본가는 축적된 "죽은" 노동이 추가한 가치는 온전히 지불하지만 살아 있는 노동이 추가한 가치는 전부 지불하지 않는다. 자본가가 임금, 재료 값, 설비의 마모분을 합친 것과 같은 가격으로 상품을 판매한다면 이윤은 당연히 존재하지 않을 것이다. 그러면 자본가는 딱 투자한 만큼만 회수하게 된다.

마르크스는 노동을 사용하면 "자본가가 그 사용을 위해 지불하는 것"보다 더 많이 버는 "특별한 행운"이 따른다고 꼬집었다.[44] 노동력의 가치, 즉 임금은 그 노동이 만들어 내는 가치보다 적다. 다른 말로 하면 노동자들은 노동일의 일부만으로도 임금 비용(가변자본) 분량의 가치를 생산한다. 남은 노동일 동안 수행되는 노동은 노동자에게 전혀 지불되지 않는데 이것이 바로 "잉여가치"를 생산하는 "잉여노동"이다. 생산물이 판매될 때 노동자에게 지불되지 않은 이 부분은 자본가의 주머니로 들어간다. 《자본론》에서 마르크스는 다음과 같이 설명한다.

> 자본가는 노동력의 가치를(가격이 가치와 어긋나는 경우엔 가격을) 지불하고 그 대가로 살아 있는 노동력 자체를 마음대로 부릴 권리를 얻는다. 자본가가 노동력을 이용하는 시간은 둘로 나뉜다. 하나는 노동자가 자기 노동력의 가치와 같은 가치를 생산하는 시간이다. 즉, 노동자는 등가물을 생산한다. 따라서 자본가는 노동력의 가격을 선불한 대가

로 같은 가격의 생산물을 얻는다. 이는 시장에서 이미 완성된 생산물을 사는 것과 똑같다. 나머지 시간은 잉여노동시간으로서 이 시간 동안 자본가는 노동력을 이용해 가치를 얻지만 아무런 대가도 치르지 않는다. 이런 식으로 자본가는 아무런 비용 없이 노동력을 가동한다. 잉여노동이 지불되지 않는 노동이라는 것은 이런 뜻이다.[45]

이처럼 잉여가치의 원천이자 따라서 이윤의 원천은 **지불되지 않는 노동**이다. 자본가가 노동을 '공정가격'에 구매하는 듯 보이는 시장의 평등한 겉모습 이면에는 옛날 옛적의 착취가 고스란히 남아 있다. 자본가는 철제 대들보든 컴퓨터든 완두콩이든 골프공이든 무엇을 생산하는지에는 별 관심이 없다. 애초보다 더 많은 돈을 남기기만 하면 된다. 그리고 그렇게 하려면 반드시 착취를 해야 한다. 즉, 노동력을 유지·생산하는 비용보다 더 많은 것을 노동력에서 뽑아내야 한다. 자본주의 이전 사회에서는 이런 착취가 눈앞에 선히 드러났다. 봉건 영주나 노예주의 부가 농노나 노예의 노동에서 갈취한 잉여가치에서 나왔다는 사실을 부정하기는 어려울 것이다. 자본가계급도 노동계급이 생산한 사회의 잉여를 갈취한다. 그 과정이 화폐와 시장을 매개로 진행돼 눈에 보이지 않을 뿐이지 본질은 똑같다.

부르주아 경제학자들은 이런 사실에 당혹스러워한다. 부르주아 경제학자들은 사람들이 일자리 없이 굶주리지 않도록 고용해 주는 호의를 베풀고 '위험을 무릅쓴' 대가로 자본가가 받는 '보상', 한마디로 자본가로 사는 대가로 받는 '보상'이 이윤이라고 설명하려고 오랫동안 애를 썼다. 19세기 경제학자 존 스튜어트 밀은 1848년에 자본가가 "자본을 자신을 위해 소비하지 않고 참은" 것에 대한 "보상", 즉

"금욕의 대가"가 이윤이라고 썼다.[46] 자본가가 피땀 흘려 모은 자본을 욕구를 채우는 데 쓰지 않고 투자에 쓸 정도로 이타적이라면 그도 대가를 좀 받아야 하지 않겠냐는 논리다. 그러나 밀도 자본가의 수중으로 모여드는 잉여가 어디에선가 생겨나야 한다는 점을 인정할 수밖에 없었다. 밀은 "이윤이 발생하는 이유는 노동이 자신을 유지하는 데 필요한 것보다 더 많은 것을 생산하기 때문"이라고 인정했다.[47] 솔직히 말해 노동이 이윤의 원천임을 부정하기 어렵다는 것이다.

자본가가 받는 "보상"은 사실 노동자가 자신의 노동으로 맺은 결실을 "소비하지 않고 참은" 결과물이다. 잉여를 생산의 확장을 위해 재투자하든 개인의 사치에 써 버리든 자본가는 자신이 만들지도 않은 부를 분에 넘치게 쓴다. 이윤은 사장의 절제가 아니라 오히려 노동자의 절제가 만든 것이다.

약육강식이 지배하는 경쟁

"부르주아지는 생산수단을, 그럼으로써 생산관계를, 그에 따라 사회관계 전체를 끊임없이 혁신해야만 존속할 수 있다"고 마르크스는 썼다.[48] 자본가는 더 많은 돈을 벌고 이윤을 더 많이 남기기 위해 투자한다. 마르크스가 말했듯이 자본가의 목표는 "끝없는 이윤 창출 운동"이다.[49]

이윤을 남기려면 자본가는 시장에서 생산물을 판매해야 한다. 생산물에 대한 수요도 있어야 한다. 그러나 개별 자본가는 시장을 마음대로 하지 못한다. 오히려 시장이 개별 자본가를 제어한다. 경제 전반에 대한 중앙의 관리나 계획이 없고 시장은 무정부 상태인 상황에서 개별 생산자들은 시장점유율을 두고 경쟁해야 하고 생산물을 시장에 내놓아야만 그것이 팔릴지 알 수 있다. 이런 경쟁 때문에 자본가는 끊임없이 생산수단을 혁신해야 하는 처지로 내몰린다. 생산수단을 혁신해야 생산비를 줄이고 가격을 낮춰서 경쟁자보다 더 많이 팔 수 있기 때문이다. 자본가는 경쟁에 밀려 파멸하지 않으려면 생산물을 거의 다 팔아야 하고 그러고도 이윤이 남아야 한다. 그런 다음 이윤을 재투자해 생산을 확장하고 경쟁자를 물리쳐야 한다. 마르크스가 썼듯이 "축적하고 축적하라! 이것이 모세오경과 예언서의 말씀이니라! … 고로 모으고 모아라! 잉여가치와 잉여생산물을 최대한 다시 자본으로 전환하라! 축적을 위한 축적, 생산을 위한 생산. 이런 공식으로 고전 경제학은 부르주아지의 역사적 소명을 표현했다."[50]

자본가가 잉여가치를 늘리는 방식은 두 가지다. 먼저 자본가는 기를 쓰고 임금과 수당을 깎아서 화를 모면할 만큼의 최소한만 노동자에게 주려고 한다. 투자에서 노동비용의 비중이 줄어들수록 노동자에게 지불되지 않고 잉여가치로 남는 노동의 비중이 커진다. 잉여가치를 늘리는 다른 방법은 노동자에게 임금을 똑같이 주는 채로 더 오래 일을 시키는 것이다.

자본주의 초기에는 저임금과 터무니없이 긴 노동시간이 매우 흔했다(아동노동 사용은 말할 것도 없었다). 그러나 자본주의가 발전하면서 노동자들은 노동시간 단축을 요구하며 조직을 결성하고 투쟁해서 승리하기 시작했다. 자본가 편에서도 하루에 12~16시간씩 죽도록 일을 시키면 노동자가 노동력을 제대로 재생산할 수 없으며,

자녀가 다음 세대 노동자로서 제구실을 하도록 기르고 교육할 수도 없음을 깨달은 자본가가 늘어났다.

갈수록 많은 자본가들이 노동자 한 명의 시간당 산출량, 즉 생산성을 높일 방법을 찾기 시작했다. 우선 자본가들은 노동자가 더 열심히 일해서 짧은 시간에 더 많이 생산하도록 했다. 산업의 효율성을 높이는 데 골몰한 20세기 초의 엔지니어 프레더릭 윈즐로 테일러의 이름을 딴 '테일러주의'는 관리자가 노동자를 감시하고 노동자의 동작별 시간을 측정해 "죽은 시간"과 "불필요한 동작"을 모조리 없애는 것을 핵심으로 했다('테일러주의'는 '과학적 관리'라는 부적절한 명칭으로 불리기도 한다). 테일러주의의 목적은 노동자를 능률 높은 자동인형으로 만드는 것이었다.[51] 자본가는 노동자에게 임금을 준 대가로 일을 시킬 권리뿐 아니라 어떻게 일할지 지시할 권리도 얻는다고 여긴다. 노고를 덜기 위해 자연스럽게 효율적인 작업 방식을 찾아내는 노동자들의 창의성이 자본주의적 관리자에게 넘어가 마지막 한 방울까지 노동을 쥐어짜는 데 이용됐다. 어떤 책은 UPS 택배 노동자에게 적용되는 군대식 '과학적 관리'를 다음과 같이 묘사한다. "모든 UPS 직원의 근무 중 일거수일투족이 연구, 측량, 시간 측정의 대상이 된다. 운전기사는 한 치의 오차 없이 UPS가 정한 대로 일해야 한다. 트럭을 탈 때는 왼발이 아니라 오른발부터 올려야 하고 소포는 오른손이 아니라 왼손에 들어야 하며 차량 열쇠는 반드시 오른손 새끼손가락에 걸어야 한다." 한 UPS 노동자는 아내에게 "UPS 로봇"이라는 말을 듣는다고 한다.[52]

아마존도 직원들을 마지막 한 방울까지 쥐어짜려고 그에 못지않게 비인간적인 기술을 동원한다. 사이먼 헤드는 다음과 같이 쓴다.

> 아마존의 직원 감시 체계는 … 테일러가 1890년대 펜실베이니아주 공작기계 산업의 사업장에 도입한 '직능별 감독제'를 최첨단 감시 기술과 결합한 것이다. … 영국 루즐리에 있는 아마존 물류 센터는 직원에게 개인용 위성 내비게이션을 다는데 이 장치는 화물을 선반에 얹으려면 어떤 경로로 가야 하는지 알려 줄 뿐만 아니라 제한 시간을 제시하고 그 안에 이동을 완료했는지 측정한다.
> 이 정보는 관리자에게 실시간 전송된다. 일정에 뒤처지고 있는 직원은 주어진 시간 내에 도착하지 못하면 응분의 대가를 치른다는 문자 메시지를 받는다. 펜실베이니아주 앨런타운의 아마존 물류 창고에서 … 케이트 살라스키는 하루에 최대 11시간에 이르는 교대 근무를 했으며 광활한 창고를 사방팔방 쉴 새 없이 분주하게 누벼야 했다. 2011년 3월 살라스키는 관리자에게 근무 중 비생산적인 시간이 수 분이나 된다는 경고 메시지를 받았고 결국 해고됐다. 이 위성 내비게이션은 이제 전 세계에 있는 아마존 물류 센터에서 쓰이고 있다.[53]

사용자가 노동을 쥐어짜는 또 다른 방법은 갈수록 생산성이 더 높은 설비에 투자하는 것이다. 그래야 생산 단가를 깎아 가격을 낮추고 경쟁에서 이길 수 있기 때문이다. 노동가치론을 다시 떠올려 보자. 설비 도입으로 생산시간이 줄면 생산물의 가치는 떨어질 것이다. 그러면 가치가 낮아진 생산물을 경쟁사 제품의 가격 이하로 팔 수 있다. 새로운 기술이 발명될 때마다 일부 자본가는 파산하고 일부 자본가는 신기술을 도입한다. 그러면서 신기술을 처음 도입한 자본가의 이점은 점차 사라진다. 그럼 같은 과정이 되풀이된다.

자본주의 이전 사회의 기술 변화가 달팽이걸음을 걸었던 반면, 자본주의 시대의 생산성은 천문학적으로 치솟았다. 경제사가 미셸 보는 다음과 같이 썼다. "19세기 초부터 20세기 말까지 전 세계의 1인당 생산량은 6배 증가했다. 이 시기 세계 인구가 10억 명에서 60억 명으로 증가했으니 세계의 총생산량은 36배나 증가했다고 추측할 수 있다."[54]

몇 가지 예를 들어 보자. 한 연구 결과를 보면 1973~1990년에 전 세계에서 기계의 생산성은 50퍼센트 이상 증가했다.[55] 지난 30년 동안 제철 공정의 변화로 철강 1톤의 생산시간은 90퍼센트 절감됐다.[56] 농업에서 생산성이 가장 낮은 육체노동과 생산성이 가장 높은 기계의 생산성 차이는 "20세기 초 1 대 10에서 오늘날 1 대 100으로" 커졌다.[57]

자본주의 경쟁이 낳은 또 다른 결과는 개별 자본의 덩치가 점점 커진다는 것이다. 이는 생산성이 더 높고 규모가 더 큰 사업에 이윤을 재투자한 결과이기도 하지만 약육강식의 결과이기도 하다. 다시 말해 큰 회사가 작은 회사를 인수하고 성공한 회사가 망한 회사를 인수하면서 개별 자본의 규모가 불어난 결과이기도 하다. 마르크스는 《자본론》에서 "한 자본가는 언제나 여러 자본가를 죽인다"고 쓰면서 이 과정을 자본의 (개별 규모가 커지는) 집적과 (수가 줄어드는) 집중이라고 일컬었다.[58] 이런 과정 때문에 소기업이 아예 자취를 감추는 것은 아니지만(물론 소기업은 급속도로 몰락하고 있다) 소기업이 경제에서 차지하는 중요성은 점점 줄어든다. 그 결과 미국에서는 대기업이 경제활동에서 차지하는 비중이 그 수에 비해 훨씬 크다. 예컨대 미국의 상위 10대 기업은 총 피고용인 수가 약 360만 명에 이르며 2012년의 총 매출액은 2조 달러에 달했는데 이것은 캘

리포니아의 국내총생산과 맞먹는 수치다.[59]

이처럼 처음에는 경쟁이 어느 정도 '자유로웠'지만(물론 앞에서 봤듯이 국가의 정책이나 폭력이 개입하지 않은 시장은 없었다) 시간이 흐르면서 트러스트, 독점기업이 성장해 소수 대기업이 시장 전체를 지배하게 됐다.[60] 이런 변화는 19세기 말에 미국·영국·독일·프랑스·일본 같은 선진 자본주의 나라에서 극적으로 나타났다. 한 예로 1890년대에 대규모 합병이 잇따른 결과 "산업이 굉장히 집중됐다. 미국 경제 전체로 보면 1898~1902년에 3000건이 넘는 합병이 있었다. 1901년에는 165개 기업이 관련된 일련의 합병으로 유에스스틸이 형성됐다. 유에스스틸은 세계 최초로 10억 달러 규모의 기업이 됐고 미국 철강 시장의 60퍼센트를 지배했다."[61]

이렇게 커진 기업체들은 국경 넘어 진출할 정도로 거대해졌고 투자·생산·상품이 일상적으로 국경을 넘나드는 통합된 세계시장이 점차 형성됐다. 자본주의는 세계 방방곡곡을 "금전 관계로 연결"한, 최초의 진정한 세계경제 체제다.[62] 오늘날 거대 다국적기업은 전 세계에 걸친 생산과 유통의 네트워크와 무수히 많은 직원을 거느리고 한 나라 전체의 국민총생산과 어깨를 견주는 순자산을 보유한다. 온갖 공산품에 들어가는 원자재·부품·노동력을 공급하는 데 수십 개의 나라가 관여돼 있기도 하다. 데이비드 맥낼리가 설명하듯이 "개인용 컴퓨터를 생산하려면 … 1000가지 이상의 공정이 필요하며 이 공정은 10~20개국에서 수행되는 것이 보통이다."[63] 필립스는 다섯 가지 시간대에 걸쳐 있는 12개국에서 생산하는 38가지 부품을 조립해서 전동 칫솔을 생산한다.[64]

자본주의는 이전 시대에는 꿈도 꾸지 못할 막대한 부를 만들어 내지만 착취받는 다수가 그 부에 손대지 못하게 함으로써 그렇게 한다. 이론상으로 기계식 생산의 발전은 노동의 수고와 노동시간을 줄이고 모든 이에게 일자리를 공급하는 수단이어야 한다. 그러나 "기계 설비는 노동시간을 줄이지만 자본의 손에 들어가면 노동시간을 늘린다. … 기계 설비는 노동강도를 덜지만 자본의 손에 들어가면 노동강도를 높인다. … 기계 설비는 자연의 힘에 맞선 인간의 승리이지만 자본의 손에 들어가면 인간을 자연의 힘의 노예로 만든다. … 기계 설비는 생산자에게 더 많은 부를 만들어 주지만 자본의 손에 들어가면 생산자를 구빈원으로 보낸다."[65]

노동생산성은 천문학적으로 높아졌지만 우리의 노동시간은 하루 8시간, 주 40시간보다 줄어들지 않았고 오히려 많은 경우 그보다 길다. 생물물리학자이자 생태학자인 고故 에릭 로치는 2000년에 미국 노동통계국 자료를 이용해 "1950년대에 평균적인 노동자가 주 40시간 노동으로 생산한 것을 이제는 주 11시간만 노동해도 생산할 수 있다"고 계산했다.[66] 그러나 오늘날 주 11시간, 하루 2.2시간 노동 비슷한 것을 하는 사람은 아무도 없다! 오히려 임금 상승률이 생산성 상승률을 따라잡지 못해 자본가가 노동자를 착취하는 비율, 즉 전체 노동일에서 지불되지 않는 노동이 차지하는 비율이 계속해서 올랐다.

도시계획가이자 역사가인 루이스 멈퍼드는 마르크스주의자는 아니었지만 기술 진보로 말미암은 변화 가능성과, 기술이 자본주의적으로 활용되는 현실 사이의 심대한 간극이 현 체제의 핵심 모순임을 파악했다. "엄청난 산출량으로 모든 인류에게 옷을 입힐 수 있는 기계, 엄청난 수확량으로 인류 전체를 먹여 살릴 새로운 농법과 농기구, 공동체 구성원 모두가 잘사는 세상의 바탕을 마련할 이런 수단들이 자본도 없고 토지도 없는 압도 다수 사람들에게는 고문 기구와 다름없는 것이 됐다."[67]

태생적으로 자본주의는 경제가 좋을 때는 가져다 쓰고 경제가 나쁠 때는 길거리에 내버릴 수 있는 실업자 내지 반半실업자 집단을 필요로 했다. 이 실업자 '산업예비군'의 규모는 나라마다 다르지만 인구의 6~7퍼센트 밑으로 줄어든 적이 없고 대부분은 그보다 훨씬 많다. 2007년의 위기로 높아진 실업률은 5년이 지난 2012년에도 그다지 줄지 않았고 미국에서는 8퍼센트, 유럽에서는 11퍼센트를 웃돌았다. 젊은 세대의 경우, 그리고 [실업률 통계에 잡히지 않는] '취업 포기자'를 포함할 경우 이 수치는 훨씬 높을 것이다.

정치인과 체제를 옹호하는 논객들이 자주 들먹이듯이 자본주의의 성장은 일자리를 낳는다. 그러나 장기적으로 보면 자본주의는 생산과정에서 노동의 구실을 축소해 일자리를 없애는 '일자리 킬러'다. 실업은 자본주의와 떼려야 뗄 수 없는 현상이며 자본가가 고용돼 있는 노동자를 길들일 때 써먹는 핑계이기도 하다. 자본주의는 모두의 노동시간을 줄이거나 모두에게 일자리를 주기는커녕, 노동시간과 노동강도를 극대화하며, 더 싼 노동자로 언제든지 갈아 치울 수 있다는 위협으로 노동계급을 억누르고 노동비용을 삭감해 이윤을 키운다. 다시 말해 생산성을 높이고 그래서 모두가 더 잘살고 덜 고생하는 세상을 열 잠재력이 있는 수단이 자본주의하에서는 착취를 증대해 노동자를 희생시키고 무수히 많은 사람들에게 생계 수단을 박탈하는 수단이 된다.

자본가가 자기 의지와는 상관 없이 필연적으로 집착하게 되는, 더 많은 축적을 위한 축적이라는 이 정신 나간 목표 탓에, 사회 전체의 생산력 발전은 원동력을 얻지만 자본가가 착취하고 헌신짝처럼 내다 버린 압도 다수는 그 혜택을 입지 못한다. 자본주의 체제의 정당성은 "더 발전한 사회, 즉 모든 개인의 완전하고 자유로운 발전을 기본 원리로 하는 사회의 바탕을 이룰" 물질적 생산의 조건을 창출한다는 데서 그칠 뿐이다.[68]

5장

마르크스주의 경제학 2: 자본주의는 어떻게 위기에 빠지는가

과잉생산의 위기

자본주의의 무계획적이고 폭발적인 경제성장은 매끄럽게 진행되기보다는 호황과 불황의 순환 속에서 진행된다. 자본주의가 확장 국면에 들면 언제나 그다음에는 생산과 분배의 차질, 가격 폭락, 금융 위기, 대규모 파산, 실업을 낳는 경제 위기가 뒤따랐다. 마르크스가 살던 때부터 지금까지 자본주의는 성장하던 경제가 느닷없이 정체하거나 심지어 하락하고 위기에 빠져 "부르주아 사회 전체의 존속 여부가 갈수록 혹독한 시험대에 오르는" 현상에 거듭 몸살을 앓았다.[1] 어처구니없게도 이 위기는 이전 사회와 달리 흉작이나 천재지변 같은 결핍 때문에 생기는 것이 아니다. 자본주의의 경제 위기는 과잉생산과 과잉 축적의 위기다. 마르크스와 엥겔스는《공산당 선언》에서 스스로 묻고 답한다. "사회가 갑자기 일시적 야만 상태에 빠진다. … 어째서 이런 일이 벌어지는가? 문명의 과잉, 생존 수단의 과잉, 공업의 과잉, 교역의 과잉 때문이다."[2]

엥겔스는 1877년에 "거의 십 년에 한 번꼴로 고장 나는" 자본주의를 다음과 같이 묘사했다.

교역이 멎고, 시장이 포화하며, 생산물이 팔리지 않아 쌓이기만 하고, 현금이 사라지고, 신용이 증발하며, 공장이 문을 닫고, 노동자 대중이 생존 수단을 잃는데, 이것은 그들이 생존 수단을 너무 많이 생산했기 때문이다. 파산에 파산이 잇따르고 … 몇 년 동안 침체가 이어진다. 생산력과 생산물이 통째로 헛되이 사라지고 파괴된다. 그러다 축적된 상품이 상당히 절하된 가치로 빠져나가고 생산과 교환이 다시 천천히 발걸음을 뗀다. 조금씩 발걸음이 빨라진다. 그러다 총총걸음을 걷는다. 총총걸음을 하던 산업계는 질주하기 시작하고, 질주는 곧 산업계, 상업신용, 투기를 넘나드는 위험천만한 장애물 넘기가 되며 숨 가쁜 도약 끝에 이 경기는 결국 출발점, 즉 경제 위기라는 개골창에서 끝을 맺는다. 그리고 계속 되풀이된다.[3]

엥겔스가 위의 글을 쓴 1877년에는 1930년대 전까지 '대불황'이라 불렸던 위기가 한창이었다. 1873년에 시작한 이 위기는 우여곡절을 거듭하다 1896년에 끝났다. 19세기에 자본주의 세계는 대규모 경기후퇴를 이미 다섯 차례나 겪었다. 그 뒤로도 경제 위기는 1907년, 1921년에 벌어졌고 1929년에는 대불황이 터졌으며 이 불황은 제2차세계대전이 터지고서야 끝났다. 그 후 긴 호황기가 뒤따랐지만, 다시 1970년대 중반, 1980년대 초, 1991년, 1997~2001년에 경제 위기가 벌어졌다. 2007년부터는 가장 최근의 경제 위기 국면이 시작했고 지금까지는 일자리 증가 없는 미약한 회복만이 있었을 뿐이다. 이 책의 개정판을 쓰는 와중에도 또 경기후퇴의 조짐이 나타나고 있다.[4]

경제 위기는 이 사회가 인간의 필요가 아니라 이윤을 위해 생산한다는 것을 극명하게 드러낸다. 경제 위기는 자본가가 재화를 수지맞게 팔지 못해서 벌어지는 것이지 '과잉생산'된 재화를 쓸 사람이 없어서 벌어지는 것이 아니다. 기아에 허덕이는 인구가 매년 8억 명에 이른다. 그럼에도 경제학자들은 '곡물 공급과잉'이나 '돈육 공급과잉' 운운한다. 철은 말 그대로 수억 명에게 절실하게 필요한 생산물을 만드는 데 쓰일 수 있지만 경제지는 그러든 말든 '철강 공급과잉' 운운한다. 수없이 많은 사람이 노숙을 해도 '부동산 공급과잉'이라는 말은 얼마든지 나올 수 있다.

자본주의에서 공급과 수요는 인간의 필요와 아무런 관련이 없다. 예를 들어 인도에서는 영양실조에 걸린 사람이 2억 명이나 된다. 그러나 인도는 1995년에 밀 6억 2500만 달러어치와 쌀 13억 달러어치(총 500만 톤에 달한다)를 수출했다.[5] "사회적 필요, 즉 사회적으로 발전한 인간의 필요와 생산 간의 비율이 아니라" 오로지 이윤이 "생산을 확대할지 축소할지 결정한다. … 생산은 필요를 충족하는 순간에 멈추는 게 아니라 이윤의 생산과 실현이 멈추라고 명할 때만 멈춘다."[6]

과잉생산은 시장에서 수지맞게 팔리지 않을 정도로 너무 많이 생산했다는 뜻이지 인간에게 필요한 양보다 지나치게 많이 생산했다는 뜻이 아니다. 마르크스는 다음과 같이 말했다.

> 사회 구성원 다수의 아주 절박한 필요가 충족되지 않는다면 … 당연히 **생산물의** 과잉생산이란 절대 있을 수 없는 일이다. 이 말이 인간들에게 필요한 것에 견줘 생산물이 너무 많다는 뜻이라면 말이다. 이런 뜻이라면 오히려 자본주의적 생산의 기반 위에서는 항상 **과소생산**이 이

뤄진다고 해야 한다. 생산의 한계를 규정하는 것은 생산자의 필요가 아니라 자본가의 이윤이다. 그러나 생산물의 과잉생산과 상품의 과잉생산은 완전히 다른 것이다.[7]

자본주의가 경제 위기에 빠지는 가장 중요한 이유는 무계획적이고 경쟁적인 축적 동기 때문이다. 상품의 과잉생산은 생산과 분배를 계획하지 않고 시장을 통해 맹목적으로 조절하는 체제에서 흔히 나타나는 특징이다. 시장에서 개별 자본가를 움직이는 동기는 경쟁자를 앞지르는 것이다. 개별 자본가나 기업은 무엇이 팔릴지 모르는 채 생산해야 하는 데다가 시장점유율, 따라서 이윤을 늘리기 위해 생산을 확장하려고 분투하기 때문에, "시장의 한계를 무시하고 생산하는" 습성을 보인다.[8] 마르크스는 "자본주의적 기반에서의 한정된 소비량과 부단히 이 한계를 넘으려 하는 생산 사이"에 항상 긴장이 존재한다고 썼다.[9]

대량생산에 필요한 조건에 투자하는 자본가는 생산물이 충분한 수익성을 보장하는 가격으로 모두, 혹은 거의 다 팔릴 것이라고 기대한다. 그러나 생산물이 일부만 팔리거나 생산비보다 싸게 팔려서 그 기대가 어긋나면 이윤이 실현되지 않고 위기가 찾아올 것이다. 생산과 유통 과정에 차질이 생기는 것, 즉 경제 위기가 벌어지는 과정은 마치 한 노선에 열차를 너무 많이 투입해 한 대가 연착하면 나머지도 줄줄이 연착하는 모습 같다. 그런데 사실 이 체제가 경제적 균형을 잠깐 되찾는 것도 결국은 위기 덕분이며 이 균형은 계속해서 깨졌다 회복하기를 되풀이한다.

호황과 불황의 순환은 먼저 경기상승이나 호황으로 시작한다. 경제가 막힘 없이 성장하는 이 시기에는 자본이 신기술과 노동에 투자돼 성장을 촉진하고 더 많은 노동자를 고용하며 더 많은 재화를 팔고 더 많은 이윤을 긁어모은다. 자본주의가 호황 국면의 절정에 이르면 노동과 재화의 수요 상승에 대응해 임금과 물가가 오르기 시작한다. 이윤에 굶주린 자본가는 일확천금을 바라며 은행 등 대출 기관에서 막대한 돈을 빌려서 엄청난 빚더미에 올라앉지만 이 빚더미를 청산할 횡재를 기대한다. 호황이 오면 상품과 주식 가격의 변동을 이용해 단시간에 이윤을 챙기려는 투기가 고개를 든다. 주식 등 금융 상품이 갈수록 실제 가치와 동떨어진 천문학적인 액수로 거래되기 시작하면 돈을 향한 광란은 절정에 이른다. 주식과 증권의 가격이 오르는 동안 얼빠진 도박판이 벌어지고 모두들 가격이 끝없이 올라 이윤을 끝없이 낸다는 망상에 취한다. 난잡한 도박판과 투기 판은 도로 주가 상승을 부채질하고, 이 순환은 호황이 최고점에 이를 때까지 빨라진다. 이쯤 되면 이윤이 쪼그라들고 투자가 수그러들기 시작한다. 사실 수익성이 좋은 투자처가 줄어들수록 자본가들은 '유휴' 자금을 투기적인 주식, 외환, 채권 거래로 더 돌린다. "회사가 완벽히 건실해 보이고 사업이 최고로 번창할 때 파산이 느닷없이 들이닥친다"고 마르크스는 썼다.[10]

자본이 과잉 축적돼 시장이 감당할 수 없을 만큼 생산능력이 늘어나면 자본가들은 이윤율을 걱정하며 투자를 줄이기 시작하고 마르크스가 말한 "제1부문", 즉 생산수단(생산재)을 생산하는 부문이 먼저 위기에 빠진다. 제1부문 노동자가 해고되면 소비가 위축되고 소비 수단(소비재)을 생산하는 제2부문에도 위기가 온다.[11] 은행 등 대출 기관은 대출을 회수하기 시작하고 더는 신규 대출을 승인하지 않는데 이는 다시 파산과 더 많은 해고와 매출 급감 등으로 이어지는 악순환을 낳는다. 마르크스는 다음과 같이 쓴다. "지불일이 정해진 지급 의무의 연쇄가 도처에서 끊어지며 그에 따라 자본과 더불어 성장한 신용 체계가 고장 나면서 사태가 더 악화한다. 그 결과는 거세고 첨예한 위기, 갑작스럽고 강력한 가치 절하, 재생산 과정의 실질적 정체와 교란, 그로 말미암은 재생산의 실제 축소다."[12]

위기마다 그 지속 기간과 심각성이 다를 수 있고 경기 침체나 생산의 수축(마이너스 성장) 등 다양한 결과를 낳을 수도 있다. 그러나 노동계급과 가난한 사람들의 처지에서 경제 위기는 언제나 대량 해고, 임금 삭감, 복지 삭감 등 불행의 증가를 뜻한다.

그렇지만 자본주의는 결코 영원히 침체하지 않는다. 마르크스는 묻는다. "자본주의 생산의 '건강한' 운동에 상응하는 관계는 어떻게 회복되는가?"[13] 일정량의 자본이 파괴되거나 가치가 크게 절하돼서 자본가가 투자할 맛이 날 만큼 이윤율이 회복돼야 경제도 다시 성장한다. 이윤율이 회복되는 경로는 다양하다. 첫째, 고용주들은 위기로 실업이 만연한 덕분에 보복을 두려워하지 않고 임금과 수당을 대폭 삭감할 수 있다. 둘째, 파산한 기업의 설비나 공장 건물이 파괴되거나 헐값으로 팔린다. 아주 낡고 생산성이 낮은 설비와 공장은 고물상으로 가거나 그냥 방치된다. 그 외의 설비와 공장은 돌아가기는 하지만 [생산물] 가격이 너무 떨어져서 이윤을 내지 못하기 때문에 소유주가 투자한 만큼 회수하지 못한다. 그러면 위기에서 잘 살아남은 자본가는 잽싸게 달려들어 수익성이 낮거나 파산한 기업을 헐값에 산다. 더 거대하고 효율적이고 잔인한 살아남은 자본가는 자본 투입 비용과 임금 비용이 저렴해진 덕분에 다시 수익성 좋게 사업할 수 있다. 그러면 경기순환이 다시 시작되는데, 이번에는 수는 적어지고 덩치는 커진, 다시 말해 더 집중되고 집적된 기업들이 시장을 지배한다.

이 과정은 국제적으로 일어나며, 그러면서 생산망과 유통망이 끊임없이 바뀌고 재편된다. 예컨대 제2차세계대전 이후의 장기 호황이 끝나고 나타난 1973년의 위기는 전 세계 산업 생산의 대규모 구조조정을 촉발했고 노동조합과 노동계급의 생활수준에 대한 공격이 그 변화를 뒷받침했다. 이 구조조정에는 "대규모 인력 감축, 낡은 시설과 장비 폐기, 노동과정과 기술의 대대적 재조직"이 수반됐다.[14] 철강업을 사례로 보자면 1980년대 미국에서는 철강업 노동자가 35만 명 감소했는데, 이것은 국제 철강 생산의 중심이 미국·유럽·일본에서 신흥공업국인 브라질·한국·멕시코로, 그 뒤에는 현재 세계 최대의 철강 생산국인 중국으로 이동했기 때문이다.

"세계를 가로지르는 공장 이전, 임금 삭감, 인력 감축, 신기술 개발 덕분에 압연 강철판 생산비는 절반으로 줄어들었다"고 맥낼리는 쓴다.[15] 모든 산업에 영향을 끼친 이런 구조조정 덕분에 미국에서는 1982~1997년에 이윤율이 두 배로 뛰었다.[16] 이 대규모 구조조정은 "(동아시아를 중심으로 한) 자본주의적 확장의 새 물결을 일으켰으며 그 효력은 1990년대 말부터 떨어졌다."[17*]

최근(2007~2008년)의 위기에서는 국가와 중앙은행이 대거 개입

---

* 1980년대 이후 세계경제 분석에 대한 데이비드 맥낼리의 분석에는 과장이 있다는 비판이 있다. 조셉 추나라, "현 위기에 대한 제대로 된 마르크스주의적 해설을 위하여", 《마르크스21》 13호(2012년 봄/여름)를 보라.

해 무너지던 금융 부문을 떠받쳐서 더 심각한 불황을 가까스로 피했을 뿐이다. 그 결과 국가는 막대한 부채를 짊어졌고 '국가 부채 위기'라고 불리는 위기가 벌어졌다. 위기 비용의 부담이 국가로 넘어간 것이다. 대기업들이 아우성을 쳐서 막대한 혈세를 받아먹은 후 자본은 뻔뻔하게도 긴축을 요구했다. 공공 부문 일자리, 공적 연금, 임금, 복지를 대폭 삭감해 소위 '재정 책임성'을 회복하라는 것이었다. 금융회사들이 사실상 공돈으로 수익성을 회복하고(예를 들어 미국 은행들은 미국 정부로부터 사실상 무이자로 대출을 받아서 그 돈을 도로 정부에 높은 이자로 대출해 줄 수 있었다) 최고 경영인과 증권 거래인에게 상상을 초월하는 보너스를 다시 갖다 바치는 동안, 공공 부문과 민간 부문의 노동자들은 국가 부채 증가의 대가를 지라고 요구받았다. 국가 부채 위기는 그리스·스페인·이탈리아·아일랜드 등 유럽 국가들을 강타했고 세계경제를 다시 경기후퇴의 위험에 빠트렸다. 국가 부채 위기를 맞은 나라들은 투자자를 달래기 위한 혹독한 긴축을 강요받았다. 전 세계에서 기업 구제에 21조 달러를 훌쩍 뛰어넘은 돈이 쓰였지만, 자본주의 세계 체제의 근본 문제인 과잉 축적을 해결하지 못하고 위기가 표현되는 방식만 바뀌었다.[18]

국가의 개입은 호황과 불황을 오가는 경기순환의 성격과 충격의 세기를 바꿀 수 있다. 국가는 화폐의 공급을 조절하거나 이자율에 영향을 줘서 자본가가 돈을 빌리기 더 쉽게, 혹은 더 어렵게 할 수 있다. 이런 조처들은 위기의 원인을 해결하지 못하고 증상을 누그러뜨릴 뿐이기 때문에 위기 자체를 없애지는 못하며 그 형태만을 바꿀 뿐이다.

일단 쓰고 나중에 갚아라

신용은 자본주의의 발전에서 중요한 기능을 한다. 역사를 보면, 신용이 등장한 덕분에 유휴 자금이 한곳에 모여 개별 자본가가 혼자서는 하지 못할 대규모 투자가 가능해졌다. 신용은 자본의 집적과 집중을 가속했고 그 결과 독점기업들, 다시 말해 산업 전체를 지배하는 대기업들의 성장이 촉진됐다. 정부의 빚, 즉 국채는 사실상 세금의 일정 몫을 자본가에게 쥐여 주는 것으로, 체제의 작동에 필수적인 교통 체계나 에너지 산업 같은 인프라를 개발할 자금을 조달하는 데서 매우 중요했다.

또 신용은 여러 자본가를 순전한 "화폐자본가"로 변모시켰다. 화폐자본가는 생산과정에 참여하지 않으면서 이윤을 추구하는 투자자다. 마르크스를 인용하면 신용은 "회사 발기인, 투자자, 이름만 올린 이사로 가장한 새로운 금융 귀족층 또는 기생 집단을 재생산하고, 회사 설립과 주식 발행·매매로 술수를 부리고 사기 행각을 벌이는 구조 전반을 재생산한다. 이것은 사적 소유의 제어를 받지 않는 사적 생산이다."[19] 다시 말해 신용은 '실물'경제, 즉 재화나 서비스의 생산과 유통과 아무런 연관 없이 완전히 딴 세상에서 이뤄지는 것처럼 보이는 상당수의 금융 도박을 가능케 한다.

《자본론》 3권의 한 장에서 마르크스는 돈이 돈을 낳는 듯 보이게 하는 신비로운 성질을 지닌 금융자본(마르크스의 표현은 "이자 낳는 자본")을 자본 관계의 "가장 피상적이고 물신적인 형태"라고 부른다.[20] 이자는 중간에 끼어드는 요소(예컨대 재화의 실제 생산) 없이 돈에서 곧바로 더 많은 돈이 나오는 것이 가능한 듯이 보이는 세계를 연다. 투자자가 어떤 펀드에 돈(M)을 부으면 어찌 된 일인지 더 많은 돈(M′)이 튀어나온다. 이런 일이 계속되면 투자자는 진짜로 돈이 돈을 낳는다고 굳게 믿는다. 사실 자본가의 이런 불명료한 사태 인식은 노동이 잉여가치의 원천임을 부정해야 하는 이해관계와 잘 맞아떨어진다. 마르크스는 이어서 다음과 같이 쓴다. "자본은 이자를 뿜어내고 스스로 불어나는, 자기 창조적이고 신비로운 원천처럼 보인다. 이제 사물(화폐, 상품, 가치)은 단순한 사물로서 이미 자본이고 자본은 단순한 사물인 것처럼 비친다. … 그리하여 배가 열리는 것이 배나무의 본성이듯 가치를 창조하고 이자를 낳는 것도 순전히 돈의 본성 때문인 것처럼 여겨진다."[21]

그러나 이자는 돈을 불리는 마법이 아니라 경제에서 생산된 전체 잉여가치의 일부에 대한 청구다. 이자는 "일정 구실을 실제로 한 자본가가 자기 주머니에 꽂아 넣지 못하고 자본의 소유자들에게 지불해야 하는 이윤의 일부를 가리키는 특별한 명칭 또는 회계 항목에 불과하다"고 마르크스는 설명한다.[22] 이자는 이윤의 일부에 대한 청구이기에 결국 지불되지 않은 노동의 산물이다. 마르크스가 썼듯이 "이자는 이윤, 즉 잉여가치의 일부일 뿐이며 제구실을 하는 자본가가 노동자에게서 짜낸 것이지만, 이제는 오히려 이자가 자본의 참된 과실이자 가장 주된 생산물로 보이고 기업의 순이익이라는 형태로 변한 이윤은 그저 재생산 과정에서 생겨난 부산물이나 덤처럼 보인다." 마르크스는 다음과 같이 결론짓는다. "재생산과 무관하게 스스로 가치를 불리는 [듯한] 화폐와 상품의 능력"은 "자본의 가장 휘황찬란한 신비화다."[23]

이 신비화는 경기 확장이 절정일 때 극에 달한다. 그런 시기에는 치솟는 물가가 자본가들을 더 위험한 투기적 모험으로 유혹하지만 그 모험의 실체는 도박과 돈 떼먹기에 기반한 다단계 사기에 지나지 않는다. 이 시기엔 부가 끝없이 철철 흘러나오는 듯하지만 이런 상황이 언제까지나 계속될 순 없다. 자본가가 챙기는 실제 부의 한계는 결국 노동계급에게서 갈취하는 잉여가치의 양에 달려 있다. 마르크스는 다음과 같이 쓴다. "잉여가치는 곧 잉여노동이기 때문에 자본 축적에는 질적인 한계가 있다. 총노동일, 생산력과 인구의 현재 수준이 그 한계를 규정하며 인구는 동시에 착취 가능한 노동 일수를 규정한다. 그러나 잉여가치를 이자라고 두루뭉술하게 이해하면 한계는 그저 양의 문제가 되고 불가능이란 없어 보이게 된다."[24]

경제가 폭락한 뒤에야 비로소 금융자산 가치의 대부분이 실제로는 무가치하고 "허구적"이었다는 사실을 모두가 깨닫는다. 예를 들어 2008년 금융 위기 때 세계 주식시장이 반 토막 나고 35조 달러에 달하는 금융자산이 증발했다.[25] 그러나 그 결과로 세계 국내총생산이 절반 이상 날아간 것은 아니었다. 호황기에는 주식이나 채권 같은 금융 상품이 그 근저에 있는 자산의 가치보다 훨씬 높은 가격으로 거래된다. 경제 위기는 증서에 적힌 부가 궁극적으로는 실제로 생산된 부와 연관돼야 한다는 엄연한 현실을 강제로 직면하게 한다.

신용은 호황을 북돋고 촉진하지만 어느 시점부터는 위기를 촉발하고 악화시킨다. 폴란드 출신의 마르크스주의자 로자 룩셈부르크가 말했듯이 "자본주의적 생산에 내재한 무한 확장 경향이 한정된 규모의 사적 소유라는 장벽에 부딪히면, 이 장벽을 자본주의 특유의 방식으로 극복하는 수단으로 신용이 등장한다."[26] 그러나 신용은 시장의 한계를 넘게 해서, 즉 상품을 팔아서 이윤을 남길 수 있는 한도보다 많이 생산할 수 있게 해서 이 장벽을 극복한다. 게다가 신용은 더 큰 규모의 투기(시세 차익을 노린 매매)를 가능케 한다. 신용이 투자자들을 복잡한 관계망으로 옭아매기 때문에 일부 자본가만 파산해도 체제 전체의 건전성에 적신호가 켜진다. "신용은 위기를 억제하고 완화하는 수단이 아니라 위기를 일으키는 대단히 강력한 요인"이라고 룩셈부르크는 결론짓는다.[27]

어마어마하게 늘어난 부채가 촉발한 최근의 대침체에서 신용의 파괴적 구실이 분명히 드러났다. 저금리 금융이 주택 시장 거품을 조장했다. 집값이 부풀어 오르자 주택 보유자들은 주택 자산으로 변변찮던 수입을 보충하려 했다. 그들은 주택을 담보로 대출을 받고 신용카드를 한도 끝까지 썼다. 가장 큰 이유는 임금과 생활수준이 정체하거나 하락했기 때문이었다. 전반적으로 미국 노동자의 임금은 1973년부터 정체했고, 노동자 중 26.4퍼센트는 초저임금을 받는다. 요컨대 노동자들은 생활수준을 유지하려면 빚을 져야 했다.[28] 주택담보대출업자들은 초기에만 금리가 낮은 변동금리 대출 상품, 이른바 '서브프라임 모기지'를 팔면서, 집값이 떨어지거나 실직하거나 금리가 치솟으면 채무 불이행을 선언하려 하는 사람들에게 공짜 선물이라도 주는 양 굴었다. 어쨌든 주택 가격이 계속 오르는 한 투자자들은 돈을 벌 수 있었으므로 아무 문제 없다는 듯이 굴 수 있었다.

한편 사회 꼭대기에서는 은행 등 금융기관들이 규제 완화와 사상 최저 수준의 저금리를 이용해 [기존 은행 시스템 바깥의] '그림자 금융 시스템'을 만들었다. 이것으로 투자자들은 돈을 모아 환투기를 하거나 파생 상품 등 온갖 금융 '상품'에 투자를 했다. 이런 금융 상품들은 "상품, 채권, 통화 같은 기초 자산에 근거하고 있지만 보통은 그

자산의 가치가 변하는 방향을 두고 벌이는 도박과 다름없었다."[29] 월스트리트의 은행들은 주택 담보대출 채권을 사들여서 주택 저당증권으로 묶고 위험성에 따라 구분해서 투자자에게 팔았다. 주택 저당증권을 사들인 거대 투자자들은 주택 담보대출금이 상환되면서 수입이 꾸준히 흘러 들어올 것을 기대했다. 이와 함께 주택 저당증권의 위험성에 대한 보험으로 '신용 부도 스와프'라는 파생 상품이 우후죽순 생겼다. 신용 부도 스와프를 구매한 회사가 주택 저당증권의 가치가 떨어져 손실을 입으면 신용 부도 스와프를 판매한 회사가 그 손실을 만회해 줘야 했다. 도처에서 금융기관들은 가랑이가 찢어질 정도로 사업을 확장했고 이들의 부채는 실제 자산의 가치를 이미 훌쩍 뛰어넘었다. 2008년 초에 전체 신용 부도 스와프의 가치는 62조 8000억 달러로 추정됐으며 이는 "미국 연간 생산량의 거의 다섯 배"였다."[30] 2007년 말 파생 금융 상품의 '이론상 가치'는 596조 달러라는 천문학적 액수로 추정됐다![31] 주택 시장이 무너지자 진실이 모두 수면으로 드러났고 금융계는 추락했으며 멋대로 부풀려졌던 가격은 모두 현실의 모습으로 돌아왔다.

자본주의의 아킬레스건

과잉생산 위기가 계속해서 발생하는 배경에는 자본주의의 성장으로 발생하는 수익이 상대적으로 줄어드는 경향, 다시 말해 이윤율(투자 대비 수익)이 장기적으로 저하하는 경향이 있다. 앞에서 다뤘듯이 개별 자본가들은 시장점유율을 높여야 한다는 압박 속에서 특정 상품을 생산하는 노동시간을 줄이고 그 결과 생산비를 줄이는 기술에 투자한다.

예를 들어 1960년대에는 새로 개발된 산소제강법이 평로제강법을 대체하면서 철을 녹이는 시간이 10시간에서 45분으로 줄어들었다. 지난 30년 동안 미국의 여러 철강 회사들은 철 1톤을 생산하는 노동시간을 90퍼센트나 절감했다.[32] 노동 절감 기술을 처음 도입한 자본가는 경쟁자보다 저렴하게 생산물을 판매할 수 있다. 적어도 경쟁자가 같은 기술을 도입하기 전까지는 말이다. 그러나 노동 절감 기술 도입은 단기적으로 이윤을 끌어올리는 데 도움이 될지라도 장기적으로는 생산과정에서 이윤을 만들어 내는 요소, 즉 노동의 구실을 축소한다. 어째서 그러한가?

앞에서 봤듯이 노동일은 노동자에게 지불되는 부분과 그렇지 않은 부분으로 나뉜다. 마르크스는 노동자가 임금과 같은 가치를 생산하는 부분(지불되는 부분)을 '필요노동'이라고 했고 사용자의 이윤이 되는 부분(지불되지 않는 부분)을 '잉여노동'이라고 했다. 생산물을 중심으로 보면 생산물도 임금, 원자재, 설비의 마모분에 해당하는 부분과 자본가의 이윤이 되는 잉여 부분으로 돼 있다. 마르크스는 필요노동시간에 대한 잉여노동시간의 비율을 '착취율'이라고 했다.

예를 들어 하루에 8시간을 일하는데 그날 받는 임금만큼의 가치를 생산하는 데는 4시간이 걸리고 나머지 4시간 동안은 대가가 없는 잉여노동을 한다고 하자. 그러면 착취율은 4시간 분의 4시간, 즉 100퍼센트다. 자본주의에서는 착취율이 꾸준히 증가하는데, 이는 생산성이 높아져서 노동자의 생활에 필요한 것을 재생산하는 시간이 줄어들고(그리고 생산성이 높아지면 생활 수단이 저렴해진다) 그러면서 노동일에서 자본가가 공짜로 취하는 부분의 비중이 커지기 때문이다. 다시 말해 노동일에서 노동자가 임금만큼을 생산하는 시간은 줄어들고 대가 없이 일하는 부분은 늘어나는 경향이 있다. 그래서 어떤 노동자는 꽤 높은 임금을 받으면서도 저임금 노동자보다 더 많이 착취당할 수 있다. 생산성이 높아지고 더 많은 부가 생산되면 노동자 임금의 절대액(즉, 구매력)은 커질 수 있지만, 지불되는 노동시간이 지불되지 않는 노동시간보다 적기 때문에 자본가가 챙기는 부에 견준 노동자의 몫은 줄어들 수 있다.

미국 자본가들은 수십 년간 생산성 향상(노동강도와 작업 속도를 높이고 신기술에 투자한 덕분이다)과 임금 정체라는 두 마리 토끼를 모두 잡았다. 〈뉴욕 타임스〉가 보도하기를 "진보 성향 연구소인 경제정책연구소는 1973~2011년에 노동생산성은 80퍼센트 증가했지만 물가 상승률을 감안한 시간당 보수의 중간값은 10퍼센트밖에 증가하지 않았다고 발표했다. 2000년부터는 생산성이 23퍼센트 증가했지만 실질 시급은 사실상 정체했다고 한다."[33]

자본주의가 발전하고 성장하면서 생산성이 높아질수록 자본가가 기술이나 설비에 지출하는 '불변자본'은 임금에 지출하는 '가변자본'에 비해 커진다. 생산성이 증가하면 생산에서 산 노동이 차지하는 비중은 줄어들고 죽은 노동, 즉 설비가 차지하는 비중은 점점 커진다. 자본주의가 발전하면 할수록 적은 수의 노동자가 더 많은 설비를 가동한다. 다시 말해 산업이 전반적으로 더 '자본 집약적'이고 덜 '노동 집약적'이게 된다. 마르크스는 이 불변자본과 가변자본의 비율을 '자본의 유기적 구성'이라고 했고, 이 비율이 증가하는 경향을 '자본의 유기적 구성의 상승'이라고 했다.[34]

예를 들어 인쇄업의 생산성이 발전한 오늘날에는 몇 사람이 공장을 가득 채운 거대한 윤전기를 돌려 불과 몇 시간 만에 신문을 수만 부 찍어 낼 수 있다. 이처럼 자본주의가 성장하고 더 적은 노동으로 더 많은 상품을 생산할 수 있게 될수록 점점 많은 노동자가 '과잉' 인력이 된다.

그러나 이것은 문제를 낳는다. 잉여가치의 원천은 지불되지 않는 산 노동이기 때문에(설비는 가치를 새로 만들지 않고 자신의 가치를 최종생산물에 옮길 뿐이다) 생산에서 노동의 비중이 줄어드는 것은 전체 자본에 견준 잉여가치의 비율도 줄어든다는 뜻이기 때문이다. 자본가는 투자의 성패를 착취율이 아니라 이윤율로 가늠한다. 다시 말해 자본가는 임금, 설비, 원자재 비용을 포함하는 총지출과 이윤을 비교해서 투자의 성패를 가늠한다. 새로운 설비에 들인 투자는 시간이 지날수록 노동에 견준 설비 지출의 비율이 커지는 결과를 낳아 이윤율에 하향 압력을 준다. 그런데 생산성이 상승하면 유기적 구성과 착취율이 둘 다 상승한다. 노동일에서 잉여가치를 생산하는 부분이 차지하는 비중이 커져도 이윤율이 떨어지는 경향을 상쇄할 수 없는 이유는 무엇일까? 먼저, 불변자본이 커지는 것에는 뚜렷한 한계가 없지만 노동일을 늘리는 것에는 한계가 있고, 착취율은 비율이기 때문에 아무리 높아지더라도 결국 총노동일이라는 한계 안에 머물기 때문이다. 로만 로스돌스키는 다음과 같이 쓴다. "일반적인 노동시간이 8시간이라면 생산력이 아무리 높아져도 그 8시간에서 임금분을 뺀 것보다 더 많은 시간의 잉여노동을 짜내는 것은 불가능하다."[35]

잉여가치율이 상승하면 이윤이 증가하겠지만 이것은 "생산력의 발전에 견주면 훨씬 미미하다."[36] 마르크스가 지적했듯이 생산성 향상으로 잉여가치율이 늘어나는 폭은 생산성 향상을 위해 생산수단에 투자한 것에 견주면 점점 줄어든다. [생산성이 두 배로 늘어나서 임금 몫이 반으로 줄고] 착취율이 100퍼센트(노동일 중 절반이 지불되지 않음)에서 300퍼센트(노동일 중 4분의 3이 지불되지 않음)로 오르면 이윤은 상당히 증가할 것이다. 그렇지만 이후에는 생산성이 두 배로 늘어날 때마다 잉여가치율이 증가하는 폭은 점점 줄어들 것이고, 결국에는 아무리 생산성을 높여서 필요노동의 비중을 줄여도 잉여가치율은 매우 미미하게 증가할 것이다. "이윤율이 떨어지는 것은 노동자가 덜 착취당해서가 아니라 투자되는 자본에 견줘 일반적으로 적은 노동이 쓰이기 때문이다."[37]

역설이게도, 자본가가 경쟁자를 제치고 이윤을 늘리려 애쓰는 과정 자체가 전반적으로 이윤율을 떨어뜨리는 경향을 낳는다. 만약 이 경향이 계속된다면 논리상 체제는 점점 달팽이걸음을 걷다가 결국에는 마비될 것이다(즉, 자본가들이 투자를 멈출 것이다). 그러나 체제가 이런 지경에 이르지 않도록 이윤율 저하를 상쇄하는 요인들이 존재한다. 자본가는 노동력의 가치보다 낮은 임금을 지급하거나 노동강도를 높일 수 있다. 노동생산성을 높이는 신기술이 발명돼 일정량의 자본이 거느리는 노동량이 줄 뿐만 아니라 생산수단까지 저렴해져 결과적으로 투자비가 줄 수도 있다(그러나 자본주의의 역사를 보면 이런 경향은 총투자 중에서 설비투자가 차지하는 비중이 임금에 대한 투자가 차지하는 비중보다 더 빨리 늘어나는 경향을 결코 역전하지 못했다). 그러나 가장 중요한 상쇄 요인은 경제 위기로 자본의 가치가 뚝 떨어져서 [살아남은 자본가의] 투자비가 줄어들고 그 덕에 이윤율이 올라서 새로운 팽창 국면의 기반이 마련되는 것이다.

위기가 깊고 파괴적일수록 많은 가치가 증발하고 따라서 자본의 유기적 구성이 하락하며, 경기가 큰 폭으로 반등하고, 새로운 팽창 국면의 전망이 밝아 온다. 그러나 호황-불황 경기순환은 사라지지 않는다.

이윤의 일부가 새로운 설비에 투자되는 대신 사치품, 금융 투기, 군사비로 빠져나가서 이윤율의 하락이 지연되거나 완화될 수도 있다. "전쟁의 효과는 자명하다. 경제적으로 전쟁은 한 나라가 자본의 일부를 바다에 던져 버리는 것과 다름없다"고 마르크스는 썼다.[38] 예를 들어 제2차세계대전 종전 이후 몇십 년 동안 막대한 부가 경제성장을 가속하는 데 쓰이는 대신 미국과 소련의 군비경쟁에 빨려 들어갔는데, 이는 경제성장 속도를 늦추고 당시의 호황을 연장하는 효과를 냈다. 그러나 이 '상시 군비 경제'는 위기를 지연했을지언정 결코 막지는 못했다.[39] 어느 시점부터 미국의 막대한 군비 지출은 유럽이나 일본과의 경쟁에서 걸림돌이 됐다. 반면 유럽과 일본은 미국과 북대서양조약기구NATO의 군사적 보호 덕에 미국처럼 무거운 군비를 부담하지 않으면서 더 발전한 생산기술에 투자하고 민간 부문을 확장할 수 있었다. 군비 지출은 처음에는 전후 호황을 연장했지만 결국 1970년대에 위기가 닥치자 이 위기를 더 심화하는 재정적 부담이 됐다. 2000년대에는 거대하게 성장한 금융 부문이 이윤이 덜 나는 다른 부문에서 이윤을 빨아들여서 마찬가지로 자본주의의 숨통을 틔웠다. 그러나 그 과정에서 부채를 기반으로 한 거대한 투기 거품이 생겨났고 2007~2008년에 이 거품은 꺼지고 말았다.

주기적 현상을 겪는 모든 유기체가 그렇듯이 자본주의도 갓 태어났을 때와 늙었을 때의 경기순환이 다르다. 여기에는 두 가지 이유가 있다. 첫째로 [처음에는] 경쟁이 벌어지던 자본주의가 나중에는 정반대로 독점자본주의가 된다. 자본주의 초기에는 비교적 작은 회사들이 비교적 자유롭게 경쟁하지만, 그 경쟁으로 자본이 집중·집적돼 자본의 단위가 커지고, 경쟁하던 회사들이 합쳐지면서 소수의 대기업이 전국의, 심지어는 전 세계의 산업을 좌지우지하는 상황이 펼쳐진다. 다국적 대기업 내에서는 더 철저한 계획이 수립되지만 세계시장 전체는 여전히 무정부성이 지배한다. 이런 대기업 간의 경쟁의 성격은 어떤 면에서는 더 많은 규제를 받는 것이라고 할 수 있는데, 그 요인의 하나는 국가 개입 정도가 갈수록 커진 것이다. 경제 위기가 오면 타격이 더 심각할 것이기 때문이다. 다시 말해 기업과 금융기관이 '대마불사'가 돼서, 즉 회사의 규모가 너무 커져서 그 회사가 망하면 (2008년에 월스트리트의 대형 금융기관인 리먼브러더스가 무너졌을 때처럼) 파괴력이 크고 회복하기 어려울 경제 위기를 촉발하기 때문에 국가가 개입하는 것이다. 지난 30년간 득세한 교리, 즉 시장은 '자기 조절적'이니 국가는 손대지 말라는 자유 시장의 교리는 이윤 추구에 걸리적대는 정부 규제에 반대한 것이지 모든 국가 개입에 반대한 것은 아니다. 경제가 위기에 빠지면 금융계와 산업계는 2008년에 그랬던 것처럼 국가가 당연히 막대한 혈세를 들여 구제해 줄 것이라 기대한다.

한편 이제는 경쟁이 세계를 무대로 활동하는 국제적 기업들 사이에서 벌어지기 때문에 경제 위기는 한 나라에 그치지 않고 세계시장 전체로 확산된다. 지배력이 한 나라 영토로 한정된 국가는 환율이나 이자율을 조정해 세계경제 질서에 영향력을 행사하는 데서 점점 어려움을 겪고 있으며 국내 경제조차 다스리기 힘들어하고 있다.

마르크스는 이윤율 저하 경향의 법칙을 "현대 정치경제학의 가장 중요한 법칙"으로 봤다.[40] 자본주의의 활력소인 이윤율이 하락하는 경향이 있다는 사실은 자본주의의 역사적 한계를 보여 주는 증거다. "사회의 생산력 발전과 현존 생산관계의 심화하는 불일치는 날카로운 모순, 위기, 낭비로 나타난다"고 마르크스는 썼다.[41] 자본주의적 생산은 자신의 발전을 막는 장벽을 세우며 자승자박한다. 나아가 "부의 생산 자체와는 아무런 관련이 없는 이 독특한 장벽은 자본주의 생산양식이 제한적이며 역사적이고 일시적일 뿐임을 증언한다."[42]

그러나 일부 사람들의 오해와는 달리, 마르크스주의는 자본주의가 마치 기둥이 썩은 낡은 집처럼 제 무게에 짓눌려 저절로 무너진다고 주장하지 않는다. 위기는 일시적 동요일 뿐이며 인류를 고통스럽게 하는 끔찍한 혼란이 지나간 후에는 새로운 경제 확장의 시기가 이어진다. 마르크스가 지적했듯이 "자본주의적 생산은 눈앞의 장벽을 넘으려고 부단하게 노력한다. 그러나 자본주의는 더 거대한 장벽을 새로 세움으로써 그 장벽을 넘는다."[43]

트로츠키는 자본주의의 탄생·성숙·노화를 "살아 있는 인간의 삶"에 비유하면서도 자본주의는 인간과 달리 "자연사"하지 않으며 노동계급이 타도해야만 마침내 죽음에 이른다는 점을 잊지 말라고 했다. "인간은 죽을 때까지 숨을 쉬지만 어린아이, 성인, 죽어가는 사람은 저마다 다른 모습으로 숨을 쉬며 육신의 건강은 그 숨 쉬는 모습으로 가늠해 볼 수 있다. 그러나 어쨌든 인간은 죽을 때까지는 숨을 쉰다. 자본주의도 마찬가지다. 규칙적인 파동, 상승과 하강은 노동계급이 승리해 자본주의의 숨통을 끊기 전까지는 계속될 수밖에 없다."[44]

6장

노동계급의 중요성

지금까지는 사회주의가 가능하고 필요한 두 가지 조건을 다뤘다. 하나는 어마어마한 풍요 덕에 불평등과 빈곤이 사회적으로 불필요해졌다는 것이다. 다른 하나는 거듭거듭 파괴적인 경제 위기에 빠지는 자본주의의 커다란 모순이다. 그러나 아직 자세히 다루지 않은 조건이 하나 더 있다. 그것은 자주적인 집단행동으로 새 사회의 물꼬를 틀 피착취 계급이 존재한다는 것이다. 엥겔스가 썼듯이 "천년왕국의 도래를 꿈꾼 중세의 신비주의자들도 이미 계급 적대라는 불의를 알았다." 그러나 천년왕국의 실현은 "현대의 대규모 산업 발전으로 … 노동계급이 등장"하면서 가능해졌고 "이 계급은 역사상 최초로 특정한 계급 구조나 특정한 계급적 특권의 폐지가 아니라 계급 자체의 폐지를 요구할 수 있게 됐다."[1]

계급 간 투쟁은 계급사회만큼이나 오래됐다. 역사에 기록된 최초의 파업은 기원전 1158년 람세스 3세 치하 이집트에서 벌어졌다. 고대 이집트의 수도 테베의 건설 노동자들은 곡물이나 필수품의 형태로 지급되던 임금이 체불되자 작업을 중단하고 죽은 왕을 기리는 두 신전(어쩌면 세 신전) 앞에서 연좌 농성을 했다.[2] 역사가 윌리엄 우드소프 탄은 다음과 같이 썼다. "파업은 고대 이집트에서 일상다반사였고 비일비재했다. 이것은 그저 관리자를 두들겨 패는 폭동이 아니라 일사불란한 작업 중단이었다."[3]

임금노동이 지금처럼 흔하지 않던 자본주의 이전 사회에서는 농노나 노예의 투쟁이 더 흔했다. 마르크스가 가장 좋아한 역사적 인물인 트라키아 출신의 노예 검투사 스파르타쿠스는 기원전 73년에 노예 7만 명을 이끌고 로마제국에 맞서 반란을 일으켰으며 이 노예들은 여러 차례 로마 군대를 격파하다가 끝내 패배했다.[4] 고대 중국과 중세 유럽에서는 여러 차례 농민반란이 일어났다. 1381년에 와트 타일러는 농민을 농노로 묶어 두려는 영주들에게 맞선 위대한 농민반란을 이끌었지만 이 반란 또한 결국 진압됐다.

이런 저항들은 자신들의 사회질서를 수립하지 못했다는 공통점이 있었다. 착취를 없앨 물질적 조건이 마련되지 않았기 때문이다. 《민중의 영국사》의 저자 아서 레슬리 모턴이 지적했듯이 "농민들은 한동안 단결해서 지배계급을 위협할 수 있었지만 정부 정책을 영구히 제어할 수단은 없었다."[5] 어느 정도 시간이 지나면 농민들은 결국 뿔뿔이 흩어져 자기 땅으로 돌아가고 국가권력을 다른 누군가에게 맡겨야 했다. 트로츠키가 말했듯이 중국에서 되풀이된 농민반란은 반란군 지도자를 권좌에 올려 "매번 토지를 재분할하고 새로운 '농민' 왕조를 수립했지만 그 이후엔 처음부터 다시 역사를 되풀이했다. 토지가 [소수의 손에] 다시 집중되고 다시 귀족이 등장하고 다시 고리대금업이 성행하고 다시 반란이 일어났다. 혁명이 계속해서 순전한 농민반란의 성격을 띠는 한 사회는 이 덧없는 순환에서 결코 벗어나지 못했다."[6]

그러나 자본주의가 탄생하고 현대 산업이 발전함에 따라 대규모 일터와 대도시로 새로운 계급이 밀집했다. 바로 현대의 노동계급인

데, 이들은 "오로지 노동을 팔아서 생존하고 이윤을 뽑아낼 어떤 자본도 없는 사회 계급"이었다.[7] 앞에서 봤듯이 현대의 노동계급은 토지나 도구 같은 생산수단의 소유에서 "자유로운" 까닭에, 생산수단을 독차지한 자본가계급에게 노동능력을 파는 것 말고는 다른 도리가 없다. 노동계급은 여태껏 많은 변화를 겪었지만 부와 이윤의 근원인 노동을 수행하는 임금노동자들로 이뤄진 계급이라는 본질은 변하지 않았다.

자본주의에서 노동은 철저하게 소외된 경험이다. 즉, 노동자는 작업 방식, 작업 속도, 노동의 결실 어느 것 하나도 마음대로 하지 못한다. 자본주의에선 노동이 노동자를 지배하지 노동자가 노동을 지배하지 않는다. 노동자는 생산 라인, 기계, 스톱워치에 맞춰서, 또는 관리자의 명령에 따라 일해야 하기에 자신의 정신적·육체적 잠재력에서 소외된다. 노동자의 눈으로 볼 때, 노동생산성을 높이는 모든 발전은 그저 일터의 쇠사슬을 더 옥죄는 수단일 뿐이다. 마르크스의 통렬한 비판처럼 노동자는 "기계의 부속품"으로 전락한다.[8] 노동은 보람 있고 "필요를 충족하는 활동이 아니라 노동과 상관없는 필요를 충족하기 위한 수단일 뿐이다."[9] 노동자는 고되게 일하지만 그러지 않으면 자신과 가족이 살지 못하기 때문일 뿐이다. 게다가 자본가들이 노동자들로 하여금 일자리 경쟁을 하도록 만들기 때문에 노동자의 처지는 더 나빠진다.

그러나 노동자가 피해자이기만 한 것은 아니다. 엥겔스가 썼듯이 자본주의는 "거대한 대중을 한곳으로 몰아넣어서 노동계급이 자신의 힘을 자각하게 한다."[10] 노동자들은 공장, 조립라인, 병원, 창고, 사무실 같은 거대한 일터에서 한 몸처럼 움직이며 집단적 규율과 협업하는 법을 배우며 이것을 자신의 무기로 삼을 수 있다. 자본주의 하에서 수많은 노동자들이 수행하는 협업의 규모는 인류 역사상 전례가 없다. 오늘날에는 하나의 공장이 대규모 주택 지구의 인구보다도 많은 수의 노동자를 고용하는 경우가 종종 있다. 세계 최대의 공장으로 손꼽히는 현대자동차 울산 공장에서는 3만 4000명 이상의 노동자가 매일 자동차를 6000대씩 찍어 낸다. 미국의 사회주의자 유진 데브스의 말을 빌리면 노동자들은 "혼자 힘으론 임금 노예제를 벗어날 수 없고, 혼자 힘으론 족쇄를 풀 수 없지만, 처지가 같은 다른 노동자들과 단결하면" 상황을 바꿀 수 있다는 것을 경험으로 배운다.[11]

임금노동자 계급은 이전의 피착취 계급과 달리 하나의 계급으로서 단결할 잠재력이 있다. 앞에서 다뤘듯이 농민은 반란을 일으킬 능력은 있었지만 독자적이고 조직된 계급으로 행동할 능력은 없었다. 1850년대에 마르크스는 프랑스의 농민을 다음과 같이 묘사했다. "영세농민은 거대한 대중을 이뤘고 서로 비슷한 처지에서 살았지만 다면적인 관계망을 형성하지는 않았다. 영세농민의 생산양식은 농민들을 서로 교류하게 하기보단 오히려 고립시켰다." 그 결과 농민은 "독자적으로 계급적 이익을 강제할 능력이 없었고 … 스스로를 대변하지 못했으며 다른 누군가가 그들을 대변해 줘야 했다."[12] 반면 자본주의 생산양식은 노동자들을 "서로 교류"하게 한다. 노동자들은 끝없이 확장하는 작업장에 밀집해 있고 크고 작은 도시에 모여 있기 때문에 이해관계가 개별적이지 않고 집단적이다. 그래서 노동계급은 역사상 최초로 스스로를 "대변"하고 따라서 스스로 착취의 사슬을 끊고 스스로 해방할 수 있게 된 피착취 계급이다.

노동자의 집단행동 중에서 가장 중요한 무기는 파업이다. 노동자는 자본가에게 일자리를 구걸해야 하지만 거꾸로 자본가도 노동자가 있어야 이윤을 얻을 수 있다. 미국에서 자주 불리는 투쟁가 〈연대는 영원하리〉의 가사처럼 자본가는 "우리의 지혜와 피땀으로 배를 채운다."[13] 노동자가 조직적으로 일손을 놓으면 생산의 톱니바퀴가 멈추고 자본가 이윤의 원천이 말라 버릴 것이다. 그래서 자본가는 파업을 두려워한다. 레닌의 말처럼 "진정한 주인은 그들이 아니라 노동자"임을 상기시켜 주기 때문이다.[14]

처음에 노동자가 파업에 나서는 이유는 파업을 해야만 사용자의 양보를 받아 낼 수 있기 때문이다. 그런데 파업은 집단적 연대 활동이기 때문에 노동자는 자신의 이해관계가 전체 노동계급과 같다는 것을 배우게 된다. 한마디로 파업은 계급의식의 획득을 돕는다.

파업의 가치는 단지 파업으로 받아 낸 양보로만 평가해선 안 되며 노동자들의 자신감과 투지를 얼마나 높였는가도 평가해야 한다. 레닌은 다음과 같이 썼다.

> 모든 파업은 노동자에게 희망을 주고 자신이 혼자가 아님을 일깨운다. 파업이 파업 당사자뿐 아니라 근처 공장이나 동종 산업의 다른 공장에 미치는 지대한 영향을 보라. 평화로운 일상 시기에 노동자들은 두말없이 일하면서 사용자와 부딪히지도 노동조건이 어떻다 말하지도 않는다. 그러나 파업이 벌어지면 노동자들은 요구안을 목청껏 외치고, 사용자의 온갖 악행을 지적하며, 자신의 권리를 주장하고, 제 임금과 제 한 몸 건사하는 것에만 신경 쓰지 않으며, 궁핍의 두려움을 떨치고 노동자의 대의를 위해 함께 일손을 놓고 항거하는 모든 동료를 신경 쓴다.[15]

자본주의적 생산이 집중되고 집적될수록 노동자는 그 규모보다 큰 힘을 갖게 된다. 생산력이 집중되면 노동자가 생산을 멈출 때 체제가 입는 타격도 더 집중된다. 운수 노동자의 파업은 도시 전체, 심지어 나라 전체를 마비시키기도 한다. 핵심 부품을 생산하는 공장의 노동자 수천 명이 파업하면 그 분야의 산업 전체가 마비될 수도 있다. 이처럼 경제의 핵심적 부문에 배치된 노동자들은 과거의 어느 피지배계급보다도 체제에 큰 타격을 가할 수 있다.

자본주의가 생겨나기 시작할 때부터 노동자들은 사용자에 맞서 투쟁하기 위해 '조합'을 결성했다. 마르크스가 지적했듯이 이런 투쟁은 대개 "임금 보전"이나 눈앞의 경제적 문제 때문에 시작됐다. 그런데 노동자들이 연대하다 보니 착취에 맞설 공통된 이해관계가 있다는 공감대가 생겨났다. 노동자들이 같은 직장이나 부문의 동료들뿐 아니라 전국의, 심지어 전 세계의 노동자와 이해관계를 같이한다는 것을 알게 되면서 이런 계급의식은 더 발전했다. 노동자들이 더 조직적으로 투쟁하고 더 폭넓은 노동자층이 투쟁에 참여할수록 더 국제주의적인 계급의식이 자라났다. 게다가 노동자들이 더 폭넓게 조직될수록 한 작업장이나 한 산업에서 조직해 자기방어를 하는 것도, 정치적으로 노동자들을 조직해 개혁 입법을 하거나 더 나아가 사용자 계급의 이익에 복무하는 국가권력에 대항하는 것도 자신들에게 이익임을 깨달았다. 마르크스가 썼듯이 "경제적 관계는 우선 그 나라의 대중을 노동자로 만든다. 대중은 자본의 지배를 받으면서 공통된 조건과 이해관계에 처한다. 그리하여 이들은 일찍부터 자본에 대항하는 계급이 된다. 그러나 곧바로 대자적對自的 계급이 되지는 않는다. 이들은 투쟁(앞에서 몇 가지 양상만을 언급한)을 통해 단결하게 되고 대자적 계급으로 거듭난다. 이들이 방어하는 이익은 계급의 이익이 된다. 그런데 계급 대 계급의 투쟁은 정치투쟁이다."[16]

과거의 혁명은 착취의 유형만 바꾸거나 한 지배계급을 다른 지배계급으로 바꾸는 데에 그쳤다. 그러나 사회적으로 중요한 위치와 비중을 차지하는 집단인 노동계급은 피지배계급으로선 역사상 최초로 다수의 이익에 맞게 사회를 재편할 능력을 갖췄다. 다시 말해 노동계급은 그저 한 지배계급을 다른 지배계급으로 교체하는 데 그치지 않고 계급사회 자체를 폐지할 수 있다. 농민은 토지를 나눠 가질 수 있지만 노동자들은 공장·병원·사무실 등을 쪼개서 용광로, 절단기, 심장박동 측정기 등으로 나눠 가질 수 없다. 조립라인을 쪼개면 그것은 조립라인이 아니게 된다. 노동자들이 착취의 조건을 없앨 유일한 길은 생산과 분배의 수단을 공동 소유로 바꾸고 사회화하는 것이다. 그러면서 노동자들은 계급 착취를 철폐할 것이다.

마르크스와 엥겔스는 이런 사상을 《공산당 선언》에서 문학적으로 표현했다.

> 지배력을 획득한 과거의 모든 계급은 이미 확립한 지위를 공고히 다지기 위해 사회 전체를 그들의 소득을 보장하는 조건에 종속시켰다. 노동계급은 자신에 대한 착취를 폐지하고 그러면서 재래의 착취 형태도 모두 폐지해야만 사회적 생산력의 주인이 될 수 있다. 노동계급에게는 보전하고 지켜야 할 것이 없으며 사유재산을 보호하고 보장하는 재래의 모든 것을 파괴할 임무가 있을 뿐이다.
>
> 지금까지 역사적 운동은 모두 소수의 운동이거나 소수의 이익을 위한 운동이었다. 노동계급의 운동은 자의식적이고 독립적인 압도 다수의

운동이요, 압도 다수의 이익을 위한 운동이다. 현대사회의 밑바닥 층인 노동계급은 사회의 지배 집단을 이루고 있는 사회의 상층부를 공중분해하기 전까지는 제대로 기를 펼 수도, 꼿꼿이 설 수도 없다.[17]

노동자들이 작업장에서 집단행동을 벌이는 것을 넘어 자본주의 체제 전체에 도전하는 것은 어떻게 가능할까? 《공산당 선언》은 그 핵심을 다음과 같이 요약한다. "우리는 노동계급이 발전하는 가장 일반적인 양상을 개괄하면서, 사회 내부에서 시작한 은폐된 내전이 공공연한 혁명으로 발전하는 과정, 즉 자본가계급을 힘으로 타도하고 노동계급 지배의 토대를 닦는 과정을 추적했다."[18] 이 문구에 살을 붙인 것은 실제 계급투쟁의 경험 그 자체였다.

노동조합의 중요성과 한계

노동계급은 조직되지 않으면 아주 사소한 것조차 성취하지 못한다. 사용자 집단은 그들의 민간단체와 경영자 연합이 있으며 중앙집중적인 국가기구도 쥐락펴락한다. 이에 맞서려면 노동자들도 자신만의 조직이 있어야 한다. 파업과 노동조합을 반대한 공상적 사회주의자들과 달리 마르크스는 그런 조직을 건설하는 것이 투쟁을 위해 필수적이고 바람직한 발전이라고 봤다.

대규모 산업은 수많은 생면부지의 사람들을 한곳으로 모은다. 경쟁 때문에 이들의 이해관계는 엇갈린다. 그러나 임금의 보전이라는, 사용자와 대립하는 공통의 이익 때문에 이들은 공통의 저항 사상으로 뭉쳐

조합을 이룬다. 그러므로 조합은 언제나 이중의 목표가 있다. 노동자끼리의 경쟁을 멈추고 자본가에 맞서 함께 싸우는 것이다. 처음에 저항의 목표는 그저 임금 보전이지만 자본가들이 저항을 짓밟기 위해 뭉치다 보니 뿔뿔이 흩어져 있던 조합들도 뭉치게 되고, 자본이 항상 단결하다 보니 조합을 보전하는 것이 임금 보전보다 중요해진다. 이렇게 명백한 진실을 보고 영국의 경제학자들은 노동자들이 자기 임금의 상당 부분을 조합을 위해 쓰는 것에 어리둥절해하는데, 그 경제학자들의 눈에는 조합이 오직 임금을 지키기 위한 것으로만 보이기 때문이다. 내전을 방불케 하는 이런 투쟁에서 다가오는 전투에 필요한 모든 요소가 모이고 발전한다.[19]

노동자들의 조합, 즉 노동조합은 노동자들이 자신의 집단적 저항 능력을 확신하게 되는 훈련의 장이다. 자본가가 기를 쓰고 임금을 깎고 노동조건을 악화시킬 때 노동조합은 노동자를 방어하는 최전선이 된다. 사회주의자 유진 데브스의 말처럼 노동조합은 "노동자에게 물질적으로 도움이 될 뿐만 아니라 노동자의 사기를 높여서 … 노동계급의 계급의식적 연대"를 증진한다.[20]

때때로 마르크스는 앞의 인용문처럼 노동자들이 노동조합으로 조직되다가 자연스럽게 자본주의 체제 전반에 맞선 도전으로 나아간다고 해석할 수 있는 말을 했다. 그러나 마르크스는 노동조합의 한계도 알았다. 마르크스는 다음과 같이 썼다. "노동조합은 자본의 공격에 맞선 저항의 중심지로 삼기에 좋은 곳이다." 그러나 "노동조합이 패배하는 일반적인 이유는 노동조합이 기존 체제의 증상에 맞서서 싸우는 국지전에만 머물고 체제 자체는 바꾸려 하지 않기 때문이며, 조직된 힘을 지렛대 삼아 노동계급을 궁극적으로 해방하려고, 즉 임금제도를 완전히 철폐하려고 하지는 않기 때문이다."[21]

노동조합은 임금 노예의 처우 개선을 도모하지만 임금 노예제 자체의 폐지를 도모하진 않는다. 이런 현실은 노동조합의 조직 방식에도 반영된다. 무엇보다 노동조합은 노동자들을 직장별·직종별·산업별로 조직하지 하나의 계급으로서 조직하지 않는다. 이런 점에서 노동조합은 자본주의가 그은 분단선을 극복하기도 하고 반영하기도 한다.

노동조합을 어느 정도 안정된 기구로 유지하려면 조직을 관리하고 고용주와 협상하는 상근 간부층이 있어야 한다. 노동조합 지도자는 현장 조합원 출신일 수도 있지만 그 지위에 오른 다음부터는 사회적 위치가 달라진다. 노조 상근 간부는 자신이 대표하는 노동자들이 겪는 노동과 고충에 더는 시달리지 않는다. 노조 상근 간부의 봉급은 조합원의 조합비에서 나오며 대개 자신이 대표하는 노동자들보다 높다(훨씬 높은 경우도 있다). 역설이게도, 노동자의 이익을 위해 결성된 조직이 정작 그 이익을 증진하는 데 필수적인 투쟁에 제동을 거는 지도자들을 낳는다.

100년도 더 전에 독일의 혁명가 로자 룩셈부르크는 노동조합 지도자들 일반의 관점을 다음과 같이 요약했다.

> 직업적 노동조합 지도자 활동의 전문화와, 평화기의 산발적 경제투쟁에 자연스럽게 따라오는 협소한 시야로 인해 노동조합 간부들은 너무 쉽사리 관료주의와 협소한 세계관에 빠지고 만다. 이 두 요소는 노동운동의 미래를 치명적으로 위협할 수도 있는 온갖 경향으로 나타난다.

특히 조직을 지나치게 중시하는 경향이 나타난다. 그 결과, 수단이었던 조직이 서서히 목적 자체이자 최고선이 되고, 무엇이 투쟁에 이롭냐 하는 문제는 거기에 종속되게 된다. 그리고 노동조합의 존속을 위협하거나 위협한다고 여겨지는 모험을 피하고 평화를 지키려는 욕망이 공공연히 표명되기도 한다.[22]

그래서 노동자들은 어느 노조에서든 비슷한 경험을 한다. 노조 지도자들은 고용주와의 중대한 전투로 조직이 "위험"에 빠질까 봐 두려워하며 주저하고, 파업보다는 "평화"적 협상을 선호하고 전면적 대규모 투쟁보다는 제한적인 파업을 선호한다. 많은 경우 노조의 상근 간부층은 현장 조합원과 동떨어져 있고 높은 봉급을 받으며 고용주와 어울려 지내는 데 익숙해진 나머지 조합원을 방어하지 못한다. 이런 면에서 마르크스가 말한 "조합의 보전"은 노동자들의 연대와 결의를 반영하는 동시에 노동조합, 특히 그 상근 간부층을 보수화한다.

그렇다고 해서 노동조합 지도부가 투쟁을 안 한다거나 못 한다는 말은 아니다. 현장 조합원의 이해관계와 고용주의 이해관계 사이에 끼어 있는 노동조합 지도자들은 단지 조직을 방어하기 위해서라도 투쟁을 이끌기도 한다. 그러나 그럴 때에도 노동의 이해관계와 자본의 이해관계를 조화시키려 애쓰면서 조직을 보존하는 데 더 무게를 둔다. 유진 데브스는 숙련 노동자를 중심으로 조직된 미국노동총연맹AFL의 상근 간부층에 대해 다음과 같이 썼다. "노동의 지도자이자 자본의 참모라는 이중적 임무를 맡은 그들은 자신이 이끄는 계급과 자신을 참모로 둔 계급의 충돌하는 이해관계를 조화시키는 데서 점점 더 큰 어려움을 겪었다."[23]

노동조합은 대체로 경제투쟁과 정치투쟁의 분리를 강화하는 경향이 있다. 특히 미국에서는 경제적 문제에만 집중하는 '순수' 노동조합주의가 팽배하다. 노조의 가장 강력한 무기인 파업은 경제적 문제에 한정해서, 그조차 매우 마지못해 사용된다. 노동시간 단축, 아동노동 철폐, 전쟁 반대처럼 정부에 정치적 요구를 하는 작업 중단은 거의 벌어지지 않는다. 정치는 노조 지도자들이 자본가 후보[미국 민주당]에게 투표하도록 조합원들을 조직하는 것으로 한정된다.

이런 문제점 때문에 미국의 노동운동은 자본의 공세를 받으며 약해지고 기층이 줄어들었다. 2011년에는 임금노동자의 겨우 11.8퍼센트만이 노동조합원이었다.[24] 미국 노동조합운동이 활기를 되찾으려면 여러 과제를 해결해야 한다. 우선 노동조합은 자신의 경제적 요구를 지역사회의 요구와 사회적 요구와 연결해서 2012년의 시카고 교사노조 파업처럼 대중적 지지를 이끌어 내야 한다. 또 아래로부터 대중적 조직화를 추동하는 것도 오늘날 노동조합의 규모와 투쟁력을 재건하는 핵심 과제일 것이다(이것은 1930년대의 노동운동에서도 핵심 요소였다). 마지막으로 사회주의자들은 기층 조합원의 이익을 더 잘 대변할 후보를 지도부로 보내기 위해 노력하면서도 지도부와 독립적으로 기층 조합원을 조직하기 위해 노력해야 한다.

따라서 노동운동에서 가장 중요한 물음은 두 가지다. 첫째, 노동조합 지도자들이 기층 조합원들의 이해관계를 거슬러 행동할 때 어떻게 그 한계를 뛰어넘을 것인가? 둘째, 임금수준·숙련도·산업·직종별로 노동자를 가르는 '부문주의'를 극복하고 노동자들이 하나의 계급으로 단결해서 행동하게 할 조직을 어떻게 키울 것인가? 하나의 계급으로 단결하지 않으면 노동자들은 자본주의 체제와 대결할 수 없다. 이런 점에서 노동조합은 노동계급의 연대와 방어를 위해 사활적으로 중요한 조직이지만 노동계급을 하나의 계급으로 조직해 자본주의에 대항한다는 목적을 달성하기엔 불충분한 조직이다.

마르크스가 파리코뮌에서 배운 것

라야 두나옙스카야는 저서 《마르크스주의와 자유》에서 마르크스의 천재성이 "살아 움직이는 현실을 행동으로 바꾼 현실의 노동자들이 아니라 순전히 그 자신의 사상의 발전"에서만 비롯한 것인 양 찬양하는 이들을 비판한다.[25] 마르크스와 엥겔스, 그리고 후대의 위대한 마르크스주의자들은 진공상태가 아니라 계급투쟁과의 긴밀한 관계 속에서 사상을 발전시켰다. 마르크스와 엥겔스에게 노동계급의 사회 변화 잠재력을 일깨운 것은 프랑스·독일·영국 노동자들의 조직화와 파업과 저항이었다. "노동계급 혁명의 첫 단계는 노동계급이 지배계급으로 올라서는 것, 즉 민주주의 투쟁에서 승리하는 것이다" 하고 마르크스와 엥겔스는 《공산당 선언》에서 썼다.[26] 그러나 이 선언을 작성할 당시엔 성공한 노동자 혁명을 본 사람이 없었다.

1848년 독일 혁명에서 마르크스와 엥겔스는 노동계급이 자본가계급을 혼비백산하게 할 만큼은 강력하지만 민주주의 혁명의 대안적 지도력을 발휘할 능력은 아직 갖추지 못했다는 것을 봤다. 훗날 트로츠키가 말했듯이 "[독일에서는] 자본주의가 발전하면서 낡은 봉건 질서를 폐기할 필요성이 제기되긴 했지만, 새로운 산업적 관계에서 생겨난 노동계급이 주요 정치 세력으로서 전면에 나설 정도로 자본주의가 충분히 발전하지는 않았다. 독일 사회의 틀 안에서도 노동계급과 자본가계급의 적대는 너무 깊어져서 자본가계급이 감히 국가적 지배력을 장악할 수 없었지만, 노동계급이 권력 장악을 꾀할 수 있을 만큼은 아니었다."[27]

당시 파리 노동자들은 독일 노동자들보다 규모도 크고 잘 조직돼 있었으며 이미 부르주아 혁명을 완수한 나라에서 살았지만, 이들조차도 대부분 여전히 소규모 작업장의 장인이었고 권력을 차지할 만큼 강력하지는 않았다.

마르크스와 엥겔스는 1871년에 잠깐 등장했다 사라진 파리코뮌을 보고 노동자 혁명이 어떤 모습일지 확신을 얻었다. 그 전에는 노동자들이 무력을 쓰든지 공직 선거에서 노동자 후보가 선출돼 다수 의석을 확보하든지 해서 기존 국가기구를 장악한 다음, 정부의 힘을 이용해 사회적·정치적 변화를 꾀하는 것이 "민주주의 투쟁에서 승리"하는 것이라는 식의 주장이 가능했을 것이다(물론 마르크스와 엥겔스는 결코 그렇게 주장하지 않았다). 그러나 파리코뮌은 "노동계급이 기존 국가기구를 고스란히 인수해 자신의 목적에 맞게 활용하는 것이 불가능하다"는 것을 보여 줬다.[28]

어째서 그러한가? 국가가 계급 분단에서 생겨난다는 것을 이미 앞에서 다룬 바 있다. 사회가 계급으로 나뉘면 피착취자 집단을 통제할 국가도 필요하게 된다. 모든 혁명은 한 착취계급을 다른 착취계급으로 갈아 치웠지만 국가기구는 그대로 남아 있었다. 국가가 거느린 관료 기구와 무장력은 그저 패배한 계급의 손에서 승리한 계급의 손으로 넘어갔을 뿐이다. 사실 17~18세기의 부르주아 혁명은 봉건국가보다 더 중앙집중적이고 관료적이며 더 강력하게 무장한 국가를 낳았다. 마르크스는 다음과 같이 설명한다. “현대 산업이 발전하고 자본과 노동의 계급적 대립이 확산하고 심화하는 것에 발맞춰 국가 권력도 노동을 지배하는 자본의 전국적 권력이자 사회의 노예화를 위한 공권력이자 계급 지배 도구로서의 성격이 점점 더 짙어졌다.”[29]

1871년 3월 국민방위대로 조직된 파리 노동자들은 프랑스 정부 수반 루이 티에르가 국민방위대의 무장을 해제하기 위해 보낸 군대를 격퇴했다. 티에르는 나폴레옹 3세의 제2제정이 프로이센과의 전쟁에서 참패한 직후에 들어선 새 공화국의 수반으로 막 선출된 참이었다. 프로이센과 맺은 강화조약에 따라 프랑스는 무장해제하고 프로이센군의 파리 입성을 허용해야 했다.

그러나 파리 노동계급은 무기를 내려놓지 않았다. 그들은 국민방위대를 중심으로 결집해(국민방위대 자체가 대부분 노동자였다) 영웅적으로 싸워 티에르의 군대를 물리쳤다. 자본가계급과 그들의 군대와 정치 기구는 파리를 빠져나와 베르사유로 달아나야 했다.

파리코뮌은 1871년 3월 26일에 선출돼 두 달 동안 권력을 장악했다. 파리에서 패배해 퇴각하는 티에르의 군대를 무장해제하지 않고 코뮌을 다른 도시로 퍼뜨리지 않은 것은 치명적인 실수였다. 그 덕분에 티에르는 베르사유에서 숨을 돌리고 군대를 재건해 파리로 다시 진격할 수 있었다. 노동자 3만 명의 목숨을 앗아 간 광란의 학살 끝에 파리코뮌은 무너졌다.

많은 사회주의자들은 파리코뮌을 무모한 시도로 여겼다. 마르크스는 파리코뮌의 약점을 알면서도 주저 없이 파리코뮌을 지지했으며 파리 노동자들을 옹호했고 역사에 길이 남을 파리코뮌의 의의를 역설하는 열정적인 강연을 여러 차례 했다. 파리코뮌은 징병제도와 상비군을 없앴고 종교와 국가를 분리시켰으며 노동자 통제하에 공장을 다시 열 계획을 수립했고 제빵공의 야간 노동을 폐지했다. 그러나 이런 성과도 파리코뮌이 남긴 최고의 성과에 견주면 사소하다. 파리코뮌이 남긴 최고의 성과는 바로 "[파리코뮌이] 본질적으로 노동계급의 정부였으며, 착취계급에 맞서 생산계급의 투쟁이 거둔 결실이었고, 노동을 경제적으로 해방할 정치체제를 마침내 발견했다는 점"이라고 마르크스는 주장했다.[30]

파리코뮌에서 직접선거·보통선거는 진정으로 다수가 사회를 통치하는 데 쓰이는 도구로 탈바꿈했다. 마르크스는 빼어난 저작 《프랑스 내전》에서 다음과 같이 썼다. "그동안 의회에서 민의를 짓밟을 지배계급의 일원을 3년이나 6년에 한 번씩 뽑는 데 쓰이던 보통선거가 코뮌에서는 인민에 복무했다."[31] 다만 마르크스가 지적하지 않은 한 가지 결점은 여성에게는 여전히 선거권이 없어서 진정한 보통선거가 아니었다는 것이지만, 그럼에도 여성들이 코뮌을 창설하고 지키는 데서 중요한 구실을 했다는 점은 눈여겨볼 만하다. 어떤 반동적인 파리코뮌 반대자는 다음과 같이 썼다. "[파리코뮌 — 지은이] 최후의 날 동안 이 호전적인 여장부들은 모두 바리케이드에서 남자들보다 더 끈질기게 버텼다. … 그들 중 다수가 체포됐는데, 화약 가루로 손이 새까매져 있었고 소총의 반동 때문에 어깨에 상처를 입었으며 전투의 강렬한 여운으로 여전히 씩씩거리고 있었다."[32]

마르크스는 파리코뮌이 특별한 이유를 더 자세히 다뤘다. 우선, 파리코뮌에서 노동자들은 같은 노동자를 대표자로 선출했고 대표자는 "언제든지 소환 가능"했으며 "노동자의 평균임금"을 보수로 받았다. 게다가 파리코뮌은 잡담이나 하는 의회가 아니라 "입법부이자

행정부인 실행 기구"로 세워졌다. 자본가계급 밑에 있고 사회와 독립적으로 있으면서 부유층의 이익을 강제하는 특별한 무장 집단인 경찰은 "[코뮌에] 책임을 지고 언제든지 소환 가능한 코뮌의 집행인이 됐다."[33]

마르크스와 엥겔스가 노동자 정부를 "프롤레타리아 독재"로 일컬은 것을 두고 여태껏 왈가왈부가 많았다. 마치 그들이 개인이나 소수의 지배를 바란다는 양 말이다. 그러나 마르크스와 엥겔스는 모든 계급 지배를 본질적으로 한 계급이 다른 계급에 행사하는 독재로 이해했다. 프롤레타리아 독재를 둘러싼 비난에 대해 엥겔스는 무척 훌륭한 답변을 내놓았다. "최근에 사회민주당 내의 속물들은 프롤레타리아 독재라는 말에 다시 한 번 공포에 질렸다. 유익한 일이다. 좋다, 신사 여러분. 프롤레타리아 독재가 무엇인지 알고 싶은가? 파리코뮌을 보라. 그것이 바로 프롤레타리아 독재였다."[34]

파리코뮌은 두 달밖에 지속되지 않았지만 노동자들이 권력을 장악한 최초의 사례였다. 국가는 자본가들의 권력 유지를 위해 존재하는 강압 기구(즉, 한 계급이 다른 계급을 억누르는 데 쓰는 도구)이기 때문에, 노동자들은 국가를 "장악"할 것이 아니라 해체해야 하며, 노동자가 대표를 뽑고 언제든 소환할 수 있는 노동자 직접민주주의 체제로 대체해야 한다. 이것이 파리코뮌의 중요한 교훈이었다.[35]

구질서의 복권을 막고 새로운 사회적·경제적 강령을 실행하려면 노동자들은 다수를 조직해 소수를 억눌러야 한다. 한마디로 노동자들은 **노동자** 국가를 세워야 한다. 계급 적대가 완전히 종식돼야만 비로소 사회에서 국가를 완전히 제거할 수 있다. 그래서 노동자들은 '코뮌 국가'를 수립해 계급이(그리고 계급에 의존하는 국가가) 존속할 기반을 제거한다. 엥겔스는 다음과 같이 결론짓는다. "국가란 한 계급이 다른 계급을 억압하는 기구일 뿐이고 이 점에서는 민주공화국도 왕정과 마찬가지다. 국가란 노동계급이 계급적 우위를 다투는 투쟁에서 압도적 승리를 거두고 나서 물려받는 해악에 불과하며, 파리코뮌에서처럼 승리한 노동계급은, 즉시 그 해악의 가장 나쁜 부분을 최대한 도려내야 한다. 그렇게 한 다음에야 새롭고 자유로운 사회 환경에서 자라난 새 세대가 국가의 나머지 허섭스레기를 전부 치워 버릴 수 있을 것이다."[36]

노동자평의회: 현대적 형태의 노동자 권력

부유한 시민들이 파리를 빠져나갔기 때문에, 파리코뮌은 실질적으로 노동자 조직이 됐다. 코뮌의 정부를 구성하는 위원들은 노동자가 다수를 차지한 파리 국민방위대의 대원 중에서 선거로 선출됐다. 이 선거는 지역구별로 실시됐다. 만약 1871년 당시 파리의 산업이 더 발전한 상태여서 더 많은 노동자가 밀집해 있었더라면 거주지가 아닌 작업장별로 선거가 실시됐을 것이다.

이후의 혁명에서 노동자들은 작업장에서 선출된 대표로 투쟁 기구를 구성하곤 했다. 1905년 혁명 때 최초로 등장한 노동자평의회, 즉 소비에트(러시아어로 '평의회'를 뜻한다)는 원래 상트페테르부르크 파업위원회로 생겨났고, 이 위원회는 총파업에서 손발을 맞추기 위해 공장별로 선출한 위원들로 구성됐다. 소비에트는 투쟁 기구로 시작했지만 금세 러시아 전역의 노동자와 농민에게 대안적 통치 권력의 중심으로 여겨졌다. 일례로 당시 소비에트 의장을 지낸 레온 트로츠키가 1905년 혁명을 다룬 글에서 언급한 일화가 있다. 한 외딴 지역의 토지 관리인이 군주의 부당한 처사를 하소연하는 편지를 써서 그 편지 봉투에 "페테르부르크 노동자 정부 귀하"라고 수신자를 적었는데, 그 편지가 상트페테르부르크 소비에트에 [제대로] 도착했다고 한다.[37]

1917년 혁명에서 노동자들은 다시 소비에트를 수립해 1000명당 한 명꼴로 대표를 뽑았다. 소비에트는 차별받고 짓밟힌 모든 사람의 선두에 섰다. 병사, 수병, 빈농도 소비에트를 세웠다. 1918년에 소비에트를 목격한 미국의 급진적 언론인 존 리드는 "그 어떤 정치기구도 소비에트만큼 민중의 뜻에 민감하게 반응하고 책임을 진 적이 없었다"고 썼다.[38] 소비에트는 직종과 부문을 넘나들며 노동자들을 결집해 하나의 전국적인 계급으로 단결시키고 차별받는 모든 사람들을 이끌었다는 점에서 노동조합보다 우월한 형태의 조직이었다.

그런데 소비에트는 러시아만의 특이한 현상이 아니었다. 세계 어디서든 격변이 일어날 때면 소비에트와 비슷한 기구가 거듭 나타났다. 1918년 독일의 노동자평의회, 1920년 이탈리아의 내부위원회, 1956년 헝가리의 노동자평의회, 1973년 칠레의 '코르돈', 1979년 이란 혁명의 '쇼라', 1980년 폴란드 연대노조 운동의 '공장 연계 파업위원회' 등은 모두 투쟁이 고조되는 시기에 노동자들이 세운 민주적 대중투쟁 조직이었고 노동계급의 다수가 참여한 기구였다.[39] 이런 평의회 기구들은 작업장을 노동자 권력의 중심부로 조직했지만, 차별받는 모든 사람들을 방어하는 권력의 중심부로 발전하면서 작업장을 초월하곤 했다. 어느 사례에서든 이런 기구는 노동자의 정치적 전투와 경제적 전투를 모두 지원하기 위해 세워졌다. 노동자평의회 기구는 낡은 국가를 대체할 잠재력이 있었지만 이런 기구가 주도한 운동에 참가한 사람들이 언제나 그 잠재력을 온전히 자각하지는 못했다. 그럼에도 이런 기구는 언제나 사회 전체를 민주적으로 재편할 노동계급 권력의 초보적 형태였고 '이중 권력'의 상황을 제기했다.

1956년 헝가리에서는 거리 시위가 혁명적 시가전으로 발전하면서 관료적 국가의 통치력이 일시적으로 붕괴했다. 당시 [영국공산당 기관지] 〈데일리 워커〉의 헝가리 통신원이었던 피터 프라이어는 소련 군대에 둘러싸인 채 그들과 대치하면서 생겨난 노동자 위원회를 다음과 같이 묘사했다.

> 이제 헝가리 전역으로 조직망을 뻗친 이 위원회들은 그 자생적 기원, 구성, 책임감, 식량 배급과 공공질서의 유능한 조직, 일부 난폭한 젊은이들을 절제시키는 능력, 소련군 문제에 대처하는 현명함 면에서, 특히 러시아의 1905년 혁명과 1917년 2월 혁명에 등장한 노동자·농민·병사 소비에트와 두드러지게 닮았다는 면에서 놀라울 만큼 균일했다. 이 위원회들은 공장·대학·광산·군부대에서 선출한 대표로 이뤄진 봉기 기구이자 무장한 대중의 신뢰를 받는 대중적 자치기관이었다. 그래서 이 기구들은 권위가 상당했고, 11월 4일에 소련이 침공하기 전까지 헝가리의 진정한 권력은 그들의 손에 있었다고 해도 과언이 아니다.
>
> 물론 진정한 '아래로부터의' 혁명이 늘 그렇듯이 '지나치게' 말도 많고, 언쟁도 많고, 쓸데없는 싸움도 많고, 수선스럽고, 빈말·흥분·선동·소요도 많았다. 그러나 이것은 현상의 한 단면일 뿐이다. 또 다른 단면은 국가수호국[헝가리의 정치경찰 — 지은이]의 단속으로 수면 아래에 있었던 평범한 남녀와 젊은이들이 지도자로 부상했다는 것이다. 혁명은 이

들을 추동하고 이들의 시민적 긍지를 높였으며 잠들어 있던 그들의 조직 능력을 일깨워 관료제의 폐허 위에서 민주주의를 건설하게 했다. 누군가는 "매일매일 사람들이 성장하는 것이 눈에 보인다"고 했다.[40]

미국에서도 계급투쟁이 폭발적이고 격렬하게 벌어진 적이 있었지만 전국에서 평의회가 나타날 만큼 그 수위가 높았던 적은 아직 없다. 그러나 그런 모습을 힐끗 보여 준 적은 있었다. 1930년대 중반에 미국 역사상 가장 컸고 기층 노동자들이 주도한 파업이 벌어졌을 때, 미시건주 플린트의 자동차 공장 노동자를 선두로 한 전국의 노동자들은 작업장을 점거하고 노동조합을 인정하라고 요구했다. 1937년 말에는 50만 명에 이르는 노동자들이 공장점거 파업에 가담했다.[41]

1919년 시애틀에서는 항만 노동자 3만 5000명이 임금 인상을 요구하며 파업하자 시애틀의 거의 모든 노동자가 연대 파업을 했다. 파업하는 101개의 노동조합 지부에서 선출한 대표들로 파업위원회가 구성됐다. 파업위원회는 파업의 실행뿐 아니라 파업 기간 동안 응급 진료나 우유 배달 같은 기본 서비스를 유지할 방안도 논의했다. 총파업이 벌어지면 생산과 분배에 대한 노동자 통제라는 실천적 문제가 자연스럽게 제기된다. [사회주의자 언론인] 애나 루이스 스트롱이 파업 직전에 낸 다음 논설은 총파업의 잠재력을 잘 보여 준다. "노동자들은 산업을 폐쇄하는 데 그치지 않고 공공의 보건과 안녕을 유지하는 데 필요한 활동을 적절한 노조의 관리하에서 재개할 것이다. 파업이 계속되면 노동자들은 공공의 불편을 줄이기 위해 점점 더 많은 활동을 재개해야 한다고 느낄 텐데, 자신들의 관리하에 그래야 한다고 여길 것이다."[42] 파업은 보수적인 노조 지도자들의 압력 속에서 6일 만에 끝났다. 그러나 이 파업은 누가 어떻게 사회를 운영할지의 문제를 초보적인 형태로 제기했다.

파업위원회와 노동자평의회 같은 노동자 대표들의 위원회는 노동자들에게 사회를 재구성할 잠재력이 있음을 입증해 왔다. 특히 노동자평의회는 여러 작업장의 대표로 구성된다는 점에서 파업위원회보다 더 민주적이고 대표성도 크다. 그러나 노동자가 주도하는 이런 기구가 잠재력을 꽃피우려면, 다시 말해 이 새로운 사회의 맹아가 대안적 통치 기구로 발전하려면 도시 노동자 다수를 포괄하는 전국 조직을 만드는 것에 그칠 것이 아니라, 마르크스와 엥겔스가 파리코뮌을 다루며 지적했듯이 기존 국가 구조를 뿌리 뽑아야 한다. 노동자평의회는 공동 투쟁을 위한 기구로 출발하지만 사회를 조직하는 새로운 방식의 기초가 될 수도 있다. 그러나 그러려면 이런 목표를 추구하는 혁명적 일부가 운동 내에서 조직돼 정치권력을 장악하기 위해 노력해야 한다. 이 점은 다음 장에서 자세히 다룰 것이다.

그 잘난 구세주 없어도

마르크스가 1871년에 작성한 국제노동자협회 규약은 다음과 같이 천명한다. "노동계급의 해방은 반드시 노동계급이 스스로 쟁취해야 한다."[43] 진보적 개혁가도, 영웅적 게릴라 부대도, 폭탄을 든 외로운 테러리스트도 노동계급을 해방하지 못한다. 노동계급의 투쟁을 바깥에서 지켜보거나 굽어보는 그 어느 당이나 집단도 노동계급을 해방하지 못한다. 국제 사회주의 운동의 노래인 〈인터내셔널가〉도 그런 사상을 거부한다.

어떠한 높으신 양반, 고귀한 이념도
허공에 매인 십자가도 우릴 구원 못 하네
우리 것을 되찾는 것은 강철 같은 우리 손[44]

유진 데브스는 곳곳에서 연설하며 남이 대신 싸워 주길 기다리지 말고 스스로 싸우라고 노동자들에게 촉구했다. "제가 여러분 대신 싸울 순 없습니다. 솔직히 할 수 있더라도 그러지 않을 것입니다. 제가 여러분을 대신해 뭔가를 성취하더라도 다른 누군가가 여러분을 대신해 그것을 망칠 수도 있기 때문입니다."[45]

"노동계급의 해방은 반드시 노동계급이 스스로 쟁취해야 한다"는 마르크스의 말은 당시의, 그리고 지금도 다양한 형태로 존재하는 여러 급진적·사회주의적 사상과 마르크스주의의 근본적 차이를 분명하게 보여 준다. 이런 사상들은 거칠게 말해 '대리주의'라는 범주로 묶을 수 있다. 마르크스주의 용어로 대리주의란 어떤 개인·집단·계급·당이 해방자를 자처하며 계급의 활동을 자신의 활동으로 대리하는 것, 노동계급과 차별받는 사람들의 대의와 이름을 내세워 대리자로서 행동하는 것을 말한다.

자본주의 초기에는 노동계급이 아직 형성되는 중이었고 집단적 투쟁으로 자신을 체계적으로 드러내지 않은 상황이었으므로, 역사적으로 대리주의가 나타날 수밖에 없었다. 예를 들어 노동자들이 새 세상의 창조자가 아니라 수혜자에 불과하다고 본 공상적 사회주의자들은 새로운 세상을 설계함으로써 노동자 자신의 투쟁을 대리했다.

마르크스와 엥겔스는 프랑스의 사회주의자 블랑키와 러시아 출신 아나키스트인 바쿠닌의 음모적 급진주의와도 대결했다. 엥겔스는 "잘 조직된 소수가 적절한 때에 혁명적 봉기를 일으키면 … 인민대중의 마음을 사로잡을 수 있다"고 주장한 블랑키주의를 비판했다. 엥겔스는 블랑키가 "모든 혁명을 소수 혁명가의 기습쯤으로 여긴다"고 비판했다.[46] 마르크스와 엥겔스는 "신실하고 강력한 동맹을 맺은 100명의 혁명가"로 구성된 비밀결사가 "대중이라는 폭풍 한가운데에서 보이지 않는 조종자로" 활동해 유럽 전역의 혁명을 지도할 수 있다는 바쿠닌의 엘리트주의적 관념도 거부했다(인용은 바쿠닌의 표현).[47] 이 혁명가들은 혁명을 실현할 실질적 조건을 살피고 끈기 있게 노력하는 대신 즉각 혁명을 일으키려는 조급한 열망으로 가득 차 있다고 엥겔스는 비판했다. "조바심을 설득력 있는 이론적 근거로 제시하다니 참으로 치기 어린 어리석음이로다" 하고 엥겔스는 한탄했다.[48] 마르크스와 엥겔스가 그 급진적 구상들에서 문제 삼은 것은 무엇보다도 굴레를 벗어던지기 위한 평범한 사람들의 자주적 활동을 소수의 행동으로 대리한다는 것이었다.

같은 이유로 트로츠키는 개인적 테러를 비판했다. 규모가 아무리 작더라도 파업, 점거, 거리 시위는 노동자의 자신감을 높이지만 개인적 폭력이나 테러는 정반대의 효과를 낸다. "본질적으로 테러 활동은 '거사 날'에 온 힘을 쏟고 개인의 영웅적 행동을 과대평가하며 결국 '완전히 은폐된' 계획을 요구하기 때문에, 대중을 선동하고 조직하는 활동을 논리적으로, 더 나아가 심리적으로 철저히 배격한다."[49] 트로츠키는 다음과 같이 썼다. "우리가 보기에 개인적 테러를 인정할 수 없는 이유는 테러가 대중으로 하여금 스스로의 의식을 과소평가하고, 자신의 무기력을 체념하고 받아들이며, 언젠가 위대한 복수자와 해방자가 나타나 과업을 완수하리라는 희망에 매달리게 한다는 것이다."[50]

다음 장에서 다루겠지만, 노동계급은 선거에서 사람을 잘 뽑아 공직에 앉히는 것만으로는 해방될 수 없다. 로자 룩셈부르크는 생애 마지막 연설에서 이를 분명하게 주장했다. "사회주의란 법령으로 시행되는 것이 아니며 그럴 수도 없습니다. 아무리 훌륭한 사회주의 정부라 해도 법으로 사회주의를 완성할 수는 없습니다. 대중이, 노동계급의 구성원 한 사람 한 사람이 사회주의를 완성해야 합니다. 자본주의의 사슬은 만들어지는 곳에서 끊어져야 합니다."[51]

노동자의 의식이 바뀔 수 있을까?

16세기 프랑스의 수필가 미셸 드 몽테뉴가 쓰기를, 1562년에 브라질 해안가에 살던 원주민 세 명이 샤를 9세가 통치하던 프랑스를 방문했을 때 "이 모든 것을 보니 소감이 어떠한가", "무엇이 가장 놀라웠는가" 하는 질문을 받았다고 한다. 그 원주민들의 사회는 계급이 나뉘어 있지 않았는데, "그들의 언어에는 모든 인간이 서로의 '반쪽'이라는 표현이 있"었다고 한다. 그래서 이 원주민들은 프랑스 사회가 굉장히 불평등한 "반쪽"들로 나뉘어 있다고 생각했다고 한다. "우리 프랑스인 중에는 갖가지 풍요를 누리며 배를 채우는 사람이 있는가 하면 그들의 집 앞에서 가난과 굶주림으로 삐쩍 마른 몸으로 구걸하는 '반쪽'도 있다는 것을 원주민들은 목격했다. 입에 근근이 풀칠만 하는 이 반쪽이 그런 불의를 감내하며 다른 반쪽의 멱살을 잡거나 집을 불태워 버리지 않는 것을 원주민들은 기이하게 여겼

다"고 몽테뉴는 썼다.[52]

이 원주민들이 21세기의 미국으로 건너온다고 상상해 보라. 아마 똑같은 물음을 품을 것이다. 그들은 상위 20퍼센트가 하위 20퍼센트보다 재산이 아홉 배나 많은 것을 보게 될 것이다. 그 엄청난 부는 압도 다수 사람들의 노동으로 만들어진 것인데 어째서 그들은 상위 1퍼센트 부자의 "멱살을 잡거나 집을 불태워 버리지 않는"가? 물론 역사 내내 피지배자들은 반란과 혁명을 일으켜 왔다. 그러나 피지배자들이 항상 반란을 일으키는 것은 아니다. 그랬다면 자본주의는 진즉에 타도됐을 것이다.

어째서 노동자들이 아직도 사회주의를 이룩하지 못했느냐는 물음에는 대개 굉장히 우울한 답이 돌아온다. 조지 오웰의 소설 《1984》에서 주인공이자 하급 공무원인 윈스턴은 모든 것을 감시하고 통제하는 '빅 브라더'의 독재에 짓눌려 살다가, 그 시스템을 타도하려면 오세아니아의* 노동계급인 '프롤'이 유일한 희망이라는 생각에 이른다. 윈스턴은 "말이 파리를 쫓듯이 프롤이 궐기해 몸을 한 번 털기만 하면 될 텐데" 하고 상상한다.[53] 그러나 윈스턴은 이것이 절대 불가능하다며 절망한다. 윈스턴은 노동계급 동네를 거닐다가 멀리서 나는 고함을 듣고 혹시 시위대가 아닐까 기대하지만 알고 보니 그것은 여자들이 냄비를 서로 사겠다고 싸우는 소리였다.

오웰은 프롤을 다음과 같이 묘사했다. "그들의 머릿속은 고된 육체노동, 가정사와 자식 걱정, 이웃과의 하잘것없는 다툼, 영화, 축구, 술, 특히 노름으로 가득 차 있다."[54] 윈스턴은 감시를 피해 쓴 비밀

---

* 오세아니아 《1984》에 등장하는 세계 속 세 초국가 중 하나.

일기에서 노동자 혁명이 불가능한 진퇴양난의 상황을 다음과 같이 서술한다. "의식화 없이는 반란이 없을 것이다. 그런데 그들이 반란을 일으키지 않으면 의식화도 불가능하다."[55] 그렇게 절망 속에서 허우적대는 하급 공무원도 빅 브라더가 문제라고 생각하는데 왜 '프롤'은 그러지 못할 거라고 여기는지는 의아한 일이다.

《1984》가 사실상 거의 모든 고등학교 교육과정에 포함된 것은 결코 우연이 아니다. 이 소설은 미국에 두루 퍼진 편견, 즉 노동자들은 분열돼 있고 우민정책의 포로이며 생각이 짧아 세상을 바꾸지 못한다는 편견을 강화해 준다. 이렇게 노동계급을 우스꽝스럽게 그리는 일은 매우 흔하다. 이것은 엘리트주의적 시각이며 특히 교육 수준이 높은 중간계급 전문직이 종종 내놓는 관점이다. 이들은 노동자를 깔보면서 '문화 수준'과 '지적 수준'이 높은 자신들은 속아 넘어가거나 현혹되지 않는다고 자부하지만 그런 오만불손한 사상은 아무 생각 없이 받아들인다.

진실은 노동자들이 자신이 사는 세상을 설명하는 온갖 사상을 받아들인다는 것이다. 어떤 사상은 현상 유지를, 어떤 사상은 현상 유지의 거부를 표현한다. 자본주의는 텔레비전·라디오·학교교육·신문·설교 등을 통해 이데올로기적으로 뒷받침된다. 가난·탐욕·인종차별·불평등·전쟁은 고정불변한 인간 본성의 산물이라든지, 노동자는 교육 수준이 낮고 아둔해서 사회를 운영할 수 없다든지, 세상은 날 때부터 엘리트인 사람들이 운영해야 한다든지, 혁명은 독재로 귀결된다든지 하는, 볼테르의 《캉디드》에 나오는 남작 집안의 신탁을 전하는 사제이자 가정교사인 팡글로스의 말처럼 지금이 "최선의 세상"이라는[56] 온갖 지배 이데올로기가 노동자들에게 권유된다.

지배 이데올로기는 그저 관성 때문에 먹히기도 하다. 인간의 사회관계는 일단 한 번 확립되면 보수성이 생긴다. 트로츠키는 다음과 같이 썼다. "사회제도는 마치 정비공이 필요에 따라 다른 공구를 쓰는 것처럼 필요에 따라 바뀌는 것이 아니다. 오히려 사회는 그것이 취하는 제도를 영원히 변치 않는 것으로 받아들인다."[57] 국가는 위협을 느끼면 언제든지 법으로 탄압하거나 필요하다면 무력까지 동원할 태세가 돼 있다. 그러나 대부분의 시기에는 무력을 동원하지 않아도 질서가 유지된다. 다수가 현상 유지를 수동적으로 인정하는 동안에는 무력이 필요하지 않다.

사회를 바꾸려면 노동자들은 차별받는 계급으로서 자신의 처지를 자각하고 하나의 계급으로 뭉쳐서 자신의 이익을 지키기 위해 싸워야 한다. 《1984》의 윈스턴은 그것이 불가능하다고 말하지만 역사는 그것이 가능함을 보여 준다. 의식이란 지배 집단이 마음대로 붙잡아 둘 수 있는 것이 아니다. 노동자는 자동인형처럼 아무 의심 없이 사회의 지배 이데올로기를 수용하지는 않는다. 그렇다면 근본적 변화는커녕 소규모 파업이나 집회도 벌어질 리가 없다. 노동자는 현상 유지를 뒷받침하는 '상식'을 받아들이지만 현상 유지에 대항하는 사상도 받아들인다. 이탈리아의 혁명가 안토니오 그람시가 말했듯이 노동자의 머릿속에는 모순되는 두 가지 의식이 들어 있다. "하나는 그의 행동에 함축된 의식으로서, 현실 세계를 바꾸는 실천 속에서 그와 동료 노동자들을 실제로 단결시키는 의식이며, 다른 하나는 말로 표현되고 표면적으로 드러나는 의식으로서, 과거부터 이어져 내려와 무비판적으로 흡수되는 의식이다."[58]

이런 모순은 자본주의가 노동자를 단결시키기도 하고 분열시키기도 하는 현실, 다시 말해 수많은 노동자를 한곳으로 모으면서도 서로 경쟁을 붙이는 현실을 반영한다. 마르크스와 엥겔스가 썼듯이 "경쟁은 개인을 고립시키는데, 자본가계급을 상호 고립시킴은 물론이거니와 자본가계급 때문에 한곳으로 모인 더 많은 노동자들도 고립시킨다. 그래서 이 개인들이 단결하기까지는 오랜 시간이 걸린다. … 그렇지 않기를 바라는 것은 이 특정한 역사적 시기에 경쟁이 존재해서는 안 된다고 기대하거나, 고립된 처지의 개인이 마음대로 할 수 없는 개인들의 관계가 그의 머릿속에서 사라지기를 기대하는 것과 별반 다를 바 없다."[59]

노동자들은 반격해야 하는 상황으로 떠밀리곤 한다. 노동자들은 임금 삭감이나 복지 삭감을 막기 위해, 노동 악법에 맞서기 위해, (미등록 이주 노동자의 경우) 합법화를 위해 싸워야 한다. 미국의 사회주의자 핼 드레이퍼가 마르크스의 사상을 다룬 빼어난 저작에서 썼듯이 "뉴턴의 법칙을 믿어야만 비행기에서 뛰어내릴 수 있는 것이 아니듯이 계급투쟁의 존재를 '믿어야'만 계급투쟁을 할 수 있는 것이 아니다. … 노동계급이 계급투쟁으로 끌리는 이유는 자본주의가 사회적·경제적 필요와 기대를 충족하지 못하기 때문이지 마르크스주의자에게 계급투쟁을 배우기 때문이 아니다."[60]

노동자들은 투쟁을 하는 과정에서 지배 사상과 자신의 경험이 너무 다른 것을 느끼며 지배 사상을 거부하기에 이른다. 지배 사상은 그렇게 무너지기 시작한다. 큰 투쟁이 벌어지면 그 속도가 아주 빠를 수도 있다. 레닌이 썼듯이 "파업은 노동자들이 자본가는 물론 정부와 법의 본질이 무엇인지에 눈뜨게 한다."[61] 중요한 것은 노동자들이 행동을 결의하는 것이다. 일단 행동에 나서면 노동자들은 경험을 통해 현실에 눈뜨고, 그러면서 싸울 자신감을 더 얻는다. 파업하는 노동자들은 경찰과 사법기관이 노동자 편이 아니라 자본가 편이라는 것을 금세 배운다. 또 언론이 자본가를 옹호하면서 노동자의 이익은 부정적으로 조명한다는 것도 금방 알게 된다. 한 투쟁은 다른 노동자에게 투쟁할 용기를 주고 다른 투쟁의 디딤돌이 된다.

의식을 바꾸는 것은 고통의 경험 그 자체가 아니라 고통과 착취에 맞서는 투쟁이다. 고립돼 있거나 패배한 노동자들은 고통과 불만의 책임을 서로에게 떠넘기거나 누군가를 속죄양 삼기 쉽다. 그러나 노동자들은 투쟁을 경험하며 연대를 배우고 지배계급이 노동자들 사이에서 의도적으로 부추긴 인종, 성, 성적 지향, 언어, 민족 등에 따른 분열을 의심하게 된다. 그리고 자본가나 국가의 이간질에 넘어가면 약해지고, 단결하면 강해진다는 것도 배우게 된다. 또, 노동계급이나 차별받는 사람 중의 어느 일부라도 처지가 나빠지면 사용자들이 노동자 전체의 처지를 끌어내리기가 더 쉬워진다는 것도 알게 된다.

단지 교육만으로, 더 정확히 말해 사회주의의 장점을 선전하는 것만으로는 사회주의를 실현할 수 없다. 사회주의자들이 아무리 많은 선전물을 쏟아낸다 해도 모든 사람에게 사회주의를 설득하기에는 불충분할 것이다. 당연히 그것이 가능하다면 좋을 것이다. 그저 왜 사회를 합리적으로 재조직해야 하는지 설명하는 편지를(또는 이메일을) 여기저기 보내다 보면 언젠가는 모든 사람을 설복할 수 있을 테니 말이다. 압도 다수의 사람들이 소수인 착취자들에게 "당신들의 시대는 끝났다"고 말하면 혁명을 안 일으켜도 될 것이다. 안타깝지만 사회는 그런 식으로 바뀌지 않는다. 무엇보다도, 자본가계급이 대중매체를 장악하고 있고 그래서 언제나 더 많은 사람에게 영향을 끼치기 때문이다.

사실, 투쟁이야말로 가장 중요한 교육이다. 레닌은 다음과 같이 썼다.

> 자본가 지배층과 그들의 말을 되풀이할 뿐인 사회 개혁가들은 '대중교육'을 논할 때, 대개 선생 노릇이나 현학적인 것을 생각한다. …
> 대중의 진정한 교육은 대중의 자주적인 정치투쟁, 특히 혁명적 투쟁을 빼놓고 논할 수 없다. 오로지 투쟁만이 피착취 계급을 교육한다. 투쟁만이 대중으로 하여금 자기 힘의 크기를 가늠하게 하고, 대중의 시야를 넓히며, 능력을 키우고, 사고를 명료히 하며, 의지를 다진다.[62]

이런 정신에 입각해 마르크스는 "실제 운동의 한 걸음 한 걸음이 강령 한 다발보다 더 중요하다"고 했다.[63] 의식 변화에서 투쟁이 이토록 중요하기 때문에 투쟁이 거의 없는 비교적 잠잠한 시기에는 근본적 변혁의 가능성이 희박해 보인다. 그러나 그럴 때도 관성의 이면에서 낱낱의 작은 변화가 진행되며 서서히 마른 장작은 불똥 하나만 튀어도 불이 확 붙는 상태가 된다. 사실 사회적 격변은 어느 정도는 정신의 자연스러운 보수성 때문에, 즉 사람들이 이미 현실과 맞지 않게 된 낡은 사상에 한참 동안 매달리기 때문에 나타나기도 한다. 몸소 러시아 혁명에 뛰어든 트로츠키가 결론지었듯이 "혁명의 시기에 대중의 관점과 정서가 순식간에 바뀌는 것은 … 인간 정신의 유연성, 유동성 때문이 아니라 오히려 지독한 보수성 때문이다. 새로운 객관적 조건이 재난의 모습으로 사람들을 덮칠 때까지도 사상과 사회관계는 객관적 조건에 비해 만성적으로 뒤처지지만, 혁명기에는 바로 이런 이유 때문에 사상과 열정이 도약한다. 경찰의 눈에는 이것이 그저 '전문 시위꾼'의 작품으로 보이겠지만 말이다."[64]

1979년 3월 이란의 샤 정권이 붕괴된 후 열린 쇼라(이란의 노동자 평의회) 연합의 창립 회의에서 발표된 성명서는 혁명기에 노동계급의 의식이 어떻게 높아지고 어떤 과정을 거쳐 노동계급이 자연스럽게 모든 차별받는 사람들의 지도자가 되는지를 보여 준다. 성명서는 서두에서 다음과 같이 밝힌다. "우리 이란 노동자들은 파업과 연좌 농성과 시위로 샤를 타도했다." 이란 노동자들은 "탄압과 착취가 없는 나라를 만들기 위해" 굶주림과 죽음을 무릅썼다. "우리가 혁명을 일으킨 것은 실업과 노숙 생활을 끝장내고, 친親사바크[샤의 비밀 경찰 — 지은이] 조합을 개별 공장의 노동자들이 경제적·정치적 요구를 위해 자주적으로 조직한 쇼라로 갈아 치우기 위함이다." 이 성명의 요구안에는 무상 의료, 주거 보조금 지급, 파업에 대한 무력 개입 중단, 직장 내 무상 탁아소 설치 등이 있었다.[65]

1934년 [미국] 미니애폴리스 트럭 기사 파업을 이끈 패럴 돕스는 노동자에게 투쟁할 능력이 없다고 말하는 비관론자들에게 다음과 같이 응수했다(그는 노동자이자 트로츠키주의자였으며 미니애폴리스 트럭 기사 파업은 당시의 주요 파업이었고 기층 노동자들이 주도했다).

> 당시 거드름쟁이들은 노동계급의 '수동성'을 절대적 진리인 양 들먹였지만, 그들은 노동자들이 고분고분하게 구는 당시의 상황이 상대적이라는 것을 전혀 이해하지 못했다. 그럭저럭 일상생활을 이어 가고 삶이

> 천천히 나아지리라 기대하는 시기에는 노동자들이 잘 급진화하지 않는다. 그러나 노동자에게 판이 불리해지고 미래가 불안정해지면 상황은 달라진다. 노동자의 태도는 변하기 시작하지만 그것이 언제나 수면 위로 즉시 드러나는 것은 아니다. 불만이라는 땔감이 점점 쌓여 간다. 그러다 작은 불똥이라도 튀면 불이 붙고 일단 한번 붙은 불은 삽시간에 번진다.[66]

우리는 모두 중산층?

미국에선 흔히 마르크스주의적 계급 개념이 받아들여지지 않는다. 교과서에는 계급과 부의 극단적인 불평등을 흐리고 감추려고 일부러 모호한 단어가 쓰인다. '노동자', '노동계급' 같은 단어보다는 '국민', '평균적 국민', '중산층' 같은 단어가 훨씬 일반적이다. 역사가 제임스 윌리엄 로웬은 미국의 고등학교 교과서 12종을 조사하고 다음과 같은 사실을 알아냈다.

> 전체 교과서 중 6종에서는 '사회 계급', '사회 계층화', '계급 구조', '소득 분배', '불평등' 등의 색인 목록이나 이와 관련된 주제를 전혀 찾을 수 없었다. '상류층', '노동계급', '하류층'을 언급하는 교과서는 단 하나도 없었다. '중산층'을 언급하는 교과서는 2종 있었지만 그저 미국이 중산층 사회라는 점을 학생들에게 납득시키려는 의도에서였다. … 중산층을 언급하는 것은 사회 계층화를 논하는 것과 거리가 멀다. 사실, 그레고리 맨치오스가 지적했듯이 "그런 용어는 바로 계급적 차이를 흐리기 때문에 용인되는 것으로 보인다."[67]

'중산층'은 극도로 가난하거나 부유하지 않은 이들을 손쉽게 뭉뚱그리는 표현이다. 1999년에 출간된 《다가오는 미국의 계급 전쟁》이라는 제목의 책은 미국의 중산층이 전체 인구의 60퍼센트라고 주장하는데 이것은 그 위 20퍼센트와 그 아래의 20퍼센트를 제외한 나머지 인구를 싸잡아 '중산층' 딱지를 붙이는 편리한 속임수일 뿐이다.[68] 사회를 나누는 또 다른 손쉬운 방법은 국민을 소득수준에 따라 여섯 단계로 구분한 다음 최하위, 하위, 중하위, 중위, 중상위, 최상위라는 여섯 가지 계층이 있다고 주장하는 것이다. 그 외에도 사회를 제멋대로 나누는 방식은 무궁무진하게 많겠지만 그런 구분법들은 겉모습을 묘사하는 수준을 넘어서지 않기 때문에 그다지 도움이 되지 않을 것이다.

어떤 사람의 소득만 봐서는 그가 경제체제에서 차지하는 위치, 예컨대 그 돈을 벌기 위해 노동해야 하는지 아닌지를 알 수 없다. '가진 자' 대 '없는 자', '부자' 대 '빈자', 1퍼센트 대 99퍼센트라는 표현은 진일보이긴 하지만 여전히 묘사적인 수단일 뿐이어서 왜 누구는 가진 자이고 누구는 없는 자인지를 설명하지 못한다.

소득수준으로 계급을 구분하다 보면 잘못된 길로 빠지기 쉽다. 예를 들어 직원 10명을 고용한 소기업 자본가는 건설 회사에 다니는 숙련된 목수보다 연 수입이 적을 수도 있다. 소득으로 계급을 구분한다면 숙련된 목수는 소기업 자본가보다 더 '높은' 계급일 텐데, 그럼으로써 목수는 건설 회사 사장의 이윤을 위해 착취당한다는 사실과 소기업 자본가는 피라미 수준이어도 착취자라는 사실이 가려진다.

계급은 해당 사회에서 사람들이 생산과정과 맺는 관계로 규정된다. 특히 잉여의 생산과 지배가 핵심이다. 그렇기 때문에 [종합 정비 회사] 파이어스톤에서 일하는 숙련된 자동차 정비사는 딸기 농장에서 일하는 인부보다 훨씬 많은 돈을 벌지 모르지만, 둘 다 자본가를 위해 잉여노동을 수행한다는 점에서 노동계급이다. 계급을 이렇게 정의하고 보면 노동계급은 이 사회의 다수를 이룬다. 미국의 지배계급은 "5만 7000명을 수용하는 양키스타디움의 객석에 여유 있게 앉힐 수 있는 규모다."[69] 중간계급은 임금노동자도 자본가도 아닌, 둘 사이의 어딘가에 있는 사람들을 말한다. 중간계급을 관리직과 감독관, 고소득 전문직, 영세 상공인, 농부로 엄밀하게 한정한다면 중간계급은 많아야 노동인구의 25퍼센트만을 차지할 뿐이다.[70]

노동과 자본 사이

자본주의에는 노동계급과 자본가계급만 있는 것이 아니다. 우선 만성적 빈곤에 시달리는 사람들이 있다. 사회의 최빈곤층인 이들은 안정적인 일자리를 찾지 못하거나 일자리를 아예 구하지 못해 노점을 하거나 사소한 생계형 범죄에 손을 대기도 한다. 한편 자본과 노동 사이에는 전문직, 관리자, 영세 상공인으로 이뤄진 중간계급, 또는 프티부르주아라고도 불리는 이들이 있다. 중간계급의 최상층은 생활양식이나 세계관을 자본가계급과 공유하는 경우가 많다. 중간계급의 최하층은 벌이나 업무 조건을 볼 때 노동계급과 공통점이 더 많다. 전체로 볼 때 중간계급은 양대 계급 사이를 왔다 갔다 한다. 엄밀하게 말해 중간계급은 노동자나 사용자에 관해 말할 때와 같은 의미에서 계급이라고 할 수 없다. 중간계급의 처지는 아주 불균등하다. 느슨하게 말하면, 소규모 착취자이거나, 타인의 노동을 통제하거나, 전문 기술이나 교육 덕분에 거액의 보수를 받는 사람은 모두 중간계급이다.

상점 주인은 소규모 사업가로서 자본가에게 동조하는 경향이 있지만 이익을 내려면 장시간 일해야 한다는 면에선 임금노동자와 공통점이 있다. 노동계급의 계급적 관점이 집단주의적이라면 중간계급의 계급적 관점은 개인주의적이다. 이런 처지 때문에 중간계급은 집단적 이익과 행동보다는 개인의 의지와 능력으로 출세하는 것에 이끌린다. 개인의 능력을 중시하게 되는 물질적 처지에 있는 영세 상공인만 그런 것이 아니라 학자·예술가·작가·의사·변호사 등 전문직과 '지식인'도 그렇다. 그들이 경험하는 교육과 삶 전반이 개인주의를 강화한다. 바로 이런 개인주의적 태도 때문에 중간계급은 자본주의에 얽매여 있다.

트로츠키는 다음과 같이 썼다. "문필가는 자명종이 울려도 일어나지 않아도 되고, 의사는 등 뒤에서 감시하는 관리자가 없으며, 변호사는 소지품 검사를 받지 않고 법원을 나올 수 있다. 그 대가로 노동력을 팔아 근육의 피로를 감내해야 할 뿐 아니라 인격을 통째로 팔아 넘겨야 하는데, 이들은 두려움이 아닌 사명감에서 그렇게 한다. 그 결과 이들은 작업복으로 입는 프록코트[무릎까지 오는 정장 외투]가 품질 좋은 죄수복에 불과하다는 사실을 보지 못하고 보려 하지도 않는다."[71]

개인주의 이데올로기는 교사나 공무원 같은 일부 사무직 노동자들에게도 장려돼 그들이 스스로를 노동자가 아닌 '전문가'로 여기도록 부추긴다. 그러나 이 노동자들은 노동조건과 생활수준을 지키려면 다른 노동자들처럼 조직하고 파업하고 투쟁해야 함을 배우게 된다. 그래서 그들의 경험은 '전문성' 신화나 개인주의와 어긋나는 경향을 띤다.

교육 수준이 높은 학자들은 노동자들이 너무 "잘살아서" 진정한 변화를 원치 않는다는 생각에 빠져 있지만 그런 평가는 그들 자신의 계급적 처지에나 더 잘 들어맞는다는 사실을 간과한다. 개인의 신성함을 아무리 선전해도 노동계급의 계급적 경험은 그와 다르다. 트로츠키는 [지식인과 노동자를] 대조하며 다음과 같이 말했다. "소속 계급에서 벗어날 가망이 없는 노동자는 노동계급 전체의 일원으로서 계급과 함께 사회주의에 도달한다. 그뿐 아니라 노동자는 노동계급 대중과 도덕적 일체감을 느끼는 것에 기뻐하며 그러면서 더 강해지고 용기를 얻는다."[72]

중간계급도 급진적 운동을 벌일 수 있지만, 그 운동은 어떤 형태로 일어나든 계급투쟁을 거부하며 그 대신에 도덕적 의무를 근거로 인류 일반의 발전에 헌신하라고 주장하는 경향을 보이고, 그 결과 흔히 도덕적 설교로 빠진다. 마르크스가 살던 당시 독일 중간계급의 '진정사회주의자들'은 프랑스에서 벌어지던 계급투쟁을 거부하면서 자신들이 "'프랑스적 일면성'을 극복했다고 여겼다." 마르크스와 엥겔스는 '진정사회주의자들'의 이빨 빠진 사회주의를 다음과 같이 평가했다. "이들은 진실로 필요한 것이 아니라 진리가 요구하는 바를 주장하고, 노동계급의 이익이 아니라 모든 인간존재 내지 인류의 이익을 주장했는데 이들이 말하는 인류란 어느 계급에도 속하지 않고 현실에 존재하지 않으며 신비로운 철학적 판타지에서만 존재하는 것이었다."[73] 핼 드레이퍼는 엥겔스를 인용하며 중간계급이 어중간한 처지에 있는 계급으로서 "자본가계급이나 노동계급 사이에 있는, 경계가 모호한 계급"이고 "중간계급 안에서는 양대 계급의 이해관계가 동시에 상호 중화된다"고 했다. "그 결과 중간계급은 자신이 '계급 적대를 대체로 초월해 있다고 착각한다.'"[74]

중간계급은 자본주의의 문제점에 대한 독자적 해결책을 제시할 능력이 없다. 사회주의를 위한 전투에서 중간계급은 보조적 구실을 할 뿐이다. 위기가 깊은 시기에는 중간계급도 투쟁에 이끌릴 수 있다. 때로는 분노와 절망 때문에 우경화하는 중간계급이 있다. 1930년대 독일에서 그랬고 오늘날 유럽에서도 중간계급 일부가 극우파로 기운다. 그리스에서는 유럽연합EU이 그리스 정부한테 빚을 갚으라며 긴축을 강요한 결과 복지 지출과 연금이 크게 삭감되고 실업률이 25퍼센트에 이르렀다. 한편으로는 좌파 연합 정당 시리자가 성장하고(2012년 총선에서 시리자는 긴축정책 반대를 내걸고 근소한 차이로 2등을 했다) 다른 한편으로는 노골적 파시즘 정당인 황금새벽당이 성장했다.* 물론 중간계급은 좌경화할 수도 있다. 예컨대 2001년 아르헨티나에서는 여러 중간계급 집단이 노동자·실업자와 함께 정부를 타도했다. 그러나 중간계급은 쉽게 끓었다가도 쉽게 식는 성질이 더 크고 투쟁을 더 일찍 포기하는 축이기도 하다. 노동계급은 중간계급 일부와 합심해 정부를 끌어내릴 수 있다. 그러나 노동계급의 주도력이 발휘돼야만 투쟁이 새로운 사회 건설로 나아갈 수 있다.

---

* 시리자는 2015년 1월 총선에서 승리해 정권을 잡았지만 반년 만에 유럽연합의 긴축 강요에 굴복했다. 4년 뒤인 2019년에 열린 총선에서는 패배해 중도 우파 정당인 신민당에 정권을 내줬다.

노동자들이 투쟁을 이끌어야 하는 이유

노동자들이 집중된 힘을 동원해 억압적이고 미움받는 정권을 무너뜨린 적은 많았다. 인종 분리와 백인 우월주의로 대표되는 남아공의 아파르트헤이트 체제가 무너지는 데선 흑인 노동자의 막강한 힘이 중요한 구실을 했다. 이란 석유 노동자들의 파업은 1979년 샤 정권이 몰락하는 데서 핵심이었다. 볼리비아에서 신자유주의를 밀어붙이며 미움을 산 대통령 곤살로 산체스 데로사다를 2003년에 퇴진시키는 데서는 광원 노동자들이 중요한 구실을 했다. 이집트에서는 2011년 2월에 노동자들이 투쟁에 합류하면서부터 판세가 무바라크 정권에 급속히 불리해졌다. 그러나 이 모든 사례에서 승리의 터전을 일군 것은 노동자였지만 다른 세력이 승리의 결실을 챙겼고 변화의 폭을 제한하는 데 성공했다. 이런 투쟁에서는 대개 다양한 사회 세력과 계급 세력이 결집했으며 이들에겐 공동의 적은 있었지만 공동의 전망은 없었다.

남아공에서는 아프리카민족회의ANC의* 지도하에서 무장투쟁, 대중 시위, 파업이 결합된 끝에 아파르트헤이트 체제가 무너졌다. 아프리카민족회의가 1955년에 발표한 자유헌장은 "남아공은 이 나라의 모든 국민, 흑인과 백인 모두의 것이다" 하고 선언했다. 그러나 아프리카민족회의는 민주적 기본권 성취라는 목표를 넘어설 태세는 아니었다. 자유헌장의 목표는 사회주의가 아니라 "노동자, 농민, 전문

---

* 아프리카민족회의(ANC) 남아공에서 반(反)아파르트헤이트 투쟁을 주도한 정당으로, 아파르트헤이트가 붕괴한 1994년부터 현재까지 집권하고 있다.

직, 프티부르주아를 불문하고 이 나라 모든 국민에게 … 권력을 이양하는 것"이라고 아프리카민족회의의 지도자 넬슨 만델라는 못박았다. 아프리카민족회의는 자본주의적 관점에 서서 아파르트헤이트의 종식과 함께 "부유한 비유럽계 자본가계급이 성장할 새로운 기회를 열고" 싶어 했나.[76] 아프리카민족회의가 남아공 자본주의를 지속하려 전념한 결과 애초에 흑인 대중이 반란에 나선 이유, 즉 주택과 기본적 복지의 부족, 실업, 토지문제, 다국적기업의 극심한 착취 등은 흑인이 정부 인사의 다수를 차지한 오늘까지도 계속되고 있다.

남아공 최초의 흑인 대통령이 된 만델라는 선출 두 달 남짓 후 안정적 일자리, 누구나 이용할 수 있는 의료 복지, 저렴한 교육비를 위해 정부가 힘쓰겠다고 역설했다고 [남아공의 사회학자] 애쉬윈 데사이는 서술한다. 10년 후 아프리카민족회의의 충직한 당원이자 대통령인 타보 음베키의 어조는 사뭇 달랐다. 음베키는 자유 시장적 규제완화와 "재정 책임"을 강조하는 정책을 밀어붙였다. 약칭 기어GEAR로 불리는 이 새로운 정책은 "국내 구조조정 프로그램으로 기능했다. 시장을 개방하고, 부자의 세금을 감면하고, 국가의 자산을 사유화하고, 복지를 상품화하고, 사회 지출을 삭감했다." 세계은행 남아공 지부의 대표였던 패멀라 콕스가 "남아공에서 탄탄한 발판을 마련하기 위해 [아프리카민족회의가 — 지은이] 벌인 일은 기적에 가까웠다"고 감탄한 것이 전혀 이상하지 않은 일이었다.[76]

노동자는 더 좋은 사회를 위해 투쟁을 더 전진시키는 것이 이익이지만 중간계급 세력은 노동자를 착취하는 경제체제를 건드리지 않는 제한된 개혁으로 투쟁을 한정하려 한다. 노동자들이 그저 보조적 구실에 그치지 않으려면, 다시 말해 노동자들이 투쟁의 손발이 돼 주고 정작 성과는 다른 계급이 거둬 가는 일이 벌어지지 않으려면, 노동자들이 정치적으로 하나의 계급으로 조직돼 독자적 계급으로서 목소리를 낼 수 있어야 한다. 그러면서도 노동자들은 사회의 착취받고 차별받는 사람 모두를 이끌 사회적·정치적 강령을 제시할 수 있어야 한다.

1905년 혁명이 분출한 지 몇 달 후에 레닌은 다음과 같이 경고했다. "노동계급이 자본가계급의 조력자 구실, 다시 말해 절대군주제에 맞서 강력한 공세를 퍼붓지만 정치적으로는 무능한 조력자 구실을 맡는지, 아니면 민중 혁명의 지도자 구실을 맡는지에 혁명의 결과가 달려 있다."[77] 봉건적 절대군주는 사라진 지 오래지만 레닌이 제시한 이 원리는 오늘날 압제에 맞선 투쟁에도 잘 적용된다. 민족해방운동, 반독재 투쟁, 그 밖에 현 체제의 문제에 맞서 이질적 계급들을 결집하는 온갖 투쟁에서 노동계급은 "조력자"가 될 것인가 지도자가 될 것인가? 투쟁을 제한된 개혁에서 멈출 것인가, 아니면 완전한 해방으로 이끌 것인가?

자본주의의 틀 안에서 가능한 것으로만 요구를 한정하고 싶어 하는 리버럴과 개혁주의자는 이 물음을 거꾸로 뒤집어서 노동자의 이익은 협소한 경제적 이익에 그치지만 운동은 광범해야 하고 모든 사회 '부문'의 이익을 포괄해야 한다고 주장한다. 물론 특정한 공동의 목표를 위해 광범한 세력이 단결하자는 주장은 문제가 없다. 문제는 온건한 세력이 광범한 단결이라는 미명하에 어느 누구도 투쟁을 더 진전시키지 못하게 막는 것이다. 광범한 운동이라는 미명하에 운동의 목표는 협소해지며 운동의 진전은 차단되고 결국 운동은 내버려진다.

반면 혁명가는 임금 인상이나 노동조건 개선을 요구하는 투쟁은 물론, 인종차별이나 여성 차별 같은 온갖 형태의 차별과 압제에 맞선 투쟁에도 앞장서는 노동자 운동을 건설하기 위해 항상 애쓴다. 사회주의자들이 말하는 노동자 권력은 그저 적재적소에서 파업을 벌여 타격을 가하는 것만을 뜻하지 않는다(즉, 생산과정에서 노동자가 차지하는 사회적 비중만을 논하는 것이 아니다). 노동자 권력이란 착취받고 차별받는 모든 사람들의 투쟁에서 노동계급이 독립적이고 지도적인 구실을 맡아 그런 투쟁들을 체제 전체에 맞선 하나의 구심으로 모아야 한다는 뜻이기도 하다. 노동계급은 자기 처지를 개선하는 경제적 요구에만 머물지 말고 소수 착취자와 체제 옹호자를 제외한 사회 전체를 완전한 인류 해방의 길로 이끌 수 있는 유일한 계급이 자신임을 스스로 입증해야 한다.

사회주의는 계급투쟁에서 저절로 생겨나지 않는다. 노동자는 혁명에서 중요한 구실을 할 수 있지만 정치조직이 없으면 노동자의 이해관계는 뒷전으로 밀린다. 노동자가 독자적 목표를 위해 독립적으로 싸우는 세력으로 조직되지 않으면 투쟁은 어느 정도에서 멈추고 말 것이다. 혁명에서 중요한 구실을 하려면 노동자는 하나의 계급으로 뭉쳐야 한다. 즉, 독자적 정당을 이뤄야 하고 그렇게 일치단결한 힘을 착취받고 차별받는 모든 사람의 이익을 위해 써야 한다.

이것이 1848년에 유럽을 휩쓴 혁명에서 마르크스가 배운 교훈이다. "혁명적 노동계급의 이익에 맞게 사회 전체를 변혁하는 것에 전혀 관심이 없는 민주적 프티부르주아지는 딱 자기 처지가 견딜 만하고 편안해질 만큼만 기존 사회의 조건을 바꾸고 싶어 한다"고 마르크스는 썼다. 따라서 노동계급은 독자적 정당을 조직해야 하며, 그 정당은 절대군주제에 맞서 민주적 프티부르주아지와 함께 행진하면서도 프티부르주아지가 "자신들의 이익을 위해 입지를 굳히고자 벌이는 모든 일에 반대할" 것이다.[78]

마르크스와 엥겔스는 다음과 같이 결론짓는다.

> 우리의 관심사와 임무는 혁명을 연속적으로 밀어붙여서 크든 작든 모든 유산계급을 지배자 자리에서 강제로 끌어내리고, 노동계급이 국가권력을 장악하고, 한 나라가 아니라 세계의 모든 주요 나라에서 노동계급의 연합이 발전해서 이들 나라에서 노동계급들의 경쟁을 멈추고, 적어도 결정적으로 중요한 생산력만큼은 노동계급의 손에 집중시키는 것이다. 우리의 관심사는 사유재산의 개조가 아니라 사유재산의 폐지이며, 계급 적대 무마가 아니라 계급 폐지이고, 기존 사회를 개선하는 것이 아니라 새로운 사회를 건설하는 것이다.[79]

7장

민주주의, 개혁, 혁명

앞서 만인에 대한 만인의 투쟁을 막는 것이 국가의 목적이라는 홉스의 사상을 언급했다. 현대 자유민주주의 이론에 더 부합하는 '연성 홉스주의' 국가관에 따르면 국가의 구실은 기업·노동자·여성·소수자·이민자·농민·소비자 등 상충하는 다양한 이익집단을 조화시키는 것이다. 다원주의라고도 하는 이런 관점으로 보면 국가는 다양한 이익집단을 조화시켜 "국민을 이루고 있는 능동적이고 합법적인 모든 집단이 의사 결정의 주요 단계에 영향을 미칠 수 있도록 하는" 기능을 한다.[1] 이렇게 보면 국가는 사회를 초월한 위치에서 경쟁하는 이익집단을 중재하는 중립적인 기구다. 교과서에서는 정부가 이런 공정함을 보장하는 "견제와 균형"의 체계를 두고 있다고 설명한다.

그러나 이런 관점이 현실에 부합할까? 현실이 그렇게 돌아가려면 다양한 집단의 힘이 비슷해야 할 것이다. 그러나 힘에 대한 이런 묘사는 자본주의 사회에서 어떤 이익집단이 다른 집단보다 더 큰 '정통성'을 누린다는 사실을 가린다. 다원주의는 사회가 근본적으로 계급에 따라 나뉘어 있으며 정치권력의 기반이 지역이나 영토가 아닌 경제에 있음을 은폐한다. 18세를 넘으면 거의 누구나 투표할 수 있다고 해서 모두 동등한 영향력과 권력을 누리는 건 아니다. 영국의 사회주의자이자 기자인 고故 폴 풋은 다음과 같이 썼다. "1인 1표는 민주주의의 알파요 오메가인 듯 보인다. 그런데 누구는 신문사 여섯 곳, 방송사 두 곳, 공장 여섯 채를 소유하는 반면 누구는 일주일에 20파운드[현재 가치로 약 50만 원]를 벌어서 집세로 7파운드, 가족 부양에 13파운드를 쓴다. 이 둘은 각자 한 표씩 행사한다. 그러나 과연 이 사회에서 둘의 목소리가 똑같이 대표될까?"[2]

미국에서는 부가 사회 최상층에 몰려 있다. 2010년에 미국의 상위 1퍼센트 가구가 보유한 부는 하위 80퍼센트 가구보다 3배 많고, 주택을 제외한 금융자산은 9.5배 많다. 하위 40퍼센트의 부는 나라 전체 부의 고작 0.3퍼센트다. "상위 0.1퍼센트, 즉 1퍼센트 중에서도 [상위] 10분의 1은 하위 [40퍼센트, 즉] 1억 2000만 명보다 세전 수입이 많았다."[3] '포브스 400'* 명단에 오른, 미국의 제일가는 부자들은 각자 순자산이 11억 달러 이상이다. 2011년에 이들의 부가 2000억 달러 증가하는 동안 중위소득은 4퍼센트 하락했다.[4] 한쪽으로는 막대한 부를, 다른 한쪽으로는 빈곤과 저임금을 집중시키는 데 기반을 둔 사회에서는 억만장자 한 명이 노동자 백만 명보다 입김이 세다. 경제 서열이 정치 서열을 결정한다.

마르크스는 다원주의보다 훨씬 더 정확한 국가론을 제시하며 "현대의 국가권력 기구는 전체 부르주아지의 공통 사안을 다루는 위원회에 불과하다"고 《공산당 선언》에서 주장했다.[5] 이는 국가가 자본가 개개인의 이해관계를 직접 대표한다는 뜻이 아니다. 국가는 때때로 어떤 기업들을 위해 다른 기업의 이익을 희생시키기도 한다. 그러나

---

* 포브스 400 미국 경제 매체 〈포브스〉가 매년 발표하는 미국의 400대 부자 명단.

전체로 봐서 국가는 가장 부유한 계급의 "공통 사안"을 담당한다.

그래서 정부에 '선을 대는' 다양한 집단 중에서도 영향력이 가장 큰 쪽은 가장 부유한 자들이다. 여기서 부유한 자들이란 단지 부유한 개인만이 아니라 미국 경제를 주무르는 금융 복합체, 투자회사, 대기업 같은 거대 조직들을 포함한다. 사회주의자 폴 라파르그는 다음과 같이 썼다. "의회제(미국에서는 대의 민주주의)는 실제로는 권력이 자본가계급의 손에 집중돼 있는데도 보통 사람들이 마치 자기 힘으로 국가의 힘을 지배하는 듯한 환상을 느끼게 만드는 통치 제도다."[6]

자본가계급은 다양한 방법으로 국가기구에 지배력을 행사한다. 무엇보다 사회가 시장 원리에 맞춰져 있기 때문에 정치인은 가장 비싼 값을 부르는 쪽으로 팔려 간다. 그래서 국제적 권력 농단의 수도 워싱턴에는 수십억 달러 규모의 기업 로비 산업이 있다. 2011년에 기업을 비롯한 단체들이 로비에 들인 돈은 33억 3000만 달러에 이른다(이중 5000만 달러, 즉 1.5퍼센트는 노동조합에서 나왔다).[7] 둘째로 이 체제는 막대한 자금이 없으면 지방선거에 출마하는 것조차 불가능하게 돼 있다. 대선으로 가면 진입 장벽은 천문학적으로 높아진다. 2012년 대선의 양대 후보인 밋 롬니와 당선자 버락 오바마는 각자 선거운동에서 10억 달러 이상을 썼다. 이는 2000년의 5억 달러, 1976년의 1억 7100만 달러를 훌쩍 뛰어넘는 수치다.[8]

악명 높은 회전문 인사는 지배계급의 정치권력과 경제 권력을 매끄럽게 연결하는 구실을 한다(회전문 인사란 기업의 수장이나 로비스트가 의회나 공직에 진출하거나, 역으로 공직자나 정치인이 정무적 '능력'으로 돈을 긁어모으기 위해 기업이나 로비 업계로 진출하는 것을 말한다). 오픈시크리츠opensecrets.org는 골드만삭스와 공직 사이를 오간 골드만삭스 관련자 36명을 찾아냈는데, 그중에는 골드만삭스의 최고경영자였다가 부시 정부의 재무 장관을 지낸 헨리 폴슨, 골드만삭스의 공동 회장이었다가 클린턴 정부의 재무 장관을 지낸 로버트 루빈도 있었다.[9] 기업을 규제한다는 기구에서조차 회전문 인사가 나타난다. 페스티사이드액션네트워크에 따르면 "농화학 업계에 몸담았던 경영자·법률가·연구자 다수가 그 산업을 감시할 책임이 있는 정부 기관에서 일한다."[10] 역사상 최악의 원유 유출 사고인 2010년 딥워터 허라이즌 참사를 계기로 석유 채굴 규제 당국인 광물관리청이 "관계자들이 석유 산업과 말 그대로 동침하는" 부패의 온상임이 폭로됐다. 오바마 정부의 내무 장관인 켄 살라사르는 철저한 개혁을 약속했지만 몇몇 임원의 기소를 지시한 후에는 딱히 한 것이 없다. 살라사르는 연안 채굴에 제동을 걸기는커녕 "곧장 기록적인 수준으로 연안 채굴에 박차를 가했다."[11]

그러나 꼭 자본가들이 국가를 직접 지배해야만 국가가 자본가의 이해관계에 맞게 행동하는 것은 아니다. 마이클 파렌티는 저서 《소수를 위한 민주주의》에서 다음과 같이 지적했다.

> 나라 경제를 기업들이 지배하고 있기 때문에 정부는 필연적으로 기업들과 밀접하고 특별한 관계를 맺는다. 정책 입안자들은 자본주의 경제가 건강해야만 나라도 건강할 수 있다고 여기며, 경제가 거대 투자자들의 손아귀 안에 있기 때문에 투자자를 위한 서비스를 최고의 공공서비스로 여긴다. 고속 성장, 고수익, 시장 안정성 같은 기업의 목표는 곧 정부의 목표가 되고, '국익'은 유력한 자본가들의 이익과 동일시된다.[12]

자본가들이 가장 선호하는 정부는 이윤을 내기 가장 좋은 환경을 조성하는 정부다. 순조롭게 부를 축적하는 데 필요한 조건을 보장하기만 한다면 자본가들은 정부의 형태가 무엇이든, 민주공화정이든 입헌군주정이든 신경쓰지 않으며, 대중 저항을 억눌러야 한다면 군사독재라도 만족한다. 반면 우리는 군사독재나 경찰국가보다 민주정을 훨씬 선호하는데, 자본주의적 민주주의는 한계가 있긴 해도 자본주의에 맞서 조직하고 투쟁하기엔 더 자유로운 환경이기 때문이다.

그러나 자본가들은 혁명을 차단하고 모든 저항을 짓밟을 수만 있다면 히틀러 정권 같은 파시스트 독재도 감수할 것이다. 가장 민주적인 정부조차도 '국가 안보'가 위태로워질 때를 대비해 민주적 권리를 침해할 법률적 구멍을 만들어 놓는다. 1851년에 마르크스는 프랑스 헌법이 "자유를 보장"하지만 "법에 의한 예외"을 뒀다고 지적했다. "프랑스 헌법의 모든 조항은 상원과 하원처럼 서로 대립하는 내용을 담는다. 즉, 일반 규정은 자유를 말하지만 단서 규정은 자유의 폐지를 말한다."[13] 이 단서 규정들은 나라가 시끄럽거나 전쟁이 터졌을 때 불만의 목소리를 억누르는 용도로 유용하게 쓰인다.

미국에서는 9·11 공격 직후 부시 정부가 애국자법을 도입하면서 민주적 권리가 크게 축소됐다. 오바마를 지지한 많은 사람들이 오바마의 정책은 다르지 않을까 기대했지만 오히려 오바마 정부는 부시 정부 때 생긴 많은 관행을 지속하고 제도화했다. 예컨대 2012년 국방수권법에 따르면 "테러리스트를 지원"한 것으로 의심되는 자는 민간인일지라도 군대가 체포하고 무기한 구금할 수 있다. 오바마 정부는 시민 암살, 내부 고발자 처벌, 국내 감시 확대를 명령할 권한을 스스로에게 부여하기도 했다. 그리고 주·연방 경찰의 무장 강화를

주도했다. 그렇게 강화된 경찰은 시위대와 미등록 이주자에게 "훨씬 더 징벌적인 조처"를 취했다.[14]

사실 미국 역사에는 이런 사례가 아주 많다. 1798년에 제정된 외국인 규제 및 선동 방지법은 정부에 위협이 된다고 간주되는 "외국인"을 투옥하거나 추방할 권한을 정부에 부여했고, 말이나 글로 정부를 비판하거나 법률에 반대하면 금고 2년 형에 처하도록 했다. 또, 1917년의 간첩법은 "'유언비어'를 퍼트리거나, 군대 내에서 '불복종', '불충'을 유발하거나 징집을 '방해'하는 발언을 중죄로 규정했다."[15] 1918년의 선동 방지법은 전시에 정부·국기·군대에 대해 "불충하거나 불경하거나 천박하거나 모욕적인 표현"을 하는 행위를 범죄로 규정했다.[16] 1940년의 스미스법은 국가 전복을 지지하거나 도모한 자를 최대 20년의 금고형에 처하게 했고, 이 법은 1941년에 사회주의노동자당 당원 18명을 기소하고 투옥하는 데 활용됐다.[17]

제1차세계대전 동안에는 정주민·이주민 노동자를 비롯해 수많은 사회주의자와 아나키스트가 감시당하고 투옥되고 추방당하고 두들겨 맞고 고문당하는 등 박해받았다. 전국에 도입된 선동 방지법의 원형인 몬태나주의 선동 방지법으로도 수십 명이 투옥됐는데, 이 법에 따르면 심지어 [독일계 주민들이] 독일어를 사용하는 것도 불법이었다. 이 법의 최대 지지자인 애너콘다구리광산회사는 이 법을 이용해 노동쟁의를 진압하려 했다.[18] 급진적 신문을 발행했다는 이유로 1918~1920년 3년 동안 미국의 감옥에 투옥된 멕시코 출신 아나키스트 엔리케 플로레스 마곤의 사례도 지배계급이 표현의 자유를 얼마나 경시하는지를 잘 보여 준다. "가당치도 않게 '자유의 나라'라고 불리는 이 나라 미국은 이제 사상과 표현의 자유를 설파하는 것도 감옥에서 20년을 썩어야 할 범죄로 만들었다." 이 말 때문에 마곤은 멕시코로 추방됐다.[19] 유진 데브스는 1918년 오하이오주 캔턴에서 전쟁에 반대하는 연설을 하면서 다음과 같이 비꼬았다(데브스 역시 이 연설 때문에 감옥신세를 졌다). "전 세계 민주주의의 수호를 위해 싸운다는 이 나라 미국에서 헌법이 보장하는 표현의 자유를 행사하는 것은 위험하기 짝이 없는 일입니다."[20]

평범한 노동자들은 자본주의가 내어 줄 용의가 있는 제한된 민주주의라도 성취하기 위해 매번 싸워야 했다. 영국 노동계급은 재산에 상관없이 모든 남성이 투표할 권리를 보장받기 위해 대규모 시위를 조직해야 했다. 20세기에 들어서도 미국과 영국의 여성은 선거권이 없었다. 각국 지배계급은 처음에는 완전한 보통선거권의 보장이 자신들의 지배력을 위협할까 봐 두려워했다. 미국에선 노예제가 폐지된 뒤에도 한참 동안 남부의 수많은 흑인과 가난한 백인이 선거권을 갖지 못했다. 오늘날 미국 공화당은 각 주에서 유권자의 신분을 더 엄격하게 확인해서 가난한 사람들이 투표하기 어렵게 하는 법안을 밀어붙이고 있다.

언론과 출판의 자유는 그런 자유에 필요한 막대한 돈을 지불할 수 있는 백만장자들이 가장 쉽게 누린다. 형식적으로는 많은 사회가 법적 평등을 인정하지만 법으로 처벌받는 사람은 보통 가난한 사람이다. 19세기 프랑스의 작가 아나톨 프랑스의 소설에 나오는 시인 슐레트는 "법률에는 다리 밑에서 자고 길거리에서 구걸하고 빵을 훔치는 행위를 빈자와 부자 모두에게 금지하는 경이로운 성질이 있다"고 비꼰다.[21] 데브스는 미국의 "법망이 고래는 빠져나가고 피라미만 걸리도록 짜여 있다"고 조소했다.[22] 구두 가게 점원이자 1877년 세인

트루이스 총파업에 참가했던 한 사회주의자는 법률의 이중 잣대를 재치 있게 꼬집었다. "기차 레일 하나를 훔치면 도둑 취급을 받지만 철도를 통째로 훔치면 신사 대접을 받는다."[23]

형식적인 법적 평등은 심각한 불평등을 은폐한다. 가장 황당한 현대의 사례는 빈민가의 약물인 크랙과 부자들의 약물인 코카인의 소지에 따른 형량 비율을 100대 1로 정한 1986년의 법이다(이 비율은 2010년에 18대 1로 바뀌었다).[24] 다른 사례도 많다. '삼진아웃'제를 시행하는 캘리포니아 등 22개 주에는 중죄를 세 번 저질러 여생을 감옥에서 지내야 하는 수감자가 많은데, 그 중죄란 것에는 슈퍼마켓에서 피자를 훔친 것 같은 사소한 행위도 포함된다. 집 없고 배고픈 전과자가 먹을 것을 찾아 과거에 식사를 제공해 주던 교회의 주방에 침입하려다가 종신형을 선고받은 악명 높은 사례도 있다.[25]

물론 국가는 월드컴이나 엔론 회장처럼 다른 자본가를 등쳐 먹은 자본가를 처벌해서 다른 자본가들을 달래고 사법 체계가 '제 기능'을 하고 있음을 과시하기도 한다. 그러나 많은 경우 이런 처벌은 솜방망이에 그친다. 2012년 가을 현재 2008년 금융 붕괴의 책임을 물어 기소된 경영자는 단 한 명도 없다. "금융 부문에 범죄행위가 … 만연했다는 수많은 증거"가 있는데도 말이다.[26]

1930년대 중반에 제너럴모터스, 스탠더드오일, 파이어스톤 등 기업들이 작당해 미국 전역의 전차 시스템을 해체해서 제너럴모터스 버스와 차량으로 대체할 음모를 꾸몄을 때 사법부는 각 기업에 벌금 5000달러, 임원 몇몇에게 각자 벌금 1달러를 물렸다. 1955년 무렵에 이들은 전차 시스템의 88퍼센트를 해체했다. 어느 전직 임원의 말처럼 이 사례는 "범죄 규모가 크면 클수록 '범죄'와 '정상 영업'의 경계가 흐려짐을 보여 준다. 전 애틀랜타 시장이자 유엔 대사인 앤드루 영이 언젠가 말했듯이 '기업인 100명이 마음먹으면 불법일 것이 없다.'"[27]

국가기구의 대부분(군대, 경찰, 정보기관, 국가 관료, 사법부의 상당 부분)은 아예 선출되지도 않는다. 이 거대한 기구들은 대중 투표의 압력을 간접적으로도 받지 않는다. 그 운영자들은 정부 바깥의 영리기업들과 밀접하게 끈이 닿아 있으며 파렌티가 지적하듯이 온갖 이유에서 '기업 친화적 여건', 즉 자본가의 이해관계를 최우선으로 고려한다. 유권자는 전쟁·조약·무역협정 같은 중대사를 결정하지 못하며, 군비로 얼마를 쓸지, 어떤 의료 체계를 도입할지도 투표로 정하지 못한다.

직장에는 당연히 민주주의가 없다. 고용주는 일터의 제왕으로 마음대로 작업의 성격과 속도를 정하고 직원을 고용하고 해고한다(노동조합이 없으면 더 심하다). 우리는 급여나 수당이나 노동조건이 마음에 들지 않아도 사장을 해고하지 못하고 투표로 상황을 바꾸지도 못한다. 대신 "싫으면 다른 데서 일하든지" 하는 말을 들어야 한다. 자는 시간을 빼면 못해도 하루의 절반을 일터에서 보내는 노동자가 노동자로서 누리는 '자유'는 이토록 제한돼 있다.

다수의 삶에 영향을 주는 중대 사안은 사실상 언제나 다수의 의사와 무관하게 결정된다. 이 사회에서는 매우 부유한 소수와 그들을 보좌하는 관료들이 중요한 결정을 모두 내린다. 그러나 현대의 대의민주주의는 책임감 없는 자들을 대표랍시고 2년이나 4년이나 6년에 한 번씩 뽑게 함으로써 마치 사회가 진짜로 민주적이라는 환상을 효과적으로 조장한다. 노동계급에게는 가장 자유롭고 가장 완벽한 민주주의를 쟁취할 이해관계가 있다. 반면 자본가계급은 민주주의를 저해하고 후퇴시키려 하며 필요하다면 제거하려고도 한다.

민주당과 미국 개혁주의의 한계

미국 민주당을 '서민의 당'이라고 여기는 착각은 미국 좌파의 가장 치명적인 약점이다. 미국 역사에서 오랫동안 민주당은 더 보수적이고 더 대놓고 자본가를 편드는 공화당의 서민적 대안을 자처했다. 그러나 두 정당은 공히 자본주의와 친밀하게 엮여 있고 자본주의에 헌신한다. 한때 우익 논객이었던 케빈 필립스는 다음과 같이 썼다. "미국에서 경제를 구조조정하는 '적자생존'의 시기가 그토록 가혹했던 것은 역사상 둘째가는 열성 자본주의 정당인 민주당이 잘한 덕분이기도 했다. 민주당은 자본주의의 운동에 그다지 간섭하지 않는다. 자본주의가 도를 넘어서서 포퓰리즘적 대응을 할 수밖에 없을 때를 기다린다."[28] 유권자의 눈에 두 정당이 같은 팀에 똑같은 주인의 하수인으로 비친다면, 정권을 둘러싼 의자 앉기 놀이가 제 기능을 못할 것이다. 이 체제는 한 정당에 유권자의 불만이 쌓여도 체제의 혼란을 최소화하면서 정권을 인계받을 다른 당이 항상 존재하게끔 돼 있다.

미국의 양당제는 좌에서든 우에서든 제3당의 부상을 아주 성공적으로 막아 왔다. 이미 1893년에 엥겔스는 "주류 양당 소속이 아닌 후보를 찍은 표는 완전히 사표처럼 보이게 하는 헌법"이 미국에서 노동자 정당의 형성을 저해하고 있다고 지적했다.[29] 미국의 정치체제 하에서 "거대한 두 정치 노름패가 번갈아 가며 가장 부패한 목적을 위해 가장 부패한 수단으로 국가권력을 농단한다"는 엥겔스의 묘사는 마치 어제 한 말이 아닌가 싶을 정도다.[30]

두 정당은 언제나 대기업의 후원을 받았고 해외 정복을 지지했으며 파업 진압에 군대를 투입한 전력이 있다. 게다가 공민권운동 이전에 민주당은 인종 격리법인 짐 크로 법을 만든 장본인이었다. 데브스는 미국사회당 선거운동 연설에서 끊임없이 이런 진실을 들췄다. 1900년에 데브스는 다음과 같이 물었다. "민주당은 공화당보다 '노동 친화적'이라면서 왜 코덜레인에 침묵합니까?" 데브스는 1892년에 아이다호주 코덜레인에서 일어난 광원 파업을 말한 것인데, 당시 파업 노동자 5명이 사측의 경비에게 살해당하자 광원들이 경비와 파업 파괴자들을 마을 바깥으로 쫓아냈다. 이 파업은 주지사가 군 병력 1500명을 투입해 파업 노동자 600명을 집단 수용소에 잡아넣으면서 분쇄됐다. 데브스는 계속해서 따졌다. "노스캐롤라이나주와 루이지애나주에 남아 있는 [투표권의] '재산 요건과 교육 요건'이나, 남부 주 흑인의 투표권을 박탈하려는 시도에 관해 민주당이 무슨 할 말이 있겠습니까? 공화당과 민주당은 노동계급의 이익과 무관한 쟁점이나 원칙에서 차이가 있을 뿐입니다."[31]

민주당이 서민의 정당이라고 주장하는 사람들은 뉴딜과 공민권운동 시기의 민주당을 기준점으로 삼는다. 1930년대에 프랭클린 델러노 루스벨트의 민주당 정부는 노동계급의 저항이 분출하면서 산업별노동조합회의CIO가 결성되는 것을 걱정스러운 눈으로 바라보며 노동계급의 친구와 자본주의의 구원자를 동시에 자처했다. 루스벨트는 대법관 필릭스 프랭크퍼터에게 보낸 편지에서 "유산자들은 나야말로 이윤 체제의 으뜸가는 친구라는 것을 알아보지 못하네" 하고 한탄했다.[32] 한편 공민권운동이 전개되는 과정에서 남부의 민주당 인사들은 [인종 격리를 고수하며] 당을 버렸다. 자유주의적인 북부의 민주당은 언제나 공민권운동의 한 발짝 뒤에서 (그들이 두려워한) 운동을 사그라뜨리고 (그들이 탐낸) 흑인 유권자들의 충성표를 확보하려고 애썼다.

민주당의 포퓰리즘적 미사여구는 급진적인 제3당의 불씨를 끄기 위한 것이다. 예컨대 1894년 중간선거에서 인민당이 140만 표를 득표하며 성장한 데 경각심을 느낀 민주당은 1896년 대선에 윌리엄 제닝스 브라이언을 출마시켰다. 브라이언은 인민당 지지자의 마음을 얻기 위해 포퓰리즘적 언사를 구사했다. 그리고 민주당 지도자들은 민주당과 인민당의 합당을 주장하는 인민당 내 '합당파'에게 집요하게 구애했다.

1896년 당대회에서 인민당은 브라이언을 지지하기로 표결했다. 이것이 인민당 정치의 종말을 뜻함을 알았던 인민당 지도자 톰 왓슨은 다음과 같이 썼다. "낡은 두 정당의 죄악을 비난하는 동시에 그들과 정치적 제휴를 맺을 순 없다. 조약을 맺는 순간 전쟁은 끝나는 법이고 … 낡은 두 정당과의 전쟁을 중단하면 우리의 존재 이유는 사라진다."[33] 왓슨은 다음과 같이 경고했다. "합당을 하면 인민당은 민주당이라는 고래에 먹힌 요나 신세가 될 것이다."[34] 왓슨이 옳았다. 브라이언을 지지하기로 한 결정으로 인민당은 사실상 죽었다.

급진적인 노동계급 정당이나 좌파 정당의 부재는 미국 자본주의의 정치체제가 역사적으로 상대적 안정을 유지한 비결의 하나다. 미국의 노동자와 가난한 사람은 선거 때 양자택일을 강요받았다. 양당제의 역사가 보여 주듯이 차악을 뽑는 것은 투쟁하는 대중으로 하여금 친자본주의 정치인에게 기대를 걸게 해서 대중투쟁을 약화시킨다. 또, 차악론은 활동가들로 하여금 운동의 이익을 대변하지도 않는 정당을 옹호하게 만들기 때문에 운동의 정치적 수준을 떨어뜨린다.

차악이 승리한다 해도 선출된 그가(참고로 지금까지 미국에서 여성이 대통령으로 뽑힌 적은 없었다) 재임 중에 펴는 정책은 선거운동에서 편 언사와 딴판이다. 가장 유명한 사례로 1964년에 린든 존슨은 [베트남]전쟁을 끝내겠다는 공약을 내세워 대선에서 이긴 뒤 베트남에 병력 50만 명을 증파했다. 더 황당한 것은 존슨이 당선하기도 전부터 증파 계획을 비밀리에 세웠다는 것이다.[35]

민주당이 로널드 레이건 집권 이후 우경화해 고용주들이 바라는 신자유주의 정책을 뒷받침하고 작은 정부와 '개인 책임'을 강조하는 신보수주의 이데올로기에 영합하면서 민주당의 포퓰리즘적 겉치레는 벗겨졌다. 오늘날 민주당의 정책은 옛 공화당의 정책과 정치적으로 대동소이하며 이제 민주당이 진보를 표방하는 유일한 방법은 더 우경화한 공화당과 자신을 대조시키는 것뿐이다.

2008년 오바마의 대통령 당선은 미국 역사 최초로 흑인이 대통령으로 뽑혔다는 점에서 역사적인 사건이었다. 오바마 집권 당시 민주당은 하원에서는 1992년 이래로, 상원에서는 1978년 이래로 가장 많은 의석을 차지했다. 오바마의 선거운동과 당선은 2008년 대불황과 맞물렸다. 수많은 유권자가 기성 정치에 진절머리를 냈다. 오바마는 대선에서 이기려고 말로는 월스트리트의 친구가 아닌 서민과 중산층의 친구를 자처하고, 이라크 전쟁을 비판하고(아프간 전쟁은 지지했다), 대체에너지를 찬양하며, 보편적 의료 복지를 지지했다. 많은 사람들은 오바마가 새로운 뉴딜 시대를 열리라 기대했다. 한 선거운동 연설에서 오바마는 공민권운동과 노동조합 투쟁을 언급하며 다음과 같이 말하기도 했다. 변화는 "아래로부터 옵니다. 마틴 루서 킹 목사님도 그것을 아셨습니다."[36] 그러나 일찍이 오바마는 자신이 어느 계급의 이해에 복무할 태세인지 보여 줬다. 오바마는 월스트리트로부터 공화당의 경쟁 후보인 존 매케인보다 더 많은 후원금을 받았다.[37] 선거 결과를 분석한 어떤 글은 오바마가 받은 후원금 중 200달러 이하 기부자의 후원금은 4분에 1에 불과하다고 결론지었다.[38] 월스트리트는 후원금을 준 대가를 톡톡히 돌려받았다. 새 정부의 경제팀은 클린턴 정부의 전직 관료들로 꾸려졌는데, 그들은 금융 규제 완화와 자유무역의 충실한 신봉자들이었다. 2008년 금융위기에 대응해 오바마 정부는 만성 실업에 시달리거나 집을 빼앗긴 수많은 보통 사람들이 아니라 은행가를 구제하는 데 대체로 초점을 뒀다. [미국의 사회주의자] 랜스 셀파는 다음과 같이 쓴다. "오바마와 민주당은 막대한 정부 지출을 정당화하면서도 신자유주의적 전제를 바꾸지 않았다. 오히려 일종의 '신자유주의적 케인스주의'를 추진했다. 즉, 천문학적인 규모의 혈세를 영리기업에 넘겨 주고 기업에게 '유인책'을 제시해 사회정책을 수행하게 하려 했다. 이런 정책은 실패했다. 은행과 대기업은 돈은 기꺼이 받아먹었지만 그 돈으로 대출을 해 주거나 주택 담보물 회수를 멈추거나 노동자를 고용하려 하지는 않았다."[39]

2009년에 오바마는 금융계 경영인들과 만나 "성난 군중과 여러분 사이에는 우리 정부밖에 없습니다" 하고 설명했다. 거기에 참석한 한 경영자는 고마워하며 오바마 정부가 "대체로 우리를 돕고 폭도를 진압하려 한다"고 안심을 표했다.[40] 대기업은 성난 군중의 돌이 아니라 수지를 맞았다. 2009년부터 2012년 말 사이에 대기업의 이윤은 1년에 평균 77.9퍼센트씩 성장했다(물론 매우 낮은 수치에서 증가한 것이기는 하다). 이것은 대체로 임금 인상을 억제하고, 생산성을 끌어올리고, 공적 자금을 퍼 준 덕분이었다.[41] 오바마는 노동조합 결성을 쉽게 하는 노동자자유선택법을 통과시키겠다고 약속했다. 오바마는 그 약속을 저버렸지만 노동조합들은 계속해서 민주당 선거운동에 돈을 쏟아부었다. 그러나 2009년에 오바마 정부가 자동차 산업을 구제하고 구조조정한 결과 수만 명이 해고되고, 임금이 동결되고, 전국자동차노조가 단체협약이 만료되는 2011년에 파업권을 포기하는 등 연간 10억 달러 이상으로 환산되는 후퇴가 뒤따랐다.

구제금융은 엄청난 양의 혈세를 금융 부문에 갖다 바치는 것과 다름없었다. 기업들은 뒤이을 [국가] 부채 위기를 해결하려면 긴축정책을 실시해서, 즉 정부 지출을 삭감해서 부채를 줄이라고 요구했다. 오바마는 당선 전에는 부시 정부가 깎은 부자들의 세율을 돌려놓겠다고 약속했지만 첫 임기 동안 감세를 유지하라는 공화당의 요구를 따랐고 "모든 방안을 고려해야 한다"며 긴축정책을 받아들였다.

은행은 '대마불사'이지만 평범한 사람들은 그렇지 않다. 임기 초에 오바마 정부는 특별위원회(볼스-심슨위원회)를 구성해 사회보장 연금, 메디케이드[저소득층과 장애인 의료보장], 메디케어[노인 의료보험] 등을 삭감해 적자를 줄일 방안을 자문했다. 2010년에* 오바마 정부는 위원회가 제시한 것보다 큰 폭의 삭감을 제안했다. 이 제안이 통과

---

* 2011년의 오기인 듯하다.

되지 않은 유일한 이유는 공화당 하원 원내 대표 존 베이너가 [그조차도 마음에 들지 않아서] 협상을 거부했기 때문이었다. 두 번째 임기를 앞두고 오바마는 공화당과의 "대타협" 의지를 밝히며 사회보장 연금을 쥐어짜고 메디케어를 대폭 삭감하는 등의 방법으로 10년 동안 연방정부 재정 적자 중 4조 달러를 줄이겠다고 했다. 그 대신 부자의 세금을 조금 올리자고 제안하면서 이를 "고통 분담"으로 포장했다. 협상이 다시 교착상태에 빠지자 이른바 '재정 절벽'이라는 것이 생겨났다. 재정 절벽이란 부시 정부의 감세 정책을 시한이 만료되도록 내버려 두고, 2012년 12월 31일까지 의회가 아무런 조치를 취하지 못하면 모든 분야의 정부 지출을 10퍼센트 삭감하자는 합의다. 매우 부유한 사람들에 대한 감세를 제외한 모든 감세는 그대로 유지됐고 '시퀘스터', 즉 전면적 정부 지출 삭감은 3월 1일로 미뤄졌다. 시퀘스터로 그해 예산이 850억 달러 삭감될 경우 식품 안전 검사가 축소되고, 국립공원 예산이 삭감되고, 실업수당이 10퍼센트 줄고, 가난한 사람들 12만 5000명이 [저소득층에 집세를 지원하는] 섹션8바우처를 박탈당하고, 교사 1만 명이 해고되고, 안 그래도 예산 부족으로 허덕이던 방과후 교육 프로그램들이 폐지될 터였다.

이런 난리가 한바탕 벌어지는 동안 민주당은 사회 안전망 파괴 자체를 반대하기보다는 파괴의 속도를 완만히 하자는 태도를 취했다. 리 서스타는 〈소셜리스트 워커〉에서 다음과 같이 썼다. "전면적·무차별적 예산 삭감을 둘러싼 논쟁에는 … 정당을 막론하고 모든 고위 정치인들에게 중요한 목적이 있다. 그것은 예산을 어느 정도 삭감하는 것 말고는 대안이 없다고 우리를 설득하는 것이다. 민주당은 공화당에 비해 조금 덜 재앙적인 긴축을 주장할 뿐이다. … 이른바

'핵심적 정부 정책을 수호하려' 하는 민주당과 '적자를 줄이려' 하는 공화당의 연출된 싸움은 허상이다. 두 정당 모두 실제로는 긴축을 위해 애쓴다. '핵심적 정부 정책을 수호'하면서도 '적자를 줄일' 확실한 방법은 기업과 부자의 세금을 늘리고 국방 예산을 대폭 삭감하는 것이지만 어느 쪽도 이런 제안을 하진 않는다."[42]

오바마가 '최고' 업적으로 내세우는 2010년의 환자보호및부담적정보험법[오바마케어]은 1993년 클린턴 정부의 의료 개혁안이 좌절된 후 공화당이 내놓은 대안을 골자로 한다. 오바마 정부는 국가가 돈을 대는 단일보험자 제도(고삐 풀린 듯 높은 의료비를 낮추고 모든 국민에게 혜택과 보장 범위를 향상시킬 유일한 대책이다)를 애초에 논외로 한 채 민간 의료보험 가입을 의무화하는 정책을 도입했다. 보험 가입자가 늘어나 노다지가 펼쳐질 것을 기대한 제약회사와 보험회사들은 이 계획을 두 손 들고 환영했다.

[보수 집단] '티파티'를 앞세워 기반을 소생시키고 동원한 공화당은 2010년 중간선거에서 크게 득을 봤다. 그러나 이것은 유권자들이 오바마의 진보성에 반대한 결과라기보다는 약속을 저버린 오바마에 반발한 기층 대중이 대거 투표장으로 나오지 않은 결과다. 오바마가 재선한 것은 재임 중에 훌륭한 업적을 남겨서가 아니라 공화당의 극단적이고 얼빠진 보수주의 때문이다. 공화당의 맞수들은 어처구니없게도 오바마에게 '사회주의자'라는 딱지를 붙이지만 2012년에 오바마는 20년 전이라면 자신의 정책이 공화당 온건파의 정책으로 보였을 것이라고 자평했다.[43] 오바마는 저항 운동 탄압과 국내 감시를 강화했고 이민자들에게 더 가혹한 조치를 취해서 부시 정부보다 더 많은 미등록 이민자들을 추방했다.[44]

양당제의 속박에서 벗어나기

역사적 경험은 노동계급과 차별받는 집단이 미국 자본주의 체제를 떠받치는 두 쌍둥이 정당에게서 독립적인 정치적 대안을 건설해야 한다는 교훈을 준다. 마르크스와 엥겔스는 좌파와 진보 운동이 독자 후보를 세우는 것이 왜 중요한지에 관해 많은 가르침을 준다. 1886년 뉴욕의 센트럴노동조합은 뉴욕 시장 선거에 출마하기 위해 뉴욕과 인근 지역에서 독립노동당을 창당했다. 이 신생 정당은 토지단일세론을* 주장한 헨리 조지를 후보로 세웠다. 조지는 노동자 운동에 몸담지 않은 중간계급 포퓰리스트였다. 그 즈음에 그는 《진보와 빈곤》이라는 유명한 책에서 토지 재산에 세금을 물리면 사회의 모든 병폐가 해결된다고 주장했다. 선거전은 뜨거웠고 지배계급은 독립노동당의 승리를 막으려고 갖은 수를 썼다. 결국 헨리 조지는 삼파전에서 31퍼센트를 득표해 2위를 했다. 유럽에서 이 사태 전개를 관찰한 엥겔스는 긍정적 반응을 보였다.

> 새롭게 운동에 뛰어든 나라에서 사활적으로 중요한 첫 단계는 노동자들이 어떻게든 노동자 정당으로 구별되는 독립적인 정당을 결성하는 것이다. … 독립노동당은 최초 강령이 흐리멍텅하고 굉장히 불충분했으며 헨리 조지를 간판으로 내세우긴 했지만, 이것은 불가피한 일이며 기껏해야 일시적인 폐단일 뿐이다. 대중에게는 발전할 시간과 기회가 있

---

* 토지단일세론 토지는 인류의 공공재산이라는 생각을 토대로 토지 소유자에게 토지의 가치에 비례한 세금을 징수해야 한다는 주장. 토지공개념이라고도 한다.

어야 한다. 독자적 운동이 없으면 대중은 그런 기회조차 얻지 못한다. 형태가 어떻든 일단 독자적 운동에 나선 대중은 실수를 딛고 전진할 것이며 쓰라린 경험에서 교훈을 남길 것이다.[45]

노동계급은 자신만의 독립적 정당을 건설해야 한다. 이것이 오늘날 우리가 여전히 배워야 할 교훈이다. 노동조합은 민주당 후보의 당선에 엄청난 돈을 쓴다. 예컨대 2010년에 민주당이 선거에서 모은 후원금의 4분의 1은 노동조합에서 왔다. 그러나 이것이 밑지는 장사임은 해가 갈수록 분명해지고 있다. 랜스 셀파는 다음과 같이 쓴다. "중위 실질임금이 정점을 찍은 1973년 이래로 민주당은 공화당과 같은 기간만큼 백악관을 차지했고 심지어 의회와 입법부에서 대부분의 시기 동안 다수파였다. 그러나 노동자의 생활 조건을 겨냥한 우파 주도의 공격을 되돌리는 데서 민주당이 한 일은 거의 없다."[46]

좌파 후보가 리버럴 후보의 표를 '빼앗아' 우익의 집권에 일조한다는 시각이 흔하다. 이런 논리를 따르면 민주당과 결별할 시점은 결코 오지 않는다. 우리는 우리의 이해를 진정으로 대변하지도 않는 정당을 뽑아야 하는 운명에 사로잡힌다. 선거철마다 "이번이 일생일대의 선거"이고 우익을 물리치는 유일한 길은 민주당을 뽑는 것이라는 말을 듣는다. "이런 주장의 궁극적인 목적은 노동계급에게 사기를 치는 것"이라고 마르크스는 썼다.[47]

진흙탕으로 가라앉는 차를 꺼내려고 밧줄을 묶어 당겼더니 오히려 차에 사람이 끌려 들어가는 상황을 떠올려 보라. 누가 끌고 누가 끌려 가는지가 매우 분명하다. 민주당을 왼쪽으로 견인하려는 좌파의 계속된 시도는 정확히 이런 패턴을 보였다. 좌파들은 민주당을 지지하느라 선거에서 세를 확인할 기회를 놓친다. 대선 때가 되면 우리 편은 아예 방향감을 잃고 뿔뿔이 흩어진다. 리버럴들은 선거를 준비하는 동안에는 민주당 후보가 난처해지거나 약화되지 않도록 비판의 수위를 낮추고 투쟁을 자제하라고 많은 시간을 들여 활동가들을 설득한다. 세급투쟁의 상태에 따라, 민주당의 일부 진보적 인사들은 사회운동의 몇몇 요구를 지지하는 발언을 한다. 그러나 이들의 최종 목적은 민주당에서 멀어진 사람들을 다시 포섭하는 것이다. 그렇게 해서 돌아온 사람들은 결국 선거일이 되면 '당선 가능성'이 높은 더 보수적인 민주당 후보를 찍어 달라는 부탁을 받는다.

데니스 쿠시니치는 승산이 없어 보이는 2004년 민주당 대선 후보 경선에 출마해 이라크 점령과 애국자법에 반대하고 보편적 의료 복지를 지지하는 목소리를 냈다. [그러나] 민주당의 대선 후보를 선정하는 순간이 가까워지자 쿠시니치는 지지자들에게 점령과 애국자법을 지지하고 보편적 의료 복지에 반대하는 중도 후보 존 케리를 지지하라고 호소했다. 쿠시니치는 경선 과정에서 다음과 같이 말했다. "민주당은 중도로 이동해서 제3당을 만들어 냈습니다. 제가 하려는 일은 '빅 텐트'로 돌아가서 소외감을 느낀 모든 분들이 저의 출마를 보고 [민주당으로] 돌아오게 하는 것입니다."[48] 쿠시니치는 이기려고 출마한 것이 아니라 좌파와 진보를 민주당의 울타리 안으로 돌려보내려고 출마했던 것이다. 오바마가 '오바마케어'를 통과시킬 때도 쿠시니치는 존 코니어스 하원 의원과 단일보험자 법안을 내서 지지를 이끌어 냈다가 "아직은 때가 아니"라며 법안을 철회함으로써 비슷한 구실을 했다.[49] 아니나 다를까 그 "때"는 결코 오지 않았다.

선거에서 진정으로 좌파적 입장을 대표하는 세력이 없으면 전반적인 정치 지형이 우경화하며, 이런 지형에서는 리버럴이든 보수파든 자본가 후보가 좌파적 압력을 전혀 받지 않는다. 따라서 [독립적인 대안을 건설하지 않는] '현실주의 정치' 또는 '가능성 정치'는 진정한 급진적 변화를 성취할 역량이 있는 독립적인 운동을 건설할 전망을 더 요원하게 만든다. 아돌프 리드 교수는 2014년에 〈하퍼스〉에 기고한 글에서 이런 접근법에서 비롯하는 우경적 포용론을 비판한다.

> 짧게 봐도 클린턴 정부 때부터 민주당은 우파의 사회적 전망과 의제를 흡수해서 선거에서 이긴다는 전략을 취했다. 좌파가 이런 민주당의 전략에 얽매인다면 머지않아 정치적 좌파라는 개념은 유명무실해질 것이다. 그리고 실제로 그런 일이 벌어졌다. 우파의 의제가 민주당의 것이 되고 민주당의 의제가 좌파의 것이 된다면 정치적으로 좌파라는 것은 대체 무슨 의미란 말인가? 이제 '좌파'나 (사실상 그 선명성을 희석하는 데 쓰이는) '진보'라는 표현은 기존 사회질서에 대한 합리적 비판이 아니라 문화적 감수성을 뜻할 뿐이다. 우파만이 뚜렷하고 실질적인 이상향을 갖춘 쪽이기에 '좌파'라는 말에는 '우파가 아니다' 말고는 별다른 내용이 없게 됐다.[50]

선거에서든 실제 투쟁에서든 차악론은 언제나 요구를 협소하고, 제한적이고, 온건하게 만들며 최악만 아니면 무엇이든 수용하게 만든다. 핼 드레이퍼는 "가장 오른쪽에서 겨우 한 발짝 떨어진 세력을 지지하는 데 독자적 힘을 낭비하는 방식으로는 가장 오른쪽 세력의 승리를 저지하지 못한다"고 썼다.[51] 그러나 양당제는 바로 이런 방식과 논리를 좌파에 강요한다.

미시간주 지방 검사이자 전국사형제폐지연합 이사를 지낸 유진 웽거의 주장이 그런 논리의 전형이다. 웽거는 운동 참가자들이 "불법"적인 시민 불복종 행동을 지지해선 안 된다고 주장한다. 그런 행동을 지지하면 운동의 중요한 동맹이 떨어져 나가고, 단체가 형사재판을 받게 될 것이며, "사형제 폐지 요구가 급진 좌파의 신조에서 나왔다는 악의적 거짓말을 퍼뜨리는 데 도움"이 되기 때문이라는 것이다.[52] 사형제 폐지는 거리 시위로 가져와야 하는 요구라는 점이나 사형제가 계급 문제이고 빈자와 노동계급을 공격하는 수단이라는 점을 완전히 간과한 주장이다. 사형제 폐지 운동 내의 많은 변호사들은 시위를 하면 수감자가 정의로운 판결을 받을 가능성이 줄어든다고 여긴다. 시위가 "검사나 판사의 화를 돋울 것"이기 때문이다. 이런 주장의 논리적 결론은 싸우지 않는 것이야말로 개혁을 위해 싸우는 최선의 방법이라는 것이다. 괜히 싸웠다가는 권력자의 화를 돋우고 역풍을 맞을 것이기 때문이다.

이민자 권리를 요구하는 운동이 전국으로 확산돼 보이콧과 작업 중단이 벌어지며 2006년 5월 1일 전국에서 수백만 명이 행진에 참가해 절정에 이르렀을 때 주류 언론들이 설파한 메시지도 이런 것이었다. 〈뉴욕 타임스〉 편집부는 "잠자는 거인은 전진할 수 있고 전진해야 한다" 하며 자신들이 감히 막을 수 없는 거대한 운동을 점잖게 인정하면서도 "발걸음은 조심해서 내디뎌야 한다"고 경고했다. 편집부는 시위가 "위험천만한 모험"이라고 경고했고 보이콧이나 파업이 아니라 "섬세한 합의 도출"을 주문하며, 이민자에 적대적인 우익을 자극하거나 "학생들이 교육의 중요성을 오해하지" 않도록 하라고 훈수를 뒀다.[53] 마치 사회 개혁을 성취하기 위한 대중행동이 교육적이지도 않고 아무 효과도 없다는 듯이 말이다! 오랜 역사 동안 리버럴들은 '역풍'을 맞지 않도록 조심스레 전진하라고 대중운동을 향해 설교해 왔다. 차별받는 집단이 싸우지 않으면 당연히 역풍의 위험도 없을 것이다. 그러나 [과거에] 공민권운동이 '때를 기다려야' 한다고 경고하는 사람들에게 마틴 루서 킹 목사는 다음과 같이 답했다. "우리는 압제자가 자진해서 자유를 주지 않는다는 것을 쓰라린 경험으로 배웠다. 자유는 차별받는 사람들이 요구해야 하는 것이다."[54]

정치혁명과 사회혁명

혁명이란 사회의 궁극적 도약이다. 혁명이란 서서히 쌓이던 대중의 불만, 착취당하고 차별당하는 사람들의 분노가 수렴돼 대중운동으로 분출하고 그 운동이 낡은 사회관계를 전복해 새로운 사회관계로 교체하는 시기를 뜻한다. 혁명적 격변의 시기에는 수십 년에 걸친 '정상적' 변화를 뛰어넘는 변화가 며칠 만에 나타난다. 확고부동해 보이던 지배 집단과 체제가 순식간에 몰락한다. 차르를 5일 만에 몰아낸 1917년 2월 혁명이나 장기 집권한 독재자를 몇 주 만에 몰아낸 2011년의 튀니지 혁명과 이집트 혁명만 봐도 그렇다.

지난 300년의 역사는 전쟁뿐 아니라 혁명이나 혁명에 가까운 격변으로 가득하다. 일부 사례만 읊어 봐도 현대 자본주의가 여명기부터 얼마나 많은 격변을 겪었는지 짐작할 수 있다. 미국 혁명(1776~1787년), 프랑스 혁명(1789~1794년), 남북전쟁(1861~1865년), 1848년 유럽 혁명, 러시아 혁명(1905년과 1917년), 독일 혁명(1918~1923년), 중국 혁명(1925~1927년), 스페인 내전(1936~1939

년), 헝가리 혁명(1956년), 칠레(1973년), 포르투갈 혁명(1974~1975년), 이란 혁명(1979년), 폴란드의 연대노조 운동(1980~1981년), 2011년 이집트 혁명과 튀니지 혁명 등. 이 정도만 나열해도 사회적 격변이 극히 드물거나 특이한 일이라는 주장을 반박하기엔 충분하다. 경제 위기가 순조롭게 돌아가던 경제의 한낱 일탈이 아니듯이 혁명도 순조롭게 돌아가던 사회의 한낱 일탈이 아니다. 그렇다면 혁명이란 정확히 무엇일까? 더 엄밀하게 묻는다면, 마르크스가 말한 혁명이란 무엇인가?

'민주주의'나 '자유' 같은 용어와 마찬가지로 혁명도 뜻이 언제나 분명한 것은 아니며, 머릿결 관리의 '혁명' 운운하는 샴푸 광고에서처럼 오용되기도 한다. 그러나 꼭 오용이 아니더라도 혁명이라는 표현은 꽤 유연하게 쓰인다.[55] 대체로 혁명은 일정 시간 동안 나타나는 사회·정치·경제 전반의 변화를 뜻한다. 예컨대 영국에서 수십 년 동안 공장제 공업이 성장하면서 현대 자본주의 시대의 막이 오른 과정을 일컫는 '산업혁명'처럼 말이다. 그러나 혁명은 강제로 통치 권력을 이양한다는 뜻으로 더 자주 쓰인다.

이런 유형의 혁명은 순전히 정치적인 성격만 띨 수도 있다. 여기서 "순전히 정치적"이라는 것은 사회의 구조는 그대로 남겨둔 채, 권력을 차지한 지배계급 집단만 교체하거나 정부 형태만 군사독재에서 민주주의로(혹은 그 반대로) 바꾼다는 뜻이다. 신흥계급이 정치혁명으로 권력을 잡고 사회구조 전반을 개편하는 위치에 서면 그 혁명은 사회혁명이 된다. "사회혁명이 벌어지면 새로운 계급이 권력을 잡고 자신의 전망에 따라 사회를 재구성할 수 있다. 그런 점에서 모든 진정한 혁명은 사회혁명이다" 하고 엥겔스는 썼다.[56]

그런 점에서 소수가 일으키는 군사 쿠데타는 사회혁명이 아니다. 대중 항쟁이 일어났더라도 통치자만 교체하는 것 또한 사회혁명이 아니다. 예컨대 우크라이나에서는 2014년의 대중 항쟁으로 정부가 무너졌지만 그 공백을 메운 정치인은 운동이 벌어지기 전부터 사회를 운영하던 강력한 집단인 '올리가르히'의 이익에 충실한 자들이었다. 라틴아메리카의 여러 사례, 이집트와 튀니지의 최근[2011년] 사례가 보여 주듯 대중 항쟁은 정치혁명을 일으켜 정부를 타도할 수 있다. 그러나 많은 경우 이런 항쟁은 사회의 근본적 계급 관계를 바꾸지 못한 채 통치자만 교체했다. 대부분의 경우에는 권력을 군부에서 민간으로 넘겼고 심지어 이집트처럼 정치적 변화를 부분적으로만 성취한 후 다시 군부 통치로 돌아간 경우도 있었다. 기존의 자본주의적 사회관계를 깨뜨리는 데까지 나아가지 못하면 사회 변화는 본질적으로 정치혁명에 그친다.

때때로 혁명은 폭력 사용과 동일시된다. 실제로 모든 중요한 혁명에서는 언제나 대결하는 사회 세력들이 폭력적으로 충돌했지만 그렇다고 혁명이 곧 폭력인 것은 아니다. 폭력은 혁명의 수단일 뿐이며 그 목적이 언제나 사회변혁인 것도 아니다.

그럼에도 폭력이 사회적 목표에 구속돼 대중적 사회운동의 수단으로 이용된다면 대단히 중요한 구실을 할 수도 있다고 엥겔스는 설명한다. "무력은 … 혁명적 구실을 할 수 있다. 마르크스의 말을 빌리면 무력은 새로운 사회를 잉태한 낡아 빠진 사회의 산파이며, 사회운동 세력이 낡고 화석화된 정치체제를 극복하고 깨부수는 도구다." 그래서 "누구든 폭력을 쓰는 자는 도덕적으로 타락한다"는 이유로 모든 형태의 폭력을 못마땅히 여기는 평화주의자를 엥겔스는 경멸했다. 엥겔스는 "승리한 모든 혁명이 낳은 도덕적·정신적 도약"만 봐도 절대적 평화주의의 오류를 알 수 있다고 했다.[57]

정치혁명과 사회혁명 사이에는 장벽이 없다. 오히려 정치혁명이 사회혁명의 요소를 포함하거나 더 철저한 사회혁명으로 향하는 과도기가 될 때도 많다. 핼 드레이퍼가 지적했듯이 "정치혁명과 사회혁명을 칼같이 딱 잘라 구분해선 안 된다. 오히려 정반대로 정치혁명과 사회혁명이 주어진 혁명적 상황에서 아주 흔히 뒤섞여 있으며, 따라서 두 혁명의 요소들을 분석해서 구분해야 한다는 점을 이해해야 한다. 혁명적 사건들은 특히 현대에 와서 저마다 상이한 비중으로 두 요소가 섞여 있는 경향을 띠기 때문이다."[58]

이처럼 사회혁명과 정치혁명의 요소가 뒤섞이는 이유는 거대한 격변 속에서 행동에 나선 피지배계급이 품은 사회적·정치적 열망이 [사회적·경제적 힘을 지닌] 다른 계급의 이해관계를 넘어서는 경향을 띠기 때문이다. 그 다른 계급은 정치적이거나 심지어 사회적인 변화를 추구할 수도 있지만 궁극적으로는 피지배계급의 그런 열망과 대립되는 이해관계를 갖는다. 부르주아 혁명에서는 언제나 그런 일이 벌어졌다. 구질서를 무너뜨리는 데 동참한 민중의 염원은 착취를 철폐하기보다는 착취의 형태만 바꾸길 원하는 자본가계급 세력의 이해관계와 일치하지 않았다. 그러나 현대의 사회적 격변에서도 이런 일이 벌어진다. 많은 경우, 사회혁명의 요소들(노동자 대중과 차별받는 집단이 참여하는 모든 운동에는 그런 요소가 내재돼 있다)은 램프 속 요정처럼 잠복해 있지만, 투쟁을 자본주의의 틀 안에 가두려 하는 계급 세력이 투쟁을 주도한 까닭에 직접적으로 표현되지는 못한다.

마르크스주의는 정치혁명과 사회혁명을 대립시키지 않는다. 사실 정치혁명이 없으면 사회혁명도 없다. 다시 말해 노동자들은 정치혁명을 일으키지 않으면, 즉 자본가의 정치권력을 노동자의 정치권력으로 갈아 치우지 않으면 사회혁명도 일으킬 수 없다.

부르주아 혁명을 통해 낡은 봉건 지배계급을 몰아내고 권력을 차지한 자본가계급은 그 전에 이미 구질서라는 모태 속에서 경제 권력을 발전시켜 놓았다. 새로운 자본주의적 사회관계가 점진적으로 발전한 덕분에 이 신흥 지배계급은 "정치권력을 장악하고 국가의 계급적 성격을 바꾸기 전부터 이미 낡은 사회의 틀 안에서 경제 권력을 장악할 수 있었다. … 부르주아지는 이런 강력한 지위를 결정적 정치권력 획득으로 더 나아가기 위한 기지로 삼았다."[59] [정치]권력을 장악한 자본가계급은 사회를 재편해 이미 진행 중이던 과정을 더 가속했다. 사실 이 경제 권력이 이미 꽤 발전해 있어서 봉건적 사회관계가 혁명적 투쟁 없이 자본주의[적 사회관계]로 바뀐 경우도 많았다. 예컨대 독일과 일본은 아래로부터가 아니라 위로부터 국가가 개입해서 사회가 바뀌었다.

노동자 혁명의 패턴은 완전히 다르다. 어째서 그러한가? 노동계급은 무산계급이기 때문에 경제 권력을 키울 수단이 없고 자본주의라는 모태 안에서 다른 사회관계를 확립할 수도 없다. 따라서 노동계급은 우선 혁명적 대중투쟁으로 자본가계급의 정치권력을 무너뜨리고 노동자 정치권력을 수립해야 한다. 드레이퍼는 다음과 같이 썼다.

> 요약하면 이렇다. 마르크스가 보기에 노동계급은 (자본가계급과 달리) 낡은 체제 안에서 독자적인 경제 권력 체제를 발전시킬 수 없고, 따라

서 정치권력의 고지를 차지하기 위한 권력의 발판을 마련할 수 없다. 그러므로 순서는 반대여야 한다. 노동계급은 지배계급이 되려 한 다른 모든 계급과 마찬가지로 우선 정치 운동을 조직해서 정치권력을 획득한 다음 사회적·경제적 변혁을 추진해야 한다. 자본가계급에게 정치권력은 유산계급으로서의 사회적·경제적 권력이 무르익다 못해 흐무러질 때 수확하는 열매다. 노동계급에게 정치권력은 새로운 사회질서를 실현하는 추동력으로서 필요한 것이다.[60]

호랑이 가죽을 조금씩 벗길 순 없는 법

사회주의 운동 안에는 혁명이 아니라 평화로운 개혁이야말로 사회주의를 실현할 가장 "현실적인" 방법이라고 주장하는 온건파가 늘 있었다. 20세기 초 독일사회민주당(이하 독일 사민당)의 온건한 '수정주의'가 가장 유명한 사례다(당시에 사회민주주의는 사회주의를 뜻하는 말이었다). 이 경향을 이끈 에두아르트 베른슈타인은 자본주의가 더는 위기에 빠지지 않을 것이며 노동계급의 생활수준을 천천히 개선하면서 계급 적대를 완화하고 있다고 주장했다. 노동조합과 협동조합이 성장하고 무엇보다도 사회주의 정당이 의회에서 다수파가 된다면, 그리고 지나치게 급진적인 노선으로 기업이 놀라 달아나게 하지만 않는다면, 독일 사민당은 느리지만 확실하게 사회주의를 실현할 것이라고 베른슈타인은 주장했다. 이제 사회주의는 경제적으로 필요한 일이 아니라 도덕적 사명이고 부자에게도 매력을 주는 사상일 수 있다는 것이다.

베른슈타인은 "사회주의의 최종 목표는 아무것도 아니며 운동이 전부다"라는 유명한 말을 남겼다.[61] 그러나 '수정주의'(마르크스주의의 혁명적 신조를 온건하게 수정했다 해서 붙은 이름이다)는 애초에 '운동'의 개념부터가 다르다. 수정주의는 파업과 거리 시위 같은 투쟁의 의의를 깎아내린다. 수정주의의 관점으로 보면 이런 활동은 지나치게 소란스럽고 자본가계급을 겁먹게 한다. 수정주의자들은 점진적 변화만을 요구해서 자본가계급을 달래려 했다(게다가 베른슈타인은 "미개인의 수호자" 구실을 할 "문명인"의 권리를 옹호한다면서 식민주의를 지지하기도 했다).[62]

이런 사회주의관은 두 가지 문제점이 있다. 우선 이런 전망에 따르면 노동계급은 스스로 해방될 수 없다. 노동계급은 변화를 대신 성취해 줄 다른 누군가에게 기대야 한다. 계급투쟁은 오로지 지배층에 압력을 넣는 수단일 뿐이다. 노동자들은 새로운 사회를 건설하는 법을 자주적 행동으로 배우지 못한다. 노동자들은 행동대에 불과하거나 심지어는 수동적 표밭쯤으로 취급된다. 개혁주의의 또 다른 더 중대한 문제점은 권력자들이 결코 평화롭게 스스로 권력을 포기하지 않는다는 단순한 이유 때문에 개혁주의가 현실에서 통하지 않는다는 것이다. 1917년 러시아 혁명을 두 눈으로 목격한 앨버트 리스 윌리엄스는 다음과 같이 썼다. "어느 특권계급도 자신의 특권을 하나라도 순순히 내려놓지 않았다. 전통에 물든 어느 계급도 기꺼이 옛것을 버리고 새것을 달갑게 맞이하지 않는다."[63] 사회주의가 정말로 부를 몰수하고 생산을 사회화하는 사회가 되려면 사용자들의 권력과 부, 그리고 부를 갈취할 능력을 빼앗아야 한다. 이것을 할부로 하든 일시에 하든 지배계급은 온 힘을 다해 저항할 것이다. 역사가 리처드 헨리 토니가 말했듯이 "양파는 한 겹씩 벗겨 먹을 수 있지만,

살아 있는 호랑이의 가죽을 조금씩 벗길 수는 없는 법이다."[64]

미국 남부의 노예 소유주들은 1850년대에 노예제를 폐지한 주가 생기면서 중앙정부에서 누리던 권력 독점이 위태로워지자 경제 권력과 정치권력을 지키기 위해 분리 독립과 전쟁까지 불사했다. 만에 하나 사회주의자들이 정부 내 선출직의 다수를 차지하더라도 노예 소유주의 반란 같은 일을 맞닥뜨릴 것이다. 자본가계급은 정부를 자신의 이해관계에 굴복시키거나 그렇게 안 되면 아예 타도하려고 총력을 기울일 것이다. 자본주의 국가가 경찰, 군대, 감옥을 두는 것도 이런 이유에서다. 무력은 자본주의를 위협하는 모든 시도를 저지하는 최종 방어선이다.

세계 각지에서 벌어진 군사 쿠데타가 잘 보여 주듯 권력자들은 때때로 형식적인 민주주의조차 위협으로 간주한다. 20세기 초에 로자 룩셈부르크도 이 점을 지적했다. "형식상 민주적인 대의제는 내용상으로는 지배계급의 이익을 위한 수단이 된다. 현실에서 이 점은 민주제가 본래의 계급적 성격을 부정하고 인민의 진정한 이익을 위한 수단으로 돌변할 경향을 보이자마자 자본가계급과 자본주의 국가의 대표들이 민주주의를 파괴하는 데서 분명히 드러난다."[65]

1973년 칠레에서 정확히 그런 일이 일어났다. 당시 칠레에서는 인민연합이 선거에서 승리해 사회주의를 표방하는 정부를 수립했으며 이는 공장점거 운동과 토지 점거 운동, 대중파업의 물결을 고무했다. 대통령 살바도르 아옌데는 평화롭게 헌법을 지키며 사회주의에 도달한다는 "칠레식 노선"을 설파했고, "헌정 질서"를 존중한다는 것을 입증해 보이려고 매 순간 대중운동을 제지했다. 아옌데는 장성들을 내각에 끌어들이고(이 중에는 나중에 쿠데타를 일으켜서 아옌데 정권을 타도한 피노체트도 있었다) 이들이 헌법을 존중한다고 대중을 안심시켰다. 아옌데는 군부, 사법제도, 교육제도를 건드리지 않겠다는 '서약'에 서명했고, 노동자들이 파시스트 폭력배에 맞서 스스로를 지키려고 비축한 무기를 군대가 수색하고 압수하는 것을 허가했다.

유감스럽게도 칠레의 부자들(그리고 미국 정부에 있는 그 동맹자들)은 자신의 지배력이 보장되는 한에서만 헌법을 존중했다. 성장하는 노동계급 운동을 두려워한 부자들은 무자비한 군사 쿠데타를 지지했으며 미국도 쿠데타를 지원했다. 미국의 국무 장관 헨리 키신저는 1970년에 다음과 같이 말했다. "한 나라가 국민의 무책임함 때문에 공산화되는 것을 가만히 지켜볼 수는 없다. 이것은 칠레 유권자들이 알아서 결정하기에는 너무나 심각한 문제다."[66] 장군 피노체트가 이끈 군대는 대통령궁에서 아옌데를 살해하고 노동자 운동을 피바다로 만들었다. 군대는 수만 명을 산티아고 경기장에 가두고 수천 명을 학살했다. 피노체트의 군대에게 살해당하기까지 대통령궁에서 자기 자리를 지킨 아옌데의 행동은 영웅적이었지만, 아옌데의 절대적 헌법 존중은 대중운동이 방향감각을 잃게 했고 피노체트가 운동을 박살 내기 위해 전열을 가다듬을 틈을 줬다.[67]

1930년대와 1940년대에 소련 스탈린 정권의 지도를 따라 혁명적 마르크스주의를 진작에 포기한 당시 공산당들은 아옌데의 패배를 보고 매우 보수적인 교훈을 도출했다. 각국 공산당은 아옌데가 노동자 운동을 무디게 만들어 패배를 자초한 것이 문제가 아니라 계급투쟁이 지나쳐서 반동을 자극한 것이 문제였다고 진단했다. 이탈리아공산당의 지도자 엔리코 베를링구에르는 두려워하며 다음과 같이 말했다. “칠레의 비극은 인민의 세력이 사회와 국가의 근본적 통제권에 손을 대면 더 난폭하고 흉악한 반민주적 반동이 일어난다는 것을 보여 줬다.”[68] 베를링구에르는 노동자들이 권력 장악을 꾀하기보다는 자본주의와 타협해야 한다는 결론을 내렸다. 트로츠키는 다음과 같이 썼다. “자유주의자들은 노동자들에게 계급투쟁이 역풍을 부른다고 늘 말한다. 개혁주의자들도 마르크스주의자에게 똑같은 비난을 한다. … 이런 비난은 결국 피지배 집단이 머뭇거려 주면 … 지배자도 피지배자를 부득이 짓밟지 않아도 된다는 오묘한 사상에 도달한다.”[69]

마르크스와 엥겔스는 사회 변화에 대한 모든 희망을 의회 제도에 거는 경향을 “의회 백치증”이라고 일컬으며 신랄하게 비판했다.[70] 그들은 사회주의를 “다음 세대의 중대 과제”로 미룬 채 “온갖 하찮은 일에 관여하거나 자본주의 사회질서를 땜질하는” 데 골몰하며 “최소한 뭔가를 하고 있다는 인상을 주는 동시에 부르주아지를 놀라게 하지 않으려” 하는 독일 사민당원들을 조롱했다.[71] 마르크스와 엥겔스가 선거 참여를 반대한 것은 아니다. 그들은 선거를 혁명가들이 “대중에게 혁명적 관점을 선보일” 좋은 기회로 봤다.[72] 그러나 ‘교양깨나 있으신 분들’을 의회로 보내 노동자의 이해관계를 위로부터 대표하게 하는 것을 과제로 삼은 사회주의자에게는 경멸을 퍼부었다. 마르크스와 엥겔스는 독일 사회주의 운동의 지도자들에게 보내는 편지에서 성난 어조로 다음과 같이 딱 잘라 말했다. “노동자는 스스로를 해방하기엔 너무 무식해서 상·하층 중간계급의 자비로운 성원들이 위에서 해방해 줘야 한다고 주장하는 사람들과는 협력하지 않을 것입니다.”[73] 어떤 대가를 치러서라도 선거에서 승리하려는 노력은 일부 사회주의자들 사이에서 정치적 색채를 희석해서라도 대중성을 키우려는 경향을 낳았다. 개혁주의는 원칙이 이끄는 정치가 아니라 기회주의로 빠졌다. 룩셈부르크는 기회주의를 "순간의 이득을 위해 계급투쟁의 기본 원칙을 포기하는 것"이라고 말했다.[74]

역사를 보면 선거를 통해 집권한 사회주의 정당들의 경험은 분명 언제나 그랬다. 이 정당들은 자본주의와 대결하는 대신 그것을 옹호했고 자본주의를 변혁하기보다는 그것에 적응했다. "이 체제에는 한 사람도, 한 푼도 못 내준다"던[75] 독일 사민당 지도자들은 제1차세계대전이 터지자 '자국' 정부의 전쟁 노력을 지지했고 《공산당 선언》에 아로새겨진 노동계급 국제주의의 원칙을 완전히 저버렸다(유럽의 다른 주요 사회주의 정당 지도자들도 마찬가지였다). 개혁주의자들은 혁명적 국제주의 운동인 마르크스주의 운동을 국민적 개혁주의 운동으로 전락시켰다. 독일 사민당 지도자 카를 카우츠키는 사회주의 인터내셔널이 "본질적으로 평화 기구"이기 때문에 전시에는 효과적이지 않다며 유럽의 사회주의 운동이 기회주의로 굴러떨어진 것을 두둔했다.[76] 1915년에 룩셈부르크는 "《공산당 선언》의 전 지구적 호소가 이제 근본적으로 개정돼 … 다음과 같이 읽힌다"고 비꼬았다. "만국의 노동자여 평화기에는 단결하고 전시에는 서로 총질을 하라!"[77] 더 최근의 사례도 있다. 1980년대의 프랑수아 미테랑과 1990년대의 리오넬 조스팽의 프랑스 사회당 정부는 프랑스의 사회 안전망을 파괴하는 정책을 폈고, 덕분에 프랑스 자본가들은 수익성을 유지할 수 있었다.[78]

1981년 미테랑이 대통령으로 당선했을 때 두려움에 빠진 프랑스 자본가들은 금융에서의 영향력을 총동원해 미테랑을 압박했다. 그러자 미테랑은 재빨리 자본가들을 안심시키려고 임금을 동결하고 노동조합을 약화시키는 산업 구조조정 계획을 세우고 [사회주의자이자 저술가] 다니엘 싱어의 표현을 빌리면 "노동조합이 쟁취한 많은 성과를 [노동] 유연성의 제단에 바치는" 등 여러 긴축정책을 펼쳤다.[79] 1990년대 미국의 빌 클린턴 정부처럼 미테랑 정부도 우파 정권이 시행했다면 노동계급의 거센 반발에 부딪혔을 여러 보수적 조치를 비교적 순조롭게 밀어붙일 수 있었다. 그러면서 개혁주의는 극도로 온건한 이미지를 추구했다. 싱어는 다음과 같이 썼다. "프랑스 사회당이 말랑말랑해졌다는 것조차 과분한 평가다. 계급이나 자본주의 개념, 심지어 사회주의라는 말 자체가 프랑스 사회당의 언사에서 실종됐다."[80] 자본은 미테랑의 정책에 그지없이 기뻐했다. 미테랑이 재임하는 동안 파리 주식시장의 주가는 뉴욕 증시보다 두 배 빨리 치솟았다. 싱어는 이어서 다음과 같이 썼다. "당선 직후 미테랑은 의심의 눈초리를 받았다. 그러나 5년 후 프랑스사회당이 패배해 정부를 떠날 때 〈이코노미스트〉, 〈파이낸셜 타임스〉, 〈월스트리트 저널〉은 일제히 저 고독한 대통령을 향해 좌파와 프랑스, 서방 세계에 크게 공헌한 현명한 정치인이라는 찬사를 보냈다."[81]

옛 사민주의가 스탈린주의처럼 사회주의를 국가와 동일시했다면, 요즘 유럽의 사민주의는 사회주의라는 허울조차 내던져 버렸다. 제2차세계대전 이후 유럽의 사회민주당들은 시장과 생산수단 국유화 사이 어딘가에 있는 '혼합 경제'를 지지했다. 그리고 신자유주의의 시대가 도래하자 이들은 국가 '사회주의'조차 포기했다. 그 대신 "제3의 길"을 주장하며 사회적 임금을 삭감하고 노동자의 권리를 축소하는 신자유주의 긴축정책을 공공연히 지지했다.[82] 이렇게 그들은 자신을 지지하던 노동계급과 점점 멀어졌다.

개혁주의가 성공하려면 국가는 어느 정당이든 그 자리를 채울 수 있는 빈 그릇 같은 중립적인 기구여야 한다. 룩셈부르크는 개혁주의의 파산을 선고하는 글에서 다음과 같이 지적했다. 사회혁명이 아니라 개혁 입법을 선호하는 사람들은 "목적은 같은데 그저 더 평화롭고 차분하고 느린 길을 선택한 것이 아니라 아예 다른 목적을 선택한 것이다. 그들이 추구하는 것은 새로운 사회의 건설이 아니라 낡은 사회의 피상적 개량이다."[83]

그러나 개혁주의를 거부하는 것이 곧 개혁, 특히 개혁을 위한 투쟁을 거부하는 것은 아님을 명심해야 한다. 레닌이 주장했듯이 "아나키스트와 달리 마르크스주의자는 개혁을 위한 투쟁, 즉 지배계급의 권력을 파괴하지 않더라도 노동자들의 조건을 개선할 조처를 요구하는 투쟁의 중요성을 인정한다."

> 그렇지만 동시에 마르크스주의자는, 직접적이든 간접적이든 노동계급의 활동과 목표를 개혁을 성취하는 것으로 제한하는 개혁주의와 가장 가차없이 투쟁한다. 개혁주의는 노동자를 상대로 한 부르주아지의 기만책이며 이런저런 개선이 있다 한들 자본의 지배가 계속되는 한 노동자는 여전히 임금 노예다. …
>
> 개혁주의의 영향력이 클수록, 노동자들은 더 취약해지고 부르주아지에 더 종속되며 부르주아지가 온갖 속임수를 동원해 개혁을 무로 돌리기가 더 쉬워진다. 노동계급의 운동이 독립적이고, 폭넓고 근본적인 목표를 추구하며, 개혁주의의 협소함에서 멀어질수록, 노동계급은 개혁을 더 수월하게 지키고 활용할 수 있다.[84]

노동자들은 임금이나 노동조건 향상, 사회적·정치적 처우 개선 같은 당면 요구를 내걸고 투쟁할 때 비로소 자신의 힘을 깨닫고 집단행동으로 자신감을 얻어서 혁명적 행동으로 나아갈 수 있다. 투쟁이 의식을 변화시키는 것이다. 그렇기 때문에 개혁을 위한 투쟁은 더 나아갈 잠재력이 있다. 일단 투쟁을 시작한 노동자는 당면한 조건 너머로 시야가 넓어지기 때문이다. 이런 시야로 보면 새로운 세상의 모습은 더 가까워 보인다. 그러나 개혁을 위한 투쟁을 혁명과 동일시해선 안 된다. 대중과 사회가 격동하는 혁명기에는 대중적인 규모로 의식이 변한다. 이것은 혁명의 조건이기도 하고 결과이기도 하다. 마르크스와 엥겔스는 다음과 같이 썼다.

> 이렇게 공산주의 의식을 대량생산하고 대의 자체를 성취하려면 인간 자체를 대대적으로 고쳐야 하며, 이런 변화는 실천적 운동, 즉 혁명으로만 가능하다. 그런 점에서 혁명은 단지 지배계급을 타도할 유일한 방법일 뿐 아니라, 지배계급을 타도할 계급이 묵은 오물을 털어 내고 새 사회에 적합하게 거듭날 유일한 방법이기 때문에 필요한 것이다.[85]

혁명은 어떤 모습일까?

트로츠키는 사회주의 혁명을 "대중이 역사적 사건에 직접 관여하고 … 자기 운명을 지배하는 영역으로 강제로 밀고 들어가는 것"으로 묘사했다.[86] 혁명은 결국 새로운 계급이 기존 지배계급을 몰아내고 낡은 사회의 폐허 위에 새로운 질서를 세우는 권력 투쟁이다. 국가는 투쟁이 혁명적이지 않아도 종종 폭력에 의지한다는 것을 우리는 안다. 미국에선 평화로운 반전 시위가 열릴 때마다 폭동 진압 장비로 완전무장한 경찰이 출동한다. 수많은 노동자가 공장·병원·학교를 접수하고 민주적으로 운영하려 한다면 경찰이 무슨 짓을 벌일지 상상해 보라. 그래서 사회주의자들은 국가가 저렇게 강력한데 저항이 가능하겠냐는 문제 제기에 자주 부딪힌다.

언뜻 보면 해결 불가능한 난제인 듯도 하다. 단편적 개혁은 사회를 근본적으로 바꾸지 못하지만 혁명은 압도적으로 강력한 힘에 저지당할 것이다. 어쩌면 최선의 희망은 자본가의 권력을 위협하지 않는 사소한 변화일지도 모른다. 이런 시각엔 두 가지 문제가 있다. 우선 투쟁이 공세적이고 단결돼 있어야 사소한 개혁이라도 성취할 가능성이 커진다. 게다가 무소불위인 듯했던 강력한 정권이 대중 반란의 무게를 이기지 못하고 무너진 사례는 아주 많다. 무시무시한 보안경찰이 지키던 이란의 샤 정권이 1978년에 붕괴할 것이라고 예측한 사람은 아무도 없었다. 서방 언론들이 함락 불가능한 스탈린주의 독재의 보루로 묘사한 동유럽 정권들은 1989년에 무너졌다. 35년 동안 이어진 이집트의 무바라크 독재 정권은 이집트 혁명이 일어나 17일 만에 무너져 버리기 직전까지만 해도 아주 견고해 보였다.

국가가 전능하다는 시각은 혁명이란 무엇이고 어떤 조건에서 일어나는지를 오해하는 데서 비롯한다. 혁명이 승리하는 이유는 혁명 세력의 무력이 더 우세하기 때문이 아니다. 무력이 우세할 때만 혁명이 승리한다면 승리한 혁명은 결코 존재할 수 없을 것이다. 혁명적 상황은 수많은 보통 사람들이 사회가 이대로는 계속될 수 없다고 확신하고, 지배자들이 질서 회복과 위기 극복 방안을 두고 분열하고 혼란에 빠질 때 나타난다. 레닌은 다음과 같이 썼다.

혁명적 상황이 없으면 혁명도 없다는 것은 마르크스주의자의 관점에서 당연한 말이다. 더 나아가, 혁명적 상황이 모두 혁명으로 이어지는 것도 아니다. 일반적으로 말해, 혁명적 상황의 징후는 무엇인가? … (1) 지배계급이 이대로는 지배를 더 유지할 수 없고, '상층계급' 내에서 지배계급의 정책을 둘러싸고 어떤 형태로든 위기가 벌어져서 피지배 계급의 불만과 분노가 터져 나올 균열이 생길 때. '하층계급'이 기존 방식대로 사는 것을 '거부'하는 것만으로는 혁명이 일어나지 않는다. '상층계급'도 기존 방식대로 사는 것을 '지속할 수 없어야' 비로소 혁명이 일어난다. (2) 피지배 계급의 고통과 결핍이 평소보다 더 극심해질 때. (3) 이런 요인들 탓에 대중의 활동이 상당히 증가할 때. '평화기'의 대중은 가만히 앉아서 도적질당하지만, 격변기의 대중은 전반적 위기 상황과 상층계급이 스스로 벌이는 행위 모두에 의해 독자적인 역사적 행위에 나서게 된다.[87]

상승하는 운동은 일시적으로 국가와 국가가 대변하는 지배계급을 수세로 몬다. 지배자들은 질서를 회복할 방안을 두고 분열한다. 개혁을 양보해 운동을 달래야 할까? 운동을 탄압해야 할까? 둘 다 해야 할까? 그러다 개혁을 허용한다. 그러나 운동은 만족하고 멈추기는커녕 더 대담해지며 여성과 소수민족 등 차별받고 착취받는 온갖 피지배 집단을 대열에 끌어들인다.

지배계급 일부와 군부는 저항을 물리적으로 분쇄해서 무력으로 질서를 회복할 가능성을 타진하기 시작한다. 반동 세력은 운동의 방어선을 들쑤시며 약점을 탐색하기 시작한다. 사회의 균형이 칼끝에 선다. 구질서가 권력을 되찾을 것인가, 새로운 사회 세력이 권력을 차지할 것인가? 이것이 혁명적 상황의 본질이다. 물론 운동 지도자들이 투쟁의 방향을 기존 질서에 근본적으로 도전하지 않는 개혁으로 틀 수 있다면 운동이 혁명으로 커지기 전에 가라앉을 수도 있다. 1968년 5월 프랑스에서 벌어진 총파업이 그런 사례였는데, 그렇게 되면 운동이 사그라들고 구질서가 반혁명적 폭력 없이 회복한다. 그러나 투쟁이 더 전진할 수 있고 반드시 그래야 한다고 노동자들이 확신한다면 그다음 일은 둘 중 하나다. 노동계급이 단결해 수많은 대중을 이끌고 기존 국가권력을 해체하거나 운동이 진압되거나.

혁명적 상황이 되면 어김없이 '이중권력'이 출현한다. '이중권력'이란 노동자평의회나 그와 유사한 대중 권력기관이 생겨나 기존의 국가와 공존하는 상황을 뜻한다. 그러나 이 '이중권력' 상황은 오래가지 않는다. 모든 혁명적 상황은 노동자평의회나 그와 비슷한 직접민주제 기구에 기초한 새로운 국가를 수립해 사회가 전진하는 것으로 이어지거나, 아니면 노동자 조직이 파괴되고 자본주의 질서가 회복돼서 사회가 후퇴하는 것으로 이어진다.

사회주의를 실현하려면 노동계급은 투쟁을 조직하는 수단이자 혁명적 국가권력 기관이 될 잠재력이 있는 자기 조직 기구를 만들어야 한다. 그러나 노동계급은 기존 권력을 무너뜨려야만 새로운 권력집단이 될 수 있다. 이를 위해 노동계급은 조직돼 있어야 할 뿐만 아니라, 차별받는 사람들의 다수와 중간계급 전반의 지지를 받아야 한다. 그리고 무장을 하고 거리와 공장에 대한 지배력을 지킬 태세가 돼 있어야 한다. 앞에서 봤듯이, 지배계급이 온 힘을 다해 기득권을 지키려 할 것이기에 결국에는 무력이 중요한 결정 요인이 될 것이다.

1905년 러시아 혁명에서 상트페테르부르크 노동자평의회의 의장을 지낸 트로츠키는 훗날 다음과 같이 썼다.

> 투쟁할 때는 적을 약화시키는 것이 매우 중요하다. 파업이 바로 이런 구실을 한다. 동시에 파업은 혁명을 일으킬 군대를 만들어 낸다. 그러나 둘 모두 그 자체로 국가를 전복하는 혁명을 만들어 내는 것은 아니다. 권력을 기존 지배자에게서 빼앗아 와 혁명이 인수해야 한다. 이것이 근본적인 과제다. 총파업은 혁명이 벌어지는 데 필수적인 요건을 마련할 뿐 근본적 과제를 해결하는 데는 한참 못 미친다. 어느 시점이 되면 혁명에서 가장 중요한 물음은 다음과 같은 것이 된다. 병사들은 누구의 편인가? 그들의 지지와 총검은 어디를 향할 것인가?[88]

큰 격변기에 군대는 지배계급의 가장 약한 고리가 된다. 병사들이 지배계급의 명령을 수행할 규율이 있어야 탄압도 가능하다. 그러나 거대한 사회적 격변기에는 그것이 결코 보장되지 않는다. 병사들도 대다수는 노동자이기 때문이다. 이런 일이 벌어지지 않으면 혁명은 결코 승리할 수 없을 것이다.

트로츠키는 1917년 러시아 혁명의 역사를 다룬 책에서 다음과 같이 쓴다. "어느 시점이 되면 모든 혁명의 운명은 군대를 움직이는 힘에 균열이 발생할지 아닐지에 따라 판가름된다. 수도 많고 규율도 있고 잘 무장하고 있으며 일사불란하게 움직이는 군 병력을 상대로 거의 무장하지 않은 대중이 승리를 거두는 것은 불가능하다. 그러나 국가적 위기가 깊으면 군대도 어떤 식으로든 영향을 받는다. 이처럼 혁명이 승리할 가능성은 진정한 대중 혁명이 처한 상황과 함께 무르익는다(물론 그렇다고 그 승리가 보장되는 것은 아니다)."[89] 대중

운동은 병사들의 심금을 울려서 군대를 분열시키고 병사들이 혁명의 편으로 넘어오게 할 수 있다. 그러나 운동이 성공하려면 병사들에게 운동의 목표가 권력 쟁취라는 확신을 줘야 한다. 병사들이 혁명의 편으로 넘어오면 '전능'하던 국가는 무력을 동원하지 못해 일시적으로 마비된다. 그러나 그러려면 운동이 충분히 강력해야 하며 병사들이 운동의 승리를 확신하게 할 분명한 강령을 제시해야 한다. 트로츠키는 더 자세히 설명한다.

> 반란 세력이 진짜 반란을 일으켰다고 믿는 병사가 늘어날수록, 즉 끝나고 나면 부대로 복귀해야 하는 시위 정도가 아니라 생사를 건 투쟁이 벌어지고 있으며, 여기에 내가 동참하면 민중이 승리할 수 있고 민중이 승리하면 처벌받지 않을 뿐만 아니라 모두의 처지가 나아진다고 믿는 병사가 많아질수록, 병사들은 더 기꺼이 총구를 돌리고 민중의 편으로 넘어간다. 다시 말해 죽음을 무릅쓰고서라도 승리하겠다는 태세일 때에만 혁명가들은 병사들의 마음에 균열을 낼 수 있다.[90]

1917년 러시아 혁명에서 바로 이런 일이 벌어졌다. 대규모 거리 시위가 한창일 때는 시위를 진압하라고 투입된 카자크족 기병대도 말 아래로 파고드는 노동자들을 못 본 체했고 정규군은 군중을 공격하는 경찰에게 총구를 돌렸다고 트로츠키는 서술한다.[91] 계급투쟁의 역사에는 이런 사례가 수도 없이 많다.

1877년 미국에서 철도 노동자들이 미국 역사 최초로 전국적 대중 파업을 감행하는 위대한 반란을 일으켰을 때, 많은 주 방위대가 파업 노동자를 공격하기를 거부했다. 노동자들이 회사의 재산을 장악하자 필라델피아앤리딩 철도 회사로 파견된 펜실베이니아주 방위대 병사들은 근무를 서기는 하겠지만 "우리도 노동자이며 우리는 같은 노동자를 죽이고 싶지 않기 때문에 발포 명령을 받으면 항명하겠다"고 했다.[92]

작고한 마르크스주의자 토니 클리프는 1975년 포르투갈 혁명에서 있었던 비슷한 과정을 서술했다.

> 리스본 변두리에 있는 바이로 다 보아비스타의 판자촌 주민들은 3년 동안 비어 있던 주택단지를 점거했다. … 이들을 양철 판잣집이 밀집한 빈민가로 강제로 돌려보내기 위해 … 군부대가 파견됐다. 부대 지휘관은 … 가장 약한 고리라고 생각한 집으로 곧장 갔다. 전기가 들어오고 침실 두 개가 딸린 공동주택에 늙은 과부가 여섯 아들을 데리고 들어와 있었다. 과부는 항의했다. "차라리 여기서 날 쏴 죽여라. 평생 맨땅에 살았는데 여기서 죽으면 그래도 그럴듯한 방바닥에서 죽겠네." 지휘관은 잠시 머뭇거렸다. 바깥에서는 강제 퇴거에 저항하려고 모여든 남녀와 아이들이 병사들에게 소리쳤다. "여러분의 가족도 같은 일을 당할 수 있습니다. 여러분도 같은 인민 아닙니까! 형제·자매가 아니라 투기꾼에게 총구를 돌리십시오!" 그 말을 알아들은 지휘관은 부대를 이끌고 주택단지를 떠났다.[93]

8장

마르크스에서 레닌으로: 마르크스주의와 정치조직

마르크스와 엥겔스는 마치 나무에서 다 익은 과일이 떨어지듯이 자본주의에서 조건이 무르익으면 사회주의가 '저절로' 온다고 생각하지 않았다. 그렇게 간단한 일이었다면 자본주의는 진작에 무너졌을 것이다. 마르크스와 엥겔스는 정치를 발전시키던 초창기부터 이미 다음과 같이 썼다. "역사는 아무것도 하지 않는다. '어마어마한 부를 소유하지도' 않고 '투쟁을 벌이지도' 않는다. 소유하고 투쟁하는 것은 살아 숨 쉬는 현실의 인간이다. '역사'란 인간을 이용해 목적을 달성하는 독자적인 인격 같은 것이 아니다. 역사란 바로 인간이 자신의 목적을 추구하는 활동 자체다."[1]

자본주의는 사회주의를 가능케 하는 물질적·객관적 조건을 마련한다. 광적인 축적 동기가 풍요를 낳고, 거듭거듭 위기에 빠지는 경향이 있으며, "철저한 속박"을 당하고 있어서 자신의 해방이 곧 계급 지배 일체의 폐지를 가져오는 계급이 있다.[2] 자본주의 자체가 노동계급을 조직하며 노동계급은 역사에서 처음으로 집단적 투쟁으로 계급 지배가 없는 사회를 세울 수 있는 피지배 계급이다. 사회주의를 실현하려면 그런 변화를 실현하도록 노동계급이 조직돼야 한다.

사회를 바꾸려면 새로운 사상이 필요하지만 새로운 사상이 사회에 힘을 행사하려면 그것의 실행을 위해 조직된 현실의 인간이 있어야 한다. 마르크스와 엥겔스가 썼듯이 "사상은 아무것도 실행하지 못한다. 사상이 실행되려면 현실에서 힘을 행사하는 인간이 있어야 한다."[3] 그리고 엥겔스가 지적했듯이 현대 산업이 발전하고 현대 임금노동자 계급이 등장하면서부터 "공산주의 사상은 상상력을 통해 더없이 완벽한 이상 사회를 그리는 것이 더는 아니게 됐다. 그것은 노동계급이 벌이는 투쟁의 성격, 조건, 그에 따른 일반 목표를 꿰뚫어 보는 통찰을 뜻하게 됐다."[4]

그러나 노동계급은 현대의 생산 때문에 단결하기도 하고 경쟁과 계급 내 다양한 차별 때문에 분열하기도 한다. 다수의 노동으로 득을 보는 지배층은 의도적으로 분열을 부추김으로써, 반란을 차단할 뿐만 아니라 노동자들과 차별받는 사람들이 서로 싸우게 해서 모두의 처지를 악화시킬 수도 있다. 《공산당 선언》이 말하는 "사회의 지배적 사상"은 사회의 밑바닥층에서 반란을 일으켜 체제를 위협할지도 모를 사람들을 정확하게 겨냥한다.

그래서 노동계급이 혁명적 계급이라는 것은 노동계급의 가능성을 말한다. 핼 드레이퍼가 지적했듯이 "이것은 사회적 추동력을 일컫는 표현이지 현 상태를 묘사한 것이 아니다. 누구나 그렇듯이 혁명적 계급도 처음에는 '반동적 갈망'과 편견에 휩싸여 있다. 그렇지 않다면 노동자 혁명은 언제나 코앞에 닥친 일이었을 것이다."[5] 마르크스의 물음은 다음과 같다. 노동자들은 어떻게 "즉자적" 계급에서 "대자적" 계급으로 발돋움하는가? 즉, 어떻게 사회의 부를 생산하는 데서 노동력 판매자이자 이윤 생산자의 구실을 맡은 계급이 생산을 장악해 그것을 인류의 필요에 맞게 바꾸는 역사적 사명을 자각하고 사명을 완수하기 적합한 방식으로 뭉친 계급으로 될 수 있는가?

노동자 자신의 경험과 "지배적 사상"이 충돌하면 노동자의 의식이 변화할 가능성, 즉 지배 질서를 지탱하는 사상과 반대되는 새로운 사상을 받아들일 가능성이 열린다. 실제로 경험하고 현실에서 관찰한 것, 특히 이 체제가 강요하는 투쟁을 통해 경험한 것이 기존에 배운 신념과 줄다리기를 하면서 일부(전부는 아닐 테다) 노동자들은 자본주의를 반대해야 한다는 결론에 도달한다. 투쟁은 이런 의식의 급성장을 돕는다. 조직은 투쟁의 효과를 높이며, 그래서 더 많은 노동자들이 같은 결론에 도달하도록 도움을 준다. 조직은 투쟁에 꼭 필요한 조건이자 성과다.

순수한 자발성이란 없다. 집단행동을 하려면 어떤 식으로든 집단을(그 크기가 어떻든) 조직해야 한다. 즉, 어떤 개인이든 집단이든 누군가는 책임을 지고 행동을 이끌어야 한다. 일단 운동이 시작하면 참가자들은 더 지속적이고 효과적인 조직 방식을 자연스럽게 떠올리기 시작한다. 이탈리아의 마르크스주의자 안토니오 그람시가 파시즘 치하의 감옥에서 썼듯이 "모든 '자발적' 운동은 초보적인 '지도'"와 "규율의 요소를 포함한다."[6] 물론 대부분의 경우 주도력을 발휘해 운동을 시작한 사람들은 자신이 무엇을 어떻게 했는지를 애써 기록으로 남기지 않지만 말이다.

가장 개인주의적인 중간계급 아나키스트만이 조직의 필요성을 부정할 것이다. 자본가들은 두뇌 집단과 관리자와 각 분야의 전문가를 거느리고 있을뿐더러 설득이 먹히지 않을 때 체제를 수호할 능력과 준비 태세를 갖춘 공권력과 사병 조직도 갖고 있다. 세상을 바꾸고 싶다면 우리 편도 반드시 조직돼야 한다. 문제는 어떤 조직이냐다. 그러나 이 물음이 의미가 있으려면 그 전에 무엇을 위해 누구를(어떤 사회 계급과 세력을) 조직할 것인가에 답해야 한다. 사회주의를 위해 투쟁하려는 조직은 점심 시간 연장을 위해 투쟁하려는 조직보다 당연히 훨씬 의식적이고 조직적이어야 한다.

부르주아 혁명 운동에서는 피착취 계급이 다른 계급(또는 계급들)의 목적을 달성하는 데 동원됐다. 부르주아 혁명에서 대중은 본질적으로 구질서를 무너뜨리는 공성 망치였다. 공성 망치로서 대중은 단기적·최종적 목적을 철저히 알지 않아도 됐다. 부르주아 혁명이 결국에는 새 착취자 집단에게나 득이 될 것임에도, 사실 부르주아 혁명의 지도자로서는 대중의 지지를 얻으려면 마치 차별받고 짓밟히는 모든 사람에게 득이 될 것처럼 포장해 대중을 속일 필요성도 얼마간 있었다.

게다가 자본주의 경제 관계가 봉건사회라는 모태 안에서 생겨나서 자본가들이 정치권력을 장악하기 전부터 경제적·재정적 권력을 키울 수 있었다는 점도 봉건사회가 자본주의로 이행하는 데 도움이 됐다. 드레이퍼가 썼듯이 "자본가계급은 결정적 정치권력을 획득하는 데서 이런 강점을 보루로 삼았다."[7] 강력한 경제 권력 덕분에 자본가계급은 많은 경우 국가를 점진적으로 변화시켜서 정치권력을 장악할 수 있었다(이것은 "위로부터의" 혁명이라고 할 수 있다).

노동계급은 이런 식으로 권력을 장악하지 못한다. 본질적으로 노동계급은 수시로 노동력을 팔아서 생존하는 무산계급이다. 노동계급은 자본주의라는 모태 안에서 경제 권력을 키워서 그것을 정치권력 획득의 지렛대로 삼지 못한다. 노동계급은 자본가계급과 정반대의 상황에 있다. 노동계급은 정치권력을 획득해야만 사회적·경제적 변혁을 수행할 수 있다. 물론 집단적 힘을 발휘해 생산을 멈출 수는 있다. 그러나 정치권력이 없으면 생산을 인간의 필요에 맞게 재편하는 단계로 나아갈 수 없다.

이를 성취하려면 노동계급은 경제적으로 조직돼야 할 뿐만 아니라 정치적으로도 조직돼야 한다. 노동계급이 지도적 계급, 다시 말해 사회에서 착취받고 차별받는 다른 집단을 이끌 수 있고 자신의 해방을 통해 새로운 사회를 건설하는 계급이 되려면 노동계급은 작업장에서의 이익을 지키거나 경제적 개선을 요구하는 투쟁에서 멈춰선 안 된다. 노동계급은 모든 사회적·정치적 횡포와 차별에 맞서 싸워야 하고 그럼으로써 자본주의에서 차별받는 모든 부문을 자기 주변으로 끌어당겨야 한다. 마르크스는 꽤 일찍부터 이런 사상을 발전시켰다. 예컨대 1843년에 마르크스는 어떤 계급이든 혁명의 지도자 구실을 하려면 "자신과 대중의 열정을 불러일으키는 순간, 즉 전체 사회와 어울리고 뒤섞여서 그 사회와 동일시되고 사회 전체를 대표하는 집단으로 여겨지고 인정받는 순간"을 이끌어 내야 한다고 썼다.[8] 예를 들어 노동조합은 이런 구실을 할 수 없는데, 노동조합은 자본주의 자체가 아니라 그것의 결과와 싸우기 때문이다. 노동자계급을 자본가계급에 대항하는 계급으로 조직하려면 노동조합 이상의 것이 필요한데, 그것은 노동계급의 경제적 투쟁과 정치적 투쟁을 결합하는 것을 목표로 하는 조직, 즉 정당이다.

《공산당 선언》에서는 이것이 간단하게만 언급된다. "노동계급을 계급으로, 따라서 정당으로 조직하려는 시도는 노동자들 사이의 경쟁 때문에 끊임없이 좌절된다. 그러나 그 정당은 계속해서 더 강하고, 더 견고하고, 더 거대한 모습으로 재등장한다."[9] 마르크스와 엥겔스는 1871년 런던에서 열린 국제노동자협회 대회에 제출한 결의안 초안에서 이 사상을 좀 더 구체적으로 말했다.

> 노동계급이 유산계급의 집단적 힘에 대항하는 유일한 방법은 유산계급이 결성한 모든 낡은 정당에 반대하는 독자적 정당을 꾸리는 것이다. … 사회혁명과 그것의 목적인 계급 철폐가 성공하려면 노동계급은 반드시 정당으로 뭉쳐야 한다. …
> 노동계급이 경제적 투쟁에서 결집한 힘은 지주와 자본가의 정치권력에 맞서는 투쟁의 지렛대로도 쓰여야 한다.[10]

경제투쟁과 정치투쟁을 결합하는 독자적 정당이 없으면 노동계급은 다른 계급에게 끌려다닐 것이고 노동계급의 목표는 다른 계급의 이익에 종속될 것이다.

그래서 마르크스와 엥겔스는 노동계급에게 정치를 멀리하라고 권하는 바쿠닌 지지자들을 비판했다. "정치적 목적으로든 사회적 목적으로든" 정부는 노동자를 탄압하기 때문에 "노동자들은 좋든 싫든 정치에 관여하지 않을 수 없다"고 엥겔스는 썼다. 노동계급은 언론·표현·결사의 자유를 도둑맞아도 정치를 멀리한다는 미명하에 가만히 있어야 할까? 정치를 기권하라는 가르침은 자본가 정당이 노동계급의 마음을 손쉽게 가로채게 할 뿐이라고 엥겔스는 주장했다. 노동자들이 계급사회를 철폐하는 유일한 수단은 그 자신의 "정치적 지배"뿐인데 그들이 어찌 정치에 관여하지 않을 수 있겠는가? 따라서 "노동계급의 정치 행동을 의제에 올린 파리코뮌 이후에는 특히, 정치를 기권하는 것은 거의 불가능해졌다." 엥겔스는 이어서 다음과 같이 썼다. "혁명이란 최상의 정치 행동이다. 혁명을 원하는 자는 그 수단인 정치적 행동을 추구해야 한다. 정치적 행동은 혁명을 준비하고 노동자에게 혁명에 필요한 것들을 가르친다. … 그러나 우리의 정치는 노동계급의 정치여야 한다. 노동자 정당은 다른 자본가 정당의 꽁무니여선 안 되며 나름의 목표와 정치가 있는 독자적 정당이어야 한다."[11]

이 인용에서 드러나듯이 마르크스와 엥겔스는 노동계급 정당의 활동을 입법 활동에 한정하지 않았다. 마르크스와 엥겔스는 선거가 사회주의자의 다른 선전 활동으로는 접촉하기 어려운 광범한 대중을 만나는 유용한 수단이며, 선거에서 당선한 사회주의자 의원은 입법 기구 바깥의 투쟁을 조직하고 확대하는 데도 도움이 된다고 봤다. 그러나 나중에 엥겔스가 주장했듯 보통선거는 "노동계급의 성숙도를 재는 측정계에 불과하다."[12]

마르크스와 엥겔스에게 정치 문제는 무엇보다도 계급 권력 문제였다. 다시 말해 자본가계급의 지배를 노동계급의 민주적인 지배로 교체하는 문제였다. 1889년에 엥겔스는 편지에서 다음과 같이 썼다. "정치권력을 쟁취하는 것은 노동계급이 새로운 사회로 가는 유일한 길이며 폭력 혁명 없이는 노동계급이 정치권력을 장악하지 못한다는 데 우리는 동의했습니다. 운명의 날이 왔을 때 승리할 만큼 노동계급이 강력해지려면 다른 모든 정당과 구별되고 대립되는 독자적 정당, 즉 의식을 갖춘 계급 정당을 결성해야 한다고 1847년부터 저와 마르크스는 주장했습니다."[13]

이 말이 뜻하는 조직은 어떤 유형의 조직일까? 마르크스와 엥겔스는 《공산당 선언》에서 대략의 해답을 제시했다. 공산주의자들은

"모든 나라의 노동계급 당파들 중에서 가장 앞서 있고 가장 결연한 일부이자 나머지 전체를 전진시키는 일부다. 다른 한편으로 이론적으로는 노동계급 운동의 조건, 진군 방향, 전반적 결과를 압도 다수 노동계급 대중보다 선명하게 이해하는 일부다[강조는 인용자]."[14]

그러나 이 계급의 일부가 나머지 부분에 영향력을 행사하고 나머지 부분을 설득하려면 일상적 투쟁에 뛰어들어야 하고 당면 요구를 쟁취하려는 투쟁을 최종 목표에 연결할 방법을 찾아야 한다. 그래서 《공산당 선언》에 나오듯이 "공산주의자는 노동계급의 당면 목표와 이익을 성취하고 강화하기 위해 싸운다. 그러면서도 현실의 운동 안에서 그 운동의 미래를 대표하고 수호한다."

공산주의자는 노동자 투쟁에 참여하는 데 더해서, 아일랜드나 폴란드의 민족해방운동, 봉건제에 맞선 투쟁, 여성의 평등을 요구하는 운동 등 "기존 사회·정치 질서에 맞서 싸우는 모든 혁명적 운동을 지지"한다. 그러나 현실의 모든 투쟁을 능동적으로 지지하면서도 동시에 "자본가계급과 노동계급의 적대를 되도록 명료하게 노동계급에게 이해시키는 노력을 잠시도 멈추지 않는다." 노동계급 운동의 형태나 발전 수준과 상관 없이 공산주의자는 모든 운동에서 "소유 문제", 즉 노동계급의 공동 행동으로 자본주의적 소유관계를 변혁하는 문제를 "각 운동의 근본 문제로 제시한다."[15]

노동자 대중 운동이 여러 나라에서 걸음마 단계이던 상황에서 마르크스와 엥겔스는 광범한 노동자들을 포괄하는 정당의 발전을 지지했다. 그 정당의 정치가 얼마나 발전했고 얼마나 명료한지는 크게 상관하지 않았다. 마르크스가 "실제 운동의 한 걸음 한 걸음이 한 묶음의 강령보다 더 중요하다"고 말한 것도 바로 이런 이유에서다.[16] 엥겔스는 당시 미국으로 이주한 독일의 사회주의자들이 현실에서 벌어지는 노동자 운동(특히 노동기사단)에 참여하는 것보다 강령의 순수성을 중시한 것을 비판했다. 엥겔스는 그 운동 "바깥에서 콧방귀를 뀌기보다는 그 안에서 그 운동을 혁명적으로 만들어야 합니다" 하고 말했다.[17] 그렇다고 해서 운동 속으로 녹아 없어지라는 말은 아니라고도 주장했다. "우리의 모든 실천을 보건대, 우리 고유의 입장이나 심지어 조직을 숨기거나 포기하지 않으면서도 상이한 단계에 있는 전체 노동계급 운동과 함께하는 것은 가능합니다."[18]

그렇게 하지 않는 것은 종파주의다. 종파주의란 현실의 운동 바깥에 서서 '순수성'을 고수하려는 것이다(따라서 아무 소득도 얻지 못하며 현실과 동떨어진다). 마르크스는 다음과 같이 썼다. "종파는 계급 운동과의 공통점이 아니라 운동과 구분되는 자신만의 특별한 징표에서 존재의 이유와 '영예'를 찾는다."[19] 그러나 예컨대 독일에서처럼 일단 광범한 정당이 형성되면 마르크스와 엥겔스는 그 당의 노동계급적·혁명적 성격을 확립하기 위해 이론과 정치를 명료히 하고 논쟁하는 것을 중시했으며 필요하다면 분열까지 감수하려 했다. 즉 "그 안에서 그 운동을 혁명적으로" 만들려 했다. 마르크스와 엥겔스는 운동 내에서 단결에만 집착하는 자들을 "모든 것을 뒤섞어 이도 저도 아닌 잡탕을 만들려 한다"고 비판했다. 1874년 독일 사회주의 운동의 지도자 아우구스트 베벨에게 보낸 편지에서 엥겔스는 다음과 같이 설명했다. "무릇 당은 그 당이 분열하고 분열을 견딜 수 있다는 사실로써 자신의 승리를 입증합니다. 노동계급의 운동은 필연적으로 여러 발전 단계를 밟습니다. 단계를 밟을 때마다 일부 사람들은 뒤처져서 전진에 합류하지 않습니다. 보통 현실에서 '노동계급의 연대'가 … 서로 죽일 듯이 반목하는 당파들의 모습으로 나타나는 이유는 이것만으로도 충분히 설명됩니다."[20]

마르크스와 엥겔스는 조직을 신격화하지 않았다. 사실, 조직에 관한 마르크스와 엥겔스의 시각은 상황에 따라 변했고, 그들은 상황에 따라 그에 걸맞은 조직 방식이 있다고 봤다. 그러나 그들의 서삭들을 종합하면 몇 가지 일반적 결론을 도출할 수 있다.

마르크스와 엥겔스는 비밀스럽고 음모적이고 상명하복으로 운영하는 조직 방식을 반대하며 상황이 허락하는 한(국가 탄압의 수준에 좌우된다) 공개적이고 민주적인 조직을 추구했고 종파주의(운동 바깥에서 콧방귀 뀌기)를 반대했다. 마르크스와 엥겔스는 언제 어디서든 노동계급의 정치적 독립성을 중시했다. 그리고 소수 집단이 노동계급의 행동을 대리하는 것에 반대하며 대중투쟁을 중시했다. 마지막으로 마르크스와 엥겔스는 '지식인' 계급의 개개인이나 엘리트를 자처하는 집단이 노동계급을 이끌어야 한다는 모든 사상과 영웅숭배에 반대했다.

마르크스와 엥겔스가 1847년 독일의 의인동맹에* 가입해서 처음에 한 일은 동맹원들에게 기존의 비밀스럽고 음모적인 활동 방식을 버리고 민주적으로 조직하고 지도부를 세우는 방식을 도입하라고 설득하는 것이었다. 훗날 마르크스는 "권위에 대한 맹신을 부추기는 모든 것을 규약에서 없앤다는 조건"으로 엥겔스와 의인동맹에 가입했다고 회고했다.[21]

---

* 의인동맹 바뵈프의 사상을 따르는 공산주의자들의 비밀 결사로, 마르크스와 엥겔스가 가입한 뒤 '공산주의자 동맹'으로 바뀌었다.

사민주의라는 우회로

마르크스와 엥겔스, 특히 엥겔스는 생전에 독일에서 최초로 대중적 사회주의 노동자 정당이 결성되는 것을 목격했다. 마르크스와 엥겔스는 신생 독일사회주의노동자당(1891년에 독일 사민당이 된다)을 자신들의 정당으로 여기면서도 그 정당의 정치적 약점들을 비판했으며 그 정당의 노동계급적 성격을 희석하려는 모든 시도에 맞서 싸웠다.

엥겔스는 독일 사민당이 선거에서 점점 성공을 거두는 것도 목격했다. 마르크스가 죽은 지 1년 후인 1884년 독일 사민당은 50만 표를 얻었고 1895년 엥겔스가 죽기 전에 200만 표를 얻었다. 엥겔스는 이 성공에 깊은 감명을 받았지만 이 성공이 기회주의를 키우는 것을 경계했다. 계급투쟁이 비교적 잠잠한 동안 독일 사민당이 매년 더 많은 표를 얻고, 독일 경제가 팽창하고, 노동조합 가입이 느리지만 꾸준히 느는 상황은 당내의 기회주의적 경향을 강화했다. 이 경향은 노동조합 지도자, 국회의원, 당 관료로 이뤄진 당의 상층부에서 특히 심했다. 그 결과는 두 가지였다. 첫째, 득표를 위해 당의 정치적 주장을 희석하는 관행이 부추겨졌다. 둘째, 당 지도자들 사이에서 평화적 점진주의에 대한 지지가 늘어났다. 당 지도자들은 '섣부른' 행동이 국가 탄압을 불러와 그동안 고생스럽게 세운 당을 위험에 빠뜨릴까 봐 두려워했다. 당의 이론적 지주인 카를 카우츠키는 1893년에 다음과 같이 썼다. "특히 오늘날에는 지배계급을 자극해 쓸데없이 폭압 정치를 불러올 위험이 있는 일은 뭐든 피하는 것이 노동계급의 이익을 위하는 길이다."[22] 이런 견해는 독일 사민당이 승승장구하던 상황에서는 일견 정당해 보였지만 시간이 지날수록 파업과 대중 시위, 결국에는 봉기를 반대하는 주장으로 바뀌게 된다.

독일 사민당에는 "최대 강령"과 "최소 강령"이 있었다. 최대 강령은 운동의 최종 목표, 즉 국가권력을 장악하고 사회를 사회주의로 변혁한다는 목표와 관련된 강령이었다. 최소 강령은 하루 8시간 노동제, 결사의 자유, 누진세 등 운동의 당면 목표를 제시한 강령이었다. 그러나 시간이 지날수록 최대 강령은 노동절 집회 연설에서나 공표하는 것이 됐고 당의 실제 활동은 최소 강령, 다시 말해 자본주의와 양립 가능한 다양한 사회 개혁에 초점을 맞췄다.

노동계급이 "기존의 국가기구를 고스란히 손에 넣어서 자기 목적에 따라 활용할 수는 없다"는 마르크스와 엥겔스가 파리코뮌에서 얻은 통찰이 사회민주주의 운동 내에서 점차 잊히고, 의회에서 다수 의석을 획득하면 사회주의를 성취할 수 있다는 사상이 이를 대신했다. 1912년 독일 사민당 당원 수가 100만 명, 득표수가 400만 표에 이르고 독일 제국의회에서 110석을 획득했을 때(1884년에는 24석이었다), 카우츠키는 다음과 같이 썼다. "우리가 벌이는 정치투쟁의 목표는 여전히 … 의회에서 다수를 점해 국가권력을 획득하고 국가 내에서 의회를 우위에 놓는 것이다. 국가권력의 분쇄는 분명히 우리의 목표가 아니다."[23]

사실 러시아 혁명이 성공하고 1918년에 레닌이 《국가와 혁명》을 출간해(책을 쓴 것은 1917년이다) 마르크스와 엥겔스의 국가관을 부활시키기 전까지 유럽의 거의 모든 혁명적 마르크스주의자들은 의회주의 노선에 반대하긴 했지만 국가와 국가권력에 관해서는 마르크스·엥겔스의 관점에서 벗어난 태도를 취했다. 레닌, 룩셈부르크, 트로츠키조차 부르주아 국가기구를 파괴해 새로운 '코뮌'식의 국가로 대체하는 것이 아니라 [기존] 국가권력을 장악하는 것이 혁명의 구실이라고 이해했다.

독일 사민당의 당 개념은 당이 노동계급의 "가장 앞서 있고 가장 결연한 일부"만이 아니라 계급의 조직된 부문을 모두 포괄해야 한다는 데서 출발한다. 그렇다면 당과 노동계급은 서로 같은 것이고 같은 것이어야만 한다. 1909년에 카우츠키는 다음과 같이 썼다. "가장 이상적인 조직은 모든 노동계급 정당과 정치단체, 노동조합, 협동조합을 … 계급의식적이고 범계급적인 사회민주당의 동등한 구성원으로 통합하는 조직이다."[24] 노동계급 운동 내의 모든 경향을 통합하는 광범한 정당이라는 이 모델은 사회주의인터내셔널에 속한 사회주의 정당들의 모범이 됐다. 1912년에 러시아 사회민주주의 운동의 혁명적 당파인 볼셰비키와 온건파인 멘셰비키가 경쟁하는 두 당으로 분열하자 이듬해 카우츠키는 제2인터내셔널 연락국 총회에 결의안을 제출했다. 그 결의안은 1913년* 암스테르담에서 연 총회에서 채택한 결의안을 인용한다. "모든 나라에는 노동계급이 하나뿐인 만큼 사회주의 정당도 하나만 있어야 한다."[25]

이런 과정 끝에 독일 사민당은 이질적인 요소들이 섞인 조직이 됐다. 독일 사민당에는 에두아르트 베른슈타인 같은 개혁주의자들이 있었는데, 베른슈타인은 1907년 슈투트가르트 당대회에서 다음과 같은 발언을 하기도 한 자였다. "문명인이 미개인의 수호자 구실을 해야 한다는 것은 사회주의자들도 인정해야 하는 바다."[26] 한편

---

* 1904년의 오기인 듯하다.

독일 사민당에는 대중 파업을 지지하고 제국주의를 원칙적으로 반대한 로자 룩셈부르크 같은 혁명가들도 있었다. 그리고 두 진영 사이에는 "중간파"를 자처하며 양다리를 걸치고 단결을 유지하려 애쓴 카우츠키 같은 세력도 있었다.

사실 독일 사민당은 당 지도자들이 가장 온건한 당원들을 동원해 가장 계급의식적인 노동자들을 표결에서 누를 수 있는 구조로 돼 있었다. 당대회는 독일의 거대 산업 지구에서 뽑힌 급진 성향의 대표자보다 소도시에서 뽑은 대표자에 더 큰 비중을 부여했다. 예컨대 1911년 전국 당대회에 파견될 대표자들은 인구가 적은 지역에선 57명당 1명꼴로 선출됐고 거대 산업 지구에서는 5700명당 1명꼴로 선출됐다.[27]

독일 사민당은 혁명이나 국제주의와의 결별을 공공연하게 표방하진 않았다. 모든 대중적 사회주의 정당이 모인 제2인터내셔널의 국제회의에서는 우파가 여러 번 이론 논쟁에서 패배했고, 레닌이나 룩셈부르크 같은 혁명가들이 작성한 결의안, 즉 세계대전이 임박하면 각국의 사회주의자들은 모든 수단을 동원해 전쟁에 반대해야 하고, 전쟁이 시작되면 전쟁이 낳은 위기를 이용해 자본주의의 몰락을 앞당겨야 한다는 내용의 결의안을 통과시키기도 했다.[28]

독일 사민당 좌파는 1899년에 공식적으로는 베른슈타인의 도덕주의적이고 점진적인 버전의 사회주의를 좌절시켰지만, 베른슈타인을 비롯한 개혁주의자들은 계속 당원으로 남았다. 독일 사민당은 베른슈타인의 점진주의를 형식적으로는 거부했지만 실천적으로는 거부하지 않았다.

로자 룩셈부르크를 비롯한 당내 좌파는 독일 사민당에서 성장하는 보수주의를 날카롭게 비판했다. 러시아를 방문해 1905년 혁명의 거대한 대중 파업과 시위를 경험하고 1907년에 독일로 돌아온 룩셈부르크는 독일의 혁명가 클라라 체트킨에게 보내는 편지에서 독일 사민당 지도자들의 "우유부단함과 옹졸함"을 한탄하며 다음과 같이 말했다. "의회라는 한계를 넘어선 일이 생길 때마다" 그들은 "최선을 다해 모든 것을 도로 의회의 틀에 맞추려 하고, 누구든 그 틀을 넘어서면 '인민의 적'이라는 비난을 퍼붓습니다." 룩셈부르크는 기관지 편집자, 노동조합 지도자, 당 관료가 모인 당의 "상층부"를 "무거운 짐"으로 묘사했다.[29]

그러나 이처럼 날카로운 비판을 하면서도 룩셈부르크는 우파를 당에서 축출하자고 주장하지 않았으며, 제1차세계대전이 발발한 뒤에야(적어도 1914년 이후에야) 당내 개혁주의를 견제할 좌파 분파를 조직하기 시작했다. 중요한 좌파 모임들이 국지적으로 존재하긴 했지만, 통일성 있고 응집력 있고 전국적인 당내 좌파 분파는 존재하지 않았다. 룩셈부르크는 당이 노동계급 운동 내의 모든 정치 경향을 포괄해야 한다는 관점을 완전히 받아들이고 있었다. 예컨대 1906년에 벌어진 당내 논쟁에서 룩셈부르크는 아나키즘적 신디컬리스트들을 추방하려 한 우파를 다음과 같이 비판했다. "적어도 우리의 오랜 원칙은 지켜야 한다. 개인의 견해로 말미암아 축출되는 당원은 없어야 한다. [당내] 극우에 속한 어느 누구도 쫓겨나지 않은 것처럼 아무도 [당내] 극좌파를 쫓아낼 권리는 없다."[30]

룩셈부르크는 러시아 사회민주주의 운동에 관해서도 같은 견해를 보였다. 룩셈부르크는 1907년 볼셰비키와 멘셰비키의 공동 당대회에 참석한 뒤 클라라 체트킨에게 편지를 썼다. 룩셈부르크는 당대회에 참석한 멘셰비키 지도자들이 "러시아 혁명이 선보인 가장 한심한 작자들"이라고 묘사한 반면, 볼셰비키들은 "원칙 있는 정치가 뭔지 이해하고 있다"고 칭찬했다.[31] 그러나 세계대전이 발발하기 직전까지 룩셈부르크는 두 진영으로 쪼개진 러시아의 사회주의 운동을 하나의 당으로 묶으려던 인터내셔널의 공식적인 노력을 꾸준히 지지했다.

룩셈부르크가 독일 사민당에서 갈라져 나오지 않은 주된 동기는 독일의 노동계급 운동과 접촉을 유지하려는 것이었다. 독일 사민당 바깥에서는 그것이 불가능하다고 룩셈부르크는 생각했다. 룩셈부르크는 1908년 네덜란드의 동지 헨리에터 롤란드 홀스트에게 보낸 편지에서 다음과 같이 썼다. "마르크스주의자들의 분열은 치명적입니다(분열과 이견을 혼동하면 안 됩니다). 네덜란드 사회민주당을 떠나겠다는 것은 사회민주주의 운동을 떠나겠다는 말입니다. … 최악의 노동자 정당이라도 없는 것보다는 낫습니다!"[32]

독일 사민당 지도자들의 견고한 기회주의가 갈수록 성장하는 것을 경계한 룩셈부르크는 당의 보수주의를 극복할 유일한 방안은 "대중행동이 최대로 발전해 … 광범한 노동계급을 무대에 올리는 것"이라고 여겼다. "이것이 좀처럼 떨어지지 않는 의회 백치증의 기운을 씻어 낼 … 유일한 방법이다."[33] 필연적이고 점진적으로 느리고 꾸준하게 의회를 통해 사회주의로 나아간다는 카우츠키의 관점은 숙명론적이었지만, 대중투쟁의 압력 때문에 당이 마지못해서라도 혁명적 노선을 걸을 것이라는 룩셈부르크의 생각도 숙명론적이었다. 룩셈부르크에게는 당이 개혁주의로 미끄러지는 것에 저항할 조직적 수단이 필요하다는 생각이 없었다.[34]

독일 사민당이 '자국' 정부의 전쟁 노력에 굴복하고 독일 사민당 의원들이 독일 정부의 전쟁공채 발행에 찬성표를 던지고 나서야 룩셈부르크와 그 지지자들은 좌파를 결속할 필요성을 깨닫기 시작했다. 제국주의 전쟁, 혁명, 식민주의, 대중 파업의 구실, 의회주의와 같은 중요한 문제에 대한 견해 차이와 상관없이 '사회주의자'를 모두 포괄하는 조직의 문제점이 명확해졌다. 그런 정당에 남아 있던 혁명가들은 자국 정부의 전쟁 노력을 지지하는 조직의 포로가 됐다.

사회민주주의 정당들은 중요한 사건들의 시험대를 통과하지 못했다. 사회민주당 내 우파는 점진주의라는 미명 아래 혁명의 불씨를 끄는 소방수가 됐고 "중간파"는 좌우로 동요했다. 마르크스주의의 혁명적·국제주의적 원칙을 고수하려면 좌파는 사회민주당에서 분열해 나와야 했다. 독일에서 혁명이 일어났을 때 각 진영의 심대한 차이점은 극명하게 드러났다.

1918년 11월에 대중 시위와 파업이 카이저 정권을 무너뜨리자 독일 사민당의 지도자 에베르트와 노스케는 독일군 수뇌부와 야합해 민주공화정을 수립해서 급진화가 더 진전하는 것을 차단하려 했다. 새로 수립된 공화국의 [국방부] 수장이 된 노스케는 우익 무장 집단을 동원해, 1919년 1월 베를린에서 벌어진 노동자 대중 봉기를 짓밟고 독일공산당 당원들을 살해했다. 독일공산당은 봉기가 일어나기 겨우 열흘 전에야 결성됐다. 특히 독일공산당 지도자인 로자 룩셈부르크와 카를 리프크네히트를 비롯해 수백 명이 살해당했다.

독일에서 혁명이 성공하려면 대중투쟁 이상의 것이 필요했다. 만만찮은 규모로 조직된 혁명가들의 중핵이 여러 작업장과 지역에 뿌리를 내리고, 일상적 투쟁에 능동적으로 참여하고, 상당한 경험을 쌓고, 동료 노동자들의 자신감을 공유하고, 더 광범한 운동에서 배우며, 똘똘 뭉쳐 그 운동에 영향을 미치는 법을 알아야 했다. 그러나 그런 정당은 독일에 존재하지 않았고 하루아침에 만들어 낼 수도 없었다. 1918년 11월 독일 혁명이 한 달도 안 남은 시점에 레닌은 "유럽이 처한 가장 큰 불운과 위험은 혁명적 당이 없다는 것"이라고 통찰했다.[35] 독일의 좌파가 마침내 자신만의 정당을 결성했을 때 당원은 수천 명에 불과했고 대부분은 성마른 젊은이였으며, 주위에서 몰아치는 혁명의 폭풍을 함께 헤쳐 나갈 가장 잘 조직된 노동자·수병·병사와 견고한 관계망을 구축하지 못했다.

러시아의 경험

1916년에 레닌은 룩셈부르크가 가명으로 전쟁 반대 주장을 펼친, 일명 《유니우스 소책자》를 논평하며 글의 말미에 다음과 같이 지적한다. "《유니우스 소책자》를 보니, 혁명적 슬로건을 처음부터 끝까지 철저하게 고민하고 대중의 정신을 체계적으로 교육하는 것에 익숙한 불법 조직의 일원을 동지로 두지 못한 외로운 사람의 모습이 떠올랐다."[36]

이런 평가는 독일 혁명가와 러시아 혁명가의 경험이 얼마나 달랐는지를 요약적으로 보여 준다. 레닌을 비롯한 러시아의 혁명가들은 1903년부터 독자적인 조직(볼셰비키당)을 꾸려 독자적인 신문을 내고 독자적인 위원회를 운영하는 등 개혁주의적이고 온건한 사회주의자(멘셰비키)와는 독립적으로 활동했다. 볼셰비키와 멘셰비키는 결국 1912년에 공식 결별했다. 그 과정에서 볼셰비키는 "혁명적 슬로건을 처음부터 끝까지 철저하게 고민하고 대중의 정신을 체계적으로 교육하는 데 익숙"해졌다.

1920년에 발행된 레닌의 소책자 《'좌파' 공산주의 — 유치증》은 볼셰비키가 러시아 노동계급을 지도해 권력 장악으로 이끈 비결을 서구 마르크스주의자들에게 알려 주기 위해 쓴 소책자다. 그 책에서 레닌은 러시아 노동자 운동과 러시아 마르크스주의 운동이 지나온 밀도 높고 풍부하며 다채로운 역사를 언급한다.

> [볼셰비즘은 15년에 이르는 실천의 역사(1903~1917년)를 통해 세계 어느 나라보다도 풍부한 경험을 쌓았다.] 이 15년 동안 러시아처럼 합법 운동과 비합법 운동, 평화적 운동과 폭력적 운동, 공개 운동과 지하 운동, 지역 서클 운동과 대중운동, 의회 참여와 테러리즘 등 다양한 형태의 운동들이 빠르고 변화무쌍하게 이어지는 것을 비슷하게라도 경험해 본 나라는 없다. 세계 어디에도 그토록 짧은 기간에 현대사회의 모든 계급이 그토록 다양한 형태와 색조를 띠고 다양한 방법으로 투쟁을 수행한 나라는 없었다. 러시아의 투쟁은 러시아의 후진성과 차르의 혹독한 탄압 덕분에 이례적으로 빠르게 성숙했고 미국과 유럽의 정치적 경험이 남긴 "최종 교훈"을 가장 간절히, 그리고 가장 잘 흡수했다.[37]

레닌은 엘리트주의자였나?

정치 성향을 불문하고 레닌을 보는 가장 흔하고 당연시되는 시각은 레닌이 권력에 굶주린 엘리트주의자였다는 것이다. 레닌이 마르크스주의에 한 독특한 기여(또는 레닌이 저지른 마르크스주의로부터의 일탈)는 상명하복식으로 운영되는, 고도로 중앙집권적이고 매우 음모적이며, 직업 혁명가들로 된 작은 혁명적 "전위" 정당을 건설한다는 구상이라고들 한다.[38] 레닌이 그런 당을 원했던 이유는 노동계급을 "믿지 않았기 때문"이라는 것이다. 서구의 역사가들은 레닌이 한 말 몇 구절을 맥락에서 완전히 떼어 내 인용해 놓고선 그 '이론'을 증명했다고 여기고 자기들끼리 고개를 끄덕인다. 그러나 진실은 전혀 그렇지 않다.

사실 러시아 사회주의 운동은 불법 조건 때문에 어쩔 수 없이 비밀리에 활동해야 했다. 예컨대 당 활동이 바깥으로 드러나는 게 불가피해지는 공공연한 [당내] 선거를 할 수 없었다. 그러나 러시아 사회주의 운동은 공개 활동을 할 기회가 열릴 때마다 언제나 더 민주적이고 개방적인 활동 방식을 선호했다. 레닌은《무엇을 할 것인가?》라는 유명한 책에서 "'폭넓은 민주주의 원칙'을 적용하려는 시도는 그저 경찰의 대규모 급습을 도와줄 뿐"이라고 썼다. 반면 1905년에 대규모 시위와 파업이 벌어지며 더 자유로운 조직과 결사가 가능해지자 레닌은 "당 조직에 민주주의 원칙을 철저히 적용하라"고 주문했다.[39]

처음에 레닌이 중앙 집중을 강조한 이유는 중앙 간행물이나 중앙의 지도 없이 저마다 따로 움직이는 이질적 지역 조직들을 하나의 당으로 결속시키기 위해서였다. 당시의 시대적 맥락을 보면, 까다로운 조직 활동에 전념하는 혁명가들("직업 혁명가"들이 노동계급 출신이든 지식인 출신이든 관계없이)의 중핵을 만들어야 한다는 레닌의 판단은 경찰의 탄압이 혹독했던 조건에서 전적으로 불가피했고 효과적이었다.

1905년에 혁명이 일어나자 레닌은 무게중심을 옮겼다. 레닌은 급진화하는 젊은 노동자들을 되도록 신속하게 흡수하고 되도록 많은 노동자에게 여러 당 기구의 지도적 구실을 맡겨야 한다고 강조했다. [해외에서 망명 중이던] 레닌은 러시아 국내에서 활동하던 볼셰비키 지도자 두 명에게 편지를 써서, 경험 없는 신입 당원이 많아져 당이 "희석"되면 안 된다고 주장한 '고참 당원'(당의 헌신적인 직업 혁명가)들을 집요하게 비판했다. 레닌은 다음과 같이 촉구했다. "우리가 해야 할 일은 더 광범하고 대담하게, 더욱 광범하고 대담하게, 더욱더 광범하고 대담하게 젊은 사람들을 두려워 말고 당에 가입시키는 것입니다. … 모든 계층에서 온갖 혁명적 사회주의 활동을 할 새롭고, 젊고, 파릇파릇하고, 원기 왕성한 전투 조직을 곳곳에서 일으키지 못하면, 여러분은 당 기구 관료의 후광 속에서 몰락할 것입니다."[40]

레닌이 "민주적 중앙 집중주의"를 주장한 까닭은 어떤 문제를 철저히 토론한 뒤에는 당이 한몸이 되어 행동할 수 있어야 하기 때문이다.(참고로 "민주적 중앙 집중주의"는 레닌이 지어낸 말이 아니다. 그리고 민주적 중앙 집중주의를 나중에 등장한 스탈린주의의 관료적 중앙 집중주의와 혼동해서도 안 된다.) 예를 들어 1906년에 레닌은 다음과 같이 썼다. "당 지역 조직에 적용되는 민주적 중앙 집중주의와 자율성이라는 원칙은 뚜렷하게 규정된 행동의 통일을 해치지 않는 선에서 보편적이고 온전한 비판의 자유가 보장된다는 것을 함축한다. 당이 결정한 행동 통일을 어렵게 하거나 해치는 모든 비판은 배격한다."[41]

사회 전체에 민주주의를 더 폭넓게 적용하는 문제에서 레닌은 가장 완전하고 자유로운 민주주의와 모든 민주적 권리를 온전하게 실현하기 위한 투쟁을 비타협적으로 지지했다. 레닌은 러시아 노동계급이 차르의 압제에 맞서 다방면에서 벌어지는 민주주의 투쟁의 선봉에 서야 한다고 주장했다(이런 견해는 이미 러시아 사회주의 운동 초창기에, 레닌이 아직 어린아이였을 때 플레하노프가 정식화한 것이다). 예를 들어 레닌은 1915년에 다음과 같이 썼다.

> 노동계급은 민주주의를 통해서만 승리할 수 있다. 즉, 노동계급은 민주주의를 완전하게 실현해야만, 그리고 가장 단호하게 정식화한 민주적 요구를 투쟁의 매 단계와 연결해야만 승리할 수 있다. … 우리는 자본주의에 대항하는 혁명적 투쟁을 공화국, 인민의 무장, 대중에 의한 공직자 선출, 여성의 평등한 권리, 민족자결권 등 모든 민주적 요구를 다루는 혁명적 강령·전술과 결합시켜야 한다. 자본주의가 존속하는 한 이런 요구들은 성취되는 경우가 드물 것이며 성취돼도 불완전하거나 왜곡된 형태로 성취될 것이다. 기존에 성취한 민주주의를 발판으로 삼고 자본주의에서 민주주의가 얼마나 불완전한지를 폭로하면서 우리는 대중의 가난을 없애고 모든 민주적 개혁을 완전하고 전면적으로 성취하기 위한 바탕으로서 자본주의 타도와 자본가계급 재산의 몰수를 요구한다. 일부 개혁은 자본가계급을 타도하기 전에, 또 일부는 그 과정에서 시작될 것이며, 자본가계급을 타도한 후에도 여전히 성취할 개혁이 남아 있을 것이다. 사회혁명은 한 차례의 전투가 아니라, 사회·경제 개혁을 둘러싼 온갖 문제를 두고 여러 전투가 연이어 벌어지는 시기이며 오로지 자본가계급에 대한 몰수로만 최종 완수된다. 우리가 민주주의적 요구를 하나도 빠짐없이 시종일관 혁명적으로 정식화해야 하는 이유는 바로 이 최종 목표를 위해서다.[42]

노동자가 사회주의자가 될 수 있다는 믿음을 레닌이 버렸다는 주장은 어떻게 봐야 할까? 오히려 레닌은 평범한 노동자들에게 사회를 바꿀 능력이 있다는 신념으로 가득 차 있었다. 일례로 1900년에 레닌은 다음과 같이 썼다.

> 운동을 조직하고 지도할 수 있는 걸출한 대표, 즉 정치적 지도자를 배출하지 않고 권력을 장악한 계급은 역사상 존재하지 않았다. 그리고 러시아 노동계급은 그런 지도자가 될 남녀를 배출할 능력을 이미 보여 줬다. 지난 5~6년 동안 매우 폭넓게 전개된 투쟁은 노동계급의 위대한 혁명적 잠재력을 드러내 보였다. 이 투쟁은 정부의 아주 혹독한 박해에도 굴하지 않고 사회주의·정치의식·정치투쟁을 향해 고군분투하는 노동자의 수가 줄어들기는커녕 늘어났음을 보여 줬다.[43]

러시아와 서유럽의 사회주의 운동이 달랐던 것에는 몇 가지 중요한 요인이 작용했다. 차르의 탄압이 가해지는 조건에서 러시아 사회주의 운동은 의회나 노동조합에 대한 환상에 빠지지 않을 수 있었는데, 이것은 당시 러시아에 유의미한 의회 기구나 노동조합이 없었다는 아주 단순한 사실 때문이었다. 러시아에서 노동조합은 불법이었고 1905년 혁명 이후에 생긴 입법 기구인 두마는 아무런 힘이 없는 데다가 투표권도 매우 제한적으로 주어졌다. 러시아 혁명가들은 독일 사민당을 모범으로 여겼지만 차르의 탄압 때문에 조직 활동을 비밀스럽게 할 수 밖에 없었다. 심지어 혁명가가 정치 활동을 시작하고 체포되기까지 걸리는 평균 기간을 월 단위로 셀 수 있을 지경이었다. 가입이 개방돼 있고 공개적으로 활동하는 대중적 노동계급 정당은 존립 자체가 불가능했다.

서구 사회주의 운동에서는 노동조합과 정치(선거) 활동을 분리하는 경향이 나타났지만 러시아에서는 국내 상황 때문에 혁명가들이 노동자 투쟁에 능동적으로 몸소 관심을 기울여야 했고, 노동자들의 경제투쟁을 전제군주정에 맞선 정치투쟁과 연결해야 했다. 지하 활동가이자 레닌의 아내인 크룹스카야는 1890년대 말 러시아의 사회주의자들이 공장 노동자들에게 한 선동을 회상하며 다음과 같이 썼다. "프랑스에서 정치적 망명자로 살던 시기에 프랑스 사회당이 파리 우편 노동자들의 위대한 파업을 대하는 냉담한 태도를 보고 나서야 나는 당시에 우리의 방법이 얼마나 효과적이었는지를 절실하게 깨달았다. 프랑스 사회당 사람들은 파업이 노동조합의 일이라고 말했다. 당은 정치투쟁에만 신경 쓰면 된다는 것이었다. 그들은 경제투쟁과 정치투쟁을 결합할 필요성을 조금치도 명료하게 이해하지 못했다."[44]

러시아 혁명가들은 자신들의 활동 방식이 전제군주정의 혹독한 탄압 속에서 사회주의 운동을 건설해야 하는 특수성에 따른 결과라고 여기며, 독일 사민당을 이상적인 본보기로 받들었다. 역사가 피에르 브루에는 다음과 같이 쓴다. 레닌은 "단 한순간도 빠짐없이, 독일 사민당을 우러러봤다." 독일 사민당은 레닌이 러시아에서 건설하고 싶어 한 "'혁명적 사회민주주의'의 본보기"였으며, 레닌은 그런 정당이 존재할 필요성을 부정하고 그런 정당을 "청산"하려고 했다는 이유 하나만으로 일부 당원들을 기회주의자로 규정하고 당에서 쫓아내고 싶어 했다."[45]

러시아 마르크스주의 운동은 노동계급이 소수이긴 하지만 전제군주정에 맞서 한결같이 혁명적 투쟁을 지도할 유일한 계급이라는 사상을 태동기 때부터 기초로 삼았다. 러시아 사회에서 농민은 너무 뿔뿔이 흩어져 있었고 자본가는 차르의 속박보다 노동자 반란을 더 두려워했기 때문이다. 이것이 레닌의 모든 실천을 이끌었다. 레닌의 태도가 동시대 혁명가들과 근본적으로 달랐던 점은 그가 조직 문제를 그들보다 훨씬 더 파고들었다는 것이다.

레닌은 카우츠키와 독일 사민당에 큰 동질감을 느꼈지만 레닌과 당시 유럽 사회주의 운동 사이에는 분명한 차이점이 있었다. 레닌은 정치적 문제의 조직적 함의를 깊숙이 파고들었다는 면에서 독특했다. 역사가 모이라 도널드가 썼듯이 "카우츠키나 동시대 이론가들은 이해하지 못한 방식으로 레닌은 당 조직의 문제를 마르크스주의적 이론의 수준으로 끌어올리는 데 성공했다."[46]

로자 룩셈부르크가 독일 사민당의 온건파에 맞섰던 것과 마찬가지로, 레닌도 러시아 마르크스주의 운동의 핵심 사상을 그 반대자들에 맞서 정치적으로 옹호하려 애썼다. 그러나 레닌은 여기에 그치지 않고 매 순간 투쟁을 전진시킬 최선의 조직 형태를 고민해서 마련하고, 운동을 목표에서 멀어지게 하는 경향들과 뚜렷한 조직적 경계선을 운동 내에서 그으려 했다.

한 가지 사례로 1899년에 러시아 사회주의 운동 내에서는 "신조"라는 문서로 유명해진 새로운 경향이 나타났는데 이 경향은 사회주의 운동이 "최소 저항 노선"을 따라야 하고 노동자의 경제투쟁을 보조하는 정도로 활동을 한정해야 한다고 주장했다. 이 "신조" 문서는 독일의 에두아르트 베른슈타인의 수정주의 노선에 찬동했다. 그리고 "조급한 마르크스주의 운동"을 비난하며 "사회를 인정"하는 사회민주주의 조직을 대안으로 내세우고 "권력 장악 노력"을 "현존 사회의 개혁을 위한 노력"으로 전환해야 한다고 주장했다.[47]

레닌은 "혁명적 노동자 정당을 개혁주의 정당으로 바꾸려 … 시도"하는 "퇴행적" 경향이라고 이 '경제주의자'들을 맹렬하게 비난했다.[48] 경제주의자들의 주장대로 나아간다면 노동자들은 절대왕정에 맞선 운동의 지도자가 아니라 자유주의자의 부속물이 될 것이기 때문이었다. "사회민주주의 운동의 기조는 다음과 같아야 한다. 경제투쟁뿐 아니라 정치투쟁에서도 노동자를 지원하라, 당장의 경제적 필요뿐 아니라 현실의 모든 정치적 차별과 천대에 관해서도 선동하라, 과학적 사회주의 사상뿐 아니라 민주주의 사상도 선전하라."[49]

그러나 레닌은 개혁주의 경향을 비난하는 것에 만족하지 않았다. 러시아에서 이런 경향은 운동이 전국적으로 조직된 정당 없이 여기저기 흩어진 조직들로 이뤄지던 시기에 나타났다. 레닌과 젊은 혁명가들은 경제주의를 확실하게 물리치고 러시아 사회주의 운동에서 다수의 지지를 얻어 통일된 전국 정당을 만들려는 노력의 일환으로 게오르기 플레하노프, 파벨 악셀로드, 베라 자술리치 같은 관록 있는 선배 마르크스주의자들과 합심해 신문 〈이스크라〉(불꽃)와 이론지 《자랴》(새벽)를 발행했다.

레닌의 목표는 운동을 결속하되 확고한 원칙과 철저한 논쟁을 바탕으로 그렇게 하는 것이었다. 단지 형식적인 통일은 그의 목표가 아니었다. 레닌은 〈이스크라〉 창간을 알리는 글에서 다음과 같이 썼다. "통일을 하기 전에, 통일을 하기 위해서라도 우리는 먼저 확고하고 분명한 경계선을 그어야 한다. 그러지 않으면 우리의 단결은 순전한 허구가 될 것이며 만연한 혼란을 은폐할 것이다."[50]

조직 문제를 중시한 레닌

러시아 마르크스주의 운동이 유럽 사회민주당들의 노선을 따라 단일한 전국 정당을 결성하려던 1903년의 첫 시도는 사실상 두 세력의 영구적 분열, 즉 독립적으로 활동할 때가 많았던 양대 분파인 "볼셰비키"(다수파)와 "멘셰비키"(소수파)의 분열로 끝났다. 그래서 서유럽과 달리 러시아에서는 사회주의 운동 내의 개혁주의 진영과 혁명적 진영이 1912년에 최종 결별하기 전까지 명목상 같은 당에 있으면서도 각자의 기구, 신문, 선거 출마자, 강령, 전략, 전술을 갖고 따로따로 활동했다. 볼셰비키가 겪은 경험의 국제적 의의는 세계대전이 발발하고 나서야 분명해졌고 1917년 혁명의 성공으로 더 뚜렷해졌다.

분열은 꽤 사소해 보이는 쟁점을 둘러싸고 벌어졌다. 첫째는 당원 자격이었다. 러시아 사회주의 운동의 창시자의 한 명인 파벨 악셀로드는 레닌이 제안한 당원 규정에 반대하며 "아주 능동적이지는 않더라도 의식적으로 당과 연관을 맺는 사람"을 당원으로 규정하자고 했다.[51] 율리 마르토프도 이런 견해를 따라 다음과 같이 말했다. "당원 자격은 폭넓을수록 좋다. 파업과 시위의 참가자가 모두 … 우리 당 당원이라고 자임한다면 그것은 그저 기쁜 일이라고밖에 할 수 없다."[52]

레닌은 "말만 하는 사람과 활동하는 사람"을 가리고 싶어 했다.[53] 레닌처럼 하면 마땅히 당원으로 쳐야 할 사람들을 "내치는 셈"이라는 악셀로드의 불평에 레닌은 다음과 같이 응수했다.

우리는 사회민주주의자들의 구심을 이미 형성하고 탄탄하게 다졌습니다

(예컨대 당대회를 건설했고, 이제는 당 조직을 확장하고 증식해야 합니다). 이 구심을 바탕으로 당을 건설해 나가야 합니까, 아니면 모든 조력자가 곧 당원이라는 속 편한 말로 스스로를 위안해야 합니까? … "내친다"는 이 거북한 인상을 주는 말은 도대체 무슨 뜻입니까? 누군가가 활동하고 운동에 참여하는 것을 막는다는 뜻이라면 내쳐질 사람은 아무도 없습니다. 오히려 진정한 사회민주주의자로 이뤄진 우리 당 조직이 강력하면 강력할수록 당내 동요와 불안정은 줄어들 것이고, 당이 인도하는 당 주변의 노동계급 대중에게 미칠 영향력은 더 광범하고, 다채롭고, 풍부하고, 유익해질 것입니다. 당은 노동계급의 전위부대입니다. 당을 계급 전체와 혼동하면 안 됩니다.[54]

레닌의 노동자 정당 개념은 이미 실천적으로 카우츠키의 개념과 거리가 있었다. 독일 사회민주주의 운동은 당을 계급, 또는 적어도 계급의 조직된 부문과 동일시했다. 반면 레닌은 당이 노동자계급의 "가장 앞서 있고 가장 결연한 일부"라는 마르크스의 정식으로 되돌아갔다.

레닌은 사람들마다 "의식 수준과 활동 수준의 차이"가 있기 때문에 그들이 "당과 얼마나 가까운지를 구분해야 한다"고 주장했다.[55] 또, 당원이 명실상부해야 한다고, 즉 진정으로 계급의식적이며 활동할 태세가 된 사람에게만 당원의 자격을 인정해야 한다고 주장했다. "자본주의하에서는 끝없는 분열·차별·무기력함이 '훈련받지 않은' 매우 광범한 미숙련 노동자층을 짓누르고 있을 것이 거의 확실한데도, 모든 파업 참가자가 사회민주주의자이자 사회민주주의 정당의 당원이 될 수 있다고 스스로와 남들을 확신시키려 한다면 그것은

분명 자기 위안적 몽상에 빠진 것이다" 하고 레닌은 썼다.[56]

혁명적 당은 "끝없는 분열·차별·무기력함"에 짓눌려 의식이 뒤죽박죽이고 모순된 계급 전체를 포괄하지 않는다. 혁명적 당은 전체 계급의 의식과 투쟁성을 높이려 애쓰는 의식적이고 능동적인 계급의 소수만을 포괄한다. 그러나 이 "전위"가 누구일지는 계속해서 바뀐다. 반동의 시기에는 계급투쟁의 수위가 낮고 혁명이 요원해 보이기 때문에 사회주의 사상을 받아들일 태세가 된 노동자가 줄어든다. 그러나 급진화가 일어나고 계급투쟁이 상승하는 시기에는 혁명의 가능성이 더 가까워 보이기 때문에 급진적 결론에 도달하는 노동자도 늘어난다. 이런 상황에서는 노동자 정당이 대중정당이 될 수 있다.

이쯤 되면 오늘날 좌파 진영에서 그토록 비방당하는 레닌의 "전위 정당" 개념이 엘리트주의적이지 않음을 알 수 있다. 작고한 영국의 사회주의자 던컨 핼러스가 지적했듯이 "능력·의식·경험의 가시적인 차이는 고정불변한 유전적·사회적 조건에서 비롯하며 대중은 현재에도 미래에도 자치할 능력이 없을 것이라고 단언하는 것이 엘리트주의의 본질이다. 엘리트주의를 거부하는 태도는 가시적인 차이(전부 또는 적어도 일부)가 가변적인 요인에서 비롯한다고 본다. 그렇다고 해서 차이 자체를 부인하는 것은 아니다."[57]

사실 "능력·의식·경험의 가시적인 차이"야말로 당이 극복하려 애써야 할 대상이며, 투쟁하는 노동자들 곁에서 조직하고 싸우며 계급 전체의 의식을 끌어올려서 이 차이를 극복해야 한다고 레닌은 주장했다. 레닌 등이 말한 "전위"는 계급 내에서 가장 잘 조직되고 정치적으로 가장 의식화한 일부를 뜻할 뿐이지 노동계급과 동떨어져 있거나 대립되는 것이 아니다. 그리고 전위는 실천 속에서 능동적으로 형성되고 검증되는 것이지 선언되는 것이 아니다. 레닌은《무엇을 할 것인가》에서 다음과 같이 썼다. "'전위', 가장 앞서 나가는 분대를 자처하는 것만으로는 불충분하다. 우리가 전위에서 진군한다는 것을 다른 모든 분대가 알고 인정하지 않을 수 없도록 행동해야 한다. 독자에게 묻겠다. 우리가 '전위'요, 하면 그 말을 곧이곧대로 믿을 정도로 다른 '분대'의 대표들이 바보겠는가?"[58]

혁명기에는 노동계급과 차별받는 사람들의 에너지가 "평상시"보다 훨씬 거세게 끓어오르며, 그렇게 벌어진 투쟁의 결과로 노동계급의 계급의식이 때로는 겨우 몇 주, 심지어는 며칠 만에 도약하기도 한다고 레닌은 역설했다. 실패로 끝난 1905년 혁명을 촉발한 '피의 일요일' 사건(노동자들이 차르의 궁전으로 행진하다가 학살당한 사건) 일주일 후에 레닌은 망명지에서 다음과 같이 썼다.

> 수십, 수백 년 동안 무르익은 모순이 혁명의 역사에서 그 모습을 드러낸다. 평소와 달리 삶에 파란이 인다. 언제나 그늘에 가려져 피상적 관찰자에게 무시와 경멸을 당하기 일쑤던 대중은 능동적 전투부대로서 정치 전장에 선다. 대중은 온 세상이 지켜보는 가운데 실천으로 배워 가며 주춤주춤 첫발을 내딛고, 갈 길을 더듬고, 목표를 정하고, 스스로를 시험하고, 이론가의 이론들을 모두 시험한다. 대중은 난관을 극복하고 역사가 부과한 막중한 세계사적 과제를 수행하기 위해 영웅적으로 분투한다. 하나하나의 패배가 아무리 심각해도, 피의 강물과 시체의 산이 아무리 큰 충격과 슬픔을 안겨 준다 해도, 대중과 계급이 혁명적 투쟁을 몸소 수행하면서 직접 겪는 훈련보다 중요한 것은 없다.[59]

레닌이 행동에 나선 차별받는 사람들의 창조력을 굳게 믿었다고 해서 두 손 놓고 찬양만 한 것은 아니다. 혁명적 시기는 대중을 훈련시키기만 하는 게 아니다. 혁명가에겐 더 많은 것을 요구한다.

> 마르크스는 혁명을 역사의 증기기관이라 했다. 혁명은 차별받고 착취받는 사람들의 축제다. 혁명기만큼 대중이 새로운 사회질서의 창조자로서 능동적으로 전면에 나서는 시기는 없다. 점진적 진보의 좁고 천박한 보폭에 견줘 보면 이 시기의 민중은 기적을 행하는 것처럼 보인다. 그러나 그런 시기에 혁명적 당 지도자들은 더 종합적이고 대담한 목표를 세워야 한다. 그리함으로써 혁명적 당의 슬로건은 언제나 대중의 혁명적 진취성을 앞지르고, 등대가 되고, 우리의 민주적·사회주의적 이상의 웅대함과 탁월함을 대중에게 한껏 내비치고, 완전하고 절대적이고 결정적인 승리로 직행하는 최단 경로를 제시해야 한다. … 승리를 결정지을 직항로로 혁명을 이끌기 위한 가차 없고 자기희생적인 투쟁에 대중의 신명 나는 에너지와 혁명적 열기를 끌어들이지 않는다면 우리는 혁명의 배신자나 역적이 될 것이다.[60]

혁명은 이론을 시험대에 올린다. 레닌은 아마 어느 마르크스주의자보다도 이론과 실천의 관계에 깊이 파고든 사람이었을 것이다. 한편으로 레닌은 러시아 자본주의의 성격, 계급들 간의 관계, 제국주의의 본질 등을 오랫동안 탐구했다. 레닌은 조금치도 교조적이지 않았다. 레닌에게 이론은 행동의 길잡이였다. 이론이 불완전하거나 틀렸다는 증거가 현실에 나타나면 레닌은 기꺼이 이론을 재검토했다. 1905년에 레닌은 "혁명적 사태의 전개는 잘못된 교리의 가장 훌륭

한 비판자다" 하고 썼다.[61]

또한 아무리 이론이 옳다 해도 그 이론은 지금 무엇을 해야 하느냐는 실천 문제로 전환돼야 한다. 레닌은 다음과 같이 썼다. "행동 방침은 이론, 역사적 사례, 전반적 정세 분석에 근거할 수 있고 근거해야 한다. 그러나 투쟁에 뛰어든 계급 정당이 이런 토론을 하면서도 언제나 잊지 말아야 할 것은 정치 행동이 제기하는 구체적 질문에 완전히 명확하게, 중의적으로 해석될 여지가 없이 '예', '아니오'로 답할 수 있어야 한다는 것이다. 이것 혹은 저것을 당장 해야 하는가, 아니면 특정한 시점에 해야 하는가, 아니면 아예 하지 말아야 하는가?"[62] 이 말에 혁명적 정치가인 레닌의 모든 면모가 담겨 있다. 이론과 실천을 융합하는 일에, 그리고 투쟁이 다음 단계로 나아가는 데 필요한 조직적·전술적 조처를 매 순간 정확히 찾아내려 애쓰는 일에, 레닌은 어느 마르크스주의자보다도 더 실천적이고 직접적으로 뛰어들었다.

아무리 이론이 완벽해도 그것을 실천으로 옮길 방법이 없으면, 즉 매일매일 현실과 부딪히며 그 이론을 검증할 능력과 의지가 있는 인간과 조직이 현실에 없으면, 그 이론은 아무런 소득도 남기지 못하고 생명력을 잃는다. 레닌은 여러 차례 강조점을 바꾸고 지난 상황에 근거한 낡은 주장을 버리고 새로운 조건에 맞는 새로운 견해를 취했다. 레닌은 계급투쟁의 수위, 탄압의 수위, 정권의 자신감 수준 등 조건이 바뀔 때마다 새로운 과제를 숙고하는 것이 가장 어렵다고 썼다. "그렇게 하려면 외워서 익힌 구호를 되풀이하는 것이 아니라 … 어느 정도의 주도력과 정신적 유연성, 임기응변을 발휘해야 하고 전례 없는 역사적 과제를 제힘으로 해결해야 하기 때문이다."[63]

한 가지 사례를 보자. 1905년 혁명이 일어나고 차르가 두마를 소집해 주겠다고 하자 볼셰비키는 선거 보이콧을 주장했다. 레닌은 혁명의 동력이 여전히 남아 있고 차르를 타도하는 것이 가능한 상황에선 두마 보이콧이 타당하다고 했다. 그러나 혁명의 퇴조가 분명해지자 레닌은 태도를 바꿔 볼셰비키가 두마 선거에 출마해야 한다고 주장했다(여러 볼셰비키 당원이 레닌을 기회주의자라고 부르며 분개했다). 레닌은 다음과 같이 썼다. "우리는 엉터리 대의기관의 소집을 막기 위해 온 힘을 다해야 했고 실제로 그렇게 했다. 그러나 모든 노력에도 불구하고 두마가 소집된 이상 우리는 그것을 활용하는 과제를 회피할 수 없다."[64] 동시에 레닌은 다음과 같이 주장했다. "두마의 사소한 중요성을 과장해서는 안 된다." "우리는 두마 안에서의 투쟁을 파업이나 봉기 같은 다른 형태의 투쟁에 종속시킬 것이다."[65]

혁명이 고조되는 시기에 볼셰비키와 멘셰비키는 잠시 손을 잡았지만 혁명의 결과는 둘 사이를 더 갈라놓았다. 혁명을 겪으며 볼셰비키는 노동계급이 노동자와 농민의 동맹을 이끌고 절대군주정을 타도해야 한다는 신념을 확인한 반면, 멘셰비키는 1905년 12월 모스크바 노동자 봉기가 성급했다고 비난하고 노동계급의 투쟁성을 낮춰서 진보적 자본가계급과의 동맹을 강화해야 한다는 보수적 교훈을 남겼다. 멘셰비키의 지도자인 알렉산드르 마르티노프는 다음과 같이 썼다.

> 다가올 혁명은 부르주아 혁명일 것이다. 따라서 … 이 혁명은 오직 자본가계급의 전부나 일부의 지배를 확보하는 데 그칠 것이다. … 그렇다면, 무슨 일이 있어도 이 혁명은 자본가계급 전체의 의사를 거스르는 정

> 치 형태를 띨 수 없을 것이다. 내일의 주인은 자본가계급일 것이기 때문이다. 그래서 자본가계급의 다수를 명백히 두려움에 떨게 할 노동계급의 혁명적 투쟁은 절대군주제의 원상회복을 초래할 수밖에 없다.[66]

멘셰비키는 1789년 프랑스 혁명을 이끈 프랑스 자본가계급처럼 러시아 자본가계급도 혁명을 이끌어야 한다고 믿었다.[67] 또, 러시아 사회주의자들의 구실은 노동계급을 동원하고 압박해서 자본가계급이 이 사명을 완수하게 만드는 것이라고 봤다. 그래서 멘셰비키는 자본가계급이 겁에 질려 반동의 품으로 돌아가게 할 위험이 있는 일은 절대 하지 말라고 노동계급에게 경고했다.

그러나 볼셰비키는 러시아 자본가들이 지주계급과 너무 밀접하게 유착해 있기 때문에 절대군주정에 맞선 반란을 이끌지 못할 것이라고 주장했다. 레닌은 다음과 같이 썼다. "자본가계급 전체는 절대군주정에 맞서 단호하게 투쟁하지 못한다. 재산 때문에 기존 질서에 얽매인 자본가계급은 그 투쟁에서 재산을 잃을까 봐 두려워한다. 자본가계급은 노동계급의 지나치게 혁명적인 행동을 두려워하는데, 노동계급은 민주주의 혁명에서 멈추지 않고 사회주의 혁명을 꾀할 것이기 때문이다. 관료 집단과 관료제는 수많은 끈으로 유산계급의 이해관계와 이어져 있기 때문에 자본가계급은 관료 집단이나 관료제와 완전히 단절하는 것을 두려워한다. 그래서 자본가계급의 해방 투쟁은 소심하고 일관성 없고 미적지근하기로 악명이 높다."[68]

1905년 혁명이 패배하고 나서 반동이 밀려와 급진적 조직들이 분쇄되고 탄압을 피해 지하로 숨자, 멘셰비키 지도자들은 지하 활동의 의미를 깎아내리면서 노동계급의 생활 조건을 개선하는 데 전념하는 합법 조직을 만들자고 주장했다. 이 경향을 레닌은 “러시아사회민주노동당의 기존 조직을 청산하고서 그 자리에 어떤 희생을 치르든 합법성의 테두리 안에서 활동하려 하는 실체가 모호한 연방적 조직을 세우고, 그 합법성을 위해 모든 것, 심지어 당의 강령·전술·전통까지 공공연하게 포기하려는 당내 일부 지식인들의 시도”인 “청산주의”로 규정하고 체계적으로 비판했다(레닌이 보기에 이 경향은 옛 “경제주의”와 매우 닮았다).[69] 청산주의자들은 러시아에서도 광범하고 개방된 “유럽”식 노동운동을 하고 싶어 했다. 국가의 탄압이 극심한 조건에서 이것은 공상이었을 뿐 아니라 혁명을 포기하자는 것이나 마찬가지였다. 역사가 닐 하딩이 지적했듯이 “절대군주정을 타도하자고 주장하면서 동시에 전제군주정에게 합법성을 보장받자고 하는 것은 명백히 양립 불가능했다.”[70]

그렇다고 볼셰비키가 개혁을 위한 투쟁과 합법적인 저항 방식을 거부한 것은 아니다. 레닌은 “모든 개혁과 … 모든 합법적 결사를 활용해야 한다”고 주장했다. 볼셰비키는 실낱같은 합법적 공간조차 능수능란하게 활용할 줄 알았다. 볼셰비키는 대의를 알리기 위해 공제조합에서도 활동했다. “그러나 그것을 대중의 혁명적 의식과 혁명적 투쟁을 키우는 데 이용했다.”[71]

레닌이 맞서 싸운 것은 멘셰비키의 개혁주의만이 아니었다. 볼셰비키 내에서도 레닌은 알렉산드르 보그다노프가 이끈 좌익 분파인 소환파와 투쟁했다. 소환파는 두마에서 사회민주주의 대표들을 철수시키자고 요구했고 노동조합 등의 합법 기구에서 활동하기를 거부했다. 본질적으로 이 분파는 혁명기의 전술이 혁명기가 아닌 때에도 유효하다고 생각했다. 레닌은 당시의 새로운 조건에서는 당의 주장을 알리고 지지자를 조직할 합법적 기회를 최대한 활용하는 "평화기"의 전술로 되돌아가야 한다고 주장했다. 레닌은 소환파의 정책이 당을 더 고립시키고 현실과 동떨어지게 할 위험이 있다고 보고 1908년에 책략을 써서 그들을 볼셰비키당에서 쫓아냈다.

많은 좌파는 볼셰비키가 사소한 일로 종파적으로 군다고 비난했다. 그러나 이 기간 동안 볼셰비키는 조직을 가장 강력하게 유지할 수 있었으며, 그 덕분에 1912년에 계급투쟁이 부활했을 때 가장 빨리 회복하고 새로운 합법·불법 활동의 기회를 잡을 수 있었다. 볼셰비키의 일간지 〈프라우다〉는 러시아의 가장 활동적인 노동자들이 가장 널리 지지하고 구독하는 신문이 됐다.

마르크스처럼 레닌도 조직 문제에 만능열쇠라는 것은 없다고 봤다. 그러나 이 모든 경험을 꿰뚫는 중요한 줄기는 있었으며 이것은 제2인터내셔널이 붕괴한 후, 특히 1917년 혁명이 성공한 후에 더 분명하게 드러났다. 그 줄기는 바로 혁명적 당이 계급을 대표하거나 노동계급 전체를 포괄하는 당이 아니라 노동계급 중에서 가장 앞서 있고 계급의식적이고 혁명적인 노동자들의 당이어야 한다는 사상이다. 제1차세계대전에서 독일 사민당을 비롯한 사회주의 정당들이 원칙을 배반하고 자국 정부의 전쟁 야욕을 지지하자 레닌은 비로소 볼셰비키가 러시아에서 했던 활동의 **국제적** 의의, 즉 러시아 바깥에서도 혁명가들이 개혁주의와 조직적으로 갈라서야 한다는 교훈을 깨달았다.

이런 신념은 국제 사회주의 운동에서 러시아 혁명, 그리고 레닌의 저작 《국가와 혁명》이 없었다면 완성되지 못했을 것이다. 《국가와 혁명》은 노동자들이 낡은 자본주의 국가를 해체해 **평의회** 국가(즉, 파리코뮌처럼 대표자를 직접 선출하고 소환할 수 있는 국가)로 대체해야 한다는 마르크스와 엥겔스의 사상을 부활시켰으며, 러시아 혁명은 어떻게 그런 혁명을 이룰 수 있는지를 실천으로 보여 줬다. 영국의 마르크스주의자인 고故 크리스 하먼은 혁명적 당이 계급 전체를 대신하거나 대표하지 않는 만큼, 제2인터내셔널의 마르크스주의자들처럼 그 당을 미래의 사회주의 국가와 동일시해서도 안 된다고 썼다. "레닌은 당을 노동자 국가의 맹아로 보지 않았다. 노동자 국가의 맹아는 노동자평의회다." 당은 계급을 이끌지만 새로운 국가를 세우는 것은 전체 노동계급이며, 새로운 국가는 "지역·산업 등을 불문하고 모든 부문에 속한 노동자들의 다양한 이해관계"를 대표해야 한다.[72]

레닌의 독특한 기여

일찍이 로자 룩셈부르크는 노동계급이 자본주의를 끝장내는 투쟁에서 마주칠 모순된 과정을 언급했다.

> 완전한 해방을 향한 국제 노동계급 운동은 다음과 같은 점에서 독특한 과정이다. 문명 역사상 처음으로 대중이 모든 지배계급에 맞서 의식적으로 자신의 의지를 표현한다. 이 의지는 기존 체제의 한계 너머에서만 만족에 이를 수 있다.
> 그런데 대중이 이런 의지를 습득하고 단련할 수 있는 유일한 길은 기존 사회질서에 맞선, 즉 자본주의 사회의 한계 내에서 벌어지는 일상적 투쟁뿐이다. 한편에는 대중이 있다. 다른 한편에는 그들의 역사적 목표가 기존 사회의 한계 너머에 있다. 한편에는 일상적 투쟁이 있다. 다른

한편에는 사회혁명이 있다. 이런 변증법적 모순 속에서 사회주의 운동은 전진한다.

따라서 사회주의 운동은 자신을 끊임없이 위협하는 두 위험 중 어느 쪽에도 빠지지 않을 때 가장 잘 전진할 수 있다. 즉, 대중적 성격을 잃어서도 안 되지만 목표를 포기해서도 안 된다. 그리고 종파로 전락해서도 안 되지만 부르주아 사회 개혁 운동으로 전락해서도 안 된다.[73]

사회주의자들은 개혁을 위한 투쟁을 하다가 "현존" 질서에 적응해 운동 속으로 녹아 없어질 수도 있고, 투쟁과 거리를 두다가 고립된 종파가 될 수도 있다. 러시아 혁명과 독일 혁명이 일어나서 개혁주의와 조직적으로 단절할 필요성을 깨닫기 전까지 룩셈부르크는 별도의 혁명가 조직을 고립된 종파로밖에 생각하지 못했다. 독일의 경험을 관찰한 룩셈부르크는 계급투쟁 수위가 높아져야만 독일 사회민주주의 운동의 조직적 보수주의를 바로잡을 수 있다고 여겼다. 반면 레닌은 혁명가들이 적절한 조직 형태를 채택해서 룩셈부르크가 잘 지적한 "두 가지 위험 사이에 놓인 구불구불한 길"을 헤쳐 나가는 것이 가능함을 실천으로 보여 줬다.

레닌의 "전위" 개념은 그저 "주도적인 집단"이라고 이해하는 것이 가장 적절하다. 진정으로 주도적인 집단은 그저 선언하거나 위에서 임명한다고 되는 것도 아니고, 때가 되면 갑자기 노동계급이 모여들 것이라 믿고 노동계급과 동떨어진 채 혁명 사상을 떠받든다고 되는 것도 아니다. 진정으로 주도적인 집단은 실천 과정에서, 즉 부분적인 경제적·정치적 개혁 요구를 성취하고자 투쟁하고 혁명적이지 않은 조직이나 세력과 동맹하기도 하는 과정에서 건설된다.

오늘날 대중적인 혁명적 당을 건설하기까지는 갈 길이 멀다. 그러나 대중적인 혁명적 당을 건설하는 과정에서 만날 온갖 조직적·전술적 굴곡과 전환을 헤쳐 나가는 데서 레닌과 볼셰비키가 남긴 이론적·실천적 유산은 마르크스와 엥겔스가 남긴 유산만큼이나 필수불가결하다. 안타깝게도 1920년대에 스탈린주의는 레닌의 교훈과 통찰을 도용해 원래 모습을 알아보지 못할 만큼 왜곡해서 "레닌주의 전위 정당 개념"을 일당독재와 경제의 계층화를 추구하는 관료주의적이고 상명하복적인 지령 조직 개념으로 바꿔 버렸다. 이것은 볼셰비키의 실제 경험과 아무 관련이 없다.

볼셰비키의 경험에서 사회주의자들은 투쟁의 동지로서 현재의 운동들에 동참하면서 운동을 최대한 멀리까지 전진시키려 애쓰며 광범한 노동자층에게 사회주의적 대안의 필요성을 보여 줘야 한다는 교훈을 얻어야 한다. 사회주의자들은 미래 사회주의 사회의 유토피아적 청사진을 제시하기보다는 지난 투쟁에서 가장 중요한 역사적 교훈을 도출해서 미래 투쟁을 위한 지침을 제공해야 한다. 그런 교훈을 좀처럼 보존하지 않는 이 세계에서 혁명적 당은 국제 노동계급의 기억으로 기능한다.

무시무시하게 묘사되는 '민주적 중앙 집중주의'는 민주적으로 운영되고 결정 사항을 이행하려 애쓰는 활동가 조직에 몸담아 본 사람이라면 분명하게 이해할 수 있을 것이다. 민주적 중앙 집중주의란 토론하고 표결하고 결정한 바를 실행하라는 원리다. 레닌이 설명하듯이 민주주의가 필요한 이유는 "노동자 한 명 한 명이 의식적이고 자발적으로 참여해야 대중행동이 성공"할 수 있기 때문이다. 예컨대 "모든 노동자가 파업을 할 것인가 말 것인가 스스로 답하지 않는다면 … 필요한 결속력을 갖추고 파업을 할 수 없다." "확고하고 슬기로운" 결정은 "파벌, 친분, 타성"이 아니라 공개적 논쟁과 토론을 바탕으로 할 때만 가능하다고 레닌은 주장했다.[74] 그러나 사회주의자의 조직은 토론 자체를 중시하는 토론 모임이 아니다. 논쟁을 해서 결정을 내렸다면 공동으로 실행할 규율이 있어야 한다. 이것이 민주적 중앙 집중주의에서 "집중"이 뜻하는 바다.

모든 노동자가 동시에 같은 속도로 사회주의로 나아간다면 조직과 지도는 필요 없을 것이다. 그러나 노동자는 그렇게 균일하지 않다. 1932년에 트로츠키가 썼듯이 "계급은 균일하지 않다. 계급의 상이한 부문은 상이한 시점에 상이한 경로를 통해 계급의식에 도달한다. 자본가계급은 이 과정에 적극 개입한다. 자본가계급은 노동자들끼리 반목하도록 노동계급 내부에 직접 조직을 만들거나 기존 조직을 활용한다."[75] 의식과 활동 수준의 차이 때문에 모든 사회적 투쟁은 지도부, 즉 운동에 영향력을 행사하는 집단을 만들어 낸다. '지도를 거부하는' 아나키스트들조차 사실은 운동 방식에 대한 자신의 정치를 피력한다. 이것도 결국 지도력을 행사하려는 시도다.

노동자들은 외부 세계와 동떨어진 채 살지 않으며, 현실 속에서 의도적으로 그들을 분열시키고 무기력감에 빠뜨리는 친자본주의 사상에 영향을 받으며 산다. 이런 현실을 직시한다면, 세상을 바꾸는 일에 가장 의식적이고 헌신적이고 투철한 최상의 투사를 규합해 친자본주의 사상에 대항하는 영향력을 행사할 조직을 꾸리는 것이 얼마나 중요한 일인지가 분명해진다. 그렇다면 문제는 지도를 해야 하느냐 하지 말아야 하느냐가 아니라 어떤 지도력이 부상하고 우세해져서 무엇을 투쟁 목표로 삼느냐 하는 것이다. 지도의 필요성을 부정하는 아나키즘 조직은 오히려 실제로는 지도자가 없는 운동이 아니라 아무 책임도 지지 않는 지도자를 만들어 낸다.

모든 대중운동에서는 향방을 둘러싼 논쟁이 벌어진다. 노동조합 관료, 개혁주의 지도자와 정당은 운동을 울타리에 가두고 한정하는 쪽으로 운동을 이끌려 한다. 이런 상황에서는 언제나 운동에 처음 뛰어든 대중의 개혁주의와 확고한 정치 세력의 개혁주의를 구별해야 한다. 운동에 처음 참가하는 일반 대중은 아직 스스로에게 세상을 운영할 힘이 있다고 믿지 않기 때문에 자본주의의 틀을 뛰어 넘겠다는 생각은 하지 못한 채 옛 통치자보다 나은 통치자를 기대하거나 이로운 개혁을 바란다. 확고한 개혁주의 정치 세력들은 자본주의를 구원하기 위한 개혁을 의식적으로 추구한다. 혁명적 운동이 일어나면 운동 내에서 함께 투쟁하면서 개혁주의의 제약을 돌파하고, 노동자들이 자본주의의 대안을 제기해야 한다는 사상으로 노동자 대다수를 설득할 혁명가 조직의 필요성이 언제나 절실해진다.

이런 조직은 혁명적 상황이 오기 전에 건설돼야 하며 그렇지 않으면 투쟁을 이끌 만큼의 영향력과 경험을 갖추지 못할 것이다. 다시 트로츠키를 인용하자면, "예컨대 혁명기처럼 사태 변화가 더 빨라지는 시기에는 아무리 약소한 정당이라도 혁명의 과정을 명료히 이해한다면, 그리고 미사여구에 도취되지 않고 탄압을 두려워하지 않는 간부층을 보유하고 있다면 빠르게 강력한 정당으로 성장할 수 있다. 그러나 그런 간부를 길러 내는 데는 상당한 시간이 들거니와 혁명기에는 그럴 시간이 없기 때문에 혁명이 나기 전에 그런 정당이 마련돼 있어야 한다."[76] 이것이 바로 독일 혁명의 교훈이다. 독일에서도 러시아와 마찬가지로 노동자 혁명이 승리할 조건이 모두 갖춰져 있었다. 그러나 독일에는 1917년의 볼셰비키처럼 주도적인 구실을 할 만큼 상당한 규모와 깊이 있는 경험을 갖춘 혁명적 당이 없었다.

큰 항쟁이 벌어지는 시기에는 경제투쟁과 정치투쟁의 경계가 무너진다. 그 직전까지만 해도 무력감에 빠졌던 노동자들이 갑자기 대중행동에 참여하며 자신감을 얻고 존중을 요구한다. 현실의 모든 부정의가 행동의 표적이 된다. 모든 투쟁은 다음 투쟁을 고무하며 어느 쟁점과 불만도 여기서 배제되지 않는다. 예컨대, 1980년에 폴란드에서 등장한 대중적 민주노조 운동인 연대노조 운동이 1981년 여름에 한창 위세를 떨치고 파업 물결을 일으켰을 때가 바로 그랬다. 당시 항공 노동자들은 관리자를 선출할 권리를 요구하며 파업을 했고, 항만 노동자들은 식량 수출을 중단하기 위해 파업을 했다(폴란드에는 기아에 시달리는 사람들이 많았다). 신문 인쇄소 노동자들은 연대노조를 비방하는 신문을 인쇄하지 않겠다며 파업을 벌였고, 운송 노동자들은 부패에 항의하며 파업을 했다. 어떤 도시에서는 예전에 파업을 탄압한 책임자를 해임하라고 요구하는 파업이 일어났고, 수많은 여성이 식량을 요구하며 행진을 했다.

거대한 투쟁이 분출하면 점점 더 많은 투사들이 권력 장악이 가능하고 권력을 장악해야만 운동이 전진한다는 것을 이해하기 시작한다. 상황은 전진하거나 후퇴할 뿐 정체하지 않는다. 투사들이 계급의 나머지를 혁명적 행동 강령으로 설득하는 공동의 활동을 중심으로 조직되고 뭉치지 않는다면, 그 투사들의 정서, 발상, 부분적 통찰은 아무런 효과를 내지 못한 채 흩어질 것이다. 개혁주의 지도자들이 계속해서 운동을 지배할 것이고 단결과 현실주의라는 미명하에 노동계급에게 열정을 가라앉히라고 종용할 것이다.

폴란드에서는 레흐 바웬사 등 연대노조 지도자들이 "자기제한적 혁명"이라는 개념을 받아들였다.[77] 대중 파업으로 시작해 노동자가 거의 1000만 명가량 참가한 대중운동인 연대노조 운동은 개혁을 요구하는 노동조합운동을 뛰어넘을 잠재력이 있었고 많은 투사들도 이 점을 알고 있었다. 그러나 운동의 지도자들에게 조직적이고 응집력 있게 이의를 제기하는 좌파적 도전은 없었다. 폴란드의 국가자본주의 정권이 사회주의를 참칭하고 "계급투쟁" 같은 말을 도용해 온 것은 도움이 되지 않았다. 노동자들은 자신의 전통적 상징과 반란의 언어를 훔쳐 간 지배계급에 맞서 노동자 권력을 재창조해 내고 있었다.

그러나 폴란드의 경험은 당시에 투사들로 이뤄진 진정한 사회주의 조직이 있었더라면 매우 중요한 구실을 할 수도 있었음을 잘 보여 준다. 콜린 바커는 연대노조 운동을 다룬 글에서 다음과 같이 썼다. "연대노조의 '자기제한' 전략은 재앙이었다. … 연대노조의 지도자들은 '너무 멀리 나아가지' 말고 '당국을 겁주지' 말라고 조합원들을 거듭 만류하는 처지가 됐다. 지도자들은 운동이 더 전진하도록 고무하기보다는 거듭해서 제동을 걸었다. 그들은 조합원의 투쟁성을 문제 해결의 열쇠가 아니라 처리해야 할 '문젯거리'로 봤다."[78]

대안은 작업장을 장악하고 군대의 병사들을 설득하고 관료적 국가기구를 노동자 민주주의로 갈아 치우는 혁명적 전략이었다. 이런 대안을 의제에라도 올리려면 이런 강령을 중심으로 뭉친 강력한 조직이 있어야 했다. 그러나 안타깝게도 폴란드에는 그런 조직이 존재하지 않았다.

혁명적 당이 없으면 혁명의 기회는 날아가고 운동은 쇠락하거나 패배한다. 그러면 사회는 다시 역류하고 '질서'를 회복한다. 트로츠키는 다음과 같이 썼다. "지도하는 조직이 없으면 대중의 에너지는 실린더 안에 갇히지 않은 증기처럼 흩어질 것이다. 그러나 증기기관을 움직이는 것은 피스톤이나 실린더가 아니라 바로 증기다."[79]

영국의 사회주의자인 고故 던컨 핼러스는 사회주의자가 분투해서 건설해야 할 조직이 무엇인지를 1971년에 쓴 글에서 훌륭하게 설명했다.

> 지난 40년 동안 벌어진 사건들 때문에 혁명적 사회주의 전통은 서구 노동계급으로부터 고립됐다. 첫째 과제는 둘의 관계를 복구하는 것이다. 임금, 노동조건, 주택, 집세, 교육, 보건 등 온갖 문제를 둘러싼 부분적·지역적 투쟁들을 사회변혁적 전략에 기초한 응집력 있는 운동으로 전진하도록 조율하고 통합해야 한다. 인적 측면에서 얘기하자면, 육체 노동자든 정신 노동자든 동료 노동자들 사이에서 탄탄한 기반이 있고 사회주의의 필요성과 그것을 달성할 방법을 공유하는 조직된 노동자층이 만들어져야 한다.[80]

한정된 지면 때문에 이 장에서 다룰 수 없지만 노동계급은 여러 요인들(스탈린주의의 부상과 '현실 사회주의'의 관료적 변질, 제2차 세계대전 이후 유례없이 부흥한 자본주의, 냉전 시기에 벌어진 좌파 탄압 등) 때문에 사회주의에서 멀어졌다. 둘 사이의 연결을 새로운 조건에서 복원해야 한다. 이것이 오늘날 사회주의자의 주요 과제다.

9장

러시아 혁명: 실패한 우상?

1917년의 러시아 혁명은 역사적 분수령이었다. 차르를 타도하고 역사상 처음으로 노동자가 지배자고 사용자가 피지배자인 사회를 세운 이 사건은 전 세계의 노동자와 차별받는 사람들을 고무했다. 러시아 혁명의 불길은 유럽·중동·아시아로 번졌다. 러시아에서 솟아나 어두운 그림자를 길게 드리운 '붉은 유령'은 세계 각국 지배계급의 깊은 두려움을 자아냈다. 혁명이 반동 세력을 제압하고 승리를 거둔 것을 본 수많은 평범한 사람들은 자신들이 들고일어나서 자신들에게 이롭게 사회를 운영할 수 있다는 확신을 얻었다. 전 세계 사회주의자들은 러시아가 이룩한 일을 재연하려고 분투했다. 러시아에서 혁명이 일어나고 독일에서도 혁명이 시작되면서 무수히 많은 사람들이 함께 느꼈을 열광을 유진 데브스는 전쟁에 반대한 1918년의 연설에서 다음과 같이 표현했다.

> 혁명이 바다를 넘나들며 성난 불길처럼 번지고 있습니다. 자본주의와 군국주의의 지배 때문에 전 세계 인민은 언제든 불길이 옮겨붙을 상태에 있습니다. 인민은 변화, 그것도 거대한 변화를 맞이할 만큼 성숙했고 준비돼 있습니다. 그 변화란 곧 노동자의 봉기와 승리, 착취·전쟁·약탈의 종식, 인종의 해방일 것입니다. 이제 변화를 맞이합시다! 우리

모두 생산 현장에서 정치적으로 노동자들을 조직해 변화가 도래할 길을 닦고 변화를 재촉해서 자본주의를 극복하고 인민의 시대를 엽시다. 러시아와 독일의 용감한 우리 동지들이 지도하고 있는 노동계급 혁명은 인종·피부색·성별·국경을 가리지 않습니다. 이 동지들은 전 세계가 따라야 할 영웅적 본보기를 보이고 있습니다. …

저는 머리끝부터 발끝까지 볼셰비키고 이것이 자랑스럽습니다.

"인민의 시대가 도래했습니다!"[1]

1920년대에 혁명이 고립되고 후퇴하고 스탈린 정권 관료들의 손에 넘어가 패배하면서 국제 사회주의 운동은 크나큰 타격을 입었다. 모든 패배는 타격을 주지만 이 타격은 특히 심각했다. 러시아에서 마르크스주의는 마르크스주의를 철저히 왜곡한, 정확히 말하면 마르크스주의를 거꾸로 뒤집은 이데올로기로 바뀌었다. 사회주의는 노동자의 민주적 사회 지배가 아니라 일당독재 국가, 굴라크[강제 노동 수용소]와 같은 게 돼 버렸다. "일국사회주의"가 노동계급의 국제주의를 대체해 버렸다.

스탈린이 레닌의 적통이며 스탈린 정권의 등장이 혁명의 실패가 아닌 혁명의 논리적 결과를 뜻한다고 여기는 데선 동방과 서방의 이데올로그 모두 나름의 이유로 의견이 일치했다. 둘 사이에 차이가 있다면 스탈린 정권의 지지자들은 이 결론을 긍정적으로 봤고 비판자들은 부정적으로 봤다는 것이다. 소련의 공식 마르크스주의는 노동자 권력을 위한 행동 지침과 이론이 아니라 마르크스주의의 참된 내용을 모조리 뒤튼 국가 이데올로기가 됐다. 다시 말해, 노동계급의 생산 지배가 아니라 노동계급에 대한 착취와 지배를 정당화하는 이데올로기가 됐다. 엄격한 군대식 사회통제, 스탈린에 대한 개인숭배, 강제 노동 수용소에 관한 보도는 사회주의와 대결하는 서방의 자본주의 옹호자들에게 무척 유용한 수단이 됐다.

레닌을 옹호하는 스탈린주의자들이나 서방의 반공 역사가들 모두 스탈린이 레닌의 적통이라고 주장했다. 그렇게 해서 스탈린주의자들은 레닌의 유산을 가로채려 했고 반공 역사가들은 혁명이 언제나 압제를 낳는다는 주장을 입증하려 했다. 그러나 1922년에 죽음을 앞둔 레닌은 유서에서 스탈린에게서 권력을 박탈하라고 요구했다. 국가 관료의 성장을 저지하려는 필사적 노력이었다. 몇 년 후 트로츠키도 같은 문제로 볼셰비키당[당시 당명은 공산당] 내 분파를 조직해 소련이 관료적으로 타락하는 것에 맞서 온 힘을 다해 노동자 권력을 방어했다.

러시아 혁명이 타락한 이유를 다르게 분석하는 관점도 있다. 바로 마르크스주의적 관점이다. 러시아 혁명은 쿠데타가 아니었고 혁명 지도자들은 은밀한 배후 조종자가 아니었다. 혁명이 패배한 이유는 레닌 등 혁명가들이 권력에 탐닉해서 혹은 사회주의가 인간 본성을 거슬러서가 아니라 혁명 이후 고립되고 포위당한 러시아가 사회주의 사회를 건설하기에는 너무 저개발 상태이고 후진적이었기 때문이다. 이것을 이해하려면 러시아 혁명이 어떻게 승리했고 패배했는지 자세히 살펴봐야 한다.

혁명은 어떻게 승리했는가?

볼셰비키는 활동가들의 정당이었고 300만 명의 산업 노동자 속에 대중적 기반이 있었다. 1917년 10월 혁명 직전에 볼셰비키 당원은 24만 명에 달했다. 스탈린주의 앵무새들이 꾸며 낸 얘기와 달리 볼셰비키당은 무오류의 획일적인 집단이 아니었지만, 혁명이 승리할 당시에는 직업 혁명가들의 폐쇄적 집단이 아니라 산업 노동자가 대다수인 대중정당이었다. 이 사실은 의심의 여지가 없다.[2]

볼셰비키 지지자가 전혀 아니었던 모건 필립스 프라이스 〈맨체스터 가디언〉 특파원도 혁명 직전에 다음과 같이 자신이 목격한 것을 기록했다(프라이스는 볼셰비키를 "최대강령파"라고 했다). "여러 지역을 다녀 보니, 아직도 유럽 곳곳의 사회혁명을 꿈꾸는 최대강령파 광신도들은 최근에 엄청나게 많은, 어쩌면 그 규모를 헤아리기 어려울 정도로 많은 추종자를 얻은 듯하다." 프라이스는 무시하는 말투로 다음과 같이 썼다.

> 그러나 추종자 대다수는 최대강령파의 "모든 권력을 평의회로"라는 말이 무슨 뜻인지 전혀 이해하지 못한다. … 토지개혁이 늦어져서 화난 농민들은 지주의 토지를 즉각 몰수한다는 약속을 보고 최대강령파를 따른다. 노동자들은 국가가 은행을 통제하게 하겠다는 말을 듣고 최대강령파를 따른다. … 최근에 열린 모든 지방선거에서 혁명적 민주주의 진영 내의 이 당파는 압도 다수의 표를 얻었다.[3]

혁명은 두 차례에 걸쳐 벌어졌다. 1917년 2월 23일, 세계 여성의 날인 이날에 노동자 수십만 명이 수도 페트로그라드의 거리를 점령했으며 이것을 시작으로 대규모 시위와 파업이 줄줄이 이어졌다. 그 결과 수 세기 동안 러시아를 지배한 왕조가 불과 며칠 만에 무너졌다.[4]

8개월 후에 벌어진 2차 혁명에서는 볼셰비키가 지도한 무장한 노동자들이 차르 몰락 이후 질서 회복을 서두른 자본가들의 임시정부를 무너뜨렸다. 그리고 2월 혁명 이후 전국에서 우후죽순으로 생긴 노동자·병사·수병·빈농의 민주적 평의회, 즉 소비에트들이 임시정부를 대체했다.

러시아 혁명은 농촌의 농민 반란과 도시의 노동자 반란의 결합이었다. 이것은 옛것과 새것이 공존하는 러시아 경제 발전의 결과였다. 트로츠키는 《러시아 혁명사》에서 "산업이 발전한 나라는 덜 발전한 나라에 미래상을 제시할 뿐"이라는 마르크스의 말을 인용하면서 이 말이 "자본주의적 발전이 모든 나라로 뻗어 갈수록 적용하기 어려워졌다"고 지적한다. "성장기의 영국은 프랑스의 미래를 보여 줬지만 그것은 독일의 미래와 상당히 달랐고 러시아나 인도의 미래와는 조금치도 닮지 않았다."[5]

영국보다 늦게 자본주의의 대열에 합류한 나라들은 영국처럼 점진적으로 단계를 밟기보다는 여러 단계를 한 번에 거치거나 건너뛰기도 하면서 경제를 발전시켰다. 러시아에서는 가장 후진적인 경제형태와 가장 현대적인 경제형태가 결합됐는데, 새것이 옛것 그대로 위에 접붙여졌다. 러시아 자본주의는 19세기 말에 발전하기 시작했으며, 도시 수공업 단계부터 서서히 발전하지 않았다. 오히려 국가 개입과 해외 자본의 유입에 힘입어 현대식 공장들이 "초가삼간" 옆에 들어섰다. 트로츠키는 농민이 "논밭에서 낚아채여 곧장 공장의 도가니 속으로 던져졌다"고 표현했다.[6]

1917년의 러시아는 대지주의 손아귀 안에서 땅을 부치며 근근이 입에 풀칠하는 농민이 인구의 압도 다수였다. 동시에 러시아는 국가 개입과 해외투자로 들여온 세계 최첨단 공장이 봉건적인 낡은 사회구조에 얹혀 있는 나라였다. 이처럼 독특한 발전 방식에서 생겨난 러시아 자본가계급은 취약했으며 국가와 해외 자본에 의존했고 제 그림자를 보고 겁을 집어먹을 만큼 소심했다. 자유주의적 자본가계급과 가장 밀접한 정당인 카데츠(입헌민주당)가 1905년이 돼서야 창당됐다는 사실은 당시 러시아 자본가계급의 취약성을 잘 보여 준다. 한편 러시아의 산업 노동계급은 머릿수로는 소수였지만 페트로그라드나 모스크바 같은 도시 중심지에 거대하게 밀집해 있었고 그래서 상대적인 힘은 머릿수를 훨씬 능가했다. 자본주의가 뒤늦게 도래한 탓에, 노동자 수천수만 명을 고용하는 여러 최첨단 공장이 가장 뒤떨어진 기술로 농사를 짓는 농촌 곁에 들어섰다. 예컨대 페트로그라드의 유명한 푸틸로프 금속 공장에 고용된 노동자는 2만 4000명 이상이었다.[7] 푸틸로프 공장 노동자들은 이미 1896년부터 집단행동과 파업을 시작했다.

앞 장에서 설명했듯이 러시아사회민주노동당의 양대 분파인 멘셰비키와 볼셰비키는 러시아에서 일어날 혁명을 보는 관점이 달랐으며 그 때문에 혁명으로 나아가는 전략도 달랐다. 멘셰비키와 볼셰비키는 뚜렷이 구분되는 두 혁명이 러시아에서 일어날 것이라는 데선 의견이 일치했다. 우선은 차르를 타도하고 서구식 민주주의를 수립하고 농민에게 토지를 분배하는 부르주아 혁명이 일어나고, 그 뒤에야 노동계급이 이끄는 사회주의 혁명이 일어난다고 본 것이다. 그러나 그 함의를 둘러싸고 두 분파는 의견이 크게 엇갈렸다. 멘셰비키는 국내의 자유주의 세력과 손잡길 열망했기 때문에 농민을 외면하고 노동계급의 요구를 온건화하려 했다. 반면 볼셰비키는 러시아의 자유주의적 자본가계급이 취약하고 동요하는 계급이기 때문에 결국에는 노동자 권력보다 전제군주정을 선호할 것이라고 봤으며 그래서 도시 노동계급과 저항적 농민의 동맹으로 혁명을 수행하려 했다.

자본가계급은 혁명에 겁을 먹고 움츠러들 것이며 혁명이 성공하더라도 혁명을 적당한 한계 안으로 욱여넣으려고 애쓸 것이라는 볼셰비키의 평가는 혁명이 진행되는 동안 더할 나위 없이 분명하게 입증됐다. 차르를 타도한 1917년 2월의 대중 항쟁이 한창일 때 자유주의 성향의 두마 의장 로쟌코는 다음과 같이 한탄했다. "나는 반란을 원하지 않는다. 반란 세력도 아니고 혁명을 일으킨 적도 없으며 그럴 생각도 없다. … 그러나 정부는 더는 존재하지 않는다. 모든 일이 내 책임이 된다. … 모든 전화가 울린다. 모두들 나에게 무엇을 해야 하느냐고 묻는다. 뭐라고 답해야 하나? 자리에서 물러나야 할까?"[8] 이보다는 침착했던 카데츠 지도자 파벨 밀류코프는 "무정부 상태의 확산에 제동을 걸기 위해" 두마에 권력을 잡으라고 촉구했다.[9]

실천적으로 멘셰비키는 자신들이 부과한 역사적 임무에서 자유주의자들이 탈주하지 않도록 노동계급의 투쟁성을 억제하려 한 반면 볼셰비키는 자유주의자들을 비판하고 그들로부터 독립적으로 노동계급을 조직하려 했다. 볼셰비키는 오로지 노동계급만이 운동의 선봉에 설 수 있고 피지배 농민과 단결해 그들을 이끌 수 있다고 주장했다. 덧붙여 말하자면, 멘셰비키의 노선은 훗날 혁명이 민주주의 혁명과 사회주의 혁명이라는 두 단계를 반드시 거쳐야 한다는 스탈린주의 사상의 기초가 된다.

트로츠키는 볼셰비키의 주장에서 한 발짝 더 나아갔다. 도시가 농촌을 주도하고 자본가가 "자신의" 혁명을 이끌 수 없다면 그 혁명은 농민과 동맹을 맺은 노동자가 이끌어야 한다. 이 점에서 트로츠키는 레닌과 견해가 일치했다. 그러나 트로츠키는 노동자들이 주도하는 혁명이 민주주의적, 즉 부르주아적 단계에서 멈출 수 없을 것이라고 봤다. 혁명을 성공시킨 노동자들은 권력을 유지하고 사회주의적 조처를 시행해야 할 것이다. 트로츠키는 러시아가 홀로 사회주의를 실현할 만큼 경제적으로 성숙하지 않았다는 점을 인정했지만 러시아의 운명을 국제적 맥락 속에서 봤다. 러시아 노동자들이 사회주의를 향한 투쟁을 시작할 수는 있지만 경제가 발전한 다른 나라로 혁명이 확산되고 승리하지 못하면 그 투쟁을 완수할 수 없다. 트로츠키는 러시아 혁명을 고립된 국가적 사건으로 보기보다는 국제적 투쟁이라는 사슬을 이루는 하나의 고리로 이해했다.

트로츠키는 1905년에 처음 체계적으로 정리한 이 이론을 "연속혁명론"이라고 불렀다. 이 말은 이미 오래전에 마르크스와 엥겔스가 썼던 표현을 차용한 것이다. 마르크스와 엥겔스는 1848년 유럽에서 벌어진 부르주아 혁명을 분석하며, 자유주의적 자본가계급이 자신들의 민주주의적 요구를 관철할 의지가 없기 때문에 앞으로 독일에서 일어날 혁명에서는 노동계급이 주도권을 쥐고 곧바로 이어질 노동자 혁명의 도입부로서 민주주의 혁명을 수행해야 할 것이라고 강조해 트로츠키의 연속혁명론을 예고했다. 1850년에 마르크스와 엥겔스는 다음과 같이 썼다. "우리의 관심사와 과제는 모든 유산계급을 지배적 지위에서 끌어내릴 때까지 혁명을 지속하는 것이다."[10] 따라서 트로츠키가 말한 연속혁명은 끝없는 혁명을 뜻하는 것이 아니라 중도에 멈추지 않고 모든 착취계급을 권좌에서 몰아낼 때까지 계속되는 혁명을 뜻한다. 그리고 한 나라에서 멈추지 않는 혁명을 뜻하기도 한다.

제1차세계대전은 러시아에 재앙을 몰고 왔다. 기근과 질병이 창궐하고 병사들이 전선에서 처참하게 떼죽음 당했다. 1917년에 이 모든 요소가 곪아 터졌다. 사회 꼭대기의 지배 집단은 완전히 마비됐고 차르와 그의 아내는 미신에 빠졌으며 각료들은 속수무책이었고 부정부패가 활개를 쳤다. 차르가 아내에게서 받은 편지는 차르 부부의 정신 나간 잔학성을 선명하게 보여 준다. "러시아는 채찍질의 감촉을 사랑합니다. 이것이 저들의 본성입니다."[11] 차르는 노동자들을 총으로 쏴 죽인 부대를 "멋진 녀석들"이라고 칭찬했으며 이 부대가 "[전통적 규범에 반발해] 단발머리를 한 여학생들을 채찍으로 때리고, 유대인 인종 청소를 자행하며 저항할 힘도 없는 사람들의 머리통을 부쉈다는 소식을 읽고 '만족스러워했다'"고 트로츠키는 묘사했다.[12]

전쟁이 계속되자 탈영병이 속출했다. 애국주의 열기로 잠시 잠잠해졌던 노동자들이 다시 거리로 나왔다. 1914년 전쟁 발발 이전의 대중 파업에서 나타났던 열기가 점점 되살아났다. 수많은 노동자들이 파업과 시위를 벌였고 차르의 경찰·군대와 대치했다. 군대의 규율에 금이 갔다. 부대가 통째로 혁명에 가담해 여전히 차르에게 충성하던 경찰을 공격하기도 했다. 차르는 불과 며칠 만에 통제력을 잃었다.

1905년에 레닌은 혁명을 "착취받고 차별받는 사람들의 축제"라고 했다. 트로츠키는 명저 《러시아 혁명사》에서 혁명을 "대중이 자신의 운명을 지배하는 영역으로 강제로 밀고 들어가는 행위"로 묘사했다.[13] 그것이 어떤 과정이었는지는 차르를 타도한 2월 혁명을 다룬 장에서 느낄 수 있다.

노동자이자 볼셰비키 당원이었고 당시의 참된 지도자의 하나였던 카유로프는 카자크 분견대의 경계 지역에서 있었던 일을 얘기해 줬다. 그곳에서 시위대는 기마경찰의 채찍질에 흩어졌지만 카유로프는 그들과 함께 도망치지 않고 노동자 몇 명을 대동하고서 모자를 벗고 카자크 분견대에게 다가가 다음과 같이 말했다고 한다. "카자크 형제 여러분, 평화적 요구를 위해 투쟁하는 노동자들을 도와주십시오. 파라오[경찰을 속되게 이르는 말 — 지은이] 놈들이 못 먹고 못사는 우리 노동자들을 어떻게 대하는지를 보십시오. 좀 도와주십시오!" 모자를 벗어 손에 든 이 짐짓 겸손한 태도를 보라! 이 얼마나 치밀한 심리적 계산인가! 결코 아무나 할 수 없는 몸짓이었다! 거리 전투와 혁명의 승리 역사는 이런 임기응변으로 가득하다. 그러나 이런 일들은 거대한 사건의 심연 속으로 흔적도 없이 사라져 버린다. … 카유로프는 이어서 회상한다. "카자크 기병들은 서로 묘한 눈짓을 주고받았어요. 그들이 전투태세로 돌진해 나갈 때도 우리는 거의 비켜서지 않았죠." 몇 분 후 역의 출입구 근처에서 군중이 한 카자크 기병을 향해 만세를 외치고 있었다고 한다. 그 기병이 군중이 보는 앞에서 경찰 지휘관을 대검으로 처단했기 때문이다.[14]

차르를 타도한 결과는 "이중권력"이었다.[15] 한편에는 1905년의 경험을 간직한 노동자와 병사가 1000명당 한 명꼴로 대표를 뽑는 구조로 노동자·병사 소비에트를 세웠다. 다른 한편에는 멘셰비키 지도자들의 재촉과 간청 끝에 자유주의 성향의 지주·자본가계급 대표자들이 옛 두마의 자유주의 진영 구성원들로 임시정부를 꾸렸다. 임시정부는 사실상 반혁명 정부였다. 임시정부는 제국주의 전쟁을 지속했고 노동자들의 공장 통제를 증오했으며, 농민들의 토지 접수에 반대했다. 그러면서 러시아의 병폐를 해결할 제헌의회를 소집하겠다고 약속해 놓고 이행을 차일피일 미뤘다.

이때 소비에트는 임시정부보다 권력과 신망이 훨씬 컸다. 그러나 제1차 소비에트 대회에 파견된 대표자들은 권력 장악을 추구하지 않는 멘셰비키와 사회혁명당 지도자들에게 투표했다. 사회혁명당은 농민에 대중적 기반을 두고 있었는데도 즉각적인 토지 재분배를 망설였고 농민의 직접행동을 만류하며 임시정부가 약속한 제헌의회 선거를 기다리자고 호소했다. 트로츠키가 썼듯이 "소비에트 지도부를 맡은 사회주의자들은 이미 다급하게 두리번거리며 진정한 '지배자'를 찾으려 했다. 그들은 권력이 당연히 자본가계급에게 넘어가야 한다고 믿었다."[16] 임시정부의 자유주의자들이 혁명을 두려워하고 소비에트가 자신들을 체포할 것이라 예상했는데도 "소비에트 지도부를 맡은 사회주의자들"은 임시정부가 권력을 잡아야 한다고 주장했다. 시간이 더 지나자, 멘셰비키·사회혁명당의 온건파는 임시정부 지지에서 더 나아가 임시정부 내각에 참여했다.

2월 혁명은 어느 한 정당이 일으킨 사건이 아니었지만 혁명이 닻을 올린 이후 투쟁 현장의 기층 지도자 대다수는 볼셰비키 당원이거나 다른 투쟁적 그룹에 속한 사람들이었다.[17] 볼셰비키 당원들은 페트로그라드 등 도시의 대공장에 몰려 있었으며 볼셰비키가 발행하는 대중적 일간지 〈프라우다〉(러시아어로 '진실'이라는 뜻)는 공장 지구에서 4만 부가 판매됐다. 볼셰비키는 꽤 큰 정당이었지만 페트로그라드 바깥에서는 아직 대중정당이 아니었다. 볼셰비키는 당장 임시정부에 맞서 반란을 이끌 수 있는 처지가 아니었다. 혁명 초기에도 볼셰비키는 수개월 동안의 혹독한 경찰 탄압으로 뿔뿔이 흩어지고 조직이 무너져 있었다. 처음에 페트로그라드 소비에트에서 볼셰비키 대의원은 매우 소수였다. 대의원 1600명 중 볼셰비키는 40명에 불과했다. 그러나 4월쯤 볼셰비키는 공장에서 조직되는 대의 기구인 공장위원회에서 이미 다수의 지지를 얻었다.

이런 역설적인 일을 어떻게 설명할 수 있을까? "직접 무기를 들고 싸운 사람들보다 훨씬 많은 광범한 대중이 승승장구하는 혁명 조직과 혁명 기관의 선거로 여기저기서 몰려들었다"고 트로츠키는 썼다.[18] 초기 국면에는 대다수 노동자가 사회주의 정당들 간의 차이를 몰랐고 지식인들과 하급 장교들이 대중의 의식에 온건화 압력을 행사했다. 그러나 "노동자와 병사는 사회주의자들을 믿었다가 정치적으로 힘을 빼앗기는 뜻밖의 결과를 맞이했다는 것을 깨달았다."[19] 실상이 무엇인지, 누가 노동자 권력을 지지하고 지지하지 않는지를 분명히 인식하려면 투쟁의 시기가 필요했다. 망명지에서 레닌은 다음과 같이 썼다. "러시아는 노동자의 계급의식과 조직화가 불충분한 탓에 혁명이 자본가계급의 수중에 있었던 혁명의 제1단계를 넘어 노동계급과 가장 가난한 농민층이 권력을 잡아야 하는 혁명의 제2단계로 나아가고 있다."[20] 모든 권력을 임시정부에서 소비에트로 이양해야 하며 이 단계를 완수하는 방법은 대중에게 그 필요성을 끈기 있게 설득하는 것뿐이라고 레닌은 주장했다.

> 혁명정부가 취할 수 있는 유일한 형태는 노동자 소비에트임을 대중에게 이해시켜야 한다. 따라서 현 정부가 자본가계급 세력에 굴복하는 동안 우리의 과제는 그들의 전술적 오류를 끈기 있고 체계적이고 꾸준히, 특

히 대중의 실천적 필요에 맞게 설명하는 것이다.

우리가 소수인 동안에는 오류를 지속적으로 비판하고 폭로하는 동시에 국가권력을 노동자평의회로 전부 이양할 필요성을 설파해야 한다. 그래서 대중이 경험을 통해 실수를 극복할 수 있게 해야 한다. …

의회 공화국이 아니라, 철저하게 전국의 노동자, 농업 노동자, 농민의 대표자로 구성된 소비에트 공화국이어야 한다(노동자평의회에서 의회 공화국으로 회귀하는 것은 후퇴다).[21]

레닌은 볼셰비키의 낡은 공식, 즉 부르주아 혁명이 성공한 후에야 사회주의 혁명이 가능하다는 공식을 버려야 한다고 분명히 밝혔다. 1917년 4월 레닌은 "유일한 출구는 노동자 혁명"이라고 단언했다. 마르크스와 엥겔스의 국가관을 치열하게 재검토한 레닌은 사회주의자가 기존의 국가기구를 장악해야 한다는 볼셰비키당의 오래된 공식 또한 거부했다. 이제 레닌은 소비에트 민주주의에 기반한 새로운 종류의 국가가 필요하다고 주장했다.

마르크스주의는 사회주의로의 이행을 목표로 하는 국가의 필요성을 인정한다는 점에서 아나키즘과 다르다. 그러나 그 국가는 흔해 빠진 자본주의적 민주주의의 의회 공화국 유형의 국가가 아니라 1871년의 파리 코뮌과 1905년과 1917년의 노동자 소비에트 같은 국가다(이 점에서 카우츠키 등과도 다르다).

생생한 현실인 혁명은 이미 실제로 우리 나라에서 미약하고 맹아적인 형태로나마 바로 이 새로운 "국가"를 수립했으며 이것은 진정한 의미에서의 국가가 아니다.[22]

다른 볼셰비키 지도자들은 처음에 레닌의 주장을 수용하지 않았다. 러시아가 부르주아 혁명을 먼저 거쳐야 한다는 낡은 공식에 매달린 많은 지도자들(레프 카메네프, 스탈린 등)은 임시정부를 반혁명 기구가 아니라 러시아 "부르주아" 혁명의 결실로 봤고 임시정부를 비판적으로 지지해야 한다고 주장했다. 2월 혁명 이후 출소해 〈프라우다〉의 새 편집자가 된 카메네프와 스탈린은 "임시정부가 반동이나 반혁명에 맞서 싸우는 한" 임시정부를 지지하자고 촉구했다.[23] 문제는 차르가 몰락하면서부터 임시정부가 반혁명의 중심이 됐다는 것이다.

그러나 예전부터 볼셰비키당 정책의 핵심은 혁명에서 노동계급의 주도적 구실을 강조하는 것이었다. 페트로그라드의 유명한 비보르크 산업 지구의 조직을 비롯해 당의 모든 [기층] 조직들은 임시정부를 소비에트 권력으로 갈아 치워야 한다는 결론에 이미 도달해 있었다. 치열한 논쟁 속에서 레닌은 스스로 비슷한 결론에 도달한 당 기층 조직들의 지지를 받았고, 결국 모든 권력을 소비에트로 이양하는 전략을 채택하도록 당 지도자들을 설득했다. 이렇게 레닌은 실천적으로 트로츠키의 연속혁명론을 받아들였다.

볼셰비키는 소수의 쿠데타는 물론, 농민과 병사의 지지 없는 노동계급만의 봉기도 추구하지 않았다. 레닌이 보기에, 볼셰비키의 과제는 아직 확신이 없는 대중에게 모든 권력을 소비에트로 모아야 한다고, 즉 전쟁을 끝내고 농민에게 토지를 주고 민주주의를 꽃피울 수 있는 것은 소비에트 정부뿐이라고 "끈기 있게 설명"하는 것이었다. 대중 정서의 지표인 소비에트에서 다수가 이런 입장에 동의하면 비로소 임시정부를 소비에트 권력으로 대체할 수 있을 것이었다.

볼셰비키의 노선은 갈수록 많은 노동자들의 마음을 울렸고 그 결과 수많은 사람들이 당에 가입했다. 이미 4월부터 페트로그라드 노동자들이 볼셰비키의 요구를 지지하며 시위를 벌였다. 여기서 볼셰비키가 했던 매우 결정적인 구실은 섣부른 봉기를 자제시킨 것이다. 6월이 되자 페트로그라드 노동자의 다수가 볼셰비키를 지지하며 임시정부를 타도할 태세가 됐다. 볼셰비키 지도자들은 페트로그라드의 반란이 고립돼 손쉽게 진압될 위험을 경계했다. 모스크바 등 다른 도시를 끌어들이기까지는 시간이 더 필요했다. 훗날 '7월 사태'로 일컬어진 이 국면에서 레닌 등 지도자들은 무장한 시위대의 선두에 나타나, 분통 터지는 일이겠지만 아직은 들고일어설 때가 아니라고 시위대를 설득했다.

경찰과의 혼란스러운 무장 충돌이 몇 차례 벌어진 뒤 시위대는 흩어졌고 몇 주 동안 볼셰비키는 지하로 숨어야 했다. 레닌은 독일 스파이라는 날조된 혐의를 뒤집어썼고 다른 사회주의 정당들도 레닌을 악마화했다. 레닌은 체포되거나 처형당할 위험을 피해 핀란드로 망명해야 했다. 트로츠키 등의 볼셰비키 지도자들이 체포됐다. 그러나 운동은 무너지지 않았고 볼셰비키는 금세 회복했다. 트로츠키는 곧 풀려났고 새로운 혁명적 열기가 분출하는 가운데 페트로그라드 소비에트의 의장으로 선출됐다(트로츠키는 1905년에 그가 겨우 25살이었을 때도 여기서 의장으로 선출됐었다). 트로츠키는 '군사혁명위원회' 의장으로도 선출됐다. 군사혁명위원회는 노동자 시민군과 소비에트에 충성하는 군대를 동원해 준동하는 반혁명 세력으로부터 소비에트를 방어하기 위해 만들어진 기구였다.

8월에 우익 장성 라브르 코르닐로프가 쿠데타를 일으키고 페트로그라드로 진군해 소비에트와 임시정부 모두를 분쇄하려 했다. 당시 임시정부의 수장은 사회혁명당 우파의 지도자인 알렉산드르 케렌스키였다. 코르닐로프와 손을 잡고 소비에트를 격퇴하는 방안을 고려하고 있던 케렌스키는 이제 자신의 정치 생명마저 위태로워졌다는 것을 깨달았다. 궁지에 몰린 지배계급은 케렌스키에게 혁명 진압을 맡길 수 없다고 판단했고 따라서 케렌스키를 쫓아내려 했던 것이다.

8월 28일 소비에트 집행위원회는 '반혁명에 대항하는 투쟁위원회'를 구성했다. 멘셰비키인 니콜라이 수하노프는 회고록에서 다음과 같이 썼다. "위원회는 방어를 준비하기 위해 노동자·병사 대중을 동원해야 했다. 그러나 조직된 대중은 하나같이 볼셰비키에 의해 조직됐고 볼셰비키를 따랐다."[24]

임시정부를 지지하거나 내각에 참여하는 우를 범하지 않은 좌파 정당은 볼셰비키뿐이었다. 볼셰비키는 언제든지 임시정부를 외면할 수도 있었지만 쿠데타의 진정한 표적은 러시아의 노동자·수병·병사가 지지하는 소비에트 권력이라는 것을 볼셰비키는 알았다. 볼셰비키는 임시정부에 대한 비판이나 임시정부를 타도할 전망을 포기하지 않으면서도 혁명을 방어하기 위해 소비에트 집행위원회와 힘을 합치기로 합의했다. 눈앞에 닥친 쿠데타를 물리친다면 임시정부도 쉽게 처리할 수 있을 것이라고 볼셰비키는 판단했다. 7월 사태 이후 여전히 감옥에 갇혀 있던 트로츠키와 볼셰비키 지도자들이 수병들에게 했던 조언은 코르닐로프를 격퇴하는 방법에 대한 볼셰비키의 태도를 훌륭하게 요약했다. "케렌스키의 어깨에 총을 얹고 코르닐로프를 쏘십시오. 그다음 케렌스키와 결판을 냅시다."[25]

트로츠키는 다음과 같이 썼다. “볼셰비키가 이끄는 대중이 코르닐로프에 맞서 싸우면서도 단 한순간도 케렌스키를 신뢰하지 않은 것은 당연한 일이었다. 그들의 대의는 임시정부가 아닌 혁명을 지키는 것이었다. 그래서 그들은 그만큼 단호하고 헌신적으로 투쟁했다. 반동에 맞선 저항은 사태 전개, 적개심, 대중 정서로부터 성장했다.”[26]

공장에서는 노동자들이 즉각 방비를 강화하고 무장한 적위대를 결성했다. 소비에트를 지지하는 부대가 (트로츠키의 말로는 부대원 대다수가 볼셰비키 당원이었다) 소비에트 집행위원회의 요청에 따라 페트로그라드를 방어하기 위해 모였다. 수병위원회, 병사위원회, 소비에트는 즉시 쿠데타 계획을 비난하고 반혁명을 저지할 채비를 했다. 무장을 잘 갖춘 크론시타트 해군기지의 수병 3000명이 혁명을 방어할 준비가 됐다고 선언했다.

그러나 코르닐로프의 군대는 페트로그라드에 발을 들이지도 못했다. 역사가 알렉산더 라비노비치는 8월 28일에 코르닐로프의 ‘야만인 사단’ 소속 부대가 페트로그라드를 60킬로미터 앞에 두고 진군을 멈춘 과정을 설명한다.

> 철도 노동자들은 목재를 가득 채운 열차로 통행로를 막고 그 뒤로 이어지는 수 킬로미터의 선로를 뜯어 놓았다. 부대는 더 이상 철도로 진군하지 못했을 뿐만 아니라 사단의 다른 부대나 [사단장 — 지은이] 크리모프, [군 사령부 — 지은이] 스탑카, 페트로그라드와 제대로 통신을 하지 못했다. 사단 장교들이 노발대발하며 발을 동동 구르는 동안 병사들은 선동가 무리에게 호되게 꾸지람을 들었다. 선동가 무리 안에는 투쟁위원회와 페트로그라드의 여러 지역·공장·주둔지 소비에트에서 보

> 낸 특사들이 있었다. … 원래 '야만인 사단'에 배속된 기관총 사수들이었다가 제2발트해 함대로 배치된 수병들 중에 첸트로플로트(해군중앙집행위원회)가 선발한 100명에 이르는 선동가들도 여기에 가세했다. 그보다 규모는 작지만 무슬림 소비에트 연합의 집행위원회도 무슬림만으로 이뤄진 위원단을 파견했다. …
> 때때로 '야만인 사단' 부대는 지역 노동자·농민에게 둘러싸여 혁명을 배신했다는 꾸중을 들었다. 부대원들은 북쪽으로 진군하는 진정한 이유를 듣지 못했으며 나중에 드러났듯이 대부분은 코르닐로프의 목적을 지지하지 않았고 임시정부와 소비에트를 적으로 돌리고 싶어 하지 않았다. 8월 30일 병사들은 "토지와 자유"라는 글귀를 새긴 붉은 깃발을 본부에 게양했고 여기에 항의하는 사령관을 체포했다. 병사들은 혁명위원회를 구성해 페트로그라드로의 진군을 막고, 사단 내 다른 부대에 자신들이 반혁명에 "이용당했다"는 것을 알리며, 사단 내 모든 단위 대표들의 회의를 소집했다.[27]

볼셰비키는 가장 탁월하고 한결같은 혁명의 옹호자로 인정받았다. 그 결과 1917년 8월 이후 볼셰비키는 소비에트에서 다수파가 됐다. 레닌과 트로츠키 등 소수 지도자들은 말로만 떠들 시기는 이제 끝났으며 볼셰비키가 봉기를 조직해 임시정부를 해산시키고 모든 권력을 소비에트로 이양하기를 노동자들이 바란다고 주장했다. 카메네프와 지노비예프 같은 몇몇 볼셰비키 지도자들은 아직은 때가 아니라며 레닌과 대립했다(잠깐 동안 레닌은 당 바깥 출판물에서 공개적으로 봉기를 반대한 지노비예프를 당에서 축출하라고 주장했다). 그러나 레닌과 트로츠키 등은 망설여서는 안 된다고 볼셰비키

지도자들을 설득하고 그들에게서 봉기에 대한 지지를 얻었다. 결과적으로 볼셰비키는 네 가지 핵심적인 구실을 했다. 첫째, 노동자 대다수에게 스스로 권력을 장악해야 한다고 설득하는 것을 목표로 하는 분명한 전략적 원칙을 대략적으로 제시했다. 둘째, 계급의 다른 부문이 아직 진격할 준비가 안 돼 있음이 명백한 상황에서 계급의 일부가 앞서 나가는 것을 전술적으로 막았다. 셋째, 혁명이 전개되면서 노동자들의 경험에 부합하는 분명한 정치에 기초해 우월한 지도력을 투쟁 속에서 실천적으로 입증해 다수 노동자의 지지를 이끌어 냈다. 넷째, 작업장, 거리, 군사 주둔지의 적재적소에 배치된 당원들이 혁명의 시기가 무르익었음이 분명해졌을 때 단호하게 봉기를 일으켰다.

대중운동이 절정일 때도 볼셰비키는 공개적이고 민주적인 토론과 논쟁을 바탕으로 중요한 결정을 내렸다는 것을 명심해야 한다. 레닌은 지도부에서 소수파가 돼서 다른 이들을 설득하기 위해 분투해야 할 때가 허다했다. 볼셰비키가 음모적 독재 집단이라는 신화는 볼셰비키의 역사에 대한 오해에서 비롯한다. 러시아 혁명을 연구한 역사가 라비노비치는 "평화, 빵, 토지"나 "모든 권력을 소비에트로" 같은 "마음을 사로잡는" 슬로건과 노동자·병사를 설득하는 체계적 활동을 볼셰비키의 성공 비결로 꼽으면서도 민주적으로 상호작용 하는 과정 또한 그에 못지않게 중요했다고 지적한다.

> 어쩌면, 훨씬 더 근본적으로는 1917년 당시 당의 성격도 볼셰비키가 경이로운 성공을 거두는 데서 결코 작지 않은 구실을 했을 것이다. 레닌의 담대하고 단호한 지도력(그 역사적 중요성을 결코 부정할 수 없다)

이나, 흔히 언급되지만 굉장히 과장돼 있는 볼셰비키의 조직적 통일성과 규율을 말하려는 것이 아니다. 그보다는 당의 내부 구조와 운영 방식이 상대적으로 민주적·관용적·분권적이었으며 당이 개방성과 대중성을 띠었다는 것을 강조하려 한다. 이는 종래에 알려진 레닌주의 모델과 뚜렷하게 대비된다.

앞에서 봤듯이 1917년에 페트로그라드에서 활동한 각급 볼셰비키 조직에서는 매우 기본적인 이론적·전술적 문제를 둘러싼 자유롭고 활발한 토론과 논쟁이 계속됐다. 다수와 견해를 달리한 지도자들은 자신의 견해를 방어하기 위해 자유롭게 논쟁했고 레닌도 적잖이 이런 논쟁에서 졌다.[28]

10월 25일에 볼셰비키와 그 동맹들은 무장봉기에 성공했다. 봉기 시점은 소비에트 대회가 시작할 때로 맞추려 했다. 얼마 전 페트로그라드 소비에트 의장으로 선출된 트로츠키는 솜씨 좋게 봉기를 이끌었다. 노동자들은 손쉽게 임시정부를 해산시키고 권력을 소비에트로 넘겼다. 그 후에 내전이 발발하고 혁명이 고립되면서 러시아 노동자들은 승리를 빼앗겼지만 그럼에도 러시아 혁명은 평범한 사람들이 사회를 바꿀 수 있다는 것과 승리하기 위해서는 헌신적이고 의식적으로 그런 변화에 헌신하는 혁명가들의 조직망을 건설해야 한다는 것을 보여 줬다. 러시아 혁명을 탁월하게 기록한 미국의 좌파 인사이자 기자인 존 리드는 다음과 같이 썼다.

볼셰비키는 유산계급이나 그 외의 정치 지도자와 타협하거나 낡은 정부 기구를 이용하지 않고도 권력을 장악했다. 비밀스런 소수가 폭력을 조직해서 권력을 장악한 것도 아니었다. 러시아 전역의 대중이 봉기할 준비가 돼 있지 않았다면 봉기는 분명 실패했을 것이다. 볼셰비키는 가장 낮은 계층에 있는 대중의 거대하고도 소박한 소망을 이뤄 줬고, 낡은 질서를 해체하고 제거하는 작업에 그들을 끌어들였으며, 그들과 힘을 합쳐 연기가 자욱한 구질서의 폐허 위에서 새 질서의 기틀을 함께 닦았다. 이것이 볼셰비키가 승리한 유일한 이유다.[29]

혁명은 어떻게 패배했는가

러시아 혁명은 가장 발전한 자본주의 나라에서도 못 이룬 변화를 시작했다. 피억압 민족을 해방하고 공장에서 노동자 통제를 확립하고 농민에게 토지를 분배했다. 모든 선출 공직자를 즉각 소환할 권리를 보장했다. 이혼을 합법화하고 동성애 처벌을 폐지했다. 문맹 퇴치 캠페인을 벌이고 러시아어로 된 고전들을 저렴한 판으로 발행했다. 무료 탁아소, 공동 식당, 공동 세탁소를 설치해 여성을 고된 가사 노동에서 해방하고, 더 많은 여성을 혁명적 변화에 능동적으로 참여시키기 위해 특별 부서를 설치했다. 레닌을 비롯한 혁명가들은 사회를 재편하려고 분투하는 평범한 노동자들의 주도력이 이런 변화의 성패를 좌우할 것이라고 거듭거듭 말했다. 안타깝게도 사회주의의 첫 씨앗은 새로운 사회를 꽃피우지 못했다. 그러나 이것은 혁명가들 탓이 아니었다.

러시아 마르크스주의자들은 세계적 수준에서는 사회주의를 실현할 경제적 조건이 무르익었지만 러시아가 고립되면 노동자 국가가 계속 존속할 수 없다는 것을 분명히 이해했다. "우리의 판돈은 언제나 국제 혁명에 걸려 있었다. … 한 나라에서는 사회주의 혁명이라는 과업을 완수할 수 없다"고 레닌은 썼다.[30] 혁명이 다른 나라로 퍼지지 않으면 결국 러시아 혁명도 성공할 수 없을 터였다. 1906년에 트로츠키는 "유럽 노동계급에게서 정부 차원의 직접 지원을 받지 못하면 러시아 노동계급은 권력을 유지할 수 없다"고 썼다.[31] 혁명가들은 노동계급의 투쟁성과 사회 전반의 낙후함이 공존하는 러시아를 세계 수준의 거대한 혁명을 촉발할 약한 고리로 여겼다. 러시아는 세계혁명을 촉발할 테지만 세계혁명이 멈출 수 없는 대세가 돼 러시아의 승리를 굳힐지 아닐지는 유럽, 특히 독일 노동계급에게 달려 있었다. 1920년에 레닌은 다음과 같이 썼다. "발전된 나라 한 곳에서만이라도 노동계급 혁명이 성공하면 곧바로 급격한 변화가 벌어질 것이다. 그때부터 러시아는 ('소비에트'적이고 '사회주의적'인 면에서) 본보기가 아니라 다시 뒤처져 따라가는 나라가 될 것이라는 사실을 … 잊어선 안 된다."[32]

이런 국제주의는 도덕적 요구일 뿐만 아니라 현실적 필요이기도 했다. 러시아만 떼어 놓고 보면 사회주의 사회를 건설할 물질적·문화적 기반은 없었다. 러시아 인구의 80퍼센트는 여전히 땅을 부쳐 먹고살았다. 1913년 러시아 1인당 소득이 1688년의 영국보다도 낮았다는 계산도 있다.[33] 사회주의는 물질적 풍요에 기반을 둬야 한다. 마르크스와 엥겔스가 썼듯이 이것은 공산주의의 "절대적이고 실질적인 전제 조건이다. 이 조건을 충족하지 못하면 그저 곤궁이 만연할 것이며, 기본적 필요조차 충족시키지 못하고 삶의 필수적 조건을 둘러싼 쟁탈전이 다시 시작되고 필연적으로 옛날의 추잡한 일들이 부활할 것이기 때문이다."[34]

엥겔스는 급진정당의 지도자가 "자신이 대표하는 계급이 지배력을 행사할 만큼 운동이 성숙하지 않은 상황에서 정권을 잡을 수밖에 없을 때" 벌어질 일을 경고했다. 그 지도자는 "어쩔 수 없이 자신의 당과 계급이 아니라 그 상황에서 지배자가 되기 적합한 계급을 대표하게 된다. … 그는 그 전까지의 모든 행동과 원칙과 당의 직접적인 이해관계를 거스르는 일만을 할 수 있으며, 해야 하는 것은 하지 못한다."[35]

러시아 혁명에 이어 유럽에서도 혁명의 물결이 일었다. 그러나 노동자들이 권력을 장악하는 데 성공한 곳은 없었다. 혁명 러시아는 다른 나라 혁명정부의 지원 없이 가혹한 내전을 견뎌야 했다. 새로운 노동자 정부의 지도자가 된 혁명가들은 고립된 조건에서 자신들의 원칙을 어길 수밖에 없었다. 내전이라는 이례적 상황 때문에 도입된 일시적 강제 조처가 무한정 계속됐다. 지도자들은 어쩔 수 없이 한 일을 바람직한 일로 추켜세웠다. "전시 공산주의", 즉 극도로 빈궁한 상황이 강요한 평등을 진정한 공산주의로 착각하는 오류를 범했다.

트로츠키 등의 혁명가들은 패배를 예상했고 그 패배는 반혁명 군대가 노동자 국가를 물리적으로 파괴하는 형태일 것이라고 봤다. 그러나 볼셰비키는 내전에서 승리했다. 1918~1923년 독일 혁명이 패배하고 러시아의 고립이 더 심해지면서 혁명의 앞날은 더 캄캄해졌다.[36] 혁명은 포위당하고 봉쇄당하고 굶주린 채 안쪽부터 썩어 갔다.

1918년에 독일은 러시아의 곡창지대인 우크라이나를 점령했다. 서방 열강에게서 무기와 자금을 지원받은 옛 러시아 군 장성들은 노동자 국가를 공격할 반혁명적 "백군"을 일으켰다. 이들은 노동자 국가가 초기에 베푼 관대함에서 득을 좀 봤다. 노동자 국가는 혁명에 총부리를 겨눴던 차르의 장교와 사관생도들에게 다시는 무기를 들지 않겠다는 각서를 받고 그들을 풀어 줬다. 이들은 곧바로 "러시아 방방곡곡으로 흩어져 내전을 준비했다."[37] 일본군과 미군도 러시아를 침공했다. 시베리아 횡단철도를 따라 존재하던 체코 군대도 소비에트 정부와 무장 충돌을 했다. 영국·프랑스·이탈리아·루마니아·세르비아·폴란드·캐나다도 소비에트 권력에 맞서 군사적 개입을 했다.

내전과 봉쇄의 결과는 참혹했다. 사회주의는 노동자의 생산 지배에 기초해야 하는데 1919년 러시아에는 노동자도 생산도 없었다. 가장 투쟁적인 볼셰비키 노동자들은 백군을 격퇴하려고 공장을 떠나 전선으로 가거나 새 정부에 합류했다. 낡은 국가기구의 관료들은 새 정부의 기본적 행정 기능을 방해했다. 연료는 바닥났고 러시아의 혈관인 철도의 수송 능력은 산산조각 나 버렸다. 그나마 남아 있는 얼마 안 되는 자원도 전쟁에 동원됐다. 1920년 말 제조업 생산량은 1913년의 12.9퍼센트, 철광석 생산량은 무려 1.6퍼센트 수준으로 떨어졌다. 도시 노동자들이 식량을 찾아 농촌으로 대거 탈출했다. 1921~1922년의 산업 노동자 인구는 1917년의 절반도 안 됐다. 3년 만에 페트로그라드에서 인구의 57.5퍼센트, 모스크바에서는 인구의 44.5퍼센트가 사라졌다.[38]

1921년에 레닌은 다음과 같이 시인했다. 노동계급은 "전쟁과 절망적인 가난과 황폐화 때문에 탈계급화했다. 다시 말해 노동계급은 계급적 위치를 벗어나 더는 노동계급이 아니게 됐다. 노동계급은 자본주의의 대규모 산업에서 물질적 가치를 생산하는 데 종사하는 계급이다. 자본주의의 대규모 산업이 파괴되고 공장이 멈추면서 노동계급이 사라졌다. 이따금 통계에 잡히긴 했지만 경제적으로는 더는 존재하지 않는다."[39]

설상가상으로 볼셰비키는 농촌에서 곡물을 징발해야 했다. 군대와 도시에 식량을 공급해야 하는데 곡물과 맞바꿀 것이 없어서였다. 곡물 징발로 소비에트 정부와 농민의 사이가 벌어졌다. 노동자·농민 동맹은 내전 동안 아슬아슬 유지됐지만 내전이 끝나자 농민들은 볼셰비키에게 등을 돌렸다. 혁명은 마치 맹렬히 질주하는 목재 증기기관차 같았다. 스스로를 땔감으로 써서 엔진을 돌리고 있었다. 던컨 핼러스가 썼듯이 이런 조건에서 볼셰비키는 "이미 전체 인구 중 소수에 불과한 마당에 떼죽음까지 당하고 기력을 소진한 노동계급을 대리해야 했다."[40]

광활한 나라에서 물자 부족과 광폭한 반혁명의 위협을 받으며 권력을 지켜 내고자 하면서 볼셰비키의 통치는 아래로부터의 창조적 재건보다는 위로부터의 중앙집권적 강제력에 갈수록 기대게 됐다. 레닌의 전기를 쓴 토니 클리프의 말처럼 밀알을 심으려면 쟁기로 땅을 갈아엎어야 한다. 반혁명에 맞서 싸우려면 중앙집권적 폭력이 필요하겠지만, 그런 폭력 자체가 미래 사회주의 사회를 예고하는 것은 결코 아니다.

> 안타깝지만 쟁기에서 밀이 나는 것은 아니다. 노동계급의 해방은 노동계급의 행동으로만 성취할 수 있다. 폭력을 수반하는 혁명, 자본가계급과 그 하수인들의 시민권을 제약하는 혁명, 정치적 자유를 제한하는 혁명은 가능하지만, 러시아 혁명의 역사가 확인해 주듯 제한되고 왜곡된 형태라 하더라도 노동자 민주주의가 없는 혁명은 불가능하다.[41]

소비에트 민주주의가 쇠퇴하고 전시의 절망적 상태가 이어지면서 아래로부터의 민주적 통제는 점점 당의 지배로 대체됐고 사회는 주로 전문가, 기술자, 옛 차르 체제 관료로 이뤄진 관료 기구의 지배를 받게 됐다. 비록 볼셰비키가 주도적이긴 했어도 다당제였던 노동자 민주주의는 빠르게 일당 체제로 변실했다. 사회혁명당 좌파나 멘셰비키 같은 좌파 정당들이 정부에 대항해 결집하기 시작하자 볼셰비키가 이들의 활동을 금지했기 때문이다.

1922년 레닌은 볼셰비키의 얇은 층이, 거대한 옛 차르 체제의 관리 집단을 이끌어야 하는 처지에 있다는 것을 인정하지 않을 수 없었다.[42] 국제 노동계급이 러시아를 도와 산업을 재건하고 노동자의 직접 지배를 복원할 때까지 볼셰비키는 노동자 권력의 위탁 관리인으로 처신할 수밖에 없었다. 그러나 국제 혁명의 가능성이 사라지자 관료들은 독자적 이해관계를 가진 새로운 지배계급으로 자리 잡기 시작했다. 이런 상황을 토대로, 이오시프 스탈린이 이끈 관료 집단이 부상했다. 스탈린은 당시 볼셰비키당의 서기장이었다. 서기장은 원래 권한이 그다지 강력하지 않은 자리였지만 소비에트 민주주의가 시들고 내전 진압을 위해 중앙의 권한이 강화되면서 강력한 힘을 얻었다. 트로츠키는 혁명의 타락을 분석하며 다음과 같이 설명했다.

> 혁명은 서방에서 아무런 직접 지원을 받지 못했다. 기대했던 풍요 대신 불길한 궁핍이 온 나라에서 … 위세를 떨쳤다. 게다가 뛰어난 노동계급 대표들은 내전에서 죽거나 계층이 몇 단계 상승한 뒤 대중과 멀어졌다. 유례없이 팽팽한 긴장, 드높은 희망과 환상의 시기가 지나자 피로와 쇠

> 락, 혁명의 결과에 대한 크나큰 실망의 시기가 길게 이어졌다. "대중의 자긍심"이 썰물처럼 빠져나간 자리에는 무기력과 출세주의가 밀물처럼 밀려들었다. 새로운 지배 계층은 이 밀물을 타고 부상했다.[43]

새로운 당 관료 집단의 화신인 스탈린은 레닌이 죽은 1924년 이후 12년 동안 반혁명을 완수하고 1917년의 모든 흔적을 지워 버렸다. 이제 소비에트는 민주적 통치 기구가 아니라 거수기에 불과했다. 노동자위원회가 아니라 관료 집단이 공장을 운영했고 노동자는 법적 권리를 박탈당했다. 스탈린은 마르크스주의의 탈을 쓰고 반反마르크스주의적 사상을 장려했다. 스탈린의 "일국사회주의론"은 사회를 지배하게 된 새로운 관료 계급의 존재를 정당화했다. 스탈린은 혁명 지도자들을 물리적으로 숙청했다. 스탈린의 후계자인 니키타 흐루쇼프는 스탈린이 1934년에 당 중앙위원회 선거 출마자와 당선자의 70퍼센트, 1921년 이전에 가입한 당원의 80퍼센트를 살해했다고 폭로했다.[44] 트로츠키는 추방돼 1940년 멕시코에서 스탈린이 보낸 자객에게 암살당했다.

앞서 언급한 엥겔스의 경고처럼 볼셰비키는 "어쩔 수 없이 자신의 당과 계급이 아니라 그 상황에서 지배자가 되기 적합한 계급을 대표하게" 됐다. 원래 여기서 엥겔스가 말한 계급은 부르주아지, 즉 자본가였다. 그러나 러시아에서는 혁명의 결과로 자본가계급이 경제적으로 파괴됐다. 대신 관료들이 일종의 집단적 자본가가 됐다. 볼셰비키가 어쩔 수 없이 노동계급을 대리해야 했다면 관료들은 존재하지 않던 자본가계급을 대리했다.

스탈린이 가장 걱정한 것은 러시아의 국제적 경쟁력이었다. 중공업 없이 어떻게 러시아가 살아남을 것인가? 스탈린의 반혁명에서 전환점이 됐던 것은 굉장히 급속한 산업 성장 목표를 제시한 1928년의 첫 5개년계획이었다. 이 계획에는 농촌 생산에서 최대한 잉여를 짜내기 위한 농촌의 강제 집산화가 따랐다. 러시아 농민과 노동자는 숨 가쁜 산업화에 강제 동원됐고 산업 발전을 위해 초착취당했다. 그 전에는 경제가 성장하면 생활수준도 함께 향상했다. 그러나 최대한 많은 잉여가 중공업 확장에 투입되면서 임금과 복지 지출은 아주 뒷전이 돼 버렸다. 강제 노동이 거대한 규모로 이뤄지고 수많은 사람이 강제 이주를 당했으며 이를 완수하기 위해 국가 폭력이 자행되고 수없이 많은 인명이 희생됐다. 마치 영국에서 산업화가 날개를 펴기 전 몇 세기 동안의 시초 축적 시기(농민에 대한 강탈과 노예제 등)를 몇 년으로 압축해 겪는 것 같았다. 1931년에 스탈린은 다음과 같이 선언했다. "우리는 선진국보다 50년에서 100년 정도 뒤처져 있다. 이 차이를 10년 안에 따라잡아야 한다. 그러지 못한다면 파멸할 것이다."[45] 사회주의는 그 진정한 의미를 알아볼 수 없을 정도로 왜곡돼 인간 해방의 길잡이가 아니라 러시아 노동자와 농민의 등골을 뽑아 잉여를 축적하는 정책을 정당화하는 이데올로기로 이용됐다.

러시아 혁명은 여전히 노동계급의 힘이 최고조로 발휘된 사건으로 남아 있으며 그들에게 자본주의를 전복하고 인류에게 이롭게 사회를 재구성하는 길을 닦을 능력이 있음을 보여 준다. 그러나 러시아 혁명의 패배는 역사란 인간이 만드는 것이지만 스스로 선택한 조건 속에서 만드는 것은 아니라는 사실을 다시금 일깨워 준다. 혁명가들의 활동은 영웅적이었지만 누구보다도 의지가 강한 그들조차도 압도적 열세인 형국을 뒤집을 순 없었다. 러시아는 노동계급 권력의 모습을 잠깐이나마 찬란하게 보여 줬다. 비통하게도 혁명의 폐허를 밟고 부상한 스탈린주의 관료들은 사회주의라는 이름에 먹칠을 했다. 천부당만부당한 일이다. 돌이켜 생각해 보면, 아직도 그 의의가 퇴색하지 않은 러시아 혁명의 무덤에 가장 어울리는 비문은 1918년에 룩셈부르크가 감옥에서 쓴 러시아 혁명에 대한 훌륭한 변호문일 듯하다.

> 러시아에서 일어난 모든 일은 명료하게 하나의 인과적 사슬을 이룬다. 그 사슬은 독일 노동계급의 실패와 독일 제국주의의 러시아 점령으로 끝을 맺는다. 그런 상황에서 민주주의의 정수, 노동계급 통치의 모범, 사회주의 경제의 번영을 이룩하는 기적을 기대하는 것은 레닌과 그의 동지들에게 인간의 능력을 뛰어넘으라고 요구하는 것이다. 단호한 혁명적 태도와 모범적 실행력, 국제 사회주의에 대한 강인한 신념으로 그들은 지독한 악조건 속에서 해낼 수 있는 모든 것을 해냈다. …
> 레닌과 트로츠키와 그 친구들은 앞장서서 국제 노동계급에게 모범을 보여 준 선구자다. 후텐과* 어깨를 나란히 하고 "감히 도전했노라!" 하고 외칠 자격이 있는 사람은 아직 이들뿐이다.
> 이것이 볼셰비키 정치의 본질적이고 영원한 요소다. 이런 의미에서 이들은 불멸의 역사적 공로를 남겼다. 이들은 정치권력을 장악하고 사회주의 실현이라는 문제를 실천적으로 제기해 국제 노동계급에게 모범이 되고 자본과 노동의 국제적 투쟁을 대단히 진전시켰다. 러시아에서는

---

* 울리히 폰 후텐(1488~1523) 독일의 인문주의자 · 풍자시인.

문제를 제기하는 것만이 가능했고 해결할 수는 없었다. 그리고 이런 의미에서 모든 곳에서 미래는 "볼셰비즘"의 것이다.[46]

'국가' 사회주의라는 신화

스탈린주의가 남긴 최악의 유산은 국가가 경제를 많이 장악한 사회일수록 사회주의에 가깝다는 오해다. 자본주의 사회 중에서도 복지 지출이 비교적 많고(이것도 과거의 얘기다) 몇몇 산업을 국유화한 사회는 어느 정도 사회주의적이라고 여겨진다. 스웨덴이 그런 사례다. (필자는 다음과 같은 질문을 수도 없이 들었다. "사회주의란 스웨덴을 말하는 건가요?") 몰락하기 전의 스탈린 체제 소련과 오늘날의 쿠바처럼 국가가 경제 전체를 운영하는 사회는 완전한 사회주의, 혹은 '공산주의'로 여겨졌다.

괜찮은 사회 안전망이 존재한다는 것은 계급투쟁이나 노동조합이 강력했던 역사가 있어서 특정 시점에 사용자들에게서 중요한 양보를 얻어 냈다는 뜻일 수도 있다. 그러나 자본주의 국가를 압박해 양보를 얻어 낸다고 해서 그 사회가 사회주의가 되는 것은 아니다. 경제를 얼마나 국유화했느냐도 사회주의의 척도가 아니다. 자본주의하에서 국유 기업은 외따로 사회주의적으로 운영되지 않으며 민간 부문과 마찬가지로 손익계산을 기본 원리로 해서 운영된다. 이미 100년도 더 전에 엥겔스는 다음과 같이 썼다. "모든 국가 소유가 … 사회주의적이라고 선언하는 … 엉터리 사회주의 사상이 생겨났다. 허나 담배 산업 국유화가 사회주의적이라면 나폴레옹 3세도 … 사회주의 창시자의 하나로 쳐야 할 것이다."[47]

경제 전체를 국유화하더라도 사회주의가 아니라고 엥겔스는 주장했다.

> 주식회사나 트러스트로, 또는 국가 소유로 바뀌더라도 그 생산력의 자본주의적 성격은 사라지지 않는다. 주식회사나 트러스트의 경우에 이 점은 명백하다. 현대 국가 역시 자본주의 생산양식의 외형적 조건을 노동자나 개별 자본가가 침해하지 못하도록 지키기 위해 자본주의 사회가 채택한 조직일 뿐이다. 형태가 어떻든 현대 국가는 본질적으로 자본주의적 기구다. 즉, 자본가들의 국가이고 그 나라 총자본의 관념적 인격화다. 국가는 생산력을 더 많이 장악할수록 오히려 더욱더 국가 자본가가 되고 더 많은 국민을 착취할 뿐이다. 노동자는 여전히 임금노동자이고 프롤레타리아다.[48]

1928년에 스탈린에 의해 추방되기 전까지 트로츠키는 부상하는 관료 집단과 맞서 싸웠다. 그러나 트로츠키는 노동자 혁명의 결과로 국유화가 확립됐기 때문에 러시아는 "국가자본주의"일 수는 없다는 견해를 고수했다. 다른 나라에서 자본가들이 하는 것처럼 국가가 산업을 지배하는 나라가 아니라는 것이다. 물론 트로츠키는 1930년대 멕시코의 국유화된 산업에 대해 다음과 같이 말했다. "당연한 얘기지만 멕시코의 철도와 유전 국유화는 사회주의와 아무런 공통점이 없다. 그것은 국가자본주의적 조처였다." 트로츠키는 노동조합 지도자들이 국영 산업의 경영에 참여했지만 이것도 노동자 통제와 아무런 관련이 없다고 지적했다. 그런 노동조합 지도자가 맡게 될 임무는 "노동계급이 자신의 이익과 일치하는 듯 보이는 국가의 이익에 더 근면 성실하게 복무하도록 그들을 길들이는 것이었다."[49] 그런데 이것은 분명 스탈린 치하의 러시아에서 노동조합이 맡은 임무이기도 하다.

1980년에 폴란드의 도시 슈체친의 연대노조 활동가들이 낸 노동사 신문 〈예드노시치〉(단결)도 비슷한 점을 지적했다. 〈예드노시치〉는 폴란드의 국가 "기구"가 "노동자 세상"에 대한 "거부"와 "부정"을 대변하기 때문에 국가 소유와 사회[주의]적 소유를 구별해야 한다고 주장했다.[50]

생산의 국유화는 "자본주의적 관계를 폐지하기보다는 오히려 극단으로 치닫게 한다"고 엥겔스는 썼다.[51] 국가 관료가 생산수단을 대부분 장악하고 노동자가 생산에 영향력을 행사하지 못하는 나라는 사회주의와 아무 관련이 없다. 1956년 헝가리에서는 1917년 러시아의 소비에트와 비슷한 노동자평의회가 생겨났고 동유럽에서도 노동자 반란이 일어났다. 이런 저항과 투쟁은 소련의 침공 후 스탈린 체제가 이식된 이 사회들이 말로만 사회주의였음을 생생하게 보여 주는 증거다.

쿠바 혁명은 부패한 정권을 무너뜨리고 '북쪽의 거인' 미국에 항거하고 빈민에게 이로운 전면적 사회 개혁을 추진했다는 점에서, 서반구에서 일어난 가장 인상적인 혁명이었다. 그러나 쿠바 노동자들은 혁명이 승리하는 데서 거의 아무런 구실을 하지 않았고 혁명 이후에도 국가에 아무런 통제력을 행사하지 못했다. 1959년에 잔인하고 부패한 풀헨시오 바티스타 정권을 무너뜨린 것은 피델 카스트로와 에르네스토 체 게바라가 이끈 수백 명 정도의 소규모 게릴라 조직이었다. 이들은 미국의 봉쇄 조처에 대응해 미국 소유 자산을 국유화했다. 약 2년 후에야 카스트로는 쿠바 혁명이 "사회주의" 혁명이었다고 선언했으며 소련식 국가 주도 발전을 본떠 쿠바를 (카스트로 개인의 통치에 기반한) 일당 국가로 만들었다. 쿠바 지지자(미국에 맞서 쿠바를 방어하는 것에서 더 나아가 쿠바 정권 자체를 지지하는 사람)들은 의료 서비스나 교육의 개선 등이 쿠바의 사회주의적 성격을 보여 준다고 주장한다. 이것은 의심할 여지 없이 혁명의 중요한 성과였다. 그러나 1789년 프랑스 혁명도 중요한 민주주의적·사회적 성과를 냈지만 사회주의 혁명은 아니었다. 중등교육 무상화와 국가의 의료보장 시스템이 사회주의적이라면 지금의 캐나다도 사회주의 나라라고 해야 할 테다.[52]

쿠바 민중이 정부를 민주적으로 통제한다는 주장도 있다. 그러나 대중 참여나 인기를 민주적 의사 결정이나 통치와 혼동하면 안 된다. 쿠바의 대중조직들은 위에서 내려오는 지시를 전달하는 구실을 할 뿐 아래로부터의 통치를 위한 기관이 아니다. 쿠바 경제를 발전시키고 다각화할 계획은 국가 관료가 세우고 노동자는 그 과정에 투입되는 여러 요소 중 하나일 뿐이며 착취당한다는 점에선 미국 디트로이트의 제너럴모터스 공장에서 일하는 노동자와 별반 다르지 않다. 피델 카스트로의 동생 라울 카스트로가 1970년대에 한 말을 보면 쿠바의 노동조합은 마치 자본주의 기업의 관리자 같은 구실을 한다. "사회주의에서 노동조합의 주요 기능 하나는 혁명 권력의 지향·지시·목표를 노동 대중에게 전달하는 것이다. … [노동조합의 — 지은이] 주요 임무는 생산성과 노동규율을 높이고 노동일이 더 효율적으로 활용되게 하는 것이다."[53] 노동부 장관 호르헤 리스케트는 쿠바 노동자들에게 다음과 같이 조심스럽게 말했다. "피델과 나는 노동자들과 상의해야 한다고 시사하긴 했지만 그렇다고 당이 짊어져야 할 전위로서 소임을 부정하려는 것은 아니다." "[기업체에서 — 지은이] 모든 결정과 책임"은 "경영진이 맡으며 실행에 관한 권한은 모두 경영진이" 가져야 하고 실제로 "가진다."[54]

계획도 마찬가지다. 사회주의 사회는 의식적으로 계획을 세워 시장의 무정부성을 없애고자 한다. 그러나 계획이 곧 사회주의는 아니다. 이미 자본주의에도 계획의 요소가 있다. 기업도 미국 국방부도 우체국도 계획을 세운다. 그러나 시장의 무정부성을 제거할 계획은 없다. 오히려 시장의 무정부성이 그 계획들을 추동한다. 쿠바는 국가적 계획을 세우지만 그 계획은 세계경제 속의 작고 고립된 경제라는 불안정한 처지에서 비롯하는 절충과 쿠바의 생존에 종속된다. 쿠바의 계획은 민주적으로 세워지지 않으며 전적으로 계획 입안자의 손에 달려 있다. 이 모든 사례는 노동자를 희생해 산출량과 이윤을 극대화할 계획일 뿐 인간의 필요를 충족할 계획이 아니다. 미국이 주도하는 거대한 전쟁을 실행하는 데 쓰이는 엄청난 계획과 조직을 상상해 보라. 이 모든 에너지를 지구 상 모든 인간을 위한 양질의 의식주와 교육에 쏟는다면 무엇이 가능할지 대략 감이 올 것이다.

물론 국유화는 아무 의미가 없는 것이 아니다. 예를 들어 볼리비아의 노동자·농민은 천연가스 산업에서 나온 부를 국제 자본이 챙겨 가지 못하도록 그 산업을 국유화하라고 요구한다. 그러나 세계시장에서 벌어지는 생산과 경쟁을 기반으로 하는 한 그 국유화는 여전히 자본주의적 국유화다.

마르크스주의자는 노동계급이 권력을 장악해야만 국유화도 사회주의적 사회변혁을 위한 무기가 될 수 있다고 본다. 노동계급이 계획의 주체인가 아니면 대상인가? 어떤 사회가 사회주의인지 아닌지를 알려면 소유 형태(사적 소유냐 국유화냐)가 아니라 생산자인 노동자들의 연합이 사회를 운영하는지를 봐야 한다. 사실 노동자 권력의 목적은 사회의 계급적 차이를 모두 없애고 계급 지배 도구인 국가가 서서히 사멸하는 사회를 실현할 사회적·경제적 변혁을 추진하는 것이다. "노동계급은 공권력을 장악하고 그 힘으로 자본가계급의 손에 있던 사회적 생산수단을 공공의 재산으로 바꾼다"고 엥겔스는 썼다. 노동자가 지배하는 경제에서는 생산수단이 사회화돼서 인간의 필요를 충족하려는 합리적 계획에 따라 생산과 분배가 이뤄질 것이다. 이어서 엥겔스는 "사회적 생산의 무정부성이 줄어들수록 국가의 정치권력도 쇠잔할 것"이라고 썼다.[55] 이것이 성공하려면 사회주의는 국제적이어야 한다. 자본주의적 경쟁의 바다 한복판에 사회주의 국가들로 이뤄진 사회주의의 섬이 오랫동안 존속할 수 있다는 말은 터무니없다. 한 협동조합 사회주의, 한 도시 사회주의, 한 섬 사회주의, 한 나라 사회주의라는 말은 모두 형용모순이다.

10장

제국주의, 민족주의, 전쟁

역사학자 고故 에릭 홉스봄은 20세기에 벌어진 전쟁에서 사망한 사람 수를 1억 8700만 명으로 추산했다. 이것은 서기 1000년의 세계 인구보다 많고 1913년 세계 인구의 10분의 1에 육박한다.[1] 미국이 이라크와 아프가니스탄을 침공해 점령하고, 무인 폭격기를 띄우고, 다른 여러 나라에도 군사적으로 개입하는 21세기 또한 20세기 못지않은, 어쩌면 그보다 끔찍한 야만의 징조를 보이고 있다.

이런 어두운 현실을 보다 보면 전쟁은 인간이 타고나는 본성이라는 생각에 빠지기 쉽다. 그렇게 보면 전쟁이 생기는 이유는 인류가 본성상 인종·민족·언어별로 여러 집단으로 나뉘고 "다른" 집단에게 적대감을 품기 때문이다. 이런 관점은 인간과 동물을 비교하며 인간의 호전성을 입증하는 다양한 사이비 과학 연구로 뒷받침됐다. 이런 연구들은 특별히 사나운 동물들을 연구 대상으로 고른다.

저명한 영장류학자 제인 구달의 제자인 마이클 길리에리는 저서 《남성의 어두운 면》에서 남성은 강간·살인·전쟁·학살을 저지르도록 생물학적으로 프로그램돼 있으며 이런 성향은 인간과 가장 가까운 영장류인 침팬지에서 유래한다고 주장한다.[2] 영장류학자인 데일 피터슨과 리처드 랭엄은 저서 《악마적 남성》에서 다음과 같이 쓴다. "인간의 전쟁이 있기 전에 침팬지를 닮은 폭력성이 있었으며 이것이 인간의 전쟁으로 나아가는 길을 닦아 현대 인류가 500만 년 내내 살인적인 폭력 습성을 망연히 견뎌 내야 했다."[3]

인간의 행동을 설명한다면서 제시되는 영장류의 습성은 지극히 의도적으로 선별된다. 어떤 전문가들은 침팬지의 사례에서도 폭력성이 과장돼 있다고 비판한다. 예컨대 저명한 연구자 제인 구달은 자신과 동료들이 침팬지 무리에게 바나나를 주자 그 무리의 자연스러운 습성이 바뀌면서 침팬지끼리의 폭력이 증가했다고 지적했다.

폭력적이고 무리 내 서열이 뚜렷하다는 침팬지만큼이나 인간과 유전자가 비슷한 보노보는 왜 사례로 제시되지 않는가? 프란스 드발과 프란스 란팅은 다음과 같이 썼다. "보노보가 더 일찍 알려졌더라면 인류의 진화를 재구성하는 작업은 전쟁, 사냥, 도구 제작 기술 같은 남성적 특성 대신 성적 관계나 성 평등, 가족의 기원을 더 부각했을지도 모른다. 보노보 사회의 운영 원리는 적어도 지난 30년 동안 교과서에 도배된 피에 굶주린 유인원 신화보다는 '전쟁하지 말고 사랑을 나눠라'라는 1960년대 [반전운동]의 구호에 더 가까워 보인다."[4]

그러나 동물 연구로는 인간의 행동을 이해할 수 없다는 점이 더 중요하다. 인간이 폭력성이나, 굴복, 그 밖의 온갖 행동적 형질을 타고난다는 것은 사실일지도 모른다. 그러나 인간이 폭력성을 보인 사례만큼이나 평화롭게 협동하고 베푸는 사례도 많다. 게다가 폭력성이 곧바로 체계적 무장 충돌, 즉 전쟁으로 이어진다는 것은 비약이다. 인간이 호전성을 타고난다면 어째서 정부는 젊은이들을, 그것도 꽤 이른 나이일 때부터 데려가서 다른 인간을 체계적으로 죽이도록 엄격하게 훈련시켜야 하는가?

앞에서 썼듯이 인간은 협업과 도구와 언어를 매개로, 한마디로 문화적으로 스스로를 바꿀 능력이 있기 때문에 다양한 환경에 적응하고 상황에 따라서 매우 다양한 행동을 한다. 한마디로 인간이 타고난 것은 협동 말고는 거의 없다.

1968년에 출간된 나폴리언 섀그넌의 《야노마미족: 사나운 사람들》은 가장 대중적인 인류학 서적으로 꼽히며 아직까지도 많은 개론 수업에서 쓰인다. 이 책은 끝없는 전쟁에 사로잡힌, 아마존의 사냥꾼 부족을 다뤘다. 섀그넌은 야노마미족의 난폭한 생활양식이 "우리[서구]의 문화로 변형되고 파괴되기 전의 … 진정한 원시적 문화 적응"을 대표한다고 주장한다.[5] 섀그넌의 주장은 선주민들이 유럽인과 접촉하기 전부터 원래 전쟁을 일삼았다는 시각을 뒷받침하는 데 자주 동원됐다.

그러나 야노마미족은 원시적 문화와 거리가 멀다. 야노마미족은 유럽의 노예 사냥꾼들이 영역을 침범하기 시작한 1700년대 중반부터 유럽인과 접촉했다. 인류학자 리처드 브라이언 퍼거슨은 사냥감 고갈과 유럽발 질병이 초래한 문화적 혼란, 가장 중요하게는 "서구의 공산물을 거래할 권리와 지배력을 둘러싼 적대적 이해관계" 때문에 1950년대 초 야노마미족 내에서 전쟁이 급증했다고 설득력 있게 주장했다.[6]

앞에서 말했듯 인류는 지구 상에서 대부분의 시기를 공식적 위계나 상비군, 계급 분화, 국가기구 없이 식량을 찾아 떠도는 작은 무리로 지냈다. 음식 등의 자원은 공유했다. 이런 사회에서 전쟁은 오늘날의 전쟁과 비교하면 훨씬 드물고 덜 잔혹했다. 인류학자 브로니슬라프 말리놉스키는 다음과 같이 썼다. "식량은 쉽게 부패해서 축적하거나 운송하기가 번거로웠으며 개인들은 각자 생산한 만큼만 소비했기 때문에 노예가 쓸모없었으므로 운반할 수 있는 형태의 재산은 존재하지 않았다. 그러니 부를 이전하는 데서 폭력은 전혀 쓸모없는 수단이었다."[7]

현존하는 수렵·채집 사회들이 지난 두어 세기 동안 세계 자본주의의 영향을 받지 않았다고 하긴 어렵다. 그럼에도 여러 연구에 따르면 이런 사회들의 다수는 전혀 전쟁을 하지 않거나 "비호전적"이다. 1940년대의 인류학 자료를 바탕으로 한 방대한 연구서인 《전쟁 연구》가 검토한 590개의 사회 중 64퍼센트는 전쟁하지 않거나 비호전적인 사회였다. 상대적으로 평화로운 이 사회들 중 절반은 수렵·채집 생활을 하며 유랑하는 사회였다.[8] 이들 사회에서 폭력이 아예 없었던 것은 아니다. 그러나 불화나 가끔 있는 복수 살인은 현대전의 무지막지한 학살극과 비교가 안 된다.

계급과 국가가 등장하기 이전의 사회에 관한 현존하는 기록을 보면 그런 사회에서는 전쟁의 성격이 현대전과 매우 달랐다. 싸움에 특화된 별도 집단이 존재하지 않았다. 남자들이(때로는 여자들도) 상황에 따라 사냥이나 전쟁을 했다. 전쟁은 소규모 근접전 형태로 벌어졌고 부상자나 사망자가 생기는 즉시 중단됐다. 북아메리카의 대초원 인디언 사회에서는 전쟁 당사자들이 인명을 살상하는 전투를 피하려 했으며, 손이나 특별한 막대로 가까이서 상대방을 치[고 그 횟수를 기록하]는 "카운팅 쿠[업적 세기]"를 살상보다 더 대단한 무훈으로 여겼다.[9] 배교자로 찍혀 쫓겨나 지금의 로드아일랜드주에서 식민지를 건설한 로저 윌리엄스는 인디언 부족 간의 전쟁을 보고 그것이 "유럽의 잔인한 전쟁들보다 피를 훨씬 덜 보고 덜 파괴적이었다"고 기록했다.[10] 1637년에 무방비 상태의 피쿼트 인디언 부족 마을에서 학살을 지휘한 대위 존 언더힐도 당시 영국과 동맹한 내러간서트 부족이 영국식 전쟁은 "사람을 너무 많이 죽인다"고 불평하며 그 학살에서 빠졌다고 기록했다.[11]

농업이 발전해 잉여가 생산되기 시작하고, 그에 따라 잉여의 관리자인 최초의 지배계급이 등장하고 나서야 전쟁은 비로소 체계적인 활동이 됐다. 부와 노예를 획득하려고 지배자가 특별히 무장시킨 하수인들이 전쟁의 실행자가 됐다. 지배자들은 토지·노예·재화 같은 전리품을 대가로 지급해 그들의 충성을 샀다.

그러나 잉여를 차지하려는 투쟁은 경쟁 왕국들의 전쟁을 낳는 데 그치지 않았다. 계급사회는 필연적으로 잉여의 용처를 둘러싼 계급 간의 폭력적 투쟁을 낳는다. 체계적 전쟁은 국가가 탄생하면서 나타났고 국가라는 이 특별한 무장 집단의 목적은 잉여를 지배하는 소수의 지위를 (잉여를 생산하는 다수에게서) 보호하고 다른 집단이 생산한 부를 약탈하는 것이었다.

현대전은 생물학적 요인보다는 경제적 요인에 뿌리가 있다. "현대 세계에서 전쟁이 일어나는 가장 유력한 요인은 경제적 경쟁이며 이것은 순전히 문화적 현상일 뿐 생물학적인 기반이 전혀 없다는 것에는 의심의 여지가 없다"고 인류학자 애슐리 몬터규는 썼다.[12] 그리고 알렉산드로스 대왕이나 로마제국의 정복 전쟁과 약탈도 자본주의에서 벌어지는 전쟁에 비하면 지극히 보잘것없어 보인다.

백인의 책무

평화로운 경쟁이라는 관념은 경제학 교수들이 꾸며 낸 상상일 뿐이다. 자본주의는 날 때부터 전쟁·정복·약탈을 몰고 다녔다. 15세기와 16세기에 유럽에서 세계 최초로 상업 강국들이 등장하면서부터 폭력은 예외가 아니라 일반적인 일이 됐다. 힘을 키우던 상업자본가들은 '본국' 정부에 의지해 시장과 원료 산지와 물자 공급처를 무력으로 넓히려 했다. 흔히 바다의 무법자라고 하는 해적은 사실 국가에 고용될 때가 많았으며 그들이 하는 일이란 다른 나라가 세계 어딘가에서 훔치거나 약탈한 노획물을 가로채는 것이었다. 시장과 국가가 밀접하게 엮이면서 국가 간 경쟁 체제를 형성했다. 이 국가들은 (유럽, 북아메리카, 아시아 등지에서) 세계 무역 지배권과 원료·노동력을 갈취하기 위한 식민지 건설을 두고 다퉜다.

유럽 열강은 북아메리카에서 우위를 다투는 과정에서 의도적으로 원주민을 이간질했다. 유럽인들이 농지와 사냥터를 잠식하고 새로운 질병이 퍼져 인구가 급격히 줄어드는 바람에 원주민들은 서부로 밀려나 손바닥만 한 구역에 모여 근근이 삶을 이어 가야 했다. 대규모 학살이 비일비재했다. 마르크스는 《자본론》에서 다음과 같이 묘사했다.

> 1703년에 프로테스탄티즘의 냉철한 선도자들인 뉴잉글랜드의 청교도인들은 인디언의 머리 가죽을 벗겨 오거나 원주민을 포획하면 40파운드의 포상금을 지급한다는 법령을 의회에서 제정했다. 1720년에는 그 액수가 100파운드로 올랐다. 1744년에 매사추세츠주가 어떤 인디언 부족을 반란 집단으로 선포하며 포상금을 다음과 같이 정했다. 12세 이상 남성의 머리 가죽: 신화폐 100파운드. 남성 포로: 105파운드. 여성이나 아동 포로: 50파운드. 여성이나 아이의 머리 가죽: 50파운드.[13]

이런 상업적·식민주의적 형태의 초기 제국주의(앞에서 살펴봤듯이 여기에는 노예무역과 강제 노역도 수반됐다)는 산업자본이 성장하면서 새로운 형태의 제국주의로 발전했다.

마르크스와 엥겔스가 《공산당 선언》을 공동 집필할 당시에는 영국과 소수 유럽 국가에서만 산업자본주의가 발전했다. 그러나 20세기가 가까워지면서 자본주의는 진정한 세계 체제가 됐다. 산업자본주의 초기에는 비교적 규모가 작았던 기업들은 경쟁과 위기를 거치면서 전체 시장을 지배하는 하나 혹은 소수의 거대한 기업 복합체로 대체됐다. 독점자본주의가 성장하면서 자본주의의 생산은 국민국가의 울타리를 넘나들었다.

1890년대에 접어들자 영국과 프랑스, 곧이어 미국·독일·일본 같은 매우 강력한 산업국가들이 각축전을 벌이며 식민지나 "세력권"으로 세계를 분할했다. 새로운 제국주의는 정복의 규모부터 이전의 제국주의를 능가했다. 예를 들어 1876년에는 아프리카 나라들이 아프리카 대륙의 90퍼센트를 차지했다. 그러나 1900년에는 유럽이 아프리카의 90퍼센트를 지배했다. 극소수 열강은 지구의 표면을 그야말로 남김없이 정복하고 분할했다.[14]

열강이 식민지나 반半식민지를 세운 목적은 원료(값싼 노동, 때로는 강제 노동으로 생산했다)의 원천과 투자처를 확보하고 다른 제국을 견제하는 것이었다. 남아프리카에서는 흑인들이 토지에서 쫓겨나 금광이나 다이아몬드 광산에서 일해야 했다. 그 결과로 세실 로즈나 조셉 벤저민 로빈슨 같은 작자들이 엄청난 부자가 됐다(이런 사실을 아는 나는 라디오에서 귀금속 업체 J B 로빈슨의 흥겨운 광고가 나올 때마다 나도 모르게 몸서리친다). 1880년대에 마타벨렐란드[짐바

브웨의 서쪽 지역]에서 금이 발견됐을 때 원주민 통치자였던 로벵굴라는 세실 로즈 일당에게 속아 넘어가 그들이 어디서든 마음대로 금을 채굴할 권리를 보장하는 조약에 서명했다가 나중에 그 조약을 파기하려 했다. 로즈는 이미 다이아몬드 채굴 사업으로 막대한 부를 거머쥐고 있었지만 그럼에도 군대를 모아 마타벨렐란드를 침공하고 맥심 기관총으로 수천 명을 학살했다. 로즈는 군인 672명에게 각자 24제곱킬로미터에 달하는 토지와 스무 곳에 대한 금광 채굴권을 주겠다고 약속했다.[15] 영국은 이런 식으로 아프리카를 "개화"시켰다. 시인 힐레어 벨록은 당시의 학살을 다음과 같이 비꼬았다. "어쨌든 맥심 기관총은 우리 것, 저놈들에겐 없는 것."[16]

벨기에의 지배를 받은 콩고는 이윤을 최대한 뽑아내려는 노력이 어떻게 대량 학살로 이어지는지를 보여 주는 가장 끔찍한 사례다. 벨기에의 왕 레오폴드는 "진보의 대의에 지속적이고 공정하게 복무"한다는 "고귀한 목표"를 내세운 국제콩고협회라는 단체를 설립했다.[17] 그러나 실제로 이 단체가 "지속적"으로 한 일은 노골적인 약탈에 인도주의의 탈을 씌우는 것이었다. 레오폴드는 콩고 분지의 아프리카인에게 강제로 상아와 고무를 수집하게 만드는 체제를 구축했다. 식민지 정복자들은 아프리카인들에게 노동을 강제하려고 몇몇 마을을 골라 군대를 보내 주민을 몰살해서 다른 마을들을 굴복시켰다. 어떤 전직 고위 식민지 행정관은 "고무를 수집하려면 손과 코와 귀를 잘라야 한다"고 썼다.[18] 역사가들은 레오폴드의 "인도주의" 사업이 1885~1908년에 600만~1000만 명에 이르는 사망자를 낳았다고 추정한다. 이런 학살은 굉장히 수지맞는 장사였다. 영국-벨기에인도고무및탐험회사ABIR는 콩고에서 [고무 수확 비용의] 700퍼센트가 넘는 이

윤을 거둬들였다.[19]

영국의 인도 지배 역시 그에 못지않게 잔인무도했다. 1750년대에 영국이 인도를 점령하기 전까지만 해도 인도는 유럽만큼이나 경제적으로 풍족한 나라였다. 그러나 값싼 영국제 공산품의 유입에 따른 섬유공업 몰락, 전통적 관개·곡창 체계 붕괴, 강제 노역 같은 요인들이 겹치면서 인도 경제는 수십 년 동안 황폐해졌다. 매우 혹독한 기근이 잇따랐고 수천만 명이 굶어 죽었다. 기근을 구제하는 데 너무 인색한 것 아니냐는 영국 내의 비판은 사회진화론을 근거로 무시됐다. 영국 재무 장관 에벌린 베어링은 "기근의 피해를 줄이고 열악한 위생 상태를 개선하려는 모든 자비로운 시도는 인구과잉이 낳을 해악을 부채질할" 뿐이라고 정부 인사들을 설득했다.[20] 인도는 제국주의 때문에 오랫동안 저발전 상태에 머물렀다. 영국이 인도에 철도를 깔기는 했지만 그조차도 결국 병력을 수송하고 인도 밖으로 부를 빼돌리기 위한 것이었다. 역사가 마이크 데이비스는 다음과 같이 결론짓는다. "영국의 인도 지배 역사를 단 하나의 사실로 요약해야 한다면 다음 사실을 지적하겠다. 인도의 1인당 소득은 1757년부터 1947년까지 그대로였다."[21]

미국이라는 독수리와 그 발톱

미국에는 기이한 국가적 신화가 있다. 미국은 제국이 아니고 제국주의 국가도 아니라는 신화다. 미국은 자유를 사랑하는 나라라서 자유와 민주주의를 확산하거나 강자에게서 약자를 지키는 고귀한 대의를 위해서만 전쟁을 한다고 한다. 그러나 역사가 시드니 렌즈는 다음과 같이 썼다.

> 자비로운 미국은 존재하지 않으며 존재한 적도 없다. 미국은 나약한 사람들에게서 거대한 땅덩이를 야금야금 빼앗았다. 여러 나라의 의사와 이익을 거스르고 자신이 원하는 것을 강요했다. 오만 가지 조약과 합의를 어겼다. 가장 끔찍한 전쟁범죄도 저질렀다. 군사력과 달러를 채찍과 당근으로 이용해 세상 누구도 본 적 없는 제국주의적 제국을 쌓아 올렸다. 미국은 수십여 나라에서 그 나라 국민이 원하는 지도자를 뽑거나 혁명을 일으켜 원치 않는 지도자를 끌어내리지 못하게 하려고 내정에 무자비하게 개입했다.[22]

사실 애초에 미국이 아메리카 원주민에게서 토지를 빼앗고 서부의 멕시코 영토를 강탈하는 대륙 정복을 토대로 건설된 나라라는 점에 비춰 보면 이는 별로 놀라운 일이 아니다.

미국은 1800년대 말에 세계적 열강으로 떠올랐고 금세 세계 제일의 경제 대국이 됐다. 그러나 그때는 이미 강대국들의 식민지 분할이 마무리되고 있었다. 그래서 미국은 비공식적 제국을 확장하는 길을 선호했다. 배타적 영향권을 구축할 수 없는 중국 같은 곳에서 미국은 진입로를 마련하는 '문호 개방' 정책을 추진했다. 그러나 카리브해나 태평양 연안 같은 '뒷마당'에서는 '문호를 닫는 [배타적인] 정책'을 펼치며 군사력으로 절대적 패권을 구축했다. 1898년에 미국은 스페인 식민지인 쿠바, 푸에르토리코, 필리핀을 스페인의 학정에서 해방한다는 명분으로 스페인과 전쟁을 벌였다. 그러나 이 자애로운 봉사의 대가로 미국은 이 나라들을 모두 식민지나 보호국으로 삼았다.

미국 정치인들도 정복을 정당화하려고 얼마든지 인종차별적 논리를 동원했다. 1899년에 미국 대통령 윌리엄 매킨리는 필리핀에 "자치"를 허용한다면 틀림없이 "무정부 상태와 실정"이 벌어질 것이라고 감리교 지도자들에게 설명했다. 그러므로 미국에 남은 유일한 선택지는 "필리핀을 통째로 거둬 필리핀 사람들을 교육·교화해 개화시키고 개종시키는 것"이라고 주장했다.[23] 그러나 그 전에 미국은 먼저 7만 명의 병력을 투입해 필리핀 해방운동을 짓밟아야 했다. 스페인의 지배에 저항한 필리핀 해방운동이 미국에도 저항했기 때문이다. 한 역사가는 1901년 즈음 [미국-필리핀] 전쟁이 대량 학살로 변한 과정을 묘사한다. 필리핀 해방운동 게릴라가 미군이 점령한 사마르섬의 한 마을을 공격해 미군 54명이 사망하자 미군은 사마르섬에서 공포정치를 자행했으며,

> 루손섬 북부와 파나이의 전투에서 '이기고' 돌아온 장군 스미스[일명 "무시무시한 제이크" 스미스 — 지은이]를 설욕전의 지휘자로 선정했다. 스미스가 사마르에서 작전을 개시하며 부하에게 내린 명령은 지극히 노골적이었다. "죽이고 태우고 죽이고 태워라. 더 많이 죽이고 태울수록 내 맘에 들 것이다." … 살상 제한 대상의 나이를 정해 달라는 말에 스미스는 이런 악명 높은 대답을 남겼다. "열 살 넘으면 모조리 죽여." 스미스는 사마르섬을 "새 한 마리 못 살 만큼" "무시무시한 폐허"로 만들라고 명령했다.[24]

살기 등등한 미국의 초토화 작전은 결국 100만 명 이상의 필리핀

인 희생자를 낳았다.[25]

위대한 풍자 작가 마크 트웨인은 미국이 필리핀에서 저지른 야만 행위를 보며 확고한 반제국주의자가 됐다. 1900년에 트웨인은 〈뉴욕 헤럴드〉 기자에게 다음과 같이 말했다. "이 해안가를 떠날 당시 … 저는 열성 제국주의자였습니다. 미국이라는 독수리가 태평양을 포효하며 비상하기를 바랐습니다." 그러나 "저는 우리가 필리핀인들을 해방하러 간 것이 아니라 지배하러 갔다는 것을 알게 됐습니다. 구원이 아니라 정복을 하러 갔던 것입니다." 트웨인은 이렇게 말을 맺는다. "저는 반제국주의자입니다. 미국이라는 독수리가 어느 땅이든 발톱을 들이미는 것에 반대합니다."[26]

미국은 공식적으로는 식민지로 삼지 않은 곳에서도 거의 똑같은 행태를 보였다. 미국은 카리브해 연안국들에게서 부채 상환을 받아 내려고 세관을 미국 정부나 은행에 넘기라고 상습적으로 요구했다. 이를 거부하면 침공했다. 예컨대 미 해병대는 1915~1934년에 아이티를 점령했다. 이들은 외국인의 토지 소유를 허용하는 새 헌법을 강요하고 아이티 세관과 금융 시스템을 내셔널시티뱅크오브뉴욕으로 넘기고 모든 저항을 짓밟았다.[27]

1907년 우드로 윌슨은 어떻게 "문호 개방" 정책이 미국의 지배력을 극대화했는지를 명료하게 설명했다. "무역은 국경을 무시하고 제조업자들은 세계시장을 고집하기 때문에 미국의 깃발도 그들을 따라다니면서, 그들이 발 들이지 못하는 문 닫힌 나라가 있으면 문을 때려 부숴 줘야 한다. 금융가들이 [다른 나라에서] 얻어 낸 양보는 정부 각료들에 의해 보호돼야 한다. 여기에 따르고자 하지 않는 나라들의 주권이 침해된다 해도 말이다."[28]

제국주의적 경쟁과 전쟁

지구 전체가 강대국들의 '세력권'으로 분할되자 경쟁은 더 치열해졌다. 완전 무장한 국가들이 '세력균형'을 유지했다. 그러나 이 균형은 제국들 사이에서 자신의 파이 조각을 갖기를 갈망하는 새로운 강국이 부상하면서 끊임없이 교란됐다.

제1차세계대전 당시에 레닌은 자본주의의 이 새로운 국면을 제국주의라고 불렀다. 제국주의란 간단히 말해 독점 단계에 이른 자본주의이며, 이 단계에서는 거대 트러스트들이 세계시장을 지배하고 이들을 지원하는 강력한 국가들이 세계를 분할하기 위해 서로 다툰다. 독점자본주의는 "제국주의의 경제적 본질"이며 그 주된 특징은 "독점, 과두제, 자유가 아니라 지배를 향한 갈망, 가장 부유하거나 강력한 한 줌의 국가들이 점점 더 많은 약소국을 착취하는 것"이라고 레닌은 썼다.[29]

제1차세계대전으로 살육이 한창이던 1916년에 내놓은 분석에서 레닌은 제국주의가 단지 정책이 아니라 앞선 조건을 바탕으로 생겨난, 자본주의의 새로운 발전 단계라고 지적했다. '자유' 경쟁이 독점을 낳았듯 '자유무역'도 무역 전쟁과 군사적 충돌을 낳았다. 제국주의의 논리는 국가들 간 경제적 경쟁에 토대를 뒀고 전쟁을 초래했다.

당시에 독일의 사회주의자 카를 카우츠키 등은 세계시장이 탄생하고 국가들이 경제적으로 서로 의존하게 되면서 국가 간 전쟁은 불필요해지고 새로운 "초제국주의" 체제가 들어설 것이라고 주장했다.[30] 그러나 그에게는 유감이게도 경제적 상호 의존은 국가의 소멸로 이어지지 않았고 평화로운 국제 관계를 낳지도 않았다. 레닌이 지적했듯이 자본주의의 발전을 살펴볼 때는 항상 두 가지 경향을 명심해야 한다. 자본주의에서는 "국민적 활동이 활발해지고 … 국민국가가 형성"되지만 다른 한편으로는 "국제 교류가 발전하고 빈번해지며" "국가 간 장벽이 무너진다."[31] 한편으로는 국가 간 상호 의존성으로 향하고 다른 한편으로는 각 국민국가의 내부 통합 강화로 향하는 모순된 두 경향은 자본주의 역사 내내 계속된 특징이었다. 둘의 균형과 모순이 표현되는 방식은 변해 왔다. 그러나 그 모순 자체는 오늘날에도 여전히 세계 자본주의 체제의 핵심 특징으로 남아 있다.

자본가들에게 중앙집권적인 국가는 계급 지배를 유지하는 수단일 뿐만 아니라 상업을 촉진할 통합된 단일 시장을 만드는 데서도 꼭 필요한 수단이었다. 게다가 국가는 필수 인프라를 마련하거나 때때로 자국 자본가들의 효과적인 경영과 경쟁을 위한 공동의 재원을 걷는 데서도 중요한 구실을 했다. 자본주의가 국가 간 장벽을 무너뜨리면서 국가의 군사적 강제력에는 새로운 차원의 기능이 생겼다. 바로 남의 나라 자본가의 이익에 맞서 자기 나라 자본가의 이익을 수호(관철)하는 것이었다. 그러면서 국가의 구실과 관료 기구와 무력 기구의 규모가 커졌다.

러시아의 혁명가 니콜라이 부하린은 다음과 같이 썼다. "세계 자본주의의 발전은 한편으로 경제생활의 국제화와 경제적 균등화를 가져온다. 그러나 다른 한편으로 이런 경제 발전 과정은 자본가 이익의 '국가화' 경향, 즉 머리끝부터 발끝까지 무장하고 언제든 서로를 공격할 태세가 돼 있는 협소한 '국민' 집단이 형성되는 경향을 훨씬 더 강화한다."[32]

트로츠키가 제1차세계대전 중에 썼듯이 "오늘날의 경제체제는 … 국가 간 장벽을 극복하려고 애쓰는 천성이 있다. 지상과 지하, 해상과 해저를 가리지 않고 지구 전체가 서로 불가분하게 연결된 단일한 경제적 작업장이 됐다."[33] 그러나 이 과정은 평화로운 경쟁으로 이어지기는커녕 패권을 둘러싼 쟁투를 낳는다. "제국주의 문제에 정부들이 내놓는 해법은 인류의 모든 생산자가 합리적이고 체계적으로 협력하게 하는 것이 아니라, 승전국의 자본가계급이 세계경제 체제를 착취하게 하는 것이다. 이번 세계대전에서 승리한 나라는 강대국에서 세계적 패권 국가로 발돋움할 것이다."[34]

수천만 명의 목숨을 앗아간 양차 세계대전은 트로츠키의 관측이 옳았음을 여실히 보여 줬다. 오늘날까지 이어지는 국제분쟁의 역사는 소수 열강과 그 동맹들의 끊임없는 권력관계 재편으로 점철돼 있다. 여러 국가들의 경제적 관계가 계속 변화하면서(최근에 부상한 중국이나 인도를 떠올려 보라) "신흥"국은 자신의 힘을 관철하려 하고, 기존 강대국은 자기 지위를 유지하거나 더 강화하려 애쓰다 보니, 교역 관계가 변하고 외교적 암투가 벌어진다. 궁극적으로는 무력으로 승자가 결정된다. 그러나 이 무력들 사이의 경제적 균형은 끊임없이 변하기 때문에 언제나 새로운 갈등이 불거지고 새로운 게임이 시작된다.

오늘날의 세계는 20세기 초와 달리 식민지를 거느리고 서로 경쟁하는 국가들의 세력권으로 나뉘어 있지 않다. 식민지에서 해방운동과 혁명이 일어나고 식민지 보유의 경제적 가치가 떨어지면서 이런 시대는 제2차세계대전 이후 서서히 막을 내렸다. 미국이 경제적으로나 군사적으로나 세계를 지배하는 패권국으로 부상했다. 제국주의적 경쟁은 여러 세계적 강대국들이 세계를 나눠 먹는 형태가 아니라 미국과 소련이라는 두 초강대국 사이의 냉전이라는 형태로 나타났다. 세계를 몇 번이고 파괴할 수 있는 핵무기를 보유한 두 초강대국이 이룬 섬뜩한 균형은 머리글자를 따면 적절하게도 MAD[광기]가 되는 '상호확증파괴Mutually Assured Destruction'라는 개념으로 일컬어졌다.

냉전 시기에는 소련군과 미군이 직접 충돌하기보다는 한반도나 베트남 같은 체제 주변부에서 비교적 작은 충돌이 벌어질 때가 많았다. 소련은 세계 주요 지역에서 미국의 패권을 능가할 만큼 경제력이 강력한 적이 결코 없었다. 그럼에도 미국은 자기 입맛에 안 맞는 민족주의 정권을 흔들거나 무너뜨리는 등의 온갖 개입을 정당화할 때 소련의 위협을 이데올로기적으로 이용했다. 1953년 이란의 모사데크 정부, 1954년 과테말라의 아르벤스 정부, 1973년 칠레의 아옌데 정부, 그 밖의 많은 정부를 무너뜨린 명분 또한 공산주의와의 전쟁이었다.[35]

냉전이 끝난 후에도 제국주의나 군사적 충돌은 사라지지 않았으며 경쟁의 무대만이 바뀌었을 뿐이다. 미국은 유일한 초강대국이 됐고 경제적으로 미국을 가장 가까이 쫓아온 나라들보다도 경제 규모가 두 배 이상 컸고 군사력도 몇 배 이상 컸다. 오늘날까지도 미국은 세계 군비 지출의 절반을 차지한다.[36] 725개의 해외기지를 자랑하는 미국은 세계 어디로든 군사력을 뻗칠 수 있는 유일한 국가다.[37] 제국주의의 논리를 따라, 미국 지배자들은 미국의 위상이 추락하는 것을 막고 잠재적 경쟁자가 미국의 약화를 눈치채지 못하게 하려면 끊임없이 지배력을 입증하고 강화해야 한다.

소련이 몰락한 이후 미국은 세계적 패권 국가로서의 구실을 정당화할 새로운 명분을 찾느라 여기저기로 눈알을 굴렸다. 그리고 "테러와의 전쟁"이라는 명분을 찾아냈다. 부시 정부에게 2001년 9월 11일의 비극은 현대판 진주만공격이었다. 즉, 자신의 관심사를 밀어붙이기에 안성맞춤인 상황이 조성된 절호의 기회였다. 몇 달 후 국무 장관* 콘돌리자 라이스는 9·11 공격을 "엄청난 기회"라고 부르며 미국이 "이 새로운 기회를 적극 활용해야 한다"고 주장했다.[38]

아프가니스탄 침공은 무엇보다도 이라크 침공을 위한 준비운동이었으며 부차적으로는 중앙아시아에서 전략적으로 군사적 존재감을 드러낸다는 목적도 있었다. 탈레반 정부를 무너뜨리고 알카에다를 잡는다는 것은 핑계에 불과했다. 이라크를 침공하고 점령한 것 또한 결코 이라크 독재 정권 때문이 아니다. 미국은 언제나 '우방'의 독재자를 지지했고 앞으로도 그럴 것이다. 〈애틀랜타 저널 컨스티튜션〉의 제이 북먼이 전쟁 전에 아주 정확하게 예측했듯이 2003년에 미국이 이라크를 침공한 것은 "이라크 때문이 아니다. 대량 살상 무기, 테러리즘, 사담 후세인, 유엔 결의안 때문도 아니다." 전쟁의 진정한 목적은 "미국이 오롯한 세계적 제국임을 공식적으로 드러내고 유일한 세계 경찰로서의 책임과 권한을 인수하는 것"이었다. 북먼이 주장하기를 미국이 "출구 전략"을 마련하지 않은 것은 무능해서가 아니라 "인접국인 이란을 포함해 중동 일대를 지배하는 발판이 될 군사기지를 이라크에 영구적으로" 두려고 했기 때문이다.[39]

9월 11일 이후 미국 제국주의의 무리수는 일시적 광기 탓처럼 보

---

* 당시 미국 국무 장관은 콜린 파월이었다. 콘돌리자 라이스는 국가안보보좌관이었고 2005년에 국무 장관에 취임했다.

일 수도 있다. 부시 정부의 어떤 발표들은 그것이 끔찍한 학살을 정당화하려는 것만 아니었다면 거의 [영국의 전설적 코미디 그룹] 몬티 파이선의 코미디 같았을 것이다. 부시는 이라크 침공을 앞두고 다음과 같이 거만한 태도로 경고했다. "이라크 장성들은 자신의 행동에 반드시 대가가 따른다는 것을 알아야 한다. 제 나라 국민은 물론 이웃 나라 국민 목숨까지 위험에 빠뜨리는 행동을 … 한다면 응분의 결과를 맞이할 것이다. 책임은 그들에게 있다."[40] 이것은 스페인 정복자들이 신대륙 원주민들을 정복하기 전에 그들이 알아듣지도 못하는 스페인어로 낭독한 16세기의 "레키에리미엔토"[요구서]를 떠올리게 한다. 이 문서는 원주민들더러 교회와 스페인 왕 앞에 무릎을 꿇을 것을 명하며 다음과 같이 경고한다.

> 이를 이행하지 않거나 악의적으로 이행을 지체할 시 … 우리는 너희 나라로 힘차게 진격해 수단과 방법을 가리지 않고 전쟁을 벌일 것이며 너희에게 멍에를 씌워 너희를 교회와 국왕 폐하에게 복종시킬 것이다. 복종하지 않는 자는 처자식과 함께 잡아다가 노예로 만들어 주인 마음대로 매매하고 처분하게 할 것이며, 재산을 박탈하고, 능력 닿는 데까지 해하고 괴롭힐 것이다. 이로 말미암은 살상과 피해는 너희의 잘못이지 국왕 폐하의 잘못도, 우리의 잘못도, 우리가 대동한 기병들의 잘못도 아님을 천명한다.[41]

케케묵은 글이지만 그 뒤틀린 논리는 지극히 현대적이다. 미국에 복종하라. 복종하지 않으면 우리가 내릴 파멸은 너희 잘못이다. 오늘날에는 궤변이 하나 추가됐다. "자유"를 선사하러 온 우리에게 저항할 까닭이 없다는 것이다. 바그다드에서 점령에 항의하는 이라크인 시위대를 향해 어떤 미 해병은 "당신네들한테 그 망할 놈의 자유를 주러 왔잖아. 좀 꺼지라고!" 하고 외쳤다.[42]

그러나 이를 그저 광기로 보면 미국 대외 정책의 본질적인 연속성을 놓치게 된다. 미국의 각 정권과 정당은 미국이 군사적·경제적으로 세계를 지배할지 말지 여부가 아니라 그 방식을 두고 의견이 달랐을 뿐이다.(일방적으로 할 것인가 아니면 미국을 따르는 동맹들과 함께 할 것인가?) 민주당의 빌 클린턴이 국방 예산을 1120억 달러나 슬금슬금 증액했고 레이건의 '스타워즈' 미사일 방어 체계 개발 계획을 소생시켰으며 전임 대통령 네 명의 해외 파병을 다 합친 것보다 많은 병력을 해외로 파병했다는 사실을 잊어선 안 된다. 클린턴 정부가 부과한 경제제재 때문에 이라크에서는 아동 사망률이 급증했다.[43] 클린턴 정부는 "실패한 국가"에 개입해 "정권을 교체"한다는 논리를 개발해 이후에 벌일 일의 초석을 다졌다.[44]

[정치학자] 차머스 존슨은 오늘날 미국 제국주의의 주요 목표로 세 가지를 꼽는다. "다른 나라들보다 압도적인 군사적 우위를 유지하기(여기에는 누구도 손아귀를 빠져나가지 못하도록 제국 내부를 단속하는 일도 포함된다)", "석유 산지를 되도록 많이 장악해 미국의 끝없는 화석연료 수요를 충족하고 석유 의존이 더 심한 나라에 협상 카드로 활용하기", "군산복합체에 일감과 수익을 제공하기(예컨대 [석유 채굴 기업] 핼리버튼은 [코소보의] 본드스틸 기지와 먼티스 기지를 건설하고 운영하면서 막대한 이윤을 뽑아 먹었다)."[45] 이런 포괄적인 관점은 미국이 이라크를 침공한 이유(석유)뿐만 아니라 왜 아프리카나 아시아, 그 밖의 세계 도처에서 벌어지는 일에 사사건건 간섭하

는지도 설명하는 장점이 있다.

오바마 정부도 미국의 군사적·경제적 패권을 유지한다는 목표에서 벗어나지 않았다. 미국의 대외 정책은 9·11 공격 이후 부시의 재앙적 무리수로 실추된 미국의 체면을 되살리려고 방식을 바꿨을지는 몰라도 본질은 여전히 같다. 오바마는 부시 정부의 국방 장관 로버트 게이츠를 유임함으로써 본질적으로는 부시의 대외 정책을 지속할 것임을 시사했다. [미국의 사회주의자] 애슐리 스미스는 다음과 같이 쓴다. "흔한 오해와 달리 오바마는 '평화 후보'인 적도 '평화 대통령'이 되려고 한 적도 없다. 오바마는 군비 지출을 늘려 2011년에는 7000억 달러를 넘겼다. 오바마는 아프가니스탄에 3만 명이 넘는 병력을 증파했으며 전쟁을 파키스탄으로 확장했고, 이라크에 미군 주둔 기간 연장을 받아들이라고 강요했으며, 예멘과 소말리아에서 무인 폭격기 작전과 비밀 작전을 늘렸고, 한때 동맹이었던 무아마르 카다피의 정권을 무너뜨리기 위해 나토 폭격기를 띄웠다."[46]

2009년 12월 노벨 평화상 수상 연설에서 오바마는 미국이 "시민의 피와 무기의 힘으로 60년 넘게 세계 질서를 유지하는 비용을 치러 왔다"는 진부한 주장을 읊조렸다("평화"상 수상 연설을 하는 사람의 입에서 어떻게 저런 말이 튀어나올 수 있는지 정말 놀라울 따름이다).[47] 여러 공화당 유명 인사들이 오바마의 연설을 칭찬했다. 기업인이자 부시 정부의 전략가였던 브래들리 블레이크먼은 다음과 같이 말했다. "아이러니하지만 조지 W 부시라도 그렇게 연설했을 것이다. 미국 대통령이 전 세계에 보내는 전언다운 연설이었다."[48]

오바마의 전언은 연설로 그치지 않았다. 오바마는 부시 임기에 행해진 고문을 조사하기를 거부했고, '테러' 용의자를 재판 없이 무기한 구금하는 관타나모 수용소를 폐쇄하겠다는 공약을 저버렸으며, 앞에서 지적했듯이 테러 활동에 관여했다는 의심을 받는 미국 시민을 암살할 권한을 자신에게 부여했다.

국내에서 "테러와의 전쟁"은 미사여구만 바뀌었을 뿐 오바마 정부하에서도 계속됐으며 오히려 애국자법 통과 이래 더 강화됐다. 첫 대선에서 오바마는 부시 정부를 "미국 역사상 가장 비밀스러운 정부"라고 비판했다. 오바마는 내부 고발자들을 보호하겠다고 약속했으며 내부 고발을 용기 있고 애국적인 행동으로 칭송했다. 당선 후에도 오바마는 "유례없는 수준의 개방성"을 약속했다.[49] 그러나 오바마는 그 전의 어느 대통령보다도 비밀스럽고 오웰의 소설을 방불케 하는 국가적 감시에 더 열중했다. 오바마는 미국이 중동에서 저지른 전쟁범죄를 폭로한 첼시 매닝 일병을 기소해 징역 35년 형을 받게 했다(반면 매닝이 폭로한 전쟁범죄로 처벌받은 자는 아무도 없었다). 오바마는 국가안보국NSA의 문서를 유출한 전직 중앙정보국CIA 계약직 직원 에드워드 스노든도 잡아서 처벌하려 한다. 스노든의 폭로에 따르면 미국 정부는 통신업계와 공모해 전화 통화 기록은 물론 국내외 온라인 통신을 포함해 어마어마한 양의 전자 정보를 시민들에게서 수집하는 두 비밀 감청 계획을 세웠다.[50] 2008년에 세계경제를 파멸로 이끈 그림자 금융 시스템과 함께, 패권 수호에 골몰하는 비밀스러운 그림자 정부가 성장했던 것이다.

이라크와 아프가니스탄에서 대규모 침공으로 자신에게 유리한 상황을 만들려는 미국의 노력이 실패하자 오바마는 아프가니스탄, 파키스탄, 북아프리카에서 무인 폭격기를 이용한 공격에 갈수록 의존했고 그 결과 어린이를 포함한 수많은 비전투원이 목숨을 잃었다.

스탠퍼드 로스쿨과 뉴욕대학교 로스쿨이 2012년에 조사한 결과에 따르면 "무인 폭격기 폭격으로 파키스탄에서 2562~3325명이 희생됐으며 그 중 474~881명은 민간인이고 176명은 어린이였다."[51]

미국은 100년 이상 제국주의 열강이었으며, 민주주의를 퍼트립네, 폭정을 끝냅네, 공산주의를 물리칩네, 인도적 지원을 합네, 이제는 테러리즘에 맞서 조국을 지킵네 하는 명분을 내세우며 자신의 이빨을 숨겨 왔다. 9·11 공격 이후 나타난 가장 획기적인 변화는 신이 미국에게 세계를 단속할 권리를 부여했다고 주장하는 논객들의 뻔뻔함이다. 국제관계학 교수이자 전직 육군 대령인 앤드루 베이스비치의 말처럼 미국은 "세상의 종말이 올 때까지 세계 유일의 군사적 초강대국"으로 남을 권리와 의무가 있는 제국이라고 인정하는 것이 요즘의 유행이다.[52]

물론 세상사가 미국이 원하는 대로만 흘러가진 않았다. 베트남전쟁에서 [미국이] 당한 패배는 이 야수가 결코 무적이 아님을 분명히 보여 줬다. 이라크와 아프가니스탄 점령은 미국의 애초 의도대로 식은 죽 먹듯 끝나기는커녕 수렁이 됐다. 무엇보다 이라크인과 아프가니스탄인이 자기 나라가 파괴되는 것에 맞서 굽히지 않고 저항한 덕분이다. 미국이 무적이 아님을 다시 한 번 확인할 수 있다.

"국익"

민주당과 공화당의 정치인들은 모두 이러저러한 것이 "국익"이라거나 "국가"와 "국가 안보"에 도움 혹은 해가 된다고 떠들어 대기를 좋아한다. 지배계급의 이익을 나라 전체의 이익으로 포장하는 것은 매우 유서 깊은 관행이다. 국가의 감시와 탄압, 거대한 군사력 축적, 남의 나라 폭격하기 등 온갖 고약한 짓들이 나라를 위한다는 명분으로 정당화된다.

나라에 관한 관념은 어느 정도 현실에 기반을 둔다. 지구에 사는 모두가 국적이 있고 국가가 다스리는 영토에 거주한다. 그러나 모든 사람은 특정한 사회 계급에도 속하는데, 국가의 정책은 우세한 사회 계급의 이익에 이바지한다. 국제학 교수 베네딕트 앤더슨은 다음과 같이 경고한다. "국가를 신성한 우상으로 받드는 자, '우리의 위대한 조상'을 자주 운운하는 자를 조심하라. 당신의 주머니가 곧 털릴지도 모른다."[53]

지출 삭감이든 선전포고든 정부의 어떤 행위를 옹호하는데 "국익"이 거론된다면 레닌의 말처럼 "누구의 이익인가"를 반드시 물어야 한다. 레닌은 다음과 같이 썼다. "특정한 정책을 누가 나서서 지지하는지는 중요치 않다. 오늘날의 고결한 자본주의 체제에서는 누구나 돈만 많으면 변호사, 문필가, 심지어 국회의원, 교수, 사제 등등을 몇 명이든 '고용'하고 매수하고 포섭해서 어떤 견해라도 옹호하게 할 수 있기 때문이다. 우리가 사는 시대는 모든 것을 사고파는 시대이기에 자본가계급은 명예나 양심을 거래하는 데 아무런 가책을 느끼지 않는다."[54]

전쟁을 벌일 때마다 미국의 지배층은 그것이 "국익"을 위한 싸움이라고 주장했다. 그러나 그 수혜자는 언제나 사회 꼭대기층의 소수였다. 제국이 확장될 때마다 이득을 보는 것은 은행가, 산업가, 군수기업이지 다수 대중이 아니었다. 다수 대중의 처지는 오히려 정복을 당하는 나라의 민중과 더 가까웠다. 전시에 이런 진실을 들추려면 위험을 무릅써야 한다. "유사 이래 전쟁은 정복과 약탈을 위한 것이었다. 전쟁을 선포하는 것은 언제나 지배계급이고 전쟁을 치르는 것은 언제나 피지배계급이었다."[55] 1918년에 이렇게 연설한 유진 데브스는 62세의 나이에 투옥됐다.

세계화: 국경 없는 자본주의?

자본주의는 언제나 세계 체제였다. 그러나 정치인이나 언론이 말하는 "세계화"는 그 이상을 뜻하는 듯하다. 그들이 말하는 세계화란 무엇일까? 세계화(신자유주의라고도 한다)는 "산업 규제 완화, 공공서비스 민영화, 국제 금융·무역 장벽 완화 등"을 포함해 1970년대 말부터 대두한 "공세적 정책의 약칭"이다.[56] 세계무역기구WTO, 국제통화기금IMF, 세계은행 등 여러 국제 금융·무역 기관들이 지난 25년 동안 밀어붙인 이런 정책의 목표는 여러 나라의 국내시장을 미국과 유럽 자본에 열어 주는 것이었다. 세계화 이데올로기는 각국 안에서는 긴축정책, 일자리 감축, 복지 삭감의 필요성을 뒷받침하는 논리로 이용됐다. "각 나라 지배계급과 정부는 결국 '세계화 때문에 어쩔 수 없다'는 말로 책임을 회피했다"고 [사회주의 언론인] 리 서스타는 썼다.[57]

어떤 이는 세계화를 신자유주의적 경제정책 이상의 것으로, 즉 세계경제의 새로운 발전 단계로 본다. 이들은 자본주의의 생산·무역·투자가 너무도 자유롭게 국경을 넘나들기 때문에 국민국가가 무의미해졌다고 주장한다. 한 좌파 경제학자는 다음과 같이 썼다. "새롭게 부상한 세계 자본주의의 이 새로운 단계는 '국민' 경제들의 초국적 통합으로 향한다. 근본적으로는 국가들의 자율적 … 생산 체계들이 꾸준히 해체되고 통합된 세계 생산 체제의 구성 요소로 재활성화됐다."[58]

지난 30년 동안의 변화는 실로 거대했다. 러시아와 동유럽에서 국가자본주의 체제가 몰락했다. 이것은 국가의 경제·산업·기업 직접 소유에서 멀어지는 세계적 추세의 일부였다. 국제무역, 해외투자, 국제 금융거래가 지난 몇십 년 동안 천문학적으로 증가했다. 해외직접투자는 1982~2000년에 570억 달러에서 1조 3000억 달러로 증가했다.[59] 세계 수출의 규모와 액수는 1980년대부터 어마어마하게 증가했으며 [그 증가율은] 세계 GDP 성장률을 상회했다. 1983~2003년에 세계의 상품 수출액은 1조 8400억 달러에서 7조 4000억 달러로 증가했다. 그 후에도 수출량은 계속 뛰어올라 2008년에는 15조 7000억 달러에 이르렀다([2008년] 대침체가 터진 후에는 2년* 연속 [전년 동기 대비] 15퍼센트 감소했지만 말이다).[60] 2009년에는 약 78만 개의 외국 계열사를 거느린 7만 8000여 개의 다국적기업이 7300만 명의 직원(1990년에는 2500만 명이었다)을 고용하고 세계의 무역과 생산을 지배했다. 이들의 매출은 1990~2006년에 6조 달러에서 25조 달러로 네 배 이상 뛰었다.[61] 2011년에 취리히연방공과대학의 연구자들이 4만 3060개의 다국적기업에 관한 자료를 조사한 결과에 따르면 [지분 소유가] 서로 얽혀 있는 147개 기업(대다수가 금융 기업이었다)이 전체 기업이 보유한 부의 40퍼센트를 지배하고, 737개의 기업이 80퍼센트를 지배한다.[62]

이런 현실 때문에 카를 카우츠키가 1914년에 했던 주장, 즉 세계

---

* 두 분기의 오기인 듯하다.

패권을 둘러싼 국가들의 갈등을 뜻하는 제국주의가 경제의 통합으로 종말을 맞는다는 주장이 부활하기도 했다. 마이클 하트와 안토니오 네그리는 영향력 있는 현학적인 저서 《제국》에서 다음과 같이 주장했다. "미국은 제국주의 프로젝트의 중심이 아니며 사실 그런 중심을 형성한 국민국가는 오늘날 없다. 제국주의는 끝났다. 근대 유럽 국가들처럼 세계를 이끌 국민국가는 앞으로 없을 것이다."[63]

최근 수십 년간 미국이 벌인 군사개입의 규모와 횟수를 떠올려 보면 하트와 네그리의 주장은 각별히 기이하게 들린다. 오히려 오늘날 미국의 패권은 고전적 제국주의 시대의 유럽 강대국들보다 강력하다. 게다가 네오콘 인사인 폴 울포위츠가 1992년 정책 성명 초안에서 말한 것처럼 미국은 "잠재적 경쟁자가 국지적·국제적인 영향력을 키울 엄두도 못 내게 하는 체제"를 지탱하는 데 골몰하고 있다.[64]

자본주의의 세계적 통합을 반영한다는 국제 경제기구들은 사실 몇 안 되는 소수 국가가 지배한다. IMF나 세계은행의 본부가 워싱턴에 있는 것은 결코 우연이 아니다. 두 기구는 제2차세계대전 이후 미국에 의해 설립됐으며 그 후 WTO와 함께 대체로 미국의 지배하에 있었다. 민영화, 공공 지출 삭감, 외국인 투자 개방 등을 조건으로 가난한 나라에 돈을 빌려주는 IMF의 "구조조정 정책"은 국가가 사라진 세계화의 사례가 아니라 경제적 제국주의의 사례일 뿐이다.

자본에 국경이 없다거나 자본이 세계적이라는 주장은 어느 정도 일리가 있다. 다국적기업들은 최대 수익을 위해 끊임없이 세계 각지로 자금과 투자처를 옮기고, 감세 등의 금전적 유인책을 가장 많이 제시하는 국가에 '충성'을 바치며, 언제나 역외의 조세 피난처를 찾아 다니면서 사업 운영에 필수적인 인프라의 비용이나 노동자나 빈민을 위한 사회 안전망의 비용을 회피하려 한다.

그러나 다국적 자본에 국적이 없다는 주장은 과장이다. 월마트, 제너럴모터스, 몬산토 같은 대기업들이 세계로 뻗어 나간 것은 사실이지만 영업하고 이윤을 남기는 데 꼭 필요한 교통·통신 체계 등의 인프라를 확보하려면 여전히 '본국' 정부에 의존해야 한다. 다국적 자본이 진출한 나라에서도 그 나라 정부가 인프라를 제대로 지원하고 보장해야 함은 물론이다. 정부는 대기업의 원활한 영업을 돕는 데 많은 돈을 할애한다. 어떤 책이 지적했듯이

> 매년 정부가 다양한 공공 정책에 쓰는 돈의 최대 절반가량이 기업의 영업 활동을 보장하는 데 쓰인다. 덴마크 정부는 국방비, 치안 유지비, 주택비, 지방비를 모두 합친 것에 맞먹는 비용을 기업 직접 지원에 쓴다. 영국 정부는 매년 기업에서 걷는 세금보다 더 많은 세제 혜택과 보조금을 제공해서 기업들을 지원한다. 영국 정부는 전체 예산의 4분의 1 이상을 민간 부문에서 재화와 서비스를 직접 구매하는 데 쓴다. 스웨덴에서는 사회 보호 지출의 4분의 1이 고용주에게 간다. … 전체 공공 지출에서 기업의 몫, 즉 기업의 필요를 충족하는 데 할애한 공공 지출의 비중은 주요 경제 대국에서 아무리 적어도 40퍼센트에 달한다. 그중 미국은 전체 지출에서 차지하는 비중으로 보면 최고의 기업 지원 국가다.[65]

미국의 다국적기업들은 직접 보조금, 감세, 대학의 연구·개발에 대한 정부 지원, 그 밖에도 온갖 형태의 기업 지원책으로 정부에게 막대한 도움을 받는다. 2004년의 연구에 따르면, 세계 최대의 소매

업체이자 국내 매장 3500개, 해외 매장 1800개를 보유한 월마트는 10억 달러에 달하는 중앙·지방 정부 보조금을 챙겼다.[66] 석유·가스 산업계는 2011~2015년에 800억 달러의 세금을 감면받은 것으로 예상된다.[67] (역설이게도 석유 업계의 큰손인 코크 형제의 코크인더스트리즈는 정부로부터 수천만 달러의 보조금을 받지만 코크 형제가 설립한 자유지상주의적 정책 연구소 카토CATO 연구소는 기업 지원을 비난한다.)[68] 2012년에 〈뉴욕 타임스〉가 연구를 통해 보도한 바에 따르면 주, [주 아래의 행정구역인] 카운티, 시는 "매년 800억 달러 이상을 기업들에게 퍼 주고" 기업들은 이익을 최대한 뽑아내기 위해 여러 지방정부들끼리 경쟁시킨다고 한다.[69] 〈보스턴 글로브〉는 1996년에 정부의 기업 지원금을 연구하고 다음과 같이 결론지었다. "기업 지원금과 세제 혜택은 1500억 달러로 연간 재정 적자 1300억 달러를 능가한다. 핵심적인 사회복지 프로그램, 즉 '아동 부양 가정 보조 제도AFDC'와 학생 보조, 주택 지원, 식량·영양 지원 등 (사회보장제도와 메디케어를 제외한) 모든 직접적인 공공 부조에 들어가는 1450억 달러보다도 많다."[70]

국적이 없는 기업은 경제적·군사적 강국이 밀어주는 기업보다 당연히 불리할 것이다. 국가는 자국 기업들이 경쟁에서 우위를 점하도록 다양한 서비스를 제공한다. 예를 들어 미국수출입은행은 미국산 제품의 해외 판매를 촉진하려고 해마다 10억 달러를 쓰며 이것은 대부분 〈포천〉 500대 기업의 보조금으로 간다.[71] OECD 회원국, 즉 세계에서 가장 부유한 나라들은 식량 수입에 높은 관세를 매기고 국내 농업 기업에 후한 보조금을 지급한다. 이 보조금이 없으면 그 기업들이 수익을 내지 못할 정도다.[72] 해외 원조는 자국 상품의 해외

시장 진출을 위한 수단으로 악명이 높다.[73] 어떤 애널리스트는 다음과 같이 썼다. "해외로 진출한 기업은 많다. 그중에는 다국적 이사회와 경영진을 갖춘 기업들도 있다. 그러나 거의 예외 없이 세계에서 가장 잘나가는 회사는 그 회사의 본국을 보면 쉽게 알 수 있다."[74]

무엇보다 기업들은 경제가 위기일 때 국가의 구제금융에 의존한다. 2008년의 위기가 더 악화되는 것을 막고 금융 체제의 상환 능력과 수익성을 회복시킨 것은 국가의 (주로는 각국 중앙은행의) 매우 적극적인 개입이었다.

최근 수십 년의 특징을 민영화 일변도로만 봐서도 안 된다. 현재 개발도상국이나 예전에는 개발도상국이었다가 이제는 미국, 유럽, 일본과 경쟁하는 산업을 이룩한 한국 같은 산업국들은 규제 완화나 민영화보다는 국가가 의식적으로 주도한 계획과 조정으로 성공을 거뒀다. 1970년대 말에 시장 개방을 결정한 중국도 여전히 국가가 경제의 소유와 계획에서 막대한 비중을 차지한다. 2008년 중국 국영기업들은 그 수가 전체 중국 기업의 3.1퍼센트에 지나지 않았지만 자산 면에서는 30퍼센트를 차지했다.[75]

해외로 진출한 기업들은 그 나라 정부에도 의존하며, 자국과 타국 정부 모두가 '기업에 좋은 환경'을 유지해 주기를 바란다. 어느 나라에서든 기업은 계급투쟁을 억제하려면 그 나라의 경찰 등 무장력에 기대야 하며 이주 노동자의 유입을 조절하려면 국경이 관리돼야 한다.

경제가 밀접해진다고 국가들이 평화롭게 공존하게 되는 건 아니다. 러시아의 마르크스주의자 니콜라이 부하린이 이 문제를 다루면서 발전시킨 이론은 오늘날에도 여전히 유효하다. 부하린이 주장했

듯이 경제생활이 국제화한다고 해서,

> '국민'국가들이 조화롭게 공존하는 단계로 사회가 진보하진 않는다. 왜냐하면 경제생활이 국제화해도 자본가들의 이해관계는 결코 국제화하지 않기 때문이다. … 자본주의 발전의 모순을 외면한 채 무정부적 국제화가 조직된 국제화로 … 나아갈 것이라고 순진하게 믿는 자만이, '국가' 자본가 집단들이 평화로운 자본주의의 '더 높은 통일성' 속에서 화해할 수 있다고 바랄 것이다.
> 경제생활의 국제화는 다양한 '국가' 자본가 집단들 간의 이해관계 충돌을 더 첨예하게 할 수 있고 실제로 그러고 있다. 사실 국제적 상품 교역이 증대해도 교역 당사자들 간의 '연대'는 결코 증대하지 않는다. 오히려 생사가 엇갈리는 처절한 경쟁과 투쟁의 증가가 뒤따르기 마련이다.[76]

토머스 프리드먼은 '자유 시장'과 무력의 관계를 다음과 같이 유명한 말로 정식화했다. "시장의 보이지 않는 손은 보이지 않는 주먹 없이는 결코 제대로 작동하지 않는다."[77] 세계 자본가계급을 대표하며 독자적인 무장력을 거느린 세계 정부(또는 초국적 정부)가 나타나지 않는 한 자본가계급은 자국 영토의 무장력이 필요하다.

예컨대 아시아의 경제들은 서로 간의 무역으로 긴밀하게 통합돼 있고 그 무역에 크게 의존한다. 그럼에도 예컨대 일본과 중국은 요충지 섬들을 둘러싼 극한 대립을 멈추지 않는다. 미국과 중국은 경제적으로 서로 의존하는 관계지만 중국이 세계적 강국으로 부상하자 미국은 "중심축"을 아시아로 돌려 이 지역에서 동맹 관계를 강화하고, 미국의 세계 패권에 도전하려는 중국의 야심을 꺾으려 한다.

강국들과 충돌하지 않을 때도 미국은 지배력을 과시하려고 세계 각지에서 일상적으로 군사개입을 한다. 단지 '훈련'이 필요해서 그러는 것은 아니다(이미 훈련이라기엔 좀 무시무시해 보이기도 한다). 군사개입을 하지 않으면 자신이 천명한 패권을 충분한 무장력으로 뒷받침할 의지가 없는 것으로 다른 나라와 열강에 비칠 것이기 때문이다. 세계의 특정 지역에 개입하지 못하면 미국이 "신뢰를 잃을 것"이라고 정치인들이 자주 말하지 않던가.

현재 확립돼 있는 국제 서열은 불안정한 균형일 뿐이다. 이 균형은 군사력 관계, 세계경제의 불균등 발전에 기반한 새로운 세력 관계에 의해 결국 깨지거나 재편될 것이고 그 과정에서 어떤 국가는 더 강력해지고 어떤 국가는 쇠퇴할 것이다. 레닌은 공식적 식민지들이 존재하던 1916년에 다음과 같은 분석을 제시했다. 그러나 여기에 담긴 레닌의 요지는 오늘날에도 여전히 유효하다.

> 자본주의에서 세력권·이권·식민지 등을 분할하는 근거가 될 만한 것은 분할에 참여하는 자들의 경제력, 재력, 군사력 등의 힘 말고는 없다. 그리고 자본주의에서는 모든 기업, 트러스트, 산업부문, 나라가 균등하게 발전하는 것이 불가능하기 때문에 분할에 참여하는 자들의 힘은 균등하게 변화하지 않는다. 반세기 전만 해도 독일 자본주의의 힘은 영국에 비해 한심하고 보잘것없었다. 러시아와 비교하면 일본도 마찬가지였다. 제국주의 열강 간의 상대적 힘이 그로부터 10~20년 후에도 그대로였을 것이라고 상상할 수 있을까? 절대 아니다.[78]

제2차세계대전부터 지금까지 꽤 오랜 기간 미국이 세계 패권국

자리를 지키고 있기 때문에 레닌의 주장이 현실과 들어맞지 않는 듯 보일지도 모른다. 소련이 무너지면서 미국은 세계 유일의 초강대국이 되기를 바랐고 지금도 그런 목적을 추구하고 있다. 압도적 무장력뿐만 아니라 지금은 미국의 지도를 따르는 것이 최선이자 유일한 선택이라는 다른 나라들의 합의 덕분에 미국은 대부분의 세계를 이끌고 있다. 그러나 이런 현실의 이면에서는 조금씩이지만 중대한 경제적 변화가 벌어져 세계 주요 경제 강국들의 "상대적 힘"이 바뀌었다. 중대한 사회변혁이 일어나지 않는다면, 핵무기의 존재를 고려할 때 몇 년 뒤 세계는 제2차세계대전보다도 더 큰 야만을 맞이할지도 모른다.

전쟁을 끝내는 법

전쟁은 인간이 아니라 자본주의의 본능이다. 계속되는 전쟁과 자본주의의 존속은 떼려야 뗄 수 없는 관계에 있다. 전쟁에 얽힌 계급적 이해관계가 사라지지 않으면 전쟁도 사라지지 않는다. 그러나 전쟁을 없앨 해법으로 제시되는 방안들은 대부분 전쟁을 낳는 체제를 없애지 않고도 전쟁을 없앨 수 있다는 잘못된 전제를 깔고 있다. 전쟁 역사가 존 키건은 다음과 같이 설명한다. "정치는 계속돼야 한다. 전쟁은 그럴 수 없다. 그렇다고 전사의 소임이 사라지는 것은 아니다. 세계 공동체는 권위에 기꺼이 복무할 숙련되고 기강 있는 전사가 어느 때보다도 절실하다. 이런 전사들은 문명의 적이 아니라 수호자로 여겨져야 한다."[79]

그러나 전쟁과 정치는 분리할 수 없다. 레닌은 19세기의 전쟁 이론가 카를 폰 클라우제비츠의 말을 즐겨 인용했다. "전쟁이란 수단만 다를 뿐 정치의 연장이다."[80] "세계 공동체"를 지배하는 것이 세계적 열강인 만큼, 키건의 주장은 결국 전쟁을 끝내려면 세계적 열강이 합심해 군사적으로 평화를 강제해야 한다는 것을 무심결에 드러낸 것이다. 제국주의 전쟁에 대한 키건의 해법은 야망을 품은 모든 열강이 추구하는 바다. 즉 '팍스 로마나', '팍스 브리타니카', '팍스 아메리카나'처럼 자국의 패권을 기반으로 평화를 추구해야 한다는 것이다. 키건은 겉으로는 전쟁이 정치의 연장이 아니라고 하지만 결국 전쟁과 정치가 불가분의 관계에 있음을 암묵적으로 인정한다.

유엔이 분쟁을 평화롭게 해결하는 수단이 될 수 있다는 관점도 이와 비슷한 혼란을 반영한다. 제2차세계대전 이후에 창립됐으며 유엔에서 유일하게 강제력이 있는 결정 기구인 안전보장이사회는 상임이사국인 미국·러시아·영국·프랑스·중국이 장악하고 있다. 각 이사국은 이사회의 결정에 대해 거부권이 있으며, 그것 덕분에 미국의 이해관계는 위협받지 않는다. 안전보장이사회는 국제적인 의회 기구가 아니라 가장 강력한 국가들의 위원회일 뿐이다. 모든 이사국의 의견이 일치하면 유엔은 행동한다. 의견이 불일치하면 강대국들은 유엔을 그냥 무시한다. 2006년 유엔 주재 미국 대사인 존 볼턴은* 유엔의 국제적 위상을 매우 명료하게 묘사했다. "국제 연합이란 없다. 진정한 세계 유일의 강대국이 이따금씩 이끄는 국제 공동체가 있을 뿐이다. 그 강대국이 바로 미국이다. 미국에 이익이 되고 다른 나라

---

* 존 볼턴 2018년 4월부터 2019년 9월까지 트럼프 정부에서 국가안보보좌관을 지내기도 했다.

들의 협조를 이끌어 낼 수 있을 때 미국은 그렇게 한다. … 미국이 이끌면 유엔은 따른다. 이익이 된다면 우리는 그렇게 할 것이다. 그렇지 않다면 그러지 않을 것이다."[81]

마르크스는 국제 자본가계급을 싸우는 형제에 비유했다. 아래로부터의 위협에 맞서서는 기꺼이 힘을 모으겠지만, 서로 경쟁하는 처지에 있기 때문에 그들이 맺는 합의나 동맹은 일시적일 수밖에 없다. 어떤 국가가 힘의 우위로 평화 비슷한 상태를 강제할 수는 있다. 마치 한 조직폭력배가 특정 도시의 모든 경쟁자를 물리치고 '평화롭게' 사업할 조건을 마련하는 것처럼 말이다. 이것은 승리자의 평화이며 이런 평화는 경쟁 폭력배가 부상해 옛 폭력배를 몰아낼 때까지만 이어진다.

사회주의자는 전쟁 없는 세상을 바라지만 모든 전쟁을 비난하지는 않는다. 정복과 제국주의 경쟁을 위한 전쟁은 반동적이지만, 피억압 집단이 지배에 저항하며 벌이는 전쟁도 있다. 제1차세계대전의 솜 전투에서는 영국·프랑스·독일 제국의 이윤 때문에 100만 명가량이 목숨을 잃었고 이들 대다수가 노동계급이었다. 각국은 자국 방위였을 뿐이라고 주장하지만 제1차세계대전은 뼛속 깊이 반동적인 전쟁이었다. 그러나 미국의 남북전쟁은 비록 잔혹했을지언정 노예제를 폐지하려는 전쟁이었다. 그러므로 진보적이고 정당했다.

우리가 사는 세계는 풍요롭기 때문에 전쟁을 정당화할 명분이 더는 없다. 인간의 필요에 따라 생산과 분배를 계획하도록 사회체제가 바뀐다면 다른 사람을 착취하거나 전쟁을 벌이지 않으면서도 모두가 좋은 삶을 누릴 수 있을 것이다.

그러나 오늘날의 지배자들을 단지 이성이나 도덕으로 설득할 수 있다고 믿는 평화주의자들과 달리, 마르크스주의자들은 전쟁이 자본주의의 생리에 뿌리박고 있으며 세계의 지배계급에게서 무기를 빼앗아야만 전쟁을 끝낼 수 있다고 본다. 마르크스주의자들은 전쟁이 사라지길 바라지만 세계의 권력자들이 자신의 힘을 평화롭게 내주지 않을 것이라고 본다. 그리고 억압자의 폭력과 피억압자의 폭력을 동일시하면 안 된다고 여긴다. 트로츠키는 1919년에 러시아 노동계급이 반혁명 세력에 맞서 행사한 폭력을 다음과 같이 옹호했다.

> 살인자가 아이에게 칼을 겨눈다면 아이를 구하려다 살인자를 살해해도 되는가? 그러면 '인간의 목숨은 신성하다'는 원리를 어기는 것 아닌가? 그렇다면 자신을 지키려다 살인자를 살해해도 되는가? 억압받는 노예는 주인에 맞서 반란을 일으켜도 되는가? …
> 다른 언어를 쓰는 사람의 목숨은 신성하지 않은가? 카우츠키는 전략과 전술의 원리에 입각해 조직한 대량 살상은 살인이 아니라고 여기는가? 우리 시대에 이보다 위선적이고 어리석은 원리를 제시하기는 어려울 것이다. 인간의 노동력, 곧 인간의 삶이 사고팔리고 착취받고 강탈당하는 한 '인간의 목숨은 신성하다'는 원리는 비열한 거짓말이며 노예를 사슬에 묶어 두려는 핑계일 뿐이다. … 개인이 신성하려면 우리는 개인을 십자가에 못 박아 죽이는 사회체제를 파괴해야 한다.[82]

미국은 베트남 인민을 상대로 한 전쟁에서 융단폭격을 하고 고엽제를 살포하고 민간인을 체계적으로 학살하면서 상상을 뛰어넘는 파괴를 자행했다. 정확한 수치를 내는 것은 불가능하지만 최근에 새롭게 나온 추정치에 의하면 병사와 민간인을 통틀어 380만 명에 이르는 베트남인이 베트남전쟁에서 사망했다고 한다.[83] 미국에서 대규모 시위가 일어나고, 베트남에서 미국의 점령에 맞서는 무장 항쟁이 벌어지고, 부당한 전쟁에서 무기를 들기를 거부하는 미군 병사들이 늘어나 군대가 붕괴하면서 베트남전쟁은 민족해방운동의 승리로 끝났다. 제1차세계대전의 첫 크리스마스 때 독일과 영국 병사들은 장교의 명령에 불복해 교전을 중단하고 '완충 지대'에서 함께 어울렸다.[84] 러시아는 1917년의 러시아 혁명으로 제1차세계대전에서 이탈했다. 이 혁명을 계기로, 서로 전쟁을 벌이던 나라의 병사들이 대거 우애를 다지고 독일을 비롯한 여러 나라에서 노동자 반란이 일어났다. 이런 국제적 투쟁과 연대야말로 전쟁을 끝내는 열쇠다.

국제주의

《공산당 선언》은 "만국의 노동자여 단결하라"는 외침으로 끝난다. 이것은 단지 도덕적 호소가 아니다. 자본주의는 엄청난 수의 국제 노동계급을 창조했으며 전 세계 다국적기업들의 이윤은 바로 이들의 노동에서 나온다. 노동계급은 세계 어디에서나 본질적으로 비슷한 처지에 있다. 보수가 많든 적든 모든 노동자는 착취당한다. 따라서 국적이 다를지라도 모든 노동자는 국경을 뛰어넘는 공통의 이해관계가 있다.

한 나라가 다른 나라를 약탈하고, 약탈하는 나라의 노동계급이 여기서 득을 보기 때문에 노동계급의 국제적 연대는 불가능하다는 주장도 있다. 그러나 이런 주장은 미국에서 노동자의 생활수준이 꾸준히 떨어지고 빈부 격차가 커지고 사회 지출이 군비와 기업 지원으로 흘러 들어가는 현실과 동떨어져 보인다.

이런 주장에 따르면 유럽이나 미국의 노동자가 더 높은 임금을 받는 이유는 멕시코 노동자의 상대적 저임금으로 득을 보기 때문이다. 미국의 자동차 공장 노동자와 멕시코의 자동차 공장 노동자가 생산성이 같아도 다른 임금을 받는다는 것은 사실이지만 그들은 모두 똑같이 사용자에게 착취당한다. 사실 사용자의 주머니로 가는 잉여노동의 비중으로 보면 고임금 노동자는 저임금 노동자보다 더하면 더했지 결코 덜 착취당하지는 않는다. 일반적으로 최저임금은 노동력 절감 설비가 적어서 착취율이 가장 낮은 부문, 즉 가장 '노동집약적' 산업에서 나타난다. 물론 국제적인 임금 격차는 세계 노동계급의 단결에 해롭다. 자본가들이 고임금 노동자와 저임금 노동자 사이를 이간하기 때문이다. 그러나 어느 부문에서든 노동계급의 생활수준이 향상되면 그것은 노동계급 전체에 도움이 될 수밖에 없다.

자본주의의 경제 위기 또한 점차 국제적인 수준으로 벌어진다. 그래서 투쟁도 점차 국제적인 성격을 띤다. 산업자본주의가 영국이나 유럽 대륙의 일부 지역으로 한정됐던 1840년대에는 일련의 혁명이 유럽에서 확산됐다. 이 혁명은 부르주아 혁명이었으며 패배로 끝났지만 그 과정에서 노동계급이 최초로 무시할 수 없는 사회 세력으로 부상했다.

앞서 말했듯 1917년 러시아 혁명은 국제 혁명을 촉발했다. 제1차 세계대전과 경제 위기를 배경으로 벌어진 이 혁명은 전 세계로 번졌다. 독일에선 노동자들이 들고일어나 카이저[독일의 황제]를 타도했고 러시아의 소비에트와 비슷한 노동자평의회를 만들었다. 헝가리와 핀란드에서도 소비에트가 등장했다가 혁명이 진압됐다. 이탈리아에선 노동자들이 공장평의회를 구성했으며 1920년에는 혁명 직전까지 갔다가 온건한 사회주의자들 때문에 좌절됐다. 영국 총리 로이드조지는 "유럽 전체가 혁명의 기운으로 가득하다"고 한탄했다.[85] 제1차세계대전과 러시아 혁명은 인도와 아일랜드 등지에서 민족 해방 반란을 촉발했다. 한편에선 자본가계급이 하얗게 질려 있고 다른 한편에선 혁명에 대한 기대가 높아진 1918년의 분위기를 빅토르 세르주는 다음과 같이 묘사한다.

> 그 시기의 신문들은 굉장했다. 스톡홀름에서 촉각을 곤두세워 감지한 최신 속보나 모호한 풍문이 매일같이 대문짝만 한 헤드라인이 돼서 지면을 가득 메웠다. 파리의 폭동, 리옹의 폭동, 벨기에의 혁명, 콘스탄티노플의 혁명, 불가리아에서 승리한 소비에트, 코펜하겐의 폭동 등. 실로 유럽 전체가 격동했다. 여기저기서, 심지어 연합군 내에서도 비밀리에, 때로는 공공연하게 소비에트가 등장했다. 그야말로 모든 가능성이 열려 있었다. 10월 15일에 스톡홀름에서 보롭스키는 지노비예프에게 전보를 쳤다. "프랑스에서 혁명 고조"(신문에 실린 그의 특보 제목이기도 했다). "노동자 대중운동이 이틀 전에 시작해 파리로 힘차게 확산 중. … 노동자들이 정치수를 즉각 석방하라고 요구함. … 연합군 병사 소비에트가 전선에서 독일군 소비에트와 접촉함."[86]

세계는 국민국가로 나뉘어 있기 때문에 각 나라의 투쟁은 저마다 템포와 동학이 다르며 시점과 성격이 서로 일치하지 않는다. 혁명은 한 곳이나 몇 군데에서 시작된 다음 다른 곳으로 확산된다. 그러나 러시아 혁명이 보여 주듯이 고립된 혁명은 살아남지 못한다. 이미

1847년에 엥겔스는 한 문답식 글에서 그런 결론을 내렸었다(이 글은 나중에 《공산당 선언》의 토대가 됐다). "이런 혁명이 오직 한 나라에서만 일어나는 것은 가능한가? 불가능하다. 거대한 산업이 세계 시장을 창출해 지구 상의 모든 민족을 … 밀접하게 엮어 놓았기 때문에 한 곳에서 벌어지는 일은 다른 곳에 영향을 줄 수밖에 없다."[87]

그렇기 때문에, 노동자들이 국경을 넘어 단결하자는 호소는 단지 도덕적 호소가 아니다. 세계적 수준으로는 사회주의의 물질적 조건, 즉 풍요가 존재하지만 한 나라의 국경 안으로 국한해서 보면 그렇지 않다. 경제가 극도로 불균등하게 발전해서 어마어마한 부와 생산력이 특정 지역에 훨씬 집중돼 있기 때문이다. 자급자족을 시도하는 나라가 있다 해도 생산 체계가 너무 치우쳐 있고 불완전해서 금세 좌절할 것이다. 세계경제와의 관계 속에서 나라 경제가 발전하기 때문에 어떤 나라는 농업 생산량이 충분치 않아 농산물을 수입해야 하고 어떤 나라는 설비나 부품을 수입해야 한다. 특히 과거에 식민지였던 나라들은 이런 문제가 가장 극심하다. 지배국이 피지배국의 경제 발전을 왜곡해서 값싼 노동력이나 원자재의 공급처로 삼고 산업 발전을 가로막았기 때문이다. 일례로 쿠바는 수십 년 동안 자본 수요의 80퍼센트를 설탕 수출에 의존했다. 쿠바는 처음에는 미국, 나중에는 소련의 상당한 지원에 기댔다. 그럼에도 결코 산업을 완전히 다각화하지 못했다. 그래서 마르크스주의의 핵심을 왜곡하고 전도시킨 스탈린주의가 아닌, 진정한 마르크스주의 운동은 사회주의의 발전이란 고립된 지역에서 벌어질 수 없다고 언제나 주장해 왔다.

11장

마르크스주의와 여성·성소수자·인종 차별

우리는 경제적 불평등뿐 아니라 온갖 형태의 차별이 만연한 사회에 산다. 다양한 집단이 인종적·성적·민족적 차이로 받아들여지는 특성을 근거로 불평등한 대우를 받는다.

수십 년의 대중투쟁 끝에 법률상의 인종차별은 1960년대 공민권 운동의 성공 이래로 미국에서 사라졌다. 그러나 지금의 사회가 '탈인종 사회'라는 주장(인종주의자들이 인종차별을 은폐하고 부인할 때 내세우는 주장)과 달리 우리 주위에는 여전히 인종차별이 만연하다. 미국의 사법 기구들은 흑인 남성을 대상으로 체계적인 프로파일링, 경찰 폭력, 투옥을 일삼는다. 미국의 흑인은 백인보다 훨씬 높은 실업률에 시달리고 훨씬 낮은 임금을 받는다. 흑인들은 일상에서도 모욕을 겪는다. 점원이 의심의 눈초리로 따라오기도 하고 택시를 잡기도 더 어렵고 대출을 거부당하거나 특정 동네에서 입주를 거부당하기도 한다.

한편 여성해방을 위해서도 중요한 투쟁들이 있었다. 1960년대 말의 여성운동이나 2011년의 '슬럿 워크'(여성의 옷차림이 성폭력을 유발한다며 여성의 성적 자유를 문제 삼는 성별 이중 잣대에 항의해 젊은 여성들이 벌인 행진)가 그것이다. 그러나 여전히 여성의 평균임금은 남성보다 낮고 특정 분야나 소득수준에서는 여성의 비중이 매우 낮다. 여성들이 겪는 성적 괴롭힘이나 강간의 실태는 충격적이다. 가사도 여전히 많은 부분이 여성의 몫이다. 1980년대 이래로 임신과 출산의 자기 결정권이 축소됐고 여성을 폄하하는 성차별적인 묘사나 언사가 점점 주류가 되고 있다.

레즈비언·게이·양성애자·트랜스젠더·간성 등 성소수자에 대한(적어도 동성애자에 대한) 인식은 지난 몇십 년, 특히 최근 몇 년 동안 진전이 있었다. 영화나 방송에서 동성애자를 긍정적으로 묘사할 때가 많아졌고 동성 결혼에 대한 지지도 크게 늘어났으며 2008~2013년에 미국의 17개 주에서 동성 결혼이 합법화됐다. 그러나 성소수자들은 여전히 사회적·법적으로 체계적인 차별을 받으며 증오 범죄나 경찰 폭력의 희생자가 되곤 한다. 전국폭력반대행동연합AVP에 의하면 동성애자 남성은 이성애자 남성보다 증오 범죄 사건을 신고한 횟수가 3.03배나 많으며 트랜스젠더는 트랜스젠더가 아닌 사람보다 경찰 폭력을 겪을 확률이 3.32배나 높다.[1]

이민자, 특히 유색인이고 가난하고 노동계급에 속한 이민자, 그중에서도 미등록 이민자는 끊임없이 추방 위협을 당하면서 끔찍한 노동조건과 저임금을 강요받는다. 오바마 정부는 이민자 300만 명을 추방할 계획을 착착 진행 중이고 이미 150만 명을 추방했다. 어느 정권 때보다도 많은 수다.[2]

처음에 아메리카 원주민들은 체계적인 노예화와 학살로 고통받고 삶의 터전에서 쫓겨났으며 유럽에서 건너온 질병으로 전멸할 지경에 이르렀다. 그 후에는 비좁은 인디언 보호 구역으로 내몰렸다. 보호 구역은 대개 유럽 출신 정착민들이 '쓸모없다'고 여긴 곳이었고, 언제라도 도로 쓸모가 있다고 여겨지면 원주민들은 그곳에서 또 쫓겨나야 했다. 원주민들은 주권과 권리를 박탈당했으며 그 자녀들은 가족과 떨어져 원주민의 언어와 문화를 말살하는 기숙학교로 보내졌다. 오늘날에도 원주민들의 빈곤율·자살률·수감률은 전국 평균보다 훨씬 높다. 예를 들어 노스다코타주의 라코타파인리지보호구역에서는 주민의 97퍼센트가 빈곤층이다. 평균 기대 수명은 45세이며 10대의 자살률은 전국 평균보다 150퍼센트, 아동 사망률은 300퍼센트 높다.[3]

장애인은 흔히 노동시장에서 배제하고 분리시키고 보호시설에 가둬 놓고 최소 비용으로 관리해야 하는 짐짝 취급을 받는다. 장애인은 고용된다 해도 혹독하게 착취당하고 공적 영역에서는 필수 시설을 이용하지 못하는 일이 허다하다.

과거에 어떤 활동가들이나 학자들은 이 다양한 차별들이 서로 연결돼 있지 않다고 주장하는 데 관심을 보였지만 미국 공화당 우파의 정치를 보고 그런 주장을 고수하기는 쉽지 않다. 이 골수 보수파에게 게이 배싱[게이라는 이유로 폭행하는 것], 흑인과 이민자 속죄양 삼기, 임신·출산 선택권 제한, 복지 지출 삭감은 (노동조합과 노동자의 권리를 확고하게 반대하는 것과 더불어) 단일한 차별과 착취의 그물망으로 엮여 있다.

19세기 말과 20세기 초의 '과학적 인종차별'이 단지 흑인·멕시코인·아시아인뿐 아니라 가난한 사람 일반을 유전적·사회적으로 열등한 집단으로 지목한 것은 결코 우연이 아니다. 미국의 '과학적 인종차별'을 철저하게 파헤친 책을 쓴 앨런 체이스는 다음과 같이 주장했다. "과학적 인종차별주의자들은 예나 지금이나 전 세계의 빈곤층과 차상위층을 아예 다른 종, 즉 가난에서 벗어날 줄 모르는 가축

종으로 본다."[4] [1932년에 개최된] 제3차 국제우생학회의에서 뉴저지 에식스카운티정신위생클리닉의 의사 러셀 로비는 당시의 수많은 실업자들이 대부분 "사회 부적응자"나 "정신이상자"라며 "애초에 태어나지 않았더라면" 그런 불행을 피했을 것이라고 주장했다. 발언자들은 잇달아 지지를 표하며 수많은 실업자에게 불임수술을 강제로 시술하자고 외쳤다.[5]

자본주의는 차별을 필요로 한다. 시인 퍼시 셸리는 영국 노동자들에게 바치는 시에서 다음과 같이 호소했다. "그대들은 많고 저들은 적으니 무찌를 수 없는 수로 모여, 잠에서 깬 사자처럼 궐기하라."[6] 지배자들은 이런 못마땅한 상황을 방지하려고 인종, 성, 국적, 성적 지향, 언어, 장애 유무, 임금 차이, 그 밖의 온갖 특성에 따라 노동계급을 편가르고 서로 싸우게 한다. 이런 분열 없이는 자본주의가 존속할 수 없다. 차별받고 착취당하는 모든 이가 분열을 극복하고서 공통의 억압자를 상대로 뭉친다면 자본주의는 머지않아 끝장날 것이다.

1892년 엥겔스는 미국으로 이주한 한 독일 출신 사회주의자에게 쓴 편지에서 미국 노동계급의 단결을 가로막는 주요 장애물을 지적하면서 미국의 "자본가계급이 오스트리아 정부보다도 훨씬 더 능수능란하게 민족들을 이간질"한다고 썼다.[7] 엥겔스의 평가를 증명이라도 하듯 19세기의 악덕 자본가 제이 굴드는 "나는 노동계급의 절반을 매수해 나머지 절반을 죽이게 할 수 있다"고 적나라하게 말했다.[8] 역사가 존 로저스 코먼스는 1904년에 시카고 직업소개소에서 본 광경을 다음과 같이 묘사했다. "직업소개소 주변의 벤치에는 금발에 다부진 체격인 북유럽인들이 앉아 있는 것이 보였다. 나는 중개인에게 물었다. '어쩌다가 스웨덴 사람만 받게 되셨죠?' 그가 답했다. '그게 이번 주만 그런 겁니다. 지난주에는 슬로바키아인만 받았죠. 국적과 언어에 따라 돌아가며 사람을 받습니다. 그래야 저들이 작당하지 않거든요. 여긴 아주 체계적으로 돌아갑니다.'"[9]

이런 식으로 사용자들이 노동자들을 이간하기 더욱 쉬운 것은 앞에서 다룬 것처럼 노동자들이 일자리를 두고 서로 경쟁하기 때문이다. 자본주의에서 노동자의 경제적 처지와 노동은 노동자들을 분열시키기도 하고 단결시키기도 한다. [미국의 사회주의자] 섀런 스미스가 썼듯이

> 자본주의는 노동자들을 집단적 투쟁에 나서게 만들지만 노동자에게 경쟁을 강요하기도 한다. 고용되지 않은 노동자들의 층에서 오는 끊임없는 압력은 심지어 '완전고용'의 시기에도 거의 모든 나라에 존재하며 투쟁을 억제하는 효과를 낸다. 실업자의 존재는 노동자가 넉넉하게 살려면 한정된 일자리를 두고 경쟁해야 한다는 것을 끊임없이 상기시켜 주기 때문이다. 계급투쟁이라는 대항책이 없으면 이 경쟁은 계급의식 발전을 가로막는 장애물이 될 수 있고 마르크스가 말한 "허위의식"을 부채질한다. 그리고 사회 내의 다른 집단을 속죄양 삼는 관념이 그런 허위의식의 일부를 이룬다. 그런 관념의 성장은 노동자들을 분열시키고 진정한 적에 초점을 맞추는 능력을 해친다.[10]

마르크스주의적 관점에서, 차별적인 사회관계와 (민족·인종·성별 등에 따른) 다양한 정체성의 형성은 "인간 본성"에 근거한 것이거나 "자연스러운" 것이 아니라 경제적 착취 관계와 마찬가지로 사회적·역사적으로 만들어지는 것이다. 예를 들어 과학적으로 (즉 생물학적으

로) 인정되는 '인종' 규정은 존재하지 않는다. 사실 인종이란 겉으로 드러난 (그것도 엄밀하지 않게 정의된) 신체적 특징에 따라 사회가 붙인 딱지에 지나지 않는다. 게다가 자연스럽고 고정불변해 보이는 것도 실제로는 변화한다. 역사가 바버라 필즈는 다음과 같이 쓴다. "모든 인간 사회에서는 암묵적으로든 명시적으로든 자연에 의해 그 사회의 질서가 정해졌다고 여겨진다. 다시 말해 사람들이 이해하는 '자연스러움'의 일부는 사회적 관행이 당연시되고 되풀이되면서 그 관행에 서서히 부여되는 필연성에 대한 인식이다. 너새니얼 호손의 말처럼 '관습이란 너무나 오래된 나머지 자연스럽게 느껴지는 것'이다."[11]

실로 모든 사회의 지배계급은 '자연의 섭리'라는 사상을 부추기고 강화한다. '자연의 섭리'로 설명되는 것들이 실제로는 특정한 역사적 조건에서 만들어진 것임에도 말이다. 가장 음흉한 사례로, '남성다움'과 '여성다움'에 관한 사회적 기대, 즉 젠더는 각자가 타고난 생물학적 성에서 직접적으로 비롯하는 것으로 제시된다. 예컨대 케임브리지의 심리학자 사이먼 베런 코언은 다음과 같이 쓴다. "여성의 뇌는 주로 공감을 잘하도록, 남성의 뇌는 주로 이해와 체계화를 잘하도록 구성돼 있다."[12]

이런 류의 주장은 수세기 동안 다양한 방식으로 여성의 선천적 열등함을 주장하는 근거로 사용됐다. 그러나 이것은 사회 불평등을 정당화하는 사이비 과학으로, 차별받는 사람들로 하여금 사회가 정한 한계를 벗어날 수 없다고 생각하게 만들려는 의도가 담겨 있다. 17세기의 페미니스트 [주디스 드레이크]는 다음과 같이 말했다. "남성이 더 좋은 교육을 받고 지식을 얻는 수단이 더 많은 덕분에 더 지혜로워진 것이라면, 남성은 자기가 여성보다 더 지혜롭다고 우쭐거

려선 안 된다. 그것은 손발이 묶인 자를 두들겨 패고서 용기를 뽐내는 것과 다름없다."[13]

자본주의는 차별을 필요로 하지만 차별은 자본주의가 발명한 것이 아니다. 자본주의는 기존의 차별을 물려받아 필요에 맞게 재구성하고 수정했으며 새로운 차별을 만들어 내기도 했다. 자본주의 이전에도 계급사회가 있었던 만큼 분열 지배 전략도 분명 자본주의 이전부터 존재했지만 그것은 자본주의하에서 더 교묘해졌다. 차별이 자본주의의 존속에 필요하다는 주장만으로는 다양한 차별의 기원과 성격을 밝히지 못한다. 모든 차별마다 면밀하게 검토해야 할 독특한 성격과 기능이 있다. 그러나 그러기 전에 우선 마르크스주의가 차별 문제를 다루는 방법에 대한 오해를 바로잡아야 한다.

계급과 차별

마르크스와 엥겔스는 생산관계와 그에 조응하는 계급 관계가 그 사회의 토대라고 주장했다. 그러나 사회는 계급 관계로 환원되지 않는다. 계급 관계를 토대로 법적·정치적 상부구조와 그 토대에 조응하는 신념, 도덕, 의식을 비롯해 가족 관계, 민족·인종·국민 관계 등 사회의 이모저모가 생겨난다.

그러나 마르크스주의는 경제 문제에만 골몰하는 것으로 자주 묘사된다. 지넷의* 마이클 앨버트는 인터넷상의 논쟁에서 이런 관점을

---

* 지넷(Znet) 아나키즘적 사회주의 언론으로, 대표적 필자로는 마이클 앨버트, 놈 촘스키 등이 있다.

요약적으로 제시했다. “마르크스주의는 … 경제의 중요성을 과장하고 젠더·인종·정치체제·환경에는 충분한 관심을 두지 않는 경향이 있다.”[14] 이런 관점이 좌파 학계 전반에서 여전히 유력하다. 과장이든 아니든 마르크스주의가 경제 관계를 중시하는 것은 사실이나, 그렇다고 인종, 젠더 등의 문제를 다루지 않는 것은 아니다. 오히려 마르크스주의자들의 접근법은 흔히 경제 관계와 분리돼 타고난 ‘인간 본성’이나 ‘잘못된 관념’ 탓으로 돌려지는 문제들을 규명하는 탁월한 수단이 됐다. 마르크스주의는 착취와 차별을 분리하기보다는 둘의 상호 연관과 의존을 설명하며 각각의 해법이 별개일 수 없다는 것을 보여 준다.

마르크스와 엥겔스는 러시아의 지배에 맞선 폴란드 민족해방운동과 영국의 식민 지배에 저항하는 아일랜드인의 투쟁을 평생 초지일관 지지했다. “다른 민족을 억압하는 민족은 해방될 수 없다”고 마르크스는 썼다.[15] 엥겔스는 《가족, 사유재산, 국가의 기원》에서 “현대의 개별 가족은 공공연하거나 은밀한, 아내에 대한 가내 노예제를 기초로 생겨났다”고 썼다. 독일 사회주의 운동의 지도자였던 아우구스트 베벨은 “하늘이 내린” 여성의 소명이 집안에서 “아내와 어머니”가 되는 것이라는 시각에 반대하며 “각 성이 평등과 사회적 독립성을 누리지 못하는 한 인류 해방도 없다”고 썼다.[16]

계급적 착취를 자본주의의 핵심으로 본다고 해서 자본주의의 현실에서 나타나는 차별 등의 현상을 경제로 환원하는 것은 결코 아니다. 심장을 순환계의 중심으로 본다고 해서 그 나머지 부분인 동맥과 모세혈관의 절대적 중요성을 부정하는 것은 아니듯이 말이다.

자본주의의 기원은 1700년대와 1800년대의 인종차별적 노예제와 밀접하게 얽혀 있다. 마르크스가 《자본론》에서 썼듯이 자본주의의 발흥을 가능케 한 부의 시초 축적은 원주민 노예화와 대량 학살, "아프리카를 상업적 흑인 포획 구역으로 만드"는 것에 기초했다.[17] "공공연한 약탈, 노예화, 살상으로 유럽 바깥에서 노획한 보물들이 본국으로 흘러 들어와 자본이 됐다"고 마르크스는 썼다.[18] 마르크스는 다음과 같이 쓰기도 했다. 노예제는 "기계나 신용만큼 현대 산업의 중요한 중심축이었습니다. 노예제가 없었으면 면화가 없었을 것이고 면화가 없었다면 현대 공업도 없었을 것입니다. 노예제 때문에 식민지가 중요해졌고 식민지 덕분에 국제무역이 생겨났으며 국제무역은 대규모 기계공업의 필수 조건입니다."[19] 마르크스가 섬뜩하게 문학적으로 표현했듯이 "유럽의 은밀한 임금 노예제는 신세계의 적나라한 노예제라는 발판이 필요했다."[20]

임금 노예제는 다른 모든 불평등과 차별의 중심축이 됐다. 예컨대 마르크스는 영국의 아일랜드 정복과 아일랜드 농민에 대한 강탈, 아일랜드의 기근이 19세기 잉글랜드의 직물 공장에서 노동자들을 가혹하게 착취하는 데 도움이 됐다고 지적했다. 마르크스는 다음과 같이 썼다. "아일랜드의 산업 발전 시도는 매번 좌절되고 아일랜드는 순전한 농지로 되돌아갔다." 그 결과 "굶주린 아일랜드인들이 필사적으로 영국으로 건너갔고 아사 직전의 남녀와 아이들이 리버풀, 맨체스터, 버밍엄, 글래스고의 지하실, 오두막집, 구빈원을 메웠다." 마르크스는 다음과 같이 결론지었다. "아일랜드에서 축적된 것은 전부 투자를 위해 영국으로 보내졌고 … 아일랜드인들은 '영국의 위업'을 달성하기 위해 값싼 노동력과 값싼 자본을 바칠 것을 강요받았다."[21]

마르크스와 엥겔스는 자본주의하에 존재하는 (온갖 형태의) 차별, 그리고 그것이 착취와 맺는 관계에 관한 완전한 이론을 정립하지는 않았다. 섀런 스미스가 지적했듯이 "마르크스와 엥겔스는 여러 차례 미래의 전장을 예견했지만 어떤 면에서는 그들 역시 당시 사회관계의 역사적 한계에 매여 있었다." 그러나 마르크스와 엥겔스의 저작들은 민족 억압이나 여성 차별 같은 문제에 관한 중요한 통찰을 담고 있는데, 그 내용은 동시대인들을 훨씬 앞서간 것이었다. 사회와 역사가 더 발전하고 새로운 사회적 투쟁이 전개된 후에야 후대 마르크스주의자들은 성소수자 차별 등의 문제에서 두 사람의 업적을 더 발전시키고 확장할 수 있었다. 그렇다고 해서 마르크스주의가 이런 문제를 다룰 최상의 분석 수단과 방법이라는 사실이 퇴색하는 것은 아니다.

노동계급과 차별받는 집단을 따로 떼어 놓는 쪽은 마르크스주의자들이 아니라 오히려 마르크스주의를 비판하는 사람들이다. 그들의 구분법은 작위적이다. 오늘날 세계 대부분의 지역에서 노동인구의 대다수를 차지하는 임금노동자 중에는 남성도 있고 여성도 있고, 동성애자도 있고 이성애자도 있고, 흑인도 있고 백인도 있고 그 밖의 다른 인종도 있으며 그들이 쓰는 언어나 그들의 국적도 다양하다. 노동계급이 자본주의를 물리치는 데 성공하려면 이런 차이를 극복해야 한다. 차이를 극복하려면 모든 차별의 사례에 맞서 싸워야 한다. 그리고 차별을 극복할 전략을 세우려면 분열과 불평등의 뿌리를 찾아내야 한다. 뒤에서 다루겠지만 노동계급은 차별을 끝내기 위한 싸움을 가장 멀리까지 전진시킬 수 있는 사회적 위치에 있는 계급이다.

민족자결권

앞에서 설명했듯이 현대 국민국가의 성장과 세계시장의 탄생은 둘 다 자본주의가 생겨나면서 나타난 현상이다. 자본주의는 국가 간 분리를 약화하기도 하고 새로운 방식으로 강화하기도 한다. 이런 분리를 강화하는 요인과 약화하는 요인의 모순은 어느 국가의 지배계급이 패권을 잡느냐를 결정하는 싸움을 낳는다. 자본주의 발전의 불균등성은 국가 간 서열을 낳으며 그 질서 안에서 강대국은 약소국을 지배하고, 각 나라의 지배계급은 자국의 영토를 지키기 위해서만이 아니라 지배 영역과 우위를 확장하기 위해 끊임없이 다툰다. 제국주의적 충돌의 형태가 변할지라도 그것의 핵심, 즉 패권을 둘러싼 강대국들의 다툼과 강대국에 의한 약소국의 종속은 세계 자본주의가 사라지지 않는 한 계속될 것이다. 그리고 이것이 바로 민족 억압의 토대다.

모든 나라의 지배계급은 애국주의 정서를 이용해 지배력을 다지려 한다. 애국주의는 노동자들의 정신을 좀먹고 그들과 운명을 공유하는 다른 나라 노동자들을 적으로 돌리는 해로운 이데올로기다. 사회주의자들이 추구하는 목표 하나는 나라별로 노동자들을 이간하거나 '자기' 나라·언어·문화에 대한 우월감을 부추기는 시도에 한결같이 반대하는 것이다. 사회주의자들은 민족 간 분열을 극복하고 노동자들이 나라가 달라도 공통된 계급 이해관계에 기초해 서로 연대하는 것을 증진하고자 한다. 노파심에 덧붙이면 이것은 문화(음악·언어·음식·풍습 등)의 파괴나 단일화를 주장하는 것이 아니라, 특정 문화를 특별히 치켜세우거나 다른 민족이나 문화를 강제로 '동화'시키는 것에 반대하는 것이다. 언어·음식·음악, 그 밖에 인간의 모든 자유로운 상호작용에서 나타나는 문화적 교류는 인류 발전과 창조력의 원천이었으며, 문화들을 억지로 분리하는 것은 모든 문화를 더 빈곤하게 만들 뿐이다.

진정한 국제주의는 민족 간의 완전한 평등을 요구한다. 즉, 어느 민족이나 문화에도 우위를 부여하지 않는다. 그러므로 마르크스주의는 여러 민족주의를 하나로 뭉뚱그리지 않는다. 다시 말해 억압자의 민족주의와 피억압자의 민족주의를 구분한다. 물론 전시에는 모든 나라가 피해자를 자처하며 자신을 침략에서 방어할 뿐이라고 하기 때문에 이런 구별이 혼란스러울 때도 있다.

[1776년에 북아메리카의] 13개 식민지가 영국 제국에서 독립하기 위해 벌인 싸움은 피억압 국가가 억압 국가에 맞선 사례였다. 그러나 미국이 멕시코 영토 절반을 빼앗기 위해 1847년에 벌인 전쟁은 정복 전쟁이었으며 여기서 피해자는 멕시코였다. 그 후로 미국이 벌인 모든 군사적 개입은 영국 제국이 보스턴의 민병대를 진압하려고 벌인 군사적 개입과 성격이 같다. 그럼에도 미국은 다른 나라를 억압할 때 여전히 1776년의 옷차림을 하고 그 사실을 은폐한다. 예를 들어 조지 W 부시가 이라크 저항군을 "테러리스트", 미군을 "해방군"이라고 칭한 것은 현실을 그야말로 180도 뒤집은 것이었다.[22] 미국 혁명 당시 영국도 똑같이 말했다. 1777년 뉴잉글랜드 북부와 캐나다에서 패배한 [영국] 장군 존 버고인은 자신에 맞선 "비정상적 반란"이 "폭압 체제를 완성"하려 한다고 주장했다.[23] 버고인은 간곡하게 호소하다가 갑자기 협박조로 어조를 바꿔 "부득이한 군사적 작전이 낳을 파괴와 곤궁, 그에 따를 공포"를 경고했다.[24]

민족 간 평등이 이뤄지려면 억압받는 민족에게 자결권, 즉 식민지배를 받거나 합병되거나 점령당하거나 주권을 박탈당하지 않을 권리가 있어야 한다. 러시아의 마르크스주의자 플레하노프는 "대大러시아 태생 동포들의 민족적 편견을 거스르기를 두려워한 나머지 [민족자결을 — 지은이] 잊거나 그것을 주장하길 꺼린다면 '만국의 노동자여 단결하라!'라는 세계 사회민주주의의* 구호는 부끄러운 거짓말이 된다"고 썼다.[25] 유진 데브스도 미국사회당 내에서 이주 노동자의 권리를 두고 논쟁이 벌어졌을 때 비슷하게 역설했다. "사회주의 운동, 국제적이고 혁명적인 사회주의 운동이 노동계급과 만국의 피착취·피억압 집단을 단호하고 용기 있게 비타협적으로 옹호하지 않으면 사실상 아무도 옹호하지 않겠다는 뜻이며 우리의 주장은 거짓된 가식이, 우리의 신념은 망상과 함정이 된다."[26]

영국의 첫 식민지인 아일랜드에 가해지는 억압에 관해서도 마르크스는 비슷하게 주장했다. "영국 노동계급의 해방을 위한 전제 조건은 현재의 강제 통합(즉, 아일랜드의 노예화)을 가능하다면 평등하고 자유로운 연합으로 대체하고 필요하다면 두 나라를 완전히 분리하는 것이다."[27] 아일랜드의 해방 없이는 영국 노동계급의 해방도 없다고 마르크스는 힘주어 말했다. 마르크스는 같은 방법을 적용해, 미국 남부에서도 노예제를 파괴하지 않고서는 노동계급의 해방을 달성할 수 없다고 주장했다. 그는 "검은 피부의 노동자가 오욕을 뒤집어쓰고 있는 곳에서 흰 피부의 노동자가 해방을 성취할 순 없다"고 《자본론》에서 썼다.[28]

---

* 당시에 '사회민주주의'는 혁명적 사회주의를 뜻했다.

제국주의 시대에 민족 억압과 해방이라는 문제는 전 세계의 사회주의 운동에서 시급하고 중대한 문제가 됐다. 어디서나 억압국 노동자들은 '자국' 정부의 식민지 억압을 지지하도록 부추겨졌다. 레닌은 세계 도처에서 식민지를 무력으로 지배하는 억압국의 노동자들이 자국 지배계급에 대한 충성을 거두지 않으면 노동계급 국제주의는 가능하지 않다고 했다. 즉, 억압국의 사회주의자가 피억압국의 자유권과 독립권을 지지해야 한다는 뜻이었다. 그렇게 해서 평등의 기반이 마련돼야만 양국 노동자들이 단결할 수 있을 것이다.

그러나 레닌은 마르크스주의자들의 민족자결권 지지와 강대국 정치인들이 운운하는 민족적 권리 지지를 예리하게 구분했다. 사실 강대국들은 결코 자기 식민지에 대해서는 그런 권리를 인정하지 않았다. 미국 대통령 우드로 윌슨이 1918년 "14개 조항" 연설에서 민족자결권을 운운했을 때 미 해병대는 3년째 아이티를 점령하며 그 나라의 세관과 금융 시스템에 대한 통제권을 내셔널시티뱅크오브뉴욕에 넘겼다.[29]

레닌은 민족자결권을 이혼할 권리에 비유했다. 마르크스주의자가 여성의 이혼권을 지지하는 것은 모든 혼인 관계가 사라져야 마땅해서가 아니라 여성이 남편에게 법적으로 예속돼 있으면 남녀가 평등할 수 없기 때문이라고 레닌은 말했다.[30] 마찬가지로 민족도 자유롭게 분리 독립할 수 없다면 민족 간의 평등도 불가능하다. 국민 간 상호 의존성이 커지고 사람들 사이에 국민적 장벽이 낮아지는 것은 그것이 자발적인 연합에 기반할 때만 좋은 일이다. 노동계급의 국제적 연대가 증진될 것이기 때문이다.

그러나 사회주의자들은 모든 강제성을 띤 통합에는 완강히 반대한다. 예를 들어 미국의 사회주의자들은 영어를 공식 언어로 지정하려는 시도나 사람들이 자기가 자라나면서 배운 언어로 교육받을 기회를 차단하는 것에 반대한다. 사회주의자들은 사람들이 자기 언어로 교육받을 권리를 굳건히 옹호한다. 반면 성·언어·국적·인종·민족·종교에 따라 학생을 분리하는 것은 지지하지 않는다. 자본주의는 언제나 사람들을 인종과 국적으로 나누는 데 공을 들이는데, 그렇게 해야 이간질이 쉽기 때문이다. 우리의 과제는 분리를 물리치는 것이지 강화하는 것이 아니다.

일관된 국제주의자로서 사회주의자는 미국이 다른 나라와 민족에 자신의 의지를 관철하는 것에 전심전력으로 반대한다. 그곳이 이라크든 푸에르토리코든 쿠바든 아프가니스탄이든 베네수엘라든 말이다. 푸에르토리코인은 미국에서 독립할 권리가 있으며 원한다면 독립국을 건설할 수도 있어야 한다. 베네수엘라나 쿠바인은 미국의 개입에서 자유로울 권리가 있으며 자유를 위해 싸우는 중동 사람들도 마찬가지다.

사회주의자들이 피억압 민족의 권리를 무조건 옹호해야 하며 평등을 향한 헌신을 입증하기 위해 끝까지 노력해야 한다는 신념을 레닌이 철저히 고수했다는 사실은 그가 죽기 직전에 벌인 마지막 정치투쟁에서도 잘 드러난다. 1922년 12월에 레닌은 당시 소비에트 국가 관료에 대한 장악력을 굳히고 있던 스탈린이 그루지야 등의 여러 공화국을 차르 시절처럼 대러시아의 지배하에 두려고 한 것에 대해 노기 어린 성명을 구술했다. 레닌은 다음과 같이 말했다.

억압 민족, 즉 강대국의 민족주의와 피억압 민족, 즉 약소국의 민족주

> 의를 반드시 구별해야 한다. 후자에 관해 말하자면, 대국의 국민인 우리는 역사 속의 무수한 폭력 사태에 결코 떳떳할 수 없다. 게다가 우리는 부지불식간에 이루 셀 수 없을 만큼 많은 폭력과 모욕을 저지른다. 그렇기 때문에 '위대한' 민족(폭력과 폭정으로만 위대할 뿐이다)인 억압국의 국민으로서 국제주의를 실천하려면 민족 간의 형식적 평등을 주장하는 데서 그쳐선 안 되고 현실의 불평등을 상쇄할, 강대국에 대한 불평등이 필요하다. 이것을 이해하지 못한다면 민족문제에 대한 노동계급의 올바른 태도를 이해하지 못한 것이며 더 나아가 본질적으로 프티부르주아적 관점에 갇혀 있는 것이고 따라서 부르주아적 관점으로 빠져들고 말 것이다.[31]

그러나 이것이 민족주의 자체를 지지하는 것은 아니다. 민족적 투쟁에는 다양한 계급적 이해관계가 걸려 있기 때문이다. 민족적 투쟁에는 언제나 여러 계급이 관여하는데 각 계급이 민족 해방을 넘어서서 이루기 바라는 바는 서로 굉장히 다르다. 피억압 민족의 유산계급은 민족적 투쟁의 범위를 제한하고 노동자들의 계급적 이익보다 민족을 더 앞세우고 완전한 해방을 바라는 가장 억압받는 사람들의 열망을 꺾으려고 한다. 그러지 않으면 그 투쟁이 그들 자신을 위협할 것이기 때문이다. 실제로 어떤 경우에는 부르주아적 민족주의자들이 아래로부터의 대중행동을 두려워한 나머지 독립 투쟁에 미적지근해지고 동요하고 이런저런 이득을 위해 열강과 기꺼이 타협하려 했다. 그들은 다른 집단을 억압하는 지배계급이 되려는 나름의 민족적 야심도 있었다. 예를 들어 인도네시아는 독립 후에 동티모르를 유혈 탄압하고 점령했다. 미국도 독립 후에 멕시코인과 원주민을 몰아내고 서부를 정복했다. 레닌이 주장했듯이 "모든 피억압 국가의 부르주아적 민족주의에는 억압에 저항하는 일반적으로 민주주의적인 내용이 있으며 우리는 이 내용을 무조건적으로 지지해야 한다. 동시에 그것과 민족적 배타성을 추구하는 경향을 엄밀하게 구분해야 한다. [예컨대, — 지은이] 우리는 폴란드 부르주아지가 유대인을 억압하는 경향에 맞서 싸워야 한다."[32]

레닌이 말한 바로 이런 이유에서 마르크스주의자는 시온주의를 진보적 민족주의가 아니라 반동적 민족주의의 한 형태로 본다. 시온주의 운동은 스스로를 민족해방운동으로 규정한 적이 없었다. 오히려 시온주의는 초기부터 남아프리카공화국의 백인 우월주의와 강한 동질감을 드러냈다. 그러나 남아프리카공화국의 백인 우월주의자들의 목적이 원주민 노동력 착취였던 것과 달리 [시온주의의] 유대인 식민지 건설의 목적은 팔레스타인 원주민을 몰아내고 유대인만의 국가를 건설하는 것이었다. 이런 목표를 달성하려면 시온주의 운동은 주요 제국주의 강대국의 지원이 필요했다. 시온주의 지도자 테오도어 헤르츨은 "야만에 맞서는 문명의 전초기지"로서 시온주의 프로젝트를 강대국들에 판촉했다.[33]

시온주의 운동은 대중을 향해서는 팔레스타인이 "나라 없는 민족을 위한 임자 없는 땅"이라고 선전했다. 그러나 자기들끼리는 더 분명하고 살벌하게 말했다. 수정 시온주의 운동의 지도자 블라디미르 자보틴스키는 "모든 식민지 건설은 원주민의 의지를 꺾고 계속돼야 한다"고 썼다.[34]

시온주의 운동의 목표는 유대인을 차별에서 해방하는 것이 아니라 유대인의 '동화' 불가능성을 인정하는 것이었다. 일례로 헤르츨은 유대인이 비유대인과 섞여 살면 유대인 혐오가 자연스럽고 필연적으로 생겨날 수밖에 없기에 유대인 혐오와의 '전투'는 소용없는 짓이라고 주장했다.[35] 독일의 주도적인 시온주의 조직은 집권한 히틀러가 유대인과 비유대인을 분리한다는 점에서는 자신들과 비슷한 목적을 추구한다고 보고 "유대인에게 적대적인 정부와도 협력"하고 싶다고 밝히는 편지를 히틀러에게 보냈다. 히틀러는 저항적인 사회주의 조직과 노동자 조직, 유대인 조직을 해산했지만 시온주의 조직의 활동은 허용했다. 팔레스타인에서 활동하며 나치의 도움을 구한 시온주의 민병대 하가나의 한 대표자는 1937년에 [비밀리에 팔레스타인을 방문한] 나치 친위대 수장 아돌프 아이히만에게 독일의 유대인 박해가 "유대인 주민"들의 힘을 키우고 있다며 시온주의 운동이 그 박해에 기뻐하고 있다고 전했다. 시온주의 지도자인 다비드 벤구리온은 1938년에 독일에 있는 유대인 아이들을 모두 살리는 데 관심이 있느냐는 질문에, 아이들을 영국으로 보내면 모두 살릴 수 있고 이스라엘로 보내면 절반만 살릴 수 있다면 이스라엘로 보내는 편을 택하겠다고 답했다.[36]

이스라엘은 1948년 팔레스타인인들에 대한 일련의 군사 공격을 통해 건설됐다. 그 과정에서 팔레스타인인 집단 학살이 여러 차례 벌어졌다. 나머지 팔레스타인인들을 겁먹게 해서 고향과 농토를 버리고 달아나게 하기 위한 것이었다. 오늘날 대부분의 이스라엘인 거주지는 1948년과 그 이후 팔레스타인인 주민들을 몰아낸 곳에 건설된 것이다.

미국은 오늘날까지도 이스라엘을 재정적·군사적으로 최대한 지원하며 놈 촘스키의 표현처럼 "미국의 권력에 복무하는 중동의 스파르타"로 여긴다.[37] 언론들은 시온주의를 억압받는 민족의 운동으로 묘사하고 언제나 나치의 홀로코스트로 정점을 찍은 유대인 억압의 역사로 이를 뒷받침한다. 그러나 진실은 정반대다. 시온주의 지도자들은 홀로코스트의 공포를 교묘히 이용해서, 다른 민족을 억압해서 세운 국민국가를 정당화한다.

억압받는 나라의 사회주의자는 제국주의에 맞선 민족 해방 투쟁을 전심전력으로 지지해야 한다. 그러나 노동계급 고유의 목표는 틀림없이 부르주아적인 민족주의 운동 지도자들의 목표를 넘어설 것이다. 그런 상황에서 노동계급이 부차화되지 않으려면 자신의 독립적인 조직을 유지해야 한다. 레닌은 민족주의 운동과 동맹을 맺되 무비판적으로 그 속에 녹아들지 말라고 주문했다. 1920년에 레닌은 "후진국의 진정으로 공산주의적이지 않은 혁명적 [민족]해방운동을 공산주의 운동으로 채색하려는 시도에 단호하게 맞서 싸워야 한다"고 썼다.[38]

스탈린주의가 부상하자 레닌이 하지 말라고 경고했던 일, 즉 본질적으로 민족해방운동인 운동을 "공산주의 운동으로 채색"하는 경향이 나타났다. 20세기 중국, 쿠바, 여러 아프리카 나라에서 벌어진 수많은 민족해방운동들을 주도한 세력은 노동계급이 아니라 중간계급 민족주의 세력이었다. 이들의 투쟁은 식민지 억압의 굴레를 벗기는 데 성공한 영웅적이고 세상을 뒤흔든 투쟁이었다. 이들은 소련식 국가 주도 발전에서 영감을 얻었고 많은 경우 자신의 민족주의적 혁명을 "사회주의" 혁명으로 선포했다. 그러나 이 운동들은 노동계급이 이끌지 않았고 그 결과로 노동계급이 권력을 잡지도 않았다. "사회주의"는 노동자 권력이 아니라 국가 주도 발전과 동일시됐다. 안타깝게도 많은 사람들은 그 나라들을 식민 지배하던 나라에서 벌어지는 온갖 형태의 착취와 억압이 그 나라에서도 재현되는 것을 보고 이런저런 형태의 "사회주의"가 실패했다고 여긴다. 그러나 이것은 제국주의의 문제점에 대한 민족주의적 해법의 한계를 입증할 뿐이다.

20세기에는 세계 도처에서 식민화와 탈식민화, 민족해방운동이 있었다. 그 시기는 이제 끝났을지도 모르겠지만 민족 억압, 제국주의, 군사 정복은 끝나지 않았다. 미국 같은 강대국의 사회주의자에게는 여전히 자국의 세계 지배 야욕에 단호하게 반대해야 할 임무가 남아 있다.

여성 차별의 근원

어느 사회에나 생산(생존에 필요한 것을 만드는 노동과정)과 재생산이 모두 필요하다. 재생산을 한다는 것은 그 사회에 필요한 생산의 조건을 계속 개선하고 새로 만든다는 것이다. 그러므로 재생산은 단지 다음번 생산에 쓸 설비·도구·원자재·노동력을 충분히 확보하는 것만을 말하는 것이 아니다. 재생산을 위해서는 몸소 노동하는 인간도 재생산돼야 하며, 그러려면 단지 종의 번식만이 아니라 현재 세대와 미래 세대 노동자들을 돌보고 유지하고 교육하는 일이 필요하다. 재생산의 생물학적 측면은 본질적으로 변하지 않았지만 인간의 재생산을 둘러싼 사회적·문화적 환경은 크게 변했다. 재생산을 수행하는 형태는 그 사회의 생산관계에 좌우되며 따라서 역사적으로 변화한다. 마르크스주의 페미니스트인 마사 지메네즈의 표현을 빌리면 "생산양식이 재생산 양식을 결정한다."[39]

남녀 관계에 관한 "분석"이라고 여겨지는 것들은 사실 남자 하나, 여자 하나, 아이들 몇 명, 반려동물로 이뤄진 [현대의] 가족 단위를 그대로 과거로 투사한 것에 불과하다. 이 '핵'가족은 종종 '자연'의 순리처럼 여겨진다. 그러나 가령 18세기 미국 뉴잉글랜드의 농가에 사는 사람이 보기에 우리 사회의 양육과 돌봄은 매우 낯설게 느껴질 것이다. 현대사회에서 가족은 생산과 교환이 이뤄지는 공적 세계와 유리된 '사적' 공간이지만, 당시에는 아이를 기르고 요리하고 청소하는 노동이 농사짓고 옷(현대에는 이런 것들이 가족 밖에서 생산돼 거래된다) 등을 만드는 노동과 뒤섞여 가족 안에서 이뤄졌기 때문이다.

가족은 생물학적으로 결정된 형질이 아니라 제도이며 역사적으로 생산양식의 변화에 따라 변화했다. 그래서 여성의 사회적 지위는 크게 변화해 왔고 그 여성이 어느 인종과 계급에 속하는지에도 크게 영향을 받았다.

흔히 여성과 남성의 관계는 남성은 부양자, 여성은 양육자로서의 고정된 천성에 지대한 영향을 받으며, 그러므로 예나 지금이나 미래에나 다르지 않을 것이라고들 한다. 그러나 성 역할에 관한 이런 고정관념을 뒷받침하는 역사적 증거는 없다. 계급 발생 이전 사회의 여성들은 양육과 '가사' 이외의 다른 작업에도 자주 참여했다. 이런 사회에서 성별 분업이 아예 없었던 것은 아니다. 남성은 사냥처럼 멀리 나가는 일을 하고 여성은 출산을 하는 사람으로서 야영지 근처에서 뿌리와 열매 채집, 은신처와 의복 마련, 요리 같은 일들을 하곤 했다. 최초의 원시 농업 사회가 되자 여성들은 자연스럽게 채집에서 농작물을 재배하고 수확하는 일로 넘어갔다. 기후가 몹시 추워서 사냥이 식량의 주된 공급원이었던 사회들을 예외로 한다면, 채집꾼이자 농경 전문가인 여성들은 사냥꾼인 남성보다 무리의 생존에서 더 중요한 구실을 했다.[40]

여성의 노동이 무리의 생존에서 핵심적이었던 데다가 경제적인 강압 관계가 아직 존재하지 않았기 때문에 노동의 성별 분업이 곧 남성 지배나 남성의 우월한 사회적 지위를 뜻하지 않았다. 많은 연구 결과를 보면 여성은 사회적 지위가 높았다. 어쩌면 더 중요하게는, 여성은 강압과 착취의 대상이 아니었다. 이런 사실은 여성이 왜 차별받는지에 대한 가장 근거 없는 답변, 즉 남자가 힘이 더 세서 그렇다는 주장을 반박한다. 이 미심쩍은 주장은 결국 남성이 여성을 차별할 수 있으니까 차별한다는 말로 압축할 수 있다. 이런 주장은 검증을 통과하지 못한다. 일례로 북아메리카의 원주민 사회에서는 성적 강압이 극히 드물거나 존재하지 않았다. 존 데밀리오와 에스텔 프리드먼이 미국의 섹슈얼리티[성적 활동]의 역사를 다루면서 설명하듯이,

> 잉글랜드인과 인디언의 성 체계에서 가장 극명하게 대조되는 것은 인디언들 사이에 성적 갈등이 상대적으로 없다는 것인데, 이것은 재산과 섹슈얼리티를 대하는 태도의 차이 때문이기도 하다. 인디언은 부부 간 불화를 이혼과 새로운 결합으로 간단히 해결했으며 처벌이나 낙인이나 재산 분할은 없었다. 그들의 문화에는 다른 사람의 섹슈얼리티를 '소유'한다는 개념이 없었기 때문에 성을 거래하는 것(즉, 성매매)은 유럽인이 오기 전까지 존재하지 않았다. 성을 강탈하는 것(즉, 강간)은 아주 드물었고 인디언 문화에서 금지한 몇 안 되는 성행위 중 하나였다. 식

민지 시기의 인디언 전쟁 중에 인디언에게 붙잡힌 잉글랜드인 여성들은 야만인의 손아귀에 성적 학대를 당할까 봐 두려워했지만 원주민 남성들이 성적 폭력을 가하지 않는다는 사실을 알고는 안심했다. 뉴잉글랜드 인디언에게 포로로 잡혔던 시절에 대해 메리 롤런드슨은 다음과 같이 썼다. "나는 울부짖는 사자와 야만적인 곰들에게 둘러싸였다. 밤이든 낮이든, 혼자서든 여럿이서든, 모든 이가 다 같이 잤음에도 그들 중 어느 한 명도 말로든 행동으로든 눈곱만큼이라도 부정한 짓을 하려 들지 않았다." 반면 스페인 출신 정착민들은 인디언 여성을 강간하는 것을 정복의 정당한 권리로 여겼으며 여성 전쟁 포로를 노리개로 여겼다. [미국] 남부에서는 백인 정착민과 긴밀하게 접촉한 시기가 지나고 19세기에 들어서야 체로키 부족의 국가에서 강간범을 처벌하는 법을 제정할 필요성이 제기됐다.[41]

계급 발생 이전 사회에서는 많은 경우 성적 관계를 대하는 태도가 자유로웠으며 오늘날의 성적 관계에 따르는 질투나 소유욕, 대상화가 없는 경우가 흔했다. (남자가 아니라 여자 쪽으로 혈통을 따지는) 모처혼 내지 모계 사회에서는 대개 남녀가 결혼 이전에도 별다른 사회적 낙인이나 제한 없이 자유롭게 성생활을 할 수 있었다. 사회가 재생산 노동과 생산 노동을 크게 구분하지 않았기 때문에 여성은 두 노동을 병행할 수 있었다. 1929년에 멜라네시아 북서부의 트로브리안드 제도에 사는 원주민들을 조사한 민속지학자 브로니슬라브 말리놉스키는 이들의 모계사회에 관해 다음과 같이 기록했다. "여성은 부족 생활에서 상당한 지분이 있으며 경제적·의례적·주술적 활동에서는 심지어 주도적인 구실을 한다. 이것은 성애 생활의 관습과 결혼 제도에 심대한 영향을 준다."[42] 말리놉스키는 그곳의 어린이들이 어른의 강압 없이 성장하며 원주민들이 그런 강압을 "비정상적이고 부도덕하다"고 여긴다는 것도 알게 됐다. 어린이는 공포나 수치심 없이 성적 호기심을 탐구할 수 있었다. "어른들은 어린이들의 성생활에 간섭하지 않는다"고 그는 썼다.[43]

성별 구분과 각 성의 상대적 지위도 역사에 따라 변해 왔다. 캘리포니아대학교의 인류학·역사·젠더학 교수인 월터 리 윌리엄스는 다음과 같이 쓴다. "미국 원주민들은 간성이나 중성적인 사람, 여성스러운 남성과 남성스러운 여성을 높이 샀다. 원주민들은 그런 사람들이 두 영혼을 지녔다고 칭송했고 일반적인 남성스러운 남성이나 여성스러운 여성보다 뛰어난 영혼을 타고났다고 믿었다. 그래서 미국 원주민들의 여러 종교에서 그런 사람은 낙인찍히기보다 종교적 지도자나 스승으로 여겨졌다."[44]

계급사회가 등장하면서 여성의 지위는 변했다. 여성은 채집자로서 작물 재배법을 발견하고 개발하는 데서 핵심적 구실을 했으며, 부족 전체가 토지를 공동으로 소유하는 원시 농업 사회에서도 여성의 지위는 높았다. 뉴욕주 북부의 이로쿼이족 사회가 그런 사례였다. 남성이 사냥을 하거나 농작물 재배를 위해 들판을 치우는 힘든 일을 맡긴 했지만, 여성은 작물을 재배하고 관리했을 뿐 아니라 수확물 저장과 분배, 사냥한 고기의 분배도 관장했다. 여성은 이로쿼이족 가정과 사회생활의 중심인 공동주택도 관장했다. 개인의 소유물은 모두 여성이 상속받았다. 여성은 부족의 생존 수단을 생산하고 분배하는 중심에 있었던 만큼 사회적 지위도 높았다. 여성은 죄수의 생사를 결정했고 축제 의식을 주관하는 데서 [남성과] 동등한 발언권이 있었

으며 '추장'을 선정하거나 면직했고 전쟁의 시작과 끝을 결정할 수 있었다.[45]

유럽·아시아·아프리카·라틴아메리카에서도 사회관계가 이와 비슷한 곳에서는 남녀 관계가 비슷했다는 기록이 있다. 여성과 남성의 지위를 바꾼 것은 정주 농업이 발전하면서 나타난 생산의 성격 변화인 듯하다. 예컨대 무거운 쟁기의 발명과 동물의 가축화, 농업 잉여의 발생으로 남성이 주된 농업 노동력이 되고 기존에 사냥을 담당한 덕분에 동물의 가축화도 맡게 됐다는 증거가 있다. 남성, 적어도 소수의 남성들은 생산의 영역에서 지배력을 행사하게 됐고 그래서 사회적 잉여의 소유자가 됐다. 반면 여성은 출산과 양육의 무거운 부담으로 식량 생산의 핵심적 위치에서 밀려나게 됐다. 엥겔스가 지적했듯이 계급사회와 국가의 등장으로 다수가 소수의 남성 착취자에게 종속됐을 뿐 아니라 "여성의 세계사적 패배"도 벌어졌다.[46]

정주 농업과 가축화가 발전하면서 사유재산이 나타났다. 우두머리 남성이 남성 후손에게 부를 물려주기 위해 남성을 가부장으로 해서 혈통을 따지는 가부장제 가족이 발전했다. 새로운 일부일처제 사회에서 남성은 여성에게 엄격한 정조를 요구했지만 스스로에게는 그러지 않았다. "남성은 가정에서도 결정권을 쥔 반면 여성은 지위가 떨어지고 포로 신세가 됐으며 남성의 욕망을 채우는 노예이자 아이들을 기르는 도구로 전락했다"고 엥겔스는 썼다.[47]

성별 분업은 계급사회가 등장하고 나서야 비로소 차별적인 성격을 띠었다. 소수의 남성은 농업 잉여를 지배했다. 여성(과 노예나 농노 신세를 면치 못한 다수의 남성)은 새롭게 등장한 지배 집단의 지배를 받았다. 가부장적 가정 내에서 여성은 자녀의 양육을 맡도록 요구받았고 바느질, 우유 짜기, 요리 등 가족의 생존을 위해 필요한 온갖 노동을 했다. 그러나 자본주의 발전에 따른 기술 발전 덕분에 성별 분업은 사실상 쓸모없는 일이 됐으며, 완전한 여성해방의 조건이 마련됐다. 이 점을 뒤에서 살펴보겠다.

자본주의와 사회 재생산

자본주의가 상품 교환을 발전시킨 결과 이제는 삶에 필요한 거의 모든 것이 시장에서의 이윤 추구를 위해 생산되고 판매된다. 옷, 식료품, 공구, 교통수단 등 우리가 소비하는 모든 것은 그 전에 구매돼야만 한다. 이런 면에서 보면, 이전에는 가정 안에서 직접 수행되던 노동은 이제 대부분 필수적이지 않게 됐다. 자본주의 이전 사회와 달리 자본주의 사회의 가족은 생산이 아니라 소비의 단위다(전적으로 소비의 단위이기만 한 것은 아니지만 말이다).

자본주의적 생산의 첫째 조건은 기계·도구·원자재 같은 주요 생산수단이 소수의 소유자에게 집중되는 것이다. 둘째 조건은 첫째 조건의 영향을 크게 받는 것이기도 한데, 노동하는 능력, 즉 노동력을 주요 생산수단을 독점한 자들에게 판매해야만 생존할 수 있는 사람들이 존재하는 것이다. 마르크스의 표현을 빌리자면 이들은 노동력 말고는 시장에서 팔 "다른 상품이 없어"야 한다.

자본주의 자체가 매년 재생산되려면 자본가들을 위한 노동력의 원천이 끊임없이 다시 채워져야 하며, 자본들이 시장점유율을 놓고 경쟁하는 까닭에 그 원천은 갈수록 대규모로 재충전돼야 한다. 그러려면 저렴하고 풍부한 노동력의 공급이 늘어야 한다. 자본가는 노동력을 그 가치대로 지불하며 마르크스가 지적했듯이 노동력의 가치는 다른 상품과 마찬가지로 그것을 생산하는 데 드는 노동량으로 결정된다. 따라서 노동력의 가치는 노동자의 생존과 삶을 유지하는 수단의 비용과 같다. 여기에는 단지 의식주뿐만 아니라 노동을 제대로 수행하는 데 필요한 "특별한 교육과 훈련" 비용도 포함된다. 이게 전부가 아니다. "이 독특한 상품을 소유한 종족이 시장에서 영구히 존속하게 하려면, 노동자를 대체하게 될 자녀의 생존 수단도 노동력 생산에 필요한 생존 수단에 포함돼야 한다."[48] 요약하자면 노동력이 지속적으로 공급되려면 노동자들 자신의 생활을 유지시키는 것뿐 아니라 미래에 노동자가 될 자녀들의 재생산과 양육이 필요하다.

마르크스는 이런 통찰의 함의를 끝까지 파고들어 밝혀내지는 않았지만 후세 사람들이 이를 수행했다.[49] 노동력을 유지하고 보충하는 데 필요한 노동은 노동자와 그 가족의 생존에 필요한 임금에 해당하는 노동보다 크다. 임금만으로 삶에 필요한 것들을 전부 구매할 수는 없고 가정에서, 다시 말해 상품 생산 관계 외부에서 이뤄지는 추가적인 노동이 필요하다. 이 추가적인 노동은 주로 여성이(그보다 드물게는 남성이나 나이를 먹은 자녀가) 가정에서 수행하는 것으로, 양육, 요리, 청소, 정신적·심리적 보살핌 등이 여기에 포함된다.

물론 노동력 재생산에 필요한 노동이 전부 가정에서만 수행되는 것은 아니다. 식사 준비, 보육, 교육, 세탁 같은 서비스는 이론적으로는 전부 시장에서 상품으로 구매할 수 있다. 국가도 저마다 그 수준은 다르지만 이런 기능을 수행한다.

가족을 파괴하는 경향을 보이던 산업 발전 초기 국면 이후 숙달되고 순종적인 노동력이 요구되자 가족 바깥에서 최소한의 교육을 제공할 필요성이 생겼다. 아동노동을 금지하는 법이 도입되자 청소년기가 길어졌고 그에 따라 공교육을 받는 기간도 함께 길어졌다. 국가는 노동력 재생산에서 점점 더 중요한 구실(새 노동자의 훈련)을 맡으면서, 가족 안에서 이뤄지는 개별화된 노동력 재생산을 보충했다(대체하지는 않았다). 공교육은 이데올로기적으로 근검절약, 시간 엄수, 권위에 대한 복종, 성별·가족 규범 관념을 뒷받침했다.

사회 안전망(제2차세계대전 이후에는 사회복지로 알려지게 됐다)이 탄생한 것은 노동자들이 벌인 아래로부터의 투쟁에 대응하는 것이기도 했고 자본주의의 필요 때문이기도 했다. 이 제도는 가족을 공적으로 대체하는 게 아니라 가족을 강화하고, 언제라도 부르면 일할 태세가 된 가난한 산업예비군을 빈곤선에서 유지하기 위한 장치였다.

자본주의는 압도적으로 여성이 가정에서 수행하는 무보수 노동에 계속 의존해 자신의 생명 유지에 필요한 저렴하고 풍부한 노동력을 확보했다. 이것이 (자본가들의 입장에서) 비용이 여전히 가장 적게 들기 때문이다. 여성이 자본주의하에서 계속해서 차별받는 이유도 이 때문이다. 수전 퍼거슨과 데이비드 맥낼리가 썼듯이 노동력 재생산은 "출산과 양육이 여성의 몸을 필요로 한다는 생물학적인 이유로 압도적으로 개인에게 맡겨져 있고 가정 내에서 이뤄진다."

> 이것은 왜 애초에 가족이 불평등한 성별 규범을 따르라는 압력을 받는지 설명해 준다. 즉, 여성이 자본주의 사회에서 차별받는 까닭은 집안에서 하는 여성의 노동이 자본에게 가치를 생산해 주기 때문도, 초역사적인 가부장적 충동 때문에 남녀가 대립하기 때문도 아니다. … 자

본주의하 여성 차별의 사회적·물질적 뿌리는 가족이 자본의 재생산과 맺는 구조적 관계와 연관이 있다. 즉, 착취할 노동력을 확보하기 위해 자본과 국가는 다음 세대 노동자를 생산하는 여성들의 생물학적인 능력을 지배할 수 있어야 한다.[50]

식당, 목욕탕, 보육 센터 등을 공적으로 무상으로 제공해 재생산을 사회화하는 것은 실현 가능한 방안으로 취급되지 않는다. 지배계급은 그 비용을 부담할 의지도 없거니와 노동을 사적으로 착취하고 부를 독차지하는 것의 정당성을 훼손하는 것으로 보이는 재생산 체계의 도입을 고려조차 하지 않기 때문이다. 자본주의를 유지하는 데 필요하다고 여겨져서 당연히 국가의 영역으로 인정되던 교육과 같은 사회 서비스까지 민영화하는 신자유주의 시대에는 더 말할 나위가 없다.

자본주의가 도래하면서 생산의 영역과 재생산의 영역은 분리됐다. 노동과 가정은 별개의 영역이 됐다. 부자나 중간계급의 가정에서는 남성이 밖에서 일하는 부양자였고, 여성은 얌전한 장식품처럼 살라고 요구받고 가정부가 모든 가사를 맡았다. 남성은 천성적으로 성적 활동이 왕성한 것으로 여겨져 혼외정사나 성매매도 할 수 있었지만 여성에게는 엄격한 정조가 요구됐다. 자본주의 이전에 여성은 성애적 존재로 여겨진 반면 "부르주아"의 이상적 여성은 성에 무관심하고 한 남자의 자식을 잘 낳는 여성이었다. 이처럼 여성이 성에 무관심하다고 여겨졌기 때문에 여성 동성애자들은 당시 남성 동성애자들이 공공연히 박해받았던 것과 달리 어느 정도 박해를 피할 수 있었다.

자본주의는 초기에 노동자의 가족 관계를 파괴했다. 소비재 시장이 발전하면서 실잣기나 방적처럼 여성이 집에서 하던 노동은 쓸모없어졌다. 산업화 초기에는 공장주들이 아이들과 여성들의 민첩한 손놀림을 탐냈으며 노동시간이 말도 안 되게 길었다. 그래서 가족생활은 거의 존재할 수 없었다. 여성이 노동시장으로 진출하는 것을 본 마르크스와 엥겔스는 이것이 끔찍한 현실을 낳고 노동계급 가족을 파괴하긴 했지만 여성이 남성과 동등한 존재로서 제 목소리를 내는 데 필요한 조건을 마련하므로 여성해방의 중요한 시작점이 될 것이라 여겼다.

그러나 어느 시점부터 자본가들은 노동력을 꾸준히 공급받으려면 노동자들이 스스로 재생산하게 할 방법이 필요하다는 것을 깨달았다. 아래로부터의 진정한 압력으로 여성과 아동의 노동을 제한하는 법들이 통과됐다. 빅토리아 시대[1837~1901년]에 남자는 일해서 가족을 부양하고 여자는 집에서 청소하고 아이를 돌본다는 중간계급적 핵가족 이데올로기가 노동계급에게도 수용됐다. 노동계급 여성은 끝나지 않는 공장 노동의 공포에서 벗어난 대신 남성에게 종속됐으며 집에서 양육의 책임을 거의 혼자서 떠맡았다. 남성은 가족을 부양할 임금을 벌어 와야 했다. 삶의 모든 영역에 시장이 침투한 결과 성도 상품화됐고 여성은 남성이 '소유'하는 성적 대상이라는 관념도 강화됐다.

그러나 여성은 결코 가정 밖 세상과 완전히 차단되지 않았고 가사 노동의 영역에만 갇혀 있지도 않았다. 저렴하고 풍부한 노동력을 원하는 자본주의의 필요와 숨 막히는 집을 벗어난 삶을 원하는 여성의 이해관계가 여성들을 노동시장으로 끌어들이는 강력한 힘으로 작용했다. 1900년에는 기혼 여성의 5.6퍼센트가 노동인구에 포함됐지만 2002년에는 자녀를 둔 여성의 56.1퍼센트, 가임기 여성의 70퍼센트가 노동인구에 포함됐다.[51]

물론 이것 자체가 여성의 해방은 결코 아니었다. 오히려 여성은 이중의 굴레를 썼다. 여성은 요리하고 청소하고 아이를 키울 것을 요구받으면서 집 밖에서 일도 해야 했다. 게다가 여성을 무엇보다 '가정주부'로 취급하는 지배적인 이데올로기 때문에 집 밖에서 일하는 여성은 "공적 경제라는 남자들의 세상에 들어온 외부인으로 취급됐다. '자연적인' 영역을 벗어난 여성은 온전한 임금노동자로 대우받지 못했다. 그 대가로 여성은 수준 이하의 노동조건에서 장시간 노동하면서 턱없이 낮은 임금을 받았다."[52]

이런 모순을 포착한 엥겔스는 "현대의 대규모 산업" 덕분에 여성이 가정을 벗어나 사회적 생산에 참여할 가능성이 생겼지만 "가족에게 사적인 봉사를 할 의무를 다하면 공적인 생산에서 제외돼 벌이를 못 하고, 공적인 생산에 참여해 독립적으로 벌이를 하면 가족의 의무를 다하지 못하게 하는 식이었다"고 썼다.[53] 그래서 "여성은 선진 자본주의에서 생산적 구실을 하지만 계급 발생 이전 사회와는 달리 이런 사실 하나만으로 남성과의 평등이 실현되지는 않았다"고 섀런 스미스는 썼다.[54]

미국의 흑인 여성은 자본가계급 백인 여성이 겪은 호사스러워 보이는 차별을 결코 겪지 않았다. 이데올로기적으로나 현실적으로나 흑인 여성은 어머니로서 집에만 틀어박혀 있을 것을 결코 요구받지 않았다. 흑인 여성은 가정과 노동의 이중 부담을 늘 짊어져 왔다. 노예제 폐지 전 흑인 여성들은 가족 생활의 여지가 거의 없는 가혹한 착취 체제하에서 플랜테이션 농장주를 위해 남성들과 똑같이 일을 했다. 플랜테이션에서 흑인 여성들은 농장주의 끊임없는 성폭력 위협에 시달렸다. 노예제 폐지 이후 흑인 여성들은 농업 노동자가 되거나 중간계급이나 부유한 백인 여성을 위해 요리나 청소를 하는 가정부가 됐다. 그러나 공장에서 일한 흑인 여성들도 있었다. 앤절라 데이비스는 다음과 같이 썼다.

> 찬양의 대상이 되기도 하지만 보통은 비난받는, 흑인 여성들의 적극성과 자립성은 집 바깥에서의 노동과 투쟁으로 인한 것이다. 그러나 '가정주부'로 불리는 백인 자매들처럼 흑인 여성들도 요리하고 청소하고 이루 헤아릴 수 없이 많은 아이들을 돌보고 길렀다. 그러나 경제적 안정을 위해 남편에게 의존한 백인 자매들과 달리 흑인들은 아내이자 어머니이자 대체로 노동자이기도 했기 때문에 가정생활의 전문가가 될 만한 시간과 에너지가 없었다. 살기 위해 일하면서 남편과 아이들도 돌봐야 하는 이중의 부담을 짊어진 백인 노동계급 자매들과 마찬가지로 흑인 여성들은 아주 오래전부터 이런 차별적인 곤경에 처해 구제를 필요로 했다.[55]

어머니는 집에 틀어박혀 살림을 하고 아이를 기른다는 신화는 백인 노동계급 여성에게도 제2차세계대전 종전 이후 경제 호황기라는 지극히 한정된 시기에만 들어맞았다. 역사가 스테퍼니 쿤츠가 지적하듯이 현대 기술이나 오늘날 우리가 당연시 여기는 포장 식품이 없던 19세기에 청소나 식사 준비는 "어마어마한 작업"이었다. 그래서 중간계급 여성은 가정부를 고용해야 아이를 돌볼 수 있었다. "아내와 아이들이 가족 집단 내에서 보호받는 19세기 중간계급 가정에는 언제나 바닥을 쓸고 닦는 아일랜드인이나 독일인 소녀가 있었고 … 빨래를 하는 흑인 소녀가 있었다"고 쿤츠는 쓴다. 반면 미국 북부에서는 다양한 출신의 노동계급 여성들이 아이를 기르면서 가정부 일이나 저임금 일자리, 공장 일을 찾아다녔다.[56]

오늘날에도 "문화적 규범·이미지와 사람들이 실제로 사는 방식 사이의 불편한 불일치"는 여전하다.[57] 〈비버는 해결사〉 같은 옛날 시트콤[1957~1963년 미국에서 방영됨]에서 묘사된 '이상' 가족은 심지어 1950년대의 현실과도 결코 일치하지 않았다. 그리고 오늘날의 현실과는 더욱더 맞지 않다(이런 판타지가 여전히 기독교 우익의 이상으로 남아 있지만 말이다). 사실 미국 노동인구의 절반 이상이 여성이다. 한부모 가족도 많다. 가족은 무정한 세상의 피난처이긴커녕 노동자가 집 바깥에서 느낀 좌절감을 쏟아붓는 원망과 폭력의 온상이다. 지난 수십 년 동안 남녀의 관계는 크게 바뀌었지만 여성과 남성의 지위는 여전히 불평등하다. "여성은 아이를 가지면서 경력도 쌓을 자유를 얻었지만 사회와 제도는 여성이 직장의 일부가 된 세상에 적응하지 않았다"고 저술가 알린 스콜닉은 쓴다.[58]

여성은 여전히 남성보다 낮은 임금을 받는다. 미국에서는 남성이 1달러 버는 동안 여성은 평균 77센트를 번다.[59] 여성은 여전히 남성보다 더 많은 가사와 육아를 맡는다. 물론 오늘날에는 여성운동과 여성의 노동시장 진출로 남성이 일부를 분담하게 됐지만 여전히 대부분은 여성의 몫이다. 온갖 미디어에서 여성은 온전한 인간이 아니라 성적 욕망을 채우는 물건처럼 묘사된다. 언어적 성희롱이나 더 심각한 형태로서 가정 폭력이나 강간 같은 성적 학대가 널리 퍼져 있다. 2000년에 미국 법무부는 조사에 응답한 여성의 17.6퍼센트가 강간이나 강간 시도를 당했다고 보고했다. 그중 절반 이상이 피해 여성들이 18세 이하일 때 벌어졌다.[60] 몇십 년 동안 여성에 대한 공격이 이어져 여성이 진료를 받고 낙태를 하기 어려워지면서 아이를 가질 권리와 임신을 멈출 권리를 통틀어 일컫는 재생산권이 축소됐고 이것은 특히 노동계급 여성에게 심각한 고통을 줬다. 2013년 한 해에만 39개 주에서 여성의 임신·출산과 관련된 건강과 권리를 제약하는 법이 141개나 통과됐다.[61]

왜 여성은 여전히 차별당하는가? 이렇게 물으면 만족스럽지 않은 두 가지 대답이 대개 돌아온다. 남성의 생물학적 특성, 즉 남자가 힘이 더 세다는 것과 남성의 심리적 특성, 즉 남자는 여자를 정복하고 싶어 한다는 것, 아니면 둘 모두 때문이라는 것이다. 보수주의자들과 일부 페미니스트들이 고수하는 이런 관점으로 보면 남성이 존재하는 한 여성 차별은 결코 사라지지 않을 것이다.

남성과 여성의 신체적·생물학적 차이가 그렇게 중요하다손 치더라도 현대의 기술은 그런 차이를 무색하게 만들었다. 여성 차별이 계속되는 이유는 자본주의가 여성이 가정에서 하는 무보수 노동에서 득을 보기 때문이다. 다음 세대 노동자를 기르는 과제가 사회 전체가 아니라 개별 가족에게 맡겨지는 한, 여성이 차별에서 완전히 해방될 기반은 마련되지 않는다. 여성이 노동시장과 공적 영역으로 진출한 것이 곧 해방으로 이어지지는 않았다. 물론 그 덕분에 여성들이 경제적 독립성과 반격할 자신감을 얻었지만 말이다. 이것은 지난 한 세기 동안 여성운동의 물결이 계속해서 이어진 이유를 어느 정도 설명해 준다.

여성의 완전한 해방은 가족 구성원에게 오롯이 맡겨진 양육과 가사를 사회화하기 위해 싸우는 과정과 분리할 수 없다. 이것은 오늘날 우리가 동일 임금, 누구나 이용할 수 있는 무상 의료와 무상 낙태 시술, 보육 시설 증설 등을 위해 싸워야 함을 뜻한다. 그리고 남성들의 (그리고 여성들 자신이 내면화한) 성차별적 관념들과도 맞서 싸워야 함을 뜻한다. 이런 싸움이 가능한 이유는 이런 변화가 노동계급 여성과 남성 모두에게 이득이 되기 때문이다.

게다가 성차별적 관념은 무너질 수 있고 실제로 그러기도 한다. 1960년대와 1970년대의 여성운동이 분명하게 보여 줬듯이 말이다. 여성의 사회적 역할과 인종 간 관계를 비롯해 온갖 것들에 대한 사람들의 관념은 1960년대 이래로 극적으로 변했다. 1950년대 애리조나 구리 광산 파업의 실화를 다룬 영화 〈솔트 오브 디 어스〉(보배로운 사람들)은 투쟁 속에서 성차별적 관념이 어떻게 도전받고 무너지는지를 훌륭하게 묘사했다. 극중에서 남성들이 법원의 명령으로 피케팅[대체 인력 투입 저지 행동]을 금지당하자 여성들은 자신들이 피케팅을 맡겠다고 나선다. 남성들은 처음에 이 제안을 거칠게 거부했다가 그것이 유일한 방도라는 걸 깨닫고 결국 동의한다. 그러면서 성 역할은 완전히 뒤집어진다. 여성들은 매일 피켓라인에 나갔고 남자들은 아이들을 돌봤다. 이런 경험을 통해 여성들은 대중 연설을 하고 남편에게 자기 주장을 당당하게 펼칠 자신감을 얻는다.

남성들이 가사 분담을 하려 한다는 사실도 여성운동 같은 투쟁의 성과이며, 이런저런 것들을 자연의 순리나 그것을 거스르는 것으로 규정하는 낡은 사상이 투쟁으로 깨질 수 있다는 것을 보여 준다. 이런 변화들은 더 큰 변화를 성취할 투쟁이 성공할 가능성을 높이기 때문에 중요하다. 그러나 여성 차별의 문제는 남성에게 더 많은 가사를 분담시키는 것만으로는 해결되지 않는다. 가족이 여전히 개인의 책임이고 남성이 여성보다 높은 임금을 받는 현실은 남성이 아니라 여성이 직장을 그만두고 아이나 노인을 돌보도록 경제적으로 유도한다. 여유가 있는 사람들은 직장과 가족 사이에서 곡예를 부려야 하는 어려움을 가정부나 심부름꾼을 고용해서 해결할 수 있다. 다시 말해 부유한 자본가계급 여성은 여성 차별이라는 부담을 노동계급 여성이나 가난한 여성과 똑같이 경험하지 않는다. 노동계급의 가족에서 가사의 동등한 분담은 "노동계급 남성이 노동계급 여성과 함께 노동력 재생산의 부담을 공유해서 자본가계급에게 계속 이익을 준다는 것을 뜻할 것이다."[62]

다른 형태의 차별과 마찬가지로 여성 차별도 계급 분단선을 가로지른다. 그래서 어떤 페미니스트들은 여성과 남성에게는 공통의 이해관계가 없다고 주장한다. 자유주의 페미니즘은 자본주의의 틀 안에서 중간계급 여성의 처지를 개선하는 전략을 추구하고 분리주의 페미니스트들은 여성과 남성의 완전한 분리를 유일한 해결책으로 본다. 자유주의 페미니즘의 전략은 제한적이고 분리주의 페미니즘의 전략은 비현실적이며, 두 전략 모두 여성의 불평등한 사회적 지위를 끝장내지 못한다. 러시아 혁명가 알렉산드라 콜론타이는 당시의 부르주아적 여성운동에 관해 다음과 같이 썼다. "페미니스트들은 아무리 급진적인 요구를 하는 듯 보인다 해도 그들의 계급적 위치 때문에 현재 사회의 경제·사회 구조를 근본적으로 변혁하기(여성해방을 완수하기 위해 반드시 이뤄야 할 일이다) 위해 싸우지는 못한다는 점을 잊어서는 안 된다."[63]

지배계급의 여성들도 성차별을 당한다. 그러나 성차별에 대처하는 방법은 계급적 위치에 따라 달라진다. 야후의 CEO이고 3억 달러에 달하는 현금 자산을 보유한 머리사 마이어는 일과 육아를 병행할 수 있도록 직장에다가 최고 수준의 개인용 보육 시설을 지었다. 마이어는 직원들의 재택근무를 금했지만 그렇다고 여성 직원도 일과 육아를 병행할 수 있도록 사내 보육 시설을 짓지는 않았다. 유급 육아 휴직이나 양육비 부담을 덜기 위한 추가 수당을 여성 직원들에게 지급하지도 않았다. 마이어가 자신을 위해 한 일을 노동자에게도 해 주는 것은 자본가로서의 이해관계와 정면 충돌한다.[64]

노동계급 여성에게는 그들이 주로 짊어지는 가사의 부담을 없앨 더 철저한 사회변혁이 필요하다. 여성 차별에 대한 노동계급적 해결책은 생산과 재생산의 수단을 사회화하고, 성이 사고팔리는 상품으로 취급되지 않고, 여성이 자기 몸을 온전히 통제할 수 있는 사회를 요구하는 것이다. 공동 세탁소와 식당, 보육 시설을 통해 여성은 일과 가사의 이중 굴레에서 해방돼 자유롭고 평등한 사회의 일원이 될 수 있다. 1923년의 연설에서 트로츠키는 다음과 같이 말했다. "여성의 물질적·정신적 해방은 모두 가족생활의 변혁과 밀접하게 연결돼 있습니다. 여성을 노예나 심지어 가축으로 만들어 가둬 놓은 오늘날 가족 구조의 비좁고 숨막히는 철창을 걷어 내야 합니다. 공동 급식과 공동육아를 조직하는 것이 이것을 성취할 유일한 방법입니다."[65]

혁명 직후 러시아에서는 자유로운 새로운 사회를 건설하려는 위대한 시도가 있었다. 동성애 처벌이 폐지됐고 낙태가 합법화됐다. 혼인 관계 바깥에서 태어난 아이를 인정하지 않는 법도 사라졌다. 볼셰비키 정부는 공동 세탁소와 유치원, 탁아소, 공동 취사장을 설립했다. 알렉산드라 콜론타이가 책임자를 맡은 특별한 여성 부서는 여성의 사회적·정치적 참여와 이익을 증진하기 위해 노력했다. 문맹퇴치와 교육을 위한 특별한 노력이 있었고 이것은 특히 여성을 겨냥한 것이었다. "여느 자본주의 공화국이 수십 년 동안 한 일도 우리가 권력을 잡은 첫 해에 [여성을 위해 — 지은이] 한 것의 100분의 1조차 되지 못한다"고 레닌은 썼다.[66]

레닌과 트로츠키 등은 여성이 완전히 해방되지 않으면 진정한 공산주의가 아니라고 여겼다. 그러나 러시아에는 낡은 가족제도의 대안을 만들어 내고 여성을 가내 노예의 처지에서 해방시킬 물질적 자원이 없었다. 트로츠키는 다음과 같이 썼다.

> 낡은 가족제도를 일거에 몰아내는 것은 불가능한 일로 판명됐다. 이것은 의지의 부족 때문이 아니었다. 가족이 사람들의 영혼에 깊이 뿌리박혀 있어서도 아니었다. 정부와 공영 탁아소·유치원 등이 불신받던 짧은 시기가 지난 후, 노동계급 여성과 뒤이어 진보적인 농민들은 오히려 집단적 보육과 가족 경제 전체의 사회화가 비할 데 없이 이롭다는 점을 깨달았다. 그러나 애석하게도 사회는 너무 가난했고 미숙했다. 국가가 실제로 보유한 자원은 러시아공산당의 계획과 의도를 따라가지 못했다.

러시아의 가난 때문에 혁명정부가 제공한 사회복지는 질이 떨어졌고 노동자들은 다시 사적 가족에 의존해야 했다. 그 결과는 "다시 안락한 가정생활로![였다.] 그러나 오늘날 연설가나 언론인이 다소

겸연쩍게 찬양하는 집 밥과 손빨래는 곧 노동자의 아내들이 냄비에 밥하고 빨래하던 옛 노예 시절로 되돌아가야 함을 뜻했다." 물질적 조건 때문에 새로운 형태의 공동 가사는 지속될 수 없었다. 트로츠키는 다음과 같이 말했다. "가족을 '폐지'할 수는 없다. 대체할 수 있을 뿐이다. '결핍이 만연'한 기반에서는 진정한 여성해방이 실현되지 못한다. 마르크스가 80년 전에 말한 이 냉정한 진실이 금세 경험을 통해 확인됐다."[67] 러시아 혁명은 여성 차별의 해법을 제시했지만 그것을 해결하지는 못했다.

[인간이] 가족[을 이룬다는 것]과 오랜 시간에 걸쳐 형성된 가족의 형태는 유전자에 각인된 것이 아니라 가변적인 사회관계에 따라 달라지는 것이다. 오늘날처럼 풍요롭고 기술이 발전한 시대에 성별 분업과 여성의 종속은 결코 정당화할 수 없다. 캐슬린 고프가 썼듯이 "미래의 가족이 과거와 같으리라는 법은 없다."[68]

젠더와 성소수자 차별

인류는 등장할 때부터 여러 가지 성적 행위를 했으며 같은 성끼리도 성관계를 했다. 그러나 성이나 성적 행위, 성 역할을 대하는 방식은 크게 변해 왔다. 역사가 데이비드 그린버그가 쓰듯이 "어떤 사회는 동성애를 비교적 적대하는가 하면 어떤 사회는 동성애를 용인하거나 완전히 인정하고 제도화하기까지 한다." 고대 그리스가 후자의 사례다. 그뿐 아니라 다양한 성적 행위에 부여하는 개념이나 규정 자체도 역사에 따라 변한다. 그린버그는 다음과 같이 쓴다. "그저 어떤 사회가 다른 사회보다 관대한 것이 아니었다. 허용된 성적 행위의 종류와 그런 행위를 하는 사람에게 부여되는 사회적 정체성이 사회마다 달랐다. 일부 사회에서는, 심지어 동성애가 빈번한 곳에서도, 동성애라는 개념 자체가 없었다."[69]

사춘기에 이른 소년이 성인 남성으로 성장하는 과정에서 남성 집단에 들어가 그들과 성적 유대를 맺는 부족 사회도 많았다. 고도로 군사화한 여러 사회에서는 남성 전투원들의 긴밀한 유대를 위해 남자아이의 양육과 훈련에 성적인 관계가 수반됐다.

동성 간 평등한 성적 관계의 사례도 여러 문화에서 많이 발견된다. 그린버그는 다음과 같이 쓴다.

> 황금 해안(오늘날의 가나) 아칸족의 미혼 여성 사이에서는 동성애가 사실상 보편적이었고 때로는 이런 관계가 결혼 후까지 이어지기도 했다. 가능한 경우에 여성들은 여성 대여섯 명이 집단 성교를 할 수 있도록 초대형 침대를 구입했다. 상호 부조 관계를 맺은 [아프리카 남부의] 호텐토트족 남성들은 흔히 연인 관계가 되기도 한다. 물론 많은 경우 이런 종류의 관계는 아동과 청소년에게 나타난다. 목격자들은 대개 이런 일을 대수롭지 않은 '탐구'나 '실험', 놀이로 여긴다. 당사자들은 진지할지도 모르지만 말이다.[70]

젠더라는 개념뿐 아니라 특정한 성적 행동이나 지향을 젠더와 연관 짓는 것도 역사적·사회적 조건에 따라 결정된다. 예를 들어 타히티인들은 공격성이나 얌전함을 성별과 결부하지 않았고 그들의 언어에는 "성별에 따른 문법적 구분이 없었다."[71]

젠더와 성은 우리 사회에서 서로 밀접하게 연관된 개념이지만 똑같지는 않다. 젠더란 '남성다움'이나 '여성다움'과 결부되는 문화적·행동적 특성의 집합을 뜻하는 반면 성은 개인의 생식기관에 따른 구분을 가리키는 말이다. 젠더는 개인이 타고나는 것이 아니라 문화적으로 부여되는 규범을 통해 습득하는 것이다. 이런 규범은 매우 어린 시절부터 부여되며 아주 시각적일 뿐만 아니라 행동적으로 부여된다. 이에 따라 아이들은 금세 소녀다운 소녀, 소년다운 소년이 된다.

고정관념이 깊숙이 뿌리를 내리면 우리는 그것을 자연스럽게 여기고 인간의 행동이 얼마나 가변적인지를 잊게 된다. 한 연구에서는 각각 4명의 남녀 유치원생에게 성 고정관념을 뒤집은 이야기책을 읽어 줬다. 그러자 두 남자아이가 그 전까지는 무시했던, 전통적으로 여아용으로 취급되는 장난감을 가지고 놀기 시작했다. 그리고 네 명의 여자아이는 "유모차, 아기 인형, 다림판을 외면하고 소방차, 블록 장난감, 헬리콥터를 가지고 놀기 시작했다. 연구가 끝날 때쯤 이 여자아이들은 거의 남아용 장난감만 갖고 놀았다."[72]

나이를 먹으면서 우리는 남자도 다정하거나 아이를 잘 돌보거나 감정적일 수 있으며 여성도 정반대일 수 있다는 것을 알게 된다. 우리는 주변에서 성 고정관념과 어긋나는 엄청난 양의 정보를 접한다. 예컨대 근육질의 여성 운동선수는 대다수 남성보다 신체적 능력이 훨씬 뛰어나다. 그러나 많은 경우 우리는 이런 정보를 접하고도 고정관념을 완전히 버리지 않는다. 우리 주변에는 여성과 남성이 다른 존재라는 것을 보여 주는 듯한 '증거'가 너무 많다. 어쨌든 집에서 아이를 키우는 것은 대부분 여성 아닌가? 개별 가정은 아이를 "성 중립적인" 환경에서 키우는 방식으로 고정관념에 맞설 수도 있다. 그러나 집을 나서면 아이들은 다시 [성 고정관념을 뒷받침하는] 문화적 규범의 세례를 받는다. 게다가 노동계급 가정은 그런 가정환경을 조성하기엔 시간과 자원이 한정돼 있기 때문에 이런 해법은 사실상 실현 불가능하다.

남성 동성애자가 '여성적'이거나 덜 '남성적'이고 여성 동성애자가 '남성적'이라는 관념은 오늘날의 사회에서도 여전히 널리 퍼져 있는데, 이것은 "실증적 관찰이 아니라 동성애를 향한 반감에서 비롯한 것임이 거의 분명하다." 성별에 맞는 행동이 있다는 고정관념과 동성애 혐오 때문에, 동성애자임을 밝힌 사람들 일부가 보인 '여성적', '남성적' 특징은 성 고정관념을 뒷받침하는 확실한 증거가 되고, 그렇지 않은 수많은 다른 동성애자들은 간단히 무시된다.[73]

역설이게도 아이들은 젠더에 관해선 끊임없이 '교육'받지만 성에 관한 생물학적·해부학적 사실에 대해선 지극히 모호한 설명만을 듣는다. 사실 남성과 여성의 생식기와 둘의 차이점에 대해 알기도 전에 아이들은 (주위에서 목격한 규범을 따라) 남자는 치마를 입지 않으며 머리핀은 여자만 하는 것이라는 점을 분명히 알게 된다. 해부학적으로는 남성이거나 여성(또는 극소수의 경우 둘 사이의 생물학적·육체적 특징을 보이는 '간성')인 사람이 어느 날 자신이 부모나 사회가 정한 것과는 다른 젠더에 속한다는 사실을 '발견'하는 사례도 많다. 이런 사례는 젠더가 가변적인 개념이며 생물학적 구조와 일대일 관계가 아니라는 것을 보여 주는 증거다. 젠더 관념을 "뒤트는" 행동을 보인 사람들은 수 세기 동안 존재했다. 그러나 "젠더가 변한 사람들이 스스로를 트랜스젠더로 인식하기 시작한 것"은 불과 20세기 후반부터다.[74]

산업자본주의 등장 이전 세계시장이 부상한 시기에는 가족 내 출산과 연관된 성적 행동만이 용인됐다. 무엇이 용인되는 성적 행동인지는 가부장적 가족에 의해 규정됐다. 성교는 아이를 낳기 위한 것이었다. 이것 외의 성적 관계는 "자연을 거스르는 범죄"로 취급됐고 다양한 수준으로 처벌됐다. 동성 간 성교는 물론 양성애나 구강성교, 심지어 자위행위도 자연스럽지 않은 것으로 여겨졌으며 이런 것들은 모두 '소도미'라는 광범한 범주로 묶였다. 이 시기에는 동성 간 성행위가 금지되기도 하고 처벌되기도 했지만 특정 부류에 속하는 사람들의 속성으로서의 동성애 개념은 존재하지 않았다.

'동성애자'를 특정한 범주로 구분하는 개념은 1870년대가 돼서야 미국과 유럽에서 나타나기 시작했다. 자신의 특성으로 인해 섹슈얼리티의 사회적·생물학적 규범에서 일탈한 개인이나 집단을 동성애자로 규정한다는 발상은 의학 분야에서 처음으로 도입됐다. 제프리 위크스는 다음과 같이 쓴다.

> 동성애에 대한 새로운 규정과 실천의 요소는 더 이른 시기로 거슬러 올라가지만, 동성애의 새로운 개념화가 뚜렷해진 것은 … 19세기 후반부터였다. 푸코가 표현했듯이 소도미는 일시적 일탈인 반면 '동성애자'는 새로운 종에 속했다. 법무 분야와 심리학·의학 분류법 모두에서 나타난, 동성애자에 대한 이 새로운 관심은 중대한 변화를 뜻했다. 이것이 새로운 사회적 관찰과 연구 대상이었을 뿐만 아니라 새로운 자기표현 방식의 가능성을 열기도 했기 때문이다.[75]

동성애자를 병자나 타락한 자, 정신이상자로 규정하는 사이비 과학 이데올로기가 아이러니하게도 동성과의 성적 관계를 선호하는 사람들 사이에서 동성애자라는 정체성의 기반을 형성하는 데 기여하기도 한 것이다.

자본주의가 등장하면서, 경직된 관계는 허물어졌고 오로지 시장만이 규제하는 개인들의 자유로운 상호 관계가 그 자리를 대신했다. 마르크스가 《공산당 선언》에서 썼듯이 현대 자본가계급은 "모든 봉건적·가부장적·목가적 관계를 끝장냈다. 이들은 인간을 '주인으로 태어난 자'에게 예속시키는 잡다한 봉건적 속박을 가차 없이 산산조각 내 버렸으며 적나라한 이기심, 즉 냉정한 '현금 지불' 말고는 인간과 인간 사이에 거의 아무런 연결 고리도 남겨 놓지 않았다." 봉건제의 "녹슬어 들러붙은 고정된 관계"는 "일소됐고" "자연의 속박에서 벗어난" 듯이 보이는 개인들로 이뤄진 시장적 사회관계가 그 자리에 들어섰다.[76]

시장적 관계가 득세하고 임금노동이 등장하고 도시가 성장하면서 다양한 성 지향과 취향을 가진 사람들이 전통적인 가족 환경을 벗어나 서로 교류하고 자신의 섹슈얼리티를 탐색할 수 있게 됐다. 처음으로 성인들은 가족 관계를 벗어난 삶을 살면서 도시의 익명성 속에서 다양한 삶의 방식을 시험했다. 이런 가능성은 양차 세계대전을 겪으면서 더 확대됐다. 전쟁은 성을 분리해 남성들을 한데 모으고 여성들을 유급 노동자로 끌어들였기 때문이다. 모순이게도, 제국주의와 군국주의는 반동적인 성 고정관념을 강화하면서도 성적 실험의 가능성을 넓혔고 성 해방을 위한 운동의 가능성을 열었다.

그러나 앞서 살펴봤듯이 자본주의가 발전하면서 가족은 생산의 현장보다 재생산의 현장에 훨씬 더 가까워졌고, "노동과 생산을 하는 바깥의 공적 세계와 날카롭게 구분되고 단절된 '사생활'"의 공간이 됐다.[77] 그렇게 해서 자본주의는 옛 사회의 예속과 질서를 산산조각 내는 동시에 계속해서 가족에 의존해 다음 세대 노동자를 저렴하게 길러 내려 했다. 그리고 '전통적'인 가족을 위협하는 것으로 동성애나 그 밖의 성적 정체성을 낙인찍고 성 역할을 강조하는 이데올로기에 의존했다. 존 데밀리오가 "자본주의와 게이 정체성"이라는 글에서 쓰듯이,

> 자본주의는 한편으로는 가족생활의 물질적 토대를 계속해서 약화시키며 개인이 가족을 벗어나 살고 레즈비언·게이 정체성이 발전할 가능성을 열었다. 그러나 다른 한편으로는 남녀를 가족으로 밀어 넣어야 하기도 했다. 적어도 다음 세대 노동자를 재생산할 동안만이라도 말이다. 가족에 대한 이데올로기적 중시 때문에 자본주의에서는 아이들만이 아니라 이성애 우월주의와 동성애 혐오도 재생산된다. 가장 근본적으로는 자본주의가 문제인 것이다.[78]

[이성애가 아닌] 다른 섹슈얼리티를 가진 사람들의 사회적 지위와 그들이 받는 대우는 자본주의하에서 크게 변화했다. 미국에서는 동성 결혼을 법적으로 인정하는 주가 늘어나고 있고 동성애 관계를 보는 시선도 변하고 있다. 이런 변화는 지난 몇십 년 동안 벌어진 사회운동의 성과다. 그러나 자본주의가 가족에 의존하는 한 레즈비언·게이·양성애자·트랜스젠더 차별을 완전히 제거하는 것은 어렵고 심지어 불가능하다. 인간이 섹슈얼리티를 자유롭게 모색하고, 원하는 대로 정체성과 개인적 관계를 형성하며, 여성이 이등 시민의 처지에

서 해방된 사회를 위해서는 섹슈얼리티를 상품화하고 재생산을 개인에게 의존하는 자본주의적 사회관계를 없애야만 한다.

인종차별의 기원

현대 인종차별(즉, 피부색 등의 이른바 신체적 특징을 근거로 어떤 집단을 이등 시민 취급하거나 차등 대우하는 것)의 기원은 세계 시장이 등장하고 유럽 식민지 제국이 확장되고 아메리카에서 플랜테이션 노예제가 등장한 시기로 거슬러 올라간다. 나치즘이 등장하기 전에도 '백인종'의 우월성을 주장하는 생물학 이론은 널리 퍼져 있었고 그 밖의 많은 근거들이 식민지의 노예제·정복·폭력을 정당화하기 위해 동원됐다.

오늘날 법률적인 인종차별이나 배제는 대부분 사라졌다. 그러나 인종차별이 계속되는 현실은 간접적인 언사나 지금이 인종 평등의 시대라는 주장으로 은폐되고 있다. 그래서 '앵글로색슨'이 가장 우월하고 흑인은 밑바닥이며 앵글로색슨이나 '게르만'이 아닌 유색인종이나 나머지 백인들은 둘 사이의 어딘가에 있다는 식으로 인종의 서열을 주장한 이론이 얼마 전까지만 해도 미국과 영국의 공적 담론에서 당연시됐다는 사실을 잊기 쉽다.

이런 사이비 과학의 인종차별 사상은 점점 주변화됐지만 완전히 사라진 것은 아니다. 인종에 따른 선천적 지능 차이를 주장한 《벨 커브》 같은 비교적 최근의 베스트셀러들을 보면, 보수파들 사이에서 그런 사상들이 어느 정도 부활했다는 것을 알 수 있다.[79]

겉보기엔 그럴싸한 이런 사이비 과학 이론들은 아무리 명확한 반증이 제시돼도 개의치 않는다. 《벨 커브》 등에서 개진되는 주장의 목적은 진리 탐구가 아니라 사회 안전망과 소수자 우대 조치* 축소를 옹호하는 것이다. 인종차별주의자들은 제2차세계대전에 징집된 사람들을 조사해 보니 흑인이 백인보다 지능지수가 떨어지더라는 연구 결과를 보며 즐거워한다. 그러나 진화생물학자인 테오도시우스 도브잔스키가 지적했듯이 징집된 미국 흑인들의 지능지수는 "남부 주에서 징집된 백인의 지능지수보다 낮기는커녕 오히려 높았다."[80] 물론 이 사실이 백인의 유전자가 흑인보다 열등하다거나 그 검사가 타고난 지능이 아닌 다른 것을 측정하는 도구라는 증거로 제시되지는 않았다. 1900년대 초에 프랑스의 심리학자인 알프레드 비네가 지능지수 검사를 고안한 목적은 보충수업이 필요한 아이들을 가려내는 것이었지만 미국의 사회진화론자들은 이 검사를 가져와서 타고난 지능 수준을 측정하는 방법으로 내세웠다. 지능지수 차이는 경제적 빈곤, 문화·교육 수준의 차이 때문임이 명백한데도 그들은 "인종적" 배경이나 "열등한" 사회적 출신이 원인이라고 우겼다.[81]

인종차별은 인류가 타고난 것이 아니다. 인종차별은 역사적 발명품이다. 애초에 인종 개념 자체도 과학적 사실이 아니라 역사적 발명품이다. 겉으로 드러난 신체의 몇 가지 특징으로 특정 집단을 가려내 특정 인종으로 구분할 생물학적·유전학적 근거는 존재하지 않는다. 역사가 바버라 J 필즈의 말을 빌리면 "오늘날 생물학자와 유전학자들의 공통된 부정에도 불구하고 아직까지 인종을 개인의 신체

---

* 소수자 우대 조치(affirmative action) 차별받는 집단에게 혜택을 줌으로써 교육·고용 등의 평등을 구현하려는 조치. 각종 가산점, 할당제 등이 이에 해당한다.

적 특징으로 이해한다면 그것은 산타클로스나 부활절 토끼, 이빨 요정의 존재나 천동설을 믿는 것과 다를 바 없다."[82]

그럼에도 사회적 구성물로서 인종은 아직도 엄연히 존재하며 사람들의 삶에 굉장히 실질적인 영향을 끼친다. 인류학자 애슐리 몬터규는 나음과 같이 쓴나. "미국 흑인들은 억압·차별·빈곤에 시달리고 빈민가로 내몰리며 일반적으로 인류애에서 배제된다. 그렇기에 임의로 백인 중산층에 맞춰 표준화된 시험에서 '측정'된 흑인과 백인의 점수가 계속해서 큰 차이를 보이는 것은 전혀 놀라운 일이 아니다."[83]

역사가 토머스 고셋이 고전적인 저서 《미국 인종차별사》에서 썼듯이 "그 뜻이 엄밀하지 않은 덕분에 인종은 무궁무진한 쓰임새를 가진 강력한 도구가 됐다."[84]

신세계로 건너온 영국인 식민지 정착민들은 담배·쌀·설탕같이 수익성 좋은 상품작물을 생산하기 위해 플랜테이션 체계를 세웠다. 원주민을 강제로 몰아내서 넓은 토지가 생기긴 했지만 거기서 일할 노동력은 충분하지 않았다. 인디언은 도망치기 십상이었고 질병 때문에 그 수가 줄었다. 한때는 유럽에서 들여온 계약 노동자가* 흔히 쓰였지만 그들에게는 5~7년 후에 토지를 줘야 했다. 계약 노동자도 더는 값싼 노동력이 아니게 되자 농장주들은 아프리카인을 노예로 삼는 데로 눈을 돌렸다. 카리브해 트리니다드 출신 역사학자 에릭 윌리엄스는 아프리카 흑인이 노예화의 표적이 된 이유는 "인종 때문

* 17~19세기에 미국으로 이주하고자 하는 유럽인들은 선박 운임 따위를 면제받고 대신 정해진 기간 일하기로 계약을 맺었다.

이라기보다는 경제적 이유 때문"이었다고 지적한다. 아프리카 노예를 인간 이하로 취급한 것은 "단순한 경제적 사실의 사후 합리화에 불과했다." 그래서 윌리엄스는 "인종차별이 노예제를 낳은 것이 아니다. 오히려 인종차별은 노예제의 결과였다"고 했다.[85] 아프리카인의 노예화를 정당화하려면 "그들의 인간성을 부정해야 했다"고 어느 역사가는 쓴다.[86]

특정 인종을 노예화한 것은 여러 이점이 있었다. 농장주들은 아프리카에서 노동력을 꾸준히 공급받을 수 있었고 그들을 재산으로 평생 소유할 수 있었다. 노예가 된 아프리카인은 유럽인과 생김새도 다르고 문화적으로도 동화되지 않았기 때문에 저항하거나 달아나기 어려웠다. 아프리카인과 그들의 자녀가 노예 신분에서 벗어나지 못하게 하는 인종차별적 법도 만들 수 있었다. 마지막으로 인종차별 이데올로기 덕분에 농장주들은 백인 빈민들이 [흑인] 노예와 합심해 부자에게 대항하는 대신(실제로 1600년대 중후반 버지니아에서 그런 일이 있었다) 농장주와 동질감을 갖게 만들 수 있었다.

결국 이 체제는 식민지의 지배계급 농장주, 유럽의 '본국' 상인·제조업자의 주머니와 '본국'의 국고를 채울 엄청난 이윤을 가져다줬다. 역사가 피터 프라이어는 다음과 같이 쓴다. "성장하는 영국 자본주의에는 돈을 만들어 내는 마법의 도구가 있었다. 그것은 사탕수수 농사, 제조업, 노예무역이라는 세 가지 고리로 이어진 끝없는 사슬이었다. 이 중에서 노예무역이 '핵심 고리'였다."[87]

인종에 기반한 노예제는 결코 허공에서 생겨난 것이 아니다. 일찍이 유럽의 지배계급은 가난한 사람들은 날 때부터 천한 존재로 온갖 구속과 속박을 받아 마땅하다고 여겼다. 역사가 피터 콜친은 다음과 같이 쓴다. "영국은 미국 원주민을 습격하고 아프리카인을 노예화하기에 앞서 국내의 '소란'을 가차 없이 짓밟고 아일랜드를 야만적으로 식민지화했다. 영국인이 아프리카인을 열등한 종자로 봤다면 영국의 상류층은 자국의 하층계급과 아일랜드인을 그렇게 봤다. 즉, 무지하고 '야만적'이어서 질서를 따르게 하기 위해서는 두들겨 패야 할 존재로 봤다."[88]

미국 남부에서는 노예제가 시행되는 동안과 폐지된 후에도 가난한 백인들 사이에서 인종차별이 조장됐다. 가난한 백인이 흑인과 마찬가지로 공동의 착취자인 백인 농장주 계급에게 착취당한다는 사실을 보지 못하게 하기 위해서였다. 흑인이자 노예제 폐지론자였던 프레더릭 더글러스는 다음과 같이 썼다. "노예 소유주들은 가난한 백인 노동자의 적개심이 흑인으로 향하도록 부추김으로써 그들을 흑인과 다름없는 노예로 만드는 데 성공했다. … 백인과 흑인 모두 똑같은 약탈자에게 약탈당한다."[89]

백인 우월주의 이데올로기는 (인디언과 멕시코인을 정복한) 대륙 정복과 노예제를 정당화했을 뿐 아니라 현대 제국주의 시기에 나타난 미국의 태평양과 카리브해 진출도 뒷받침했다. 인간 유전자에는 서열이 있으며 백인이 가장 우월하다는 이론인 사회진화론이 널리 퍼졌다. 시장과 식민지를 둘러싼 쟁탈전에서 "적자생존"의 논리가 작동했고 이 논리는 "적자"인 백인을 꼭대기에 앉혔다. "노예제는 사라졌지만 인종차별은 살아남아 미국, 여러 유럽 열강, 나중에는 일본이 무수히 많은 사람을 노예화한 것을 정당화했다"고 [미국의 사회주의자] 랜스 셀파는 썼다.[90] 1893년에 미국이 카리브해와 태평양으로 진출하면서 식민지 확장의 각축전에 처음 뛰어들었을 때 역사가이자 인디애나주 상원 의원인 앨버트 J 베버리지는 앵글로색슨 백인을 "역사상 가장 주인다운 인종"이라고 일컬었다.[91]

교수·인류학자·과학자들은 인종의 우열을 가르는 자연적 위계가 존재한다는 것을 입증하려고 애썼다. "과학적 인종차별"의 한 갈래인 우생학은 20세기 내내 미국에서 빈곤한 흑인, 푸에르토리코인, 인디언, 백인, 그 외에 장애인과 병자에 대한 강제 불임수술을 옹호했다. 역사적 판례가 된 1974년의 재판에서 밝혀진 바에 따르면, 해마다 10만~15만 명에 달하는 가난하고 대부분 아프리카계인 여성들이 연방 정부가 기금을 댄 사업에 의해 사전 동의 없이 불임수술을 당했고, 헤아릴 수 없을 만큼 많은 사람들이 복지 혜택 삭감을 피하기 위해 어쩔 수 없이 불임수술을 택해야 했다.[92]

이처럼 인종차별은 단순히 노예제의 유산이 아니라 자본주의의 일부다. 영국의 아일랜드 억압을 다루면서 마르크스는 자본주의가 인종차별을 부추기고 그것에 의존하는 근본적 이유를 지적했다.

> 영국의 모든 대규모 산업 중심지에서는 아일랜드인 노동자와 잉글랜드인 노동자가 서로 심각하게 적대한다. 평균적인 잉글랜드 노동자는 아일랜드 노동자를 자기 임금과 생활수준을 떨어뜨리는 경쟁자로 보며 싫어한다. 잉글랜드 노동자는 아일랜드 노동자에게 민족적·종교적 반감을 느낀다.
> 잉글랜드 노동자는 마치 미국 남부 주의 가난한 백인들이 흑인들을 대하듯 아일랜드 노동자를 대한다. 부르주아지는 영국 노동계급 사이의 이런 적대를 인위적으로 부추기고 유지한다. 부르주아지는 이 분열이 자신의 권력을 유지하는 진정한 비결임을 안다.[93]

오늘날에도 같은 원리가 작동한다. 멕시코에서 온 이민자들을 겨냥해 조장되는 인종차별을 보라. 정주 노동자들이 이주 노동자들을 일자리 도둑으로 여기고, 백인 노동자들이 흑인을 증오하고 원망하고, 미국인들이 아랍인과 무슬림을 적으로 여긴다면, 차별받는 사람들과 노동자들이 공동의 적에 맞서 단결하기는 더 어려워질 것이다. 인종차별 사상과 외국인 혐오 사상은 인종·성·민족을 막론하고 모든 노동자와 가난한 사람에게 득이 되지 않는다. 그러나 착취자에게는 득이 된다. 피착취자 일부는 언어와 피부색이 같은 착취자와 자신의 이해관계가 같다는 착각에 빠질 수 있기 때문이다. 예컨대 어떤 산업 부문에서는 미등록 이민자가 가장 이상적인 노동력으로 여겨진다. 노동조합을 조직하지도 못하고 늘 추방의 위협에 시달리기 때문에 매우 싼값에 부려 먹을 수 있기 때문이다. 그러나 해법은 이주를 제한하는 것이 아니라 이주 노동자를 조직해 정주 노동자와 함께 공동의 적에 맞서 싸우게 하는 것이다.

역사적으로 미국의 노동조합은 남부에서 가장 약했다. 그래서 남부의 임금은 다른 지역보다 낮게 유지됐다. 그러나 남부에서 노동조합이 약한 주된 이유는 바로 인종차별이었다. 남부의 고용주들은 흑인에 대한 백인의 적대감을 이용해 노동자들이 성공적으로 조직되는 것을 가로막을 수 있었다. 이처럼 인종차별에 맞선 투쟁은 전체 계급투쟁과 떨어뜨릴 수 없다. 노동운동의 오래된 구호처럼 한 명이 다치면 모두가 다치는 것이다. 노동계급의 일부가 받는 특수한 차별은 노동계급 전체의 처지를 악화시킨다. 역으로 그런 차별을 없애고 차별받는 사람을 해방시키는 것은 모두의 처지를 끌어올린다.

공민권운동과 흑인 해방운동이 성장하고 쇠퇴하는 과정에서도 자본주의하의 차별의 논리가 어떻게 작동하는지를 확인할 수 있다. 이 운동은 다양한 다른 운동, 여성·동성애자·노동자·반전 운동을 고무하고 자극했다. 브라이언 존스가 썼듯이 "역사적으로 멸시와 천대를 받던 미국 흑인들은 갑자기 어마어마한 도덕적·정치적 위신과 권위를 누렸다."[94] 그 후 몇십 년 동안 지배계급은 1960년대의 모든 사회운동이 일궈 낸 성과를 되돌리고 노동계급의 생활수준을 공격하려 했다. 투쟁의 싹을 죽이기 위해 지배계급은 정부가 복지 지출을 삭감하고, 공공재·공공서비스를 민영화하고, 노동자가 생산한 가치와 대부분이 혈세인 국고를 부자에게 더 많이 넘길 권한이 있다는 점을 사람들이 받아들이도록 해야 했다.

그리고 이런 공격에서 흑인 운동의 영향력과 위신을 무너뜨리는 일이 핵심이었다. 레이건 시대에 시작된 우익적 이데올로기적 반격은 "범죄"나 "복지 여왕"(젊은 남녀 흑인들을 겨냥한 말)을 비난하며 흑인의 빈곤을 개인의 탓으로 돌렸다. 이런 공세의 격앙된 인종차별적 분위기는 공민권운동과 인종차별 반대 운동뿐 아니라 여성운동과 노동조합운동이 이룩한 성과를 무로 돌리는 데도 이용됐다. 공화당 정부든 민주당 정부든 그들이 공격한 정책과 제도는 백인 노동자에게도 이로운 것이었다. 사실 아동 부양 가정 지원 제도와 메디케이드[의료보호 제도], 푸드 스탬프[저소득층에게 지원되는 식료품 구입 쿠폰](오늘날에는 영양 보조 제도라고 한다) 수혜자의 대다수는 백인이다. 모든 가난한 사람들과 노동계급의 연대를 깨고 평범한 사람들이 자신의 어려움을 체제가 아닌 본인의 문제로 여기도록 하기 위해 "개인 책임" 이데올로기가 동원됐다. 이런 분위기 속에서 정부·정치인·전문가들은 미국 정치에서 금단의 영역으로 여겨진 사회보장제도 축소를 공공연하게 거론할 수 있었다(사실 사회보장제도는 전통적으로 흑인들이 혜택을 충분히 받지도 못하던 제도였다).[95]

공민권운동에 대한 반격의 일환으로 1970년대에 미국의 정치적·경제적 지배층은 "거리 범죄"와 싸운다는 구호로, 나중에는 "마약과의 전쟁"이라는 구호로 흑인 청년들을 범죄자로 보는 캠페인을 시작했다. 미국은 전체 인구 대비 수감률이 세계에서 제일가는 나라다. 1970년부터 미국의 수감률은 여섯 배 이상으로 급격히 치솟았다. "범죄자를 엄벌"하는 정치적 분위기와 소위 마약과의 전쟁에 크게 힘입어 1980~2008년에 재소자 수는 50만 명에서 230만 명으로 늘어났다. 그리고 그중 아프리카계는 100만 명으로, 라틴계 재소자와 합하면 전체 재소자의 58퍼센트에 달한다. 흑인의 수감률은 백인보다 여섯 배 높다. 전미흑인지위향상협회에 의하면 "아프리카계 미국인은 마약 사용 인구의 12퍼센트를 차지하지만 체포된 마약 사범의 38퍼센트, 수감된 마약 사범의 59퍼센트를 차지한다."[96] 흑인보다 다섯 배나 많은 백인이 불법 약물을 사용하는데 마약 사범으로 감옥에 가는 비율은 흑인이 백인보다 열 배나 높다. 2001년에 미국 흑인 남성은 여섯 명당 한 명꼴로 수감돼 있었다.

미셸 알렉산더는 수많은 흑인들을 이등 시민으로 대우하는 미국의 형사 사법 체계를 "새로운 짐 크로 법"으로* 묘사한다(이것은 그가 2011년에 시기적절하게 낸 책의 제목이기도 하다). 대량 수감의 효과는 단지 감옥 생활의 조건을 더 악화시키는 데서 끝나지 않는

---

* 짐 크로 법 흑인과 백인의 분리를 명시한 미국 남부의 법들로, 흑인을 희화화한 코미디 캐릭터 짐 크로의 이름을 따 별명을 붙였다. 이 법은 1965년까지 시행됐다.

다. 전과가 남은 수많은 사람들은 일자리를 구하는 것이 거의 불가능하다. 600만 명에 가까운 사람들이 투표권 행사가 영구히 금지됐는데, 이들 중 많은 수가 흑인이다.[97] "인종을 이유로 투표권을 박탈하는 법을 만들 수 없게 한 수정 헌법 제15조가 비준된 1870년보다 오늘날 투표권을 박탈당한 흑인이 더 많다"고 알렉산더는 쓴다.[98] 물론 전체 재소자 수의 증가는 라틴계·백인·인디언·아시아계 재소자 수 또한 치솟았다는 것을 뜻하기도 한다.

2008년 대침체는 모든 노동자에게 재앙이었지만 백인보다 평균 순자산이 훨씬 낮은 데다가 주택이 재산의 거의 전부였던 흑인에게는 특히 더 큰 고통을 줬다. 서브프라임 모기지[비우량 주택 담보 대출] 업자들이 흑인 동네를 의식적으로 공략했기 때문에, 2007년에 주택시장이 붕괴하면서 주택을 보유한 흑인이 급격히 줄어들었다. 이에 더해 높은 실업률이 좀처럼 떨어지지 않고 그동안 흑인들에게 안정적인 일자리와 복지를 제공하던 공공 부문 일자리가 감소하면서 흑인의 소득이 크게 줄었다. 경제정책연구소에 의하면 "2009년까지 백인 가정의 중위 순자산은 24퍼센트 줄어 9만 7860달러가 됐다. 흑인 가정의 중위 순자산은 83퍼센트 줄어 2170달러가 됐다."[99]

경제 위기는 백인 노동자들에게도 큰 고통을 줬다. 예컨대 연합통신AP의 연구 결과를 보면, 높은 실업률 때문에 "4인 가족 빈곤선인 연 소득 2만 3021달러를 못 버는 백인은 1900만 명 이상으로, 전국 극빈층의 41퍼센트 이상을 차지하며 흑인 빈곤층의 거의 두 배나 된다."[100]

어떤 한 집단의 지위를 낮춰 노동자 전체의 처지를 악화시키는 것이 인종차별의 핵심 기능이다. 인종차별은 어떤 집단을 생김새가 다르다는 이유로 천대의 대상으로 지목하는 편견의 체계 이상의 의미가 있다. 인종차별이 사라지지 않는 것은 자기와 '다르다'고 여겨지는 사람을 천대하는 인간 '본성' 때문이 아니다. 인류의 역사에는 '인종'이 같은 사람들끼리 서로 학살하거나(양차 대전이나 르완다의 학살을 떠올려 보라) 역으로 생김새·언어·종교·문화가 다른 사람들이 서로 해치거나 천대하지 않으면서 잘 어울려 지낸 사례가 참으로 많다. 인종 구분은 목적의식이 뚜렷한 체계다. 바로 우리 모두를 억누르고 우리가 누군가를 속죄양 삼게 만들어서 정작 진정한 범죄자인 지배층이 하층에 있는 모든 사람들의 주머니를 순조롭게 털 수 있게 하려는 것이 그 목적이다. 린든 존슨이 1960년에 보좌관에게 털어놓은 말이 이런 목적의식을 잘 보여 준다. "가장 밑바닥에서 사는 백인이 가장 잘나가는 유색인보다는 자기가 잘났다고 믿게 할 수 있으면 그의 지갑을 안 들키고 털 수 있지. 아예 그에게 깔볼 인간을 줘 봐. 그럼 알아서 지갑을 열 걸?"[101]

흑인의 해방 투쟁과 1970년대부터 시작된 그 쇠락이 우리에게 주는 교훈이 있다면 그것은 차별받는 한 집단이 자유를 쟁취하면 다른 집단들도 그만큼 자유를 쟁취하며, 한 집단이 자유를 쟁취하지 못하면 차별받고 착취받는 모든 사람들도 그만큼 상처를 받는다는 것이다.

인종 간의 단결은 가능한가?

옛 미국 남부의 농장주 계급은 남북전쟁에서 패배한 후 "상황을 최대한 노예제에 가깝게 되돌리는 것"을 목표로 삼았다.[102] 그러나 급진적 재건 운동이 벌어지자 이들의 노력은 일시적으로 좌절됐다. 흑인은 투표권을 얻었다. 일부 도시에서는 흑인의 권리를 제한하는 법률이 폐기됐다. 공교육이 전혀 없었던 곳에서 흑인과 백인이 함께 교육을 받는 공교육이 도입됐다. 남부에서는 흑인 14명이 국회의원으로 선출됐다. 이런 변화는 공교육도 못 받고 노예제하에서 마찬가지로 별다른 권리가 없었던 가난한 백인들에게도 도움이 됐다. 급격한 변화의 시기에는 인종차별이 금세 무너질 수 있다는 것을 보여 줬다는 점에서 이 시기는 중요하다. 그러나 1870년대로 접어들면서 북부의 자본가들은 남부의 농장주 계급과 합심해 급진적 재건 운동을 끝내려고 애썼다. 1871년 〈뉴욕 트리뷴〉이 밝혔듯이 이들은 가난한 백인과 흑인이 "어떤 정치적 목적으로든 뭉친다면 교양 있는 계급의 반대를 몽땅 쓸어 버릴 것"이라며 두려움에 떨었다.[103]

남부의 지배계급은 인종차별과 큐클럭스클랜의* 테러 행위와 거짓말로 재건 운동을 물리쳤다. 그들의 지배력을 가장 심각하게 위협한 것은 1890년대의 인민당 운동이었다. 이것은 은행가와 투기꾼에게 농지를 잃은 농민과 소작농의 전국적인 운동이었다. 인민당은 "옥수수는 덜 키우고 지옥 불은 더 키우겠다"고 맹세했다.[104] 인민당 운동의 가장 급진적인 부위는 남부에 있었다. 조지아주의 인민당 지도자 톰 왓슨은 정부를 "박살 내는 것 말고는 마땅한 처방이 없다"고 말했다.[105]

운동은 백인과 흑인 간 분열을 무너뜨리기 시작했다. 여러 주의 인민당 농민들이 꾸린 동맹인 남부연합은 1890년에 회원이 300만

---

* 큐클럭스클랜(KKK) 남북전쟁 이후 결성된 극우, 백인 우월주의 성향의 비밀결사.

명이었으며 그중 130만 명이 흑인이었다. 왓슨은 흑인과 백인 소작농에게 다음과 같이 호소했다. "여러분이 서로를 증오하게 된 이유는 여러분 모두를 노예로 만든 금융가 전제정치가 바로 그 증오라는 이맛돌로 지탱되고 있기 때문입니다."[106] 흑인 인민당 지도자가 린치 위협을 받았을 때 2000명의 백인 농민이 톰 왓슨의 호소에 응해 그를 지켰다.

인민당 운동이 계급 지배를 위협할까 봐 두려워한 농장주들은 폭력과 위협을 대대적으로 부활시켰다. 이들은 "흑인 독재" 운운하며 가난한 백인들이 인종적 우월성을 지켜야 이익을 지킬 수 있다고 백인들을 설득하려 했다. 그러나 운동은 계속 성장했다. 인민당 운동이 무너진 것은 1896년 대선에서 인민당이 민주당 후보인 윌리엄 제닝스 브라이언을 공화당의 맥킨리에 대한 차악으로서 지지하기로 결정했을 때였다. 브라이언은 인민당 운동의 언어를 차용했지만 그는 결코 인민당을 지지하지 않았다. 브라이언의 임무는 인민당을 끌어안아 질식시키는 것이었다.

남부의 인민당 운동이 붕괴하자 남부 지배계급은 주민세나 읽기 능력 평가, 재산 요건 등의 장치를 도입해 흑인의 투표권을 박탈하려 했다. 가난한 백인들은 인민당 운동의 패배에서 아무런 이득도 얻지 못했다. 오히려 흑인의 투표권을 박탈하는 과정에서 남부 농장주들은 가난한 백인들의 투표권도 박탈했다. 루이지애나주에서 흑인 표는 90퍼센트 감소했다. 백인 표 또한 60퍼센트 감소했다. 이런 일이 남부 전역에서 되풀이됐다.[107] 남부의 어떤 신문은 백인 우월주의를 관철하기 위한 이런 노력을 "흑인과 하층 백인이 지배권을 차지할 위험에서 벗어나기 위한 노스캐롤라이나주 백인들의 투쟁"으

로 정확하게 묘사했다.[108]

인민당 운동은 차별과 착취를 당하는 사람들이 공동의 적에 맞서 단결해서 이뤄 낼 수 있는 굉장한 변화의 가능성을 힐끗 보여 준다. 그뿐 아니라, 왜 지배계급이 인종차별을 이용하고 대체로 성공하는지도 보여 준다. 바로 노동자들이 분열하기 때문이다. 예를 들어 파업 중에 흑인 대체 인력을 투입하는 것은 과거 고용주들이 노동자들을 분열시키고 그들의 조직을 약화시키기 위해 쓴 고전적인 수법이었다. 그래서 피츠버그의 한 공장 관리자가 설명했듯이 제1차세계대전과 그 직후에 고용주들은 북부로 이주하는 흑인 노동자들을 "외국인 노동자들마저 가담하고 있는 … 조직화 운동을 부수고 저지하는 효과적인 수단"으로 여겼다.[109] 철강 기업들은 1919년에 철강 노동자 파업을 분쇄하려고 의식적이고 주도면밀하게 흑인 대체 인력을 투입했다.

계급투쟁의 역사에는 흑인 노동자와 백인 노동자가 공동의 착취자와 맞서 싸운 최고의 순간들이 있다. 1913년 루이지애나 목재 회사에서는 흑인과 백인 노동자 1300명이 단결해 파업을 벌였고 관리자들은 인종차별에 호소해 단결을 깨려 했다가 실패했다. 결국 관리자들은 폭력으로 파업을 분쇄해야 했다. 이 파업이 벌어지기 전 세계산업노동자동맹IWW의 지도자 빅 빌 헤이우드는 남부목재노조의 흑인과 백인 노동자들을 세계산업노동자동맹에 가맹하라고 설득하는 데 성공했다. 짐 크로 법에 불복종하는 뜻으로 흑인 노동자들과 백인 노동자들은 같은 장소에 모이기로 했다. 그곳에 모인 백인 조합원들은 다음과 같이 선언했다. "흑인과 함께합시다. 그리고 누구 하나라도 체포된다면 백인과 유색인이 모두 함께 감옥에 갑시다."[110]

산별노조 운동이 한창이던 1930년대에는 곳곳에서 흑인과 백인이 투쟁하며 단결했다. 그러나 단결은 결코 저절로 이뤄지지 않았다. 인종을 넘어선 단결은 고무하고 쟁취해야 할 과제였다. 흑인 공산당원이자 산업별노동조합회의CIO 소속 전국해양노조의 창립 멤버인 퍼디낸드 크리스토퍼 스미스는 고용주들이 노동자의 연대를 깨뜨리기 위해 인종적 적대감을 이용하려 한다는 것을 날카롭게 인식했다. "지금은 회사가 특정 인종을 선호하지만 그것도 잠깐일 뿐이다. 노동자가 분열하면 회사는 어느 인종이나 악랄하게 공격할 것이다. 회사는 노동조합 내의 인종 간 평등이 노동조합운동의 성장에 필수라는 것을 안다. 그리고 노동조합운동의 성장이야말로 회사가 가장 두려워하는 것이다."[111]

사용자가 노동자들을 분열시키려 할 때 노동자는 양자택일을 하게 된다. 하나는 분열을 받아들이고 임금이 더 낮고 더 천대받는 노동자들을 경쟁자로 보는 것이다. 다른 하나는 단결해서 모두의 처지를 개선하는 것이 스스로를 지키는 최상의 방법임을 몸소 체득하는 것이다. 노동자들을 분열시키는 데 성공하지 못했다면 미국 자본주의는 분명 오늘날까지 살아남을 수 없었을 것이다. 그러나 모든 진정한 연대의 사례들은 다른 가능성을 보여 준다. 역사가 필립 포너는 다음과 같이 서술했다.

> 전기노동자형제단의 아이오와주 대븐포트 지부는 사용자들에 의해 노동조합의 차별적 정책이 흑인 노동자들을 대체 인력으로 투입하는 데 이용되자 다음과 같이 선언했다. "우리는 깨닫기 시작했다. 피부색에 대한 편견이 사라지기 시작했다. 피부색이 하얗든 까맣든 갈색이든 빨간

색이든* 노란색이든 간에 고되게 일하는 노동자라면 누구나 우리 편이다. 삶의 수준이 우리보다 낮은 사람이 있으면 우리의 삶도 안정될 수 없다. '쇠사슬은 가장 약한 고리에서 끊어지기' 때문이다."[112]

지배계급이 조장하는 인종차별이 언제나 계급의 단결을 가로막는 데 성공하는 것은 아니다. 앞에서 언급했듯이 인민당 운동은 짐 크로 법이 위세를 떨친 남부에서 인종 간 장벽을 넘어서는 인상적인 계급적 단결을 보여 줬다. 광산노동자연합은 1890년 창립 때부터 남부의 흑인과 백인 광원들을 모두 조직했으며 흑인과 백인이 같은 지부에 속한 경우가 흔했다. 앨라배마주에서는 이 노조 조합원 절반이 흑인이었고 흑인 간부도 많았으며 가장 큰 지부는 흑인과 백인의 통합 지부였다.[113] 45가지 방언을 사용하고 28개 민족으로 이뤄진 섬유노동자 2만 5000명이 벌인 1912년의 로런스 파업도 또 다른 사례다.[114] 포너는 이 파업에 대해 다음과 같이 썼다.

> 자발적인 분출이 벌어지고 얼마 지나지 않아 미국 노동운동사에서 전무후무한 체계적 파업 조직이 등장했다. … 56명의 위원으로 이뤄진 총파업위원회가 세워졌다. 규모순으로 상위 14개의 민족 집단이 각각 네 명의 위원을 선출했다(나중에는 다른 민족도 대표를 선출했고 그래서 위원회의 규모는 60명으로 불어났다). 파업에 참가한 주요 민족 중 위원회에 대표를 보내지 못한 민족은 오직 독일인뿐이었다. … 이 파업 위원회는 파업 참가자들의 집행위원회였으며 파업 운영에서 전권을 행

* 아메리카 원주민은 redskin, 즉 빨간 피부를 가진 사람으로 불렸다.

사했고 파업 참가자들의 통제를 받았다. 파업에 들어간 모든 공장과 거기에 속한 모든 직종과 공정 노동자들의 의사가 반영됐다. 위원회는 모든 노동자를 대변했다.[115]

어떤 시기에는 인종차별이 위세를 떨치며 흑인이 맹공격을 받고 궁지에 몰려 분리만이 유일한 선택지인 듯 보이기도 했다. 20세기 초에 "강건한 인종이여 일어서라!"라는 구호로 많은 이들의 마음을 사로잡은 마커스 가비의* 대중운동이 부상한 것도 분명 이런 이유 때문이었다. 인종차별 때문에 흑인들은 때때로 [백인과] 분리된 조직을 만들긴 했지만 흑인들의 노력만으로는 인종차별을 끝낼 수 없었다. 흑인은 사회의 소수였을 뿐 아니라 흑인 공동체가 상충하는 계급적 이해관계로 나뉘어 있기 때문이었다. 민족주의적 호소로도 이런 분단은 극복할 수 없었다. 《흑인 해방과 사회주의》의 저자 아메드 쇼키는 다음과 같이 지적한다.

정치 경향으로서 흑인 민족주의는 극도로 이질적이었으며, 그 안에는 흑인 자본주의 옹호자와 문화적 민족주의자, 개혁적 정치인, 체제에 반대한 혁명가가 모두 포함돼 있었다. 각양각색의 흑인 분리주의자들은 일관성 없고 동요한다는 공통점이 있다. 분석에서든 전략에서든 노동계급에게 자본주의 사회를 변혁할 능력이 있음을 보지 않기 때문이다. 그래서 분리주의 전략은 흑인들이 느끼는 소외를 자양분으로 삼을 수

---

* 마커스 가비 흑인으로서의 자부심을 고취하고 흑인이 자유를 누리기 위해서는 아프리카로 돌아가 정착해야 한다는 아프리카 복귀 운동을 주장한 흑인 지도자.

있지만 흑인 노동자 대중이 겪는 문제의 해결책을 제시할 수는 없다. 때때로 흑인 민족주의 사상은 흑표범당처럼 자본주의를 비판할 만큼 급진화하기도 한다. 그러나 흑인 자본주의의 기틀을 마련하기 위한 "인종 단결"의 필요성을 역설하는 더 보수적이고 친자본주의적인 사상이 되기도 한다.[116]

공민권운동과 블랙파워 운동은 미국의 인종차별에 만만찮은 도전을 제기했다. 이 운동에 많은 백인들이 지지를 보내고 참여하기도 했지만 가난하고 노동계급인 흑인이 운동의 중추를 이뤘다. 이들의 투쟁은 법적인 인종 분리를 끝장냈을 뿐 아니라 소수자 우대 조치를 시행하게 만들어서 흑인이 "가장 나중에 고용돼 가장 먼저 잘리는" 고용상의 불평등을 해결하고 흑인 학생이 대학 진학의 불평등 때문에 고등교육기관에서 지나치게 적은 문제를 바로잡으려 했다. 이런 투쟁들 덕분에 복지 지출이 크게 늘었고 흑인이 공직에도 진출할 수 있게 됐다. 1969~1975년 사이에 선출된 흑인 공직자의 수는 세 배로 늘었다.[117]

그러나 이 투쟁들로 인종차별이 끝난 것은 아니다. 공민권운동은 모두의 처지를 향상시켰지만 다수의 가난한 노동계급 흑인보다는 중간계급 흑인이나 소수 흑인 자본가의 처지를 훨씬 더 크게 향상시켰다. 오늘날에도 여전히 흑인은 백인보다 실업률이 두 배나 높다. 16~19세 흑인 청소년의 실업률은 2013년 말에 전국적으로 36퍼센트에 이르렀다.[118] 2009년에 경제 불황이 정점을 찍었을 때 밀워키에 사는 흑인 중 절반은 일자리가 없었다.[119] 게다가 이런 공식 통계는 상당수에 달하는 구직 단념자를 포함하지 않는다. 앞에서 썼듯이 흑인은 전체 인구의 12퍼센트이지만 재소자의 절반을 차지한다. 브라운 대 토피카 교육위원회 재판* 이후 수십 년이 지난 지금도 유색인의 자녀들은 가장 가난하고 지원금도 가장 부족한 지역의 학교에 몰려 있어서 남부든 북부든 도시와 학교에서의 인종 분리는 여전히 심각하다.[120]

미국에서 흑인 등 유색인의 처지가 여전히 백인보다 훨씬 못하다는 것은 부정할 수 없는 사실이다. 사회의 각계각층에서 널리 수용되며 오늘날까지 수십 년 동안 미디어가 떠들어대는 지배 이데올로기는 이런 불평등을 체계적 차별이 아니라 개인의 능력 부족 탓으로 돌린다. 그리고 가장 노골적인 법적 차별은 1960년대 이후 사라졌기 때문에 지금의 사회는 인종적 배경이 더는 발목을 잡지 않는 '탈인종' 사회라는 믿기 어려운 주장을 퍼뜨린다. 그러면서 수세기 동안 이어진 인종적 불균형을 바로잡기 위해 도입된 소수자 우대 조치 등을 없애는 것도 정당화한다. 따라서 인종차별을 격퇴하려면 날마다의 경찰 폭력 사건에 항의하고 차별에 반대하고 각종 차별적 표현에 맞서 싸우는 것에서 더 나아가야 한다(사상적 대결에서도 승리해 흑인이 아니라 체제가 문제라는 것도 드러내야 한다).

인종차별을 끝내려면 인종차별을 조장하고 인종차별에 의존하는 체제, 즉 자본주의를 끝장내야만 한다. 그러려면 노동계급이 단결해 체제에 일격을 날려야 한다. 인종차별에 맞선 의식적이고 조직적인 투쟁만이 그런 단결을 강화할 수 있다. 랜스 셀파는 인종차별의 기

---

* 브라운 대 토피카 교육위원회 재판 공립학교에서 인종 분리가 헌법에 위배된다는 판결을 내린 재판.

원을 다룬 글에서 이 점을 잘 요약했다.

첫째, 인종차별은 변하지 않는 인간 본성의 일부가 아니다. 인종차별은 말 그대로 발명됐다. 그렇기 때문에 해체하는 것도 가능하다. 둘째, 백인 우월주의 이데올로기의 압도적인 영향력에도 불구하고 노예 자신들은 물론 인종차별에 반대하는 백인 등 백인 우월주의에 저항한 사람은 언제나 있었다.
인종차별을 이렇게 이해해야 인종차별에 맞서는 [올바른] 전략이 나온다. 인종차별 반대 교육은 중요하지만 그것만으로는 부족하다. 교육으로만 인종차별에 대처하는 것은 인종차별을 그저 '그릇된 사상'으로만 다루는 것이며, 상당수 노동자들에게 인종차별을 받아들이게 하는 물질적 조건을 건드리지 않기 때문이다. 노동자들을 인종차별의 영향력에서 철저히 벗어나게 하려면 세 가지가 필요하다. 첫째, 인종을 넘어서 노동자들을 단결시키는 광범한 계급적 반격이 필요하다. 둘째, 상당수 노동자들에게 인종차별이 호소력을 발휘하게 만드는 현실(저질 일자리·주택·교육)과 싸워야 한다. 셋째, 인종차별 반대자들이 의식적으로 개입해서 현실의 각종 인종차별에 반대하고 인종을 넘어선 계급적 연대에 대한 지지를 이끌어 내야 한다.[121]

결론

사회주의는 노동계급의 해방만 주장하는 이론이 아니다. 사회주의는 노동계급의 해방이 인류 전체의 해방을 위한 기초가 될 수 있다고 주장하는 이론이다. 사회주의는 계급 착취뿐 아니라 모든 형태의 차별도 끝내고자 한다. 레닌이 《무엇을 할 것인가?》에서 썼듯이 "어느 계급에 영향을 주는 것이든 간에 모든 학정·차별·폭력에 대응하도록 노동자들이 단련되지 않는 한 노동계급의 의식은 진정한 정치의식일 수 없다. … [사회주의자의 — 지은이] 이상이 노동조합 위원장이어서는 안 된다. [사회주의자의] 이상은 어느 계급이나 계층이 관계된 것이든, 어디에서 발생한 것이든, 현실의 모든 폭정과 차별에 대응할 줄 아는 인민의 호민관이어야 한다."[122]

마르크스주의가 차별받는 이들의 투쟁, 특히 '서구' 바깥에서 벌어지는 투쟁을 무시한다는 것은 오해다. 레닌과 공산주의인터내셔널[코민테른]은 식민지 해방을 국제 혁명 전략의 핵심으로 삼아서 유럽의 노동자 투쟁과 식민지 해방 투쟁을 연결했다. 트로츠키가 연속혁명론을 발전시킨 것은 원래 러시아 상황과 관련해서였다. 트로츠키는 사회주의가 '후진' 국가에서 먼저 시작돼 '선진' 국가로 확산될 수 있다고 주장했다. 1920년대에 트로츠키는 이 주장을 중국이나 식민지에서 벌어진 투쟁에도 적용했다. [미국의 인도 출신] 좌파 사회학자인 비벡 치버는 다음과 같이 주장한다.

> 20세기 마르크스주의의 역사를 살펴보면 마르크스주의가 비서구 세계의 현실에 끊임없이 관여하려 애썼음을 알 수 있다. 생각해 보면 그러지 않을 수 없었다. 혁명 운동이 가장 강력한 나라는 많은 경우 선진 자본주의 국가가 아니었다. 1905년 러시아 혁명을 비롯한 20세기 사회주의 운동의 경험이 그랬다. …
>
> 사실 마르크스주의야말로 좌파 진영에서 유일하게 비서구 세계의 현실에 끈질기고 쉼 없이 관여하려 한 이론이다. 마르크스주의가 비서구 세

계를 무시한다느니, 서구식 구분법을 억지로 들이댄다느니, 비서구 세계의 현실을 외면한다느니 하는 주장은 정말 얼토당토않다.[123]

마르크스주의적 관점에서 계급과 차별은 서로 떼려야 뗄 수 없고, 통합적으로 얽혀 있는 전체의 일부다. 자본주의를 타도하기 전에는 차별을 극복할 수 없다. 그러나 온갖 형태의 차별에 맞서 싸우지 않고서는 자본주의와 싸워서 이길 수 없다. 차별받는 이들의 투쟁을 옹호하지 않으면 체제에 도전하는 데 필수적인 단결이 불가능할 뿐 아니라, 이런 투쟁은 언제나 그랬듯이 다른 세계를 위한 투쟁에서 강력한 구실을 할 것이기 때문이다. 다음 인용문에서 레닌은 민족 해방 투쟁을 다루고 있지만 그의 요지는 더 일반적으로도 적용할 수 있다.

> 식민지와 유럽의 소수 민족들이 일으키는 반란, 온갖 편견을 지닌 프티부르주아지 일부의 혁명적 분출, 정치의식이 흐릿한 노동계급과 반半노동계급 대중이 지주, 교회, 왕정, 민족 억압 등에 맞서서 벌이는 운동 없이 사회혁명이 가능하다는 상상, 이런 상상은 모두 사회혁명과 담을 쌓는 일이다. 마치 한 군대가 한쪽에서 "우리는 사회주의 편"이라고 선언하고, 다른 쪽에서 다른 군대가 "우리는 제국주의 편"이라고 선언하는 것처럼 사회혁명을 이해하는 것이다![124]

노동자가 생산을 장악하는 것이 혁명의 전부가 아니다. 혁명은 레닌의 말처럼 "차별받고 착취받는 사람들의 축제"로서, 온갖 방식으로 짓밟히던 모든 사회 구성원이 들고일어나 그동안 자신을 짓누르

고 삶을 파괴하고 개성을 억압한 모든 것을 갈아엎는 일이다.[125]

성차별, 민족 억압, 인종차별은 그 정의상 차별받는 그 집단에 속한 모든 계급의 사람들에게 영향을 끼친다. 그러나 각 계급의 차별의 경험은 상이하다. 낙태 규제와 국가에 의해 강요되는 불임수술은 노동계급과 가난한 여성에게 훨씬 더 큰 고통을 준다. 부유한 여성은 언제든지 사생활 노출 우려 없고 의학적으로도 안전한 낙태 시술 등 최상의 의료 서비스를 받을 수 있다. 가난하거나 노동계급인 여성이 허리가 휘게 짊어지고 있는 가사도 부유한 여성은 가정부를 고용해서 뚝딱 처리할 수 있다. 인종차별이 심각한 미국에서는 부유한 흑인도 멋진 차를 몰다가 별 이유도 없이 검문을 받을 수도 있지만, 사법 체계는 부유한 흑인보다 가난하거나 노동계급인 흑인에게 훨씬 더 가혹하다. 사실 오하이오주의 자동차 부품 공장에서 일하는 흑인은 [같은 흑인인] 오프라 윈프리 같은 백만장자나 빌 코스비 같은 억만장자보다는 같은 공장에서 일하는 백인 노동자와 공통점이 더 많을 것이다. 미국 재계의 앞잡이 노릇을 하는 '자수성가'형 부자인 빌 코스비가 흑인들한테 자기 문제는 자기가 책임져야 한다고 강변하는 것은 결코 우연이 아니다. (코스비는 흑인 아이들에 대해 다음과 같이 불평하기도 했다. "그것들은 골목에 서 있습니다. 영어도 제대로 못합니다. 영어를 배우고 싶어 하지도 않아요. 그것들 말투는 흉내도 못 내겠어요."[126]) 호텔 객실 청소원 여성은 자신이 청소하는 방에 머무는 부유한 여성보다 같이 일하는 남성과 공통점이 더 많다. 정주 노동자는 자기 나라 사용자보다 이주 노동자와 공통점이 더 많다.

차별받는 사람들은 스스로를 해방시키기 위해 싸워야 한다. 그러나 차별받는 집단·민족·나라에 속한 노동계급은 언제나 그런 싸움을 가장 멀리까지, 즉 중간계급 지도자가 바라는 한계 너머로 전진시킬 이해관계가 있다. 게다가 노동계급은 가장 잘 단결할 수 있고, 다른 차별받는 사람들을 인류 해방을 위한 투쟁으로 묶을 사회적·조직적 연대를 가장 잘 제공할 수 있는 계급이다. 차별받는 사람들에게 도덕적 동질감을 느끼고 공감하는 것은 차별받는 사람들의 다양한 운동과 투쟁을 서로 연결하기 위해 꼭 필요하다. 그러나 그것만으로는 충분치 않다. 그런 연대의 바탕이 될 물질적·사회적 기반, 즉 공통의 이해관계라는 기반이 있어야 한다. 모든 인종·국적·민족·언어·성별의 노동자들을 단결시킬 잠재력이 있는 공통의 계급적 이해관계가 바로 그런 기반이다. 아일랜드의 사회주의자 제임스 코널리가 썼듯이 "사슬을 가장 잘 알아보고 끊어 낼 수 있는 것은 사슬에 묶인 본인들이다. 그러나 누가 외벽을 함락시키든 간에 그 안에 있는 차별의 성채를 무너뜨릴 수 있는 것은 노동계급뿐이다."[127]

12장

자본주의가 낳은 생태 위기

인간의 활동이 지구를 파괴하고 있다는 것은 부인할 수 없는 사실이다. 이산화탄소나 메테인(메탄) 같은 온실가스의 배출량이 지난 몇 세기 동안, 특히 1950년 이후 증가한 결과 지구의 기온은 상승하고 있고 이것은 인류의 미래를 심각하게 위협하고 있다.

극지방의 빙하가 모든 과학자들의 예측보다 빨리 녹으면서 해수면은 100년 전보다 30센티미터* 상승했으며 이미 일부 해안과 섬의 주민을 위협하고 있다. 빙하와 설원이 빠르게 녹아 물 공급에 비상이 걸린 인구 밀집지도 있다. 온난화의 결과로 날씨가 더 극단적이돼서 예측하기 어려워졌다. 가뭄·폭풍·산불·홍수가 더 거세게 일어난다. 바다와 강의 산성도가 증가하고 사막화가 심각해졌다. 세균성 병해, 바이러스성 감염병의 발생 빈도와 확산 범위가 늘어나 생물 다양성이 감소하고 일부 종은 서식 환경의 변화를 쫓아가지 못해 멸종 위기에 처했다.

기후변화의 주범인 화석연료가 일정한 한계 이상으로 연소되면 이런 변화가 더욱 급격하게 일어나 상황이 예측 불가능해지고 돌이

---

* 전 세계 평균 해수면은 지난 100년간 20센티미터 상승했다. 그러나 지역마다 상승한 정도는 다를 수 있다.

킬 수 없는 지경이 되고 말 것이다. 그리고 대기 중 이산화탄소 농도는 이미 선구적인 기후학자 제임스 핸슨이 제시한 안전 상한선인 350피피엠을 넘어섰다. 2009년에는 387피피엠에 이르렀고 2013년에 일부 측정소에서는 400피피엠을 돌파했다(300만 년 만에 처음 있는 일이다).[1]

대기 중 온실가스를 흡수하는 우림·삼림·늪지·툰드라 등은 벌채와 온난화 탓에 급속하게 줄어들고 있다. 세계적으로 열대림은 이미 절반 이상 사라졌다.[2] 대다수 과학자들은 기온 상승이 [결과가 다시 원인으로 작용하는] 되먹임 순환을 일으키는 단계에까지 이르렀다고 본다. 마치 마이크를 가까이 댄 스피커에서 귀청 찢어지는 소리가 나는 것처럼 말이다. 그래서 대기로 새어 나가는 메테인과 이산화탄소 같은 온실가스의 양이 늘어나는 속도가 질적으로 다른 수준으로 빨라지고 온난화와 그 파괴적 효과가 전개되는 속도가 빨라졌다.[3]

기후변화는 생태 위기의 한 측면일 뿐이다. 농업, 제조업, 광업, 운송업, 채굴 산업에서 나온 산업·화학·생물학적 폐기물이 제대로 규제되지 않은 채 공기와 물과 땅, 그리고 인간을 오염시키고 있다. 지구는 쓰레기장으로 취급된다. 2010년 석유 기업 BP의 시추선 딥워터 허라이즌 [폭발] 기름 유출 사고는 눈에 띄는 최근의 한 사례에 불과하다. [반자본주의 생태학자] 프레드 매그도프와 브라이언 토카는 현대식 기업 농업이 초래한 결과를 다음과 같이 묘사한다.

> 전통적 농업 생산과 연관된 여러 환경적 재난이 더 심해졌다. 지하수와 지표수가 질산염·인산염·침전물·살충제로 오염됐다. 식량도 오염됐다.

공장식 대형 축사에는 고영양 폐기물이 쌓여 위험한 수준의 오염을 일으키고 있는 반면 농경지의 양분은 고갈됐다. 공장식 축사에서 항생제를 매일같이 사용한 결과 항생제에 내성이 있는 미생물이 확산됐다.[4]

자본주의에서 인류가 이룩한 생산력은 모두의 욕구를 충족할 수 있는 세계를 가능케 했지만 동시에 미래에는 지구에 생명이 살 수 없게 될지도 모른다는 우려를 자아낼 만큼 환경을 바꿨다. 저명한 환경 운동가 빌 매키번의 지적처럼 "우리가 사는 세계는 우리가 자연을 괴롭히던 형국에서 자연이 훨씬 거세게 반격하는 형국으로 빠르게 바뀌고" 있다.[5]

기후변화는 사실상 과학계 전체가 인정하고 있는 현상이고 그 영향은 너무나 뚜렷해서 도저히 외면할 수가 없다. 그러나 기업의 후원을 받는 연구소들은 그런 문제가 없다고 사람들을 설득하는 데 막대한 비용을 들인다. 일례로, 거대 석유 기업 엑손모빌은 1998~2012년에 기후변화를 부인하는 캠페인에 2740만 달러를 후원했다.(물론 엑손모빌은 2012년 한 해에만 449억 달러의 이윤을 벌었으니, 새 발의 피이긴 하다!) [석유 기업 코크인더스트리스의] 악명 높은 코크 형제도 1997년부터 지금까지 기후변화를 부정하는 캠페인에 6700만 달러를 썼다.[6]

세계의 통치자들은 점점 기후변화를 인정하고 있지만 문제를 실제로 해결할 의지는 없다. 1997년 교토 회의, 2009년 코펜하겐 회의, 2013년 바르샤바 회의 등 수십 년 동안 세계적 기후변화 문제를 논의하는 국제 회의가 열렸지만, 실질적 효과가 있는 실질적 해결책은 채택되지 않았다. 마르크스주의자이자 환경 운동가인 크리스 윌리엄스가 지적했듯이 바르샤바 회의는 "연소 시 다른 화석연료보다 탄소 배출량이 많"으며 폐 손상, 암, 산성비를 유발하는 석탄을 대체할 방안을 다루지 않았다.

> 회의는 정반대의 목적으로 이용됐다. 참가자들은 … "청정 석탄"의 미래를 옹호하러 왔다. 이 기술은 '탄소 포집·저장' 기술로 알려져 있다. 석탄 발전소에서 배출되는 탄소를 붙잡아서 땅속에 가둔다고 하는 이 기술은 어떤 형태로도 상용화되지 않았다. 심지어 이 기술의 일부 지지자들조차 언젠가 필요한 만큼의 효과를 낼 수 있을지 확신하지 못한다. 그럼에도 이 기술은 계속해서 석탄을 "안전하게" 태우는 방법으로 홍보된다. …
>
> 지금까지의 [탄소] 배출에 가장 큰 책임이 있는 북반구 국가들은 더 과감하게 배출량을 줄이거나 개발도상국의 기후변화 대처나 대체에너지 전환을 위한 원조를 늘리기는커녕 자기가 짊어질 책무를 더 줄인다.[7]

비교적 쉽게 채굴되는 저렴한 석유가 감소했지만 그렇다고 지속 가능한 재생에너지로 화석연료가 대체되고 있는 것은 아니다. 오히려 캐나다의 타르샌드에서 석유를 추출하거나, (BP의 원유 유출 참사에도 불구하고) 연안 시추나 육상 시추를 확대하고, 모래와 위험한 화학 첨가물을 섞은 물을 엄청난 압력으로 분사해 천연가스를 추출하는 등(수압 파쇄법 또는 프래킹이라고 한다) 온갖 "획기적인" 방법이 동원되기 시작했다. 미국자원보호위원회는 점점 빠르게 확산되는 프래킹 때문에 "수원지와 대기가 오염되고 강이 파괴되고 자연 경관이 황폐화됐다"고 보고했다.[8]

미국은 전 세계 온실가스 배출량의 19퍼센트를 차지하지만 이런 현실을 타개할 실효성 있는 계획은 없다. 오바마는 공약과 달리 석탄과 석유 생산량을 급속하게 늘렸다. 미국은 재생에너지를 개발하고 화석연료 사용을 줄이는 데 앞장서기는커녕 다시 거대한 에너지 생산국이 됐다. 매키번은 다음과 같이 지적한다.

> 사람들은 오바마의 기후 정책이 남긴 유산을 어떻게 기억할까? 몇 가지 사실이 시사적이다. 오바마의 임기가 끝날 때쯤 미국은 사우디아라비아를 능가하는 세계 최대 산유국이 될 것이며 석유와 가스를 합친 생산량도 러시아를 제치고 세계 최고가 될 것이다. 몇 년 동안 국내 석탄 소비량은 줄기 시작했지만 석탄 수출량은 최고 기록을 경신했다. 국내 배출량이 약간 줄었더라도 미국은 여전히 세계를 달구는 기계다. 과학자들이 탄소 배출에 제동을 걸라고 주문하는 이 와중에도 미국은 가속페달을 밟고 있다.[9]

인구가 너무 많다?

생태 위기를 걱정하는 많은 사람들의 한 가지 공통된 의견은 자원이 희소한 데 비해 인구가 너무 많은 것이 위기의 주요 원인이며 인간이 한 명씩 늘어날 때마다 지구를 망치는 "발자국"도* 늘어난다

* 인간이 환경에 미치는 영향을 '발자국'으로 표현하는 용어들이 있다. 예컨대 '생태 발자국'은 인간이 소비하는 각종 자원을 토지로 환산한 지수이고, '탄소 발자국'은 인간 생활로 발생되는 온실가스의 총량을 나타내는 지수이다.

는 것이다. 이 추세를 뒤집을 유일한 길은 소비를 줄이고 인구 증가를 제한하거나 심지어는 절대적 인구수를 줄여야 한다는 것이다.

과잉인구론의 기원은 19세기 영국의 경제학자 토머스 로버트 맬서스의 이론이다. "제멋대로 증가하게 내버려 두면 인구는 기하급수적으로 증가하지만 식량은 산술급수적으로만 증가한다"고 맬서스는 주장했다.[10] 맬서스는 동물 세계에서 관찰한 것을 고스란히 인간 사회에 대입하면서 이를 뒷받침할 일말의 증거도 제시하지 않았다. 이런 이론을 바탕으로 맬서스는 빈자의 처지를 개선하려는 모든 시도는 부질없다고 주장했다. 이에 대해 엥겔스는 다음과 같이 썼다. "이런 논리의 함의는 가난한 사람들이 바로 잉여 종자이기 때문에 그들을 가능한 한 굶어 죽기 쉽게 하는 것 말고는 아무것도 해서는 안 된다는 것이다."[11]

환경 파괴에 대한 신맬서스주의적 설명은 계속해서 유행하더니 오늘날에는 상식이자 증거가 필요 없는 자명한 진리로 여겨진다. 1968년에 앤 에얼릭과 폴 에얼릭이 《인구 폭탄》을 출간한 이래 일부 환경 운동가는 걷잡을 수 없는 인구 증가에 대해 거의 끊임없이 경고했다. 그 책의 속편 격인 《인구 폭발》(1990)에서 그 경고는 신경질적이 됐다. "당신이 이 문장을 읽는 6초 동안 18명이 태어난다. 1시간마다 먹여 살려야 할 입이 1만 1000개 늘어난다. 1년이면 9500만 개다. 그러나 농작물 재배에 필요한 전 세계의 흙과 물은 1968년보다 수천억 톤, 수천억 리터나 적어졌다."[12] 인구와 자원 소비, 에너지 사용을 줄이지 않는다면 "문명은 붕괴할 것"이라고 저자들은 경고한다.[13] 이런 대재앙을 경고해 놓고(그러나 그들이 예언한 일련의 과정은 결코 시작된 적이 없다) 제시하는 해결책은 개인적 해결책인데,

마치 계란으로 바위를 치는 격이다. 아이를 적게 낳고, 소고기 섭취를 줄이고 "야채를 더 많이" 섭취하고, 보일러를 트는 대신 스웨터를 입고, 연비가 좋은 차를 몰고, "여가 시간을 투자해 나무를 심자"는 따위의 것들이다.[14]

캘리포니아 [샌타바버라대학]의 인류생태학 교수 개릿 하딘도 비슷한 재앙을 예고하고는 인종차별적 결론을 도출한다. "부유한 나라들은 생존을 위해 가난한 자들의 유입을 차단해야 한다. 그들이 가난한 것은 그들의 정부가 인구 증가를 막을 능력과 의지가 없기 때문이다."[15] 하딘은 눈 하나 깜짝 않고 "번식의 자유는 용납할 수 없다"고 언명한다.[16] 하딘은 지구를 구명보트에 비유하면서 미국이나 유럽과 같은 "보트"에 다른 나라 사람들이 올라타지 못하게 막아야 한다는 암시를 준다.

이런 주장의 극단에는 인간을 불신하는 "원시주의적" 환경주의가 있다. 이런 관점을 지지하는 사람들은 모든 종류의 '문명'에 반대하며 인류가 선조들처럼 채집과 사냥을 하는 시대로 돌아가야 한다고 주장한다.[17] 이런 상상 속 유토피아가 인류 다수에게는 디스토피아일 것이라는 점은 잠깐만 생각해 봐도 알 수 있다. 농업을 포기하고 식량을 찾아 유랑하는 사회로 돌아간다면 지구에 사는 인구의 압도 다수가 삶을 유지하지 못할 것이다. 원시주의의 목표인 문명 파괴는 수십억 명의 목숨을 앗아 갈 것이다.

마르크스와 엥겔스는 인류가 대부분의 시기를 계급이 없고 평등한 공동체를 이뤄 살아가는 사회에서 보냈다는 사실의 의의를 잘 알았다. 그러나 원시 공산주의로 돌아가야 한다는 불가능하고 반동적인 해결책을 제시하지는 않았다. 자본주의의 생산력과 과학적 성취가 비록 파괴적이긴 했지만 "현대사회가 더 발전된 형태로 가장 옛날의 사회유형, 즉 집단적으로 생산하고 향유하는 사회로 되돌아갈" 조건을 마련했음을 마르크스와 엥겔스는 입증했다.[18]

그러나 마르크스와 엥겔스의 해법을 자세히 다루기 전에 "인구가 너무 많다"는 흔한 주장을 더 파헤쳐 보겠다. 전 세계에서 굶주리고 있는 사람은 8억 6800만 명 정도이고, 전 세계 아동 중 26퍼센트가 발육 부진이며, 미량영양소가 하나라도 결핍된 사람은 20억 명에 이른다.[19] 그러나 식량 생산은 인구 [증가]에 뒤처지기는커녕 갈수록 인구를 훨씬 능가하고 있다. 2005년 유엔 식량농업기구의 추산에 따르면 세계의 1인당 식량 생산량은 "지난 30년 동안 꾸준히 증가했으며 지난 10년 동안의 연평균 증가율은 1.2퍼센트에 이른다. 선진국과 개발도상국 모두 증가 추세를 보였으며 증가율은 선진국보다 개발도상국이 높았다."[20] 현재 생산되는 곡물만으로 전 세계 인구 모두 너끈히 먹여 살릴 수 있다.[21] 다른 먹거리까지 포함하면 지금보다 두 배나 되는 인구도 족히 먹여 살릴 수 있다.[22] 그러나 굶주리는 사람 대다수가 농촌에 사는 농민과 그 가족이라는 사실은 정말이지 소름 끼치는 아이러니다. 바이오 연료 생산을 위한 옥수수 등 곡물의 생산량이 지난 몇 년 동안 늘어난 결과, 식량 가격이 오르고 더 많은 사람들이 굶주리게 됐다. 사람들이 굶주리는 이유는 한마디로 식량이 절대적으로 부족해서가 아니라 사람들이 식량을 살 형편이 안 되기 때문이다. 신맬서스주의자들처럼 다른 이유를 들이대는 것은, 굶주리는 자를 먹이진 못할 망정 가격 하락을 막기 위해 식량을 바다에 버리는 이 체제에 편리한 변명거리를 제공하기 위한 것일 뿐이다.

한편 인구가 끝없이 성장한다는 무시무시한 예측도 틀린 것으로 드러났다. 맬서스의 주장과 달리 인구는 "기하급수적"으로 증가하지 않는다. 1972년에 개릿 하딘은 사회주의자이자 환경 운동가인 배리 커머너와의 논쟁에서 출산율 감소가 "허구"라고 주장했다. 그러나 미국의 출산율은 대부분의 북반구 선진국과 마찬가지로 총인구를 유지하는 수준으로 떨어졌다. 독일, 이탈리아, 일본 등 몇몇 나라들은 2040년 쯤에는 인구가 훨씬 줄 것으로 예상된다. 사실 세계 인구 성장률은 1963년에 정점에 이르렀다가 그 후 50년 동안은 낮아지고 있고 앞으로도 한동안 하락할 것으로 예상된다.[23]

1844년에 엥겔스는 맬서스의 "메스껍고 혐오스러운 이론"을 혹독하게 비판하면서 "모든 성인은 자기가 소비할 수 있는 것보다 많이 생산한다"고 지적했다.[24] 맬서스주의는 이 자명한 진리로 완전히 논파된다. 모든 노동자가 "자신의 필요보다 훨씬 많이" 생산하기 때문에 "공동체는 그에게 필요한 모든 것을 기꺼이 제공해야 마땅하다."[25] 자본주의 농업 생산의 전반적 추세가 이를 증명한다. 오늘날의 농업은 급증하는 세계의 도시 인구를 먹여 살릴 식량을 훨씬 적은 일손으로 생산할 수 있다.

절대적 과잉인구란 존재하지 않는다. 어떤 사회의 인구 패턴을 이해하려면 당시 생산양식의 운동 법칙을 봐야 한다. 마르크스는 우선 맬서스와 그의 인구론이 "자본의 악랄한 관점을 가장 악랄하게 표현한다"고, 즉 자본주의를 정당화하기 위한 것이라고 비판했다. 그러나 마르크스는 맬서스의 논리 자체도 무너뜨렸다. 마르크스는 맬서스가 증명되지 않은 주장들을 나열한다고 지적했다. 마르크스가 보기에 "사회의 생산양식이 다르"면 "인구 증가를 지배하고 과잉인구를 규정하는 법칙도 달라"진다. 그러나 맬서스는 "모든 형태의 사회에서 과잉인구가 나타난다고 단언한다." 마르크스는 다음과 같이 썼다.

> 맬서스는 경제 발전의 여러 역사적 국면에서 나타난 과잉인구의 성격을 똑같은 것으로 여기며 각각의 독특한 차이점들을 이해하지 못한다. 그래서 매우 복잡하고 가변적인 여러 조건들을 어리석게도 하나의 간단한 관계식으로 환원한다. 즉, 인류의 자연적 재생산을 한 변에, 식량(혹은 생존 수단)의 자연적 재생산을 다른 변에 놓고, 전자는 기하급수적으로 증가하는 것으로 후자는 산술급수적으로 증가하는 자연수열로 놓고 비교한다. 이런 식으로 맬서스는 역사적으로 독특한 조건들을 추상적인 숫자 관계로 둔갑시킨다. 이 관계식은 순전히 허공에서 끄집어낸 것이며 자연의 법칙이나 역사의 법칙에 근거하지도 않는다. … 인구가 굉장히 다양한 조건에서 형성되며 과잉인구 역시 역사적으로 결정되는 비율이고 그것을 결정하는 것은 추상적인 숫자나 생존 수단의 생산성의 절대적 한계가 아니라 특정한 생산 조건이 부과한 한계라는 것을 맬서스는 역사를 봤다면 알 수 있었을 것이다. … 고대 아테네의 과잉인구는 오늘날 우리가 보기엔 얼마나 적은가!

과잉인구는 오직 상대적으로, 즉 특정 사회와 그 사회의 생산·재생산 조건을 기준으로만 파악할 수 있다. 마르크스는 다음과 같이 썼다. "예를 들어 수렵 부족의 과잉인구가 뜻하는 바는 … 대지가 그 소수의 인구조차 먹여 살리지 못한다는 것이 아니라, 수렵 부족이 소수의 인구를 먹여 살리기 위해서도 광활한 영역을 확보해야 하는 재생산 조건에 있었다는 것이다." 이처럼 잉여 인구는 순전히 상대적인 문제로, "생존 수단 자체가 아니라 그것을 생산하는 생산 양식"과 관계된 것이고, 따라서 그것은 "해당 발전 단계에서만 잉여" 일 뿐이다.[26]

자본주의하에서 잉여 인구는 생존 수단이 절대적으로 부족한 결과가 아니라, 사회의 생산성이 발전한 결과다. "잉여 인구, 잉여 노동력은 예외 없이 부의 잉여와 … 연관이 있다"고 엥겔스는 썼다.[27] 자본주의에서 과잉인구는 확보된 생존 수단보다 많은 인구가 아니라 일자리보다 많은 인구다. 자본주의적 산업이 발전할수록 점점 더 적은 수의 노동자를 고용하는 데 더 많은 양의 자본이 들어간다. 그리고 시장의 수익성이 변화해 노동자들이 일자리를, 농민들이 토지를 주기적으로 잃게 된다. 그러면 마르크스가 말한 "산업예비군"이 생겨난다. 마르크스가 《자본론》에서 썼듯이 이 "잉여 노동인구는 … [자본이] 마음대로 처분 가능한 산업예비군을 … [즉,] 언제든지 착취당할 태세가 돼 있는 인간 재료 더미를 형성한다."[28]

성장, 인구, 자본축적

오늘날 세계의 고삐 풀린 경제성장이 생태 위기를 낳았다는 것은 의심할 여지가 없는 사실이다. 그런데 인구가 줄면 성장도 둔화해서 위기 해결에 도움이 되지는 않을까? 인구가 늘면 탄소 배출량도 늘어난다는 주장의 문제점은 모든 사람이 거기에 동등하게 기여하지는 않는다는 점이다. 훌륭한 책 《사람이 너무 많다고?》의 저자들이 지적하듯이 그 어느 나라나 지역에서도 인구밀도나 인구의 성장과 탄소 배출량 사이에는 인과관계가 없다. "인구 성장률이 높기로 손꼽히는 나라들은 대부분 이산화탄소 배출량 증가율이 낮은 반면 인구 성장률이 낮기로 손꼽히는 나라들은 이산화탄소 배출량 증가율이 높다." 사실 탄소 배출은 가난한 나라가 아니라 산업화 중이거나 이미 산업화된 부유한 나라가 일으키는 문제다. 게다가 부유한 나라들에서도 인구밀도와 탄소 배출량 사이에는 아무런 직접적인 상관관계가 없다.[29]

《사람이 너무 많다고?》의 저자들은 과잉인구론자들이 인구 성장의 해악을 "증명"하기 위해 1인당 오염량 수치를 들이대는 것을 날카롭게 비판한다. "오염량을 인구수로 나누면 1인당 오염량이 된다. 이것은 1인당 오염량에 인구수를 곱하면 총 오염량이 된다는 순환논법으로 이어진다."[30]

과잉인구론자들이 들이대는 환경오염과 인구, 풍요, 기술의 관계식 또한 이런 순환논법에 빠져 있다. 에얼릭이 처음으로 대중화한 IPAT 방정식(환경에 주는 영향=인구×풍요×기술)은 더 많은 사람이 더 많은 에너지와 기술을 사용하면 환경을 망친다는 전제를 입증하기 위해 고안됐다. 이것은 1인당 통계와 똑같은 문제점이 있다. 즉, 순환논법이다. 환경에 미치는 영향의 총량을 인구수로 나눠라. 그리고 이 평균치를 인구수에 곱해라. 보라! 지구에 사람이 한 명씩 늘어날 때마다 이 평균치만큼 영향이 늘어나지 않는가! 《사람이 너무 많다고?》의 저자들이 지적하듯이 이 방정식은 언제나 "성립한다." 진정한 공식이라기보다는 항등식이고 "그 자체로 언제나 참"이며 "인구 성장이 다른 문제들의 궁극적 원인이자 보편적 승수乘數라는 그들의 견해를 전제로" 하고 있기 때문이다.[31] 게다가 이 공식으로 산출된 영향은 언제나 부정적인 것으로 전제돼 있다. 본성에 의해 인간은 자신을 낳아 준 자연계의 적이 된다는 것이다.

많은 것을 뭉뚱그리는 수상쩍은 이 통계들은 인구를 추상적이고 균질한 것으로 다뤄서 마치 "배출량이 인구와 직접적인 상관이 있는" 듯한 잘못된 인상을 준다.[32] 그러나 1인당 수치는 무엇 때문에 오염이 생기고 누가 오염에 책임을 져야 하는지에 답하지 않는다. 마르크스는 《정치경제학 비판 요강》에서 "인구는 추상이며 그것을 이루는 것, 예컨대 계급 같은 것이 생략돼 있다"고 썼다.[33]

단순히 인구밀도가 높지만 산업화가 거의 안 된 나라는 오염이 덜한 반면 인구밀도가 낮지만 고도로 산업화한 나라는 오염이 심하다는 것이 아니다. 각 나라 안에는 극단적인 계급 격차와 소득 격차가 존재하며 다양한 사람들이 생산과 유통에서 상이한 지위를 점한다. 그러므로 미국에 사는 모든 사람들이 각자 "1인당" 평균 이산화탄소 배출량을 똑같이 배출하는 것은 아니다. 집 네 채에 요트와 전용기까지 보유한 부유한 자본가들은, 걸어서 출퇴근하고 방세도 겨우 내는 맥도날드 계산원보다 의심할 여지 없이 더 많은 '탄소 발자국'을 남긴다. 게다가 [자본주의] 생산양식에서는 대다수가 생산을 전혀 통제하지 못하기 때문에 에너지가 어디에 사용되거나 낭비될지 결정할 수 없다. 예컨대 "오늘날 고형 폐기물의 99퍼센트"는 가정이 아니라 "산업 공정에서 나온다."[34] 미국에서 탄소 배출량이 상승한 것은 수익성 높은 기업들의 "생산적 소비"로 인한 석탄·석유·셰일가스 붐 때문인데, 이것은 우리 대다수가 전혀 결정할 수도 없고 초래하지도 않은 일이다.[35]

"성장"도 "인구"와 마찬가지로 피상적이고 함정에 빠지기 쉬운 용어다. 무엇을 기반으로, 무엇을 목표로 하는 어떤 성장인가를 물어야 한다. 많은 경우 생태학자들은 성장이 인간의 본성이기 때문에 강력하게 제약해야 한다거나 최근 인류가 성장에 "중독"됐으니 이를 치료할 방법을 찾아야 한다고 주장한다. 그러나 어떤 경우든, 우리가 경험하는 고삐 풀린 경제성장을 그 배후에 있는 자본주의 생산양식과 연결하지는 않는다.

앞에서 살펴봤듯이 경쟁으로 추동되는 개별 자본가들은 경쟁자를 앞지르고 이윤을 극대화하려 하며, 상품 단가를 낮추기 위해 계속되는 생산 확장에 끊임없이 재투자한다. 이 끝없는 재투자의 순환을 멈추는 것은 오로지 이따금 찾아오는 위기뿐이다. 무계획적이고 제어되지 않는 성장, 즉 축적은 자본주의의 태생적 특징이며 따라서 개선하거나 자본가 마음대로 멈출 수 없다. "자본주의적 생산의 발전은 어떤 산업 활동에 투자되는 자본의 양을 계속해서 늘어나게 하며, 경쟁으로 인해 모든 개별 자본가들은 외부에서 강제되는 자본주의적 생산의 고유 법칙에 복종해야 한다"고 마르크스는 《자본론》에서 쓴다.[36] 엥겔스는 다음과 같이 쓴다.

> 끝없이 증대되는 현대 설비의 완벽성은 사회의 무질서한 생산 때문에 강제적인 법칙이 돼서 개별 산업 자본가들로 하여금 언제나 자신의 설비를 개선해서 생산력을 키우게 한다는 것을 우리는 살펴봤다. 마찬가지로 생산 현장을 확장할 희박한 가능성도 개별 자본가에게는 생산 현장을 확장해야 하는 강제적 법칙이 된다. 가스의 팽창력도 현대 산업의 어마어마한 팽창력에 비하면 애들 장난에 불과하다. 그리고 이 팽창력은 이제 양적·질적 팽창의 필연성으로 우리의 눈앞에 나타나 모든 저항을 비웃는다.[37]

성장과 자본축적의 연관성을 보지 않는 한, 환경 운동가들은 인구 줄이기, 더 검소하게 살기, 기술 대체, 작고 느린 것을 추구하기처럼 애초에 문제를 일으킨 배후의 경제적 동학을 건드리지 않는, 따라서 불충분하고 자본주의의 틀 안에 갇혀 있고 실현 불가능한 해결책을 제시할 수밖에 없다.

예를 들어 지도적인 환경문제 전문가이자 환경 운동가인 빌 매키번은 "우리는 너무 성장에 익숙해진 나머지 다른 길을 상상하지 못한다"고 주장한다. 매키번은 다음과 같이 한탄한다. "인류 역사 대부분의 시기 동안 우리가 사는 사회는 작았고 자연은 거대했다. 그런데 고작 몇십 년 동안 이 핵심적인 비율이 뒤집어졌다." 매키번은 "큰 것은 폐단을 부르기 마련"이기 때문에 "자세를 낮추고", "느리고 작은 것"을 추구하라고 촉구한다.[38] 매키번은 금융 시스템을 무너뜨린 시티뱅크나 AIG 같은 "대마불사"의 금융 대기업을 "큰 것"의 폐단을 보여 주는 사례로 제시하면서 버몬트주의 오웰제1국립은행과 같이 2007년의 경기 하락을 용케 피하고 불황을 일으키는 데 아무런 구실을 하지 않은 작은 은행과 대비시킨다.

그러나 자본주의를 그대로 둔 채 느리고 작은 것을 추구하는 것이 과연 가능할까? 자본주의 초기의 은행은 작았지만 작았던 기업들이 점점 커진 것과 마찬가지로 은행도 커졌다. 이것이 자본의 집적과 집중을 낳는 자본주의의 경쟁적 축적의 논리다. 거의 불가능한 일이겠지만 대기업을 잘게 쪼개서 작은 기업으로 만든다고 해도 자본주의적 경쟁의 경제적 논리 때문에 대기업은 결국 다시 등장할 것이다. 마르크스가 1860년대에 혜안으로 지적했듯이 자본주의 경쟁은 "언제나 여러 작은 자본가의 파멸을 낳는다."[39] 한마디로, 매키번이 제시한 해법을 마르크스는 "프티부르주아적 해법"이라고 비판했을 것이다. 다시 말해 그의 해법은 "현대의 생산·교환 수단을 낡은 소유관계의 틀로 제약하자는 것이다. 그 소유관계가 현대의 생산·교환 수단으로 인해 파괴됐고, 파괴될 수밖에 없었는데도 말이다."[40]

매키번식 분석은 기후변화에 대한 과학적 이해와 정치경제학적 이해 사이의 간극을 보여 준다. 이런 분석은 지금의 기후변화가 쉴 새 없는 경제 확장 때문임을 인식하는 데서 한 발짝 더 나아가지 못하며 문제를 묘사할 뿐 설명하지는 못한다. 그리고 인류가 "성장에 중독됐다"거나 생산을 끊임없이 확장하려 하는 본성이 있다는 식의 분석에서 그친다. 경제성장이 현대 세계의 본질적 현상이라는 것쯤은 누구나 아는 사실이다. 그러나 인류가 언제나 경제성장을 추구한 것은 아니다. 어째서 "성장"의 동학이 존재하는가를 이해하려면 자본주의의 계급적 성격을 이해해야 하고 자본가에게 끊임없는 축적을 강요하는 시장 메커니즘을 이해해야 한다. 성장은 인간 활동 일반의 산물이 아니라 자본주의라는 특정한 사회관계가 규정한 특정한 활동의 산물이다. 그리고 이 활동을 바꾸려면 그것을 규정하는 자본주의를 변혁해야 한다.

그러나 매키번의 책 어디에도 자본주의라는 단어는 등장하지 않는다. 오히려 매키번이 "성장"에 맞서 제시하는 해결책은 자본주의의 존속을 전제하고 사회주의를 스탈린주의 관료 국가와 동일시하며 마르크스를 무분별한 성장의 지지자로 묘사한다. "애덤 스미스처럼 마르크스도 인류가 물질적 풍요에 도달할 것이라고 생각했다. 리처드 닉슨과 니키타 흐루쇼프는 누구의 체제가 더 좋은 가전 기기를 생산하는지를 겨뤘다."[41] 마르크스주의가 성장 자체를 "숭배"하고 경제성장의 환경적 한계를 인정하지 않으며 인간의 자연 "지배"를 옹호한다는 오해는 사실 많은 환경 운동가들 사이에 흔한 주장이다.[42]

마르크스, 엥겔스와 생태학

마르크스와 엥겔스는 자연을 정복과 착취의 대상으로 보기는커녕 인간을 자연의 일부로 봤다. 마르크스와 엥겔스는 자연과 인간의 균열을 해소하려 했으며, 자본주의를 폐지하고 사회주의라는 생산자들의 연합으로 대체하는 것을 그렇게 할 유일한 방법으로 봤다. 마르크스는 다음과 같이 쓴다. "더 발전한 형태의 경제를 갖춘 사회의 눈으로 본다면 개인들이 지구를 사적으로 소유하는 것은 타인을 사적으로 소유하는 것만큼이나 부조리하게 느껴질 것이다. 심지어 한 사회, 한 나라, 혹은 동시대에 현존하는 모든 사회도 지구의 소유자가 아니다. 그들은 지구의 점유자이자 사용자일 뿐이며, [로마법상의] '양식 있는 가장'처럼 지구를 다음 세대에게 더 나은 상태로 물려줘야 한다."[43]

자본주의에서 생산력이 어마어마하게 성장할 수 있었던 것은 마르크스의 표현을 빌리면 노동자를 인간 존재의 "단편에 불과한 것"으로 축소시키는, 인간성을 훼손하는 임금노동 덕분이다.[44] 자본주의와 달리 사회주의는 고삐 풀린 "성장" 자체를 목적으로 추구하지 않는다. 사회주의의 목표는 사회의 생산력을 인간의 필요를 고려한 계획에 따라 합리적으로 사용해서, 엥겔스가 표현한 대로 노동시간을 줄여서 "각 개인이 신체적으로든 정신적으로든 자신의 모든 능력을 다방면으로 개발하고 그것을 온전히 발휘할 기회를 주고, 그래서 생산적 노동이 괴로운 짐이 아닌 즐거움이 되게 하는 것이다."[45] 사회주의 사회에서는 이윤 창출이나 소수의 터무니없는 과시적 소비가 아니라 모두의 행복, 여가, 창의성을 잣대로 부를 측정하게 될 것이다. 이런 사회에서는 번영의 바탕인 자연을 훼손하는 관행을 용납하지 않을 것이다. 현대 사회주의의 선구자들은 오늘날 세계 자본주의가 초래한 막대한 환경 파괴를 내다보진 못했지만 자본주의적 생산과 축적이 자연계 자체와, 인간과 자연의 관계에 어떤 영향을 미칠지 이미 인식하고 있었다.[46]

인간은 자연의 일부이며 다른 종과 마찬가지로 자연에서 태어나고 자연과 상호작용한다. 그러나 앞선 장들에서 다뤘듯이 인간이 자연과 상호작용하는 방식은 동물과 근본적인 차이점이 있다. 동물은 자연이 준 것을 있는 그대로 수집하지만 인간은 자연이 제공하는 자원을 변형해서 생존 수단을 생산하기도 한다. 어떤 면에서 인류의 역사는 생존 방식의 변화에 따라 변화하는 사회관계의 역사다. 그리고 이런 변화를 통해 인류가 필요에 따라 자연을 변형하고 활용하는 능력을 발전시킨 역사이자, 그 결과로 인간과 자연의 관계가 변화하는 역사다.

앞에서 밝혔듯이 마르크스와 엥겔스는 계급사회의 출현을 잉여의 출현에 따른 필연적인 결과로 봤다. 따라서 계급사회에는 역사적으로 진보적인 측면이 있었다. 소수가 고된 노동에서 해방됐고 사회적 생산력이 발전할 가능성이 생겼기 때문이다. 그러나 옛 공동체 형태의 생활을 파괴하는 것에 기초한 이 "진보"는

처음부터 타락으로, 다시 말해 낡은 부족사회의 소박한 도덕적 위엄을

무너뜨린 원죄로서 그 모습을 드러냈다. 새롭고 문명화된 계급사회는 천박한 욕심, 가학적 욕망, 부도덕한 탐욕, 이기적인 공공재 강탈 같은 저열한 관심사에서 태어났다. 계급사회는 강탈, 폭력, 사기, 배신 같은 가장 악랄한 수단으로 계급 없는 옛 부족사회를 잠식하고 타도했다. 그리고 이 새로운 사회는 그것이 존속한 2500년 내내 착취당하고 천대받는 압도 다수의 희생을 대가로 하는 소수의 번영에 불과했다. 오늘날은 과거 어느 때보다도 더 그렇다.[47]

자본주의 사회가 이전의 계급사회와 다른 점은, 사람들을 강제로 토지에서 대거 쫓아내 가난하게 만들고 "자유로운" 임금노동의 원천으로 삼았으며 재산을 소수 착취자의 손에 집중시켰다는 것이다. 마르크스는 이를 두고 "노동자를 본연의 일터인 대지에서 쫓아냈다"고 했다.[48] 이제 인간은 생존 수단을 더는 직접 생산하지 않는다. 생존 수단의 생산은 이제 임금노동 관계로 매개된다. 인간은 삶의 원천인 토지와 분리됐다. 농민에게서 토지를 박탈하는 과정은 오늘날에도 진행 중이다. 아프리카·아시아·라틴아메리카의 농민은 집단적으로 농지 바깥으로 쫓겨나서 도시 변두리에서 간신히 입에 풀칠을 하며 사는 빈민촌 주민이 되거나 토지가 없는 빈농이 된다. 오늘날에 이런 사람들이 10억 명에 이른다.[49]

자본주의하에서 노동자는 노동과정과 노동 생산물로부터 소외된다. 노동자에게 노동과정과 노동 생산물은 노동자 자신을 감독하는 외부의 힘처럼 느껴진다. 교환가치와 이윤의 생산을 목적으로 하는 자본주의는 노동자를 생산수단과 생산물뿐만 아니라 자연으로부터도 소외시킨다. 마르크스는 이를 "신진대사 균열"로 일컬었다. 이것은 자연과 인간의 자연스러운 대사 작용이 무너졌다는 뜻이다. 대도시의 성장은 "인간과 대지의 신진대사를 교란했다. 즉, 인간이 식량이나 의복 같은 형태로 소비한 대지의 구성 요소가 대지로 되돌아가는 과정을 차단했고, 그래서 토지를 비옥하게 유지하던 자연의 항구적 상태를 어지럽혔다." 자본주의는 "대지와 노동자" 모두를 해쳤다.[50]

이처럼 자본주의는 노동과 자연을 합리적으로 이용하는 자유로운 사회의 기반을 마련했지만, 동시에 노동자와 자연의 안녕을 희생시켰다. 사회주의는 인간과 자연의 합리적 관계를 복원할 것이다. 예컨대 도시와 농촌을 구분을 없앨 것이다. 마르크스와 엥겔스는《공산당 선언》에서 노동자 국가가 취해야 할 조처의 하나로 "농업과 제조업의 운영을 통합해 도시와 농촌의 격차를 점차 해소하고 전국에 주민이 고르게 분포되게 할 것"을 꼽는다. 엥겔스는《반뒤링론》에서 다음과 같이 쓴다.

> 도시와 농촌의 대립을 없애는 것은 가능할 뿐 아니라 필요하기도 하다. 이것은 산업 생산과 농업 생산, 더 나아가 공중 보건을 위해서도 필요한 일이 됐다. 오늘날의 대기·수질·토양 오염을 해결할 유일한 길은 도시와 농촌을 융합하는 것뿐이다. 그리고 그렇게 해야만 도시의 대중이 고통스러운 상황에서 벗어나고 그들의 인분이 질병을 양산하지 않고 농작물 생산에 활용될 수 있을 것이다.[51]

물론 엥겔스가 말했듯이 산업과 농업을 "아귀가 맞아떨어지게 조화시키려면" "단일하고 거대한 계획"을 세워야만 한다. 이것은 경쟁, 숨 가쁜 축적, 합리적 계획의 부재가 특징인 자본주의 체제에선 불가능한 일이다.

자본주의에선 생산이, 특히 자연의 법칙을 이해해 생산력을 향상하는 능력이 어마어마하게 발전했다. 그러나 이 발전은 인간의 필요에 따른 조화로운 계획 속에서 이뤄지지 않는다. 엥겔스는 《유인원이 인간으로 진화하는 데서 노동이 한 구실》이라는 짧은 글에서 자본가들이 오로지 "생산과 교환을 위한 인간 활동의 의도된 직접적 사회적 효과"에만 골몰하며, 그 "의도"한 효과도 오로지 "판매에서 나오는 이윤"을 동기로 한 것이라고 지적했다.[52]

계획 없이 이윤을 추구하는 생산의 성격 탓에 자본가는 장기적이거나 부수적인 효과에 개의치 않고 맹목적으로 이윤을 추구한다. 엥겔스는 다음과 같이 썼다. "쿠바의 스페인인 농장주들은 산비탈의 산림을 불태워서 얻은 재를 수익성 좋은 커피나무의 비료로 썼다. 열대성 폭우가 와서 무방비 상태인 겉흙이 모두 쓸려 내려가 바위가 황량하게 드러난들 그들에겐 무슨 상관이겠는가?"[53] 아이티는 카리브해에서 숲이 가장 울창한 섬이었지만 공교롭게도 가장 수익성 좋은 노예 식민지이기도 했다. 그리고 오늘날 아이티는 여기저기에 "바위가 황량하게" 드러나 있다.

엥겔스는 경고했다. "자연에 대한 인간의 승리에 지나치게 우쭐해하지 말자. 인간이 승리할 때마다 자연은 복수했다. 인간의 승리는 일차적으로는 의도한 결과를 냈다. 그러나 이차, 삼차적으로는 의도와 매우 다르고 예상치 못한 결과가 나타났고 이것은 많은 경우 일차적 결과를 상쇄했다."[54] 사실 자본가들은 지구를 다음 세대에게 "더 나은 상태로" 물려주는 데 조금치도 관심이 없다. 자본가의 유일한 관심사는 이윤이며 자연에서 "공짜로" 마구 가져다 쓸 수 있는 것은 "가치"에 포함되지 않는다. 자본가들은 지구가 선사하는 땅·공기·물·동식물·광물 등의 자원을 뒷일을 생각지 않고 마음껏 거저 갖다 써도 되는 것처럼 여긴다. 자본가들에게 자연은 수익을 내는 사업에 다시 투여할 수 없는 온갖 폐기물을 내다 버릴 쓰레기장이기도 하다.

엥겔스가 살던 시대 이후 근시안적이고 탐욕스러운 자본가들이 자연을 함부로 대하는, 더 걱정스럽고 환경에 더 위협적인 사례는 많다. 그러나 엥겔스가 남긴 다음 말은 여전히 매우 유효하며 마르크스주의자가 인간의 자연 '지배'를 지지한다는 주장을 정면으로 반박한다. "매 단계마다 우리는 인간이 외국인을 지배하는 정복자처럼 자연을 외부에서 지배하지 않는다는 사실을 상기하게 된다. 피와 살과 뇌로 이루어진 우리는 자연의 일부이며 자연의 한복판에 있고, 우리가 자연을 지배할 수 있는 것은 우리가 다른 피조물과 달리 자연의 법칙을 이해하고 올바로 적용하는 법을 배울 능력이 있기 때문임을 잊지 말아야 한다."[55]

시장적 해법?

환경을 지켜야 할 위치에 있는 기관들, 즉 기업과 정부와 군대는 환경을 지키지 못한다. 그러려면 체제의 본성을 거슬러야 하[는데 그러지 못하]기 때문이다. 그것은 마치 늑대에게 사냥을 참으라고 하는 것과 같은 일이다. 맹렬한 축적이 낳은 재앙이 눈앞에 닥쳐도 자본가들은 자신이 초래한 파괴를 복구하거나 예방할 비용을 치르지 않으려 한다. 정부는 기업의 이익에 복무하고, 그래서 대체로 아주 부족하거나 아주 뒤늦은 규제만을 시행한다. 기업들은 자기가 일으킨 환경 파괴의 비용을 부담하지 않으려 할 뿐만 아니라, 그 비용을 자신에게 지울 환경 규제를 막거나 유명무실하게 만들기 위해 막대한 돈을 들여 로비를 한다.

이윤 추구에 지장이 될 정도로 환경이 악화하고 자원이 바닥날 때야 비로소 그들은 조치를 취하려 할 것이다. 그러나 환경 파괴의 애초 원인인 자본주의 체제를 존속시킨 채 취하는 조처들은 이미 벌어진 피해를 실질적으로 회복하기엔 불충분하다. 극지방의 빙하가 녹아 과학자들은 수심에 차 있는데 채굴 기업, 에너지 기업, 미국·유럽·러시아 정부 관료들은 화석연료를 탐사하고 채굴할 광활한 미개척지가 열릴 엄청난 기회가 생겼다고 좋아하고 있다.[56]

환경 위기의 원인은 '잘못된 영업 관행' 때문이 아니다. 이런 진단은 마치 '올바른 영업 관행'이 있다고 가정한다. 그러나 환경 위기는 **정상 영업 관행** 때문에 생긴다. 그래서 시장적 '해법'은 언제나 실패한다. 시장적 해법은 이윤 극대화와 환경에 대한 책임을 조화시킬 수 있다고 가정한다. 탄소 배출권 거래제 등의 방안들은 인류를 전 지구적 재앙으로 몰고 간 시장 경쟁을 잘 이용하면 지구를 살리는 일을 하도록 자본가들을 유도할 수 있다고 전제한다.

한 가지 문제만 보자. 화석연료 산업은 지구 상에서 가장 거대하고 수익성 좋은 산업이며, 생산과 유통과 운송이 모두 이 산업을 기반으로 돌아간다. 화석연료를 대체하려면 대규모 설비 교체와 조직 개편, 새로운 대체재 개발과 도입이 필요할 것이다. 그러려면 국제적 계획과 막대한 비용이 필요하다. 석유와 가스를 뽑아내 판매하는 것이 이윤을 내는 한 그런 변화는 석유·가스 업계의 엄청난 저항에 부딪힐 것이다. 자본주의의 틀 안에서는 이런 변화가 의미 있는 규모와 속도로 실현될 가능성이 없다.

국제적으로 조율되는 계획, 기업에 대한 강력한 규제와 증세, 축적 제한, 화석연료 대체, 재생에너지 도입 등 환경 위기를 해결하기 위해 필요한 조처들은 자본주의의 논리와 자본가의 이익에 정면 충돌한다.[57]

소박하게 살아라?

사회문제에 대한 가장 흔하고 일부 활동가들이 선호하는 해법은 사회에서 발을 빼고 채식주의 조합, 아나키즘적 공동체, 소규모 유기농 농장 같은 '올바른 삶'의 오아시스를 만드는 것이다. 대안적 삶의 공간을 추구하는 사람들은 때때로 거리 시위에도 나오지만, 두 활동 사이의 모순, 즉 더 나은 사회를 위해 권력과 싸우는 활동과 지금 바로 여기서 대안을 만드는 활동 사이의 모순을 보지 못한다. 그들은 우리가 소비를 줄이고, 올바르게 소비하고, 낭비적이고 해로운 것을 사지 않는 '소박한 삶'을 살아야 한다고 생각한다.

사람들이 자기가 생각하기에 가장 나은 방식으로 자신의 삶을 바꾸기로 결정하는 것에 반대하자는 것은 아니다. 누구나 자기가 원하는 것을 먹고 원하는 대로 살 권리가 있다. 그러나 그런 선택이 사회나 생태계에 유의미한 영향을 줄 수 있을까? 인류가 지구에서 장기적으로 존속할 환경을 만들려면 개인이 연비 좋은 차를 몰거나 나무 심기에 시간을 쓰는 것보다 훨씬 더 큰 변화가 필요하다.

물론 사람들이 라이프스타일을 바꾸는 동기는 소비 자본주의의 공허함에 진정으로 경각심을 느끼기 때문이다. 그러나 세계 인구의 압도 다수는 그런 선택을 누릴 수 없다. 그들이 직면한 문제는 어떤 라이프스타일을 선택하느냐가 아니라 어떻게 살아남느냐 하는 것이다. 세계 인구의 절반이 하루에 2달러도 안 되는 돈으로 살아가며 13억 5000만 명은 하루에 1.25달러도 안 되는 돈으로 산다.[58] 세계에서 가장 부유한 나라인 미국에서조차 인구조사국이 낸 통계를 보면 4650만 명이나 되는 사람이 빈곤층이다.[59] 빈곤의 정의를 더 합당하게 수정한다면 이 수치는 훨씬 높아질 것이다.[60] 파산을 간신히 면하고 빈곤선 언저리에서 사는 사람은 훨씬 많다. 벌이가 괜찮은 노동자들도 빚더미에서 벗어나기 위해 과로에 시달린다. 노동자들은 대안적 라이프스타일을 추구할 여유가 없다. 여유가 있다고 해도, 실제로 필요한 변화는 소비자 개인들의 선택만으로는 이룰 수 없는 근본적인 변화다.

가장 심각한 환경문제는 소비자 개인의 선택으로 해결할 수 없다. 개인이 승용차를 몰지 않기로 마음먹는 것은 가능한 일이다. 물론 형편없는 대중교통을 이용해 출근할 방법을 찾아야 할 테지만 말이다. 그러나 발전소에서 석탄을 태우고, 매연을 내뿜는 디젤 트럭으로 국가적 운송 체계가 돌아가는 상황에서 이런 선택이 얼마나 효과를 내겠는가? 개인이 살충제와 화학비료를 쓰지 않은 유기농 식품을 먹기로 마음먹는 것도 얼마든지 가능하다. 그러나 유기농 식품은 많은 사람들에게 너무 비싸다. 유기농 시장은 틈새시장일 뿐이지 지속 가능한 농업을 위한 계획의 일환으로 만들어진 것이 아니다.

더 중요한 점은 소비자 개인의 선택이 무엇을 어떻게 생산할지를 결정하는 핵심 요인이 아니라는 것이다. 그리고 이런 결정이야말로 환경에 매우 심대한 영향을 준다. 경제학자와 평론가는 정치 성향을 막론하고 미국을 "소비사회"로 부르며 "소비자의 선택"을 매우 강조한다. 마치 상품 구매가 선거에서의 투표인 것처럼 말한다(이는 투표가 현실의 정치적 결정에 끼치는 영향이 얼마나 미미한지를 간과한 것이기도 하다). 성장이나 낭비라는 말과 마찬가지로 "소비자의 선택"이라는 말도 자본주의의 근저에 있는 동학을 파악하지 못하도록 혼란을 일으킨다.

경제학을 다룬 4장에서 언급했듯이 자본주의하에서 노동자는 가족을 먹여 살리는 데 필요한 상품을 임금으로 구매한다. 이때 구매된 상품은 사용가치로서 개인적으로 소비된다. 반면 자본가는 시장에 내다 팔아서 이윤을 낼 수만 있다면 사용가치에는 전혀 신경 쓰지 않는다. 사실 자본가로서는 무사히 팔아 치울 수 있는 상품의 질의 하한이 낮을수록 좋다. 게다가 자본주의에서 일어나는 소비의 상당 부분은 노동자 개인들의 임금 소비가 아니라 이윤을 남기려고 판매할 최종생산물을 만드는 데서 벌어지는 자본가의 생산적 소비다.

인간의 기본적인 욕구를 제외하면 '필요'라는 것은 역사적·문화적으로 규정된다. 구석기시대의 사냥꾼은 활과 화살이 필요했다. 현대인은 그렇지 않다. 현대인은 카누나 나무 쟁기가 아니라 전기와 휴대폰과 트랙터가 필요하다. 자본주의는 여기에 또 다른 차원을 더한다. 자본주의는 더 많은 재화와 서비스를 팔기 위해 새로운 필요와 욕구를 만들어 낸다. 기업들은 광고에 수십억 달러를 들여서 자기네 제품을 구매하도록 사람들을 유인한다. 기업들은 판매량을 늘리려고 상품의 교체 주기를 짧게 만들기도 한다. 이것은 '계획적 구식화'라고도 알려져 있다.

소비자에게 판매되는 것의 상당수는 아무리 합리적으로 생각해 봐도 인간의 필요와 아무 관련이 없다. 이미 1844년에 이것을 인식한 마르크스는, 자본가에게 "상품과 욕구의 확장은 비인간적이고 교활하고 부자연스럽고 망상적인 욕망을 만들어 내고 끊임없이 주판알을 튕기며 그런 욕망에 아첨하는 것이 된다"고 썼다. 자본가는 시장을 넓히고 판매를 늘리기 위해 새로운 욕구와 필요를 끊임없이 인위적으로 만들어 내고 욕구와 필요 사이의 경계를 흐려야 한다. 마르크스는 이어서 다음과 같이 쓴다. "모든 생산물은 타인의 존재, 즉 타인의 돈을 꾀어내는 미끼다. 실재하거나 상상할 수 있는 모든 욕구가 파리를 끈끈이로 이끄는 취약점이 된다."[61]

최근 어느 정도 성공을 거둔 생수 마케팅이 대표적인 사례다. 미국에서는 매주 50만 병 이상의 생수가 소비되며 산더미 같은 페트병들이 매립지나 바다에 버려진다. 여러 연구 결과를 보면 병에 담아 파는 생수는 수돗물과 별 차이가 없다.* 탄산음료 수익 하락을 만회할 길을 찾던 광고주와 마케터들은 수돗물을 위험한 것으로 묘사하며 광고를 이용해 병에 담아 파는 생수를 깨끗한 호수, 샘물, 영원한 건강과 연관 짓기 시작했다. 그렇게 해서 수돗물보다는 생수를 돈 주고 마시는 것이 더 낫다는 생각을 사람들에게 심어 줬다.[62]

영양상 해로운 가공식품이 '필요한' 사람은 없다. 그렇지만 식품 산업은 오로지 이윤을 위해 막대한 돈을 투자해서 중독성 있는 고칼로리 간식과 설탕이 가득한 음료수를 개발하고, 특히 아이들을 대상으로 판촉 활동을 한다. 식품 업계에는 중독성이 강해 자꾸만

---

* 미국에서 판매되는 생수는 샘물을 담은 것이 아니라 정수 처리를 한 물이다.

손이 가게 하는, 설탕과 나트륨의 완벽한 조합을 가리키는 "지복점 bliss point"이라는 말이 있다. 자본가들은 자기네 제품이 건강에 얼마나 해로운지에 전혀 개의치 않는다. 물론 맥도날드나 코카콜라와 같은 일부 기업들은 뻔뻔하게 대외 홍보용으로 운동 장려, 건강 증진 캠페인에 참여하기도 하지만 말이다. 식품 기업들은 광고와 자극적인 맛뿐 아니라, 육아와 노동을 병행하는 노동계급 가족의 금전적·시간적 제약을 이용해 해로운 '간편 식품'을 성공적으로 판매할 수 있었다.[63] 식품 산업이 수많은 사람의 건강을 해치자 이 신통방통한 자본주의는 '건강식품'이나 다이어트 상품, 비만 합병증에 대처하는 약품을 파는 '틈새'시장을 만들어서 창조적으로 이윤 창출의 기회를 열었다.

사회학자 케네스 굴드, 데이비드 펠로, 앨런 슈네이버그는 다음과 같이 쓴다. "욕망은 사회적으로 구성되며 물질적 욕망은 대부분 물질의 생산자들이 구성한다. 사회적으로 구성된 물질적 욕망이 인간의 욕구로 둔갑하는 것은 사회적 과정의 결과이며 생산의 결정권자는 이 과정에 큰 영향력을 행사한다. … 기술의 유형, 노동의 사용처, 생산의 규모는 소비자의 의사 결정 영역 밖에 있다."[64]

고도로 통합된 생산·유통 체제인 세계 자본주의는 화석연료에 크게 의존하고 있고 이해득실 계산으로 추동된다. 이 계산은 "사람들에게 원하는 것을 주는" 것이 아니라 사람들이 무엇을 사게 할 것인지에서 출발한다. 우리가 소비자로서 무엇을 "선택"할 수 있느냐는 단지 주머니 사정으로만 결정되는 것이 아니다. 애초에 이 체제가 제시하는 선택지가 한정적이다. 마르크스의 말을 조금 비틀자면, 인간은 구매를 결정하지만 스스로 선택한 조건 속에서 구매를 결정하지 않는다. 마이클 도슨이 《소비자 함정》에서 썼듯이 "기업들은 오로지 이윤을 위해서 재화와 서비스를 기획하고 설계하고 판매하며, 대중이 토론과 투표로 생산의 기본적인 우선순위에 영향을 미칠 수단을 전혀 제시하지 않는다."[65]

개인의 선택을 강조하다 보면 결국 체제에 의해 가장 큰 피해를 입은 사람들을 탓하게 될 위험이 있다. 문제의 뿌리는 사람들의 구매 의사가 아니라 생산을 조직하는 방식에 있다. 영국의 사회주의자 윌리엄 모리스는 이 점을 생생하게 묘사했다.

> 예컨대 도시라는 거대하고 관리하기 힘든 집합체로 사람들을 불러 모으는 것은 바로 이윤이다. 마당도 없고 공터도 없는 공동주택에 꾸역꾸역 사람들을 밀어 넣는 것도 이윤 때문이요, 극히 사소한 예방책조차 시행하지 않아 동네 전체를 아황산 구름에 휩싸이게 하는 것도 바로 이윤 때문이다. 아름다운 강이 악취를 풍기는 시궁창이 된 것도, 사람들이 부자가 아닌 이상 기껏해야 터무니없이 비좁고 갑갑한 집에, 최악의 경우 이루 형언할 수 없을 만큼 형편없는 집에 살아야 하는 운명에 처한 것도 바로 이윤 때문이다.[66]

개인이나 소비자로서는 우리에게 이런 상황을 바꿀 힘이 없다. 그러나 활동가나 노동자로서는 그런 힘을 발휘할 수 있다. 2000년에 볼리비아인들이 수도 민영화에 맞서서 벌인 투쟁이 좋은 사례다. 수많은 노동자·농민·빈민이 거리를 가득 메우고 싸운 끝에 볼리비아 정부는 수도를 미국계 [건설 기업] 벡텔에 넘기는 계획을 철회해야 했다. 활동가들은 벡텔이 볼리비아의 수도세를 폭등시킬 것임을 알았다. 소비자 개인의 선택으로는 정부의 계획을 결코 좌절시킬 수 없었을 것이다. 결국 물을 안 쓸 수는 없을 테니 말이다. 그러나 볼리비아의 대중투쟁은 정부의 계획을 좌절시켰고 집단적 해결책의 가능성을 보여 줬다.

인류가 생태적 재앙으로 치닫고 있다는 경각심과 이 재앙을 막기 위해 싸우겠다는 투지가 성장하고 있다. 2012년 캐나다에서는 환경 규제를 완화해 원주민의 땅을 석유 기업과 채굴 기업에 열어 주려는 새로운 법안에 반대해 원주민 활동가들이 투쟁을 벌였다. 이 투쟁은 애터워피스컷의 크리족 부족장인 테리사 스펜스의 단식으로 시작됐다. 이 투쟁은 국제적으로 이목을 끌었으며 미국의 원주민 활동가와 환경 운동가에게로 확산됐다. 캐나다에서는 [이 운동이] "원주민과 비원주민 모두의 상상력을 자극했고 … 공공 부문 노동자와 환경 운동가를 포함한 다양한 유권자들을 성공적으로 단결시켰다"고 한 평론가는 말한다. 문제의 법안이 원주민을 공격할 뿐 아니라 공공 부문에서 [신규 직원의] 정년을 연장하고 차등적 연금 체계를 도입하려 한 것이 그런 단결을 낳은 한 가지 배경이었다. 캐나다우정노조가 단식 중인 스펜스에게 보낸 지지 서한은 차별받는 사람들과 노동자들이 투쟁에서 단결할 가능성을 잘 보여 준다.

> 저희는 부득불 단식을 하시게 된 스펜스 부족장께 존경을 표하는 바이며, 지금까지 보존해 오신 지식을 용감하게 방어하고 후손들이 누릴 땅을 보호하려 애쓰시는 데 머리 숙여 진심으로 감사 인사를 드립니다. 뜻하신 바는 아닐지도 모르지만 귀하의 행동은 대지를 존중하고 대지와 조화를 이루는 지속 가능한 삶을 바라며 그런 삶을 마땅히 누

> 려야 할 모든 사람들, 저희 모두의 마음을 대변하고 있습니다. 잔악하고 부당한 방법으로 원주민의 자치권과 땅과 자원에 대한 권리를 빼앗는 것에 반대하는 모든 사람들의 대열에 저희도 함께할 것입니다.[67]

미국에서도 기후 운동의 부재와 오바마의 후퇴에 자극받아 환경 운동이 성장하고 있다. 빌 매키번이 시작한 환경 운동 활동가 조직인 350.org는 2013년 2월 11일에 워싱턴에서 기후변화를 막기 위한 변화를 요구하는 대중 시위를 개최했다. 여기에는 5만 명이 모였고 전국의 수십여 개 도시에서 시위가 동시에 열렸다. 350.org는 그해 9월 [에너지 기업] 트랜스캐나다사社의 키스톤 XL 송유관 건설에 반대하는 상당한 규모의 시위를 전국에서 열기도 했다. 이 송유관은 캐나다 앨버타 지역의 타르샌드에서 추출한 석유와 미국 북부에서 뽑아 올린 원유를 여섯 개 주를 거쳐서 텍사스의 정유 공장으로 수송하는 것으로, 관통 지역의 농지와 야생 동식물을 위협하고, 일자리 창출 효과는 거의 없으며, "세계에서 가장 심한 오염을 일으키고 탄소 집약적인 연료로 꼽히는" 앨버타 타르샌드의 시추를 더 부추길 것이다.[68]

생태 위기의 규모와 그에 대한 저항이 동시에 커지면서 더 주류적인 환경 운동가들과 과학자들도 점점 활동가적이고 급진적인 방향으로 선회하고 있다. 몇 년 동안 환경주의 저술가로 활동했던 매키번은 실질적인 변화를 위해서 대중행동이 필요하다는 것을 깨달았고 프래킹 공법과 키스톤 송유관 건설을 밀어주는 오바마에게도 점점 더 실망했다. 오랜 세월을 과학자로 살아 온 제임스 핸슨은 시위에 참가할 시간을 더 많이 내기 위해 나사에서 사직했다. 펜실베이니아주립대 지구시스템과학센터의 소장 마이클 맨은 2014년 1월에 〈뉴욕 타임스〉에 기고한 글에서 "과학자들은 더는 방관자여선 안 된다고 생각한다"고 썼다.[69] 캐나다의 저술가 나오미 클라인의 말을 인용하면 핸슨과 맨은 "소수지만 영향력을 키우고 있는 과학자 집단을 대표하고 있다. 이들은 자연계, 특히 기후계의 불안정을 연구하다가 변혁적인, 심지어는 혁명적 변화를 촉구하는 결론에 도달했다는 점에서 공통점이 있다."[70]

미국 천연자원보호위원회의 설립자이자 전 대통령 지미 카터의 환경 자문, 클린턴 대통령직 인수위원회 자문, 1990년대에 유엔개발계획UNDP의 총재를 지낸 제임스 구스타브 스페스는 2008년에 자신이 환경문제에서 급진화했음을 설명하는 책을 썼다. 그는 서문에서 다음과 같이 쓴다. "환경을 우려하는 사람들은 대부분 체제 내에서 노력했지만 이 체제는 약속을 지키지 못했다. 주류 환경주의자들 전체가 '철저한 내부자'로 지냈다. 그러나 이제 주류 환경주의자들은 모두 체제의 틀을 뛰어넘어 지금 벌어지고 있는 일에 대한 비판을 발전시켜야 한다."[71] 스페스는 더 "비현실적"이고 "급진적"인 해법이 필요하다고 쓴다. "그리고 이런 해법이 오늘은 급진적이거나 터무니없어 보인다고 할지라도 내일을 기다려 보라고 말하겠다. 아무 일 없는 듯 사는 것이야말로 몽상이고 완전히 새롭고 다른 시도가 현실적으로 필요한 일임이 머지않아 밝혀질 것이다."[72] 문제는 자본주의다.

오늘날의 자본주의를 이루고 있는 다음과 같은 특징들이 모여, 환경을 심각하게 훼손하는 경제적·정치적 현실을 낳았다. 무슨 대가를 치르더라도 경제를 성장시켜야 한다는 맹목적 신념이 사회 전반에 만연하다. 환경을 고려 않고 설계한 기술에 막대한 돈이 투자된다. 자신이 초래한 환경 비용을 회피하는 등의 행위로 이윤을 창출해 성장하는 것을 지상 목표로 삼는 기업들의 강력한 이윤 동기가 존재한다. 정부의 교정이 없으면 시장은 환경 비용을 인정하는 데 체계적으로 실패한다. 정부도 기업의 이익에 아첨하고 성장이라는 지상명령에 복종한다. 새것에 대한 숭배와 교묘한 광고 때문에 소비주의가 횡행한다. 경제활동의 규모가 지나치게 커서 지구의 근본적인 생물물리학적 작용이 바뀔 정도로 큰 파장을 일으킨다. 이 모든 요소가 모여서 지구에서 생명이 지속될 가능성을 위협하며 끝없이 성장하는 세계경제를 낳는다.[73]

자신의 급진화에 겁이 났는지 스페스는 자신의 논리에서 뒷걸음질 친다. 스페스는 "오늘날의 자본주의"에 반대하는 것이지 자본주의 자체에 반대하지는 않는다고 말한다.[74] 스페스가 제시하는 "비사회주의적" 해법은 "성장"을 물신화하지 않고 시장을 더 규제하며 소비자들이 더 "사려 깊은 소비"를 하는 다른 종류의 자본주의다. 그러나 앞에서 살펴봤듯이 "성장의 물신화"는 바로 자본주의에 내재한 본성이다.[75]

지속 가능한 세계를 만들기

정말로 두려워해야 할 것은 사회혁명이 아니라 생태 위기이고, 사회혁명은 생태 위기를 해결하는 데서 반드시 필요하다는 것이 이 장에서 설득하려고 한 바다. 스페스가 옳다면 생태 위기를 극복하기 위해서는 사회의 혁명적 재편과 다름없는 일, 즉 엥겔스가 결론으로 얘기한 "기존 생산양식과 현대 사회질서 전반의 완전한 혁명"이 필요하다.[76] 핵심은 자연을 목가적 풍경 그대로 내버려 두는 것이 아니라 인간의 사회관계를 변혁하고, 그럼으로써 인간과 자연의 관계를 변혁하는 것이다. 크리스 윌리엄스가 표현했듯이 "산업 생활의 모든 측면에서 대대적이고 체계적인 변화와 전면적인 구조 재편이 필요하다. 에너지 생산 부문에서 이런 변화가 가장 시급하고 교통, 주택, 교역, 농업, 상품의 제조, 폐기물의 발생과 처리에서도 이런 변화가 필요하다. 이런 변화는 결국 사회·정치·기술·문화, 사회 기반 시설의 층위에서 세계를 완전히 탈바꿈하는 일이 될 것이다."[77]

우리는 태양·풍력·파력·지열 에너지를 활용하는 새로운 기술을 도입할 수 있다. 자동차를 효율적인 공공 철도로 대체할 수도 있다. 기계화, 화학비료, 살충제, 유전자 조작, 단일 품종 재배에 기반한 산업적 대규모 농업은 산출량을 늘렸지만 환경오염과 식품의 질 저하 같은 환경 비용을 낳았다. 그러나 지속 가능하면서도 수십억 인구를 먹여 살릴 대안이 있다. 간작(여러 곡물을 동시에 재배하는 것) 같은 농법이나 현대 기술과 전통 기술을 결합한 동물 퇴비 등을 이용하면 대규모 기계식 단일 재배보다 더 많은 산출량을 내면서 토질도 개선할 수 있다는 연구 결과가 많다. 식량 생산을 재조직하고 유기적으로 바꾸면, 식량을 [장거리 운송이 필요 없도록] 각 지역에서 기르고 소비하며 동물의 배설물을 환경 오염원으로 내버려 두는 대신 비료로 만들어 쓸 수 있다.[78]

생산공정에서는 오래가는 물건을 만들어서 쓰레기를 최소화하고 불필요한 생산량 증대에 자원과 에너지가 낭비되는 일을 줄일 수 있다. 핵무기, 탱크, 헤어스프레이처럼 쓸모없거나 낭비적인 제품의 생산을 중단할 수도 있다. 그리고 합리적인 계획으로 원료를 재활용할 기발한 방법들을 고안할 수도 있다. 숲을 복원하고 산업과 군사 활동으로 황폐화된 땅을 재생할 수도 있다.

지금은 지구를 마구 오염하는 물건을 생산하는 데 쓰이는 과학 지식도 상황이 달라지면 인간과 자연의 조화로운 균형을 위해 쓰일 수 있다. 자본주의에서는 이윤이 나질 않으니 그렇게 하지 않을 뿐이다. 이런 현실을 보면서 많은 사람들이 자본가의 이익은 "이득을 사유화"하고 손실은 "사회화"하는 것이지만 우리의 이익은 모든 것을 사회화하는 것임을 깨닫는다.

그러나 새로운 기술이 곧 해결책인 것은 아니다. 석유 생산이 자본가들 입장에서 너무 비싸져도 자본주의가 계속되는 한 자본주의의 축적 몰이는 계속될 것이다. 환경이 정말로 급변하면 자본가들은 대체에너지를 찾고 새로운 형태의 산업·농업 생산 방식을 도입할 것이다. 평범한 사람들의 이익이 아니라 이윤을 위해서다. 그러나 자본가들은 엄청난 재앙이 일어나서 정부가 개입해야만 전반적인 자본축적이 가능해지는 지경에 이르고 나서야 마지못해 이런 변화를 도입할 것이며 그것도 이윤 추구에 방해가 되지 않는 수준으로만 도입할 것이다. 게다가 세계가 경쟁하는 국가들로 나뉘어 있기 때문에 그 과정은 매우 낭비적이고 손발이 맞지 않을 것이다. 그리고 그렇게 되기까지 기업들은 화석연료에서 마지막 한 방울까지 이윤을 짜내려 할 것이며 여전히 자연을 마음대로 써도 되는 자원 공급원이자 쓰레기장으로 취급할 것이다. 자본가와 그들의 국가는 스스로 자초한 재앙을 피할 계획적이고 합리적이며 시기적절한 조처를 결코 취하지 못한다. 인류를 심연으로 끌고 가는 경제적 논리가 뒤집히지 않으면 어떤 기술적 해결책이 등장하더라도 효과가 없을 것이다.

이런 변화는 매우 협력적이고 사회주의적인 세계에서만 가능하며, 자본주의에서 통용되고 진행되는 "성장"을 전제로 하지 않는다. 물론 사회주의 사회에서 어떤 것들은 더 많이 생산될 것이다. 자본주의에서 삶에 꼭 필요한 것들을 구하지 못하던 사람들을 위한 건강한 식품이나 양질의 주택 등은 더 많이 생산될 것이다. 그러나 어떤 분야에서는 과학적이고 합리적인 계획에 따라 성장이 제한될 것이며 모든 분야에서 생산이 재편될 것이다. 에너지와 자원 사용은 이윤이 아니라 삶의 질을 극대화하기 위해 효율화될 것이며, 삶의 질은 우리가 얼마나 '많이' 소유하느냐가 아니라 앞에서 설명한 기준으로 측정될 것이다. 이것은 오직 합리적으로 계획되는 사회에서만 가능한 일이다.

기후변화를 해결하기 위해 모두가 고통을 분담하고 허리띠를 졸라매야 하는 것이 아닌 것처럼, 인류의 욕구를 충족하고 모든 인류의 삶을 개선하기 위해 꼭 무분별하게 성장해야만 하는 것은 아니다. 인류의 욕구는 충분하고 질 좋은 식품이나 거주지, 깨끗한 공기와 물 같은 물질적이고 즉각적인 필요로 환원되지 않는다. 물론 이것은 다른 문제에 앞서 충족돼야 하는 것이지만 말이다.

인간에게는 성적 욕구도 있다. 소외되고 속박된 섹슈얼리티는 인간이 서로를 통해 온전히 기쁨을 누릴 수 없게 한다. 그리고 인간에게는 물질적 욕구와 밀접하게 연관돼 있지만 그것만으로 환원되지 않는 정서적·정신적 욕구도 있다. 탁 트인 녹지, 멋진 예술, 안락하게 쉴 건축물 없이는 행복하게 살 수 없다. 자본주의에서는 우리가 노동과 노동 생산물을 다스리지 못하기 때문에 '직장'이 감옥처럼 느껴지고, 노동이 보람 있는 진정한 욕구로 느껴지기는커녕 그저 목적을 이룰 수단, 즉 먹고살기 위해 돈 버는 수단으로만 느껴진다. 직장 바깥에서도 우리는 삶의 거의 모든 측면을 다스리지 못하기 때문에 무력감과 소외를 느낀다. 여가 시간을 충분히 확보하고, 사회와 공동체의 중대사를 결정하는 데 직접 참여하고, 전인적이고 종합적인 교육을 받고, 여러 직업과 창조적 활동(또는 기발한 영감)을 경험하는 것은 자본주의에서는 사치일지 몰라도, 합리적 잣대로 보면 어느 모로 보나 인간의 기본적인 욕구다.

13장

사회주의 사회를 상상해 보라

"무엇을 반대하는지는 알겠는데 대안이 뭐냐?" 사회주의자들이 흔히 받는 질문이다. 사회주의는 간단히 요약할 수 있다. 유진 데브스는 다음과 같이 우아하고 명료하게 요약했다.

> 우리는 요구한다. 모든 인민에게 토지를!
>
> 우리는 요구한다. 모든 인민에게 생산과 분배의 수단을!
>
> 우리는 요구한다. 산업의 집단적 소유와 통제, 그리고 모든 인민의 이익을 위한 민주적 운영을!
>
> 우리는 요구한다. 지대·이자·이윤을 폐지하고, 모든 인민의 필요를 위해 부를 생산하라!
>
> 우리는 요구한다. 계급 지배, 주종관계, 무지와 죄악, 가난과 수치, 잔학과 범죄를 … 끝내라![1]

사회주의는 기성품처럼 미리 완성된 유토피아나 청사진에서 나오는 것이 아니라 노동자들이 스스로 창조해 나가야 하는 것이다. 그러나 사회주의가 어떤 사회이며 어떻게 발전할지 전혀 알 수 없는 것은 아니다.

사회주의의 최초 기반은 노동자들이 권력을 잡기 전부터 투쟁으로 다진 노동계급의 연대일 것이다. 이런 투쟁을 통해 낡은 사상은 무너지기 시작한다. 구질서를 무너뜨리는 데 필수적인 대중투쟁은 새로운 인류를 만들어 내는 과정을 시작하기 위해서도 필요한 것이다. 그러나 이것은 시작일 뿐이다. 사회주의 사회는 처음에는 인간의 가능성을 저해하고 짓밟는 체제에서 들고일어난 사람들이 만들게 될 것이다. 긴 이행기를 거쳐야 이런 낡은 제약과 왜곡에서 벗어난 새 세대를 길러 낼 수 있을 것이다.

마르크스는 다음과 같이 썼다. "지금 우리가 다뤄야 하는 것은 기반을 이미 다진 후의 공산주의 사회가 아니라 자본주의 사회에서 막 태어난 공산주의 사회다. 따라서 이 사회는 경제적으로나 도덕적으로나 지적으로나 모든 면에서 볼 때 낡은 사회라는 자궁 안에서 생긴 모반母斑이 여기저기 찍혀 있을 것이다."[2]

그래서 우리는 완전한 공산주의 사회로 단번에 도약할 수 없다. 낡은 것이 해체되고 부서지고 재구성되며 점차 새로운 사회관계와 상호작용 방식이 등장하는 이행기가 있어야 한다. 마르크스는 다음과 같이 썼다. "자본주의와 공산주의 사이에는 혁명적인 사회 재편의 시기가 있을 것이다. 그리고 그것에 상응하는 정치적 이행기도 있을 것이며, 그 시기에 국가는 노동계급의 혁명적 독재로서만 존재할 것이다."[3] 그래서 사회주의의 두 번째 초석은 노동자들이 들고일어나 새로운 민주적인 통치기관을 형성하고 권력을 장악해서 사회의 재구성에 착수할 수 있는 위치에 있어야 한다는 것이다.

사회주의의 목표는 모든 계급 구분을 없애고 계급 지배의 도구인 국가가 서서히 소멸하는 사회를 만드는 것이다. 엥겔스가 썼듯이 "노동계급은 국가권력을 장악하고 그 힘을 이용해 사회적 생산수단을 자본가계급의 손아귀에서 빼앗아 와 공동의 소유로 만들 것이다."[4]

권력을 장악한 노동계급은 우선 그 권력을 이용해 구질서가 다시 구축되지 못하도록 할 것이다. 이 새로운 노동자 국가는 다수의 이익을 대표할 테지만 착취적인 옛 사회관계를 복원하려고 폭력을 사용하는 자들을 억압하기 위해 필요할 때는 어쩔 수 없이 강제력을 써야 한다. 그러나 옛 착취자들의 저항이 사그라지면 그런 일은 점차 사라질 것이며, 사회를 바꾸는 어렵지만 보람 있는 과제가 더 중요해질 것이다. 새로운 노동자 국가는 이윤과 시장을 철폐하고 그것을 의식적·민주적 계획으로 대체하기 위한 일련의 개혁을 단계적으로 추진해야 한다. 마르크스와 엥겔스는 《공산당 선언》에서 다음과 같이 썼다.

> 노동계급은 정치적 우위를 이용해 점차 자본가계급에게서 모든 자본을 빼앗아서 생산의 모든 수단을 국가, 즉 지배계급으로 조직된 노동계급의 손에 집중시키고 생산력 전반을 최대한 빨리 증대할 것이다.
> 물론 애초에 이것이 가능하려면 소유권과 자본주의적 생산관계를 강제로 침해해야 한다. 이 조처들은 경제적으로는 불충분하고 불안정해 보일 테지만, 운동 과정에서 그 이상으로 나아가 낡은 사회질서에 대한 더 깊숙한 침투를 촉발할 것이며, 생산양식 전반을 변혁할 수단으로서 불가피한 것이다.[5]

사회주의를 위해서는 아마 다음과 같은 조처들이 필요할 것이다. 부자에 대한 누진적 소득세 부과, 전면 무상교육, 광고 등의 값비싼 낭비를 폐지하고 그 자원을 보건·교육·예술로 돌리기, 조건 없는 무상 낙태와 무상 보육 실시, 모든 개발업자와 부자가 소유한 빈집과 저택을 몰수해 가난한 사람과 노숙자에게 제공하기, 굶주리는 이들을 위한 무상 급식, 노동시간 즉각 단축, 실업자에게 일자리 제공하기, 선출이나 순번제에 의한 자율적 치안 유지 등.

시장과 화폐를 단박에 폐지하는 것은 불가능하다. 그러나 노동자 국가가 은행을 국유화해서 노동자 통제하에 두고 대중교통 개선 등 더 중요한 국책 사업에 돈을 쓰게 하는 것은 가능하다. 이윤을 내는 수단이던 화폐는 생산과 분배를 평가하는 수단으로 바뀔 수 있다. 노동자 통제는 처음에는 경영진을 제어하는 수준이었다가 시간이 흐를수록 노동자 경영 체제로 발전할 것이다. 민주적 평의회로 조직된 생산자 연합은 인간의 필요를 위한 합리적인 계획에 따라 생산과 분배를 재조직하기 시작할 것이다.

불평등을 일시에 없애는 것은 불가능하지만 그 뿌리를 뽑기 위해 여러 조치를 도입할 수 있다. 교육제도상의 차별을 없애기 위한 특별 기구를 창설할 수도 있고, 인종·국적·성·언어와 관계없이 모두에게 동등한 사회참여와 교육 기회를 보장하기 위해 여러 우대 정책들을 질적으로 한층 더 강화할 수도 있다. 여러 언어로 교육을 제공할 수도 있고 쉽게 직업을 바꿔 정신노동과 육체노동을 오갈 수 있도록 하는 교육 시스템을 마련할 수도 있다. 처음에 노동자들은 기술자나 전문가를 공동으로 통제해야 할 수도 있다. 그중 (전부는 아니겠지만) 일부는 자본주의에서 누리던 특권을 갈망할 수도 있다. 그러나 교육과 생산이 광범하게 재편되면 누구나 다양한 직업을 추구할 기회를 누릴 수 있을 것이고 정신노동과 육체노동의 장벽이 서서히 무너질 것이며 모든 개인이 자신의 잠재력을 마음껏 발휘할 수단을 제공받는 환경이 조성될 것이다.

노동자들과 기술자들의 위원회는 생산을 기술적으로도 재조직해 최선의 재료로 오래가는 물건을 생산할 것이다. 사회는 되도록 환경을 해치지 않는 생산방법과 에너지를 탐색할 것이다. 생산력은 노동시간이 하루에 서너 시간으로 줄어들 정도로 발전할 것이다. 사회주의 사회에서 노동생산성을 증대하는 목적은 사람들이 사회 운영에 참여하는 등의 활동에 가능한 한 더 많은 에너지를 투여할 수 있도록 노동시간을 최소화하기 위해서일 것이다. 더군다나 노동자들은 노동의 결과물뿐 아니라 노동과정도 지배할 것이기 때문에 지금과 달리 노동에서 공허함을 느끼지도 않을 것이다. 금요일만을 손꼽아 기다리거나 오로지 임금을 위해서 일하지 않게 되면서 노동은 자아실현의 원천이 될 것이다. 오늘날의 정신 나간 노동강도는 무수히 많은 사람들의 신체 건강과 정신 건강을 해치고 있는데, 노동자가 작업의 성격과 속도를 집단적으로 결정하는 사회에서는 노동강도도 인간적으로 완화될 것이다.

옛 지배계급의 저항이 사라지면 국가가 남아 있을 이유도 없다. 엥겔스의 말처럼 계급 구분이 사라지면 "국가도 시들어 버릴 것"이다. 계급 분열이 해체되면 계급 억압 기구인 국가도 쓸모없어진다. 국가의 억압 기관이 사라지면 우편·교통·전력 등을 관리하는 순전히 행정적인 업무만 남을 것이다.

그리고 일반 대중의 자유로운 연합이 국가를 대체할 것이다. 이것이 공산주의다. 사회는 계획에 따라 운영될 것이다. 그러나 각자가 능력에 따라 기여하고 필요에 따라 가져가기 때문에 조직적인 강제력은 필요하지 않을 것이다. 사회는 괴로운 감정에 휩싸인 개인이 일으키는 폭력이나 취객이 벌인 소동 같은 사소한 폭력을 처리할 담당자를 선정하거나 자원자를 받을 수도 있다. 그러나 사회가 계급으로 나뉜 것은 아니기 때문에 이런 강제력은 체계적이지 않고 일시적일 것이며 "특별한 무장 집단" 없이도 얼마든지 행사될 수 있을 것이다.

이처럼 의식적이고 민주적으로 계획되고 운영되는 사회가 도래할 때만 자본주의하에서 천대와 멸시를 받는 수많은 사람들의 가능성이 꽃필 수 있다. 마르크스는 다음과 같이 썼다.

> 개인을 노예처럼 종속시키는 분업과 그에 따른 정신노동과 육체노동의 대립이 사라지고, 노동이 그저 살기 위한 수단이 아니라 삶의 주된 욕구가 되며, 개인들의 전인적 발전과 함께 생산력이 성장하고 집단적인 부의 원천이 더 풍성하게 흘러 넘치고 난 후, 즉 공산주의의 높은 단계에 이르렀을 때 사회는 비로소 협소한 자본주의적 권리의 한계를 극복하고 "각자 능력대로 기여하고, 각자 필요대로 분배한다!" 하는 기치를 걸 수 있다.[6]

사회주의의 필요성

세계의 물질적 풍요와 노동계급의 연대가 사회주의를 가능케 하는 조건이라면, 사회와 환경의 파괴는 사회주의를 필요하게 만드는 조건이다.

자원은 풍부하게 있다. 노동자들은 부자들을 굉장한 부자로 만들어 주지만 정작 다수의 노동자들은 생활고에 허덕인다. 그리고 이 불균형은 갈수록 심해지고 있다. 1999년에 1조 달러 이상에 이른 세계 200대 부자의 자산은 세계 인구 41퍼센트의 소득을 다 합친 것보다도 많았다. 오늘날에는 세계 85대 부자가 인류의 절반보다도 더 많은 부를 보유하고 있다.[7] 이 부의 일부만 써도 가난한 사람들이 직면한 많은 문제를 해결할 수 있다. 《1994년 유엔 인간 개발 보고서》는 개발도상국들의 국방비(미국이나 다른 선진국의 막대한 국방 예산은 제외된 것이다)의 12퍼센트만으로도 의료 서비스를 받지 못하는 10억 명에게 의료를 제공할 수 있고, 아동 1억 9200만 명의 심각한 영양실조 문제를 해결할 수 있으며 안전한 식수를 이용할 수 없는 13억 명에게 안전한 식수를 제공할 수 있다고 추산했다.[8]

우리가 서 있는 곳은 새로운 사회의 문턱이거나 벼랑 끝이다. 우리는 사회주의로 전진하거나 그렇지 않으면 상상을 뛰어넘는 온갖 형태의 야만으로 굴러떨어질 것이다. 야만의 모습은 핵폭탄으로 인한 참극일 수도 있고 환경 재난일 수도 있으며 1930년대 대불황의 귀환일 수도 있다. 마르크스가 예언자처럼 말했듯이 자본주의는 실패한 체제임을 스스로 입증한다. 노동자들이 그렇게나 많은 부를 생산하는데도 자본가계급은 가난한 사람들의 생존은커녕 인류의 존속조차 보장하지 못하기 때문이다.

> 이로써 자본가계급은 사회의 지배계급으로 남아 자기 계급의 존속을 … 사회에 강요하기에 부적격인 계급임이 분명히 드러난다. 그들은 통치자로서 부적격이다. 자신의 노예에게 노예 상태에서의 생존을 보장해 주지 못하고, 노예가 주인을 부양하기보다는 주인이 노예를 먹여 살려야 하는 지경에 노예를 빠트릴 수밖에 없기 때문이다. 사회는 더는 자본가계급의 지배하에서 존속할 수 없다. 다시 말해 자본가계급의 존

속은 더는 사회와 양립할 수 없다.[9]

대안은 사회주의다. 근거 없는 편견을 걷어 내고 보면 사회주의는 참 매력적인 사상이다. 사회주의는 유토피아 사상가가 머릿속에서 꾸며 낸 몽상이 아니다. 사회주의는 노동자들 자신의 집단행동에서 태어났다. 유진 데브스의 경험이 이를 잘 보여 준다. 사회주의자가 되기 전 데브스는 민주당 정치인이 될까 잠깐 고민했다. 그러나 노동조합을 조직하면서 그는 생각을 고쳐먹었다. 데브스는 신생 노조인 미국철도노조의 지도자로서 1894년에 풀먼슬리핑카컴퍼니 노동자들의 파업을 이끌었다. 파업은 전국으로 번졌고 15만 명에 이르는 노동자들이 풀먼이 생산한 철도차량의 운행을 거부했다. 사태에 개입한 정부는 사측을 편들었고 우편 수송을 방해했다는 이유로 파업이 불법이라고 선언했다(정부는 탄압의 구실을 만들어 내기 위해 일부러 풀먼이 생산한 철도차량에 우편 수송차를 달았다). 정부는 연방군을 투입했고 파업은 분쇄됐다. 파업자 25명이 사망했고 데브스는 6개월간 투옥됐다. 데브스는 정부와 군대와 법정이 고용주의 편임을 배웠다. 옳은 일을 위해 노동자들이 조직하고 싸우지 못하게 하려고 고용주들이 수단 방법을 가리지 않는다는 것을 배웠다. 데브스는 나중에 다음과 같이 말했다. "총검의 서슬이 번쩍이고 총구에서 불꽃이 나올 때마다 계급투쟁의 모습이 드러나 보였다. 이것이 내가 처음 받은 실전 사회주의 교육이었다. 물론 그때는 그런 명칭도 몰랐지만 말이다."[10]

투쟁이 벌어지면 많은 사람들이 데브스와 같은 경험을 한다. 그들이 그 경험을 잊고 지루한 일상으로 돌아가는 것이 아니라 세계를 변혁하는 데 헌신하는 능동적 사회주의자가 되게 하려면, 그런 경험을 공유하고 사회주의로 향하는 무의식적인 노력을 사회주의의 실현을 위한 의식적 헌신으로 전환할 사회주의자들의 조직이 모든 작업장과 학교에 있어야 한다.

사회혁명의 가능성

평범한 사람들이 짓눌려 사는 모습을 보다 보면 지금 상태가 영원할 것 같다는 착각에 빠질 수 있다. 그러나 이것은 복잡다단하고 모순적인 현실의 단면일 뿐이다. 사람들이 마침내 움직여 반격에 나서면 우리는 진실의 또 다른 단면을 상기하게 된다. 바로 평범한 사람들이 연대 의식과 영웅적 용기, 창조력, 활력을 보여 주는 비범한 행동을 할 능력이 있다는 것이다. 1936년 스페인 내전 때 바르셀로나에 있었던 조지 오웰은 그 도시를 막 장악한 노동자들 사이에서 혁명이 불러일으킨 창조적 연대를 목격했다.

> 노동계급이 장악한 도시에 간 적은 처음이었다. 크고 작은 건물이 거의 모두 노동자들에게 장악돼 있었고, 붉은 깃발이나 아나키스트들의 검고 붉은 깃발이 걸려 있었다. 모든 담벼락에 망치와 낫, 혁명적 당들의 머리글자들이 휘갈겨져 있었다. … 모든 상점과 카페에는 집산화됐음을 알리는 표식이 새겨져 있었다. 심지어 구두닦이도 집산화됐고 그들의 상자도 흑색과 적색으로 칠해졌다. 웨이터와 종업원은 손님들을 똑바로 바라보며 동등한 인간으로서 그들을 응대했다. 아첨, 심지어 의례적인 말조차도 잠깐 동안 사라졌다. … 팁을 주는 것은 프리모 데리베

라* 시대 이래 법으로 금지됐다. 내가 거의 처음에 겪은 일은 엘리베이터 보이에게 팁을 주려고 했다가 호텔 관리자에게 일장 연설을 들은 것이었다. 개인용 차량은 모두 징발돼서 없었고 전차나 택시 등 교통수단도 대부분 흑색과 적색이 칠해져 있었다. 어디에나 붙어 있는 혁명 포스터들이 선명한 적색과 청색으로 이글거리고 있어서 얼마 안 남은 다른 광고들은 마치 진흙 반죽을 발라 놓은 것처럼 보였다. 람블라스 거리를 따라가면 나오는 도시의 중심지에서는 쉴 새 없이 군중이 왕래하고 확성기에서 하루 종일, 밤새도록 혁명가가 울려 퍼졌다. 가장 기이한 것은 군중의 모습이었다. 마치 부유한 계급이 완전히 사라진 도시 같았다. … 거의 모든 사람들이 노동계급의 해진 옷이나 푸른색 작업복, 이러저러한 시민군 복장을 입고 있었다. 모든 것이 기이하고 뒤숭숭했다. 이해가 안 되거나 어떤 면에서는 마음에 들지 않는 것이 많았지만 곧 나는 이런 모습의 세상이야말로 쟁취할 가치가 있다는 것을 인정했다.[11]

아주 어려운 상황에서도 실낱같은 기회만 있으면 노동자들은 진심으로 협력하려 한다. [2005년] 허리케인 카트리나 참사 당시 뉴올리언스에 갇힌 보건 노동자인 래리 브래드쇼와 로리 베스 슬론스키는 언론이 늘 그렇듯 군인과 경찰관의 영웅적인 모습만 내보냈지만 실제 당국의 공식적인 구호 노력은 그야말로 형편없었다고 전하며

---

* 미겔 프리모 데리베라(1870~1930) 1923~1930년 스페인 총리로 독재정치를 펼쳤다. 그의 첫째 아들 호세 안토니오 프리모 데리베라는 파시스트 정당인 팔랑헤당을 창설했다.

다음과 같이 말했다.

> 세상 사람들은 보지 못하겠지만 우리가 봤던 것은 뉴올리언스의 노동계급이야말로 허리케인 구호 활동의 진정한 영웅이었다는 것이다.
> 시설 관리 노동자들은 지게차를 이용해 병자와 장애인을 날랐다. 기술자들은 임시변통으로 발전기를 설치해서 돌리고 계속 돌아가게 애썼다. 전기공들은 즉석에서 몇 블록에 이르는 길이의 굵은 전깃줄을 만들어서 우리가 가진 약간의 전기를 끌어와 옥상 주차장에 갇힌 차량들을 빼내는 데 썼다. 간호사들은 의식을 잃은 환자들을 살리기 위해 인공호흡기를 대신해 몇 시간 동안 쉬지 않고 직접 그들의 폐에 공기를 불어 넣었다. 경비 노동자들은 엘리베이터에 갇힌 사람들을 구출했다. 정유소 노동자들은 정박장을 침범해 배를 '훔쳐서' 홍수를 피해 지붕에 올라간 이웃들을 구조했다. 정비공들은 사람들을 도시 바깥으로 나를 수 있는 차량이라면 어떻게 해서든 시동이 걸리게 도왔다. 식당 노동자들은 식당 조리실을 뒤져서 조난당한 수많은 사람들을 위해 즉석에서 식사를 만들었다.[12]

진정한 약탈자는 재난에서 살아남기 위해 식료품과 재화를 확보하려 했던 사람들이 아니다. 없는 자를 등쳐 먹는 가진 자들의 대규모 약탈 체제를 만든 정부와 그들의 절친한 기업주들이야말로 진정한 약탈자다.

래리와 로리는 수백 명의 생존자 그룹을 조직하는 데 일조했다. 경찰은 총을 겨누고 그들이 처음 세운 피난촌을 해산했다. 그들이 다리를 건너 이웃 도시인 그레트나로 가려 하자 한 무리의 경찰이 공중에 산탄총을 쏘며 그들을 돌려보냈다. 그러나 생존자 그룹은 흩어지지 않았고 평범한 사람들의 잠재력을 보여 줬다.

> 우리의 작은 야영지가 만개하기 시작했다. 어떤 사람은 생수 배달 차량을 훔쳐서 우리에게 몰고 왔다. 이 악탈에 박수를 보내자! 2킬로미터 정도 떨어진 고속도로에서는 한 군용 트럭이 급커브를 돌다 전투식량 수십 상자를 흘렸다. 우리는 쇼핑 카트로 식량을 야영지로 날랐다.
>
> 식량과 물 두 가지 필수품이 확보되자 협업과 공동체 의식과 창조력이 만개했다. 우리는 청소를 조직했고 철근 기둥에 쓰레기 봉지를 걸어 뒀다. 나무 팰릿과 판자로 침대를 만들었다. 빗물 배수구는 화장실로 활용했고 아이들은 화장실을 가리기 위해 비닐과 부서진 우산 따위의 고물로 그럴싸한 울타리를 만들었다. 우리는 심지어 식량 교환 체계를 조직해서 군용 식량에 딸린 부식을 서로 교환하게 했다.(갓난아이에게는 사과 퓌레를, 아이들에게는 사탕을 줬다!)
>
> 우리는 카트리나가 휩쓸고 지나간 자리에서 이런 광경을 여러 차례 봤다. 먹을 것과 마실 것이 없을 때 사람들은 제 앞가림에 급급했다. 자식들 목을 축이고 부모가 굶지 않게 하려면 무슨 짓이라도 해야 했다. 그러나 기본적인 욕구가 충족되면 사람들은 서로 배려하고 협력하면서 공동체를 꾸렸다.[13]

뉴올리언스의 평범한 노동자와 가난한 사람의 영웅담을 읽다 보니, 스페인 내전 당시 스페인의 혁명적 아나키스트인 부에나벤투라 두루티가 1936년에 캐나다인 기자 피에르 반 파센에게 한 말이 떠올랐다. 두루티는 노동자들과 함께 프랑코의 파시스트 반혁명에 맞서 싸웠다. 반 파센이 두루티에게 "당신이 승리하더라도 폐허만이 남을 것입니다" 하고 말하자 두루티는 다음과 같이 대답했다.

> 우리는 언제나 판잣집과 쥐구멍 같은 곳에 살았습니다. 당분간 먹고 잘 곳쯤은 알아서 마련할 수 있을 것입니다. 우리가 집을 지을 줄도 안다는 것을 잊지 마십시오. 스페인이든 미국이든 어디에서나 이 궁전과 도시를 건설한 것은 바로 우리들입니다. 우리, 바로 노동자들입니다. 우리는 그 자리에 새로운 것을 건설할 수 있습니다. 더 나은 것을요. 폐허는 전혀 두렵지 않습니다. 우리는 대지를 물려받을 것입니다. 그것은 의심의 여지가 없습니다. 자본가들은 역사의 무대를 떠나기 전에 자신의 세계를 박살 내 엉망진창으로 만들어 놓을지도 모릅니다. 우리가 가져올 새로운 세상은 여기, 우리 가슴속에 있습니다. 그리고 바로 지금 이 순간 그 세계가 싹트고 있습니다.[14]

부록 1

사회주의에 반대하는 흔한 주장들

경쟁은 인간의 본성이다?

사회주의의 실현 가능성을 부정하는 흔한 주장 하나는 인간에게 경쟁하는 본성이 있다는 것이다. 그러나 협력과 이타적 행동은 인간의 삶에서 가장 두드러진 특징 중 하나다. 협력과 이타심 없이는 사회가 작동할 수 없다. 인간이 경쟁을 추구하거나 이기적으로 행동할 수 있지만 매우 어린 나이일 때부터 협동과 이타심을 발휘하기도 한다는 것을 보여 주는 연구는 제법 많다.[1]

부자들은 기부를 하면 요란한 찬사를 받고 건물 이름에 자기 이름이 들어가기 때문에(물론 요즘에는 기업들이 작명권을 가져가기 시작했다) 자선 모금의 주요 참여자는 부자라고 생각하기 쉽다. 그러나 그렇지 않다. 연구 결과를 보면 미국의 가장 가난한 20퍼센트는 소득의 2.3퍼센트를 자선 모금에 내지만 가장 부유한 20퍼센트는 소득의 1.3퍼센트만을 낸다. 물론 대놓고 뽐내기에는 100만 달러의 1.3퍼센트가 2만 5000달러의 2.3퍼센트보다 훨씬 좋을 것이다. 한 심리학자가 설명하기를, 부자들은 고결한 인격을 과시하기 위해 기부하지만 실제로는 "타인의 이익보다는 자신의 이익을 우선시하는 경향이 강하다."[2] 엥겔스는 자본가들의 자선에 대해 신랄하게 경멸을 드러냈다. "그대들은 노동계급에게 봉사하는 듯이 굴지만 애초에 노동계급의 피를 빨아먹은 다음 그들에게 자기만족적이고 독선적인 자선을 들이밀 뿐이며, 스스로를 인류의 전능한 은인으로 온 세상에 내세우지만 실제로는 자신에게 속한 것의 100분의 1만을 약탈의 희생자들에게 돌려준다!"[3]

자본주의는 개인주의적 사고와 경쟁을 부추기지만 어떤 면에서는 협동의 근거를 마련하기도 한다. 협동 없이 대량생산과 유통은 불가능하다. 어느 작업장에서든 생산물을 만들어 내려면 수백 명, 때로는 수천수만 명이 협력적으로 일해야 한다. 자본주의의 이런 사회적이고 협력적인 측면은 시장 경쟁을 부분적으로 부정한다. 또, 이런 측면 덕분에, 노동자들은 자신이 공통의 이해관계에 따라 집단행동에 나서게 되는 하나의 계급에 속해 있다고 느끼게 된다.

"모두가 경쟁을 추구해서 사회주의는 안 된다"는 주장의 가장 큰 허점은 공평한 분배에 기초한 사회에서는 사람들이 한정된 자원을 두고 다투지 않아도 된다는 것이다. 미국의 트로츠키주의자 제임스 캐넌은 다음과 같이 썼다. "모두가 풍족한 사회주의 사회에서 각자의 몫을 따지는 것이 무슨 의미가 있겠는가? 잘 차린 식탁을 떠올려 보라. 누구도 서로가 아침에 팬케이크 몇 장, 저녁에 빵 몇 조각을 먹는지 일일이 기록하지 않을 것이다. 먹을 게 많으면 서둘러 음식을 차지하려는 사람도 없다. 그리고 손님이 오면 자기가 먼저 고기의 가장 맛있는 부위를 채 가는 것이 아니라 손님에게 접시를 건네며 먼저 들라고 권하지 않던가."[4]

요지는 사회주의하에서는 사회의 잉여를 소수가 아니라 모두를 잘살게 하는 데 집단적으로 쓸 수 있다는 것이다. 안 그래도 공짜인 것을 뭐 하러 훔치겠는가? 너무 꿈만 같은 소리일 수도 있겠다. 그러나 캐넌이 지적했듯이 이 자본주의라는 "아수라장이 영원히 계속될 것이라고 믿는 것이야말로 어리석은 생각이다."[5]

혹자는 이렇게 반박할지도 모른다. "그렇지만 경쟁이 없으면 창의성과 혁신도 정체할 것이다. 열심히 일해서 성과를 낼 유인책이 없으니 말이다." 이것은 사회주의를 반대하는 가장 오래된 근거 중 하나인데, 이런 주장의 함의는 자본주의의 시장 경쟁이 근면과 혁신을 보장하는 최선의 유일한 방법이라는 것이다.

마르크스와 엥겔스는 그 문제를 《공산당 선언》에서 다룬 바 있다. "사유재산을 폐지하면 모두가 노동을 멈추고 어디에나 게으름이 만연할 것이라는 문제 제기가 있다." 마르크스와 엥겔스의 답변은 간단하지만 핵심을 찌른다. "그런 논리대로라면 자본주의 사회는 이미 오래전에 망했어야 한다. 자본주의에서는 노동하는 자가 가지지 못하고 가진 자는 노동하지 않기 때문이다."[6]

대다수 사람들은 자기 이익이 아니라 타인의 이익[자본가의 이윤]을 위해 일한다. 사람들이 그렇게 하게 만드는 유일한 유인책은 일하지 않으면 굶는다는 사실이다. 그러나 사람들이 아무런 금전적 이득이 없는데도 노고를 아끼지 않는 사례는 꽤 많다. 고등학교나 지역의 극단에 참여해 본 사람이라면 방과 후, 퇴근 후에 쏟아부은 피땀 어린 노력의 결실이 무대에 오를 때의 희열을 잘 알 것이다. 얼마나 많은 사람들이 '본업'을 그만둘 전망이 보이지 않음에도 음악과 예술을 추구하며 사는가? 허리케인 카트리나가 닥쳤을 때, 피해자들에게 구호품을 전달하고 먹을 것을 나눠 주러 전국 각지에서 미시시피주와 루이지애나주로 온 평범한 사람들을 나는 많이 봤다. 내가 만난한 내슈빌신학교 학생은 뉴올리언스의 홍수로 불어난 오염된 물에 구명보트를 띄우고 수 시간 동안 조난당한 사람들을 구조했다. 그리고 그런 구명보트들은 카트리나 희생자들을 걱정하는 시민들이 기부하거나 어디서 몰래 가져온 것이었다.

사회주의가 개인의 소유를 허용하지 않아서 일할 동기를 없앨 것이라는 주장도 마찬가지 허점이 있다. 사회주의가 금지할 재산은 타인을 착취하는 데 쓰이는 재산뿐이다. 오히려 사회주의에서 사람들은 상당한 여가 시간, 좋은 먹거리와 거처를 제공받고 예술과 문화를 더 쉽게 누리는 등 자신의 삶을 풍성하게 하는 것들을 더 많이 가질 수 있을 것이다. 기술을 혁신할 유인은 사라지지 않고 오히려 이윤 동기 없이도 더 강해질 것이다. 왜냐하면 그런 혁신이 모두의 삶에 이로울 것이기 때문이다.

노동자는 사회를 운영할 능력이 없다?

사회주의에 반대하는 또 다른 주장은 대다수 사람들과 노동계급에게는 집단적으로 사회를 통치할 능력이 없다는 것이다. 복잡한 현대사회를 운영하려면 교육받고 똑똑한 전문가가 있어야 한다는 것이다. 그러나 부유한 부모와 측근 덕에 대학 졸업장을 비롯한 많은 것을 얻을 수 있었던 조지 W 부시가 역사에 길이 남을 만큼 멍청했다는 사실을 보면 그런 주장은 설득력이 매우 떨어진다. [이라크 전쟁이 예상과 달리 장기화하던 2005년,] 이라크 사람들이 미군을 두 팔 벌려 환영할 것이라던 부통령 딕 체니의 [2년 전] 예측을 어떻게 생각하느냐는 질문에 부시는 다음과 같이 답했다. "환영받았죠. 평화적인 환영이 아닐 뿐입니다."[7] 부시는 브라질 대통령 루이스 이나시우 룰라 다시우바가 보여 준 브라질 지도를 보고 다음과 같이 감탄했다고 한다. "오! 브라질은 되게 크네요."[8]

능력이 보잘것없거나 아예 없는 대통령·기업가·관료의 사례는 이 외에도 더 많다. [영국의 사회주의자] 폴 풋은 다음과 같이 썼다.

> [백만장자 기업가] 하워드 휴스도 또 한 명의 범인이었을 뿐이다. 그는 플레이보이로 삶을 시작해 미치광이로 죽었다. 그는 아무 재주도 없는 사람이었다. 그럼에도 운이 따르고 대차대조표를 읽을 줄 알았던 덕에 거대한 금융·산업 제국의 수장이 될 수 있었다. 휴스는 거의 혼자서 닉슨을 미국 대통령으로 지명할 수 있었다. 그리고 닉슨 또한 능력이나 지식이나 재주가 전혀 없는 자였다. 휴스가 설계한 비행기는 추락했고 그가 감독한 영화는 대실패였다. 그는 의미 있는 일이라고는 전혀 할 수 없었다. 그러나 결정권을 가진 건 바로 그였다. 나열하자면 끝이 없다. 성공한 자본가들은 거의 모두 천부적 능력을 타고난 사람이 아니다. 그럼에도 그들은 전문가들이 할 일을 결정한다.[9]

사회의 꼭대기에 있는 백만장자, 억만장자는 사회 운영에서 직접적으로 하는 구실이 없다. 그냥 소유자로서 얻는 보상을 주워 담을 뿐이다. 오늘날의 지배계급은 전적으로 기생적이다. 막대한 부를 빨아들이기나 하지, 사회적으로 유익한 기능을 아무것도 하지 않는다. 이미 1881년에 엥겔스는 자본가들이 생산과정의 감독자 구실도 그만뒀다고 썼다. "자본가가 사회에서 하던 기능은 이제 임금을 받는 하수인들에게 인수인계됐다. 그런데도 자본가는 자신이 더는 수행하지 않는 기능에 해당하는 몫을 챙겨 간다." 자본가가 하는 일이라고는 "증권거래소에서 자기 주식을 가지고 투기하는 것뿐이다." 엥겔스는 다음과 같이 결론짓는다. "이처럼 우리는 자본가계급의 관여 없이도 나라의 거대한 산업을 잘 운영할 수 있을 뿐 아니라 오히려 그들의 관여가 점점 방해만 된다는 사실을 알 수 있다. 그래서 우리는 그들에게 다시 말한다. '물러서라! 노동계급에게 다음 차례를 맡을 기회를 양보하라!'"[10]

은행가와 투자자가 철을 만드는 게 아니다. 백만장자 가문에서 태어난 사람은 엄청나게 똑똑하지 않아도 재산을 두 배 세 배 불릴 수 있다. 사회는 지배계급이 없어도 괜찮을 것이며 지배계급을 떼어 내는 고통은 맹장을 떼어 내는 정도의 고통일 것이다. 그런데 노동자에게 사회를 운영할 능력이 있을까? 여전히 전문가에 기대야 하는 것은 아닐까? 기술자와 관리자가 생산성을 향상할 때, 즉 노동자들을 더 쥐어 짜낼 때 사용하는 지식은 현장에서 일차적으로 몸으로 부딪히는 노동자들에게서 얻은 것일 경우가 많다. 뉴턴이나 아인슈타인의 천재성을 부정하자는 것은 아니다. 그러나 클리퍼드 코너가 《민중의 과학사》에서 썼듯이 "자연에 대한 지식이라는 가장 근본적인 의미로 과학을 이해한다면 자연을 가까이하는 사람들, 즉 수렵·채집자, 농부, 선원, 광원, 대장장이, 민간 의술가처럼 생존 수단을 확보하기 위해 매일같이 자연을 마주해야 하는 사람들 사이에서 과학이 생겨났다는 사실이 그리 놀랍지 않을 것이다."[11]

노동자들이 작업장을 스스로 지배하고 관리하며 놀라운 운영 능력을 보여 준 사례는 많다. 파리코뮌, 러시아 혁명, 스페인 내전, 2001년 아르헨티나 봉기 등의 투쟁에서 노동자들은 다양한 이유와 형태로 작업장을 장악하고 운영을 시도했으며 다른 회사 노동자들과의 연계 속에서 작업장을 운영하기도 했다. 2001년 아르헨티나 봉기 때 노동자들은 10여 개의 공장을 접수했는데 그중에서도 네우켄 지역의 사논 타일 공장 노동자들(그들은 공장 이름을 파신파트, 즉 '사장 없는 공장'으로 바꿨다)과 부에노스아이레스의 브루크만 섬유 공장 노동자들의 사례가 유명하다. 이런 '탈환된' 공장의 노동자들은 노동자가 공장을 접수하고 민주적인 조직을 통해 운영하는 것이 가능함을 입증해 보였다. 2002년에 사논의 한 노동자는 다음과 같이 말했다. "노동자가 없으면 공장은 돌아가지 않아요. 그러나 사장은 없어도 잘 돌아갑니다. 잘 돌아가고 말고요! 이제 나라도 일하는 사람들 손에 들어가면 잘 돌아가지만 도둑놈 같은 정치인들의 손에 있으면 잘 안 돌아간다는 것을 다른 모든 동지들과 함께 보여 주려고 합니다."[12]

그러나 작업장을 하나씩 접수하다 보면 어느샌가 노동자가 사회의 주인이 된다고 생각해선 안 된다. [아르헨티나의 마르크스주의 저술가] 마리나 카바트가 지적했듯이 아르헨티나에서 노동자가 운영하는 공장들도 "자본주의 동학의 지배를 받았다." 공장 바깥에선 자본주의의 동학이 여전히 건재했고 노동자들은 이 동학이 각 기업에 강요하는 조건들을 통제할 수 없었다. 노동자들이 운영하는 기업들도 부채를 갚고 낡은 설비를 고치고 대출을 구하고 판로를 찾고 자재를 구매하고 이전 소유주에게 보상을 해야 했으므로, 결국 다른 자본주의 기업처럼 운영되거나 도산할 수밖에 없었다. 많은 수가 살아남지 못했다. "어떻게든 살아남은 기업들은 노동자의 자기 착취라는 대가를 치러야 했다"고 카바트는 쓴다.[13]

로자 룩셈부르크가 썼듯이 노동자 소유의 기업이나 협동조합도 살아남으려면 자본가 소유의 기업과 똑같이 착취적인 조건을 스스로에게 강요해야 한다. 그런 기업의 노동자들은 "스스로를 전제적으로 다스리고 스스로 자본주의적 경영자 구실을 해야 하는 모순된 숙명을 맞이할 것이다. 이런 모순 때문에 생산 협동조합은 순전한 자본주의적 기업이 되거나, 노동자들의 이해관계가 계속 우세한 경우 해체돼 없어진다."[14]

노동자 소유 기업이 실패하거나 여느 자본주의 기업처럼 된다는 것은 노동자의 사회 운영 능력을 부정하는 증거라기보다는 모두가 단결해 힘을 중앙으로 집중시켜 생산과 분배의 모든 측면을 지배하지 않은 채 노동자 통제와 자주 관리를 실현하려는 고립된 시도는 실패한다는 것을 보여 주는 증거다. 노동자의 자주적 생산관리가 성공하려면 노동자들이 정치권력을 장악해야 한다. 그러지 않으면 경제 전반을 재구성할 수 없기 때문이다.

물론 새로운 사회가 온다고 해서 웨이터나 간호사가 곧바로 그 사회의 운영자와 계획자로 거듭나지는 않을 것이다. 그러나 기회만 있으면 누구나 사회를 직접 운영하는 데 필요한 과학적·행정적·수학적 지식을 습득할 수 있다. 마치 계급 발생 이전의 사회에서 지리, 식물, 동물, 도구 제작에 관한 지식을 소수의 전유물로 두지 않고 공동체 전체가 공유했던 것처럼 말이다. 레닌은 10월 혁명 몇 주 전에 다음과 같이 썼다.

> 우리는 몽상가가 아니다. 훈련되지 않은 노동자나 요리사가 곧바로 국가를 운영하는 업무를 맡을 수 없다는 것은 우리도 안다. 이 점에서는

우리도 입헌민주당[자유주의 정당], 브레시콥스카야[사회혁명당 우파의 지도자], 체레텔리[멘셰비키 지도자]와 의견이 같다. 그러나 우리는 부자나 부유한 집안에서 뽑힌 관료만이 국가 통치, 즉 국가 운영을 위한 일상적 업무를 수행할 능력이 있다는 편견에 사로잡힌 시각과 즉각 단절하라고 요구한다는 점에서 이분들과 의견을 달리한다. 계급의식적 노동자와 병사가 국가 운영을 위한 훈련을 받아야 하며 이 훈련은 지체 없이 시작돼야 한다고, 즉 모든 일하는 사람들, 가난한 사람들을 대상으로 이 업무를 위한 훈련을 즉각 시작해야 한다고 우리는 요구한다.[15]

사회주의가 되더라도 여전히 전문가와 과학자는 필요할 것이다. 오늘날에는 소수만 누리는 특별한 교육을 다수가 누리도록 교육제도를 개선하기 전까지는 말이다. 당분간 노동자들은 회계사·관리자·기술자를 민주적으로 통제해야 할 것이다. 그러나 사회의 막대한 자원이 교육에 투자되면, 정신노동과 육체노동의 경계가 점점 희미해지고 대다수가 단순노동과 과학적·행정적 노동을 넘나들며 다양한 일을 할 것이다. 노동자들은 자기 손으로 대표를 선출하고 생산을 운영하는 과정에서 당연히 실수도 할 것이다. 그러나 그 실수는 맹목적 시장 논리가 아니라 집단적 선택에 의한 것이고, 따라서 경험을 통해 금세 교정될 수 있을 것이다.

시카고를 예로 들어 보자. 오늘날에는 부자들의 우선순위가 시카고의 정책을 좌지우지한다. 예를 들어 시장 람 이매뉴얼은 2013년 여름에 공립학교 수십여 곳을 폐교하는 한편 3300만 달러의 혈세를 사립대인 드폴대학의 농구 경기장 신축 기금에 붓겠다고 발표했다.[16] 재계의 거물과 그들에게 매수된 부패한 정치인이 아니라 노동자들이 시카고를 운영한다면 시카고의 가장 시급한 문제부터 당장 해결할 것이다. 빈집과 빈 아파트, 남아도는 호텔 방에 노숙자들을 재우고 부자들의 별장을 징발할 것이다. 그러는 동안, 실업 상태인 건설 노동자들을 조직해 집을 지을 것이다. 이 도시의 고위층과 그 측근들이 부당하게 취하던 이득을 모두 징발해서 굶주리는 사람을 먹이고, 다 쓰러져 가는 학교를 고치고, 새 학교를 짓고, 공원을 정비하고, 대중교통을 최신화하고 확대하고, 누구나 이용할 수 있는 진정한 방과 후 수업을 신설할 것이다. 관료, 기업, 부동산 개발업자가 챙기는 수백만 달러의 사용처를 바꾸면, 황폐하고 파괴된 웨스트사이드의 빈민가를 아름다운 동네로 만들 수 있을 것이다. 실업자 신세를 면치 못하는 수많은 흑인, 라틴계 청년, 백인 빈민들은 감옥이나 거리에서 자신의 잠재력을 낭비하지 않고 양질의 직업(그리고 양질의 직업훈련)을 구할 수 있을 것이다.

국가적 수준에서는, 대량 살상 무기에 낭비되는 천문학적 액수의 돈을 대중에게 이로운 사업에 쓸 수 있을 것이다. 노숙자 문제의 해결책은 간단하다. 그들에게 집을 지어 주면 된다. 그러나 지금의 사회는 이윤이 안 나면 아무것도 안 한다. 생산자들이 집단적으로 운영하는 사회는 이런 문제를 해결할 수 있다. 시장이 아니라 사회적 필요에 따라 결정을 내릴 것이기 때문이다. 어쨌든 처음에 미숙하고 서툴더라도 옳은 일을 하는 것이 못된 짓을 잘하는 것보다 낫다.

자본주의는 사회주의보다 효율적이고 덜 관료적이다?

이런 문제 제기는 소련이 사회주의 사회였다고 전제한다. 그렇지만 소련은 사회주의 사회가 아니었다. 물론 소련의 국가자본주의 체제에는 나름의 관료적 비효율성이 있었지만 서방의 자본주의도 비슷한 문제가 있었다.

이 문제 제기에 답하기 전에 먼저 **효율성**이라는 표현을 곱씹어 보자. 매우 좁은 의미로 보면, 자본주의 기업은 효율성을 추구한다. 즉, 적은 비용으로 많은 일을 시키는 방법을 찾아내 시간을 절약하려 한다. 그러나 인간의 필요를 기준으로 보면 자본주의는 극히 비효율적이다. 자본주의는 실업을 낳고 실업에 의존한다. 이것은 노동력 낭비다. 지나치게 빨리 닳고 망가지는 물건을 생산하는 것은 자본주의에서 생산성 증대만큼이나 흔한 일인데 이 또한 도저히 효율적이라고 할 수 없다. 기업들은 컨설턴트와 기술자를 이끌고 텔레비전 광고, SUV, 거기서 거기인 음료수, 크루즈미사일을 가장 효율적으로 생산할 방법을 앞다퉈 찾는다. 인류에게 이것들이 정말로 생산할 가치가 있는지 단 한순간도 고민하지 않으면서 말이다.

경쟁이 효율성을 증대한다는 온갖 주장에도 불구하고, 독점자본주의에서는 아이러니하게도 소수의 거대 기업이 각 산업에서 경쟁을 상당한 수준으로 억제하고 시장을 지배하고 조작한다. 친자본주의 경제학자들이 그토록 찬양하는 경쟁 메커니즘은 부분적으로 억제된다.

자본주의의 낭비와 비효율을 보여 주는 오늘날의 가장 터무니없는 사례는 바로 금융 부문이다. 미국만 해도 은행 구제에 퍼부은 돈이 29조 달러로 추정된다.[17] 이 돈이면 온갖 유익한 일들을 할 수 있었을 것이다. 가령 식수난에 허덕이는 세계의 17억 5000만 명에게 깨끗한 식수를 제공할 수 있었을 것이다. 이 문제는 1년에 단돈 100

억 달러씩 10년만 들이면 해결할 수 있다. 이 돈은 "연간 세계 군비 지출의 약 1.2퍼센트"라고 유네스코는 보고한다.[18]

자본주의는 덜 관료주의적이지도 않다. 마르크스가 《루이 보나파르트의 브뤼메르 18일》에서 썼듯이 자본주의가 출현하면서 국가의 관료·군사 기구는 축소되기는커녕 오히려 "완성됐다." 그때부터 줄곧 국가기구는 갈수록 더 많은 사회적 자원을 집어삼켰다. 미국의 군비 지출을 보라.

신자유주의 이데올로기의 옹호자들은 정부가 기업 활동에 간섭하면 안 된다는 얘기를 귀에 못이 박히도록 하지만 그들의 사상은 실제 현실과 너무 다르다. 국가의 구실이 줄어든다 어쩐다 하는 와중에도 GDP 대비 정부 지출은 지난 사반세기 동안 증가했다. 1997년 세계은행의 보고를 보면 미국을 비롯한 OECD 국가에서 GDP 대비 정부 지출은 1913년 10퍼센트, 1960년 20퍼센트, 1995년 50퍼센트로 증가했고, 그 후에는 약간 감소했을 뿐이다. 예컨대 미국의 경우 GDP 대비 정부 지출은 1995년 37퍼센트였다가 2009년에는 36.4퍼센트로 떨어졌다.[19]

공공 부문 일부가 민간 소유로 넘어가긴 했지만 각국 정부는 여전히 세금을 걷고 그것으로 사실상 민간 기업을 보조하거나 구제하고 국가의 감독·감시·억압·전쟁 수단을 강화했다. 현실에서 신자유주의는 '작은' 정부를 뜻하지 않았다. 공공서비스 구조조정, 국가와 기업 이해관계의 더 밀접한 통합, 국가권력 강화를 뜻했다. 그리고 이를 위해 관료주의는 축소되는 것이 아니라 확대돼야 했다.

민간 기업 내의 관료주의는 또 어떤가? 케인스주의가 득세하던 시절에 자유 시장 자본주의를 옹호한 루트비히 폰 미제스는 1944년에 다음과 같이 썼다. "이윤 추구가 유일한 운영 목적인 민간 기업은 결코 관료주의적 운영 방식에 빠지지 않을 것이다."[20] 폰 미제스가 볼 때 관료주의는 기업의 이윤 추구 과정에 정부가 간섭할 때만 생겨난다.

진실은 전혀 그렇지 않다. 기업의 관료주의는 자유 시장에 대한 "정부 간섭"의 산물이 아니라 자본의 집적과 집중의 산물이고, 세계 시장의 성장과 그에 따른 산업과 시장 전체에 대한 소수 초국적 기업의 독점적 지배의 산물이다. 이 기업들은 국제시장에서 서로 경쟁하지만 동시에 변호사·관리자·감독관·로비스트·컨설턴트의 부대가 동원되는 대규모의 내부적 계획을 세워야 한다.

기업들은 단지 업무 조율에 필요한 수준을 훨씬 뛰어넘는 수의 관리자와 감독관에게 의지한다. 단지 원활한 작업을 위해서라면 그렇게나 많은 관리자가 필요하지 않다. 결국 작업을 누구보다 잘 아는 것은 그 일을 하는 노동자다. 관리자가 그렇게 많은 것은 작업 과정을 감시하고 노동자들에게 규율을 강요하기 위해서다. 인력이 많을수록 관리자 집단도 불어나고 위계가 세분화된다. 미국의 민간 비농업 부문의 관리자 수는 1948년 470만 명에서 1994년 1700만 명으로 늘어났고, 행정·관리직 종사자 비율도 1960년 6.6퍼센트에서 1989년 13퍼센트로 증가했다. '기업 다운사이징(몸집 줄이기)'은 1990년대를 풍미한 표어였지만 미국에서 비농업 부문 "경영·행정·관리" 인사의 비중은 1989년 12.6퍼센트에서 1994년 13.2퍼센트로 증가했다.[21]

[경제학자] 데이비드 고든에 따르면, "경영자들은 부하 직원, 특히 직속 부하의 수가 많을수록 입김이 세다." 자기 영속적인 이 관리자

체계는 회사 내 위계질서에 무수히 많은 단계를 만들어 내는 경향이 있다. 그래야 그 많은 관리자들에게 계속해서 승진을 약속할 수 있기 때문이다.

신자유주의는 고삐 풀린 탐욕을 공공연히 미덕으로 칭송하면서 오히려 기업의 관료주의를 배양한다. 이윤 동기는 부패와 정실 인사가 당연시되는 문화를 낳는다. 그 안에서 온갖 '선수'들은 특정 회사에 고용된 노동자의 피땀이나 국고에서 끌어온 부에서 자기 몫을 챙길 방법을 끊임없이 찾는다. 이윤이 흘러넘치는 곳에는 언제나 하이에나 같은 인간들, 연줄을 타고 오는 인간들, '컨설턴트'들이 떼고물을 주워 먹으러 온다. 미국 기업의 역사는 어떤 대기업, 심지어는 한 산업부문 전체가 특정한 조직 모델이나 영업 모델로 성공을 거둔 뒤 성공에 취해 비대하고 무사안일한 관료주의를 키우다가 예상치 못한 경쟁자를 만나 충격을 받고 운영 방식을 바꾸고 구조조정을 하는 사례로 가득하다.

미국의 의료 체계는 민간이 공공보다 덜 관료적이라는 주장이 완전히 틀렸음을 보여 준다. 이윤을 추구하는 미국의 민간 의료 산업은 오로지 수입과 수익이 '올바른 사람'에게 흘러가도록 서류 작업만 하는 거대한 관료 기구를 창출했다.*

2004년에** 하버드의학대학 연구자들과 퍼블릭시티즌 연구소가 연

---

* 미국의 의료 체계는 다보험자 체계로 되어 있어 다수의 민간 보험사가 각각 병원과 피보험자와 계약을 맺도록 돼 있다. 계약의 내용이 보험사마다, 보험 상품마다 다르기 때문에 보험 적용 여부를 판단하기까지 복잡한 서류 절차가 필요하다.

** 2003년의 오기인 듯하다.

구한 결과를 보면 미국 의료 체계의 관료 기구에 든 비용은 3994억 달러에 달하며 [국가가 단일 보험자 체계를 시행한다면] 서류 작업 비용에서만 연간 2860억 달러를 절약할 수 있다. 이 돈이면 당시 4160만 명에 달한 모든 무보험자에게 의료보험을 제공하고 덤으로 모든 보험 가입자들의 보장 범위를 확대할 수 있었다.[22]

연구자들은 이런 관료적 비용이 미국 의료비 지출의 31퍼센트라는 사실을 알아냈다. 반면 의료보장 제도가 아직 버티고 있는 캐나다에서는 그 비중이 16.7퍼센트에 불과하며 달러당 제공되는 의료 서비스도 더 많다.

의료 산업의 사례는 무엇이 효율적이고 아닌지를 "시장이 결정하게" 놔 두면 어떤 참사가 벌어지는지를 가장 극명하게 보여 준다. 의료 서비스로 이윤을 낸다는 것은 최소한의 서비스를 최대한 비싸게 팔아먹는다는 것을 뜻한다. 건강유지기관HMO[보험사가 병원을 소유하는 의료 복합 기업체]들은 이윤을 극대화하느라 중대한 치료가 필요한 환자는 받지 않고, 보장 범위 내에 있는 효과 없는 처방만을 하려 한다. 보험회사들은 보험이 가장 필요한 만성질환 환자에게는 보험 가입을 받지 않으려 한다. 이윤이 나지 않기 때문이다. 오늘날 악명 높은 영리 병원 체인인 컬럼비아/HCA의 회장 리처드 스콧은 의료 서비스를 패스트푸드에 비유한다. "모두에게 의료 서비스를 제공할 의무가 우리에게 있나? 어디까지 공짜로 해 줘야 하는가? 그럼 패스트푸드점에는 매장에 들어오는 모든 사람들을 먹여야 할 의무라도 있다는 말인가?"[23]

국가가 비용을 대고 의료 체계를 운영한다면 적은 비용으로 더 많은 서비스를 제공할 수 있을 것이다. 그러나 미국의 의료 체계는 사람들을 돌보기 위한 것이 아니라 소수 자본가에게 거액의 돈을 쥐여 주기 위한 것이다. 사보험 가입을 의무화한 오바마의 의료 정책은 유감스럽게도 이런 현실을 바꾸지 못한다.

사회주의자는 목적으로 수단을 정당화한다?

내 아버지는 여러 차례 나와 부질없는 논쟁을 하다가 마르크스주의가 "목적으로 수단을 정당화한다"며 나를 비난한 적이 있다. 마르크스주의자들은 도덕적 양심이 없고 목적을 위해선 수단과 방법을 가리지 않는다는 것이었다. 그러나 아이러니하게도 아버지는 언젠가 미국이 "인명을 살리기 위해" 히로시마와 나가사키에 원자폭탄을 투하해야 했다고 진지하게 말한 적이 있다.

사실 세계 어디서나 지배계급은 목적으로 수단을 정당화한다. 어느 전쟁에서든 지배자들은 자신의 목적을 위해 수많은 병사들을 사지로 내몬다. 미국 정부는 필요하다고 판단하면 언제든지 세계에서 가장 끔찍한 대량 살상 무기를 동원할 태세가 돼 있다. 1995년에 어떤 기자가 당시 유엔 미국 대사 매들린 올브라이트에게 이라크에 대한 미국의 경제제재가 이라크 아이들 50만 명을 죽음에 이르게 할 만큼 "가치 있는 일"이냐고 물었다. 올브라이트는 "그런 대가를 치를 만한 가치가 있었다고 봅니다" 하고 대답했다.[24] 목적이 수단을 정당화한 것이다.

러시아 혁명가 레온 트로츠키는 저서 《그들의 윤리, 우리의 윤리》에서 다음과 같이 썼다. "지배계급은 자신의 목적을 사회에 강요하며 그 목적과 어긋나는 수단은 모두 비윤리적인 것으로 여기도록 사회를 길들인다."[25] 그래서 평화 시에 살인은 '죄악'이지만 전시에 살인은 신성한 의무다. 파업 노동자들이 파업 파괴자를 막으려고 피켓라인을 치는 것은 허용되지 않지만 경찰이 피켓라인을 해산하기 위해 무력을 동원하는 것은 완전히 용인된다. 미국 대통령이 어떤 학교에서 일어난 총기 난사 사건을 비난하고 다음 날 예멘을 드론으로 폭격하라고 지시해도 전혀 이상한 일이 아니다.

미국 중앙정보국CIA과 고위 장성들은 적국 정부를 교란하려면 어쩔 수 없다며 거짓과 속임수를 정당화하지만 아이들은 거짓과 부정행위가 부도덕하다고 배운다. 1936년에 [미시건주] 플린트의 공장 점거 파업자들이 경찰 간부와 용역 깡패를 속여 그들의 시선을 엉뚱한 공장으로 돌린 뒤 공장을 점거하지 않았더라면 그들은 승리하지 못했을 것이다.

무엇이 목적을 정당화하는가? 사회주의자에게 진정한 물음은 이것이다. 예를 들어 미국 남북전쟁에서 양측은 대등한 수준으로 서로 폭력을 행사했다. 그러나 한쪽은 노예제를 수호하려 했고 다른 한쪽은 노예제를 폐지하려 했다. 러시아에서 차르를 타도하기 위해 장교의 명령을 거역하고 노동계급의 투쟁에 합류한 병사들에겐 정당성이 있었지만, 차르를 수호하려고 노동자들을 사살한 장교들에겐 정당성이 없었다. 트로츠키가 썼듯이 "교전 중인 부대들은 언제나 어느 정도 대칭적이다. 서로 대등한 방법으로 싸우지 않는다면 상대에게 타격을 가할 수 없을 것이기 때문이다."[26]

모든 거짓말과 폭력이 잘못된 것이라면 혁명을 단념하고 현실을 있는 그대로 인정해야 할 것이다. 사실 비폭력을 추구했던 투쟁조차 상대방의 폭력에 맞서기 위해서는 폭력을 동원할 수밖에 없었다. 예를 들어 공민권운동이 한창일 때 미국 남부 지역의 학생비폭력조정위원회SNCC의 거의 모든 흑인 활동가들은 생명을 위협하는 인종차별적 폭력에 맞서 무장을 했다.[27] '방어와 정의의 집사들'이라는 무장 자경단은 여러 비무장 시위대를 큐클럭스클랜이나 인종차별적인 경찰로부터 보호했다.[28]

그러나 애초에 자유를 쟁취하려는 평범한 사람들의 목적뿐 아니라 그들이 사용하는 수단도 지배계급의 수단과는 근본적으로 다르다는 점을 한순간도 잊어선 안 된다. 노동자 권력은 개별 행동이 아니라 집단행동, 즉 상호 기만이 아니라 민주적 토론과 행동에 의존한다. 파업을 할 때 전술적으로 사용자를 속이는 것은 필요한 일일지도 모르지만 대중운동 내에서는 서로 거짓말해선 안 된다.

목적과 수단은 변증법적으로 서로 연관돼 있다. 혁명에 동원되는 폭력은 지배계급의 의지를 꺾으려면 반드시 필요한 것이지만, 그것이 혁명으로 세울 미래 사회, 즉 강제력 없는 사회의 모습을 미리 구현하는 것은 아니다. 그럼에도 러시아 혁명의 실패가 보여 주듯이 수단은 목적에 종속돼야 한다. 노동자 국가가 절망적으로 고립된 가운데 지배를 유지하기 위해 지나치게 큰 강제력에 의존하다 보면 수단이 목적을 압도하고 질식시킬 수도 있다.

트로츠키는 "수단은 목적으로만 정당화할 수 있다. 그러나 목적도 정당해야 한다" 하고 말한다.[29]

> 목적은 자연에 대한 인류의 통제력을 강화하고 타인을 지배하는 권력을 폐지하는 결과로 이어질 때 정당한 것이 된다 … 동원해도 되고 동원해야만 하는 수단은 혁명적 노동계급을 결속하고, 그들의 마음을 차

별에 대한 비타협적인 적의로 채우고 … 그들의 역사적 사명감을 고취하고, 투쟁에서 용기와 희생정신을 북돋는 수단뿐이라고 우리는 답한다. 그리고 정확히 이런 이유에서 모든 수단이 정당한 것은 아니다. 위대한 혁명적 목적은 노동계급을 이간질하거나, 대중의 참여 없이 대중을 안주하게 하려 하거나, 대중이 자신과 자신의 조직을 불신하게 하고 그 대신 '지도자'를 숭배하게 하는 모든 수단과 방법을 거부한다. 우리가 목적이 수단을 정당화한다고 할 때 내리는 결론은 이것이다.[30]

마르크스주의는 '권위주의적'이다?

이런 비판은 아나키스트들이 흔히 마르크스주의자에게 하는 것이다. 어떻게 보면 아나키즘과 마르크스주의는 같은 목표, 즉 이탈리아의 아나키스트 에리코 말라테스타의 말을 빌리면 "사용자와 경찰 없는" 사회를 추구한다.[31] 아나키스트와 사회주의자 둘 다 소수의 착취자가 다수의 피착취자에게 휘두르는 권위, 자본주의적 국가의 권위를 폐지해야 한다고 본다. 유색인과 빈민을 가혹하게 다루는 경찰의 권위, 부자를 편드는 판사의 권위, 노동자들을 쥐어짜려는 관리자의 권위에도 반대한다.

마르크스와 엥겔스가 사회주의를 국가 소유와 동일시하지 않았다는 점은 앞에서 충분히 밝혔다. 그러나 권위와 노동자 국가의 필요성에 대해 그들이 아나키스트와 다른 태도를 취한 것은 사실이다. 사실 아나키스트들은 권위를 만악의 근원으로 보기 때문에 일체의 권위에 반대한다. 그러나 마르크스주의자들은 특정한 권위에만 반대한다.

엥겔스는 아나키즘 선구자의 하나인 미하일 바쿠닌의 지지자들에 대해 쓰면서 이 문제의 핵심을 짚었다. "바쿠닌주의자들은 마음에 들지 않는 것이 있으면 곧바로 '권위적'이라고 말하고, 그렇게 해서 영원한 저주를 내렸다고 생각한다." 그러나 어떤 유형의 사회에서든 모종의 권위는 필요하다. 엥겔스가 주장했듯이 "누군가에게 외부의 의지, 즉 권위를 행사하지 않으면 어떤 공동 행동도 불가능하다. 그것이 투표자 다수의 의지든, 어떤 지도 위원회의 의지든, 한 개인의 의지든 그것은 결국 반대자에게 관철되는 의지다. 그러나 지시를 내리는 그런 단일한 의지가 없으면 협동은 불가능하다."[32] 엥겔스는 신호수와 선로를 조작하는 사람이 엄격한 근무 일정이나 안전 수칙이나 운영 규정 없이 마음대로 일해도 기차를 탈 것인지 바쿠닌에게 묻는다.

사회를 어떻게 변혁하느냐는 문제는 결국 권력의 문제다. 다시 말해 평범한 노동자 다수의 권력이냐 대기업과 그들의 지배력을 지탱해 주는 국가기관의 권력이냐의 문제다. 그래서 권력과 권위(권력은 당연히 권위를 함축한다)는 타락하기 마련이라는 아나키스트들의 주장에 우리는 동의할 수 없다. 오히려 문제는 이 사회의 다수가 권력을 박탈당해 있다는 것이다. 다수는 자기 삶에 영향을 주는 사항을 결정할 권한, 자신의 운명을 결정할 권한이 없다. 사람들은 더 적은 권력이 아니라 더 많은 권력을 누려야 마땅하다.

평범한 사람들에게 새로운 사회를 건설할 창조적인 잠재력이 있다고 진정으로 믿는 아나키스트들도 있겠지만 그들도 그런 믿음과 모든 권력이 부패한다는 견해를 조화시킬 수 없다. 그 잠재력은 평범한 사람들의 집단적 권력 없이는 실현될 수 없으니 말이다.

불평등하고 계급으로 나뉜 사회에서는 권위를 그저 "폐지"할 수 없다. 파업 중인 노동자들이 소수에 대한 다수의 권위를 포기한다면 그들은 파업이라는 무기를 포기하는 셈이다. 파업에 찬성투표한 다수 노동자가 파업에 반대투표한 소수 노동자에게 권위를 행사하지 않는다면 파업을 벌일 수 있겠는가? 게다가 노동자들은 파업 중에도 근무할 '권리'를 행사하려는 파업 파괴자들을 쫓아내기 위해 거대하고 전투적인 피켓라인을 조직해야만 파업에서 이길 수 있다.

프루동, 엠마 골드만, 말라테스타 같은 저명한 아나키스트들이 아나키즘의 원리는 다수의 의지를 소수에게 관철하는 것에 반대하는 것이라고 주장한 사례를 우리는 얼마든지 찾을 수 있다. 그런 논리를 끝까지 밀어붙이면 아나키스트는 민주주의도 반대해야 한다. 민주주의란 곧 다수의 지배이기 때문이다. 어떤 글에서 골드만은 대중을 업신여기는 시각을 뚜렷하게 드러냈다. "어느 시기에나 소수가 늘 위대한 사상과 해방 활동의 기수였다. 대중은 그렇지 않았다. 대중은 자신의 무게에 짓눌려 움직이지 못한다."[33] 아나키즘이 엘리트주의에 반대한다는 주장을 정면으로 거스르는 말이다.

혁명적 '권위', 즉 다수의 의지를 소수에게 관철하는 것은 구질서 세력이 새로운 질서에 대항하는 한 계속 필요하다. 엥겔스의 비판은 모든 권위를 거부하는 아나키즘의 주장을 여전히 가장 훌륭하게 논파하고 있다. 우선 엥겔스는 자신과 마르크스가 "국가" 사회주의자라는 신화를 걷어 낸다.

> 이 반권위주의자들은 어째서 정치적 권위, 즉 국가를 규탄하는 데서 그치지 않는가? 모든 사회주의자들은 다가오는 사회혁명의 결과로 정

치적 국가와 정치적 권위가 사라질 것이라고, 다시 말해 국가의 기능이 정치적 성격을 잃고 사회의 진정한 이익을 감독하는 순전히 행정적인 업무로 바뀔 것이라고 본다.

그다음 엥겔스는 사회혁명을 일으키기도 전에 권위를 포기하는 것은 사회혁명을 포기하는 것이라고 지적한다.

그런데 권위 일체를 반대하는 사람들은 정치적 국가를 단박에 폐지해야 한다고, 심지어는 그 국가를 생겨나게 한 사회적 조건이 파괴되기 전에도 폐지해야 한다고 요구한다. 그들은 사회혁명이 할 첫째 일이 권위의 폐지여야 한다고 요구한다. 이 양반들은 혁명을 보기라도 한 적 있는가? 혁명은 그 자체로 확실히 가장 권위적인 일이다. 혁명이란 일정한 집단이 소총과 총검과 대포를 동원해 다른 집단에게 자기 의지를 관철하는 행위다. 여기 동원되는 수단은 분명 권위적이다. 그리고 승리한 세력이 싸움을 허사로 만들지 않으려면, 공포정치의 무기에서 영감을 얻는 반동 세력에게 공포정치를 휘두르며 자신의 지배력을 유지해야 한다.[34]

아나키스트들이 보기에 강제력, 권위, 위계적인 국가는 계급 불평등의 원인이다. 그들의 신조는 권위의 폐지라는 말로 요약된다. 그러나 마르크스주의자가 보기에 국가는 계급 적대의 산물이며 그래서 계급 적대가 사라질 때만 사라질 수 있다. 아나키, 즉 국가가 없는 사회는 계급이 폐지될 때만 가능하지 그 전에는 불가능하다. 마르크스와 엥겔스는 이런 견해를 분명하게 밝힌다. "노동계급 운동이 계급 폐지라는 목표를 달성하면, 압도 다수의 생산자를 소수 착취자의 지배하에 묶어 두는 국가권력이 사라질 것이며 정부의 업무는 순전히 행정적인 것으로 바뀔 것이다. 모든 사회주의자들은 아나키의 의미를 이렇게 이해한다."[35]

누구나 창업을 할 수 있다?

〈뉴욕 타임스〉는 미국의 계급을 분석하면서 상당한 지위 향상이 가능한 특별히 유동적인 계급 체계가 "아메리칸드림의 핵심에 있는 약속"이라고 했다.[36] 가난한 사람과 노동계급의 계층 상승 가능성은 언제나 과장돼 있었다. 산업 발전 초기에는 이것에 일말의 타당성이 있긴 했다. 서부에 저렴한 땅이 넘쳐 났기 때문에 노동자들이 임금노동에서 '은퇴'하고 농부가 될 기회가 한동안 있었다(다만 노예화된 노동자들은 그러지 못했다). [서부로의] 이주 물결이 일 때마다, 사람들은 밑바닥에서 출발해 출세해서 팔자를 고치고 노동계급 처지에서 벗어나겠다는 희망을 품을 수 있었다. 이것은 엥겔스가 말한 "영구적 노동계급"의 형성을 막는 배출구 구실을 했다.[37] 그러나 1890년대 말에 서부로의 확장이 막을 내리자 이런 배출구도 닫혔다.

그러나 "아메리칸드림"은 사라지지 않았다. 스스로 사장이 되는 것, 이래라저래라 하는 작업반장이나 관리자의 지시를 받지 않으며 스스로 작은 사업을 시작하는 것은 여전히 노동계급의 신세를 면하는 방법으로 여겨진다. 아메리칸드림은 임금노동이 소외를 일으키고 지루하고 성취감 없는 일임을 에둘러 인정하는 것이었다. 그러나 아메리칸드림에는 이데올로기적인 목적도 있다. 개인이 계급투쟁에 참여할 것이 아니라 개별적으로 부지런히 노력하면 성공할 수 있다는 생각을 부추기는 것이다. 이것은 역으로 노동계급의 처지나 가난에서 벗어나지 못한 사람들은 노력을 충분히 하지 않아서 그렇다는 생각을 강화하기도 한다.

그러나 창업하라는 것은 대다수 노동자에게 과연 얼마나 현실적일까? 미국에는 수많은 소기업이 있지만 이들은 전체 고용과 부의 극히 일부를 차지할 뿐이다. 2500명 이상을 고용한 3551개의 대기업들은 미국 전체 노동인구의 37퍼센트, 전체 인건비의 43퍼센트를 차지한다. 그러나 9명 이하를 고용한 375만 개의 기업들은 고작 전체 고용의 11퍼센트, 전체 인건비의 8.7퍼센트를 차지할 뿐이다.[38]

창업을 하겠다는 꿈의 난점은 많은 경우 그런 사업이 위태위태하다가 결국 파산하고 만다는 것이다. 새로 문을 연 소기업 중 절반만이 4년을 버틴다. 사실 해마다 수많은 소기업이 새로 생기는 만큼 문을 닫는다. 예컨대 경기가 한창 확장 국면이던 2004년에는 58만 900개의 소기업이 새로 개업했지만 57만 6200개의 소기업이 폐업했으며 이 중 3만 4317개가 파산했다.[39]

수많은 사람들에게 창업의 꿈이란 쉴 새 없이 일하고 실패할 위험에 항상 시달려야 하는 모험에 평생 모은 돈을 쏟아붓는 것이다. 운이 좋아 진짜 기업으로 성장한 소수는 다른 노동자를 착취해서, 즉 그 노동자가 만들어 내는 것과 그에게 대가로 주는 것의 차이를 이용해 이윤을 내서 살아남는다. 즉, 사장이 된다는 것은 다른 누군가의 사용자가 된다는 뜻이기도 한다.

〈뉴욕 타임스〉의 연구 결과를 보면 미국인의 소득 변동 가능성은 지난 30년 동안 둔화됐다. 〈뉴욕 타임스〉는 미시건대학교 경제학자의 말을 인용한다. 과거에는 "'불평등에 개의치 말라. 가난한 집 자식이나 부잣집 자식이나 기회는 같다'고들 했습니다. 그러나 이것은 사실이 아닙니다. 이런 주장은 더는 학계에서 인정하지 않습니다."[40]

물론 소득 변동 가능성이 아예 없는 것은 아니다. 사실 자본주의가 존속하려면 어느 정도의 소득 변화가 실질적으로나 이데올로기적으로나 필요하다. 그러나 그 변화에는 한계가 있다. 한 연구 결과를 보면 소득이 상위 1퍼센트인 가정의 자녀는 30세가 됐을 때 3명 중 1명꼴로 가계소득이 10만 달러 이상이었지만, 하위 50퍼센트 가정의 자녀 중 그 나이에 그만한 소득수준에 도달한 사람은 25명 중 1명꼴에 불과했다.[41]

게다가 소득 불평등은 지난 수십 년 동안 크게 악화됐다. 경제정책연구소에 따르면 "소득 상위 10퍼센트는 1979년 이래 전체 소득의 거의 3분의 2를, 상위 1퍼센트는 전체 소득의 38.7퍼센트를 가져갔다."[42] 섀런 스미스는 다음과 같이 논평했다. "현재의 젊은 노동자들은 … 미국 역사상 처음으로 생활수준이 부모보다 낮은 세대다."[43]

다수가 신분 상승의 기회를 누린다는 꿈을 무너뜨리는 가장 근본적인 사실은 경제가 사회적 피라미드라는 것이다. 피라미드의 밑바닥은 넓지만 꼭대기는 지극히 좁다. 압도 다수의 미국 노동자들은 다른 나라 노동자들과 마찬가지로 계급 상승을 위한 [개별적] 노력이 아니라 자기 계급 성원과 함께 투쟁함으로써만 전진할 수 있다.

급진 사상은 남의 나라 얘기다?

미국에서는 급진 사상과 사회주의가 "외국산 수입품"으로서, 이

나라에 뿌리를 내리지 못했다는 주장이 오랫동안 흔하게 나왔다. 물론 미국에서는 유럽에 비견할 만한 규모의 사회주의 운동이 벌어지지 않았다. 그리고 많은 이민자들이 건너오면서 미국으로 급진 사상이 유입됐다는 것 또한 사실이다. 그런데 그렇게 따지면 말, 공장, 철제 쟁기, 책, 영어 자체도 외국에서 들여온 수입품이다. 이것은 무엇을 입증하는가? 유럽 등지에서 노동자와 차별받는 사람들을 싸움에 나서게 한 조건이 미국에도 언제나 똑같이 있었다는 것이다.

미국에도 투쟁과 급진적 운동의 풍부하고 오랜 전통이 있다. 그러나 이 전통은 고조되고 하강하는 주기적 패턴을 보였다. 겉으로 보기에 잠잠한 시기가 길게 이어지다가 갑자기 거대한 폭발이 일어나곤 했다. 억눌리던 분노의 폭발이 난데없이 일어난 듯하지만, 그 뿌리를 거슬러 올라가면 사용자가 노동계급과 그들의 조직을 공격하던 시기가 배경에 있었다. 파업 참가자와 그들의 가족을 겨냥한, 흔히 심각한 폭력을 동반한 고용주들의 공격은 보통 노동조합을 약화시키거나 파괴했으며 좌파에게 타격을 줬다. 그 결과 운동의 조직적·정치적 연속성이 주기적으로 끊어졌다. 새로운 투쟁의 물결이 지난 물결의 교훈을 배우지 못한 채 일어나기도 했다. 이런 들쑥날쑥한 역사를 보고 트로츠키는 다음과 같이 썼다. "파업 기간에 드러났듯이 미국 노동자들은 매우 투쟁적이다. 미국 노동자들은 세계에서 가장 반항적인 파업을 벌여 왔다. 그러나 그들은 자신이 전체 사회에서 차지하는 계급적 위치에 대한 일반화나 분석이 결여돼 있다."[44]

물론, 대중투쟁이 고조되는 시기에는 많은 미국 노동자들이 사회주의 사상과 조직을 받아들였다는 사실을 잊어선 안 된다. 예를 들어 1915년의 절정기에 미국사회당 당원은 15만 명에 달했다. 유진 데브스는 1912년 대선에서 거의 100만 표를 득표했다. 수만 명의 노동자가 세계산업노동자동맹의 교육을 받았고, 미국공산당은 전성기였던 1938년에 8만 당원과 그것의 두 배에 이르는 조력자가 있었다. 1969년에 급진적 열기가 정점에 달했을 때 미국 연방수사국FBI 국장 에드거 후버는 대통령 닉슨에게 다음과 같이 경고했다. "최근 조사에서 흑인 인구의 약 25퍼센트가 흑표범당을 매우 지지한다고 답했으며, 21세 이하의 흑인 사이에서는 이 비율이 43퍼센트에 달합니다."[45] 미국 지배계급은 노동계급 운동을 분열시켜서 약화시키고, 운동이 들고일어나면 이를 짓밟기 위해 수단과 방법을 가리지 않아 온 전통이 있다. 다른 나라 지배계급과 비교하면 본질은 같았지만 정도의 차이는 있었다. 미국 지배계급이 써먹은 인종차별은 역사적으로 아파르트헤이트 시기의 남아프리카공화국을 제외한 다른 모든 선진 산업국보다 심각했다. 게다가 그들이 다스리는 정치체제는 쌍둥이나 다름없는 두 자본가 정당의 지배에 기초를 두고 있는데, 그중 한 정당[민주당]은 노동자와 차별받는 사람들의 편 행세를 하며 운동을 흡수하려 한다. 미국 지배계급이 노동자들의 저항을 박살 내려고 서슴없이 휘두르는 폭력은 다른 어느 산업국보다도 훨씬 극심하다. 이것이 미국 노동자들이 직면한 장애물들이었다. 그러나 노동계급 단결의 잠재력이 실질적인 위협으로 나타나지 않을 때는 고용주들이 이런 수단들을 노동자들의 눈앞에 꺼내 놓고 있지는 않았다.

1930년대에 미국 노동계급은 자신의 혁명적 잠재력을 실현할 진정한 기회를 맞이했다.[46] 몇몇 통계를 보면 당시의 격변이 어땠는지 알 수 있다. 파업 건수는 1933~1934년에 1856건으로 세 배나 증가했고 1937년에 4470건으로 정점을 찍었다. 노동조합원 수는

1934~1938년에 260만 명에서 730만 명으로 늘어났다. 흑인 조합원은 1930년에는 5만 명에 불과했는데 1940년에는 50만 명이 됐다. 1937년에는 플린트 공장 점거 파업에 고무돼 19만 3000명의 노동자들이 247건의 점거 파업을 벌였으며 연말까지 점거 전술에 참여한 노동자의 수는 50만 명에 이르렀다. 이런 투쟁 고조의 결과로 대규모 산별노조와 산업별노동조합회의CIO가 형성됐다.

미국공산당의 투사들은 많은 투쟁을 주도했으며 최고의 노동자 투사들이 대거 공산당으로 모여들었다. 미국공산당은 인종차별 문제와 정면 대결했다. 남부에서는 흑인 소작농들을 조직했고 뉴욕에서는 상점 앞에서 진을 치고 출입을 가로막으며 흑인 노동자를 고용하라고 요구했다. 미국공산당은 '스코츠버러 소년들'(앨라배마에서 강간 누명을 쓴 9명의 흑인 청소년들)의 석방을 요구하는 운동을 조직했고 이 운동으로 단결한 흑인과 백인이 전국에서 행진과 집회를 벌였다. 그 결과 수천 명의 흑인이 미국공산당에 가입했고 1938년에 공산당원 중 흑인의 비율은 9퍼센트로 올라갔다. 인종차별과 폭력으로 얼룩진 사회에서도 흑인과 백인 노동자들이 공통의 요구를 걸고 단결해 싸울 수 있고 인종차별에 맞선 싸움에 백인 노동자들을 끌어들일 수 있음을 미국공산당은 보여 줬다.[47]

미국공산당은 미국 노동자들이 사회주의를 전혀 꺼리지 않는다는 것을 보여 줬지만 동시에 민주당과 대결할 좌파적 대안을 건설하는 데 가장 큰 장애물이 되기도 했다. 1930년대에 미국공산당은 더는 진정한 혁명적 당이 아니게 됐다. 1930년대의 투쟁이 최고조에 이르렀을 때 미국공산당은 '인민전선' 전략을 채택했다. 서구의 다른 공산당들과 마찬가지로 미국공산당은 스탈린이 히틀러에 맞서 연합국과 동맹을 맺었으니 그에 발맞춰 자국 자본가 정당과 무비판적으로 동맹을 맺으라는 지령을 받았다. 그래서 미국공산당은 당원들에게 루스벨트와 민주당을 전폭 지지하라는 지침을 내렸다. 1935년까지만 해도 루스벨트를 "파시즘의 격려자"라고 비난하던 미국공산당은 바로 다음 해부터 루스벨트를 찬양했다. 공산당원들은 점거 파업에서 주도적인 구실을 했지만 당 지도부는 투쟁에 찬물을 끼얹기로 했다. 1937년 12월에 미국공산당 기관지 〈데일리 워커〉는 다음과 같이 "분명하고 단호하게" 선언했다. "공산주의자들과 공산당은 예나 지금이나 어떤 형태나 방식의 비공인 행동도 결코 옹호하거나 지지하지 않으며, 그런 파업이 노동계급 조직들과 중간계급 조직들의 공조라는 대의를 … 심각하게 훼손한다고 본다."[48]

미국공산당은 진정한 사회주의에 헌신하는 노동자 정당을 건설하기보다는 노동자들을 엉뚱한 길로 이끌어서 민주당의 품에 안겨 줬다. 많은 노동자들이 민주당이 아닌 대안적 노동자 정당을 지지하겠다고 하자 미국공산당과 노동조합 관료 집단은 루스벨트를 재선시킬 노동자들의 표를 모으려고 여러 지역에서 유령 노동자 정당을 만들기도 했다.

노동자들이 너무 잘살아서 싸우려 하지 않는다?

제2차세계대전 이후 세계 자본주의는 유례없는 호황을 맞았다. 일부 노동자층에게 1930년대의 빈곤은 과거지사가 됐다. 노동자들은 자녀들이 더 좋은 삶을 누릴 것이고 손주들은 더더욱 그럴 것이라고 기대했다. 급진 사상은 쓸모없는 것처럼 보였다. 사용자와 손잡은 노동조합은 조합원들에게 경제적 혜택을 제공하는 대신 계급 간 평화를 약속했다. 사용자와 정부, 노동조합 관료 집단은 냉전 체제 하에서 반공주의 마녀사냥으로 노동조합 등의 조직과 기관에서 사회주의자와 투사를 솎아 냈다. 그 결과 1930년대의 급진적 전통이 이후 세대 노동자들에게 제대로 계승되지 못했다. 비극이게도 미국공산당이 이런 과정에 일조했다. 미국공산당은 정부가 노동운동 내 급진파를 탄압하는 것에 찬사를 보내며 루스벨트의 환심을 사려 했다. 정작 자신이 국가로부터 공격받고 노동조합 내에서 악마화될 때 미국공산당은 그 어떤 방어도 조직하지 못했다. 미국공산당 활동가들은 자신이 당원임을 부인했고 심지어 일부는 '빨갱이 사냥'에 동참했다.

전후 호황기를 맞이해 등장한 일단의 논객들은 사회주의의 종말과 자본주의의 승리를 예고하면서 노동자들이 현재에 만족해 변화를 원치 않는다는 주장을 새로이 펼쳤다. 이들의 주장은 과장이었다. 물론 일말의 진실이 담겨 있긴 했지만 말이다. 그러나 모순도 있었다. 공민권운동, 그리고 나중에 북부에서 일어난 블랙파워 운동은 흑인에게 '아메리칸드림'이 언제나 해당 사항이 없는 얘기였다는 것을 강렬하게 상기시켜 줬다. 이 사회운동들은 베트남전쟁 반대 운동, 여성운동, 새롭게 꿈틀대던 노동운동을 자극했다.

끝없이 계속될 듯하던 풍요는 1960년대 말에 끝났고 전후의 달콤한 시절은 산산조각 났다. 경제 위기가 미국 경제를 강타하고 사회운동이 고조되자 노동자들도 끓어오르기 시작하며 사용자에게 저항했다. 노동자들의 저항은 사용자들과의 동반자 관계를 뽐내며 파업 대오를 불편한 시선으로 바라보던 경직된 노동조합 관료들에게

로도 향했다. 1960년대에 비공인 파업은 1000건에서 2000건으로 두 배나 증가했다. 1970년에는 파업 물결이 일었다. 광원 4만 명이 산업재해 보상을 요구하며 파업을 벌였고 법으로 파업이 금지된 집배 노동자들도 2주 동안 전국적 작업 중단을 조직했다. 디트로이트의 자동차 공장에서는 흑인 노동자들이 닷지혁명조합운동 등의 조직을 결성해 인종차별에 대항하고 흑인 노동자의 권리를 요구했다. 일부 학생들과 젊은 노동계급 활동가들은 다시 사회주의 사상에 매력을 느꼈다. 노동계급에 뿌리를 내린 투쟁적이고 사회주의적인 전통을 재건하는 것이 실제로 가능한 시기였다.[49] 그러나 한 가지 문제가 있었다. 급진화하던 활동가들은 대부분 마오쩌둥주의와 스탈린주의 정치에 이끌리더니, 노동계급이 [지배계급에게] "매수"됐다며 그들을 외면하고 제3세계 민족해방운동에서 가능성을 찾으려 했다. 일부 좌파 조직은 노동계급 쪽으로 선회하긴 했지만, 1970년대 중반에 경기가 후퇴하자 노동계급 반란이 더 많이 일어나기보다는 후퇴가 시작됐다.

계급 세력균형은 1970년대 말부터 고용주 쪽으로 확실하게 기울었다. 노동조합, 임금수준, 사회 안전망이 피폐해지는 동안 정부는 노동계급이 낸 혈세를 기업들에게 퍼 줬다. 임금수준과 노동조합 조직률이 떨어지면서 가난한 사람들의 부가 부자들의 주머니로 대거 이전됐다. 가장 극적인 사례로 2012년에는 최고 경영인의 평균 보수와 노동자 평균임금의 비율이 354대 1에 이르렀다(이것은 1950년보다 1000퍼센트 커진 것이다).[50] 가난이 개인의 탓이라는 우파의 이데올로기 공세가 경제적 공격을 뒷받침했다. 1980년대는 훗날 "약탈의 10년"으로 불렸다.

사회주의로 오인된 소련의 붕괴는 레이건 시대에 이미 기진맥진하고 사기가 떨어진 좌파들의 심장에 비수를 하나 더 꽂은 사건이었다. 아메드 쇼키는 다음과 같이 쓴다. 베를린 장벽이 무너진 이후 "서구 정치인과 주류 언론은 시장 시스템의 기적을 찬양했고 자본주의가 공산주의를 누르고 승리했다고 선언했다. 1989년 〈내동령 경제보고서〉는 머리말에서 다음과 같이 주장했다. '서구의 이상이 필연적으로 퇴조할 것이라는 일부 회의론자의 주장과 달리 역사의 흐름은 … 우리 쪽으로 기울었다.'"[51] 그러나 자본가들과 그들의 대변자들이 아무리 환호성을 질러 대도 그들의 막대한 이득이 대다수 사람들에게는 막대한 손실이라는 사실을 숨길 순 없었다. 아메드 쇼키는 이어서 쓴다. "1989년 동구권 붕괴 당시 서구 정치인과 기업주가 했던 요란한 약속은 세계 자본주의 체제의 냉혹한 현실로 돌아왔다." 미국을 포함해 전 세계의 불평등은 놀라울 만큼 심해졌고 한 줌도 안 되는 사람들이 매우 부유해졌다.

사실 1989년 이후의 시기는 섀런 스미스의 묘사대로 "사용자들이 걷잡을 수 없이 공세를 펴는" 시기였다. 이윤은 기록을 갱신했고 노동계급은 바닥을 향해 경주했다.[52] 오늘날 노동계급이 체제에 "매수됐다"는 주장은 20세기 말, 21세기 초에 노동계급이 무슨 일을 겪었는지 모르고 하는 소리다. 미국은 소득 불평등, 아동 빈곤이 다른 모든 선진국보다도 심각하며 수많은 국민이 의료 서비스를 받지 못한다. 2008년의 대침체 이전에도 이미 끔찍했던 삶의 조건이 지금은 더 악화하고 있다. 2013년에 발표된 자료를 보면 미국 사회에서 가계소득이 39만 4000달러 이상인 상위 1퍼센트와 나머지 사람들의 격차는 100년 전보다도 더 크다. 1993~2012년에 상위 1퍼센트는 실질소득이 86.1퍼센트 상승한 반면에 하위 99퍼센트의 실질소득은 6.6퍼센트 증가하는 데 그쳤다. 대침체 이후 2009~2012년에 상위 1퍼센트는 소득이 31퍼센트 증가했지만 하위 99퍼센트의 소득은 겨우 0.4퍼센트 증가했다.[53]

지배계급의 맹렬한 공격은 이제 반격을 자극하고 있다. 쇼키가 지적하듯이 "1990년대에 계급 불평등과 사회 양극화의 증대 속도가 빨라졌고 … 이는 새로운 급진화의 바탕을 마련했다."[54] 그러나 노동계급과 좌파의 긴 패배기 뒤에 찾아온 이 급진화의 속도는 처음에 매우 더뎠다. 쇼키는 다음과 같이 쓴다. "스탈린주의의 몰락은 진정으로 혁명적인 사회주의 운동을 국제적으로 재건할 가능성을 열었지만 기존 좌파의 엄청난 사기 저하와 혼란을 초래하기도 했다 … 그래서 많은 나라에서 스탈린 체제의 종말로 즉각 득을 본 것은 자본주의의 옹호자들이었다."[55]

1997년의 운수 노동자 파업은 노동계급의 투쟁성이 회복되는 과정에서 불발한 여러 신호탄의 하나였다. 이 파업은 대중의 지지를 얻었지만 그 이상의 계급투쟁을 촉발하진 못했다. 그러다가 1999년에는 '시애틀 전투'가, 2003년 2월 15일에는 전국의 도시에서 수십만 명이 참가한 거대한 반전시위가 일어났다. 9·11 사건이 터지면서 급진화는 주춤했고 보수파의 반격이 뒤따랐다. 그러다가 2006년에는 이민자의 권리를 요구하는 대규모 시위가 일어났다. 로스앤젤레스에서만 3월과 5월 두 차례에 걸쳐 100만 명이 거리로 쏟아져 나와 이민자의 권리를 요구했다. 참가자는 대부분 그 전까지는 투명인간 취급을 받던 저임금·미등록 노동자들이었다. 시카고에서도 그와 맞먹는 규모의 시위가 벌어져 필자도 행진에 두 번 참가했다. 몇 년 동안 자신의 힘을 알지도 느끼지도 못하고 가장 짓밟히던 부분의 노동자들이 들고일어났다. 그 뒤에도 저항이 잇따랐다. 2011년에는 노동조합에 대한 공격에 맞서 노동자들이 위스콘신주 의회 건물을 점거했다. 또, 그해에 공공장소와 공원을 점거하는 '점거하라' 운동이 맨해튼에서 시작해 미국 각지로 들불처럼 번졌다. 2012년에는 트레이번 마틴 피살 사건에* 분노해 전국에서 많은 사람들이 거리에 나왔다. 같은 해에 시카고 교사 파업도 있었다.

금융 위기와 구제금융 이후 대중은 월스트리트 점거 운동으로 처음 분노를 표현했다. 이 운동은 자본주의의 우선순위에 근본적인 의문을 제기했다. 월스트리트 점거 운동에 참가한 젠 로시는 다음과 같이 쓴다.

> 월스트리트 점거 운동과 '점거하라' 운동은 2011년 9월 말에 급속하게 전국으로 번지면서 미국에서 대중투쟁과 급진 정치가 부활하는 분수령이 됐다. 수십 년 동안 쌓인 불만과 고통이 불과 몇 주 만에 정치적으로 표현됐고 전국의 정치 지형을 바꾸고 있다. '점거하라' 운동 이전에 언론들은 우익 티파티 운동을 집중 조명하며 대부분 그것을 '큰 정부'에 반대하는 풀뿌리 운동으로 묘사했다. 하루아침에 전국의 담론은 "99퍼센트 대 1퍼센트"로 집중됐다. 이런 메시지 덕분에 운동은 대중적 지지를 얻었고 사람들의 부글거리는 분노를 모을 좌파적 초점이 생겨났다.[56]

---

* 트레이번 마틴 피살 사건 흑인 청소년 트레이번 마틴이 편의점에 갔다 돌아오는 길에 백인 자경단장에게 사살된 사건.

체제 옹호자들은 이제 미국이 특별하다고 주장하기보다는 나머지 세계도 미국처럼 사회주의가 발을 들일 기회가 없다고 주장한다. 이런 음울한 관점으로 보면, 미국은 임금이 낮고 복지가 형편없고 공공서비스가 미비한 디스토피아적 미래상으로, 다른 나라들도 머지않아 이 미래상을 따르게 될 것이다. 자본가는 이런 미래상에 군침을 흘리겠지만 다수에게는 이것이 저항해야 할 대상이다. 그리고 아테네, 부에노스아이레스, 라파스, 로스앤젤레스에서 사람들은 저항하고 있다. 미국을 포함해 전 세계에서 진정한 사회주의 전통의 성장과 부활을 가로막던 가장 큰 장애물인 스탈린 체제는 이제 사라졌다. 자본주의가 승리했다는 말은 오늘날 마치 조롱처럼 들린다. 이런 조건 속에서 진정한 사회주의 사상도 다시 뿌리를 내리고 확산될 수 있다.

노동자들에겐 이제 힘이 없다?

어떤 이론가들은 자동화 탓에 노동계급이 축소되거나 심지어 사라질지도 모르는 "탈산업사회"가 도래했다고 주장한다. 그래서 마르크스의 주장과 달리 더는 노동자들에게 힘이 없다는 것이다. 프랑스의 급진적 저술가 앙드레 고르는 "자본이 생산과정에서 노동자의 힘을 축소하는 데 성공했다"고 썼다.[57]

기계가 언젠가 모든 노동자를 대체할 거라는 예측은 마르크스가 살던 시대부터 무성했다. 마르크스는 이를 두고 농담을 하기도 했다. "그것은 자본에게 정말로 끔찍한 일일 것이다. 임금노동이 없으면 더는 자본이 자본이 아니게 되니 말이다!"[58] 마르크스의 요지는 이윤의 원천이 기계가 아니라 살아 있는 노동이라는 것이다. 게다가 헬 드레이퍼가 지적했듯이 기계는 "자기가 생산한 것을 구매하고 소비하도록 설계되지 않는다." 기계가 늘어나고 노동이 줄어드는 경향은 "자본주의의 제약 안에서는 그런 예측대로 자연히 노동의 소멸로 이어질 수 없다."[59]

수십 년 동안 노동계급의 삶이 피폐해졌기 때문에 노동자가 잘 먹고 잘살아서 변화를 원하지 않는다는 주장을 하기는 어려워졌다(앞 절을 보라). 대신 노동조합 조직률과 파업이 저조한 이유를 다른 데서 찾는 설명이 생겨났다. 구조조정의 결과로 노동계급이 무력해졌다는 것이다.

세계 각지에서 노동조합 조직률과 계급투쟁 수위가 낮아지는 것은 일시적 요인(조직률이 낮은 남반구로 생산이 이전된다든가 노동조합 관료가 사측과의 "동반자 관계"를 포기하지 않으려 한다든가 등) 때문이 아니라 노동계급의 성격이 구조적으로 변했기 때문이며, 따라서 노동계급은 더는 사회변혁을 수행할 주체가 아니라고 이런 이론들은 설명한다. 오늘날 노동자는 무엇인가를 만드는 일을 하지 않으며 그들의 일자리는 훨씬 불안정해지고 임시직이 되고 복지가 줄어들고 있으며, 세계적으로 점점 더 많은 사람이 거대한 비공식 부문으로 밀려나고 있다고들 한다. 이런 분석에는 흔히, 자본주의가 "무게 없는" 국제 자본주의 시대, "정보"의 시대, 광속으로 금융거래를 하는 새로운 시대로 진입하고 있어서 낡은 생산관계가 더는 유효하지 않다는 주장이 따라온다. 케빈 두건은 다음과 같이 쓴다.

지난 시절에 자본주의의 발전을 상징한 것은 증기기관, 비행기, 자동차

였고 "무엇인가를 만드는" "진짜 일자리"가 있는 공장이었다. 새로운 자본주의의 시대정신은 전 세계적 과정, 일시에 이뤄지는 자본 이전, 지구 전체를 아우르는 정보와 통신의 흐름, 상호 접속과 네트워크에서 포착된다. … 산업사회의 구체적 현실을 뒤로 한 신자본주의의 담론은 "비물질화"했다.[60]

자본주의하에서 노동의 성격이 바뀐 결과, 산업 노동계급이 "다른 형태의 노동에 대한 헤게모니를 비물질 노동에 내줬다"고 주장하는 이들도 있다(마이클 하트와 안토니오 네그리의 표현).[61] 《공산주의의 지평》의 저자인 조디 딘은 다음과 같이 주장한다. "탈산업화, 포스트포드주의, 지식 또는 정보 기반 경제 등으로 일컬어지는 … 이 변화는 산업 노동계급이라는 집단이 오늘날 공산주의의 주체로는 부적합하다는 것을 시사한다."[62]

심지어 아예 "노동계급"을 이제 논하지 말자는 주장도 나온다. 하트와 네그리는 노동의 개념이 "임금노동으로 한정되지 않기 때문에" 노동계급 대신 **다중**이라는 용어를 써야 한다고 주장한다. 그들은 계급이 "공동으로 싸우는 집단"에 불과하다고 본다.[63] 딘은 **노동계급** 대신 **민중**이라는 표현을 쓰고 "계급투쟁"은 노동자와 자본가의 충돌이 아니라 "부자와 나머지 우리"의 투쟁을 가리키는 말로 쓰자고 제안한다.[64] 가이 스탠딩은 노동계급과 구분되는 불안정 노동자들로 이뤄진 "프레카리아트"라는 새로운 계급이 성장하고 있다고 주장한다.

그러나 마르크스의 《자본론》을 인용하자면, 농민들이 "갑작스럽게 생존 수단을 강제로 박탈당한 뒤 자유롭고 '속박되지 않은' 프롤레타리아가 되어 노동시장에 내던져진" 순간부터 이미 노동계급의 처지는 불안정했다.[65] 그 본질상 노동계급은 재산 소유에서 "자유로운", 그래서 굶주리는 고통을 피하려면 어쩔 수 없이 자신의 노동을 팔아야 하는 계급이다. 마르크스가 썼듯이 "토지에서 쫓겨난 이 '자유로운' 노동계급이 바깥세상으로 내던져지자마자 초기 매뉴팩처에 흡수될 수 있었던 것은 아니다. 그래서 그들은 대거 거지, 강도, 떠돌이가 됐다."[66]

자본주의가 변화함에 따라 노동계급의 구성도 변화했다. 그러나 이미 다뤘듯이 자본주의는 노동계급 전체를 길들이기 위해 실업자 "산업예비군"을 필요로 한다. 노동계급 안에는 고용이 가장 안정된 노동자부터 불안정 노동자, 실업자에 이르는 다양한 스펙트럼이 있다. 그러나 이들은 모두 노동계급이다. 일부 노동자가 예컨대 제2차 세계대전 이후 서구의 조직된 산업 노동자들처럼 안정된 고용을 누리는 것은 계급투쟁의 산물이다. 그리고 고용의 안정성은 앞에서 본 것처럼 노동자-자본가 관계의 고정불변한 특징이 아니라 치열한 계급투쟁 속에서 결정되는 것이다.

미국에서는 시간제 일자리가 상당히 증가했다. 1968년에는 시간제 일자리가 미국 전체 일자리의 13.5퍼센트를 차지했지만 오늘날에는 거의 20퍼센트에 달한다. 그러나 나머지 80퍼센트, 즉 대다수 노동자는 여전히 전일제로 일한다.[67] 전일제 노동자와 시간제 노동자, 취업자와 실업자 사이에 만리장성이 있는 게 아니다. 그들은 모두 노동계급의 일부이며 언제나 그랬듯이 계급적 기반 위에서 단결하고 투쟁할 잠재력이 있다.

고르, 하트, 네그리, 딘 등의 관점은 노동자의 힘이 산업 노동계급의 절대적 규모에서 나온다는 잘못된 가정에 기초한다. 그러나 산업 노동자들이 발휘할 수 있는 집중된 힘은 같은 수의 다른 집단이 내는 힘보다 훨씬 강력하다. 이것은 러시아 혁명의 중요한 교훈이기도 하다. 당시 러시아 산업 노동계급은 러시아 인구의 2퍼센트도 안 됐지만 러시아 자본주의의 동맥을 틀어쥐고 러시아 자본주의를 무너뜨리는 데서 중요한 구실을 했다. 오늘날에는 이런 일이 벌어질 가능성이 훨씬 더 크다. 미국 제조업 부문의 노동계급만 해도 1917년 러시아의 노동계급보다 여섯 배나 더 많고 생산성도 훨씬 높다.

1960년대 말부터 미국 등 선진 산업국에서 공업보다 서비스 부문에 고용된 노동자가 더 많아졌다는 것은 부정할 수 없는 사실이다. 1963년에 제조업·광업·건설 부문에 고용된 노동자는 전체의 3분의 1(32.7퍼센트)이었지만 30년 후에 이 비중은 5분의 1(20.8퍼센트)로 줄었다. 2004년에는 17퍼센트로 떨어졌다.[68] 한 저술가는 미국에서 "1978~1982년에 거대 제조 시설의 일자리가 350만~400만 개, 혹은 넷 중 하나꼴로 사라졌다"고 추산한다.[69] 1979년에 미국의 제조업 노동인구는 2250만 명을 기록했지만 2002년에는 1810만 명으로 감소했다.

그러나 이것은 전체 그림의 일부일 뿐이다. 경제 재편으로 미국에서는 제조업 노동인구의 규모가 감소했지만 중국·브라질·멕시코·한국 같은 나라에서는 산업이 극적으로 성장했다. 예를 들어 한국에서는 1969~1994년에 제조업 노동인구가 120만 명에서 470만 명으로 증가했다.[70] 이제 세계의 공장이 된 중국의 노동자는 63년 전에는 800만 명 정도였다고 추정된다. 2011년의 중국 노동자 수는 아무리 적게 잡아도 3억 명으로 추산된다. 이것은 미국 전체 인구에 맞먹는 숫자다.[71]

농민들이 토지에서 대도시로 쫓겨난 나라들은 또 어떠한가? 이런 곳에서는 쫓겨난 사람들에 비해 산업 성장이 더뎌 "산업예비군"이 갈수록 커져 갔다. 이런 사회에서 노동자는 다수가 아니지만 역사에서 드러났듯이 광범한 사회적 투쟁을 강력하게 주도할 수 있다. 남아공[의 계급투쟁]을 다룬 책을 쓴 리오 제일릭은 소웨토 지역의 노동계급 거주 지구와 슬럼에 대해 다음과 같이 쓴다. "실업자와 공식적인 취업자 사이에 넘을 수 없는 벽이 있었던 것은 아니다. 타운십[흑인 거주 구역]은 노동조합 활동가, 대학생, 대학원생, 실업자, 길거리 상인의 집합소였고 근거지였다. 사회의 모든 계층이 실업의 공포에 감염돼 있었다. 그러나 이 집단들은 서로 뚜렷하게 구별되거나 교류가 영구히 차단돼 있기보다는 한 마을이나, 심지어 한 가정 내에서 공존하며 서로에게 지지와 격려를 보내고 서로에게 영향을 줬다."[72] 그러면서 실업자, 비공식 부문 노동자, 공식적인 취업 노동자를 모두 단결시키는 투쟁이 벌어질 가능성이 생겼다.

기성 산업국들에서 산업 노동자 수가 상대적으로 감소했다는 것은 사실 노동생산성이 높아졌다는 증거일 뿐이다. 즉, 생산 영역에서 노동자가 발휘할 수 있는 힘은 오히려 증가했다는 것이다. 1992~2002년 미국의 제조업 생산량은 44퍼센트 증가한 반면 고용은 7퍼센트 감소했다. 생산성이 55퍼센트 증가한 것이다.[73] 2000년대에 미국에서는 560만 개의 제조업 일자리가 사라졌지만 생산성이 38퍼센트 증가해서 생산량이 비교적 안정적으로 유지됐다.[74]

산업 노동자만 노동계급인 것이 아니며 공장 노동자만이 산업 노동자인 것도 아니다. 운송·통신·건설 노동자도 산업 노동자다. 엥겔스가 1847년에 쓴 《공산주의의 원리》를 인용하면, 노동계급이란 "노동력 판매로만 살아가는 사회 계급"이다.[75] 화이트칼라와 서비스 노동자, 공공 부문 노동자도 노동계급의 일부다. 계산원, 간호사, (환자 이송, 청소 등을 하는) 병원 노동자, 시설 관리 노동자, 트럭 기사, 택배 상하차 작업자, 식당 종업원, 영업직 노동자, 사회복지사, 교사, 콜센터 노동자 등 모든 사람들이 임금을 위해 일한다. 이들도 공장, 조선소, 광산, 창고, 건설 현장, 농지에서 일하는 노동자들과 똑같은 방식으로 착취를 당하며 이해관계를 공유한다.

제조업에 종사하는 노동자의 수는 줄었지만 공업이 미국 경제에서 차지하는 비중은 줄지 않았다. 노동문제 연구자 킴 무디가 쓰듯이 "서비스업 생산량 대 재화·건축물의 비율은 정부가 수집한 통계에 따르면 지난 반세기 동안 그다지 변하지 않았다." 무디는 "대다수 경제활동이 여전히 핵심 공업 부문에 의존하므로, 이곳이 체제의 중심지다" 하고 결론짓는다.[76]

정보와 인터넷의 시대가 되면서 인류가 물질 생산과 제조업에서 탈피하고 있다고 주장하는 사람들은 여기저기서 '클라우드 컴퓨팅'을 떠들어 대는 통에 정신이 혼미해져서 '클라우드'가 영업이익을 위해 고안된 은유에 불과하다는 점을 잊은 것이 틀림없다. 인터넷, 컴퓨터, 개인용 전자 기기의 시대가 가능하려면 우리 모두가 의지하는 그 모든 전자 기기를 만들기 위해 원자재를 채취하고 부품을 만들고 조립해야 한다. 노동자의 잇따른 자살로 악명을 얻은 대만 기업 폭스콘의 중국 공장에는 노동자 100만 명이 고용돼 있고 그중 절반이 선전 지역의 한 공장에서 일한다.[77] 게다가 개인용 전자 기기에서 사용하는 모든 데이터를 저장할 서버를 돌리려면 막대한 에너지와 공간이 필요하다. 〈뉴욕 타임스〉는 다음과 같이 보도한다. "모든 인터넷 기업의 핵심부에는 데이터 센터가 있다. 저장된 정보의 양이 폭증하면서 데이터 센터가 확장해 나가 어디에나 있는 것이 됐다. 이 동네 저 동네에 우후죽순처럼 세워지고 있다."[78]

무디가 쓰듯이, 조직 노동자가 줄어든 것은 "탈산업 경제가 등장해서 서비스 생산이 재화 생산을 대체했기 때문이 아니며 더 일반적으로는 수입과 대외 경쟁 때문도 아니다."

> 서비스 일자리가 늘어나긴 했지만 최종생산물로 볼 때 미국 경제는 여전히 공업 경제다. 유통, 금융, 생산자 서비스업이 성장한 주된 이유는 상품의 생산과 유통이 복잡해졌기 때문이다. … 공업 일자리 중에서는 제조업군 일자리가 유일하게 감소했는데, 대부분 1차 금속, 섬유, 의류 부문에서 감소했다. 따라서 자동차, 고무, 기계, 전자 기기, 식품 생산 등 제조업 부문에서 노동조합 조직률이 감소한 것은 크게 두 가지 요인으로 설명된다(건설·통신·운송 등 제조업이 아닌 공업 부문도 마찬가지다). 하나는 미국 내에서 벌어진 지리적 재배치와 기술 변동이고 다른 하나는 노동조합이 오늘날의 미조직 산업부문을 따라가서 조직하지 못한 것이다.[79]

따라서 오늘날 노동계급의 처지가 악화된 것은 노동계급의 힘을 영구히 빼앗은 어떤 근본적 변화 때문이 아니다. 자신의 힘을 조직하고 발휘하기만 한다면 노동계급은 어느 때보다도 강력한 힘을 낼 수 있다. 게다가 자본주의 생산이 고도로 통합되면서, 전략적으로 중요한 공장 한 곳의 노동자 수천 명이 벌이는 파업이 산업 전체를 멈출 수도 있다. 예를 들어 1996년 오하이오주 데이턴의 브레이크 공장 노동자 3200명이 18일간 파업을 하자 제너럴모터스는 멕시코·미국·캐나다에 있는 차체 조립 공장 14곳, 부품 공장 16곳의 가동을 중단해야 했고 하루에 3000만~4000만 달러의 손실을 봤다.[80]

조디 딘은 계급이란 마르크스의 말과 달리 생산수단과 특정한 관계를 맺고 물질적인 기반이 있는 세력이 아니라고 주장한다. 그래서 딘은 "공산주의가" 더는 "노동계급의 임무가 아니"라고 말한다.[81]

"공산주의자의 과제는 특정한 전위 계급을 찾는 것이 아니라 왜 공산주의가 자본주의를 대체할 최선의 대안인지 설명하고 공산주의를 향한 투쟁을 조직하고 진전시키는 데 참여하는 것이다."[82] 특정한 계급이란 없기 때문에 "[극소수 지배자를 제외한] 나머지 우리"의 투쟁은 온갖 다양한 형태를 취할 수 있으며 어느 특정 계급의 물질적 이익으로 추동되는 것이 아니다. 딘의 이런 주장은 더 나은 세계를 꿈꿨지만 노동계급을 중심에 놓지 않은 공상적 사회주의자들로 돌아가는 것으로 보인다. 혹은 사회주의를 노동자들이 자신의 사회적 위치 때문에 매력을 느끼는 목표가 아니라 도덕적 요구로 이해한 베른슈타인으로 돌아가는 것으로 보인다.

그러나 엥겔스를 인용하면, 자본주의는 여전히 "생산수단의 소유자인 자본가가 노동자, 즉 노동력 외에는 모든 생산수단을 박탈당한 사람들을 임금을 주고 고용해 생산물 가격과 생산비의 차익을 챙기는 체제다."[83] 자본주의가 어떤 역사적 단계에 진입했든 간에, 노동계급의 구성이 어떻게 바뀌든 간에 자본주의가 존속하는 한 이 사실은 변함없을 것이다. 그러므로 딘이 노동계급이라는 표현을 민중으로 바꾸자고 제안한 것은 계급 구분을 흐리는 민중주의적 언사로 되돌아간 것이다. 그러나 계급 구분은 여전히 자본주의를 이해하는 데서, 그리고 자본주의를 변혁할 핵심 사회 세력을 찾는 데서 가장 근본적인 것이다.

사회주의에서는 개성이 사라질 것이다?

사회주의는 모두를 우둔한 군중으로 만드는가? "갈수록 노동자들에게 획일성과 순응을 강요하는 자본주의 사회의 언론과 방송이 은근히 부추기는"[84] 이런 생각은 공산주의를 참칭한 정권하에서 살던 사람들의 이미지나 경험담으로 뒷받침되고 있다. 같은 옷을 입은 사람들, '위대한' 영도자를 향해 앵무새처럼 구호를 외치는 학생들, 시간 단위로 엄격하게 관리되는 근무시간과 여가 시간, 줄지어 늘어선 음울하고 똑같이 생긴 건물들, 공개적 토론의 부재 등.

그러나 스탈린이나 마오쩌둥이 각각 소련과 중국에서 강요한 전체주의적인 복종은 사회주의와 전혀 무관하다. 이런 통치 방식은 군대처럼 사람들을 엄격히 통제해서 산업과 군사력 발전에 최선을 다하라고 강요하기 위한 것이었다. 전격전電擊戰식의 산업화를 위해서는 노동자에게 엄격한 규율을 부과해야 했다. 그리고 여기에는 국민 단결, 당 관료가 내린 지령을 엄수할 것을 강조하는 이데올로기, 지도자를 신격화하는 악명 높은 개인숭배 이데올로기가 수반됐다. 소련 학생들은 교실에서 "행복한 유년기를 보내게 해 주셔서 감사합니다, 스탈린 동지" 하고 말해야 했다.[85] 1955년 전국인민대표대회에서 한 중국인 관료는 주석 마오쩌둥을 위해 '찬가'를 불렀다. "태양은 낮에만 빛나고 달빛은 밤에만 빛나네. 지지 않는 태양은 오직 마오쩌둥 주석뿐."[86]

냉전기의 역설은 미국도 미국 특색의 엄격한 순응을 선전했다는 것이다. 이것은 특히 1950년대에 심했다. 반공주의 마녀사냥으로 조장한 공포 분위기와 영화·텔레비전·광고에 상투적으로 나오는 교외 가정생활의 모습은 획일성이 최고라는 메시지를 분명하게 전달했다. 이 이미지가 현실에 전혀 부합하지 않는다는 사실은 중요하지 않았다. 1957년에 나온 어느 소설은 대량생산되는 한결같은 교외 주택의 이미지가 주는 좌절감을 다음과 같이 표현했다. "하트퍼드에서든 필라델피아에서든 이 신축 주택 지구에서는 모든 집에 여러분과 똑같은 사람, 똑같은 연령대에 똑같은 소득을 벌고, 똑같은 수의 자녀를 기르며, 똑같은 고충과 똑같은 습관이 있고, 똑같은 대화를 하며 똑같은 옷을 입고, 똑같은 것을 소유하고 어쩌면 혈액형까지 똑같을지도 모를 거주자의 입주를 보장해 드립니다."[87]

대중 시장 자본주의는 다수에게 순응을 강요한다. 직장 안이든 바깥이든 마찬가지다. 직장에서 우리는 시간과 행동거지에 관한 엄격한 규칙을 지켜야 하고 단정하게 입어야 한다. 우리는 눈이 오나 비가 오나 쉼 없이 똑같은 제품을 찍어 내고 똑같은 업무를 하며 이 과정에서 우리가 바꿀 수 있는 것은 거의 없다. 퇴근하고 나서 '대중 소비자'가 되면, 무수히 많은 사람들과 사실상 똑같은 상품을 사라는 권유와 독촉과 유혹에 시달린다. 역설이게도 광고주들은 그것이 자신의 개성을 표현하는 특별한 선택인 것처럼 포장한다. 휴고보스는 "모방하지 마라, 혁신하라" 하고 촉구하고 리바이스는 "정해진 길은 없다"고[88] 선언한다. 그렇지만 내가 매장에 방문했을 때 리바이스는 딱히 주문 제작을 하진 않았다. 오직 부자만이 장인이 지은 집에 살며 특별히 제작한 옷을 입고 자녀들을 '명문' 학교에 보내고 개인

비행기를 타고 멋진 관광지에서 휴가를 보낼 돈과 여유가 있다.

그러나 현실이 꼭 이런 식이어야 할 이유는 없다. 스탈린주의적 순응과 자본주의적 순응 중 하나를 택해야 하는 것은 아니다. 사회주의 사회에서는 사회의 생산력을 모두의 필요를 충족하는 데 활용할 것이다. 공동체는 창조적인 표현과 자기 계발이 꽃필 기반을 제공할 것이다. 이렇게 생각해 보자. 고대 아테네에서는 노예 수십만 명의 노동 덕분에 약 5만 명의 시민이 자유롭게 만나고 토론하고 민주주의를 운영할 수 있었다. 그러면서 위대한 철학·희곡·미술이 만개했다. 이제 생산력이 굉장히 발전해서 신체 건강한 사람들이 하루에 몇 시간만 일해도 사회에 필요한 모든 것이 생산되는 사회를 상상해 보라. 그런 사회가 바로 사회주의 사회다. 그런 사회에서는 모두가 여가를 충분히 누리며 오늘날에는 소수에게만 허용된 다양한 꿈을 펼칠 수 있을 것이다. 트로츠키는 다음과 같이 썼다.

> 정신적인 창조력을 위해선 자유로워야 한다. 공산주의의 목적은 바로 자연을 기술로, 기술을 계획으로 다스려서 날것의 자원에서 인간이 필요한 모든 것을 빠짐없이 얻는 것이다. 나아가 인류의 모든 창조력을 온갖 압력·제약·굴종에서 최종적으로 완전히 해방하는 것이다. 사적 관계, 과학, 예술에는 어떤 '계획'도 외부에서 강요되지 않을 것이며, 강제성의 그림자조차 얼씬하지 않을 것이다. 정신적인 창조력이 얼마나 개인적이냐, 집단적이냐는 순전히 그 창조자들이 결정할 것이다.[89]

부록 2

토론 주제

머리말

1. 마르크스주의가 여전히 유효한 이유는 무엇인가?

1장 천년왕국설에서 마르크스주의로

1. 마르크스는 최초의 사회주의자가 아니었다. 마르크스·엥겔스의 사회주의와 초기 사회주의의 차이점은 무엇인가?
2. 마르크스주의가 "공상적"이라는 말이 많다. 정말로 그러한가? 마르크스와 엥겔스는 "공상적"이라는 말을 어떤 뜻으로 사용했는가?
3. 환경이 인간을 결정한다면 인간은 어떻게 환경을 극복할 수 있는가? 다시 말해 우리의 의식이 세계를 반영하는 것이라면 우리는 세계를 어떻게 바꿀 수 있는가?

2장 마르크스의 유물론적 방법

1. 거의 모든 사람이 중립성을 '객관성'과 진리에 도달하는 유일한 방법으로 본다. 이에 대한 마르크스주의자의 관점은 무엇인가?
2. 관념론과 유물론의 차이는?
3. 인간에게 '본성'이 있는가? 있다면 그것은 어떻게 결정되는가? 생물학적으로, 혹은 환경에 의해, 혹은 둘 다에 의해 결정되는가?
4. 양질 전환이란 무엇인가?

3장 마르크스주의 역사관

1. 인류의 역사를 변화하는 사상의 산물로 설명하는 역사학자들이 있다. 마르크스가 역사 이해의 출발점으로 삼은 것은 무엇인가?
2. 생산력은 무엇이고 생산관계란 무엇인가?
3. 마르크스주의는 '결정론'인가?
4. 계급은 어떻게, 왜 등장했는가? 어떤 조건이 마련돼야 계급이 사라질 수 있는가?
5. "자본주의는 인간 탐욕의 산물"이라는 말은 타당한가?

4장 마르크스주의 경제학 1: 자본주의는 어떻게 작동하는가

1. 노동가치론이란 무엇인가?
2. "상품의 가치는 그것의 상대적 희소성으로 결정된다"는 주장의 문제점은 무엇인가?
3. "시장의 목적은 생산물을 최적으로 분배하는 것"이라는 주장은 타당한가?
4. 이윤은 어디서 생기는가?

5장 마르크스주의 경제학 2: 자본주의는 어떻게 위기에 빠지는가

1. 자본주의는 어떻게 불황에서 벗어나는가?
2. '이윤율 저하 경향'이란 무엇인가?

6장 노동계급의 중요성

1. 노동계급이란 무엇인가? 일하는 사람은 다 노동계급인가?
2. 임금노동자가 노예나 농민보다 잠재력이 훨씬 큰 이유는 무엇인가?
3. 마르크스가 1871년 파리코뮌에서 배운 것은 무엇인가?
4. 사회주의자는 왜 노동조합을 지지하는가? 노동조합만으로 사회주의를 쟁취할 수 있는가?
5. 자본주의라는 현실을 수용하는 노동자들이 어떻게 자본주의와 대결하게 되는가?

7장 민주주의, 개혁, 혁명

1. 우리는 학교에서 국가가 대립하는 이해 당사자들을 중재한다고 배운다. 이에 대해 토론해 보자.
2. 자본주의에서 민주주의는 얼마나 민주적인가?
3. 좌파가 미국 민주당을 '사회운동의 무덤'이라고 일컫는 이유는 무엇인가?
4. 선거로 사회주의를 실현할 수 있는가?
5. 쿠데타와 혁명의 차이는 무엇인가?

8장 마르크스에서 레닌으로: 마르크스주의와 정치조직

1. 마르크스가 노동자들에게 정당이 있어야 한다고 생각한 이유는 무엇인가?
2. 독일 사민당은 어떤 유형의 정당이었고 어떻게 조직됐는가?
3. 레닌이 말한 '전위 정당'이란 무엇인가?

9장 러시아 혁명: 실패한 우상?

1. 러시아 혁명의 성격에 대한 볼셰비키와 멘셰비키의 이론에는 어떤 차이가 있었는가? 트로츠키의 견해는 이 둘과 어떻게 달랐는가?
2. 혁명 당시 볼셰비키가 내세운 주요 슬로건은 무엇인가?
3. 소비에트란 무엇인가?
4. 볼셰비키가 목표를 달성하지 못한 이유는? 그들을 가로막은 장애물은 무엇인가?
5. 국가가 경제를 지도하는 것이 곧 사회주의인가?

10장 제국주의, 민족주의, 전쟁

1. 전쟁은 인간의 본성 때문에 일어나는가?
2. 레닌의 제국주의론과 카우츠키의 '초제국주의'론을 비교해 보고 차이점을 따져 보자. 제국주의는 정부 정책인가 자본주의의 한 국면인가?
3. 레닌이 살던 시대 이후 제국주의는 어떻게 변화했는가? 그럼에도 레닌의 제국주의론은 여전히 유효한가?
4. 미국은 정말로 "민주주의를 전파"하기 위해 전 세계에 개입하는가?
5. '국익'이란 존재하는가?
6. "세계경제의 통합으로 국민국가는 무의미해졌다"는 주장이 타당한지 토론해 보자.

11장 마르크스주의와 여성·성소수자·인종 차별

1. 민족자결권에 대한 레닌의 관점은 무엇인가?
2. 인류 역사 내내 여성은 차별당했나?
3. 자본주의에서 가족의 기능은 무엇인가?

4. 인종차별은 언제나 존재했나?
5. 인종차별은 자본주의에 필요한 것인가?
6. 성소수자 차별과 여성 차별은 어떤 연관이 있나?
7. 성과 젠더의 차이점을 설명해 보자.
8. "마르크스주의는 차별보다 착취에 주목한다"는 주장은 타당한가?

12장 자본주의가 낳은 생태 위기

1. 마르크스주의는 풍요를 사회주의의 기반으로 본다. 환경을 해치지 않고 어떻게 풍요를 누릴 수 있는가?
2. 지구에 인간이 너무 많은 것은 아닌가?
3. 개인의 라이프스타일을 바꾸는 문제를 사회주의자는 어떻게 보는가? 라이프스타일 바꾸기는 중요한가?
4. 사회주의를 불가능하게 하는 미국 역사의 '특수성'이 존재하는가?

13장 사회주의 사회를 상상해 보라

1. 노동자 국가는 사회주의 사회로 이행하기 위해 어떤 조치를 취해야 하는가?
2. 마르크스가 말한 계획경제란 무엇인가?

추천 도서

이 책은 입문서일 뿐이다. 이 책을 읽고 마르크스주의를 더 알아 보고 싶은 마음이 들었기를 바란다. 후주를 보고 관심이 가는 글이나 책을 찾아봐도 좋다. 그러나 독자의 편의를 위해 이 책을 읽은 후에 읽을 만한 책과 글을 꼽아 봤다. 이 책에서 참조한 마르크스·엥겔스·레닌·룩셈부르크·트로츠키의 글[의 영문판]은 '마르크시스트 인터넷아카이브'(www.marxists.org)에서 볼 수 있다. 이 사이트에 들어가 보길 강력하게 권한다. 아래에 나열한 책은 대부분 헤이마켓 출판사(www.haymarketbooks.org)에서 주문할 수 있다. 이 책에서 참조했지만 두 사이트에서도 찾을 수 없는 책이 있다면 www.fetchbook.info나 www.bookfinder.org에서 찾아보길 권한다. 〈소셜리스트 워커〉와 《인터내셔널 소셜리스트 리뷰》 웹사이트(www.socialistworker.org, www.isreview.org)에서도 현안과 역사적 쟁점에 대한 마르크스주의적인 이론·분석·논평을 볼 수 있다.

다음은 결코 완벽한 목록은 아니지만 고전 마르크스주의 저자들의 책이나 괜찮은 2차 저작이다.

마르크스와 엥겔스의 저서

《공산당 선언: 역사상 가장 중요한 정치적 문서를 위한 안내서The Communist Manifesto: A Road Map to History's Most Important Political Document》

필 개스퍼가 편집하고 해설한 판본이다(헤이마켓 출판사). 먼저 읽어 볼 것은 《공산당 선언》 자체다.[1] 그리고 편집자인 필 개스퍼가 잘 드러나지 않는 역사적 맥락과 용어를 풍부하게 해설하고 서문과 보충을 달았으니, 그것도 읽어 보라.

《사회주의: 공상에서 과학으로》[2]

엥겔스가 쓴 이 글은 훨씬 길고 논쟁적인 《반뒤링론》이라는[3] 책의 일부분으로서, 역사·계급투쟁·사회주의에 대한 마르크스와 엥겔스의 유물론적 인식을 가장 완전하게 제시하는 저작 중 하나다.

《루이 나폴레옹의 브뤼메르 18일》[4]

이 책은 마르크스의 날카로운 유물론적 현실 분석을 보여 주는 탁월한 사례다. 이 책에는 다음과 같은 유명한 문구가 실려 있다. "인간은 역사를 만든다. 그러나 자신이 바라는 대로, 스스로 선택한 조건 속에서 역사를 만들지는 않는다. 인간은 뜻하지 않게 과거에서 전해 내려와 닥친 상황 속에서 역사를 만든다."

---

1 국역: 《공산당 선언》, 여러 판본이 있다.

2 국역: 《공상에서 과학으로》, 범우사, 2006.

3 국역: 《반듀링론》, 새길아카데미, 2012.

4 국역: 《루이 보나파르트의 브뤼메르 18일》, 비르투출판사, 2012.

《프랑스 내전》[5]

'프롤레타리아 독재'가 실제로 어떤 모습일지 1871년의 파리코뮌이 보여 줬다고 주장하는 마르크스의 연설들이 실려 있다.

《가족, 사유재산, 국가의 기원》[6]

엥겔스가 자신의 이론을 뒷받침하기 위해 인용한 연구들은 오늘날 뒤떨어진 것이 됐지만, 여전히 이 저작은 계급사회의 등장과 여성 차별의 기원을 획기적으로 설명하는 책이다.

《자본론》 1권[7]

학습 욕구가 충만하다면 이 책을 꼭 읽어 보라. 이 책은 자본주의의 요모조모를 이해하기 위한 안내서다. 덤으로 매우 재미있기도 하다.

마르크스와 마르크스주의

마르크스와 엥겔스의 정치를 더 깊이 파헤치고 싶다면 핼 드레이퍼의 연작 《마르크스의 혁명 이론Karl Marx's Theory of Revolution》을, 특히 1권(국가와 관료제), 2권(사회 계급의 정치학), 4권(다른 사회주의에 대한 비판)을 읽어 보라. 1권의 앞부분은 마르크스가 어떻게 마르크스주의자가 됐는지를 잘 설명하며, 2권은 마르크스가 말한 노동계급과 노동자 권력의 개념을 가장 잘 설명한다. 존 몰리뉴의 《진정한

---

5 국역: 《프랑스 내전》, 박종철출판사, 2003.

6 국역: 《가족, 사유재산, 국가의 기원》, 두레, 2012.

7 국역: 《자본론 1》, 비봉출판사, 2015.

마르크스주의 전통은 무엇인가?》는[8] "온갖 사상들이 사회주의와 마르크스주의의 외피를 뒤집어쓰고 충돌하는 가운데 어떻게 진정한 사회주의를 가려낼 것인가" 하는 골치 아픈 문제에 답한다.

레닌

레닌에 대한 터무니없는 신화를 극복하는 가장 좋은 방법은 레닌의 저서를 읽는 것이다.

《국가와 혁명》[9]

여기서 레닌은 노동자들이 기존 자본주의 국가를 인수할 수 없으며, 자본주의 국가를 무너뜨린 다음 새롭고 직접민주주의적인 노동자 국가를 세워야 한다는 마르크스의 주장을 부활시킨다.

《'좌파' 공산주의 — 유치증》[10]

1919년에 공산주의인터내셔널을 설립한 후 레닌은 혁명가들이 선거와 노동조합을 외면해야 한다고 주장한 유럽의 '초좌파' 사회주의자들과 논쟁하기 시작했다. 노동자의 다수가 자본주의를 타도하는 과업에 동의하기 전까지 사회주의자들은 광범한 노동자층에 영향력과 지도력을 행사하기 위해 의회와 노동조합 안에서도 활동해야 한다고 레닌은 주장한다. 그러나 레닌의 주장은 당시 논쟁의 맥락을 뛰어넘는 더 넓은 현실에도 적용될 수 있다.

---

8 국역: 《고전 마르크스주의 전통은 무엇인가?》, 책갈피, 2005.

9 국역: 《국가와 혁명》, 돌베개, 2015.

10 국역: 《공산주의에서의 '좌익' 소아병》, 돌베개, 1992.

《제국주의: 자본주의의 최고 단계》[11]

제1차세계대전이 한창인 와중에 나온 이 책에서 레닌은 자본주의가, 소수 열강이 세계를 분할하는 제국주의의 국면에 들어섰다고 설명한다. 이 주제를 더 공부하고 싶다면 니콜라이 부하린(볼셰비키 주요 이론가의 하나였다)의 《제국주의와 세계경제》를[12] 읽어 볼 것을 권한다.

민족자결권을 다룬 레닌의 글

레닌은 여러 글에서 억압받는 민족의 자결권에 대해 가장 탁월하고 일관된 마르크스주의적 입장을 개진했다. "민족자결권"과 "민족자결권에 관한 토론 요약"이 그런 글이다. 이 글들은 민족문제를 다루는 좋은 출발점이며 마르크시스트인터넷아카이브에서 읽을 수 있다.

조직 문제를 다룬 레닌의 글

이 주제는 레닌의 정치 중 반론과 왜곡이 가장 많은 부분이다.

《무엇을 할 것인가》는[13] 반드시 읽어 봐야 할 책이지만, 그 내용을 레닌의 최종적인 당 조직론으로 여겨선 안 된다. 레닌이 발전시킨 사상은 수년에 걸쳐 발표한 여러 글 여기저기에 흩어져 있다. 가장 좋은 출발점은 크리스 하먼의 《당과 계급》,[14] 폴 르블랑의 《레닌과 혁명 정당Lenin and the Revolutionary Party》, 토니 클리프의 《레닌 평전 1:

---

11 국역: 《제국주의론》, 백산서당, 1988.

12 국역: 《세계경제와 제국주의》, 책갈피, 2018.

13 국역: 《무엇을 할 것인가? 우리 운동의 시급한 문제들》, 박종철출판사, 2014.

14 국역: "당과 계급", 《당과 계급》, 책갈피, 2012.

당 건설을 향하여》, 《레닌 평전 2: 모든 권력을 소비에트로》다.[15] 입이 떡 벌어질 만큼 자세한 내용을 담고 있는 알렉산더 라비노비치의 《볼셰비키가 권력을 잡다》는[16] 볼셰비키가 자신의 '권력'을 노동계급에게 강요한 음모 집단이라는 신화를 완전히 깨뜨린다.

여기에 더해 레온 트로츠키의 《젊은 시절의 레닌The Young Lenin》과 마르셀 리브만의 《레닌하의 레닌주의Leninism under Lenin》도[17] 추천한다. 죄르지 루카치의 《레닌Lenin》은[18] 레닌이 마르크스주의에 한 기여를 간략하게 잘 평가한다.

트로츠키

트로츠키는 다작가였지만 고전적인 저작을 몇 가지만 꼽자면 다음과 같다.

《연속혁명, 결과와 전망》[19]

이 책은 후진국의 노동자가 선진국의 노동자보다 먼저 권력 장악에 이를 수 있다는 트로츠키의 고전적인 이론을 다룬다.

《나의 생애》[20]

트로츠키가 자신의 삶을 요약한 이 책은 소설처럼 읽을 수 있을

---

15 국역: 《레닌 평전 1, 2》, 책갈피, 2010, 2009.

16 국역: 《1917년 러시아 혁명: 노동계급이 권력을 잡다》, 책갈피 2017.

17 국역: 《레닌의 혁명적 사회주의》, 풀무질, 2007.

18 국역: 《레닌》, 녹두, 1985.

19 국역: 《연속혁명 평가와 전망》, 책갈피, 2003.

20 국역: 《나의 생애 상, 하》, 범우사, 2001.

뿐 아니라 20세기 초 사회주의 운동의 역사에서 나타난 여러 사상과 사건들을 알 수 있는 훌륭한 정치 입문서이기도 하다.

《러시아 혁명사》[21]

어떤 언어로 쓰인 어떤 혁명사 책을 보더라도 이보다 잘 쓴 혁명사는 없을 것이다. 1000페이지가 넘는 분량에 겁먹지 마시라.

《독일의 반파시즘 투쟁》[22]

1930년대 초에 트로츠키는 히틀러의 부상을 분석하고 독일 공산주의자들이 히틀러를 격퇴하려면 공동전선 전술을 펴야 한다고 주장하는 여러 글을 썼다. 동시대의 사건들을 다룬 최고의 마르크스주의 문헌으로 꼽을 만한 책이다.

《배반당한 혁명》[23]

트로츠키는 러시아가 경제를 국유화했기 때문에, 얼마간 왜곡되긴 했어도 여전히 '노동자 국가'라는 관점을 완전히 버리진 못했다. 그럼에도 이 책에서 트로츠키는 러시아 혁명의 변질을 훌륭하게 분석하고 부상하는 스탈린주의 관료 체제를 신랄하게 고발하며 진정한 마르크스주의를 단호하게 방어한다.

---

21 국역: 《러시아 혁명사》, 아고라, 2017.

22 국역: 《파시즘, 스탈린주의, 공동전선》, 책갈피, 2019.

23 국역: 《배반당한 혁명》, 갈무리, 2018.

《그들의 윤리, 우리의 윤리》[24]

트로츠키는 목적이 수단을 정당화하는가 하는 문제를 다루면서 마르크스주의와 도덕에 관해 촘촘한 논리를 편다.

던컨 핼러스의 《트로츠키의 마르크스주의》는[25] 가장 훌륭하고 간략한 트로츠키주의 정치 입문서다.

《무장한 예언자》, 《비무장의 예언자》, 《추방된 예언자》[26]

정치적 전기의 분야에서 아이작 도이처의 트로츠키 3부작은 타의 추종을 불허한다. 그러나 이 책의 정치적 문제점을 교정하는 의미에서(마지막 책에서는 스탈린의 지배를 옹호하는 것에 위험하리만치 가까워지기도 한다), 토니 클리프의 네 권짜리 트로츠키 전기, 특히 마지막 책인 《밤이 캄캄할수록 별은 더 밝게 빛난다》를[27] 꼭 읽어 볼 것을 권한다.

로자 룩셈부르크

《개혁이냐 혁명이냐》[28]

사회변혁 수단으로서의 개혁의 한계와 혁명의 필요성에 관한 최고의 글이다.

---

24 국역: 《그들의 윤리, 우리의 윤리》, 책갈피, 2020.

25 국역: 《트로츠키의 마르크스주의》, 책갈피, 2010.

26 국역: 《무장한 예언자 트로츠키》, 《비무장의 예언자 트로츠키》, 《추방된 예언자 트로츠키》, 시대의창, 2017.

27 국역: 《트로츠키 1927~1940》, 책갈피, 2018.

28 국역: 《사회 개혁이냐 혁명이냐》, 책세상, 2002.

《대중파업론》[29]

노동계급의 무기고에서 가장 중요한 무기인 대중파업을 탁월하게 분석한 저서.

그 외 읽을거리

다음은 마르크스주의를 더 잘 알고 다양한 쟁점에 적용하려 노력하는 독자들에게 추천하지 않을 수 없는 책들이다.

《지하의 불: 미국 급진적 노동계급 운동의 역사Subterranean Fire: A History of Working-Class Radicalism in the United States》, 섀런 스미스.

《흑인 해방과 사회주의Black Liberation and Socialism》, 아메드 쇼키.

《여성과 사회주의Women and Socialism》, 섀런 스미스.

《섹슈얼리티와 사회주의Sexuality and Socialism》, 셰리 울프.

《생태주의와 사회주의Ecology and Socialism》, 크리스 윌리엄스.

《독일 혁명The German Revolution》, 피에르 브루에.

29 국역: 《대중파업론》, 풀무질, 1995.

후주

2014년판 머리말: 마르크스의 귀환

1 Isabel Ortiz, Sara Burke, Mohamed Berrada, Hernan Cortes Saenz, "World Protests 2006–2013 Executive Summary", *Initiative for Policy Dialogue*, http://policydialogue.org/publications/working_papers/world_protests_2006-2013_executive_summary/

2 Alexander Eichler, "Young People More Likely to Favor Socialism Than Capitalism: Pew" (*Huffington Post*, December 29, 2011).

3 Naomi Klein, "How Science Is Telling Us to Revolt" (*New Statesman*, October 29, 2013).

4 Michael Schuman, "Marx's Revenge: How Class Struggle Is Shaping the World" (*TIME*, March 25, 2013).

머리말

1 Daniel Singer, *Prelude to Revolution: France in May 1968*, 2nd ed (Boston: South End Press, 2002), xxvi.

2 Daniel Bell, *The End of Ideology* (New York: Collier Books, 1962), 277[국역: 《이데올로기의 종언》, 범우사, 2015]에서 인용함.

3 Daniel Bell, *The End of Ideology*, 16.

4 Herbert Marcuse, *One Dimensional Man: Studies in the Ideology of Advanced Industrial Society* (Boston: Beacon Press, 1991), 1-2[국역: 《일차원적 인간: 선진산업사회의 이데올로기 연구》, 한마음사, 2009].

5 이런 주장의 다양한 변종으로는 다음과 같은 사례가 있다. 마르쿠제의 인터뷰 "Marcuse Defines His New Left Line", in Douglass Kellner ed, *The New*

Left of the 1960s: The Collected Papers of Herbert Marcuse (New York: Routledge, 2005); Ernest Laclau and Chantalle Mouffe, *Hegemony and Socialist Strategy* (London: Verso, 1985)[국역: 《헤게모니와 사회주의 전략》, 후마니타스, 2012]; André Gorz, *Farewell to the Working Class* (London: Pluto Press, 1982)[국역: 《프롤레타리아여 안녕》, 생각의나무, 2011]. 그 외에도 많은 사례들이 있다. 입에 거품을 물고 마르크스주의의 노동계급 중심성에 반대하는 글로는 머리 북친의 형편없는 글 "Listen, Marxist!", *Post-Scarcity Anarchism* (Buffalo, NY: Black Rose Books, 1986), 193-242가 있다.

6 Francis Fukuyama, "By Way of an Introduction", *The End of History and the Last Man* (London: Penguin, 1992)[국역: "머리말을 대신하여", 《역사의 종말》, 한마음사, 1997].

7 "Global Inequality Data and Chart Pack" (inequality.org, 2011), https://inequality.org/wp-content/uploads/2011/01/wealth-inequality-charts.pdf

8 United for a Fair Economy Staff, *Born on Third Base: What the Forbes 400 Really Says About Economic Equality and Opportunity in America* (United for a Fair Economy, 2012), 2, http://faireconomy.org/sites/default/files/BornOnThirdBase_2012.pdf

9 *United Nations Human Development Report 2010: The Real Wealth of Nations: Pathways to Human Development* (New York: Palgrave MacMillan, 2010), 96.

10 "Trends in CEO Pay", AFL-CIO Executive Paywatch, www.aflcio.org/Corporate-Watch/CEO-Pay-and-the-99/Trends-in-CEO-Pay[대체 주소: https://web.archive.org/web/20120422021057/http://www.aflcio.org:80/Corporate-Watch/CEO-Pay-and-the-99/Trends-in-CEO-Pay].

11 Sara Anderson et al, *Executive Excess 2008: How Average Taxpayers Subsidize Runaway Pay* (Washington, DC: United for a Fair Economy and Institute for Policy Studies, 2008), 9.

12 같은 책, 13.

13 Sara Anderson et al, *Executive Excess 2005: Defense Contractors Get More Bucks for the Bang* (Institute for Policy Studies, August 30, 2005), 14-15, www.faireconomy.org/press/2005/EE2005.pdf[대체 주소: https://web.archive.org/web/20050910042542/www.faireconomy.org/press/2005/EE2005.pdf].

14 Dave Gilson and Caroline Perot, "It's the Inequality, Stupid!" (*Mother Jones*, March-April 2011).

15 Susan Heavy and Lucia Mutikani, "Number of US Poor Holds Steady But

Earnings Gap Grows" (*Reuters*, September 12, 2012); Heidi Shierholz and Elise Gould, "Already More Than a Lost Decade" (Economic Policy Institute, September 12, 2012).

16 Keeanga-Yamahtta Taylor, "What Has Obama Done for African-Americans?" (*Socialist Worker*, May 19, 2011); Shierholz and Gold, "Already More Than a Lost Decade".

17 *United Nations Human Development Report 2003: Millennium Development Goals* (New York: Oxford University Press, 2003), 155.

18 Frederick Engels, "Karl Marx's Funeral"[국역: "칼 맑스의 장례", 《칼 맑스 프리드리히 엥겔스 저작 선집5》, 박종철출판사, 2000], in Karl Marx and Frederick Engels, *Collected Works*(이하 *MECW*로 표기함), vol 24 (New York: International Publishers, 1989), 468. 참고: 이 책에서 인용한 여러 마르크스주의 저작들은 마르크스시스트인터넷아카이브(http://www.marxists.org)에서도 볼 수 있다. 아주 요긴한 사이트다.

19 Frances Moore Lappé et al, *World Hunger: Twelve Myths* (New York: Grove Press, 1998), 8[국역: 《굶주리는 세계》, 창비, 2003]; *The State of Food Insecurity in the World 2005* (Rome: United Nations Food and Agricultural Organization, 2005), 20.

20 Karl Marx and Frederick Engels, *Manifesto of the Communist Party* in *The Communist Manifesto: A Road Map to History's Most Important Political Document*, ed Phil Gasper (Chicago: Haymarket Books, 2005), 72(이하 *Communist Manifesto*로 표기함). 이 책은 편집자가 쓴 주석과 친절한 서문과 마르크스와 엥겔스의 다른 저작에서 추려낸 중요한 발췌문이 함께 실려 있다. 가장 훌륭한 《공산당 선언》 해설서다[국내에도 여러 《공산당 선언》 국역본과 해설서가 있다].

21 Karl Marx, *Civil War in France: The Paris Commune* (New York: International Publishers, 1989)[국역: 《프랑스 내전》, 박종철출판사, 2003]; Frederick Engels, *Socialism: Utopian and Scientific* (New York: International Publishers, 1989) [국역: 《공상에서 과학으로》, 범우사, 2006]; Rosa Luxemburg, *Reform or Revolution*[국역: 《사회 개혁이냐 혁명이냐》, 책세상, 2002], in Helen Scott ed, *The Essential Rosa Luxemburg* (Chicago: Haymarket Books, 2008); Leon Trotsky, *The Lessons of October* (London: Bookmarks, 1987)[국역: "10월 혁명의 교훈", 《10월 혁명》, 아고라, 2017]; V I Lenin, *State and Revolution* (New York: International Publishers, 1994)[국역: 《국가와 혁명》, 돌베개, 2015].

22 Lenin, *State and Revolution*, 101.

1장 천년왕국설에서 마르크스주의로

1 Karl Kautsky, *Foundations of Christianity* (New York: Monthly Review Press, 1972), 332[국역: 《그리스도교의 기원》, 동연, 2011].

2 장 프루아사르가 묘사한 "전형적인" 존 볼의 설교다. Norman Cohn, *The Pursuit of the Millennium* (London: Oxford University Press, 1970), 199[국역: 《천년왕국운동사》, 한국신학연구소, 1993]에서 인용함.

3 R B Rose, *Gracchus Babeuf: The First Revolutionary Communist* (Stanford, CA: Stanford University Press, 1978), 195에서 인용함.

4 Lillian Symes and Travers Clement, *Rebel America: The Story of Social Revolt in the United States* (New York: Harper & Brothers Publishers, 1934), 40에서 인용함.

5 Karl Marx, *Capital: A Critique of Political Economy*, vol 1, trans Ben Fowkes (New York: Vintage, 1977), 801에서 인용함. 특별한 언급이 없으면 《자본론》은 모두 이 판본에서 인용한 것이다[국역: 《자본론》, 비봉출판사, 2015].

6 Fourier, "Degradation of Women in Civilization", in *Women, the Family, and Freedom: The Debate in Documents*, vol 1, *1750-1880*, Susan Groag Bell and Karen M Offen eds, Karen M Offen, trans (Palo Alto, CA: Stanford University Press, 1983), 40-41.

7 Engels, *Socialism: Utopian and Scientific* (New York: International Publishers, 1989), 36.

8 Michael Löwy, *The Theory of Revolution in the Young Marx* (Chicago: Haymarket Books, 2005), 26[국역: 《청년 마르크스의 혁명 이론》, 두번째테제, 2021]에서 인용함.

9 Hal Draper, *Karl Marx's Theory of Revolution*, vol 1, *State and Bureaucracy* (New York: Monthly Review Press, 1977), 38.

10 Michael Löwy, *The Theory of Revolution in the Young Marx*, 27에서 인용함.

11 같은 책, 39.

12 같은 책, 48에서 인용함.

13 Karl Marx, *Collected Works*, vol 3 (New York: International Publishers, 1975), 144.

14 Michael Löwy, *Theory of Revolution in the Young Marx*, 65에서 인용함.

15 Karl Marx, *Collected Works*, vol 3, 186.

16 Karl Marx and Frederick Engels, *The German Ideology*[국역: 《독일 이데올로기 1, 2》, 먼빛으로, 2019], in *MECW*, vol 5, 49.

17 같은 책, 36.

18 같은 책, 38.

19 더 자세한 설명은 Michael Löwy, *The Theory of Revolution in the Young Marx* 의 1장에 있다.

20 Georgi Plekhanov, "Initial Phases of the Class Struggle Theory", *Selected Works*, vol 2 (Moscow: Progress Publishers, 1976), 433-434에서 인용함.

21 Karl Marx, "Theses on Feuerbach"[국역: "포이어바흐에 관한 테제", 《루트비히 포이어바흐와 독일 고전철학의 종말》, 돌베개, 2015], in *MECW*, vol 5, 7.

22 같은 글, 같은 쪽.

23 같은 글, 같은 쪽.

2장 마르크스의 유물론적 방법

1 Marx, "Theses on Feuerbach".

2 Bob Dylan, "Subterranean Homesick Blues", *Bringing It All Back Home* (Columbia Records, 1965).

3 Karl Marx, *Capital*, vol 3 (London: Penguin Books, 1981), 953.

4 Carl Sagan, *Cosmos* (New York: Ballantine Books, 1985), 32[국역: 《코스모스》, 사이언스북스, 2006].

5 David B Resnick, *The Price of Truth: How Money Affects the Norms of Science* (London: Oxford University Press, 2007), 3.

6 Marx and Engels, *The German Ideology*, 59.

7 Mike Marquesee, "Attacking the Outside Agitators", (*Red Pepper*, September 2005).

8 Marx, "Postface to the Second Edition", in *Capital*, vol 1, 97.

9 V I Lenin, "Three Sources and Three Component Parts of Marxism", in *Collected Works* (이하 *CW*로 표기), vol 19 (Moscow: Progress Publishers, 1977), 23[국역: "마르크스주의의 세 가지 원천과 세 구성 부분", 《카를 마르크스》, 범우사, 2010].

10 Marx, "Postface to the Second Edition", 98.

11 Engels, "Ludwig Feuerbach", in *MECW*, 386.

12 Marx, "Theses on Feuerbach", in *MECW*, 6.

13 Plekhanov, "Socialism and the Political Struggle", in *Selected Works*, vol 1, 90.

14 Leon Trotsky, "Revolution and War in China", in *Leon Trotsky on China* (New York: Monad Press, 1976), 579.

15 Marx and Engels, *The German Ideology*, 37.

16 Peter Dreier, "Reagan's Legacy: Homelessness in America", (*Shelterforce*, no 135, May/June 2004).

17 Marx and Engels, *The German Ideology*, 24.

18 Karl Marx, "Preface", in *Contribution to a Critique of Political Economy* (Moscow: Progress Publishers, 1977), 21[국역: 《정치경제학 비판을 위하여》, 중원문화, 2017].

19 Frederick Engels, *Anti-Dühring*[국역: 《반듀링론》, 새길아카데미, 2012], in *MECW*, vol 25 (New York: Progress Publishers, 1987), 87.

20 Marx and Engels, *The German Ideology*, 30.

21 같은 책, 45.

22 사회진화론의 역사를 탁월하게 다룬 책을 찾는다면 Allan Chase, *The Legacy of Malthus: The Social Costs of the New Scientific Racism* (Urbana, IL: University of Illinois Press, 1980)을 보라.

23 같은 책, 109.

24 같은 책, 329.

25 Richard J Herrnstein and Charles Murray, *The Bell Curve* (New York: The Free Press, 1994).

26 Stephen Jay Gould, *The Mismeasure of Man* (New York: W W Norton, 1996), 28[국역: 《인간에 대한 오해》, 사회평론, 2003].

27 R C Lewontin, *Biology as Ideology* (New York: Harper Perennial, 1992), 93에서 인용[국역: 《DNA 독트린: 이데올로기로서의 생물학》, 궁리, 2001].

28 같은 책, 89.

29 Cordelia Fine, *Delusions of Gender: How Our Minds, Society, and Neurosexism Create Difference* (New York: W W Norton & Co, 2011), 176[국역: 《젠더, 만들어진 성》, 휴먼사이언스, 2014].

30 Steven Rose, "Escaping Evolutionary Psychology", in *Alas Poor Darwin: Arguments Against Evolutionary Psychology*, ed Hilary Rose and Steven Rose (New York: Harmony Books, 2000), 306.

31 Theodosius Dobzhansky, *Mankind Evolving: The Evolution of the Human Species* (New Haven, CT: Yale University Press, 1971), 8.

32 Eleanor Burke Leacock, *Myths of Male Dominance* (Chicago: Haymarket Books, 2008), 35에서 인용.

33 같은 책, 57-58.

34 같은 책, 50.

35 Fine, *Delusions of Gender*, 177.

36 Georgi Plekhanov, "On the Individual's Role in History", in *Selected Philosophical Works*, vol 2 (Moscow: Progress Publishers, 1976), 313[국역: "역사에 있어서 개인의 역할", 《맑스주의의 근본문제》, 거름, 1991].

37 Frederick Engels, "Ludwig Feuerbach and the End of Classical German Philosophy"[국역: 《루트비히 포이어바흐와 독일 고전철학의 종말》, 돌베개, 2015], in *MECW*, vol 26 (New York: International Publishers, 1990), 383.

38 George Novak, *The Origins of Materialism* (New York: Pathfinder Press, 1971), 97-100에서 인용.

39 "Letter from Marx to his Father", November 10, 1837, in *MECW*, vol 1 (New York: International Publishers, 1975), 18.

40 Engels, *Anti-Dühring* (Moscow: Progress Publishers, 1975), 29-30.

41 Engels. "Dialectics", in *Anti-Dühring* (Marxists.org), http://www.marxists.org/archive/marx/works/1880/soc-utop/ch02.htm

42 G W F Hegel, "Preface", in *The Phenomenology of Spirit*, trans A V Miller (New York: Oxford University Press, 1977), 2[국역: 《정신현상학》, 동서문화동판, 2011].

43 H D Lewis ed, *Hegel's Science of Logic*, trans A V Miller (Amherst, NY: Humanity Books, 1999), 370[국역: 《大論理學 1~3》, 벽호, 1994].

44 Hegel, *Phenomenology of Spirit*, 6.

45 Marx, *Capital*, vol 1, 103.

46 Engels, "Ludwig Feuerbach and the End of Classical German Philosophy", in *MECW*, 359.

47 Leon Trotsky, "Mr Baldwin and … Gradualness", in *Trotsky's Writings on Britain*, vol 2 (London: New Park Publications, 1974), 20.

48 Leon Trotsky, *In Defense of Marxism* (New York: Pioneer Publishers, 1942), 53-54.

3장 마르크스주의의 역사관

1 Marx, *Capital*, vol 1, 286.

2 같은 책, 같은 쪽.

3 같은 책, 283.

4 Marx and Engels, *The German Ideology*, 31.

5 Frederick Engels, "Introduction to the English Edition"(1892) of *Socialism: Utopian and Scientific*", in *MECW*, vol 27 (New York: International Publishers, 1990), 289.

6 Karl Marx, "Preface", *Contribution to the Critique of Political Economy*, in *MECW*, vol 29 (New York: International Publishers, 1987), 263.

7 Karl Marx, *Capital*, vol 3 (New York: Penguin Books, 1981), 927.

8 Marx, "Preface", *Contribution to the Critique of Political Economy*, 263.

9 Marx and Engels, *Communist Manifesto*, 39-40.

10 Marx, "Preface", *Contribution to the Critique of Political Economy*, 263.

11 Karl Marx, *The Eighteenth Brumaire of Louis Napoleon*[국역: 《루이 보나파르트의 브뤼메르 18일》, 비르투출판사, 2012], in *MECW*, vol 11 (New York: International Publishers, 1979), 103.

12 Karl Marx, "Letter to Otechestvenniye Zapiski", in *MECW*, vol 24, 200.

13 "Frederick Engels to J Bloch", September 21, 1890[국역: "엥겔스가 쾨니히스베르크의 요제프 블로흐에게", 《칼 맑스 프리드리히 엥겔스 저작선집6》, 박종철출판사, 1997], in *Historical Materialism* (Moscow: Progress Publishers, 1972), 294-296.

14 Marx and Engels, *The Holy Family*[국역: "신성 가족 혹은 비판적 비판에 대한 비판, 브루노 바우어와 그 일파에 반대하여[발췌]", 《칼 맑스 프리드리히 엥겔스 저작선집1》, 박종철출판사, 1991. 인용된 문장을 포함한 발췌 번역이다], in *MECW*, vol 4 (Moscow: Progress Publishers, 1975).

15 Georgi Plekhanov, "Initial Phases of the Theory of the Class Struggle (an Introduction to the Second Russian Edition of the Manifesto of the Communist Party)", *Selected Philosophical Writings*, vol 2 (Moscow: Progress Publishers, 1976), 462.

16 Marx, "Preface", *Contribution to the Critique of Political Economy*, 263.

17 Leon Trotsky, "The School of Revolutionary Strategy: Speech at a General Party Membership Meeting of the Moscow Organization", July 1921, in *The First Five Years of the Communist International*, vol 2 (New York: Monad Press, 1972), 1-3.

18 Engels, "Ludwig Feuerbach and the End of Classical German Philosophy", 387-388을 보라.

19 Engels, "Introduction" to *Dialectics Of Nature*[국역: 《자연변증법》, 새길아카데미, 2012], in *MECW*, vol 25 (Moscow: Progress Publishers, 1987), 330-331.

20 Marx and Engels, *Communist Manifesto*, 39.

21 Frederick Engels, *The Origins of the Family, Private Property and the State*[국역: 《가족, 사유재산, 국가의 기원》, 두레, 2012], in *MECW*, vol 26, 202.

22 Paul Lafargue, "Idealism and Materialism in the Conception of History" (*Socialist Standard*, May 1915), http://www.marxists.org/archive/Lafargue/1895/xx/idealism.htm에서 인용함. 1895년에 라파르그가 파리의 집산주의학생그룹에게 한 강연이다.

23 Engels, *Origins of the Family*, 203.

24 같은 책, 158.

25 Irven DeVore et al, *Man the Hunter* (New York: Aldine de Gruyter, 1968), 5-6.

26 Richard B Lee, "What Hunters Do for a Living, or, How to Make Out on Scarce Resources", in *Man the Hunter*, 371.

27 현대의 수렵·채집 사회에서 구석기시대 선조의 모습을 추론할 때는 매우 조심스러워야 한다. 이 사회들은 주변의 자본주의 세계에 영향을 받고 자본주의 세계와 상호작용한다. 그러나 현대의 수렵·채집 사회가 주변부로 밀려나 있다는 점에 비춰 보면, 인구가 더 적고 사냥감과 채집할 식물이 더 많았던 옛 수렵·채집자들은 오늘날보다 수월하게 생존 수단을 찾았을 것이라고 추측할 수 있다.

28 이 주제에 관한 논의를 더 알고 싶다면 Christopher Ryan and Cacilda Jethá, *Sex at Dawn: How We Mate, Why We Stray, and What It Means for Modern Relationships* (New York: Harper Perennial, 2012), Kindle edition의 12장 "Ancient Poverty or Assumed Affluence"를 보라[국역: "고대의 가난 또는 가정된 풍요?", 《왜 결혼과 섹스는 충돌할까》, 행복포럼, 2011]. Jared Diamond, "The Worst Mistake in the History of the Human Race" (*Discover Magazine*, May 1987), 64-66, http://www.ditext.com/diamond/mistake.html도 보라.

29 Diamond, "Worst Mistake".

30 예를 들어 Ernest Brandewie, "The Place of the Big Man in Traditional Hagen Society in the Central Highlands of New Guinea", in *Anthropological Approaches to Political Behavior*, ed Frank McGlynn and Arthur Tuden (Pittsburgh: University of Pittsburgh Press, 1991), 62를 보라.

31 Marvin Harris, *Cannibals and Kings: The Origins of Cultures* (New York: Vintage, 1977), 113[국역: 《식인과 제왕》, 한길사, 2000].

32 Engels, *Anti-Dühring*, 167.

33 같은 책, 같은 쪽.

34 Diamond, "Worst Mistake".

35 Engels, *Socialism: Utopian and Scientific*, 70.

36 Engels, *Origins of the Family*, 173.

37 같은 책, 204.

38 같은 책, 221.

39 같은 책, 212-213.

40 같은 책, 269.

41 Thomas Hobbes, *Leviathan* (New York: Touchstone Books, 1997), 100[다양한 국역본이 있다].

42 Engels, *Origins of the Family*, 270-271.

43 Marx, *Capital*, vol 1, 874.

44 같은 책, 344.

45 같은 책, 325.

46 같은 책, 874.

47 마르크스가 1877년에 쓴 편지에서 지적했듯이 고대 로마에서 대토지 소유 귀족에게 토지를 박탈당한 소농들은 임금을 받는 노동계급이 아니라 무토지 "군중"이 됐고, 정복 전쟁에서 포로로 잡힌 노예들은 시장에 팔려 가 대토지에서 노동을 했다. "Letter from Marx to Editor of the *Otechestvenniye Zapisky*" (November 1877), http://www.marxists.org/archive/marx/works/1877/11/Russia.htm을 보라.

48 같은 글, 914.

49 Karl Marx, *Value, Price and Profit*[국역: "가치, 가격, 이윤", 《임금 노동과 자본, 가치, 가격, 이윤》, 박종철출판사, 2020] in *MECW*, vol 20 (New York: International Publishers, 1985), 129; *Capital*, vol 1, 876.

50 같은 책, 898.

51 같은 책, 899.

52 같은 책, 925.

53 Marx and Engels, *Communist Manifesto*, 41.

54 같은 책, 875.

55 같은 책, 915.

56 Leonard Thompson, *A History of South Africa* (New Haven, CT: Yale University Press, 2000)의 4장과 5장을 보라.

57 Marx and Engels, *Communist Manifesto*, 43.

58 Marx, *Capital*, vol 1, 926.

59 Marx and Engels, *Communist Manifesto*, 44.

60 Frederick Engels, "The Housing Question"[국역: "주택문제", 《주택문제와 토지 국유화》, 노마드, 2019], in *MECW*, vol 23 (New York: International Publishers, 1988), 324-325.

61 Engels, Anti-Dühring, 169.

4장 마르크스주의 경제학 1: 자본주의는 어떻게 작동하는가

1 David McNally, "Slump, Austerity, and Resistance", *The Crisis and the Left: Socialist Register 2012* (New York: Monthly Review Press, 2011), 37.

2 Karl Marx and Frederick Engels, *The Holy Family*, 32.

3 Marx, "Postface to the Second Edition", in *Capital*, vol 1, 97.

4 George Soros, *The New Paradigm for Financial Markets: The Credit Crisis of 2008 and What It Means* (New York: Public Affairs Books, 2008), 53[국역: 《조지 소로스, 금융시장의 새로운 패러다임》, 위즈덤하우스, 2008]. 소로스는 이런 관점에 비판적이다.

5 Eugene F Fama, "Random Walks in Stock Market Prices", Selected Papers no 16 (University of Chicago Graduate School of Business), https://www.chicagobooth.edu/faculty/selectedpapers/sp16.pdf 파마는 이런 이론의 창시자 중 한 명이다.

6 David McNally, *Global Slump: The Economics and Politics of Crisis and Resistance* (Oakland, CA: PM Press, 2011), 111[국역: 《글로벌 슬럼프》, 그린비, 2011].

7 Lewis Corey, *The Decline of American Capitalism* (New York: Covici-Friede, 1934), 20.

8 Joel Geier and Ahmed Shawki, "Contradictions of the 'Miracle Economy'" (*International Socialist Review* 2, Fall 1997), http://www.isreview.org/issues/02/miracle_economy.shtml

9 Simon Clarke, *Marx's Theory of Crisis* (New York, St Martin's Press, 1994), 1[국역: 《마르크스의 공황이론》, 한울, 2013].

10 Olivier Coibion, Yuriy Gorodnichenko, "Does the Great Recession Really Mean the End of the Great Moderation?" (*Vox*, January 16, 2010), http://voxeu.org/article/does-great-recession-really-mean-end-great-moderation

11 Ben Bernanke, "Implications of the Financial Crisis for Economics", September 24, 2010, Board of Governors of the Federal Reserve System, https://www.federalreserve.gov/newsevents/speech/bernanke20100924a.htm

12 예를 들어 뉴스쿨포소셜리서치의 사이트에 있는 세의 약력 http://cepa.newschool.edu/het/profiles/say.htm[대체 주소: https://web.archive.org/web/20100927041653/http://homepage.newschool.edu:80/het/profiles/say.htm]이나 제임스 밀의 약력 http://cepa.newschool.edu/het/profiles/jamesmill.htm[대체 주소: https://web.archive.org/web/20090223155634/http://cepa.newschool.edu:80/het/profiles/jamesmill.htm]을 보라.

13 Karl Marx, *Capital*, vol 1, in *MECW*, vol 36 (New York: International Publishers, 1996), 123.

14 Karl Marx, *Capital: A Critique of Political Economy*, vol 1, trans Samuel Moore and Edward Aveling (London: Lawrence and Wishart, 1974), 43. 이 판본을 인용한 이유는 빈티지 판의 번역("상품의 거대한 집적")보다 더 문학적이기 때문이다.

15 Karl Marx, *A Contribution to the Critique of Political Economy*, in *MECW*, vol 29, 270.

16 David Ricardo, *Principles of Political Economy* (New York: E P Dutton & Co, 1926), 5[국역: 《정치경제학과 과세의 원리에 대하여》, 책세상, 2019].

17 Marx, *Value, Price and Profit*, 118.

18 "Marx to Ludwig Kugelman", in *MECW*, vol 43 (Moscow: International Publishers, 1988), 69[국역: "맑스가 하노버의 루드비히 쿠겔만에게 1868년 7월 11일", 《칼 맑스 프리드리히 엥겔스 저작선집3》, 박종철출판사, 1993].

19 Marx, *Capital*, vol 1, 165.

20 같은 책, 같은 쪽.

21 같은 책, 같은 쪽.

22 Karl Marx, *Critique of the Gotha Program*, in *MECW*, vol 24 (New York: International Publishers, 1989), 81[국역: "고타 강령 초안 비판", 《칼 맑스 프리드리히 엥겔스 저작선집4》, 박종철출판사, 1995].

23 William Shakespeare, *Timon of Athens*, act 4, scene 3, lines 26-29, www.william-shakespeare.info/act4-script-text-timon-of-athens.htm[여러 국역본이 있다]. 마르크스는 1884년의 《경제학-철학 수고》와 《자본론》 1권 3장에서 이 대사를 인용한다.

24 Marx, *Critique of Political Economy*, 276.

25 Marx, *Capital*, vol 1, 182.

26 같은 책, 159.

27 Marx, *Capital*, vol 1, 187.

28 Adam Smith, *The Wealth of Nations* (New York: Modern Library, 1937), 13[국

역: 《국부론 1, 2》, 동서문화동판, 2016].

29 Marx, *Capital*, vol 1, 291-292.

30 Karl Marx, *Grundrisse* (London: Penguin Books, 1973), 83[국역: 《정치경제학 비판 요강》, 그린비, 2007].

31 Nikolai Bukharin, *Economic Theory of the Leisure Class* (New York: Monthly Review, 1973), 41에서 인용된 바스티아의 《경제적 조화》.

32 Marx, *Grundrisse*, 84.

33 같은 책, 같은 쪽.

34 Paul A Samuelson and William D Nordhaus, *Economics* (Boston: Irwin/McGraw-Hill, 1998)[국역: 《새뮤얼슨의 경제학 상, 하》, 유비온, 2012]. 이렇게 몰역사적으로 경제를 '사용가치'로만 설명하는 경우는 흔하다. "경제학은 인간과 사회가 다양한 상품을 생산하는 데 쓸 수 있는 희소한 생산 자원의 사용처와 소비할 상품의 분배를 화폐를 통해, 혹은 화폐 없이 어떻게 결정하는지 연구하는 학문이다." Jae K Shim and Joel G Siegel, *Macroeconomics* (New York: Barron's Educational Series, 2005), 2.

35 A Smith, *Wealth of Nations*, xxxiv.

36 Marx, *Capital*, vol 1, 254.

37 "Marx to Ludwig Kugelman", 68.

38 Marx, *Capital*, vol 1, Lawrence and Wishart edition, 152.

39 Karl Marx, *Theories of Surplus Value, Part II* (Moscow: Progress Publishers, 1968), 495[국역: 《잉여가치학설사 제2부》, 이성과현실, 1989].

40 Shakespeare, *King Lear*, act 1, scene 1, line 89 (Glasgow: HarperCollins, 1994), 1129[여러 국역본이 있다].

41 Marx, *Capital*, vol 1, 280.

42 같은 책, 274.

43 같은 책, 275.

44 같은 책, 301.

45 같은 책, 671-672.

46 John Stuart Mill, *Principles of Political Economy*, vol 1 (New York: D Appleton and Company, 1883), 495[국역: 《정치경제학 원리1》, 나남출판, 2010].

47 같은 책, 509.

48 Marx and Engels, *Communist Manifesto*, 44.

49 Marx, *Capital*, vol 1, 254.

50 같은 책, 742.

51 Harry Braverman, *Labor and Monopoly Capital: The Degradation of Work in the Twentieth Century* (New York: Monthly Review Press, 1974)의 4-8장을 보라[국역: 《노동과 독점자본》, 까치, 1998].

52 Dan Labotz, *Rank and File Rebellion* (New York: Verso Press, 1990), 213.

53 Simon Head, "Worse than Wal-Mart: Amazon's Sick Brutality and Secret History of Ruthlessly Intimidating Workers" (*Salon*, February 23, 2014), http://www.salon.com/2014/02/23/worse_than_wal_mart_amazons_sick_brutality_and_secret_history_of_ruthlessly_intimidating_workers/

54 Michel Beaud, *A History of Capitalism, 1500-2000*, trans Tom Dickman and Anny Lefebvre (New York: Monthly Review Press, 2001), 131[국역: 《미셸 보의 자본주의의 역사 1500~2010》, 뿌리와이파리, 2015].

55 Jan Fagerberg, "Specialization and Growth: World Manufacturing Productivity 1973-1990" (April 1999). 기술·고용·유럽통합 프로젝트에 제출된 논문이며 다음의 웹 페이지에서 확인할 수 있다. http://meritbbs.unimaas.nl/tser/tser.html[지금은 온라인상에서 볼 수 없다].

56 Bureau of Labor Statistics, US Department of Labor, "Steel Manufacturing." *Career Guide to Industries, 2006-07 Edition*, www.bls.gov/oco/cg/cgs014.htm[대체 주소: https://web.archive.org/web/20070528023109/http://www.bls.gov:80/oco/cg/cgs014.htm].

57 Marcel Mazoyer and Laurence Roudart, *A History of World Agriculture: From the Neolithic Age to the Current Crisis* (New York: Monthly Review Press, 2006), 24.

58 Karl Marx, *Capital: A Critique of Political Economy*, vol 1, in *MECW*, vol 35, trans Samuel Moore and Edward Aveling (New York: Progress Publishers, 1996), 750. 빈티지 판보다 이 판본의 [영어] 번역이 더 매끄럽게 읽힌다.

59 포천 500 통계는 다음 웹 페이지에서 확인할 수 있다. http://fortune.com/fortune500/2013/?iid=F500_sp_Full. 캘리포니아 국내총생산은 다음 글에서 확인할 수 있다. "California poised to move up in world economy rankings in 2013" (Center for Continuing Study of the California Economy, July 2013).

60 '자유 시장'이 존재한 적도 없다는 것을 잊지 말아야 한다. 앞에서 다뤘듯이 자본주의는 탄생할 때부터 사기, 폭력, 약탈, 노예제, 그리고 국가의 상당한 개입에 기댔다.

61 Anthony P D'Costa, *The Global Restructuring of the Steel Industry: Innovation, Institutions, and Industrial Change* (New York: Routledge, 1999), 31.

62 《공산당 선언》의 다음 문구를 축약한 말이다. "부르주아지는 우위를 점한 모든 곳

에서 모든 봉건적·가부장적·목가적 관계를 폐기했다. 부르주아지는 인간을 '타고난 주인'에게 예속시킨 잡다한 봉건적 멍에를 인정사정없이 박살 내고, 적나라한 이해관계, 냉정한 '금전 지불' 외에는 아무런 인간 간의 관계도 남겨 놓지 않았다." Marx and Engels, *Communist Manifesto*, 43.

63 David McNally, *Global Slump: The Economics and Politics of Crisis and Resistance* (Oakland, CA: PM Press, 2011), 54.

64 Ralph Hoppe, "Globalization: The Global Toothbrush" (*Spiegel* online international, January 31, 2006).

65 Marx, *Capital*, vol 1, 568-569.

66 Erik Rauch, "Productivity and the Workweek", http://groups.csail.mit.edu/mac/users/rauch/worktime

67 Lewis Mumford, *The Story of Utopias* (New York: Boni and Liveright, 1922), 115-116[국역: 《유토피아 이야기》, 텍스트, 2010].

68 Marx, *Capital*, vol 1, 739.

5장 마르크스주의 경제학 2: 자본주의는 어떻게 위기에 빠지는가

1 Marx and Engels, *Communist Manifesto*, 47-48.

2 같은 책, 48.

3 Engels, *Anti-Dühring*, in *MECW*, vol 25, 263.

4 정확한 연도는 나라마다 다르지만 추세는 뚜렷하다.

5 Frances Moore Lappé, "The Myth — Scarcity. The Reality — There IS Enough Food" (*Institute for Food and Development Policy Backgrounder* 5, no 1, Spring 1998).

6 Karl Marx, *Capital: A Critique of Political Economy*, vol 3, trans David Fernbach (London: Penguin, 1991), 367.

7 Karl Marx, *Theories of Surplus Value, Part II* (Moscow: Progress Publishers, 1968), 527.

8 같은 책, 522.

9 Marx. *Capital*, vol 3, 365.

10 같은 책, 616.

11 마르크스는 《자본론》 2권에서 이 용어들을 도입한다. Marx, *Capital: A Critique of Political Economy*, vol 2, trans David Fernbach (New York: Penguin Classics, 1993), 471.

12 Marx, *Capital*, vol 3, 363.

13 같은 책, 362.

14 McNally, *Global Slump*, 46.

15 같은 책, 47.

16 같은 책, 48, 49.

17 David McNally, "From Financial Crisis to World Slump: Accumulation, Financialization, and the Global Slowdown" (*Historical Materialism* 17, 2009), 35.

18 David McNally, "Financial Meltdown: The Sequel" (*Socialist Worker*, September 26, 2011).

19 Marx, *Capital*, vol 3, 569.

20 같은 책, 515.

21 같은 책, 516.

22 Marx, *Capital*, vol 3, 460.

23 같은 책, 24장. 필자는 다음 [영어] 번역이 더 낫다고 본다. http://www.marxists.org/archive/marx/works/1894-c3/ch24.htm.

24 같은 책, 같은 쪽.

25 David McNally, *Global Slump*, 13.

26 Luxemburg, *Reform or Revolution*, 41-42.

27 같은 책, 42.

28 Lee Sustar, "A Guide to the Wall Street Meltdown" (*Socialist Worker*, October 6, 2008).

29 Petrino DiLeo, "The Road to Ruin" (*Socialist Worker*, September 28, 2008).

30 Lee Sustar, "A Guide to the Wall Street Meltdown".

31 Jacob Leibenluft, "596 Trillion! How Can the Derivatives Market Be Worth More Than the World's Total Financial Assets?" (*Slate*, October 15, 2008), http://www.slate.com/articles/news_and_politics/explainer/2008/10/596_trillion.html

32 Bureau of Labor Statistics, "Steel Manufacturing", http://www.bls.gov:80/oco/cg/cgs014.htm[대체 주소는 4장의 56번 후주를 참고].

33 Steven Greenhouse, "Our Economic Pickle" (*New York Times*, January 12, 2013).

34 사실 마르크스의 주장은 좀 더 복잡하다. 마르크스는 노동자 대비 설비의 비율을 "기술적 구성"이라고 하고 가변자본 가치 대비 불변자본의 가치의 비율을 "가치 구성"이라고 한다. "자본의 가치 구성이 기술적 구성에 의해 결정되고 기술적 구

성을 반영한다는 점을 고려할 때" 자본의 유기적 구성은 사실상 "가치 구성이다" (*Capital*, vol 3, chap 8, in *MECW*, vol 38, https://www.marxists.org/archive/marx/works/1894-c3/ch08.htm). 마르크스가 이렇게 구분을 한 이유는 새로 들인 설비가 매우 저렴해서 기술적 구성이 증가해도 가치 구성은 그대로인 경우가 있을 수 있기 때문이다. 이 경우에는 더 적은 노동자가 더 많은 설비를 돌려도 유기적 구성은 증가하지 않는다.

35 Roman Rosdolsky, *The Making of Marx's Capital* (London: Pluto Press, 1977), 408[국역: 《마르크스의 자본론의 형성 1, 2》, 백의, 2003].

36 Karl Marx, *Grundrisse* (London: Penguin Classics, 1993), 340.

37 Marx, *Capital*, vol 3, 354.

38 Marx, *Grundrisse*, 128.

39 '상시 군비 경제' 이론에 대한 설명을 찾는다면 Michael Kidron, *Capitalism and Theory* (London: Pluto Press, 1974), 19-23을 보라. Michael Kidron, "A Permanent Arms Economy" (*International Socialism* 1, no 28, Spring 1967), https://www.marxists.org/archive/kidron/works/1967/xx/permarms.htm도 보라.

40 Marx, *Grundrisse*, 748.

41 같은 책, 749.

42 Marx, *Capital*, vol 3, 350.

43 같은 책, 358.

44 Leon Trotsky, *The First Five Years of the Communist International* (New York: Pioneer Publishers, 1945), 62.

6장 노동계급의 중요성

1 Engels, *Anti-Dühring*, 145.

2 Morris Bierbriar, *The Tomb-Builders of the Pharaohs* (Cairo: American University in Cairo Press, 2003), 41.

3 W W Tarn, *Hellenistic Civilization* (New York: Meridian, 1975), 199.

4 스파르타쿠스에 대한 기록은 사실 거의 없다. 로마 역사가들도 그의 일대기를 애써 무시했다. Plutarch, *The Fall of the Roman Republic: Six Lives*, trans Rex Warner (Harmondsworth, UK: Penguin, 1972), 122-127에서 크라수스를 다룬 장을 보라.

5 A L Morton, *A People's History of England* (London: Lawrence and Wishart, 1996), 102.

6 Leon Trotsky, "Three Concepts of the Russian Revolution", in *Stalin* (New York: Harper & Brothers, 1941), 425.

7 Frederick Engels, "Principles of Communism"[국역: "공산주의의 원칙들", 《칼 맑스 프리드리히 엥겔스 저작 선집1》, 박종철출판사, 1997], in Marx and Engels, *Communist Manifesto*, 128.

8 Marx, *Capital*, vol 1, 799.

9 Karl Marx, *Economic and Philosophical Manuscripts*[국역: 《경제학-철학 수고》, 이론과실천, 2006], in *MECW*, vol 3 (New York: International Publishers, 1975), 274.

10 Engels, "Principles of Communism", 135.

11 Eugene Debs, "Class Unionism", in *Debs: His Life, Writings and Speeches* (Girard, KS: Appeal to Reason, 1908), 419.

12 Karl Marx, *The Eighteenth Brumaire of Louis Bonaparte*, in *MECW*, vol 11 (New York: International Publishers, 1979), 187.

13 Ralph Chapin, "Solidarity Forever", www.sacredchao.net/iww/index.shtml[대체 주소: https://web.archive.org/web/20110527152407/http://www.sacredchao.net/iww]에 있는 *The IWW Songbook*에 가사가 있다.

14 V I Lenin, "On Strikes", in *CW*, vol 4 (Moscow: Progress Publishers, 1977), 315[국역: "파업에 관하여", 《노동운동론 1》, 소나무, 1992].

15 같은 책, 같은 쪽.

16 Karl Marx, *The Poverty of Philosophy*, in *MECW*, vol 6 (Moscow: Progress Publishers, 1976), 210-211[국역: 《경제학·철학초고/자본론/공산당선언/철학의 빈곤》, 동서문화동판, 2008].

17 Marx and Engels, *Communist Manifesto*, 55-56.

18 같은 책, 56.

19 Karl Marx, *The Poverty of Philosophy*, in *MECW*, vol 6 (Moscow: Progress Publishers, 1976), 210-211.

20 Eugene Debs, "Unionism and Socialism", in *Debs: His Life, Writings and Speeches*, 127.

21 Marx, *Value, Price and Profit*, 149.

22 Rosa Luxemburg, *The Mass Strike, the Political Party, and the Trade Unions*[국역: 《대중파업론》, 풀무질, 1995], in *Rosa Luxemburg Speaks*, 214-215.

23 Debs, "Unionism and Socialism", 129.

24 "Union Members Summary", Bureau of Labor Statistics, January 27, 2012,

www.bls.gov/news.release/union2.nr0.htm[대체 주소: https://web.archive.org/web/20121216190223/https://www.bls.gov/news.release/union2.nr0.htm].

25 Raya Dunayevskaya, *Marxism and Freedom* (London: Pluto Press, 1971), 81.

26 Marx and Engels, *Communist Manifesto*, 68.

27 Leon Trotsky, *The Permanent Revolution and Results and Prospects* (New York: Pathfinder Press, 1976), 57[국역: 《연속혁명, 평가와 전망》, 책갈피, 2003].

28 Karl Marx, *The Civil War in France*, in *MECW*, vol 22 (New York: International Publishers, 1986), 328.

29 같은 책, 329.

30 같은 책, 334.

31 같은 책, 333.

32 Edith Thomas, *The Women Incendiaries* (New York: George Braziller, 1966), x에서 인용.

33 Marx, *Civil War in France*, 331.

34 Frederick Engels, "Introduction to Karl Marx's Civil war in France", in *MECW*, vol 27, 191.

35 같은 글, 189.

36 같은 글, 190.

37 Leon Trotsky, *1905*, trans Anya Bostock (New York: Random House, 1971), 224.

38 John Reed, "Soviets in Action" (*What Next?*, no 8, October 1918), https://www.marxists.org/history/etol/revhist/otherdox/whatnext/reedsovs.html

39 제2차세계대전 이후에 등장한 노동자평의회를 더 알고 싶다면 Colin Barker ed, *Revolutionary Rehearsals* (Chicago: Haymarket Books, 2002)[국역: 《혁명의 현실성》, 책갈피, 2011], Chris Harman, *Class Struggles in Eastern Europe* (London: Bookmarks, 1988)[국역: 《동유럽에서의 계급투쟁》, 갈무리, 1994]을 보라.

40 Peter Fryer, *Hungarian Tragedy* (London: Dobson Books, 1956), 5장의 2-3번째 문단. https://www.marxists.org/archive/fryer/1956/dec/5_gyor.htm

41 Sharon Smith, *Subterranean Fire: A History of Working-Class Radicalism in the United States* (Chicago: Haymarket Books, 2006), 141.

42 Harvey O'Connor, *Revolution in Seattle* (New York: Monthly Review Press, 1964), 133.

43 "General Rules and Administrative Regulations of the International Workingmen's Association"[국역: "국제 노동자 협회 임시 규약", 《칼 맑스 프리드리히 엥겔스 저작선집3》, 박종철출판사, 1993], in *MECW*, vol 23, 3.

44 Eugène Pottier, "The Internationale" (English version), June 1871, https://www.marxists.org/history/ussr/sounds/lyrics/international.htm

45 Eugene Debs, "Craft Unionism", in *Debs: His Life, Writings and Speeches*, 392-393.

46 Frederick Engels, "Program of the Blanquist Commune Refugees"[국역: "블랑끼주의 꼬뮌 망명자들의 강령", 《칼 맑스 프리드리히 엥겔스 저작선집4》, 박종철출판사, 1995], in *MECW*, vol 24, 13.

47 Mikhail Bakunin, "Program and Purpose of the Revolutionary Organization of International Brothers", *Selected Writings*, ed Arthur Lehning (New York: Grove Press, 1973), 180, 172.

48 Engels, "Program of the Blanquist Commune Refugees", 17.

49 Leon Trotsky, "The Bankruptcy of Individual Terrorism" (1909), https://www.marxists.org/archive/trotsky/1909/xx/tia09.htm

50 Leon Trotsky, "On Terrorism", in *Marxism and Terrorism* (New York: Pathfinder Press, 1997), 10[국역: "테러리즘 비판", 《마르크스주의와 테러》, 노동자연대, 2015].

51 Rosa Luxemburg, "Speech to the Founding Convention of the German Communist Party", in *Rosa Luxemburg Speaks* (New York: Pathfinder Press, 1980).

52 Michel De Montaigne, "On the Cannibals", in *The Complete Essays* (London: Penguin, 1991), 240-241[다양한 국역본이 있다].

53 George Orwell, *1984* (New York: Signet Classics, 1984), 60[다양한 국역본이 있다].

54 같은 책, 61-62.

55 같은 책, 61.

56 Voltaire, *Candide* (New York: Modern Library, 1918), 2[다양한 국역본이 있다].

57 Leon Trotsky, *History of the Russian Revolution* (Ann Arbor: University of Michigan Press, 1974), xviii[국역: 《러시아 혁명사》, 아고라, 2017].

58 Antonio Gramsci, *Selection from the Prison Notebooks* (New York: International Publishers, 1980), 333[국역: 《그람시의 옥중수고》, 거름, 1999].

59 Marx and Engels, *The German Ideology*, 75.

60 Hal Draper, *Karl Marx's Theory of Revolution*, vol 2 (New York: Monthly

Review Press, 1978), 42[국역: 《계급과 혁명》, 사계절, 1986].

61 Lenin, "On Strikes", 317.

62 V I Lenin, "Lecture on the 1905 Revolution", in *CW*, vol 23 (Moscow: Progress Publishers, 1981), 243.

63 "Karl Marx to W Bracke", May 5, 1875, in *MECW*, vol 45, (New York: International Publishers, 1991), 70.

64 Trotsky, *History of the Russian Revolution*, xviii.

65 Maryam Poya, "Iran 1979: Long Live Revolution! … Long Live Islam?", in ed Colin Barker, *Revolutionary Rehearsals* (Chicago: Haymarket Books, 2002), 147-148[국역: "이란 1979년: 혁명 만세! … 이슬람 만세?", 《혁명의 현실성》, 책갈피, 2011].

66 Farrell Dobbs, *Teamster Rebellion* (New York: Pathfinder Press, 1981), 50.

67 James W Loewen, *Lies My Teacher Told Me: Everything Your American History Textbook Got Wrong* (New York: The New Press, 1995), 196[국역: 《선생님이 가르쳐준 거짓말》, 휴머니스트출판그룹, 2010].

68 Frederick R Strobel and Wallace C Peterson, *The Coming Class war and How to Avoid It: Rebuilding the American Middle Class* (Armonk, NY: M E Sharpe, 1999), xii.

69 Michael Zweig, *Working Class Majority: America's Best Kept Secret* (ILR Press, 2011), 19.

70 1979년에 나온 바버라 에런라이크의 연구는 수치를 더 높게 잡지만 에런라이크는 교사와 사회복지사를 "전문 관리자 계급"의 규모에 포함해서 추산한다. 그러나 교사와 사회복지사는 아무리 봐도 노동계급의 일부로 보는 편이 합당하다. Pat Walker ed, *Between Labor and Capital* (Boston: South End Press, 1979)을 보라.

71 Leon Trotsky, *The Intelligentsia and Socialism* (London: New Park, 1974), 10-11.

72 같은 책, 8.

73 Marx and Engels, *Communist Manifesto*, 78.

74 Draper, *Karl Marx's Theory of Revolution*, vol 2, 297.

75 Alex Callinicos, *South Africa Between Reform and Revolution* (London: Bookmarks, 1988), 64-65에서 인용.

76 Ashwin Desai, "Mandela's Legacy" (*International Socialist Review* 35, May-June, 2004)에서 인용.

77 V I Lenin, *Two Tactics of Social Democracy in the Democratic Revolution*[국

역: 《민주주의혁명 시기 사회민주주의당의 두 가지 전술》, 박종철출판사, 2014], in *CW*, vol 9 (Moscow: Progress Publishers, 1972), 19.

78 Marx and Engels, "Address of the Central Authority to the League"[국역: "동맹에 보내는 중앙 위원회의 1850년 3월의 호소", 《칼 맑스 프리드리히 엥겔스 저작 선집2》, 박종철출판사, 1993], in *MECW*, vol 10, 280.

79 같은 글, 281.

7장 민주주의, 개혁, 혁명

1 Robert Dahl, *A Preface to Democratic Theory*, expanded edition (Chicago: University of Chicago Press, 2006), 137.

2 Paul Foot, *The Politics of Harold Wilson* (London: Penguin Books, 1968), 338.

3 G William Domhoff, "Wealth, Income and Power", *Who Rules America?*, http://www2.ucsc.edu/whorulesamerica/power/wealth.html

4 Joe Nocera, "Romney and the Forbes 400" (*New York Times*, September 24, 2012).

5 Marx and Engels, *Communist Manifesto*, 43.

6 Leon Trotsky, *Terrorism and Communism* (Ann Arbor, MI: Ann Arbor Paperbacks, 1972), 41에서 인용[국역: 《트로츠키: 테러리즘과 공산주의》, 프레시안북, 2009].

7 OpenSecrets.org, "Lobbying Database", www.opensecrets.org/lobby[당시의 통계는 다음 주소에서 확인할 수 있다. https://web.archive.org/web/20120801185853/http://www.opensecrets.org/lobby/index.php], Lobbying Spending Database Labor, 2012; www.opensecrets.org/lobby/indus.php[대체 주소: https://web.archive.org/web/20120603135821/http://www.opensecrets.org/lobby/indus.php?id=P&year=2011].

8 Nicholas Confessore and Jo Craven McGinty, "Obama, Romney and Their Parties on Track to Raise $2 Billion" (*New York Times*, October 25, 2012), "Presidential Fundraising and Spending, 1976-2008", OpenSecrets.org (Center for Responsive Politics), www.opensecrets.org/pres08/totals.php?cycle=2004[대체 주소: https://web.archive.org/web/20130903074844/http://www.opensecrets.org/pres08/totals.php?cycle=2004].

9 "Revolving Door: Goldman Sachs", OpenSecrets.org (Center for Responsive Politics), www.opensecrets.org/revolving/search_result.php?priv=Goldman+Sachs[대체 주소: https://web.archive.org/web/20130614125605/http://www.opensecrets.org/revolving/search_result.

php?priv=Goldman+Sachs].

10 "Undue Influence", Pesticide Action Network, www.panna.org/issues/pesticides-profit/undue-influence[대체 주소: https://web.archive.org/web/20130606222811/www.panna.org/issues/pesticides-profit/undue-influence].

11 예를 들어 걸프만 석유 유출을 다룬 《롤링 스톤》의 기사를 보라. 석유 기업과 가스 기업이 어떤 식으로 오바마 정부와 부시 정부하에서 내무부의 광물관리청에 큰 영향을 미쳤는지 알 수 있다. Tim Dickinson, "The Spill, the Scandal, and the President" (*Rolling Stone*, June 8, 2010).

12 Michael Parenti, *Democracy for the Few* (New York: St Martin's Press, 1988), 302.

13 Karl Marx, *The Eighteenth Brumaire of Louis Napoleon*, in *MECW*, vol 11, 115.

14 Steven Rosenfeld, "Obama's Dismal Civil Liberties Record" (Salon.com, April 20, 2012), http://www.salon.com/2012/04/20/Obamas_dismal_civil_liberties_record

15 Stephen M Kohn, *American Political Prisoners: Prosecutions under the Espionage and Sedition Acts* (Westport, CT: Praeger, 1994), 8에서 인용함.

16 같은 책, 9에서 인용함.

17 James P Cannon, *Socialism on Trial* (New York: Pathfinder Press, 1986)을 보라.

18 Jim Robbins, "Pardons Granted 88 Years after Crimes of Sedition" (*New York Times*, May 3, 2006).

19 Kohn, *American Political Prisoners*, 114에서 인용함.

20 Eugene Debs, "Canton, Ohio Speech, Anti-War Speech", https://www.marxists.org/archive/debs/works/1918/canton.htm

21 Anatole France, *The Red Lily*, http://www.gutenberg.org/files/3922/3922.txt[국역: 《타이스·붉은 백합》, 서울대학교출판부, 1997].

22 Eugene Debs, "The Role of the Courts", in *Eugene V Debs Speaks* (New York: Pathfinder Press, 1980), 52. 로자 룩셈부르크도 비슷한 말을 했다. 자본가 계급의 사법제도는 "포악한 상어는 빠져나가게 놔두고 조그만 멸치만 잡는 그물과 같다." Rosa Luxemburg, "Against Capital Punishment" (*International Socialist Review* 30, no 1, January-February 1969).

23 Philip S Foner, *The Great Labor Uprising of 1877* (New York: Pathfinder Press, 1977), 167.

24 "FAMM Facts: Crack vs Cocaine Sentencing", report (Families Against Mandatory Minimums, 2002), www.famm.org/si_crack_powder_sentencing_fact_sheet.htm[대체 주소: https://web.archive.org/web/20061003231120/www.famm.org/si_crack_powder_sentencing_fact_sheet.htm].

25 "Three Strikes Law: A Big Error" (*Los Angeles Times*, August 19, 2010); "Three Strikes of In justice" (*New York Times*, October 8, 2012).

26 Charles Ferguson, *Predator Nation: Corporate Criminals, Political Corruption, and the Hijacking of America* (New York: Crown Business, 2012), Kindle e-book.

27 Ted Nace, *Gangs of America: The Rise of Corporate Power and the Disabling of Democracy* (San Francisco: Berrett-Koehler, 2003), 8[국역: 《미국의 경제 깡패들》, 예지, 2008].

28 Kevin Phillips, *The Politics of Rich and Poor* (New York: Random House, 1990), 32.

29 "Frederick Engels to Friedrich Adolph Sorge", December 2, 1893, in *Marx and Engels on the United States* (Moscow: Progress Publishers, 1979), 333.

30 Frederick Engels, "Introduction to Karl Marx's The Civil War in France", in *MECW*, vol 27, 189.

31 Eugene Debs, "Outlook for Socialism in the United States", in *Debs: His Life, Writings and Speeches*, 90-91.

32 Richard A Harris and Sidney M Milkis, *Remaking American Politics* (Boulder, CO: Westview Press, 1989), 185n.

33 C Vann Woodward, *Tom Watson: Agrarian Radical* (New York: Oxford University Press, 1963), 328에서 인용함. 왓슨은 훗날 악독한 인종차별주의자가 된다.

34 같은 책, 311.

35 Joe Allen, "Vietnam: The War the US Lost: Part II" (*International Socialist Review* 33, January-February 2004).

36 Lance Selfa, *The Democrats: A Critical History*, 2nd edtion (Chicago: Haymarket Books, 2012), 93.

37 David Saltonstall, "Obama Has Collected Nearly Twice as Much Money as John McCain" (*New York Daily News*, July 1, 2008), http://www.nydailynews.com/news/politics/barack-obama-collected-money-john-mccain-article-1.351304

38 Selfa, *The Democrats*, 92.

39 같은 책, 3.

40 Selfa, *The Democrats*, 99.

41 "The Next President of Austerity" (*Socialist Worker* online, November 1, 2012).

42 Lee Sustar, "The Austerity vs Austerity Debate" (*Socialist Worker* online, February 27, 2013).

43 Jordan Fabian, "Obama: More Moderate Republican Than Socialist" (ABC News, December 14, 2012), http://abcnews.go.com/ABC_Univision/Politics/obama-considered-moderate-republican-1980s/story?id=17973080

44 Suzy Khimm, "Obama Is Deporting Immigrants Faster Than Bush. Republicans Don't Think That's Enough" (*Wonkblog*, August 27, 2012), https://www.washingtonpost.com/blogs/Wonkblog/wp/2012/08/27/obama-is-deporting-more-immigrants-than-bush-republicans-dont-think-thats-enough

45 "Frederick Engels to Friedrich Adolph Sorge", November 29, 1886, in *MECW*, vol 47 (New York: Progress Publishers, 1995), 532.

46 Selfa, *The Democrats*, 10, 26.

47 Karl Marx and Frederick Engels, "Address of the Central Authority to the League", in *MECW*, vol 10 (New York: International Publishers, 1978), 284.

48 Paul D'Amato, "Kucinich: Kerry's Bagman" (*International Socialist Review* 37, September-October 2004).

49 Dennis Kucinich, "A Joint Message with My Friend John Conyers", *Daily Kos*, http://www.dailykos.com/story/2009/11/05/801123/-A-joint-message-with-my-friend-John-Conyers

50 Adolph Reed, "Nothing Left: The Long, Slow Surrender of America Liberals" (*Harper's*, March 2014).

51 Hal Draper, "Who Is Going to Be the Lesser Evil in 1968?", in *The New Left of the Sixties*, ed Michael Friedman (Berkeley, CA: Independent Socialist Press, 1972), 57, http://www.isreview.org/issues/32/draper.shtml

52 Herbert Haines, *Against Capital Punishment: The Anti-Death Penalty Movement in America, 1972-1994* (New York: Oxford University Press, 1999), 133.

53 "The Sleeping Giant" (*New York Times*, editorial, April 29, 2006).

54 Martin Luther King Jr, "Letter from a Birmingham Jail", in *Let Freedom Ring: A Documentary History of the Modern Civil Rights Movement* (Westport, CT: Praeger, 1992), 111.

55 이 부분의 핵심은 주로 Hal Draper, *Karl Marx's Theory of Social Revolution: The Politics of Social Classes* (New York: Monthly Review), 17-48의 1장 "혁명의 패턴"에서 가져온 것이다.

56 같은 책, 19에서 인용함.

57 Engels, Anti-Dühring, 171.

58 Draper, *Karl Marx's Theory of Revolution*, vol 2, 29.

59 같은 책, 20.

60 같은 책, 31.

61 Eduard Bernstein, *Evolutionary Socialism* (New York: Schocken, 1961), 202.

62 John Riddell ed, *Lenin's Struggle for a Revolutionary International: Documents, 1907-1916* (New York: Monad Press, 1984), 10에서 인용함.

63 Albert Rhys Williams, *Through the Russian Revolution* (New York: Boni and Liveright, 1921), 174.

64 James Hinton, *Labour and Socialism: A History of the British Labour Movement, 1867-1974* (Amherst, MA: University of Massachusetts Press, 1983), 149에서 인용.

65 Luxemburg, *Reform or Revolution*, 56.

66 Fred Branfman, "The Top 10 Most Inhuman Henry Kissinger Quotes" (*Alternet*, April 24, 2013), http://www.alternet.org/world/top-10-most-inhuman-henry-kissinger-quotes

67 Tom Lewis, "Chile: The State and Revolution" (*International Socialist Review* 6, Spring 1999), Mike Gonzales, "Chile 1972-73: The Workers United", in ed Colin Barker, *Revolutionary Rehearsals* (Chicago: Haymarket Books, 2002), 41-47을 보라[국역: "칠레 1972~73년 노동자들이 단결하다", 《혁명의 현실성》, 책갈피, 2011].

68 Paul Ginsborg, *A History of Contemporary Italy: Society and Politics 1943-1988* (London: Penguin Books, 1990), 355에서 인용함[국역: 《이탈리아 현대사》, 후마니타스, 2018].

69 Leon Trotsky, "Whither France?" in *Leon Trotsky on France* (New York: Monad Press, 1979), 45[국역: "프랑스는 어디로?", 《트로츠키의 프랑스 인민전선 비판》, 풀무질, 2001]. 원래 말줄임표가 있는 부분의 말은 "머뭇거리지 않으면"인데 이것은 트로츠키나 번역자의 실수임이 틀림없다. 머뭇거린다는 것은 멈춘다는 것이기 때문이다. 노동계급이 머뭇거리면 지배계급은 굳이 노동계급을 멈추려 하지 않아도 된다.

70 예를 들어 Marx, *The Eighteenth Brumaire*, in *MECW*, vol 1, 161을 보라.

71 Marx and Frederick Engels, "Circular Letter to Bebel, Liebknecht, Bracke and Others", in *MECW*, vol 24, 266.

72 Karl Marx, "Address to the Central Committee of the Communist League", in *On Revolution*, ed Saul K Padover (New York: McGraw-Hill, 1971), 117.

73 같은 글, 269.

74 Rosa Luxemburg, "Opportunism and the Art of the Possible" (*Sachsische Arbeiter Zeitung*, September 30, 1898), Rosa Luxemburg Internet archive, https://www.marxists.org/archive/luxemburg/1898/09/30.htm

75 1871년에 빌헬름 리프크네히트가 만든 구호다. Gary P Steensen, *Not One Man! Not One Penny! German Social Democracy, 1863~1914* (Pittsburgh, PA: University of Pittsburgh Press, 1981), xi에서 인용함.

76 Rosa Luxemburg, "Rebuilding the International" (*Die Internationale*, no 1, 1915), Rosa Luxemburg Internet archive, https://www.marxists.org/archive/luxemburg/1915/xx/rebuild-int.htm

77 같은 글.

78 예를 들어 Daniel Singer, *Is Socialism Doomed? The Meaning of Mitterand* (New York: Oxford University Press, 1988), and Daniel Singer, *Whose Millennium? Theirs or Ours?* (New York: Monthly Review Press, 1999), 129-49[국역: 《누구를 위한 세계화인가》, 살림, 2000].

79 Daniel Singer, *Is Socialism Doomed?*, 265.

80 같은 책, 267.

81 같은 책, 같은 쪽.

82 "제3의 길"은 빌 클린턴과 토니 블레어가 1990년대에 유행시킨 말이다. 앤서니 기든스가 이를 이론적으로 뒷받침했다. Anthony Giddens, *The Third Way: The Renewal of Social Democracy* (London: Polity Press, 2000)[국역: 《제3의 길》, 책과함께, 2014]을 보라.

83 Luxemburg, *Reform or Revolution*, 77-78.

84 Lenin, "Marxism and Reformism", in *CW*, vol 19 (Moscow: Progress Publishers, 1977), 372.

85 Marx and Engels, *The German Ideology*, 52-53.

86 Trotsky, *History of the Russian Revolution*, xvii.

87 V I Lenin, "The Collapse of the Second International", in *CW*, vol 21 (Moscow: Progress Publishers, 1980), 213-214.

88 Trotsky, *1905*, 102.

89 Trotsky, *History of the Russian Revolution*, 120.

90 같은 책, 121

91 같은 책, 105.

92 Foner, *The Great Labor Uprising of 1877*, 72.

93 Tony Cliff, *Portugal at the Crossroads*, in *Selected Writings*, vol 1, 238.

8장 마르크스에서 레닌으로: 마르크스주의와 정치조직

1 Karl Marx and Frederick Engels, *The Holy Family*, in *MECW*, vol 4, 93.

2 Karl Marx, "Introduction", *Contribution to a Critique of Hegel's Philosophy of Law*, in *MECW*, vol 3, 186.

3 Marx and Engels, *The Holy Family*, 119.

4 Frederick Engels, "On the History of the Communist League", in *MECW*, vol 26 (New York: International Publishers, 1990), 318.

5 Hal Draper, *Karl Marx's Theory of Revolution*, vol 2, *The Politics of Social Classes* (New York: Monthly Review, 1978), 53.

6 Antonio Gramsci, *Selection from the Prison Notebooks* (New York: International Publishers, 1980), 197.

7 Draper, *Karl Marx's Theory of Revolution*, 29.

8 Marx, "Introduction", *Contribution to a Critique of Hegel's Philosophy of Law*, 184.

9 Marx and Engels, *Communist Manifesto*, 53.

10 Marx And Engels, "Resolutions of the Conference of Delegates of the International Working Men's Association", in *MECW*, vol 22 (New York: International Publishers, 1986), 427.

11 Engels, "On the Political Action of the Working Class", in *MECW*, vol 22 (New York: International Publishers, 1986), 417.

12 Engels, *The Origin of the Family, Private Property and the State* (New York: Progress Publishers, 1985), 232.

13 "Engels to Gherson Trier" (draft), December 1889, in *MECW*, vol 48 (New York: International Publishers, 2001), 423.

14 Marx and Engels, *Communist Manifesto*, 58-59.

15 같은 책, 87-89.

16 "Marx to Bracke", May 5, 1875, in *MECW*, vol 45 (New York: International Publishers, 1991), 70.

17 "Engels to Florence Kelley-Wischnewetzky", in *MECW*, vol 47 (New York:

International Publishers, 1995), 541.

18 "Engels to Florence Kelley-Wischnewetzky", *Marx and Engels on the United States* (Moscow: Progress Publishers, 1979), 317.

19 "Marx to Schweitzer" (October 13, 1868), https://www.marxists.org/archive/marx/works/1868/letters/68_10_13-abs.htm

20 "Engels to August Bebel in Hubertsburg", London, June 20, 1873, http://www.marxists.org/archive/marx/works/1873/letters/73_06_20.htm[국역: "엥겔스가 후베르투스부르크의 아우구스투스 베벨에게 1875년 6월 20일",《칼 맑스 프리드리히 엥겔스 저작선집4》, 박종철출판사, 1995].

21 August H Nimtz, *Marx and Engels: Their Contribution to the Democratic Breakthrough* (New York: State University of New York Press, 2000), 46에서 인용한 마르크스의 말.

22 Karl Kautsky, *The Road to Power* (Atlantic Highlands, NJ: Humanities Press, 1996), 38.

23 Massimo Salvadori, *Karl Kautsky and the Socialist Revolution, 1880-1938* (London: New Left Books, 1979), 162에서 인용함.

24 Kautsky, "Sects or Class Parties" (*Neue Zeit* 13, no 7, July 1909), 316-328, https://www.marxists.org/archive/kautsky/1909/07/unions.htm

25 "Resolution on Unification and Statements at the London Conference of the International Socialist Bureau, December 14, 1913", in *The Bolsheviks and World War*, Olga Hess Gankin and H H Fisher eds (Stanford, CA: Stanford University Press, 1940), 94.

26 "Congress Debate on Colonial Policy", in *Lenin's Struggle for a Revolutionary International: Documents, 1901~1916, the Preparatory Years*, John Riddell ed (New York: Monad Press, 1984), 10.

27 Pierre Broué, *The German Revolution, 1911- 1923* (Chicago: Haymarket Books, 2006), 21, 23.

28 1907년 슈투트가르트와 1910년 코펜하겐 회의에서 통과한 제2인터내셔널의 전쟁 반대 결의안은 John Riddell ed, *Lenin's Struggle for a Revolutionary International*, 33, 70에서 볼 수 있다.

29 J P Nettle, *Rosa Luxemburg*, vol 1 (London: Oxford University Press, 1966), 375에서 인용함.

30 같은 책, 368.

31 Georg Adler, Peter Hudis, Annelies Laschitza eds, *The Letters of Rosa Luxemburg* (New York: Verso Press, 2011), 242.

32 Broué, *German Revolution*, 35에서 인용함.

33 Nettle, *Rosa Luxemburg*, 430-431.

34 아이러니하게도 룩셈부르크가 태어난 폴란드의 사회주의 운동(룩셈부르크도 그 안에서 활동했었다)은 여러 분파와 조직으로 나뉘었다.

35 Lenin, "The Proletarian Revolution and the Renegade Kautsky", in *CW*, vol 28 (Moscow: Progress Publishers, 1981), 112[국역: 《프롤레타리아 혁명과 배신자 카우츠키》, 소나무, 1988].

36 Lenin, "Junius Pamphlet", In *CW*, vol 22 (Moscow: Progress Publishers, 1977), 319.

37 Lenin, *"Left Wing" Communism: An Infantile Disorder*, in *CW*, vol 31 (Moscow: Progress Publishers, 1982), 25-26[국역: 《공산주의에서의 "좌익" 소아병》, 돌베개, 1992].

38 "교과서적인 해석의 기틀을 닦은 학계의 역사가들(레오폴드 헤임슨, 앨프리드 G 마이어, 애덤 울램, 레너드 샤피로, 존 킵, 새뮤얼 배런, 앨런 와일드먼, 이즈리얼 게츨러, 에이브러햄 아셔, 리처드 파이프스, 조너선 프랑켈)은 전후 소련 연구의 첫 세대를 이뤘다." Lars T Lih, *Lenin Rediscovered: "What Is to Be Done?" in Context* (Chicago: Haymarket Books, 2008), 14. 리는 "레닌은 엘리트주의자"라는 공식의 탄생을 [비판적으로] 자세히 분석하는 유용한 글을 쓰기도 했다. "How a Founding Document Was Found, or, One Hundred Years of Lenin's What Is to Be Done?" (*Kritika: Explorations in Russian and Eurasian History* 4, no 1, 2003), 5-49.

39 Lenin, "The Reorganization of the Party", in *CW*, vol 10 (Moscow: Progress Publishers, 1978), 33[국역: "당의 재조직", 《레닌의 합법정당론》, 두레, 1990].

40 Lenin, "Letter to A A Bogdanov and S I Gusev", in *CW*, vol 8, 147[국역: "A A 보그다노프와 S I 구세프에게 보내는 편지", 《레닌저작집 3-1》, 전진, 1989].

41 Lenin, "Freedom to Criticize and Unity of Action"[국역: "비판할 자유와 행동의 통일", 《레닌저작집 4-1》, 전진, 1991], in *CW*, vol 10, 443.

42 Lenin, "The Revolutionary Proletariat and the Right of Nations to Self-Determination", in *CW*, vol 21 (Moscow: Progress Publishers, 1980), 408.

43 Lenin, "The Urgent Tasks of Our Movement", in *CW*, vol 4, 370[국역: "우리 운동의 긴급한 의무", 《레닌저작집 1》, 전진, 1988].

44 N K Krupskaya, *Reminiscences of Lenin* (New York: International Publishers, 1979), 19[국역: 《레닌을 회상하며》, 박종철출판사, 2011].

45 Broué, *The German Revolution*, 12.

46 Moira Donald, *Marxism and Revolution: Karl Kautsky and the Russia Marxists, 1900-1924* (New Haven, CT: Yale University Press, 1993), 39.

47 Lenin, "A Protest by Russian Social Democrats", in *CW*, vol 4 (Moscow: Progress Publishers, 1977), 173-174에서 인용함[국역: "러시아 사회민주주의자의 항의", 《레닌저작집 1》, 전진, 1988].

48 같은 글, 176.

49 같은 글, 180.

50 Lenin, "Declaration of the Editorial Board of Iskra", https://www.marxists.org/archive/lenin/works/1900/sep/iskra.htm[국역: "『이스크라』편집국의 선언", 《레닌저작집 1》, 전진, 1988].

51 Brian Pearce, *1903: Second Ordinary Congress of the RSDLP: Complete Text of the Minutes* (London: New Park Publications, 1978), 311에 실린 번역과 해설.

52 같은 책, 313.

53 같은 책, 327.

54 Lenin, *One Step Forward, Two Steps Back*, in *CW*, vol 7 (Moscow: Progress Publishers, 1977), 258[국역: 《일보전진 이보후퇴》, 풀무질, 1995].

55 같은 책, 258-259.

56 같은 책, 260.

57 Duncan Hallas, "Toward a Revolutionary Socialist Party", in *Party and Class* (Chicago: Haymarket Books, 2003), 45[국역: "혁명적 사회주의 정당을 향해", 《당과 계급》, 책갈피, 2012].

58 Lenin, *What Is to Be Done?*, in *CW*, vol 5 (Moscow: Progress Publishers, 1973), 426[국역: 《무엇을 할 것인가? 우리 운동의 절박한 문제들》, 박종철출판사, 2014].

59 Lenin, "Revolutionary Days", in *CW*, vol 8 (Moscow: Progress Publishers, 1962), 101.

60 Lenin, *The Two Tactics of Social Democracy in the Democratic Revolution*, in *CW*, vol 9 (Moscow: Progress Publishers, 1972), 113.

61 Lenin, "Revolution Teaches", in *CW*, vol 9 (Moscow: Progress Publishers, 1972), 148.

62 Lenin, "Argue about Tactics, But Give Clear Slogans!", in *CW*, vol 9 (Moscow: Progress Publishers, 1972), 262[국역: "전술에 관하여 논쟁하라, 그러나 명확한 슬로건을 제시하라!", 《레닌저작집 3-3》, 전진, 1990].

63 Lenin, "The Faction of Supporters of Otzovism and God-Building", in *CW*, vol 16 (Moscow: Progress Publishers, 1977), 36-37.

64 Tony Cliff, *Lenin: Building the Party* (London: Bookmarks, 1994), 250에서 인용함[국역: 《레닌 평전1: 당 건설을 향해》, 책갈피, 2010].

65 같은 책, 251.

66 A S Martynov, *Two Dictatorships*를 Tony Cliff, "Deflected Permanent Revolution" (*International Socialism* 12, Spring 1963)에서 인용함.

67 아이러니하게도 프랑스 혁명의 주요 수혜자는 부르주아지였지만 실제 혁명을 이끈 것은 아래로부터 상퀼로트에게 압력을 받은 프티부르주아지였다. 《히스토리컬 머티리얼리즘》에 실린 닐 데이비슨의 글 "How revolutionary were the bourgeois revolutions?" (*Historical Materialism* 13, nos 3 and 4, 2005)이 이 문제를 잘 다루고 있다. 어쩌면 부르주아지가 실제로 이끈 부르주아 혁명은 없었을지도 모른다.

68 Lenin, "The Democratic Tasks of the Revolutionary Proletariat", in *CW*, vol 8 (Moscow: Progress Publishers, 1978), 511.

69 Lenin, "Report of the CC of the RSDLP to the Brussels Conference and Instructions to the CC Delegation," in *CW*, vol 20 (Moscow: Progress Publishers, 1977), 498-499.

70 Neil Harding, *Lenin's Political Thought,* vol 1, *Theory and Practice of the Democracy Revolution* (Chicago: Haymarket Books, 2009), 263.

71 같은 책, 501.

72 Chris Harman, "Party and Class", in Cliff, Hallas, Harman, Trotsky, *Party and Class* (Chicago: Haymarket Books, 2003), 34.

73 Rosa Luxemburg, "Organizational Questions of Russian Social Democracy" [국역: "러시아사회민주당의 조직문제", 《룩셈부르크주의》, 2002, 풀무질], in *The Russian Revolution and Leninism or Marxism?* (Ann Arbor, MI: University of Michigan Press, 1961), 105.

74 Lenin, "The Social Democrats and the Elections in St Petersburg"[국역: "사회민주주의자들과 성 페테르스부르크 선거", 《레닌저작집 4-2》, 전진, 1991], in *CW*, vol 11 (Moscow: Progress Publishers, 1972), 434-435.

75 Trotsky, *What Next? Vital Questions for the German Proletariat*, https://www.marxists.org/archive/trotsky/germany/1932-ger/next01.htm[국역: "다음에는 무엇을 해야 하는가?: 독일 프롤레타리아의 사활이 걸린 문제들", 《파시즘, 스탈린주의, 공동전선》, 책갈피, 2019].

76 Trotsky, "The Class, the Party, and the Leadership" (1940), https://www.marxists.org/archive/trotsky/1940/xx/party.htm[국역: "계급, 당, 지도부 — 스페인 노동자계급은 왜 패배했는가?", 《레온 트로츠키의 스페인혁명》, 풀무질, 2008].

77 Colin Barker, "Solidarnosc: From Gdansk to Military Repression" (*International Socialism* 15, Winter 1982), 93.

78 Barker, *Festival of the Oppressed: Solidarity, Reform and Revolution in Poland, 1980-81* (London: Bookmarks, 1986), 150.

79 Trotsky, *History of the Russian Revolution* (Chicago: Haymarket Books, 2008), xvi.

80 Hallas, "Toward a Revolutionary Socialist Party", 38.

9장 러시아 혁명: 실패한 우상?

1 Eugene Debs, "The Day of the People", in *Eugene V Debs Speaks*, 293.

2 Alexander Rabinowitch, *The Bolsheviks Come to Power* (Chicago: Haymarket Books, 2004)[국역: 《1917년 러시아 혁명: 노동계급이 권력을 잡다》, 책갈피, 2017]은 10월 혁명 이전 몇 달 동안의 볼셰비키당의 성장·논쟁·활동을 훌륭하게 다룬다.

3 Morgan Phillips Price, *Dispatches from the Revolution: Russia, 1916-1918* (Durham, NC: Duke University Press, 1998), 81.

4 당시 러시아는 여전히 율리우스력을 썼다.

5 Trotsky, *History of the Russian Revolution*, 378.

6 같은 책, 468.

7 Tsuyoshi Hasegawa, *The February Revolution: Petrograd 1917* (Seattle: University of Washington Press, 1981), 75.

8 Lionel Kochan, *Russia in Revolution* (New York: New American Library, 1966), 187에서 인용함.

9 같은 책, 188.

10 Marx and Engels, "Address of the Central Authority to the League." in *MECW*, vol 10, 281.

11 Trotsky, *History of the Russian Revolution*, 59.

12 같은 책, 57.

13 같은 책, xv.

14 같은 책, 80-81.

15 트로츠키의 《러시아 혁명사》 11장 "이중권력"을 보라.

16 Trotsky, *History of the Russian Revolution*, 159.

17 특히 메즈라이온치, 즉 지구간위원회라는 조직의 구성원들은 2월 혁명 동안 거리에서 중요한 구실을 했다. 이들은 나중에 볼셰비키당에 합류했다. Jason Yanowitz, "February's Forgotten Vanguard: The Myth of Russia's Spontaneous Revolution" (*International Socialist Review* 75, January-

February 2011)를 보라.

18 Trotsky, *History of the Russian Revolution*, 167.

19 같은 글, 17.

20 Lenin, "The Tasks of the Proletariat in the Present Revolution"[국역: "현재의 혁명에서 프롤레타리아트의 임무", 《레닌저작집 7-1》, 전진, 1991], in *CW*, vol 25 (Moscow: Progress Publishers, 1980), 22.

21 같은 글, 23.

22 Lenin, "The Tasks of the Proletariat in Our Revolution"[국역: "우리 혁명에서 프롤레타리아트의 임무", 《레닌저작집 7-1》, 전진, 1991], 같은 책, 85.

23 Tony Cliff, *All Power to the Soviet: Lenin, 1914-1917* (Chicago: Haymarket Books, 2004), 110에서 인용함[국역: 《레닌 평전 2: 모든 권력을 소비에트로》, 책갈피, 2009].

24 Rabinowitch, *Bolsheviks Come to Power*, 132.

25 Leon Trotsky, *History of the Russian Revolution*, 527.

26 같은 책, 529.

27 Rabinowitch, *Bolsheviks Come to Power*, 148.

28 같은 책, 311-312.

29 John Reed, *Ten Days That Shook the World* (New York: International Publishers, 1982), 292[국역: 《세계를 뒤흔든 열흘》, 책갈피, 2005].

30 Tony Cliff, *State Capitalism in Russia* (London: Pluto Press, 1974), 144-145[국역: 《소련은 과연 사회주의였는가?》, 책갈피, 2011]에서 인용한 레닌의 말. 클리프에 따르면 이 문구는 레닌 저작집 25권의 4판부터 삭제됐다.

31 Leon Trotsky, "Three Concepts of the Russian Revolution", appendix, *Stalin* (New York: Harper and Brothers Publishing, 1941), 432. 이 문구는 트로츠키가 1906년에 쓴 《평가와 전망》을 인용한 것인데 패스파인더 출판사의 [영어] 번역보다 이 글의 번역이 더 읽기 좋아서 이 글의 번역을 인용했다.

32 Lenin, *Left-Wing Communism: An "Infantile" Disorder*, in *CW*, vol 31 (Moscow: Progress Publishers, 1982), 21.

33 Tony Cliff, *State Capitalism in Russia*, 148.

34 Marx and Engels, *The German Ideology*, 49.

35 Frederick Engels, *The Peasant War in Germany*[국역: "독일농민전쟁", 《독일혁명사 2부작》, 소나무, 1991], in *MECW*, vol 10, 469-470.

36 피에르 브루에의 뛰어난 역사서 *The German Revolution* (Chicago: Haymarket Books, 2006)을 보라.

37 Victor Serge, *Year One of the Russian Revolution* (New York: Holt, Rinehart and Winston, 1972), 79, 89[국역: 《러시아 혁명의 진실》, 책갈피, 2011].

38 E H Carr, *The Bolshevik Revolution: 1917-1923*, vol 2 (London: Pelican Books, 1972), 197-198.

39 Lenin, "The New Economic Policy and the Tasks of the Political Education Departments", *CW*, vol 33 (Moscow: Progress Publishers, 1980), 65-67.

40 Hallas, "Toward a Revolutionary Socialist Party", 43.

41 Tony Cliff, *Revolution Besieged: Lenin 1917-1923* (London: Bookmarks, 1987), 110[국역: 《레닌 평전 3: 포위당한 혁명》, 책갈피, 2010].

42 V I Lenin, "Political Report to the Central Committee of the RCP(B)", in *CW*, vol 33 (Moscow: Progress Publishers, 1980), 288.

43 Leon Trotsky, *The Revolution Betrayed* (New York: Pathfinder Press, 2002), 86[《배반당한 혁명》, 갈무리, 2018].

44 Hallas, "Toward a Revolutionary Socialist Party".

45 Alex Nove, *An Economic History of the USSR* (London: Pelican Books, 1982), 189에서 인용함[국역: 《소련경제사》, 창비, 1998].

46 Rosa Luxemburg, "The Russian Revolution", in *Rosa Luxemburg Speaks*, 394-395.

47 Frederick Engels, *Socialism: Utopian and Scientific*, in *MECW*, vol 24, 318n.

48 같은 책, 319.

49 Leon Trotsky, "'Trade Unions in the Epoch of Imperialist Decay"[국역: 《트로츠키의 노동조합투쟁론》, 풀무질, 2002], in *Marxism and the Trade Unions* (New York: Labor Publications, 1973), 17.

50 Barker, *Festival of the Oppressed*, 93에서 인용함.

51 Engels, *Socialism: Utopian and Scientific*, 319.

52 쿠바 혁명과 그 여파를 분석한 글로는 Sam Farber, *Revolution and Reaction in Cuba, 1933-1960* (Middletown, CT: Wesleyan University Press, 1960); Sam Farber, *The Origins of the Cuban Revolution Reconsidered* (Chapel Hill, NC: University of North Carolina Press, 2006); Sam Farber, *Cuba Since the Revolution of 1959: A Critical Assessment* (Chicago: Haymarket Books, 2011)가 있다. Paul D'Amato, "Cuba: Image and Reality" (*International Socialist Review* 51, January-February 2007)도 보라.

53 Carmelo Mesa-Lago, *Cuba in the 1970s: Pragmatism and Institutionalization* (Albuquerque, NM: University of Arizona Press, 1974), 80.

54 같은 책, 81.

55 Engels, *Socialism: Utopian and Scientific*, in *MECW*, vol 24, 325.

10장 제국주의, 민족주의, 전쟁

1 Eric Hobsbawm, "War and Peace in the 20th Century" (*London Review of Books* 24, no 4, February 2002), https://www.lrb.co.uk/v24/n04/eric-hobsbawm/war-and-peace-in-the-20th-century

2 Michael Ghiglieri, *The Dark Side of Man* (New York: Basic Books, 1999), 1장 "Born to Be Bad?"를 보라.

3 Richard Wrangham and Dale Peterson, *Demonic Males: Apes and the Origins of Human Violence* (New York: Mariner Books, 1996), 63[국역: 《악마 같은 남성》, 사이언스북스, 1998].

4 Frans de Waal and Frans Lanting, *Bonobo: The Forgotten Ape* (Berkeley and Los Angeles: University of California Press, 1997), 2[국역: 《보노보》, 새물결, 2003].

5 Richard H Robbins, *Cultural Anthropology: A Problem-Based Approach* (Belmont, CA: Wadsworth, 2013), 320에서 인용한 섀그넌의 말.

6 R Brian Ferguson, "A Savage Encounter: Western Contact and the Yanomami War Complex", R Brian Ferguson and Neil L Whitehead eds, *War in the Tribal Zone: Expanding States and Indigenous Warfare* (Santa Fe, NM: School of American Research Press, 1992), 201.

7 Douglas P Fry, *The Human Potential for Peace: An Anthropological Challenge to Assumptions about War and Violence* (London: Oxford University Press, 2006), 100-101에서 인용함.

8 같은 책, 97에서 인용함.

9 Robert H Lowie, *Indians of the Plains* (Garden City, NY: The Natural History Press, 1963), 117-118.

10 Francis Jennings, *The Invasion of America: Indians, Colonialism and the Cant of Conquest* (New York: Norton, 1976), 150에서 인용함.

11 같은 책, 같은 쪽에서 인용함.

12 Ashley Montagu, *Man in Process* (Cleveland, OH: World Publishing Company, 1961), 92.

13 Marx, *Capital*, vol 1, 915-916.

14 Lance Selfa, "A New Colonial 'Age of Empire'?" (*International Socialist Review* 23, May-June 2002).

15 Stefan Kanfer, *The Last Empire: De Beers, Diamonds, and the World* (New

York: Noonday Press, 1993), 116-125.

16 같은 책, 124.

17 Adam Hochschild, *King Leopold's Ghost* (New York, Houghton Mifflin, 1998), 66[국역: 《레오폴드왕의 유령》, 무우수, 2003].

18 같은 책, 165.

19 같은 책, 160.

20 Mike Davis, *Late Victorian Holocausts* (New York: Verso, 2001), 32[국역: 《엘니뇨와 제국주의로 본 빈곤의 역사》, 이후, 2008].

21 같은 책, 311.

22 Sidney Lens, *The Forging of the American Empire* (Chicago: Haymarket Books, 2004), 2.

23 William McKinley, "Remarks to Methodist Delegation", in *The Philippines Reader*, Daniel B Schirmer and Stephen R Shalom eds (Boston: South End Press, 1987), 22.

24 Luzviminda Francisco, "The Philippine-American War", in *The Philippines Reader*, 17.

25 같은 글, 18-19.

26 Helen Scott, "The Mark Twain They Didn't Teach Us in School" (*International Socialist Review* 10, Winter 2000)에서 인용함.

27 Scott Nearing and Joseph Freeman, *Dollar Diplomacy* (New York: Modern Reader, 1969), 133, 151; Hans Schmidt, *The United States Occupation of Haiti, 1915-1934* (New Brunswick, NJ: Rutgers University Press, 1995).

28 Lens, *Forging of the American Empire*, 195에서 인용함.

29 V I Lenin, *Imperialism: The Highest Stage of Capitalism*[국역: 《제국주의론》, 백산서당, 1988], in *CW*, vol 22, 298, 300.

30 Massimo Salvadori, *Karl Kautsky and the Socialist Revolution, 1880-1938* (London: New Left Books, 1980), 181-203. 카우츠키가 1914년에 쓴 "초제국주의"는 마르크시스트인터넷아카이브에서 볼 수 있다. https://www.marxists.org/archive/kautsky/1914/09/ultra-imp.htm

31 V I Lenin, "Critical Remarks on the National Question", *Questions of National Policy and Proletarian Internationalism* (Moscow: Progress Publishers, 1970), 20.

32 Nikolai Bukharin, *Imperialism and World Economy* (New York: Monthly Review Press, 1973), 106-107[국역: 《세계경제와 제국주의》, 책갈피, 2018].

33 Leon Trotsky, *The Bolsheviki and World Peace* (New York: Boni & Liveright,

Inc, 1918), 20-22. 이 글은 "The War and the International"이라는 제목으로도 발표됐으며 다음 웹 페이지에서 볼 수 있다. https://www.marxists.org/archive/trotsky/1914/war/index.htm

34 같은 책, 같은 쪽.

35 냉전 동안 미국의 개입은 William Blum, *Rogue State: A Guide to the World's Only Superpower* (Monroe, ME: Common Courage Press, 2000)와 William Blum, *The CIA: A Forgotten History* (London: Zed Books, 1986)에 잘 요약돼 있다.

36 Peter Starck, "World Military Spending Topped $1 Trillion in 2004" (*Reuters*, June 7, 2005).

37 Chalmers Johnson, *The Sorrows of Empire: Militarism, Secrecy, and the End of the Republic* (New York: Metropolitan Books, 2004), 4[국역: 《제국의 슬픔》, 삼우반, 2004].

38 Condoleezza Rice, Paul H Nitze School of Advanced International Studies, Johns Hopkins University, Washington, DC, April 29, 2002의 연설.

39 "The President's Real Goal in Iraq" (*Atlanta Journal-Constitution*, September 29, 2002).

40 조지 부시 기자회견, "President Outlines Priorities", November 7, 2002, https://www.whitehouse.gov/news/releases/2002/11/20021107-2.html[대체 주소: https://web.archive.org/web/20021113065046/https://www.whitehouse.gov/news/releases/2002/11/20021107-2.html].

41 William Christie MacLeod, *The American Indian Frontier* (New York: Alfred A Knopf, 1928), 76.

42 "This Isn't Liberation, This Is Conquest" (*Socialist Worker*, editorial, April 18, 2003)에서 인용함.

43 한 가지 사례로 Mohamed M Ali and Iqbal H Shah, "Sanctions and Child Mortality in Iraq" (*Lancet* 355, no 9218, May 27, 2000), 1851-1857을 보라.

44 Lance Selfa, "Eight Years of Clinton-Gore: The Price of Lesser-Evilism" (*International Socialist Review* 13, August-September 2000); Sami Farsoun, "Roots of the American Anti-Terrorism Crusade", in *Civil Rights in Peril: The Targeting of Arabs and Muslims*, ed Elaine C Hagopian (Chicago and London: Haymarket Books/Pluto Press, 2004), 133-146을 보라.

45 Johnson, *Sorrows of Empire*, 151-152.

46 Ashley Smith, "Obama's New Imperial Strategy" (*International Socialist Review* 83, May 2012) http://isreview.org/issue/83/obamas-new-imperialist-strategy

47 "Full Text of Obama's Nobel Peace Prize Speech" (NBCNews.com, December

10, 2009), http://www.nbcnews.com/id/34360743/ns/politics-white_house/t/full-text-obamas-nobel-peace-prize-speech/#.UPWqXuhU2Xo를 보라.

48 Eamon Javers, "Conservative Praise for Nobel Speech" (*Politico*, December 10, 2009), http://dyn.politico.com/printstory.cfm?uuid=79BD6E2B-18FE-70B2-A85D3CF476223A56[대체 주소: http://www.politico.com/story/2009/12/conservative-praise-for-nobel-speech-030448].

49 Glenn Greenwald, "Remember When Obama Vowed to Protect Whistleblowers?" (*Guardian*, March 15, 2013)를 보라.

50 Alan Maass, "The National Spying-on-You Agency" (*Socialist Worker*, June 11, 2013), http://socialistworker.org/2013/06/11/national-spying-on-you-agency

51 CNN Wire Staff, "Drone Strikes Kill, Maim, and Traumatize Too Many Civilians, US Study Says" (CNN.com, September 25, 2012).

52 Johnson, *Sorrows of Empire*, 67에서 인용함.

53 Benedict Anderson, "Indonesian Nationalism Today and in the Future" (*New Left Review* 235, May/June 1999).

54 V I Lenin, "Who Stands to Gain?", in *CW*, vol 19, 53.

55 Debs, "The Canton Speech", 260.

56 Lee Sustar, "Globalization: Myths and Realities" (*International Socialist Review* 12, June-July 2000).

57 같은 글.

58 William I Robinson, *A Theory of Global Capitalism: Production, Class, and State in a Transnational World* (Baltimore, MD: Johns Hopkins University Press, 2004), 16.

59 이 책의 초판이 나온 후에 대침체가 닥친 결과 외국인 직접투자는 특히 선진국에서 급락했다. 외국인 직접투자는 2012년에만 1조 3500억 달러로 18퍼센트 하락했다. 개발도상국은 이제 해외투자 유동량의 52퍼센트를 차지한다. "World Investment Report 2013", United Nations Conference on Trade and Development를 보라.

60 United Nations Conference on Trade and Development, "International Trade Statistics 2009", 10; Richard Baldwin, "The Great Trade Collapse: What Caused It and What Does It Mean?" (*Vox*, November 27, 2009), http://voxeu.org/article/great-trade-collapse-what-caused-it-and-what-does-it-mean

61 United Nations Conference on Trade and Development, "2009 Development and Globalization Facts and Figures", 30.

62 Bruce Upbin, "The 147 Companies That Control Everything" (*Forbes*,

October 22, 2011), https://www.forbes.com/sites/bruceupbin/2011/10/22/the-147-companies-that-control-everything; 취리히연방공과대학의 논문은 Stefania Vitali, James B Glattfelder, and Stefano Battiston, "The Network of Global Corporate Control", September 19, 2011.

63 Michael Hardt and Antonio Negri, *Empire* (Boston: Harvard University Press, 2000), xiii-xiv[국역: 《제국》, 이학사, 2002].

64 J Patrice McSherry, "Preserving Hegemony: National Security Doctrine in the Post-Cold War Era" (*NACLA Report on the Americas* 24, no 3, November/December 2000).

65 Kevin Farnsworth, *Social Versus Corporate Welfare: Competing Needs and Interests Within the Welfare State* (New York: Palgrave MacMillan, 2012), 2.

66 Philip Mattera and Anna Purinton, "Shopping for Subsidies: How Wal-Mart Uses Taxpayer Money to Finance Its Never-Ending Growth" (*Good Jobs First report*, May 2004), http://www.goodjobsfirst.org/pdf/wmtstudy.pdf[대체 주소: http://www.goodjobsfirst.org/sites/default/files/docs/pdf/wmtstudy.pdf].

67 "Two Trillion in Welfare: Start Here" (*Daily Kos*, May 24, 2011), http://www.dailykos.com/story/2011/05/24/978756/-Two-Trillion-In-Corporate-Welfare-Start-Here에는 이것 외에도 거저 주는 기업 지원의 온갖 사례들이 나열돼 있다.

68 Louise Story, Tiff Fehr, and Derek Watkins, "United States of Subsidies" (*New York Times*, December 1, 2012), http://www.nytimes.com/interactive/2012/12/01/us/government-incentives.html?_r=0#co-kochindustriesinc; Kenneth Thomas, "Libertarian Koch Brothers Have Taken Tens of Millions in Subsidies" (*Daily Kos*, May 28, 2013), http://www.dailykos.com/story/2013/05/28/1212161/-Libertarian-Koch-brothers-have-taken-tens-of-millions-in-subsidies

69 Louise Story, "As Companies Seek Tax Deals, Governments Pay High Price" (*New York Times*, December 1, 2012), http://www.nytimes.com/2012/12/02/us/how-local-taxpayers-bankroll-corporations.html

70 Charles M Sennott, "The $150 Billion 'Welfare' Recipients: US Corporations" (*Boston globe*, July 7, 1996).

71 Kevin Danaher and Jason Mark, *Insurrection: Citizen Challenge to Corporate Power* (New York: Routledge, 2003), 7.

72 Keith Rosenthal, "What Do Socialists Say About World Hunger?" (*International Socialist Review* 41, January-February 2006)를 보라.

73 같은 글.

74 Michael Skapinker, "Worlds Apart: Despite a Wave of Mergers and Acquisitions, the Long-Predicted Global Corporation Remains a Distant Ideal" (*Financial Times*, March 1, 2001).

75 Gao Xu, "State-Owned Enterprises in China: How Big Are They?", World Bank blog, http://blogs.worldbank.org/eastasiapacific/state-owned-enterprises-in-china-how-big-are-they

76 Bukharin, *Imperialism and World Economy*, 61-62.

77 Thomas Friedman, "What the World Needs Now" (*New York Times*, March 28, 1999).

78 V I Lenin, *Imperialism: The Highest Stage of Capitalism*, in *CW*, vol 22 (Moscow: Progress Publishers, 1977), 295.

79 John Keegan, *A History of Warfare* (New York: Vintage, 1993), 391[국역: 《세계전쟁사》, 까치, 1996].

80 Carl von Clausewitz, *On War* (London: Penguin, 1986), 119[국역: 《전쟁론》, 갈무리, 2016].

81 Phyllis Bennis, *Calling the Shots: How Washington Dominates Today's UN* (New York: Olive Branch Press, 2000), xxiii에서 인용함.

82 Leon Trotsky, *Terrorism and Communism* (Ann Arbor, MI: Anne Arbor Paperbacks, 1972), 63.

83 연구마다 수치는 차이가 있지만 모두 초토화된 상황을 보여 준다. Nick Turse, *Kill Anything That Moves: The Real American War in Vietnam* (New York: Picador, 2013), 10-11을 보라. 터스는 2008년 하버드의과대학과 워싱턴대학교 건강지표연구소 연구자들이 2008년에 발표한 공동 연구 결과를 인용한다.

84 Stanley Weintraub, *Silent Night: The Story of the World War I Christmas Truce* (New York: Plume Books, 2001)을 보라.

85 Ahmed Shawki, "80 Years Since the Russian Revolution" (*International Socialist Review* 3, Winter 1997)에서 인용함.

86 Victor Serge, *Year One of the Russian Revolution*, 325.

87 Engels, "Principles of Communism", in *The Communist Manifesto*, 141.

11장 마르크스주의와 여성·성소수자·인종 차별

1 "Lesbian, Gay, Bisexual, Transgender, Queer and HIV-Affected Hate Violence in 2012", National Coalition of Anti-Violence Programs (New York: NCAVP, 2013), 8, 9, http://www.avp.org/storage/documents/ncavp_2012_

hvreport_final.pdf[대체 주소: http://web.archive.org/web/20170219212134/http://www.avp.org/storage/documents/ncavp_2012_hvreport_final.pdf].

2 Fawn Johnson, "Actually, Obama Has Been Terrible for Immigrants" (nationaljournal.com, October 10, 2013).

3 Stephanie M Schwartz, "The Arrogance of Ignorance: Hidden Away, Out of Sight and Out of Mind" (October 15, 2006), http://silvrdrach.homestead.com/Schwartz_2006_Oct_15.html

4 Allan Chase, *The Legacy of Malthus: The Social Costs of the New Scientific Racism* (Chicago: University of Illinois Press, 1980), 3.

5 같은 책, 20-21.

6 Percy Bysshe Shelley, *The Masque of Anarchy* (London: Reeves and Turner, 1892), 47.

7 "Engels to Hermann Schlüter", *Marx and Engels on the United States* (Moscow: Progress Publishers, 1979), 238.

8 Paul Le Blanc ed, *Work and Struggle: Voices from US Labor Radicalism* (New York: Routledge, 2011), 126에서 인용함.

9 Francis Fox Piven and Richard Cloward, *Poor People's Movements* (New York: Vintage Books, 1979), 100에서 인용함.

10 Sharon Smith, "Mistaken Identity — or Can Identity Politics Liberate the Oppressed?", (*International Socialism* 62, Spring 1994), 39[국역: "정체성 정치 비판", 《계급, 소외, 차별: 마르크스주의는 계급, 소외, 여성·성소수자·인종 차별을 어떻게 설명하는가?》, 책갈피, 2017].

11 Barbara J Fields, "Slavery, Race and Ideology in the USA", in *Racecraft: The Soul of Inequality in American Life*, Karen E Fields and Barbara J Fields (New York: Verso, 2012), 128.

12 Cordelia Fine, *Delusions of Gender: How Our Minds, Society, and Neurosexism Create Difference* (New York: W W Norton, 2010), xix에서 인용함[국역: 《젠더, 만들어진 성》, 휴먼사이언스, 2014].

13 같은 책 xxiii에서 인용함.

14 Michael Albert, "Marxism: Virtues and Problems" (*Z* magazine), http://www.zag.org/marxismdebate.htm[대체 주소: http://web.archive.org/web/20080323084622/http://zmag.org/marxismdebate.htm].

15 V I Lenin, "The Question of Peace", in *CW*, vol 21, 293에서 인용함.

16 Bebel, *Women Under Socialism*, [(New York: New York Labor News Co, 1904)], 6.

17 Karl Marx, *Capital* (New York: Vintage, 1977), 915.

18 같은 책, 918.

19 "Marx to Annenkov, December 28, 1846"[국역: "맑스가 빠리의 파벨 바실리예비치 안넨코프에게. 1846년 12월 28일", 《칼 맑스 프리드리히 엥겔스 저작선집1》, 박종철출판사, 1991], in *MECW*, vol 38 (New York: Progress Publishers, 1982), 101-102.

20 Marx, *Capital*, 925-926.

21 Marx, "Outline of a Report on the Irish Question to the Communist Educational Association of German Workers in London", in *MECW*, vol 21 (Moscow: Progress Publishers, 1985), 200, 202.

22 한 가지 예로 George W Bush, "President Addresses the Nation", Washington, DC, September 7, 2003, http://www.whitehouse.gov/news/releases/2003/09/20030907-1.html을 보라[대체 주소: http://web.archive.org/web/20080611125307/http://www.whitehouse.gov/news/releases/2003/09/20030907-1.html].

23 Robert Middlekauff, *The Glorious Cause: The American Revolution, 1763-1789* (New York: Oxford University Press, 1982), 372에서 인용함[국역: 《위대한 대의》, 사회평론, 2017].

24 같은 책, 같은 쪽.

25 V I Lenin, "The National Program of the RSDLP", in *Question of National Policy and Proletarian Internationalism* (Moscow: Progress Publishers, 1970), 10에서 인용함.

26 "A Letter from Debs on Immigration" (*International Socialist Review* 11, no 1, July 1910), https://www.marxists.org/archive/debs/works/1910/immigration.htm

27 Karl Marx, "The General Council to the Federal Council of Romance Switzerland", in *MECW*, vol 21, 89.

28 Marx, *Capital*, vol 1, 414.

29 Woodrow Wilson, "Speech on the Fourteen Points" (*Congressional Record*, 65th Cong, 2nd sess, 1918), 680-681, http://www.fordham.edu/halsall/mod/1918wilson.html

30 혁명 전 러시아의 여성은 이혼할 권리가 없었다. 이혼권은 러시아 혁명 때 인정됐다. 여성과 남성의 평등을 이루는 데서 이혼권이 중요하다고 판단했기 때문이다.

31 Lenin, "The Question of Nationalities or 'Autonomization'", in *CW*, vol 36 (Moscow: Progress Publishers, 1977), 607-608.

32 Lenin, "The Revolutionary Proletariat and the Right of Nations to Self-Determination", 410.

33 같은 글, 7.

34 같은 글, 9.

35 Annie Zirin, "The Hidden History of Zionism" (*International Socialist Review*, no 24, July-August 2004); Lance Selfa, "Zionism: False Messiah", in Lance Selfa ed, *The Struggle for Palestine* (Chicago: Haymarket Books, 2002), 4.

36 Selfa, "Zionism: False Messiah", 13-14.

37 Noam Chomsky, "The Origins of the 'Special Relationship,'" in Anthony Arnove ed, *The Essential Chomsky* (New York: W W Norton & Company, 2008), 211[국역: 《촘스키 知의 향연》, 시대의창, 2013].

38 Jane Degras ed, *The Communist International, 1919-1943, Documents*, vol 1 (London: F Cass, 1971), 143-144에서 인용.

39 Martha E Gimenez, "Capitalism and the Oppression of Women: Marx Revisited" (*Science & Society* 69, no 1, January 2005), 20.

40 Patricia Draper, "!Kung Women: Contrasts in Sexual Egalitarianism in Foraging and Sedentary Contexts", in Rayna R Reiter ed, *Toward an Anthropology of Women* (New York: Monthly Review Press, 1975); Francis Dahlberg ed, *Woman the Gatherer* (New Haven, CT: Yale University Press, 1981); Stephanie Coontz and Peta Henderson, *Women's Work, Men's Property* (London: Verso Press, 1986)를 보라.

41 John D'Emilio and Estelle B Freedman, *Intimate Matters: A History of Sexuality in America* (New York: Harper and Row, 1988), 8-9.

42 Bronislaw Malinowski, *The Sexual Life of Savages* (New York: Harvest Books, 1929), 3.

43 같은 책, 53, 59.

44 Walter L Williams, "The 'Two-Spirit' People of Indigenous North Americans" (*Guardian*, October 11, 2010).

45 Judith K Brown, "Economic Organization and the Position of Women Among the Iroquois" (*Ethnohistory* 17, no 3/4, Summer-Autumn, 1970), 151-167.

46 Engels, *Origin of the Family*, 165.

47 같은 책, 같은 쪽.

48 Karl Marx, *Capital*, vol 1, 275.

49 예를 들어 Lise Vogel, *Marxism and the Oppression of Women: Toward a Unitary Theory* (Chicago: Haymarket Books, 2014); Sharon Smith,

"Theorizing Women's Oppression: Domestic Labor and Women' s Oppression" (*International Socialist Review* 88, March 2013), http://isreview.org/issue/88/theorizing-womens-oppression-part-1; Tithi Bhattacharya, "What Is Social Reproduction Theory?" (*Socialist Worker*, September 10, 2013), http://socialistworker.org/2013/09/10/what-is-social-reproduction-theory를 보라.

50 Susan Ferguson and David McNally, "Capital, Labor Power, and Gender Relations", in *Marxism and the Oppression of Women* (Chicago: Haymarket Books, 2013), xxv.

51 Sharon Smith, *Women and Socialism: Essays on Women's Liberation* (Chicago: Haymarket Books, 2005), 85-86.

52 Angela Y Davis, *Women, Race, and Class* (New York: Vintage, 1983), 229.

53 Engels, *Origin of the Family, Private Property and the State*, chap 2, sec 4, "The Monogamous Family".

54 Smith, *Women and Socialism*, 55.

55 Angela Davis, *Women, Race, and Class* (New York: Vintage, 1983), 231-232.

56 Stephanie Coontz, *The Way We Never Were: American Families and the Nostalgia Trap* (New York: Basic Books, 1992), 11-12.

57 Arlene Skolnick, *Embattled Paradise: The American Family in an Age of Uncertainty* (New York: Basic Books, 1991), 10.

58 같은 책, 9.

59 Laura Basset, "Women Still Earned 77 Cents on Men's Dollar in 2012: Report" (*Huffington Post*, September 17, 2013).

60 *Full Report of the Prevalence, Incidence, and Consequences of Violence Against Women: Findings from the National Violence Against Women Survey* (Washington, DC: US Department of Justice Office of Justice Programs, 2000), iii.

61 "Stealing Roe One Law at a Time" (*Socialist Worker*, January 22, 2014).

62 Smith, *Women and Socialism*, 56.

63 Alix Holt ed and trans, *Selected Writings of Alexandra Kollontai* (London: Alison and Busby, 1977), 59.

64 Tithi Bhattacharya, "Marissa Mayer, the Family, and Capitalism" (*Socialist Worker*, March 14, 2013).

65 Leon Trotsky, *Women and the Family* (New York: Pathfinder, 1986), 29 [이 책에 실린 트로츠키의 글 대부분을 포함해 알렉산드라 콜론타이, 클라라 체트킨,

블라디미르 레닌의 글을 엮은 책으로 《마르크스주의자들의 여성해방론: 콜론타이·체트킨·레닌·트로츠키 저작선》, 책갈피, 2015가 있다].

66 V I Lenin, "A Great Beginning" in Tamara Deutscher ed, *Not by Politics Alone: The Other Lenin* (Westport, CT: Lawrence Hill & Co, 1983), 215.

67 Leon Trotsky, *The Revolution Betrayed* (New York: Pathfinder Press, 1972), 145.

68 Kathleen Gough, "*The Origin of the Family*", in Rayna R Reiter ed, *Toward an Anthropology of Women* (New York: Monthly Review, 1975), 75.

69 David Greenberg, *The Construction of Homosexuality* (Chicago: University of Chicago Press, 1990), 3.

70 같은 책, 66.

71 같은 책, 65.

72 Fine, *Delusions of Gender*, 230-231.

73 John Bosworth, *Christianity, Social Tolerance, and Homosexuality* (Chicago: University of Chicago Press, 1980), 24에 이런 주장이 개진돼 있다.

74 Sherry Wolf, *Sexuality and Socialism* (Chicago: Haymarket Books, 2009), 20-21.

75 Jeffrey Weeks, *Sex, Politics, and Society: The Regulation of Sexuality Since 1800* (New York: Longman, 1993), 102.

76 Marx and Engels, *Communist Manifesto*, 43; Karl Marx, *Grundrisse* (London: Penguin, 1993), 83.

77 John D'Emilio, "Capitalism and Gay Identity", in *Making Trouble: Essays on Gay History, Politics, and the University* (London: Routledge, 1992), 7.

78 같은 글, 13.

79 Richard J Herrnstein and Charles Murray, *The Bell Curve: Intelligence and Class Structure in American Life* (New York: Free Press, 1996).

80 Dobzhansky, *Mankind Evolving*, 21.

81 Phil Gasper, "IQ, Genetics, and Racism" (*International Socialist Review* 57, January-February, 2008).

82 Barbara J Fields, "Slavery, Race, and Ideology in the United States of America", (*New Left Review*, May-June 1990), 96.

83 Ashley Montagu, *Race and IQ* (New York: Galaxy Books, 1975), 3.

84 Thomas F Gossett, *Race: The History of an Idea in America* (New York: Schocken Books, 1965), 118[국역: 《미국 인종차별사》, 나남출판, 2010].

85 Eric Williams, *Capitalism and Slavery* (New York: Perigee Books, 1980), 7[국역: 《자본주의와 노예제도》, 우물이있는집, 2014].

86 Betty Wood, *The Origins of American Slavery: Freedom and Bondage in the English Colonies* (New York: Hill and Wang, 1997), 90.

87 Peter Fryer, *Staying Power: The History of Black People in Britain* (London: Pluto Press, 1984), 17.

88 Peter Kolchin, *American Slavery, 1619-1877* (New York: Hill & Wang, 2003), 15.

89 Ahmed Shawki, *Black Liberation and Socialism* (Chicago: Haymarket Books, 2006), 34.

90 Lance Selfa, "Slavery and the Origins of Racism" (*International Socialist Review* 26, November-December, 2002).

91 같은 글, 318.

92 Allan Chase, *The Legacy of Malthus: The Social Costs of the New Scientific Racism* (Chicago: University of Illinois Press, 1980), 16-17; Randall Hansen and Desmond King, *Sterilized by the State: Eugenics, Race, and the Population Scare in Twentieth-Century North America* (New York: Cambridge University Press, 2013), 249; Relf v Weinberger, available at https://www.splcenter.org/seeking-justice/case-docket/relf-v-weinberger

93 Karl Marx, "Confidential Communication", in *MECW*, vol 25, 120.

94 Brian Jones, "How Racism Lives in a Colorblind Society" (*Socialist Worker*, December 4, 2012), http://socialistworker.org/2012/12/04/racism-in-a-color-blind-society

95 이 통계는 "Black History Month: Welfare, in Black and White" (*Beautiful, Also, Are the Souls of My Black Sisters* blog, February 2, 2009), https://kathmanduk2.wordpress.com/2009/02/02/black-history-month-welfare-in-black-and-white/에 있다.

96 NAACP criminal justice fact sheet, http://www.naacp.org/criminal-justice-fact-sheet/

97 Michael McLaughlin, "Felon Voting Laws Disenfranchise 5.8 Million Americans with Criminal Records: The Sentencing Project" (*Huffington Post*, July 12, 2012).

98 Michelle Alexander, *The New Jim Crow: Mass Incarceration in the Age of Colorblindness* (New York: The New Press, 2011), 175.

99 "African-American Economic Gains Reversed by Great Recession" (*Huffington Post*, July 10, 2011).

100 Hope Yen, "80 Percent of Adults Face Near-Poverty, Unemployment: Survey" (*Huffington Post*, July 28, 2013), http://www.huffingtonpost.com:80/2013/07/28/poverty-unemployment-rates_n_3666594.html[대체 주소: http://web.archive.org/web/20160308085916/http://www.huffingtonpost.com:80/2013/07/28/poverty-unemployment-rates_n_3666594.html].

101 Mark Robert Rank, *One Nation, Underprivileged: Why American Poverty Affects Us All* (Oxford: Oxford University Press, 2004), 296n.

102 Shawki, *Black Liberation and Socialism*, 66에서 인용함.

103 같은 책, 72에서 인용함.

104 같은 책, 74.

105 같은 책, 75.

106 Tom Watson, "The Negro Question in the South", in John Hollitz ed, *Contending Voices: Biographical Explorations of the American Past*, vol 2 (Boston: Wadsworth, 2011), 64.

107 Jack Bloom, *Class, Race & the Civil Rights Movement* (Bloomington: Indiana University Press, 1987), 49.

108 Shawki, *Black Liberation and Socialism*, 81에서 인용함.

109 Jacqueline Jones, *American Work: Four Centuries of Black and White Labor* (New York: W W Norton & Company, 1998), 311에서 인용함.

110 Philip S Foner, *Organized Labor and the Black Worker* (New York: Progress Publishers, 1981), 116, 117.

111 같은 책, 227.

112 S Foner, *History of the Labor Movement in the United States*, vol 3 (New York International Publishers, 1981), 254에서 인용함.

113 Foner, *Organized Labor and the Black Worker*, 82-84.

114 William Haywood, *The Autobiography of Big Bill Haywood* (New York: International Publishers, 1929), 252.

115 Philip S Foner, *History of the Labor Movement in the United States*, vol 4 (New York: International Publishers, 1997), 318.

116 Shawki, *Black Liberation and Socialism*, 247-248.

117 Manning Marable, *Race, Reform and Rebellion: The Second Reconstruction and Beyond in Black America, 1945-2006*, 3rd edtion (Jackson: University of Mississippi Press, 2007), 117.

118 "Employment Status of the Civilian Population by Age, Race, and Sex", Bureau of Labor Statistics, http://www.bls.gov/news.release/empsit.t02.

htm[필자가 인용한 수치는 다음 웹 페이지에서 확인할 수 있다. http://web.archive.org/web/20140403231425/http://www.bls.gov/news.release/empsit.t02.htm].

119 Krissah Thompson, "Black Men Hit Hard by Unemployment in Milwaukee" (*Washington Post*, December 14, 2009).

120 "The Schools Chicago Students Deserve: Research-based Proposals to Strengthen Elementary and Secondary Education in the Chicago Public Schools", Chicago Teachers Union, February 2012, http://www.ctunet.com/quest-center/research/the-schools-chicagos-students-deserve

121 Selfa, "Slavery and the Origins of Racism".

122 V I Lenin, *What Is to Be Done?* (New York: Progress Publishers, 1992), 69.

123 "Marxism, Post-colonial Studies, and the Tasks of Radical Theory", Interview with Vivek Chibber (*International Socialist Review*, Spring 2013).

124 Lenin, "The Discussion of Self-Determination Summed Up", in *CW*, vol 22 (Moscow: Progress Publishers, 1977), 355-356.

125 Lenin, *Two Tactics of Social Democracy in the Democratic Revolution*, 113.

126 Michael Eric Dyson, "Talking Points", http://www.michaelericdyson.com/cosby/points.html[대체 주소: http://web.archive.org/web/20161109184906/http://www.michaelericdyson.com/cosby/points.html]에서 인용한 빌 코스비의 말.

127 James Connolly, *The Reconquest of Ireland* (Dublin: New Books, 1972), chap 6, https://www.marxists.org/archive/connolly/1915/rcoi/index.htm

12장 자본주의가 낳은 생태 위기

1 James Hansen, *Storms of My Grandchildren: The Truth About the Coming Climate Catastrophe and Our Last Chance to Save Humanity* (New York: Bloomsbury USA, 2009), Kindle edition, preface, David Biello, "400 ppm: Carbon Dioxide in the Atmosphere Reaches Prehistoric Levels" (*Scientific American*, May 9, 2013).

2 "Facts about Rainforests", Nature Conservancy, October 6, 2011, http://www.nature.org/ourinitiatives/urgentissues/rainforests/rainforests-facts.xml[대체 주소: https://www.nature.org/ourinitiatives/habitats/rainforests/rainforests-facts.xml].

3 급격한 기후 변화의 충격에 관한 논의로는 다음을 보라. National Research Council, *Abrupt Impacts of Climate Change: Anticipating Surprises*

(Washington, DC: The National Academies Press, 2013).

4 Fred Magdoff and Brian Tokar, *Agriculture and Food in Crisis: Conflict, Resistance, and Renewal* (New York: Monthly Review Press, 2010), 15.

5 Bill McKibben, *Eaarth: Making a Life on a Tough New Planet* (New York: Times Books, 2010), 101[국역: 《우주의 오아시스 지구》, 김영사, 2013].

6 사례를 알고 싶다면 Greenpeace report "Dealing in Doubt: The Climate Denial Machine vs Climate Science" (September 2013, 9), http://www.greenpeace.org/usa/en/campaigns/global-warming-and-energy/polluterwatch/Dealing-in-Doubt---the-Climate-Denial-Machine-vs-Climate-Science/를 보라[대체 주소: http://www.greenpeace.org/usa/wp-content/uploads/2015/11/Greenpeace_Dealing-in-Doubt-1.pdf].

7 Chris Williams, "Warsaw Climate Talks Go Up in Smoke" (Truthout, November 21, 2013).

8 "Risky Gas Drilling Threatens Health, Water Supplies" (National Resource Defense Council, http://www.nrdc.orglenergy/gasdrilling).

9 Bill McKibben, "Obama and Climate Change: The Real Story" (*Rolling Stone*, December 17), 2013.

10 Thomas Robert Malthus, *An Essay on the Principle of Population* (New York: W W Norton & Company, 1976), 20[국역: 《인구론》, 동서문화동판, 2016].

11 Frederick Engels, "Outlines of a Critique of Political Economy", in *MECW*, vol 3 (New York: International Publishers, 1975), 437.

12 Paul R Erlich and Anne H Erlich, *The Population Explosion* (London: Hutchinson, 1990), 9.

13 같은 책, 224.

14 같은 책, 226-228.

15 Garrett Hardin, *Living Within Limits: Ecology, Economics and Population Taboos* (New York: Oxford University Press, 1993), 294.

16 Garrett Hardin, "The Tragedy of the Commons", in Herman E Daly and Kenneth N Townsend eds, *Valuing the Earth: Economics, Ecology, Ethics* (Cambridge, MA: MIT Press, 1994), 135.

17 예를 들어 '깊고 푸른 저항'의 지지자들이 이런 주장을 한다. Derrick Jensen and Lierre Keith, *Derrick Jensen Reader: Writings on Environmental Revolution* (New York: Seven Stories Press, 2012); Aric McBay, Lierre Keith, and Derrick Jensen, *Deep Green Resistance* (New York: Seven Stories Press, 2011)를 보라.

18 Karl Marx, "First Draft of Letter to Vera Zasulich", in *MECW*, vol 24 (New

York: International Publishers, 1989), 357.

19 *State of Food and Agriculture 2013: Food Systems for Better Nutrition* (Rome: UN Food and Agricultural Organization, 2013), ix.

20 UN FAO, Thirty-third Session, "Review of the State of Food and Agriculture", Rome, November 19-26, 2005, http://www.fao.org/docrep/meeting/010/j6091e/j6091e.htm

21 Lappé, "The Myth - Scarcity. The Reality - There IS Enough Food".

22 같은 글을 보라. Eulalia Iglesias, "UN Food Expert Condemns US Tactics in Iraq" (*Inter Press Service*, November 12, 2005)에 인용된 유엔인권위원회 식량 특별조사관 장 지글러의 수치도 보라.

23 Ian Angus and Simon Butler, *Too Many People? Population, Immigration, and the Environmental Crisis* (Chicago: Haymarket Books, 2011), 66.

24 Engels, "Outlines of a Critique of Political Economy", in *MECW*, vol 3, 438.

25 같은 글, 같은 쪽.

26 Marx. *Grundrisse*, 604-608.

27 Engels, "Outlines of a Critique of Political Economy", 438.

28 Marx, *Capital*, vol 1, chap 25, sec 3, "Progressive Production of a Relative Surplus Population or Industrial Reserve Army", https://www.marxists.org/archive/marx/works/1867-c1/ch25.htm#S3

29 Angus and Butler, *Too Many People?*, 42-43.

30 같은 책, 44.

31 같은 책, 48.

32 같은 책, 45에서 인용한 Jeff White.

33 Karl Marx, *Grundrisse* (New York: Penguin Books, 1993), 100.

34 Angus and Butler, *Too Many People?*, 138.

35 Brad Plumer, "After Years of Decline, US Carbon Emissions Rose 2 Percent in 2013", (Wonkblog, January 13, 2014), https://www.washingtonpost.com/news/wonk/wp/2014/01/13/after-years-of-decline-u-s-carbon-emissions-rose-2-percent-in-2013

36 Marx, *Capital*, vol 1, 739.

37 Engels, *Anti-Dühring*, 315.

38 McKibben, *Eaarth*, 103-106.

39 Marx, *Capital*, vol 1, 777.

40 Marx and Engels, *Communist Manifesto*, 76.

41 McKibben, *Eaarth*, 147.

42 Paul Burkett, "Marx's Vision of Sustainable Human Development" (*Monthly Review* 25, no 5, October 2005)이 이 점을 다루고 있다.

43 Marx, *Capital*, vol 3, 776.

44 Engels, *Anti-Dühring*, 339에서 인용한 마르크스의 말.

45 Engels, *Anti-Dühring*, 338.

46 자본주의와 환경에 관한 마르크스와 엥겔스의 통찰은 여러 저작에 흩어져 있다. 마르크스의 《자본론》(대부분 1권과 3권), 《정치경제학 비판 요강》, 엥겔스의 《반뒤링론》, 《자연변증법》, 《주택문제》가 그런 저작들이다. 이 쟁점에 관한 마르크스와 엥겔스의 관점을 이해하는 데 좋은 출발점이 될 책은 다음과 같다. John Bellamy Foster, *Marx's Ecology* (New York: Monthly Review, 2000)[국역: 《마르크스의 생태학》, 인간사랑, 2016]; John Bellamy Foster, Brett Clark, and Richard York, *The Ecological Rift: Capitalism's War on the Earth* (New York: Monthly Review, 2010); Paul Burkett, *Marxism and Ecological Economics* (Chicago: Haymarket Books, 2005); Paul Burkett, *Marx and Nature: A Red and Green Perspective* (Chicago: Haymarket Books, 2014); Joel Kovel, *The Enemy of Nature* (London: Zed Books, 2007); Chris Williams, *Ecology and Socialism: Solutions to Capitalist Ecological Crisis* (Chicago: Haymarket Books, 2010); Howard L Parsons, *Marx and Engels on Ecology* (Westport, CT: Greenwood Press, 1977).

47 Engels, *Origin of the Family*, 204.

48 John Bellamy Foster, *Marx's Ecology*, 170에서 인용함.

49 사례로 Farshad Araghi, "The Great Global Enclosure of Our Times: Peasants and the Agrarian Question at the End of the 20th Century" in *Hungry for Profit: The Agribusiness Threat to Farmers, Food, and the Environment* (New York: Monthly Review, 2000), 157을 보라[국역: "현대의 전 지구적 규모의 인클로저: 20세기 말 농민과 농업 문제", 《이윤에 굶주린 자들》, 울력, 2006].

50 Karl Marx, *Capital*, 637-638.

51 Engels, *Anti-Dühring*, 341.

52 Engels, "The Part Played by Labor in the Transition from Ape to Man", in *MECW*, vol 25, 463.

53 같은 글, 461.

54 같은 글, 460-461.

55 같은 글, 461.

56 Chris Arsenault, "World Powers Scramble for Arctic Oil and Gas" (*Al-Jazeera*

English, December 1, 2010).

57 훨씬 더 자세한 주장은 Richard Smith, "Green Capitalism: The God That Failed" (*Truthout*, January 9, 2014), http://www.truth-out.org/news/item/21060-green-capitalism-the-god-that-failed을 보라.

58 *United Nation Human Development Report 2005: International Cooperation at the Crossroads*, 4, http://hdr.undp.org/reports/global/2005[대체 주소: http://hdr.undp.org/en/content/human-development-report-2005]; "Hunger Notes: 2013 World Poverty Facts and Statistics", http://www.worldhunger.org/articles/Learn/world%20hunger%20facts%202002.htm[대체 주소: http://www.worldhunger.org/articles/Learn/old/world%20hunger%20facts%202002_2012version.html].

59 US Census Bureau, *Income, Poverty, and Health Insurance Coverage in the United States*, 2012, http://www.census.gov/hhes/www/hlthins/data/incpovhlth[대체 주소: https://www.census.gov/prod/2013pubs/p60-245.pdf, 13].

60 미국 인구조사국은 2012년에 4인 가족 빈곤선을 고작 2만 3021달러[약 2700만 원]로 잡았다. 한 사람이 겨우 먹고살 수준이다.

61 Karl Marx, "Human Requirements and Division of Labor under the Rule of Private Property", in *Economic and Philosophical Manuscripts of 1844*, https://www.marxists.org/archive/marx/works/1844/manuscripts/needs.htm

62 Lara Hernandez Anton, "The Story of Bottled Water", http://welearntoday.com/the-story-of-bottled-water

63 "Salt, Sugar, Fat: NY Times Reporter Michael Moss on How the Food Giants Hooked Americans on Junk Food", Michael Moss interview (*Democracy Now!*, March 1, 2013), https://www.democracynow.org/2013/3/1/salt_sugar_fat_ny_times_reporter

64 Kenneth Gould, David Pellow, and Allan Schnaiberg, "Interrogating the Treadmill of Production: Everything You Wanted to Know about the Treadmill but Were Afraid to Ask", revised paper from Madison symposium on the Treadmill of Production, December 29, 2003, http://www.sociology.northwestern.edu/people/faculty/documents/schnaiberg/21.INTERROGATINGTHETREADMILL.pdf[대체 주소: http://www.ipr.northwestern.edu/publications/papers/urban-policy-and-community-development/docs/schnaiberg/interrogating-the-treadmill.pdf].

65 Angus and Butler, *Too Many People?*, 170에서 인용함.

66 William Morris, "How We Live and How We Might Live", https://www.marxists.org/archive/morris/works/1884/hwl/hwl.htm 1884년 11월 30일에 윌리엄 모리스가 영국의 사회민주주의연맹 해머스미스 지부를 대상으로 한 강연이다.

67 Brian Ward, "Canada Is 'Idle No More'" (*Socialist Worker*, January 9, 2013), http://socialistworker.org/2013/01/09/canada-is-idle-no-more

68 National Wildlife Federation, "Keystone XL Pipeline", http://www.nwf.org/What-We-Do/Energy-and-Climate/Drilling-and-Mining/Tar-Sands/Keystone-XL-Pipeline.aspx[대체 주소: http://web.archive.org/web/20170126114943/http://www.nwf.org/What-We-Do/Energy-and-Climate/Climate-and-Energy/Reduce-Fossil-Fuel-Reliance/Tar-Sands/Keystone-XL-Pipeline.aspx.].

69 Michael E Mann, "If You See Something, Say Something" (*New York Times*, January 17, 2014).

70 Naomi Klein, "How Science Is Telling Us All to Revolt" (*New Statesman*, October 29, 2013).

71 James Gustave Speth, *The Bridge at the End of the World: Capitalism, the Environment, and Crossing from Crisis to Sustainability* (New Haven, CT: Yale University Press, 2008), Kindle edition, xiii[국역: 《미래를 위한 경제학》, 모티브북, 2008].

72 같은 책, xiii-xiv.

73 같은 책, 8.

74 James Gustave Speth, "Global Warming and Capitalism" (*Nation*, September 17, 2008).

75 Foster, Clark, and York, *The Ecological Rift*, 163에서 인용함.

76 같은 책, 462.

77 Williams, *Ecology and Socialism*, 217.

78 같은 책, 같은 쪽을 보라. 그리고 Miguel A Altieri, "Agroecology, Small Farms, and Food Sovereignty", in Magdoff and Tokar, *Agriculture and Food in Crisis*, chap 14도 보라.

13장 사회주의 사회를 상상해 보라

1 Debs, "Unionism and Socialism", 154-155.

2 Marx, *Critique of the Gotha Program*, in *MECW*, vol 24, 85-86.

3 같은 책, 95.

4 Engels, *Socialism: Utopian and Scientific*, in *MECW*, vol 24, 325.

5 Marx and Engels, *Communist Manifesto*, 69-70.

6 Marx, *Critique of the Gotha Program*, 87.

7 *UN Human Development Report 1999*, 29. http://hdr.undp.org/reports/global/1999/en/[대체 주소: http://hdr.undp.org/en/content/human-development-report-1999]; "Wealth of 85 Richest People Equal to that of Poorest 3.5bn: Oxfam Report Finds Growing Inequality Driven by Power Grab by Wealthy Elites" (*Irish Times*, January 20, 2014).

8 UN Human Development Report 1994, 50, http://hdr.undp.org/reports/global/1994/en/[대체 주소: http://hdr.undp.org/en/content/human-development-report-1994].

9 Marx and Engels, *Communist Manifesto*, 56-57,

10 Debs, *Eugene V Debs Speaks*, 47.

11 George Orwell, *Homage to Catalonia* (New York: Mariner Books, 1980), 4-5[국역: 《카탈루냐 찬가》, 비꽃, 2017].

12 Larry Bradshaw and Lorrie Beth Klonsky, "The Real Heroes and Sheroes of New Orleans" (*Socialist Worker*, September 9, 2005).

13 같은 글.

14 Abel Paz, *Durruti: The People Armed* (New York: Black Rose Books, 1977), 229에서 인용함.

부록 1: 사회주의에 반대하는 흔한 주장들

1 예를 들어 Michael Tomasello, *Why We Cooperate* (Boston, MA: MIT Press, 2009)[국역: 《이기적 원숭이와 이타적 인간》, 이음, 2011]; Robert W Sussman and C Robert Cloninger, *Origins of Altruism and Cooperation* (New York: Springer, 2011)을 보라.

2 Ken Stem, "Why the Rich Don't Give to Charity" (*Atlantic*, March 20, 2013).

3 Frederick Engels, *The Conditions of the Working Class in England* (1845), chap 13, https://www.marxists.org/archive/marx/works/1845/condition-working-class/ch13.htm[국역: 《영국 노동계급의 상황》, 라티오, 2014].

4 James P Cannon, "What Will Socialism in America Look Like?", in *Speeches for Socialism* (New York: Pathfinder Press, 1971) , 405-406.

5 같은 글, 406.

6 Marx and Engels, *Communist Manifesto*, 63.

7 "President Bush on Iraq, Katrina, and the Economy", George W Bush interview by Brian Williams (*NBC Nightly News*, NBC, December 12, 2005), http://www.nbcnews.com/id/10439994/ns/nbc_nightly_news_with_brian_williams/t/president-bush-iraq-katrina-economy/

8 Elisabeth Bumiller and Larry Rather, "Bush's Vision for Latin America: He Calls for Strong Democracies in Response to Leftists" (*San Francisco Chronicle*, November 7, 2005).

9 Paul Foot, *Why You Should Be a Socialist* (London: Socialist Workers Party, 1977), chap 3, https://www.marxists.org/archive/foot-paul/1977/wysbas/index.htm

10 Engels, "Social Classes: Necessary and Superfluous", in *MECW*, vol 24, 417.

11 Clifford D Conner, *A People's History of Science* (New York: Nation Books, 2005), 2[국역: 《과학의 민중사》, 사이언스북스, 2014].

12 James Cockroft, "Argentina: Workers' Control and the Crisis, Part I" (*Against the Current* 103, March-April 2003), http://www.solidarity-us.org/site/node/634

13 Marina Kabat, "Argentinian Worker-Taken Factories: Trajectories of Workers' Control under the Economic Crisis", in Emmanuel Ness and Dario Azzellini eds, *Ours to Master and to Own: Workers' Control from the Commune to the Present* (Chicago: Haymarket Books, 2011), 365.

14 Rosa Luxemburg, *Reform or Revolution*, in *The Essential Rosa Luxemburg*, 80-81. (이하 *Reform or Revolution*으로 표기함.)

15 V I Lenin, "Can the Bolsheviks Retain State Power?" (October 1, 1917), https://www.marxists.org/archive/lenin/works/1917/oct/01.htm

16 Ben Strauss, "Critics Say Chicago Shouldn't Aid DePaul Arena with Closing" (*New York Times*, June 23, 2013).

17 Gjohnsit, "The Total Cost of the Bank Bailout" (*Daily Kos*, February 20, 2013), http://www.dailykos.com/story/2013/02/20/1188374/-The-true-cost-of-the-Bank-Bailout

18 "Eliminating Unhealthy Water/Providing Clean Water for All", UNESCO's World Game Institute, http://www.unesco.org/education/tlsf/mods/theme_a/interact/www.worldgame.org/wwwproject/what04.shtml

19 World Bank, *The State in a Changing World, World Development Report* (London: Oxford University Press, 1997), 2; "Government at a Glance 2009", OECDiLibrary, "General Government Expenditure as a Percentage of GDP (2006)", www.oecd-ilibrary.org

20 Ludwig von Mises, *Bureaucracy* (New Haven: Yale University Press, 1944), 23, Ludwig von Mises Institute, http://mises.org/etexts/mises/bureaucracy/section4.asp[국역: 《관료제》, 지만지, 2012].

21 David Gordon, *Fat and Mean: The Corporate Squeeze of Working Americans and the Myth of Managerial Downsizing* (New York: The Free Press, 1996), 46-52.

22 David U Himmelstein et al, "The Cost to the Nation, the States and the District of Columbia, with State-Specific Estimates of Potential Savings", Public Citizen, http://www.citizen.org/publications/release.cfm?ID=7271[대체 주소: http://web.archive.org/web/20101124140610/http://www.citizen.org/hrg1673].

23 Jamie Court and Francis Smith, *Making a Killing: HMOs and the Threat to Your Health* (Monroe, ME: Common Courage Press, 1999), chap 3, http://www.makingakilling.org/chapter3.html[대체 주소: http://web.archive.org/web/20160601042915/http://www.makingakilling.org:80/chapter3.html].

24 Leslie Stahl, *60 Minutes*, CBS, May 12, 1996에서 한 매들린 올브라이트의 인터뷰.

25 Leon Trotsky, *Their Morals and Ours* (New York: Pathfinder Press, 1992), 20-21[국역: 《그들의 윤리, 우리의 윤리》, 책갈피, 2020].

26 같은 책, 14.

27 Clayborne Carson, *In Struggle: SNCC and the Black Awakening of the 1960s* (Cambridge, MA: Harvard University Press, 1981), 164.

28 Charles R Sims, in Howell Raines, *My Soul Is Rested: The Story of the Civil Rights Movement in the Deep South* (London: Penguin Books, 1987), 416-423. 찰스 R 심즈는 루이지애나 보걸루사에서 '방어와 정의의 집사들'을 이끈 사람이다.

29 Trotsky, *Their Morals and Ours*, 48.

30 같은 책, 49.

31 Errico Malatesta, "Anarchist Propaganda", Anarchist Library, http://theanarchistlibrary.org/library/errico-malatesta-anarchist-propaganda

32 "Engels to P Lafargue", December 30, 1871, in *Anarchism and Anarcho-Syndicalism* (Moscow: Progress Publishers, 1972), 58.

33 Emma Goldman, "Minorities versus Majorities", in *Anarchism and Other Essays* (Old Chelsea Station, NY: Cosimo, Inc, 2005), 81[국역: "소수 대 다수", 《저주받은 아나키즘》, 우물이있는집, 2001].

34 Engels, "On Authority"[국역: "권위에 관하여", 《칼 맑스 프리드리히 엥겔스 저작

선집4》, 박종철출판사, 1995], in *Anarchism and Anarcho-Syndicalism*, 103.

35 Karl Marx and Frederick Engels, "Fictitious Splits in the International"[국역: "인터내셔널의 이른바 분열", 《칼 맑스 프리드리히 엥겔스 저작선집4》, 박종철출판사, 1995], *Anarchism and Anarcho-Syndicalism*, 74.

36 "Class Matters" series (*New York Times*, April-May 2005), http://www.nytimes.com/pages/national/class/index.html

37 Frederick Engels, "Appendix to the American edition of The Condition of the Working Class in England", in *MECW*, vol 26, 403.

38 US Small Business Administration, "Employer Firms, Establishments, Employment, and Annual Payroll Small Firm Size Classes, 2003" table, http://www.sba.gov/advo/research/us_03ss.pdf[대체 주소: http://web.archive.org/web/20070706230202/http://www.sba.gov/advo/research/us_03ss.pdf].

39 US Small Business Administration, "Frequently Asked Questions", http://appl.sba.gov/faqs/faqindex.cfm?areaID=24[이 주소는 접근이 불가하다. 다만 https://web.archive.org/web/20170607103358/https://www.sba.gov/sites/default/files/files/oct05newsletter.pdf, 5에서 같은 통계를 볼 수 있다]. 이 통계는 오해의 소지가 있는데 500명 미만의 사업장은 모두 소기업으로 간주하기 때문이다. 그러나 살아남기 가장 어려운 기업은 가족끼리 운영하는 조그만 가게나 식당, 개인이 집에서 운영하는 기업들이다.

40 Janny Scott and David Leonhardt, "Shadowy Lines That Still Divide", in the "Class Matters" series (*New York Times*, May 15, 2005)에서 인용함.

41 David Leonhardt, "In Climbing Income Ladder, Location Matters" (*New York Times*, July 22, 2013).

42 Economic Policy Institute, "Income Inequality", in *The State of Working America*, http://stateofworkingamerica.org/inequality/income-inequality

43 Smith, *Subterranean Fire*, 300.

44 Leon Trotsky, "American Problems", *Writings of Leon Trotsky, 1939-1940* (New York: Pathfinder Press, 1973), 335.

45 Dick Cluster, *They Should Have Served That Cup of Coffee* (Boston: South End Press, 1979), 44에서 인용함.

46 이 절에 인용된 사실과 문구의 출처는 특별한 언급이 없으면 Sharon Smith, "Depression Decade: The Turning Point", in *Subterranean Fire*, 102-152이다.

47 Paul D'Amato, "The Communist Party and Black Liberation in the 1930s" (*International Socialist Review* 1, Summer 1997).

48 Bert Cochran, *Labor and Communism: The Conflict That Shaped American Union* (Princeton, NJ: Princeton University Press, 1977), 138.

49 Smith, *Subterranean Fire*, 219-223을 보라.

50 "CEO-to-Worker Pay Ratio Ballooned 1,000 Percent Since 1950: Report" (*Huffington Post*, April 30, 2013).

51 Ahmed Shawki, "Between Things Ended and Things Begun" (*International Socialist Review*, June-July 2001).

52 Smith, *Subterranean Fire*, 298.

53 Emmanuel Saez, "Striking It Richer: The Evolution of Top Incomes in the United States (updated with 2012 provisional estimates)" (September 2013). 이 글은 다음 웹 페이지에서 볼 수 있다. http://articles.latimes.com/2013/sep/11/nation/la-na-nn-income-inequality-20130910

54 Shawki, "Between Things Ended and Things Begun".

55 같은 글.

56 Jen Roesch, "The Life and Times of Occupy Wall Street" (*International Socialism* 135), http://www.isj.org.uk/index.php?id=821&issue=135

57 André Gorz, *Farewell to the Working Class: An Essay on Post-Industrial Socialism* (Boston: South End Press, 1980), 28.

58 Hal Draper, *Karl Marx's Theory of Revolution: The Politics of Social Classes*, vol 2 (New York: Monthly Review Press, 1978), 576에서 인용함.

59 같은 책, 같은 쪽.

60 Kevin Doogan, *The New Capitalism* (Malden, MA, Polity Press, 2009), 228-235.

61 Antonio Negri and Michael Hardt, *Multitude: War and Democracy in the Age of Empire* (London: Penguin Books, 2004), 223[국역: 《다중》, 세종서적, 2008].

62 Jodi Dean, *The Communist Horizon* (London: Verso, 2012), 77[국역: 《공산주의의 지평》, 현실문화, 2019].

63 Hardt and Negri, *Multitude*, 104, 105.

64 Dean, *Communist Horizon*, 82.

65 Marx, *Capital*, vol 1, chap 26, https://www.marxists.org/archive/marx/works/1867-c1/ch26.htm

66 같은 책, chap 28, https://www.marxists.org/archive/marx/works/1867-c1/ch28.htm

67 Doug Short, "The Full Time-Part Time Employment Ratio Shows Little Improvement" (January 10, 2014), http://www.advisorperspectives.com/dshort/commentaries/Full-Time-vs-Part-Time-Employment.php[대체 주소: http://www.talkmarkets.com/content/news/the-full-timepart-time-

employment-ratio-shows-little-improvement?post=39688].

68 Barry Bluestone, "Economic Inequality and the Macrostructuralist Debate", in Charles J Whalen ed, *Political Economy for the 21st Century: Contemporary views on the Trend of Economics* (Armonk, NY: M E Sharpe, 1995), 177; Kim Moody, *US Labor in Trouble and Transition: The Failure of Reform from Above, the Promise of Revival from Below* (London: Verso, 2007), 37.

69 Barry Bluestone and Bennett Harrison, *The Great U-Turn: Corporate Restructuring and the Polarizing of America* (New York: Basic Books, 1988), 37에서 인용함.

70 "Total Employment by Economic Activity, Republic of South Korea", International Labor Organization 통계 데이터베이스(http://laborsta.ilo.org).

71 Zhang Yaozu, "Notes on the Transformation and Development of the Chinese Working Class During the Past 60 Years" (*China Left Review* 4, 2011), http://chinaleftreview.org/?p=474[대체 주소: http://web.archive.org/web/20120901110924/http://chinaleftreview.org:80/?p=474].

72 Leo Zelig, "Introduction", in Leo Zelig ed, *Class Struggle and Resistance in Africa* (Chicago: Haymarket Books, 2010), 17.

73 "The Productivity Surge" (*Washington Times*, November 3, 2002).

74 James Sherk, "Technology Explains Drop in Manufacturing Jobs" (Heritage Foundation, October 12, 2010), http://www.heritage.org/research/reports/2010/10/technology-explains-drop-in-manufacturing-jobs

75 Frederick Engels, *Principles of Communism* (London: Pluto Press, 1971), 5[국역: 《공산당 선언 · 공산주의 원리》, 미메시스, 2015].

76 Moody, *US Labor in Trouble and Transition*, 39.

77 Joel Johnson, "1 Million Workers. 90 Million iPhones. 17 Suicides. Who's to Blame?" (*Wired*, February 28, 2011).

78 James Glanz, "The Cloud Factories: Data Barns in a Farm Town, Gobbling Power and Flexing Muscle" (*New York Times*, September 23, 2012).

79 Moody, *US Labor in Trouble and Transition*, 245.

80 Keith Bradsher, "Strikes' Effect Widely Felt in Auto Plants" (*New York Times*, March 12, 1996); "The General Motors Strike" (*New York Times*, March 23, 1996).

81 Dean, *Communist Horizon*, 83.

82 같은 책, 84.

83 Engels, "1892 English Introduction", in *Socialism: Utopian and Scientific*,

https://www.marxists.org/archive/marx/works/1880/soc-utop/int-mat.htm

84 Foot, *Why You Should Be a Socialist*, chap 3.

85 Robert C Tucker, *Stalin in Power: The Revolution from Above, 1929-1941* (New York: Norton, 1990), 282에서 인용함.

86 Ygael Gluckstein, *Mao's China* (Boston: Beacon Press, 1957), 379에서 인용함.

87 John Keats, *The Crack in the Picture Window* (New York: Houghton Mifflin, 1957), xi.

88 Thomas Frank and Matt Weiland, *Commodify Your Dissent: Salvos from the Baffler*, chap 1, http://www.nytimes.com/books/first/f/frank-dissent.html

89 Leon Trotsky, *The Revolution Betrayed*, 180.

찾아보기

ㅇ

ㅈ

ㅊ

ㅋ

기타